ACCESO GRATIS *a la Lectura en la Nube*

Para visualizar el libro electrónico en la nube de lectura envíe junto a su nombre y apellidos una fotografía del código de barras situado en la contraportada del libro y otra del ticket de compra a la dirección:

ebooktirant@tirant.com

En un máximo de 72 horas laborables le enviaremos el código de acceso con sus instrucciones.

La visualización del libro en **NUBE DE LECTURA** excluye los usos bibliotecarios y públicos que puedan poner el archivo electrónico a disposición de una comunidad de lectores. Se permite tan solo un uso individual y privado.

CONSECUENCIAS JURÍDICAS DEL DELITO: ALGUNOS ASPECTOS A DEBATE

CONSECUENCIAS JURÍDICAS DEL DELITO: ALGUNOS ASPECTOS A DEBATE

Director:
Miguel Díaz y García Conlledo

Coordinadores:
Cristina Cazorla González
Jose Ancor Viera González

tirant lo blanch
Valencia, 2024

EDITA: TIRANT LO BLANCH
C/ Artes Gráficas, 14 - 46010 - Valencia
TELFS.: 96/361 00 48 - 50
FAX: 96/369 41 51
Email: tlb@tirant.com
www.tirant.com
Librería virtual: www.tirant.es
DEPÓSITO LEGAL: V-4719-2024
ISBN: 978-84-1095-540-0
MAQUETA: Dissset Ediciones

Si tiene alguna queja o sugerencia, envíenos un mail a: *atencioncliente@tirant.com*. En caso de no ser atendida su sugerencia, por favor, lea en *www.tirant.net/index.php/empresa/politicas-de-empresa* nuestro procedimiento de quejas.

Responsabilidad Social Corporativa: http://www.tirant.net/Docs/RSCTirant.pdf

ÍNDICE

CAPÍTULO INTRODUCTORIO
EN LA BASE DEL DEBATE

CAPÍTULO PRIMERO
PENAS ESPECIALMENTE DEBATIDAS

CAPÍTULO SEGUNDO
CONSECUENCIAS JURÍDICAS EN EL ÁMBITO DE LA LORPM

CAPÍTULO TERCERO
LAS CONSECUENCIAS JURÍDICAS DEL CONTROVERTIDO "SUBSISTEMA" DE PERSONAS JURÍDICAS

CAPÍTULO CUARTO
LAS CONSECUENCIAS JURÍDICAS Y CORRUPCIÓN

CAPÍTULO QUINTO
MEDIDAS DE SEGURIDAD

CAPÍTULO SEXTO
CONSECUENCIAS JURÍDICAS ACCESORIAS: EL DECOMISO

Una mirada (parcial) a las olvidadas consecuencias jurídicas del delito. Presentación

MIGUEL DÍAZ Y GARCÍA CONLLEDO
Catedrático de Derecho Penal
Universidad de León

Resulta casi un lugar común señalar que la teoría de la pena es algo así como la hermana pobre en el campo de los estudios penales, especialmente en España, seguramente si exceptuamos el tratamiento de los fines de la pena, a menudo aludidos al plantear la propia finalidad del Derecho penal. No es que no existan (y en forma creciente además) trabajos de calidad sobre la pena, pero incluso hoy la atención que despierta entre nuestros estudiosos es infinitamente menor que la que suscitan otros campos del Derecho penal, sea la teoría del delito (ciertamente, cada vez menos abordada, por razones de diversa índole que no vienen al caso), los estudios de parte especial, o los dedicados a los principios y garantías o, en general, a la política criminal.

Y, sin embargo, no debe dudarse de la enorme importancia, especialmente práctica, del correcto manejo de cuestiones relativas a la pena, consecuencia fundamental y más gravosa del delito. Con ejemplos banales, resulta obvio que el más fino estudio para distinguir cooperación necesaria y complicidad pierde mucho valor, si no se sabe bajar en un grado la pena cuando los criterios propuestos conducen a la segunda; o, con otro más realista, todo el esfuerzo de calificación de diversos hechos delictivos cometidos por un sujeto pierde valor en la práctica si se desconocen o aplican mal, no ya las reglas concursales, sino las de la acumulación.

Si el estudio de la pena no es tan intenso, pese a su importancia, como el de otros aspectos del Derecho penal, no digamos nada de otras consecuencias del delito, empezando por las medidas de seguridad (¡y su ejecución, que, a menudo, deja tanto que desear!), aunque recordemos la relevancia de algunas obras clásicas en nuestro país, o las consecuencias accesorias, en particular el decomiso (de tanta importancia práctica y demasiado poco estudiado, a salvo, es cierto, de algunas importantísimas contribuciones en los últimos años). Pero también otras.

El libro que tengo el honor de dirigir y, ahora, presentar no viene a cubrir la escasez ni los déficits en investigaciones sobre consecuencias jurídicas del delito, sino que solo constituye, consciente y voluntariamente, una aportación limitada y parcial a ello mediante la selección de algunos aspectos que suponen puntos abiertos al debate, sea por su centralidad (el significado del merecimiento y la necesidad de pena para la individualización judicial), su carácter especialmente polémico (como en el caso del carácter obligatorio de la pena de alejamiento en la violencia de género, la mayor o menor idoneidad resocializadora y menor lesividad para derechos fundamentales de la pena de trabajos en beneficio de la comunidad, o la distinta naturaleza y las dificultades que plantea la inhabilitación especial para profesión u oficio en general y también en relación con el contacto con menores en los delitos sexuales, las posibilidades de penas privativas de derechos digitales, la cuando menos discutible proporcionalidad en las penas anudadas a delitos contra la Corona, la propia naturaleza de las penas para personas jurídicas dentro de un régimen de por sí controvertido, la ejecución de las medidas de seguridad en relación con la salud mental o la naturaleza y legitimidad de algunas formas de decomiso), la novedad en su discusión (las ya mentadas penas privativas de derechos digitales), el ámbito especialmente sensible al que afectan (la ya señalada inhabilitación especial para profesión, oficio o actividad relacionada con menores, algunos aspectos de las consecuencias previstas en la Ley Orgánica de Responsabilidad Penal de los Menores o las consecuencias jurídicas en el ámbito de los delitos relacionados con la corrupción), por lo que suponen de experiencia en el Derecho comparado (la valoración de la solución para la superación de los hospitales psiquiátricos judiciales en relación con las medidas de seguridad en Italia o algunas formas de decomiso en ese país) o la necesidad de incidir sobre alguna consecuencia aún insuficientemente estudiada (como sucede con el decomiso).

Pasando al contenido de los diferentes capítulos y trabajos, debo subrayar que lo que expreso a continuación es una síntesis casi telegráfica, cuya finalidad es sobre todo la de alentar al lector a adentrarse a fondo y con mirada detenida y preferiblemente crítica en el contenido de las contribuciones, cuya riqueza argumental no puede reflejarse en esta presentación. La extensión con la que a continuación presento el contenido de cada uno de los trabajos no guarda relación con su importancia, sino, a menudo, con mi propia capacidad de sintetizar más algunos contenidos que otros.

Así, el libro se abre con un capítulo que hemos considerado introductorio por abordar un aspecto general y básico. Lo compone un solo capítulo, a cargo de José Ancor Viera González, Coordinador (junto con Cristina Cazorla González), además, de esta obra. El trabajo del joven y prometedor investigador versa sobre el merecimiento y la necesidad de pena como fundamentos de la individualización judicial de esta. En él, el autor pone de manifiesto cómo la discrecionalidad ofrecida por las normas relativas a las reglas de aplicación de las penas en nuestro Código Penal conduce a menudo a una individualización judicial intuitiva y que los criterios de merecimiento y necesidad de pena a los que apela la jurisprudencia no están suficientemente definidos. Así, tras un análisis de diversos aspectos que vinculan el fundamento de la punibilidad o la penalidad al merecimiento y la necesidad de pena y del significado de estos en relación con la individualización judicial en la doctrina y la jurisprudencia, ante la falta de concreción de esta y en una visión garantista, que tiende a evitar la arbitrariedad en la individualización (y que, por lo tanto, debe valorarse de modo muy positivo), propone delimitar el arbitrio judicial basado en la merecimiento y la necesidad de pena en una suma de segmentación del marco penal concreto y subcategorización de las circunstancias y factores integrantes del merecimiento y la necesidad de pena, aunque sea de modo no absolutamente cerrado, unido ello, naturalmente, a la inherente motivación. Una propuesta que supone, en mi opinión, una buena base para un desarrollo futuro más detenido de esa delimitación, desarrollo en el que estoy convencido desempeñará un papel importante el autor del trabajo.

El primer capítulo, de contenido un tanto heterogéneo, lo hemos titulado "penas especialmente debatidas" (aunque debatidos son también todos los temas tratados en el libro).

El trabajo que abre el capítulo corre a cargo de Carolina Bolea Bardon, quien se ocupa de la discutible obligatoriedad de la pena de alejamiento en la violencia de género. Tras un repaso de la historia legislativa de la pena de prohibición de aproximación a la víctima o a otras personas y subrayando la transformación del carácter facultativo de su imposición a obligatorio en el caso de los delitos relativos a violencia doméstica y de género en la reforma del Código Penal operada por la Ley Orgánica 15/2003, de 25 de noviembre, incidiendo en los problemas que supone ese carácter obligatorio y exponiendo también las dos líneas jurisprudenciales opuestas en relación con la posibilidad de considerar no preceptiva, sino potestativa la imposición de la pena en los supuestos de menor gravedad (maltrato de obra sin lesión) y alguna otra cuestión cercana, la autora concluye proponiendo una vuelta al carácter facultativo de la imposición de la pena, si bien introduciendo nuevos factores a la hora de la decisión judicial sobre ella, como la voluntad de la mujer víctima en los supuestos en que el riesgo de reiteración no sea elevado y el peligro para los hijos. Esta posición, no distante en su núcleo de otras doctrinales, la fundamenta detenidamente Carolina Bolea y entiendo que es perfectamente compartible y, en todo caso, una aportación importante al debate.

Del segundo de los trabajos del capítulo es autora Mirentxu Corcoy Bidasolo, quien plantea las posibilidades, en buena medida inexploradas doctrinalmente, que para la resocialización (o no desocialización) ofrece la pena de trabajos en beneficio de la comunidad frente a penas cortas privativas de libertad, y para una mayor eficacia preventivo-general (negativa) frente a penas de multa. No obstante, denuncia deficiencias en su regulación y su escasa aplicación. Con diversos argumentos y pasando revista a muy diferentes aspectos de la naturaleza y regulación de los trabajos en beneficio de la comunidad, se esfuerza la autora en diferenciar los trabajos en beneficio de la comunidad de los trabajos forzosos, que, como tales, no serían admisibles desde diversos puntos de vista, si bien deben suavizarse las exigencias que respecto del consentimiento del penado establece la jurisprudencia en relación con los trabajos en beneficio de la comunidad. Y concluye defendiendo la eficacia y utilidad mencionadas de los trabajos en beneficio de la comunidad (que considera "indiscutible", pese a que en realidad hayan sido discutidas, al menos en parte, aunque la autora apunta a la falta de fundamento real de algunas críticas). Eso sí, para lograr lo anterior, propone un correcto desarrollo e interpretación de la regulación y, desde luego, dotación de los medios adecuados para su implementación, junto con otras medidas, superando la concepción actual de que los trabajos suponen básicamente la realización de cursos o intervención en programas, todos los cuales no debe descartarse, pero han de tener otra naturaleza. Los trabajos deben ser otros, con la utilidad pública como referente, y en un sistema en que las administraciones públicas de distintos niveles deben implicarse con voluntad política. En resumen, una propuesta que, sin dejar de tener aspectos polémicos por novedosos o atrevidos, busca una mayor eficacia combinada con una menor merma de derechos del penado que la que suponen otras penas. Sin duda una propuesta que debe ser tenida en cuenta.

Javier de Vicente Remesal se ocupa de la pena de inhabilitación para profesión u oficio en el tercer trabajo del capítulo. Tras un sintético repaso histórico y un breve resumen de su regulación actual, el autor para a ocuparse de esa clase de inhabilitación especial. Antes de analizar la pena (principal o accesoria), dedica unas líneas a la inhabilitación especial como medida de seguridad, exponiendo su régimen actual en el Código Penal y admitiendo su carácter subsidiario respecto de la pena correspondiente, aunque recordando, con otro de los especialistas que participan también en este libro, Sergi Cardenal Montraveta, que la duración de la pena, adecuada a la culpabilidad del sujeto, puede no resultar suficiente para neutralizar su peligrosidad. En lo que se refiere a la pena accesoria, yo destacaría, entre los muchos aspectos que trata Javier de Vicente, el que acertadamente subraye la contrariedad al principio de proporcionalidad que supone que la duración de la de inhabilitación haya de ser idéntica a la de prisión, lo que además comporta otras contradicciones varias. Cuando la pena es principal, el trabajo pone de relieve las distintas dificultades que supone la inhabilitación, que nunca se contempla como pena única ni como pena facultativa. Como principal conclusión destaca, según creo, el acierto de la posición, hoy confirmada por la ley, de este autor en que la obligación del juez es la de concretar en sentencia de forma precisa el alcance de la prohibición, pero puede restringirla a las actividades relacionadas con el hecho o, si se fundamenta y motiva adecuadamente, optar por la prohibición en general del ejercicio de la profesión u oficio. Por fin, el trabajo concluye con el repaso de la concreción del alcance de la pena conforme a la especificación en los diferentes tipos, algo que no puede ser siquiera resumido o sintetizado aquí.

El cuarto trabajo del capítulo corre a cargo de María A. Trapero Barreales, quien se ocupa de un tema novedoso como son lo que denomina penas privativas de derechos digitales, planteándose su posibilidad a través de la regulación de las penas accesorias. María Trapero repasa, en primer lugar, los avatares legislativos de las penas accesorias y, detalladamente, las dificultades que plantean, con abundante aparato de citas, como a lo largo de todo el trabajo y como es habitual en esta autora, llegando a la conclusión de que, en realidad, el Código Penal cuenta hoy con cinco regímenes de penas accesorias, lo que da idea de su complejidad. En cuanto a lo que denomina nuevas penas restrictivas de "derechos digitales", tras un repaso exhaustivo de posibilidades y de las posiciones enfrentadas, no solo en doctrina, sino también en la jurisprudencia (destaca el análisis crítico que hace de la sentencia del Tribunal Supremo 547/2022, de 2 de junio), concluye, en general, en mi opinión con acierto, que, al margen de consecuencias jurídicas en el Código Penal, de discutida naturaleza, pero que no son penas (como la prevista, por ejemplo, en el art. 156 ter), y de alguna posibilidad (referida a la penas principales) a través de la referencia a "otras actividades, sean o no retribuidas", del art. 39 b, la introducción de restricciones a derechos digitales como pena accesoria a través de la cláusula de inhabilitación para cualquier otro derecho de los arts. 39 b) y 56.1.3ª, así como a través del art 57, resulta imposible por contraria, sobre todo, al principio de legalidad y a su derivado mandato de concreción y taxatividad, poniéndose del lado del sector doctrinal y jurisprudencial que rechaza esa posibilidad (como el voto particular de dos magistrados en la sentencia antes citada). Reconoce, eso sí, que es precisa una reforma legal para introducir las penas de restricción de derechos digitales. Cree que el proceso ha comenzado, mediante el Pacto de Estado contra la violencia de género de 2017 y, sobre todo, la concreción del Anteproyecto de Ley Orgánica para la protección de las personas menores de edad en los entornos digitales, pero señala, con razón, como pendientes de reflexión, el modo de cumplimiento de la nueva pena privativa de derechos, el control sobre el efectivo cumplimiento de la pena por el sujeto, y, desde luego, la suficiencia de la previsión de la pena contenida en al Anteproyecto o la necesidad de alguna otra además.

Isabel Durán Seco se ocupa en el quinto trabajo de este primer capítulo de la pena de inhabilitación especial para profesión, oficio o actividades que conlleven contacto regular y directo con menores en los delitos contra la libertad sexual. Tras una completa exposición de la evolución histórica y la regulación anterior, tras la Ley Orgánica 1/2015, que introdujo la pena, señalando la autora de modo preciso y atinado sus características esenciales y los principales problemas que suscitaban, pasa ya a continuación al análisis de su regulación actual tras Ley Orgánica 8/2021, indicando los principales cambios. Así, me parece importante su conclusión de que seguramente habría sido mejor restringir el carácter obligatorio de la imposición de la pena, hoy general, a los supuestos de víctima menor de edad, así como su crítica, con un sector de la doctrina, a la posible desmesurada duración de la pena y a la contrariedad al principio de proporcionalidad que supone el que el límite máximo, veinte años, sea el mismo tanto si el delito es grave como si es menos grave, y a la aproximación de la regulación penal a la administrativa. En materia de contenido es interesante su clara posición sobre las actividades que deben incluirse en el alcance del precepto, dada la literalidad de art 57.2 de la última Ley Orgánica citada. Dedica un apartado completo de su trabajo, por la importancia de la cuestión, a subrayar la imposibilidad de aplicación de la inhabilitación cuando, en el delito contra la libertad sexual, el juez opte por la aplicación de la pena de multa y no la de prisión, algo ignorado en una mayoría de sentencias (algunas en conformidad), frente a una minoría que, sin embargo y con razón, considera Isabel Durán acertada, ofreciendo sólidos argumentos literales, históricos, sistemáticos y teleológicos y valorativos. En relación con el debate suscitado a raíz de la entrada en vigor de la Ley Orgánica 10/2022, de 6 de septiembre, sobre si la aplicación retroactiva en casos de mayor benignidad respecto del art 192.3 del Código Penal debe ser en el conjunto de la pena (alcanzando la prisión y también la inhabilitación estudiada), como ha sido mayoritariamente en la jurisprudencia, con respaldo doctrinal también mayoritario, frente a una opinión mayoritaria que sustenta la posibilidad de retroacción parcial en caso de favorabilidad, prefiere dejar el debate abierto. Y, finalmente, con apoyo doctrinal amplio y riqueza argumentativa, critica la regulación del Registro Central de Delincuentes Sexuales, concluyendo que esta y la de la pena estudiada "suscitan importantes cuestiones sobre la protección de los menores, la garantía de derechos y la necesidad de un equilibrio entre la seguridad de los ciudadanos y la reinserción social".

El primer capítulo concluye con un trabajo de Dulce M. Santana Vega, que supone un magnífico estudio exhaustivo sobre la falta de respeto del principio de proporcionalidad en las penas previstas en los delitos contra la Corona, si bien en realidad el estudio va más allá en muchos puntos del marco de estos concretos delitos. Esto último sucede ya en el análisis introductorio del principio de proporcionalidad, señalando al final de él que el estudio lo va a centrar en la proporcionalidad que ha de observarse en la fase legislativa, exponiendo lo que había venido siendo moneda común en doctrina y jurisprudencia constitucional, es decir, la declaración de un amplio margen de libertad para el legislador, sin desbordar los límites constitucionales, con una inatacabilidad de la proporcionalidad abstracta o legislativa, y su relativización posterior por la Sentencia del Tribunal Constitucional 136/1999, de 20 de julio, advirtiendo que el trabajo se centra en los aspectos fijados en esta última STC, constriñéndolos a los delitos contra la Corona. A continuación sigue un concienzudo análisis de esa proporcionalidad desde un triple punto de vista: la determinación de los sujetos pasivos protegidos, la configuración de las conductas típicas y las penas previstas en los tipos (lo que, de nuevo, demuestra que, para bien, incluso dentro de esos delitos, el trabajo se extiende más allá de lo relativo a la proporcionalidad de las penas que anuncia su título, si bien es cierto que es a este aspecto, en relación con el segundo, al que mayores reflexiones dedica). No es posible resumir siquiera, en esta especie de "aperitivo" de la obra, ese análisis. El trabajo se cierra con unas muy amplias "consideraciones críticas conclusivas". De ellas destacaré que justifica la propia existencia y mayor punición de estos delitos en su carácter pluriofensivo, con gran importancia del bien institucional (siendo totalmente insuficiente el personal), denunciando, con parte de la doctrina, la aparente excesiva personificación de ese bien institucional en los vigentes tipos contra la Corona, lo que desbordaría el principio de proporcionalidad de las penas. Sin embargo, frente al sector doctrinal que señala que la redacción actual profundiza el modelo personalista decimonónico, cree Dulce Santana que cabe una interpretación de los tipos actuales conforme a la Constitución, considerando central elemento restrictivo la necesidad de que, ya con la legislación vigente, se exija que los sujetos pasivos se encuentren en el ejercicio de sus funciones o con motivo u ocasión de ellas, aunque también cree preferible que, *de lege ferenda*, se reduzca el elenco de sujetos pasivos. Refuerza esa defensa combatiendo diversos argumentos que podrían utilizarse en contra. Y defiende su interpretación restrictiva como única posible para salvar la contrariedad al principio de proporcionalidad, aludiendo a la necesidad de verificación de la idoneidad de las penas previstas para alcanzar los fines de protección objetivo de los tipos. Sus mayores críticas se dirigen, con acierto, al aspecto del juicio de proporcionalidad en razón de la comparación entre la entidad del delito y la entidad de la pena, que presenta desproporciones notables en los delitos estudiados. Propone, con interesantes concreciones que no es posible reproducir aquí, un cambio en la fijación de las penas que atienda este aspecto y también la derogación de los delitos de injurias y calumnias contra los sujetos pasivos cualificados o contra el prestigio de la Corona. Sin duda, el trabajo supone una pieza importante en la discusión futura sobre la materia y una buena guía para los intérpretes y aplicadores de los tipos actuales y para el legislador en próximas reformas de esos tipos y, desde luego, de las penas.

El segundo capítulo del libro se refiere a las consecuencias jurídicas en el ámbito de la Ley Orgánica de Responsabilidad Penal de los Menores y lo compone un solo trabajo sobre el ámbito de aplicación de las reglas especiales para los delitos de extrema y máxima gravedad cometidos por menores (art. 10 de la citada LO), a cargo de un reputado especialista en Derecho penal de menores, Sergi Cardenal Montraveta. Este autor desarrolla un concienzudo y amplio análisis de esas reglas, tras haberlas enmarcado, con detenimiento y profundidad, en su contexto legislativo y haber repasado a fondo los cambios y avatares que este ha ido experimentando. Tras una muy sólida argumentación interpretativa, concluye que la obligación de imponer una medida de internamiento en régimen cerrado propia de los delitos de extrema y máxima gravedad excluye de este ámbito a los delitos leves y a los menos graves, pues en ellos se permite desistir del expediente, cuando aquella medida se refiere a delitos que, aparte de reunir las características exigidas en el art. 9.2, han de ser delitos castigados con medidas impuestas en sentencia, es decir, delitos de cuyo enjuiciamiento no cabe desistir por razones de oportunidad. En definitiva, quedan solo los delitos graves. Pero el autor señala las dificultades que, pese a la aparente sencillez, puede presentar su determinación conforme a los arts. 13 y 33 del Código Penal (los conminados con pena grave), dificultades que de nuevo expone y analiza de forma rigurosa, para concluir, en conexión con la jurisprudencia a la hora de delimitar los delitos graves, menos graves y leves, que el criterio que debe trasladarse al art. 10.2 LORPM es que la pena que ha de tenerse en cuenta es la prevista en abstracto para el autor de la infracción consumada, siendo posible por tanto aplicarlo, si esta conduce a entender que se trata de un delito grave, aun cuando en concreto los delitos mencionados no hayan llegado a consumarse o el menor sea un partícipe (especialmente un cómplice, único supuesto de rebaja de pena). Fundamenta esta opinión y critica alguna decisión jurisprudencial en sentido contrario, menciona otras en el sentido que considera adecuado y una última que, sin negar la aplicación del mentado art. 10.2, considera que, en los casos de tentativa o complicidad, necesariamente ha de rebajarse siempre la duración de la medida de internamiento, lo que el autor del trabajo no considera satisfactorio. Un análisis separado, por su carácter excepcional, le merecen las medidas del art. 10.2 en relación con los delitos contra la libertad sexual y lo dispuesto en el primer párrafo del art. 192.3 del Código Penal, que, por las penas restrictivas de derechos a que se refiere, obligaría a considerar delitos graves algunos conminados con pena de prisión menos grave. Critica entonces por excesiva, con argumentos que considero plenamente convincentes, la actual delimitación de los delios contra la libertad sexual a los que resulta aplicable el art. 10.2 LORP, proponiendo algunas exclusiones y, *de lege ferenda*, limitar su alcance a las agresiones sexuales conminadas con penas graves de prisión o penas de prisión que, por su extensión, permitan considerarlos delitos graves, o, como mínimo, a las agresiones sexuales castigadas con pena de prisión menos grave en los que concurran las circunstancias del art. 9.2 LORPM. También se refiere separadamente a los delitos relacionados con el terrorismo, dado que el art. 10.2 LORP incluye también algunos de estos delitos pese a estar conminados con penas menos graves de prisión (delitos que detalla) por el hecho de que las penas de inhabilitación que contienen son consideradas penas graves. De nuevo, el resultado le parece excesivo y propone limitar la aplicación del citado art. 10.2, *de lege ferenda*, a los delitos de terrorismo castigados con las penas o en los casos que ya señalaba para los delitos contra la libertad sexual, ilustrando su razonamiento de nuevo con diferentes resoluciones judiciales. Concluye el trabajo con una crítica de las reformas del art. 10 LORPM y las razones preventivas (de prevención general y especial) que se aducen para ello, advirtiendo previamente que no le parecen mal otras reformas de esa LO basadas en necesidades de prevención especial, respetando los principios de humanidad, culpabilidad y proporcionalidad en sentido amplio, aun cuando permitan una mayor severidad en la intervención penal (que, señala, parece no haber sucedido).

El capítulo tercero del libro se dedica a las consecuencias para personas jurídicas, en el marco de controvertido modelo consagrado en el Código Penal español, pero, en realidad, el artículo de Víctor Gómez Martín contenido en el capítulo va más allá de la referencia a dichas consecuencias, aunque se refiere a un aspecto fundamental para su no aplicación: la "eximente de *compliance*" y su posible naturaleza. Desde luego, el autor del trabajo se alinea con quienes sostienen (sostenemos) que lo que el Código Penal denomina penas no son materialmente tales, por diversas razones, que considero compartibles, señalando que a la persona jurídica se le pueden imponer medidas de seguridad, consecuencias jurídicas interdictivas o reglas de restablecimiento de situaciones económicas de enriquecimiento injusto. La fundamentación de esta idea es amplia y sirve de base para sustentar que también más bien jurídico-civil y no jurídico-penal será la naturaleza de las reglas del *compliance*. Pero antes de llegar a la conclusión final que enseguida resumiré, el trabajo transita por previas comprobaciones. Así, se plantea si tiene sentido entender, como hace un sector de la doctrina, la eximente de *compliance* como una causa de atipicidad o de exclusión de la culpabilidad. Repasa las posiciones que defienden, desde la admisión de la autorresponsabilidad penal de la persona jurídica, la posibilidad de una teoría del delito para la persona jurídica, con los mismos elementos que la tradicional de la persona física, pero con contenidos distintos aunque correspondientes, que Víctor Gómez rechaza, tras exponer sus variantes (en la doctrina científica y en la de la Fiscalía General del Estado), que conducirían a entender la exención de responsabilidad por *compliance* bien como causa de exclusión de la tipicidad, bien como causa de exclusión de la culpabilidad, dependiendo de a qué elemento del delito se adscriba el, esencial en estas tesis, defecto de organización, igual que rechaza la tercera vía jurisprudencial de entender que se trataría de una doble causa de exención, por exclusión del tipo de injusto y de la culpabilidad. La razón del rechazo es básicamente que las normas de determinación en cuya infracción consiste el delito solo pueden dirigirse a personas físicas, pero no a las jurídicas (que, a lo sumo, podrán ser objeto de valoración) y que, por lo tanto, no cometen delitos, lo que le conduce a excluir los elementos de la teoría del delito de manera detallada y a otras importantes consideraciones, que no pueden reproducirse aquí, ni siquiera de forma resumida. Tampoco escapa a la crítica el entendimiento, desde posiciones vicariales o de transferencia, que concreta en la famosa Circular de la Fiscalía General del Estado 1/2016, de la eximente de *compliance* como una (en terminología tradicional, aunque no muy acertada en mi opinión) excusa absolutoria, esto como exclusión del elemento punibilidad. En definitiva, considerada la eximente como un "sinsentido dogmático", el trabajo se cierra con dos conclusiones. La primera, *de lege lata*, es que, si la responsabilidad penal de la persona jurídica resulta dogmáticamente insostenible, lo mismo habrá de decirse de la eximente de *compliance*. La segunda, que califica *de lege ferenda*, es que, dado que la naturaleza jurídica de los modelos de prevención depende del modelo de responsabilidad de la persona jurídica consagrado en la ley y este en España es vicarial o de heterorresponsabilidad y esa responsabilidad se parece más a la jurídico-civil que a la penal (aunque estoy de acuerdo en que no posee naturaleza penal en sentido estricto, he manifestado en algún trabajo mis dudas sobre poder asimilarla a la civil, al menos en la situación legislativa actual española, aunque, por lo demás, estoy de acuerdo en casi todo lo que plantea el trabajo), la eximente de *compliance* no puede comprenderse como causa de exclusión del injusto o la culpabilidad, pero tampoco puede verse como causa de exclusión de la punibilidad, pues estas causas no impiden la presencia de un delito (un injusto culpable), sino solo excepcionalmente su castigo, por lo que caracterizar como tal la eximente supondría aceptar que existe un injusto de un sujeto culpable, lo cual, reitera, es un sinsentido.

Un solo artículo compone el capítulo cuarto, dedicado a consecuencias jurídicas y corrupción. Se trata del trabajo de una penalista que ya ha abordado anteriormente el tema, Soledad Barber Burusco, quien trata de la multiplicidad de consecuencias jurídicas en los delitos de corrupción, centrando su atención especialmente en la aplicación y ejecución de las penas privativas de derechos. Tras una interesante introducción sobre la relevancia de la corrupción pública y el papel del Derecho penal en su prevención y represión, dedica su trabajo a poner de relieve algunos problemas relativos a las penas privativas de derechos que los delitos de corrupción pública prevén como principales, señalando la desatención que tradicionalmente han padecido frente a la de prisión, aunque el panorama mejora en los últimos años. Ofrece un repaso minucioso de la evolución legislativa de esas penas (con mención de otras consecuencias, como las accesorias) en la regulación de los delitos de corrupción pública, para llegar a la regulación actual. Entiende justificadas por la relación con el delito y el ejercicio del cargo las penas de inhabilitación y suspensión, con sus funciones de prevención general y especial, con alguna duda para la inhabilitación absoluta en ciertos supuestos. Repasa la regulación de esta última y los delitos que la prevén y denuncia algunas contradicciones normativas. Respecto de la inhabilitación especial para empleo o cargo público, desarrolla con claridad sus elementos y efectos en los delitos que la prevén, igual que hace con la inhabilitación para el ejercicio del sufragio pasivo y la suspensión de empleo o cargo público. Muy interesante es el desarrollo, con amplia cita de doctrina y jurisprudencia, que plantea la aplicación y ejecución de las penas de inhabilitación, distintas en parte en la absoluta (que requiere menor concreción en sentencia) y en las especiales (de necesaria concreción). Así, se revisan los problemas de la especificación en sentencia de los cargos, empleos y honores sobre los que recae la inhabilitación especial (que considera que, aunque mejor que en el pasado, sigue sin cumplirse plenamente, pese a la obligación legal, con las consecuencias negativas que ello genera), la posible privación de alguna de las funciones dentro del mismo empleo (con ejemplificación jurisprudencial, que considera cuestionable en algunos aspectos importantes), la situación que se plantea cuando el funcionario es titular de varios empleos o cargos públicos (es necesario concretar, pero señala que no hay previsión legal ni jurisprudencia uniforme del Tribunal Supremo), la incapacidad para obtener otros empleos o cargos análogos (alude a la discusión doctrinal de la cláusula analógica y defiende una interpretación restrictiva atendiendo a la similitud de funciones; de nuevo pone de manifiesto la falta de uniformidad en la jurisprudencia y critica lo que considera alguna paradoja en ella) y la privación definitiva para el empleo o cargo en la inhabilitación absoluta y en la especial (pone de relieve sobre todo la posibilidad de rehabilitación que prevé la normativa administrativa y su incidencia en la pena, acercándola a la suspensión, con otras consecuencias problemáticas, que detalla de forma muy clarificadora, destacando además la opacidad que, en su opinión, supone esa rehabilitación). El trabajo concluye con unas interesantes consideraciones finales, que se pueden anticipar resumidamente en la idoneidad general de las penas de inhabilitación previstas, mostrando cautela frente a la acumulación de penas (principales o accesorias), así como en la puesta de relieve de que, más allá de esa idoneidad abstracta, existen factores que inciden en la efectividad de estas penas (y de cualquier otra), como la distancia entre pena conminada y realmente impuesta, frecuente en los delitos de corrupción pública, apuntando las diversas razones que conducen a esa distancia. Además, denuncia los problemas de proporcionalidad en la aplicación de la inhabilitación, la falta de precisión y oferta de criterios unívocos para la determinación de los cargos o empleos afectados y los análogos, incidiendo en los problemas de la rehabilitación administrativa. En resumen, un excelente muestrario de problemas, muy útil, sobre todo, para la aplicación de las penas estudiadas y la reflexión sobre posibles mejoras.

El capítulo quinto se dedica a las medidas de seguridad y contiene un trabajo de Francesco Schiaffo (traducido del italiano por José Ancor Viera González), que expone y valora críticamente la experiencia italiana y su propuesta para superar los hospitales psiquiátricos, ocupándose por tanto, en un estudio que sin duda puede ser útil para España, del grave problema de la protección de la salud mental en la ejecución penitenciaria. El trabajo señala cómo, en la larga y nunca acabada ordenación del sistema de sanciones penales en el Código Penal italiano, una intervención reciente ha tenido que ver con uno de los rasgos esenciales del sistema: la doble vía de penas y medidas de seguridad. Así, en la legislación para la superación de los hospitales psiquiátricos judiciales se revisa la principal característica de la disciplina de las medidas de seguridad, que a día de hoy no difiere demasiado de la de las penas (cercanía que explica y critica por diversas razones, destacando el riesgo de vulneración del principio *ne bis in idem*). A continuación, expone críticamente las previsiones normativas para la supuesta superación de los hospitales psiquiátricos penitenciarios, que sigue, en su opinión, sin valorar criterios muy diferentes de los que rigen la medición de la pena (especialmente la gravedad del hecho). Subraya datos sorprendentes, como que la nueva normativa no ha modificado en absoluto las disposiciones al respecto del Código Penal, hecho achacable, cree, a la actual falta de estabilidad de las estructuras y orientaciones socioculturales (condiciones políticas y sociales), que supone un mantenimiento de estructuras difícilmente asumibles, a lo que añade circunstancias como la transmisión mediática de la eficacia y urgencia de las medidas penales, las políticas securitarias y el recordatorio de intentos históricos parecidos. Con todo, señala que se contienen cambios (que habría que desarrollar y profundizar) en la nueva normativa: las nuevas residencias para la ejecución de las medidas de seguridad no se pueden contemplar como sucesoras de los viejos hospitales psiquiátricos judiciales, subrayando que ya hoy hay alternativas al internamiento en hospital psiquiátrico penitenciario; las nuevas residencias serían solo un primer destino para la ejecución de las medidas de seguridad de internamiento en el hospital psiquiátrico judicial y de asignación de atención y custodia previstos en el Código Penal, poniendo de relieve, entre otras cosas, la escasez de plazas en las residencias, y apunta la valoración y las necesidades para una auténtica superación del sistema, con atención real al derecho a la salud y a la eliminación de toda forma de discriminación en la tutela de la salud mental. Frente a una crítica (que cree comprensible) a la nueva situación, destaca algunos aspectos a su favor, pues, con todas las dificultades, por primera vez se atendería de verdad al criterio de individualización conforme a las condiciones específicas de las personas afectadas, y se atisba una mejora clara, aunque en un sector muy limitado del sistema penal, en las posibilidades de salir del circuito penal y penitenciario. Si no entiendo mal, el trabajo de Francesco Schiaffo apunta a una ventana de oportunidad, dentro de un sistema global italiano que contempla muy críticamente y que requiere, en su opinión, de una reforma también global y profunda, pero que ve improbable en las actuales condiciones socio-políticas.

El sexto y último capítulo del libro se dedica a una consecuencia accesoria especialmente importante, el decomiso, sobre el que no existían hasta hace poco demasiados trabajos profundos, pero ha recibido en tiempos recientes la atención, con resultados muy positivos, de especialistas, algunos precisamente autores de las contribuciones que aquí se publican.

El primer trabajo, útil para España en perspectiva comparada, es el de Anna Maria Maugeri (traducido por Cristina Cazorla González y José Ancor Viera González), con un amplio análisis del decomiso ampliado y el decomiso preventivo en el ordenamiento italiano. Parte de la explicación nacional e internacional, plasmada en cuerpos normativos que detalla, sobre la necesidad de implementar instrumentos útiles para luchar contra la infiltración en la economía de los productos de la delincuencia organizada (dentro de ella, la mafiosa), así como de la importancia que se da en el ámbito internacional a, entre otras medidas, el decomiso, eso sí, aligerándolo de elementos que le han restado eficacia en el modelo tradicional, en concreto, implementando mecanismos que suavicen -o hasta inviertan- la carga de la prueba del origen ilícito (previendo un decomiso ampliado a todos los bienes del infractor de presunto origen ilícito) y asegurando el decomiso de los beneficios ilícitos incluso en ausencia de sentencia condenatoria (tendiendo a modelos propios del *common law*), citando importantes instrumentos normativos y no normativos, pero relevantes (del GAFI) en ese sentido, con especial incidencia en los europeos. En referencia ya a Italia, expone las líneas generales del sistema y habla de un decomiso de valor, que aún no contaría con una regulación general, que la jurisprudencia mayoritaria considera una pena, pero que minoritariamente se concibe, con razón, según la autora, despojado de carácter punitivo, siendo más bien de índole recuperatoria (para un reequilibrio económico). Expone la evolución italiana y las distintas formas de decomiso que contempla hoy, con la nota (críticamente contemplada por la autora) de hacer prevalecer la eficacia sobre las garantías. Explica las líneas fundamentales del decomiso ampliado en Italia (con relajaciones probatorias y una tendencia creciente en su evolución legal a colmar necesidades de eficacia, con las consiguientes observaciones críticas por parte de la doctrina), con detalle de otras figuras cercanas. La mayor parte del trabajo se dedica al decomiso preventivo, principal arma contra la infiltración de la criminalidad organizada (mafiosa) en la economía legal. Es una medida preventiva que se aplica en un procedimiento preventivo, en ausencia de condena por delito. La autora examina con interesante detalle los distintos requisitos de esta forma de decomiso: en primer lugar, como requisito subjetivo, peligrosidad social, con sus problemas y la tendencia al exceso -ampliación de los sujetos con peligrosidad cualificada-, que critica, junto a otros aspectos, con sólidos argumentos, resaltando además el esfuerzo de la Corte Constitucional y la Corte Suprema por establecer una contemplación más garantista frente a la que parece derivarse de la ley, que explica en detalle, señalando en todo caso que subsisten problemas. A continuación, realiza una minuciosa exposición y valoración de los requisitos objetivos: la propiedad o disponibilidad de los bienes, la desproporción, la prueba del origen ilícito y falta de justificación y la correlación y razonabilidad temporal, poniendo de relieve los importantes problemas que suscita cada uno de ellos (a menudo, precisamente en relación con las garantías, exponiendo también esfuerzos doctrinales y de la jurisprudencia –en varias cuestiones más bien minoritaria- por preservarlas). Finaliza el trabajo con reflexiones sobre la naturaleza del decomiso ampliado y el preventivo, concluyendo (a menudo en contra de concepciones jurisprudenciales que detalla) que poseen naturaleza penal o, más precisamente, encajan en un concepto amplio de materia penal, fuera del núcleo duro del Derecho penal, pero requiriendo (por ser penal) especial atención a las garantías, aun reconociendo el fundamento del decomiso sería más bien "la finalidad de sustraer a la delincuencia –sobre todo organizada – la riqueza de origen ilícito, que representa un factor de contaminación del mercado y de la economía lícita", sin que ello, dado el impacto punitivo, pueda sustraerlo a las garantías (necesaria constatación del origen delictivo de los beneficios, aun en ausencia de sentencia condenatoria y demás peculiaridades).

Carlos Castellví Monserrat, demostrado especialista en el estudio altamente valioso del decomiso, se ocupa, en el segundo de los trabajos del capítulo, de la finalidad, utilidad y legitimidad del decomiso de terceros. El trabajo es muy claro y, tras una breve introducción con exposición de la regulación legal, se adentra de inmediato en el análisis de las cuestiones planteadas y adopta claras posiciones al respecto. Así, en cuanto a la finalidad, en el caso del decomiso de ganancias, opina con firmeza que aquella no es impedir el enriquecimiento ilícito de terceros, pues, si así fuera, carecería de sentido limitarlo a las ganancias de tercero adquiridas con mala fe, como viene a establecer el art. 127 quater del Código Penal, lo que explica con ejemplos y respondiendo a contraargumentos posibles. Tampoco, por la misma razón, admite que la finalidad sea la prevención general de delitos cometidos para enriquecer a terceros. Su conclusión, bien fundada, es que la finalidad es prevenir la propia conducta del tercero (recibir beneficios), en cuyo caso cobra sentido que el decomiso solo alcance a las ganancias recibidas con mala fe. Respecto del decomiso de instrumentos, también se opone a la opinión de que sea la prevención especial, evitando su uso para la comisión de nuevos delitos; la razón es que la regulación incluye en el decomiso, de nuevo, solo los instrumentos adquiridos por terceros de mala fe; tampoco, por la misma razón, puede ser la finalidad la prevención de que el autor se deshaga de los instrumentos antes del juicio (de nuevo todo ello ejemplificado y discutido ampliamente). Llega (en un razonamiento paralelo al relativo al decomiso de ganancias) a la conclusión de que la finalidad es prevenir la conducta de los terceros, concretamente prevenir que terceros contribuyan a dificultar el decomiso de los instrumentos del autor. En cuanto a la utilidad, en relación con el decomiso de las ganancias, se plantea si no bastaría con la existencia del delito de blanqueo de capitales, pero cree que el solapamiento no es total y que el decomiso tiene un campo de aplicación propio útil que, sin embargo, no coincide con el que señala un sector doctrinal relevante, sino que, siguiendo otra opinión también importante, se extiende a los supuestos de imprudencia no grave, que quedan fuera del delito de blanqueo, además de aquellos en que no puede superarse el estándar probatorio requerido para una condena por blanqueo, pero sí el exigido para el decomiso. En lo referente al decomiso de instrumentos, explica que no existe solapamiento con el blanqueo ni con el alzamiento de bienes, aunque sí podrá constituir en algún caso delito de encubrimiento, pero no siempre; en cuanto al quebrantamiento de condena, en el cual la adquisición de un instrumento del delito a sabiendas de que así se dificulta su decomiso podría suponer participación, explica que la jurisprudencia rechaza esta posibilidad, aunque el autor lo considera discutible. Pero, aun admitiendo esa posibilidad, quedaría un margen de utilidad exclusiva al decomiso, cuando la adquisición sea imprudente (el quebrantamiento de condena es un delito doloso), además, otra vez, de los casos en que no pueda superarse el estándar probatorio exigido para el delito de quebrantamiento (y sí el que se precisa para el decomiso, inferior). Por fin, en cuanto a la legitimidad del decomiso de terceros, en el de ganancias podría no ser legítimo por emplear presunciones, si es que constituyera una sanción; pero cree que este decomiso no es una sanción, pues no restringe ningún derecho legítimo (solo sobre aquello a lo que no se tiene derecho podrá recaer el decomiso legítimo). En cuanto al de instrumentos, nuevamente podría parecer ilegítimo por emplear presunciones, si fuera una sanción. Y Carlos Castellví cree que aquí sí estamos ante una sanción, siempre que los instrumentos sean de lícito comercio, pues se están restringiendo derechos, además con finalidad aflictiva. En consecuencia, considera que carece de legitimidad. La riqueza del trabajo es mucha y sus aportaciones diversas, pero quiero destacar su claridad y concisión, sin perder profundidad y motivación. Difícil resulta explicar tanto y tomar posición muy fundadamente con tanta claridad en tan poco espacio, más allá de acuerdos y desacuerdos. Ello se observa también en el propio resumen conclusivo con que el autor cierra su trabajo.

El capítulo y el libro concluyen con un trabajo de la (junto a José Ancor Viera González) Coordinadora de esta obra, Cristina Cazorla González, una joven investigadora que ya ha mostrado públicamente su talento y también su pericia en el tema del decomiso (y, estoy seguro, la demostrará aún más en un futuro próximo). Se ocupa en esta ocasión de aspectos que explicarían la ineficiencia (que considera estructural) del decomiso en España. Reconociendo (como creo que es debido) la existencia de excelentes trabajos sobre los aspectos dogmáticos de teoría del delito y procesales del decomiso, en que se intenta ofrecer soluciones a las deficiencias derivadas de la "descuidada técnica legislativa", entiende que, más allá de reportes mediáticos, el tema del decomiso no está en la agenda pública ni existe ni es esperable a medio plazo una verdadera política criminal respecto de esa institución. Faltaría una validación empírica, una atención específica a problemas jurídicos asociados al decomiso de ciertos bienes y el análisis de la actuación y posicionamiento de diversos agentes respecto de la institución. El trabajo pretende exponer problemas detectados en la gestión de activos decomisados en España, con especial atención a la destrucción de la droga intervenida y al destino de embarcaciones y vehículos decomisados en relación con el narcotráfico. El análisis, cuyas fuentes se detallan, pretende servir de base para la posterior formulación de propuestas para una política de gestión realista que tenga en cuenta las especifidades del caso español. Así, desde el entendimiento de que el decomiso forma parte de un proceso más complejo compuesto por diversas fases o etapas, comienza exponiendo los principales instrumentos o estrategias contra el enriquecimiento ilícito procedentes del poder ejecutivo, concluyendo que no bastan si no se acompañan de medios, recursos y personal. A continuación, explica como los operadores jurídicos, en concreto magistrados y fiscales, acaban promoviendo un decomiso de mínimos en la aplicación rutinaria de la consecuencia accesoria, denunciando carencias formativas de los operadores que lastrarían la eficiencia de la institución. Unas veces existe desinterés, otras no, pero el trabajo de los operadores se frustra por maniobras con mala fe procesal (en especial en materia de narcotráfico). En definitiva, poco uso de la figura, demostrado con estadísticas, incluso después de las reformas que la ampliaron, y otros defectos. La autora ofrece un listado de consecuencias de la falta de una estrategia integral para la gestión de los bienes decomisados, basadas empíricamente, atendiendo sobre todo a los activos del narcotráfico, presentando un panorama bastante desolador. Muy significativa me parece su exposición en cuanto la destrucción de sustancias psicotrópicas y objetos relacionados, con la ordenada expresión de carencias a la vista de la realidad que se constata, así como lo atinente a los problemas con la gestión de embarcaciones de alta velocidad neumáticas y semirrígidas en relación con el narcotráfico. Con la lectura del trabajo y de sus conclusiones finales, podría pensarse en un estado de cosas realmente desalentador y en un horizonte muy poco prometedor. Sin embargo, lo fundado del trabajo y la clara identificación de las deficiencias creo que contribuyen, como era su finalidad, a plantear una estrategia nueva y con bases sólidas. No sabemos si habrá voluntad de hacerlo, pero, sin duda, Cristina Cazorla aporta un buen sustento para ello.

Todas las contribuciones suponen no solo un rico material para la discusión doctrinal y el avance en el plano académico o científico, sino también un excelente conjunto de ideas y propuestas para orientar la legislación futura y la interpretación y aplicación de la vigente por los jueces y tribunales y otros agentes implicados. En definitiva, una aportación a un mejor Derecho penal en materia tan sensible como la de las consecuencias jurídicas del delito y, con ello, un beneficio social y ciudadano.

Tras este necesariamente simplificado repaso del contenido del libro, debo agradecer en esta presentación a las instituciones que han apoyado y financiado la obra, especialmente el Cabildo de Gran Canaria y la Universidad de Las Palmas de Gran Canaria, así como a los proyectos de investigación en que se inscriben la mayoría de los trabajos (en especial PID2020-114303RB-I00, PID2019-108567RB-C21 y PID2023-148510NB-I00). Mi agradecimiento también a la editorial Tirant lo Blanch por la publicación.

Quiero terminar diciendo que este libro sería imposible sin el esfuerzo de las autoras y autores de los trabajos, de eso no cabe la menor duda, pero también sin la excelente coordinación de dos jóvenes, brillantes y prometedores investigadores, Cristina Cazorla González y José Ancor Viera González (con el apoyo también de alguna otra persona participante en la obra).

Y, para quien haya tenido la paciencia de leer esta presentación, debo decir: a partir de aquí empieza lo bueno.

CAPÍTULO
INTRODUCTORIO EN LA BASE DEL DEBATE

El merecimiento y la necesidad de pena como fundamentos de la individualización judicial de la misma

JOSE ANCOR VIERA GONZÁLEZ[1]
Personal Investigador en Formación.
Universidad de Las Palmas de Gran Canaria

I. INTRODUCCIÓN

El derecho a la tutela judicial efectiva exige, como garantía procesal, la motivación de las sentencias penales (art. 120.3 CE). Así, la motivación suficiente de la sentencia queda condicionada, también, a la fundamentación en la individualización de la pena[2]. El anterior mandato constitucional tiene como fin, entre otros, salvaguardar la seguridad jurídica, el derecho a la justicia y a la igualdad, así como el principio de vinculación de la justicia penal a la ley[3].

---

1 Este trabajo se enmarca en una ayuda para la formación predoctoral concedida por el Cabildo de Gran Canaria (resolución de 14.03.2024; BOC n.º 62, de 26.03.2024). Asimismo, su redacción se lleva a cabo, primero, estando vinculado al programa de doctorado "Responsabilidad jurídica. Estudio Multidisciplinar" de la Universidad de León y, finalmente, en el programa de doctorado en Ciencias Jurídicas y Sociales de la Universidad de Las Palmas de Gran Canaria (ULPGC), así como en el seno del Grupo de Investigación Reconocido "Problemas Jurídicos Actuales" (Cód. 571) de la ULPGC.

2 Entre otras, en este sentido, la STC 76/2007, de 16 de abril (Excmo. Sr. D. Javier Delgado Barrio), F.J. 7.

3 Demetrio Crespo, E., Prevención general e individualización judicial de la pena. Editorial Bdef, 2016, p. 354.

No obstante, la vaguedad y la genericidad de las reglas generales para la aplicación de las penas (arts. 61 y ss. CP) ofrece un amplio margen de discrecionalidad que deriva, habitualmente, en una intuitiva individualización judicial de las mismas[4]. Las anteriores circunstancias, a su vez, frente a marcos penales excesivamente amplios, permiten notorias oscilaciones entre condenas en casos análogos[5]. De este modo, ante la escasez (y frecuente ausencia) de criterios legales (al menos expresos), procede atender a principios político-criminales abstractos y difusos, así como a la consecuente y compleja controlabilidad sobre la aplicación de aquellos[6].

El Tribunal Supremo ha venido manteniendo que la "*invocación de argumentos incoherentes o contrarios a la elemental idea de merecimiento de pena*" para justificar la pena impuesta es motivo suficiente para impugnar la resolución judicial condenatoria[7]. Así mismo, condiciona la suficiencia de la motivación de la sentencia a la razonabilidad de la decisión en atención al "*criterio de la necesidad de pena*"[8]. En este sentido, cabe afirmar que es imprescindible fundamentar la individualización de la pena conforme a los criterios de merecimiento y necesidad; en caso contrario, según la consolidada jurisprudencia, concurriría un inaceptable y rechazable voluntarismo[9].

---

4 DEMETRIO CRESPO, E., Prevención general..., 2016, p. 355.

5 Así, CASTELLÓ NICÁS, N., Arbitrio judicial y determinación de la pena en los delitos dolosos (art. 66.1 del Código Penal), Estudios de Derecho Penal y Criminología, 2007, pp. 16 y ss.

6 SILVA SÁNCHEZ, J. M., ¿Política criminal del legislador, del juez, de la administración penitenciaria? Sobre el sistema de sanciones del Código Penal, La Ley, t. IV, 1998, p. 1451.

7 En este sentido, a modo de ejemplo, la STS 1023/2007, de 30 de noviembre (Excmo. Sr. D. Manuel Marchena Gómez), F.J. 6.º.

8 Entre otras, STS 842/2017, de 21 de diciembre (Excmo. Sr. D. Alberto Gumersindo Jorge Barreiro).

9 La STC 91/2009, 20 de abril (Excmo. Sr. D. Ramón Rodríguez Arribas), F.J. 7.º, establece que concurre deber reforzado de motivación en las decisiones judiciales relativas a la fijación de la pena, en cuanto que el

En atención a la necesaria coherencia y conformidad de la motivación respecto al merecimiento y la necesidad de pena, cabe resaltar la siguiente cuestión: ¿cómo se fundamenta la individualización de la pena conforme a los referidos criterios? El anterior interrogante adquiere aún mayor complejidad frente al siguiente planteamiento: ¿qué es el merecimiento y la necesidad de pena? Al respecto, DA COSTA ANDRADE afirma que "*todo es cuestionado y controvertido en esta Babel en que se ha convertido la doctrina del merecimiento y de la necesidad de tutela penal, en donde hablando todos de lo mismo, raros son los que hablan de la misma cosa*" [10].

La anterior exigencia, que tiene como fin evitar el "voluntarismo" judicial, requiere el conocimiento cierto, como mínimo, del significado, el contenido, el alcance y la relación recíproca entre conceptos. En caso de no haber adoptado la jurisprudencia un posicionamiento firme respecto a los anteriores extremos y

---

margen de discrecionalidad otorgado legalmente al Juez no constituye justificación suficiente de la decisión adoptada, sino que su ejercicio se encuentra condicionado estrechamente a la motivación de la resolución y a la exteriorización de las razones que derivan en la decisión final sobre la pena concreta, pues solo así puede llevarse a cabo el control posterior en evitación de toda arbitrariedad. En similar línea, la STC 160/1997, 2 de octubre (Excmo. Sr. D. Pedro Cruz Villalón), F.J. 7.º: "*Existe arbitrariedad, en este sentido, cuando, aun constatada la existencia formal de una argumentación, la resolución resulta fruto del mero voluntarismo judicial o expresa un proceso deductivo «irracional o absurdo»*".

10 DA COSTA ANDRADE, M., Merecimiento de pena y necesidad de tutela penal como referencias de una doctrina teleológico-racional del delito, en: SILVA SÁNCHEZ, J. M. (Ed.), Fundamentos de un Sistema Europeo del Derecho penal, J.M. Bosch, S.A., 1995, pp. 155. En similar sentido, JIMÉNEZ DE ASÚA, L., La ley y el delito. Principios de Derecho penal. Editorial Sudamericana, Buenos Aires, 1973, p. 418. Como así resalta LUZÓN PEÑA, más allá de definiciones formales y tautológicas, no existe consenso alguno sobre el alcance, el significado material, la función, la ubicación sistemática o la relación recíproca entre dichos conceptos (LUZÓN PEÑA, D. M., La relación del merecimiento de pena y de la necesidad de pena con la estructura del delito, Anuario de Derecho Penal y Ciencias Penales, t. 46, núm. 1, 1993, p. 21).

atender, en cambio, a la aparente oquedad doctrinal sobre aquellos conceptos, resultará complejo distanciar la motivación del "voluntarismo" o de la incoherencia respecto a los criterios de merecimiento y necesidad de pena. En consecuencia, difícil resultará también controlar o revisar la concurrencia o no de aquella necesaria coherencia.

II. PUNIBILIDAD, MERECIMIENTO Y NECESIDAD DE PENA: CONCEPTOS MULTÍVOCOS

El término *punibilidad*, desde un punto de vista estrictamente léxico, puede ser definido como posibilidad jurídica de imponer una sanción penal[11]. Así, en caso de atender únicamente a su significado léxico, podría presumirse que, de tener contenido propio, se encontraría integrado por todos los presupuestos de la pena[12]. No obstante, actualmente existe notorio consenso doctrinal, aunque no unanimidad, sobre la concurrencia de elementos ajenos al injusto y a la culpabilidad atribuibles, también, al término punibilidad —como categoría—[13]. De este modo, la doctrina penal

---

11 De la anterior premisa parte SÁINZ CANTERO, J. A., Lecciones de Derecho Penal: Parte General, t. III, 1.ª ed., Bosch, Barcelona, 1990, p. 745; VENEZIANI, P., La punibilità. Le conseguenze giuridiche del reato, en: GROSSO, C. F. / PADOVANI, T. / PAGLIARO, A. (Dir.), Trattato di Diritto Penale, t. II, Giuffrè, 2014, p. 277.

12 En este sentido, JIMÉNEZ DE ASÚA entiende que todos los caracteres que integran el delito constituyen condiciones de punibilidad (requisitos del acto típico, antijurídico y culpable), resultando, en última instancia, presupuestos o condiciones para que se aplique una pena (JIMÉNEZ DE ASÚA, L., La ley..., 1973, p. 423); también, MEZGER, E., Derecho penal. Libro de estudio, PG., Bibliográfica Argentina, S.R.L., Buenos Aires, trad. Ricardo C. Núñez, 1958, p. 159; o GRACIA MARTÍN, L., Prólogo en: MENDES DE CARVALHO, E., Punibilidad y delito, Reus, 2007, p. 11.

13 A pesar de existir, generalmente, divergencias sobre el contenido, el fundamento, la ubicación o el tratamiento de dicha categoría, cabe citar a los siguientes autores como ejemplos de posturas doctrinales que

acoge dos concepciones del término analizado: una adjetiva y otra sustantiva o material. En último lugar, dicho término también ha sido identificado con la fase aplicativa o ejecutiva de la pena.

Los controvertidos conceptos de merecimiento y necesidad de pena son tratados jurisprudencialmente como principios[14], y no como categorías autónomas. Así, cabe plantearnos, en primer lugar, si dichos principios intervienen de igual modo en todas las concepciones de la punibilidad. Para ello, nos centraremos en dos concepciones de dicho concepto, que denominaremos

---

defienden la existencia de dicha categoría: BUSTOS RUBIO, M., Más allá del injusto culpable: los presupuestos de la punibilidad. Estudios penales y criminológicos, n.º 35, 2015, p. 199; FERRÉ OLIVÉ, J. C., Punibilidad y proceso penal. Revista General de Derecho penal, 10, 2008, pp. 5 y 6; GARCÍA PÉREZ, O., La punibilidad en el Derecho Penal, Aranzadi, Pamplona, 1997, pp. 95 y ss.; MENDES DE CARVALHO, E., Punibilidad y delito, ed. Reus, Madrid, 2007, pp. 55 y ss.; MUÑOZ CONDE, F. / GARCÍA ARÁN, M., Derecho Penal. Parte General, 8.ª ed., Tirant lo Blanch, Valencia, 2010, pp. 399 y 400; entre otros. En contra de los anteriores, MANTOVANI, F., Diritto Penale: Parte Generale, CEDAM, 2015, p. 783, se muestra crítico y entiende que la punibilidad no es un elemento, sino una característica general del delito, que es un hecho punible. Además, expone su preocupación por la creciente tendencia a considerar la punibilidad como "variable independiente" de la ofensa y de la función general-preventiva de la aplicación de la pena, al utilizar el legislador la "no punibilidad" como "moneda de cambio" para conseguir ventajas excéntricas o, según el mismo, peor, para convertir la incapacidad represiva en fuente de ingresos.

14 Así, entre otras, la STS 1023/2007, 30 de noviembre (Ponente: Excmo. Sr. D. Manuel Marchena Gómez), F.J. 6.º, hace referencia a "*la elemental idea de merecimiento de pena*". Por otro lado, como ejemplo, la STS 28/2010, de 28 de enero (Excmo. Sr. Jose Ramón Soriano Soriano), hace referencia al "*principio de necesidad de pena*". En similar sentido se posiciona LUZÓN PEÑA, quien defiende que los anteriores son principios materiales que intervienen en la fundamentación, limitación y exclusión de todos los elementos del delito, así como en la de aquellos requisitos ajenos al hecho (LUZÓN PEÑA, D. M., La relación del merecimiento de pena y de la necesidad de pena con la estructura del delito, ADPCP, 1993, pp. 25 y 26).

penalidad, entendida como aquella categoría de la teoría del delito defendida por parte de la doctrina penal, y *proceso de concreción de la punibilidad* (o *individualización judicial de la pena*), referido a la fase aplicativa, ejecutiva o de concreción de la pena.

1. Merecimiento y necesidad de pena en la penalidad

La doctrina jurídico-penal, de forma metafórica, comúnmente califica la penalidad como *cajón de sastre,* en atención a los heterogéneos elementos que la misma integra. Así, LUZÓN PEÑA[15], de forma crítica, señala que dicho "cajón" resulta "*ilimitado, impreciso y difuso para todo lo que no se sabe muy bien cómo explica o dónde situar*". La construcción de dicha categoría conforme a lo anterior, fuerza y, a la vez, obstaculiza la búsqueda *ex post* de un fundamento común que permita restringir y delimitar la diversidad de elementos que la misma engloba.

La complejidad de encontrar un fundamento común sobre lo heterogéneo deriva en constantes posicionamientos que defienden fundamentos genéricos y abstractos. Entre otros, un importante sector doctrinal defiende que dicha categoría encuentra su fundamento en valores utilitarios o de necesidad. Frente a la común genericidad y falta de sistematización, resalta en la doctrina española, en sentido contrario, DÍEZ RIPOLLÉS, quien entiende la penalidad como aquella categoría que se ocupa de valorar la *necesidad* de formular el juicio de responsabilidad penal, tratando de sistematizar la misma en base a tres valores utilitarios (efectividad, eficacia y eficiencia)[16]. No obstante, los mismos resultan, al me-

---

15 LUZÓN PEÑA, D. M., Prólogo, en: DE VICENTE REMESAL, F. J., El comportamiento postdelictivo, Universidad de León, 1985, p. 25.

16 DÍEZ RIPOLLÉS, J. L., La categoría de la punibilidad en el derecho penal español, en: SILVA SÁNCHEZ, J. M. / QUERALT JIMÉNEZ, J. J. / CORCOY VIDASOLO, M. / CASTIÑEIRA PALOU, M. T., Estudios de Derecho Penal. Homenaje al Prof. Santiago Mir Puig, B de F, 2017, pp. 526 y ss. Este autor entiende que concurre *efectividad* cuando el juicio de responsabilidad "*sirve al objetivo de cumplimiento de la norma [...] o de su aplicación*

nos terminológicamente, difícilmente delimitables, sin descartar la también compleja delimitación conceptual[17].

Asimismo, resalta dicho autor que la penalidad se plantea *si* y *en qué medida* el juicio de responsabilidad en el caso concreto sirve a los objetivos de la intervención penal (más en concreto respecto a la exigencia de responsabilidad criminal)[18]; no obstante, añade

---

coactiva en caso necesario"; *eficacia* cuando el juicio de responsabilidad penal contribuya "*a la obtención de los objetivos perseguidos con la intervención penal [...], pero también los límites asignados a la responsabilidad penal y a las reacciones penales*"; y *eficiencia* "*si los intereses satisfechos [...] están por encima de los intereses que la formulación de ese juicio deja de lado*".

17 El Derecho penal tiene como fin la protección de bienes jurídico-penales, y ello a través de la función preventiva de la pena, entre otros instrumentos. Dicho autor entiende que la *eficacia* atribuye al juicio de responsabilidad penal el fin de contribuir a alcanzar los objetivos del Derecho penal; por otro lado, la *efectividad* tiene como misión fomentar el cumplimiento de la ley. Podríamos señalar como objetivo inmediato el cumplimiento de la norma; como objetivo medial o instrumental, la función preventiva del Derecho penal; y como objetivo final, la protección de bienes jurídicos. Frente a ello, *eficacia* y *efectividad* compartirían iguales objetivos (medial e instrumental), traduciéndose ello en un aparente solapamiento.
Es probable que dicho solapamiento, o al menos su apariencia, pueda evitarse o disminuirse en caso de reducir de tres a dos valores utilitarios (*eficacia* y *eficiencia*). No obstante, pudiéndose integrar el juicio de *eficiencia* en los principios de proporcionalidad o subsidiariedad, y entendiendo Díez Ripollés la *eficacia* atiende, también, a "*los límites asignados a la responsabilidad penal y a las reacciones penales*", podrá integrarse la *eficiencia* en la *eficacia* de entenderse que la primera constituye un límite de la responsabilidad y la reacción penal.

18 Díez Ripollés, J. L., La categoría de la punibilidad en el Derecho Penal español, Cuadernos de Derecho Penal, n.º 18, Universidad Sergio Arboleda, 2017, pp. 15 y 16. Este autor señala que el fundamento de la penalidad se encuentra en la necesidad, en atención a los objetivos de la intervención penal, de exigir la responsabilidad criminal en el caso concreto; sin embargo, resulta cuestionable hacer referencia a la necesidad de la exigencia de responsabilidad criminal en el "caso concreto", en cuanto que, según su posición, se fundamenta, excluye o atenúa la punibilidad de todos aquellos hechos que compartan una circunstancia

que dicha categoría no solo atiende a si el juicio de responsabilidad satisface los fines insertos en otros lugares del sistema de exigencia de responsabilidad, sino incluso en aquellos ubicados fuera de él[19]. A pesar de lo anterior, precisa que el componente pragmático propio de la antedicha categoría ha de diferenciarse de otros contenidos similares propios de ubicaciones diversas del sistema de exigencia de responsabilidad criminal, destacando que la imposición de la sanción penal y su ejecución han de encontrarse condicionadas y graduadas en base a una valoración de su utilidad que tendrá contenidos distintos a aquellos incluidos en la valoración de utilidad propia del juicio de responsabilidad[20]. Ante ello, cabe señalar que la no delimitación expresa entre los fines del juicio de responsabilidad y aquellos otros que, aún ajenos a dicho juicio, debiera atender la penalidad, deriva en la posible confusión sobre para qué el juicio de responsabilidad ha de ser útil. Así, desconocer para qué el juicio de responsabilidad penal ha de ser eficaz, efectivo y eficiente, podrá derivar de forma inevitable en la errónea interpretación y, por tanto, errónea inclusión de determinados elementos bajo dichos valores utilitarios.

Por otro lado, en relación con los criterios de necesidad de pena, GARCÍA PÉREZ defiende una concepción amplia del principio de subsidiariedad como fundamento de la penalidad, interviniendo dicho principio a través de la confrontación entre costes (no solo los que acompañan inmediatamente a la pena) y beneficios de la intervención penal[21]. Esta concepción amplia del principio de subsidiariedad, que contempla la valoración de costes adicionales o intereses merecedores de protección ajenos al fin de la

---

común determinante, por sí sola, de la necesidad o innecesaridad de la intervención penal, sin necesidad, por lo demás, de llevar a cabo un análisis individualizado.

19 *Íbidem.*

20 *Íbidem.*

21 GARCÍA PÉREZ, O., La punibilidad..., Aranzadi, Pamplona, 1997, p. 337, y SILVA SÁNCHEZ, J. M., Aproximación al Derecho penal contemporáneo, Bosch, Barcelona, 1992, p. 247.

pena, aun ante la inexistencia de vías alternativas y menos costosas a la sanción penal, conlleva, además de la confrontación y prelación entre medios de control, la confrontación entre el coste adicional o interés ajeno al fin de la pena y la salvaguarda del bien jurídico-penal, como fin de la pena. De este modo, como señala LANDERA LURI, se produce una "*especie de colisión de intereses que se resuelve a favor del mantenimiento del objetivo externo frente a la pena y su fin preventivo*"[22]. Además de ser cuestionable la existencia de criterios capaces de fijar cuáles son los costes adicionales ajenos al fin de la pena, es cuestionable también la existencia de criterios que permitan determinar la prevalencia del coste adicional sobre la eficacia de la pena en la protección de bienes jurídico-penales.

Respecto a la posibilidad de construir una categoría más allá del injusto culpable que encuentre fundamento en el merecimiento de pena, ROMANO se plantea si, entonces, queda realmente una antijuridicidad y una culpabilidad realmente significativas[23]. Ante ello, entiende que tal proceder enturbiaría "*la faz auténtica del delito, empobreciendo el núcleo que desde su origen, desde un momento pre-codificador, es concebible solo como «fuertemente» constituido por un especial, «merecedor de pena» y «necesitado de pena» contenido del desvalor culpable*"[24].

La búsqueda del fundamento de la penalidad en el merecimiento y la necesidad de pena (si se entendiera que estos son fundamentos suficientemente precisos) supone tratar de separar o diferenciar una categoría bajo un fundamento compartido. Al final, la única diferencia se encontraría en que, dada la concepción tradicional y estática del contenido de las categorías precedentes,

---

22 LANDERA LURI, M., Reseña de "GARCÍA PÉREZ, O.: La punibilidad en el Derecho penal, Aranzadi, 1997", Revista de ciencias penales: Revista de la Asociación Española de Ciencias Penales, 2, vol. I, n.º 1, 1999, p. 338.

23 ROMANO, M., «Merecimiento de pena», «necesidad de pena» y teoría del delito, en: SILVA SÁNCHEZ, J. M. (Ed.), Fundamentos de un sistema europeo del Derecho penal, J.M. Bosch, 1995, pp. 144 y 145.

24 *Íbidem*, p. 145.

los elementos comúnmente atribuidos a la penalidad no encajarían (o el encaje resultaría complejo), aunque encajen en el fundamento compartido.

2. Merecimiento y necesidad de pena en la individualización judicial de la pena

En la teoría del delito se determina la concurrencia (el *sí* o el *no*) del merecimiento y la necesidad de pena; en cambio, en la teoría de la pena se establece el *quantum* de aquel merecimiento y necesidad de pena[25]. Así, la concreción del *quantum* requiere, primero, la delimitación de dichos conceptos, así como, en segundo lugar, establecer criterios de valoración precisos que permitan graduar los mismos.

La regla sexta del art. 66.1 CP español establece que, ante la no concurrencia de atenuantes o agravantes, los jueces o tribunales "*aplicarán la pena establecida por la ley para el delito cometido, en la extensión que estimen adecuada, en atención a las circunstancias personales del delincuente y a la mayor o menor gravedad del hecho*". Más preciso, en cambio, es el art. 133 CP italiano, el § 46 StGB alemán o el art. 47 CP suizo. No obstante, dicha precisión no es más que el simple desglose de múltiples y heterogéneas circunstancias a atender, guardándose absoluto silencio respecto a la jerarquía entre las mismas con las que valorar con mayor seguridad e igualdad la gravedad global del delito[26] o traducir la entera masa de indicadores en un único valor[27].

---

25 SILVA SÁNCHEZ, J. M., La teoría de la determinación de la pena como sistema (dogmático): un primer esbozo, Indret, 2, 2007, pp. 6 y 8 y ss.

26 Así, VIGANÒ, F., La proporzionalità della pena. Profili di diritto penale e costituzionale, Itinerari di diritto penale, Sezione Saggi, G. Giappichelli Editore, Torino, 2021, p. 176; MARINUCCI, G. / DOLCINI, E. / GATTA, G. L., Manuale di Diritto Penale. Parte Generale, Giuffrè Francis Lefebvre, 2020, p. 754.

27 VIGANÒ, F., La proporzionalità..., 2021, p. 163.

Aquella genericidad del legislador español ha sido corregida en ocasiones por la jurisprudencia, aproximándose a aquellos criterios establecidos en la legislación italiana, alemana o suiza[28]. A pesar de ello, el Tribunal Constitucional español, en sentencia 136/1999, 20 de julio (Excmo. Sr. D. Carles Viver i Pi-sunyer), viene a señalar que en nuestra jurisprudencia también se confunde la proporcionalidad de la pena en sentido estricto y

---

28 A modo de ejemplo, la reciente STS 48/2024, 17 de enero (Ponente: Excmo. Sr. D. Juan Ramón Berdugo Gómez de la Torre). En su apartado 4.13, siguiendo una línea jurisprudencial mantenida por igual Tribunal, diferencia la gravedad del hecho de la gravedad del delito, habiendo sido esta última contemplada por el legislador al fijar la banda cuantitativa penal atribuida al delito. En este sentido, el legislador, al hacer referencia a la gravedad del hecho en el art. 66.1.6ª CP, se refiere a aquellas circunstancias fácticas que el Juzgador ha de valorar para determinar e individualizar la pena, concomitantes al supuesto concreto que se juzga, teniendo en cuenta que el legislador pone de manifiesto en la infracción su doble consideración de acto personal y de resultado lesivo para el bien jurídico. De este modo, señala que el legislador, al establecer el marco penal abstracto, ya ha valorado la naturaleza del bien jurídico afectado y la forma básica del ataque al mismo, dependiendo la mayor o menor gravedad del hecho de: a) la intensidad del dolo o, en su caso, el grado de negligencia imputable al sujeto; b) las circunstancias concurrentes en el mismo que, sin llegar a constituir circunstancias atenuantes o agravantes, modifiquen el desvalor de la acción o el desvalor del resultado de la conducta típica; c) la mayor o menor culpabilidad —o responsabilidad— del sujeto, deducida del grado de comprensión de la ilicitud de su comportamiento (conocimiento de la antijuridicidad), del grado de culpabilidad y de la mayor o menor exigibilidad de otra conducta distinta; d) la mayor o menor gravedad del mal causado y la conducta del reo posterior a la realización del delito, que no afecta a la culpabilidad, por ser posteriores al hecho, sino a la punibilidad, según dicho Tribunal. Por otro lado, en cuanto a las circunstancias personales, señala que son los motivos o las razones que han llevado a delinquir al acusado, así como aquellos rasgos de su personalidad delictiva que configuran esos elementos diferenciales para efectuar la individualización penológica y que deben corregir para evitar su reiteración delictiva. Así, concluye el Tribunal, se trata de un ejercicio de discrecionalidad reglada.

la necesidad de la medida, las cuales constituyen dos perspectivas complementarias del principio de proporcionalidad de las sanciones penales.

El objetivo del principio de proporcionalidad en la fijación de la pena no es calcular la pena exacta, sino denunciar, en negativo, como desproporcionada una determinada pena, conforme al sentido de justicia común de una determinada sociedad[29]. En atención a lo anterior, los tribunales únicamente tienden a corregir el ejercicio del poder discrecional cuando la pena sea *manifiestamente* desproporcionada respecto a la gravedad del hecho[30]. Es decir, dicha tendencia jurisprudencial desatiende aquellos supuestos en los que la pena sea simplemente desproporcionada[31]. Ahora bien, ¿dónde se fija la frontera que delimita lo "manifiestamente desproporcionado" de lo desproporcionado? ¿Existe un criterio común para definir qué es lo "manifiestamente desproporcionado"?

El principio de proporcionalidad, conforme a dicha tendencia, es un indudable instrumento para tratar de evitar (que no evi-

---

29 Como se plantea NIETO GARCÍA, "*¿de dónde habrá podido obtener la convicción de que existe una opinión exterior?, y si esta es inevitablemente difusa, ¿qué garantías hay de acierto?, ¿cómo puede justificar su elección? Aquí hay que entender que la subjetividad quizás no se encuentra en la voluntad del juez al enjuiciar —puesto que renuncia a expresar su criterio propio y se limita a indagar el ajeno—, pero sí, desde luego, en el momento de la elección entre los múltiples criterios morales que en toda sociedad o grupo laten. Mientras no contemos con criterios más firmes y generales —que la jurisprudencia, siempre casuística, no ha intentado siquiera elaborar— no podrá hablarse de objetividad*" (NIETO GARCÍA, A., El arbitrio judicial, Ariel Derecho, 2000, p. 337).

30 VIGANÒ, F., La proporzionalità…, 2021, p. 169.

31 Basso, G. J., Determinación judicial de la pena y proporcionalidad con el hecho, Marcial Pons, 2019, pp. 319 y ss. En similar sentido, el Tribunal Constitucional en sentencia 55/1996, de 28 de marzo (Excmo. Sr. D. Carles Viver Pi-Sunyer), F.J. 9.º ("*Sólo el enjuiciamiento de la no concurrencia de ese desequilibrio patente y excesivo o irrazonable entre la sanción y la finalidad de la norma compete en este punto a este Tribunal en su labor de supervisar que la misma no desborda el marco constitucional*").

tar en todo caso) manifiestos excesos punitivos, pero sin capacidad para evitar la desproporción. Múltiples razones, según parte de la doctrina penal[32], justifican la referida tendencia, como, por ejemplo, el tradicional entendimiento de que los tribunales de alzada ostentan potestades limitadas de control, la reticencia de los juzgadores de instancia a aceptar intervenciones externas o la concurrencia de factores relevantes no explicitados en la individualización judicial de la pena. No obstante, la causa de la referida tendencia podría reducirse a la inexistencia de criterios precisos de elaboración de decisiones judiciales para individualizar la pena; y ello en cuanto que, atendiendo a las anteriores razones ejemplificativas: a) compete al tribunal de alzada revisar la medición de la pena integrada en la sentencia de instancia cuando esta sea impugnada, entre otros posibles motivos, invocando la incoherencia o contrariedad de la misma frente a los criterios de merecimiento y necesidad de pena, y ello conforme al derecho de todo ciudadano a la tutela judicial efectiva, sin importar las reticencias de los operadores jurídicos[33]; b) es deber del encargado/s de individualizar judicialmente la pena motivar y razonar expresamente en la sentencia por qué procede fijar una determinada pena en el caso concreto y no otra[34], y ello en atención a los arts. 24.1 y 120.3 CE.

De este modo, no nos situamos ante una simple tendencia jurisprudencial, sino frente a una norma imprecisa (art. 66.1.6.ª CP), cuasi abandonada doctrinal y jurisprudencialmente, que deriva en el temor (lógico) de jueces y tribunales de atribuirse y ejercer una

---

32 Véase, a modo de ejemplo, Basso, G. J., Determinación judicial…, 2019, pp. 316 y ss.; Viganò, F., La proporzionalità…, 2021, p. 313.

33 Así, la STS 1023/2007, de 30 de noviembre (Excmo. Sr. D. Manuel Marchena Gómez), F.J. 6.º; o la STS 135/2018, de 21 de marzo (Excmo. Sr. D. Manuel Marchena Gómez), F.J. 2.º. También, sobre el derecho al recurso en materia penal respecto a la individualización judicial de la pena, Silva Sánchez, J. M., La teoría de la determinación…, 2007, p. 3.

34 En este sentido, entre otras, la STS 172/2018, de 11 de abril (Excmo. Sr. D. Juan Ramón Berdugo Gómez de la Torre), F.J. 1.º; o la STS 123/2021, de 11 de febrero (Excmo. Sr. D. Julián Artemio Sánchez Melgar), F.J. 2.º.

función legislativa. Ese temor, en unos casos, o la despreocupación sobre lo anterior, en otros, deriva (también lógicamente) en tratamientos desiguales y, peor aún, en el desconocimiento sobre cuándo, cómo y por qué corregir. Y así, aquel utópico sentido de justicia común, referido previamente, se transforma inevitablemente en sentidos individuales y dispares de justicia "común".

Hace ya más de tres décadas, LUZÓN PEÑA resaltaba acertadamente que los principios de merecimiento y necesidad de pena necesitaban "*todavía una concreción mucho mayor de su contenido, si es que se pretende aplicarlos de forma más precisa y clara de como se viene haciendo habitualmente*"[35]. Aquella afirmación guarda absoluta vigencia más de treinta años después. Más allá de cualquier pretensión, en la fase de individualización judicial de la pena se exige individualizar (y motivar) la pena conforme al merecimiento y necesidad de la misma. Ello, evidentemente, requiere, como presupuesto, aquella "concreción mucho mayor de su contenido" para, luego, establecer los criterios que han de guiar la relación y confrontación entre ambos conceptos, así como la traducción del contenido concreto en una pena determinada como respuesta.

III. EL PROCEDER JURISPRUDENCIAL Y EL CONTROL EN LA UTILIZACIÓN DEL MERECIMIENTO Y LA NECESIDAD DE PENA COMO CRITERIOS DE INDIVIDUALIZACIÓN JUDICIAL DE LA PENA

La carencia de un sistema de reglas o criterios que posibilite traducir el contenido del merecimiento y la necesidad de pena en una sanción determinada como respuesta, precedida de la indefinición de dichos conceptos, provoca que los razonamientos judiciales en dicha materia sean pobres, en unos casos; variables, siempre; y en ocasiones, directamente arbitrarios[36].

---

35 LUZÓN PEÑA, D. M., La relación del merecimiento..., 1993, pp. 25 y 26.
36 SILVA SÁNCHEZ, J. M., La teoría de la determinación..., 2007, pp. 3 y 4.

La doctrina penal ha mostrado, por un lado, gran preocupación por establecer e integrar un sistema dogmático altamente preciso en la teoría del delito, con el fin de evitar el abandono del autor del delito a la suerte del arbitrio judicial. Por otro lado, sin embargo, se ha venido considerando el arbitrio o la discrecionalidad como valores propios del proceso de individualización judicial de la pena[37]. Ello a pesar de que, generalmente, para el acusado es la determinación de la pena la decisión judicial más importante[38].

A pesar de las anteriores circunstancias, los jueces enfrentan la necesidad de establecer indubitadamente si un delito merece (y/o necesita) mayor o menor sanción que otro[39]. No obstante, teniendo como único fin el principio de proporcionalidad respecto al hecho denunciar la desproporción manifiesta de una determinada pena conforme al sentido de justicia común, ¿puede afirmarse que tiene capacidad para cubrir la referida necesidad? Aquí, conforme a las circunstancias expuestas en el primer párrafo del presente apartado, se entiende que, según su tratamiento actual, no concurre dicha capacidad.

Las circunstancias que integra el § 46 StGB alemán[40] fueron introducidas en dicho texto legal tras la sentencia del *Bundesgerichtshof* (BGH) alemán de 10.11.1954 (BGHSt 7, 28); primera resolución que fijó las bases de la teoría del margen de libertad[41]. Esta

---

37 Ziffer, P. S., Consideraciones acerca de la problemática de la individualización de la pena, en: Maier, J.B. (Ed.), Determinación judicial de la pena, 1993, p. 90.

38 Schünemann, B., Prólogo, en: Hörnle, T., Determinación de la pena y culpabilidad. Notas sobre la teoría de la determinación de la pena en Alemania., Fabian J. Di Placido, 2003, p. 17.

39 Hörnle, T., Determinación de la pena y culpabilidad. Notas sobre la teoría de la determinación de la pena en Alemania., Fabian J. Di Placido, 2003, p. 34.

40 Igual contenido que integra dicho precepto se ubicaba anteriormente en el § 13 StGB alemán, como así se señala en Roxin (1981), pp. 45 (nota 4, nota del traductor), 94, 106 y 133.

41 Basso, G. J., Determinación judicial..., 2019, pp. 85 y ss.

teoría fue criticada contundentemente por las atribuciones sustanciales de apreciación conferidas al juzgador en la individualización judicial de la pena[42]; sin embargo, aquellas mismas circunstancias condicionan aún hoy el proceso individualizador.

1. Arbitrio judicial, arbitrariedad y utilidad del merecimiento y la necesidad de pena

En ocasiones, la jurisprudencia señaló la innecesaridad de motivar (y, por tanto, la improcedencia de revisar) la individualización de la pena en aquellos supuestos en los que no se rebase el "techo penal legalmente establecido"[43]. Esta postura jurisprudencial, sin embargo, fue transmutándose tímidamente, admitiendo, primero, la necesidad de motivar la pena al menos implícitamente[44], hasta exigir de forma consolidada, actualmente, la motiva-

---

42 *Íbidem*, p. 88.

43 En este sentido, entre otras, la STS, Sala Segunda, de 20 de marzo de 1986 (Excmo. Sr. D. Francisco Soto Nieto), F.J. 2.º: "*la determinación exacta de la pena corresponde al Tribunal de instancia en el ejercicio de un arbitrio, que si teóricamente no es absoluto, en la práctica sí lo es en cuanto tal determinación, en tanto no rebase el techo legal del grado medio, no es revisable en casación* [...]*; y ello porque la labor individualizadora en tanto que el Tribunal de instancia goza de un conocimiento directo de todo el elenco circunstancial -material y personal- coexistente en el hecho, viene encomendado al mismo, atento siempre a los factores criminológicos y objetivos que han de darle la pauta y servirle de módulo*".

44 Así, la STS, Sala Segunda, de 26 de abril de 1995 (Excmo. Sr. D. Cándido Conde-Pumpido Tourón): "*La motivación puede ser escueta, siempre que suponga una aplicación razonable y reconocible del ordenamiento jurídico, incluso implícita [...] cuando las razones de la concreta decisión se deducen sin dificultad alguna del conjunto de la resolución, o por remisión [...]*". En igual sentencia, sin embargo, a pesar de aceptarse la motivación implícita, se rechaza dicha práctica judicial (F.J. 4.º): "*Es cierto, sin embargo, que existe una práctica judicial, que convendría desterrar, que omite cualquier motivación de la individualización de la pena, práctica amparada por la doctrina tradicional de esta Sala [...] Por ello, cuando la motivación está implícita en la argumentación, no es necesaria su detallada explicación o pormenorización,*

ción de la fijación de la pena en concreto, siendo esta revisable por instancias superiores en aquellos casos en los que se "*haya recurrido a fines de la pena inadmisibles, haya tenido en consideración factores de la individualización incorrectos o haya establecido una cantidad de pena manifiestamente arbitraria*"[45]. No obstante, esta taxatividad descartaría, en principio, la posibilidad de revisar cuando se recurra a fines de la pena admisibles, pero no preponderantes; se atienda a factores de la individualización correctos, pero no a todos los concurrentes, o los haya aplicado incorrectamente; o se establezca un *quantum* de pena motivado, pero desproporcionado. De este modo, en cuanto a lo que aquí interesa, cabe plantearnos cuáles son los factores o criterios de individualización correctos, teniendo en cuenta que han de ser coherentes con el merecimiento y la necesidad de pena; cuál es el límite entre el arbitrio judicial y la arbitrariedad; y qué es una pena desproporcionada y si ante la misma cabe revisión.

a) Factores o criterios de individualización:

El art. 72 CP español establece que "*los jueces y tribunales, en la aplicación de la pena, con arreglo a las normas contenidas en este capítulo, razonarán en la sentencia el grado y la extensión concreta de la impuesta*". Como hemos visto, sin perjuicio del resto de reglas generales para la aplicación de

---

siendo por otra parte muy difícil explicar por qué se impusieron una u otras penas cuando la concurrencia de datos, en alguna manera favorables unos y desfavorables otros [...], obliga a una especie de prudente equilibrio de unos y otros, de proporcionalizar la incidencia respectiva, muy difícil y a veces imposible de explicar puntualmente". De este modo, frente a la admisión por parte de la Sala de dicha práctica judicial, concluye que "*el acento de la motivación hay que ponerlo cuando la pena se exaspera al máximo dentro de lo posible y sin razón aparente, o cuando se hacen uso de facultades excepcionales, especialmente en orden a la agravación de la pena, sin explicación alguna o con explicación insatisfactoria*".

45 Véase las SSTS 59/2021, 27 de enero (Excmo. Sr. Julián Sánchez Melgar), F.J. 6.º; STS 130/2023, 1 de marzo (Excma. Sra. Dña. Carmen Lamela Díaz), F.J. 5.º; 579/2024, 12 de junio (Excma. Sra. Susana Polo García).

las penas, estas habrán de fundamentarse siempre conforme a las circunstancias personales del delincuente y en atención a la mayor o menor gravedad del hecho[46]. Asimismo, el art. 49.3 de la Carta de los Derechos Fundamentales de la Unión Europea señala que "*la intensidad de las penas no deberá ser desproporcionada en relación con la infracción*"[47].

Por un lado, en atención a las circunstancias personales del delincuente (criterio vinculado a consideraciones preventivo-especiales y, por tanto, a la necesidad de pena), no existe previsión legal sobre las mismas a atender, y mucho menos criterios sobre cómo valorarlas; extremo que dificulta su apreciación[48] y control. Ello puede tener su lógica, en conformidad con la heterogeneidad e inmensidad de circunstancias existentes según el caso concreto, así como con el consecuente riesgo de restringir la valoración de circunstancias relevantes y ajenas a las previstas expresamente en el texto legal. La jurisprudencia ha venido interpretando estas, generalmente, como los motivos o las razones que han llevado a delinquir al acusado, así como aquellos rasgos de su personalidad delictiva que configuran esos elementos diferenciales para efectuar la individualización penológica y que han

---

46 Por otro lado, por ejemplo, el art. 66.2 CP español establece que "*en los delitos leves y en los delitos imprudentes, los jueces o tribunales aplicarán las penas a su prudente arbitrio, sin sujetarse a las reglas prescritas en el apartado anterior*". No obstante, el prudente arbitrio, que no significa arbitrariedad, habrá de guiarse, también, en atención a la gravedad del hecho y a las circunstancias personales del autor, en cuanto estos son los criterios genéricos comunes a toda individualización judicial de la pena. Así, entre otras, la STS de 16 de febrero de 1999.

47 En nuestro texto constitucional no existe referencia expresa al principio de proporcionalidad. Ahora bien, como recoge DE LA MATA BARRANCO, N. J., El principio de proporcionalidad penal, Tirant lo Blanch, 2007, p. 70, en referencia a la STC 65/1986, "*para su consideración como principio básico del Derecho penal no necesita acudirse a precepto constitucional alguno, máxime si se tiene en cuenta que se trata de una preocupación que aparece en la doctrina penal desde el siglo XVIII*".

48 DE LA MATA BARRANTO, N. J., Gravedad del hecho, circunstancias del sujeto y finalidad penal: la pena justa, Revista Penal México, n.º 6, 2014, p. 105.

de corregirse para evitar la reiteración delictiva[49]. En otras ocasiones, ha concretado en mayor medida, haciendo referencia a factores como la edad del reo, el grado de formación intelectual y cultural, las experiencias vitales, la extracción social, la madurez psicológica, el entorno familiar y social, las actividades laborales, el comportamiento postdelictivo y sus posibilidades de integración en el cuerpo social, los cuales "*no solo permiten sino que exigen modular la pena ajustándola a las circunstancias personales del autor*"[50].

La doctrina penal efectúa un desglose superior de las circunstancias personales a valorar. Gran parte de ellas pueden ser integradas en los motivos de la actuación[51] y los rasgos de la

---

49 Así, entre otras, la STS 322/2020, 17 de junio (Excmo. Sr. D. Vicente Magro Servet), F.J. 4.º; STS 323/2018, 2 de julio (Excmo. Sr. D. Andrés Palomo del Arco), F.J. 2.º; STS 919/2010, 14 de octubre (Excmo. Sr. D. Juan Ramón Berdugo Gómez de la Torre), F.J. 7.º. No obstante, en ocasiones, incluso por parte de igual Tribunal, la referencia a dichos criterios no es más que una aparente y estéril declaración de principios. A modo de ejemplo, la STS 145/2020, 14 de mayo (Excmo. Sr. D. Vicente Magro Servet), F.J. 8.º, tras exponer cuáles han de ser los factores concretos integrados en las circunstancias personales del delincuente y en la gravedad del hecho, señala que el Tribunal de instancia ha cumplido con el estándar exigido de motivación, pese a basarse dicha motivación, en instancia, únicamente en la gravedad del hecho, obviando cualquier consideración relativa a las circunstancias personales de los autores. Estas, más allá de un mero criterio, constituyen una exigencia legal y constitucional. Así, el art. 25.2 CE, sin perjuicio de la admisión de otros fines en la pena, establece: "*Las penas privativas de libertad y las medidas de seguridad estarán orientadas hacia la reeducación y reinserción social, y no podrá consistir en trabajos forzados*". Asimismo, el art. 66.1.6ª CP español encausa dicha exigencia en el imperativo de individualizar, también, conforme a las circunstancias personales del delincuente.

50 Como ejemplos, la STS 195/1999, de 16 de febrero (Excmo. Sr. D. José Antonio Martín Pallín), F.J. 1.º; STS 465/2018, de 15 de octubre (Excmo. Sr. D. Vicente Magro Servet), F.J. 2.º; STS 191/2014, de 10 de marzo (Excmo. Sr. D. Antonio del Moral García), F.J. 3.º.

51 Los motivos de la actuación delictiva pueden ser la avaricia, la precariedad, la situación de grave apuro, los impulsos de naturaleza lucrativa, el ex-

personalidad delictiva cuya corrección resulta necesaria[52]. No obstante, otras encajan en el referido comportamiento postdelictivo[53] o en los efectos futuros (o costes indirectos) de la pena[54].

En cuanto a los factores circunstanciales (término que se prefiere respecto a motivos), sin perjuicio de que algunos de ellos sean tenidos en cuenta en los costes de la pena, se entiende aquí que, en cualquier caso, condicionarían o graduarían la gravedad del hecho, atenuando o agravando el merecimiento

---

clusivo ánimo de enriquecimiento, la actuación por motivos jurídicamente comprensibles o el ánimo de ayudar a un amigo o compañero sentimental. Ello sin perjuicio de los factores o circunstancias que pudieran impulsar dicha actuación. Estas, más allá de las recogidas en la jurisprudencia citada, también podrían ser la salud física y mental, las condiciones económicas, la vida anterior, la pertenencia a grupos delictivos etc. Así, DE LA MATA BARRANCO, N. J., Gravedad del hecho…, 2014, pp. 105 y ss.

52 Los rasgos de la personalidad delictiva pueden integrar la acusada inclinación o perseverancia en la violencia sexual, la personalidad violenta y agresiva, la condición de drogodependiente o la adicción a las drogas, etc. Así, al igual que en la nota anterior, aunque sin delimitar los rasgos de la personalidad de otros factores, DE LA MATA BARRANCO, N. J., Gravedad del hecho…, 2014, pp. 106 y ss.

53 Así, por ejemplo, según DE LA MATA BARRANCO, N. J., Gravedad del hecho…, 2014, p. 107, se valorará negativamente la actitud negatoria, el hecho de intentar derivar la responsabilidad en terceras personas en búsqueda de la impunidad o el traslado a diversos lugares de esparcimiento tras la comisión de un asesinato.

54 Así mismo, DE LA MATA BARRANCO, N. J., Gravedad del hecho…, 2014, p. 107 y 108, hace referencia a la situación económica del acusado; la juventud y las expectativas de trabajo remunerado; las circunstancias personales de introducción en el mercado laboral; la estabilidad de un puesto de trabajo; la situación familiar y social (por ejemplo, la reanudación de la convivencia conyugal, el arraigo suficiente o la perjudicialidad para las relaciones familiares y sociales); o la condición de extranjero cuya privación de libertad conlleve un mayor distanciamiento de su entorno. En este sentido, también, DEMETRIO CRESPO, E., Prevención general., 2016, pp. 408 y ss.

de pena[55]. Similar afirmación podría sostenerse en cuanto al proceder postdelictivo del reo. Este conlleva el reconocimiento, aun *ex post*, de la norma previamente cuestionada y, a su vez, sin perjuicio de la naturaleza atribuida a dicho proceder, la disminución de la dañosidad social (y, por tanto, del merecimiento de pena[56]). No obstante, ello no descarta que, además, en el caso del proceder postconsumativo, aun sin tratarse de una circunstancia personal *stricto sensu*, pueda constituir un criterio o dato indiciario sobre los rasgos de la personalidad delictiva a valorar en el caso concreto, afectando, en ese caso, a la necesidad de pena.

Conforme a lo anterior, las circunstancias personales a atender en la individualización judicial de la pena han de poder ser integradas en (i) los rasgos de la personalidad delictiva y en (ii) aquellos otros factores sociales y personales que influyan en los costes directos e indirectos de la pena sobre el reo. Así, dichas circunstancias habrán de ser valoradas a fin de individualizar la pena conforme a su idoneidad, necesidad y proporcionalidad. Como se ha señalado previamente, sin perjuicio de la conveniencia de exponer ejemplos de dichas circunstancias, tratar de desglosar taxativamente las mismas supondría obviar la heterogeneidad y la infinidad que necesariamente las caracterizan, así como el riesgo de desatender particularidades circunstanciales. Ello, como luego se verá, no impide la motivación, ni la revisión de la motivación.

---

55 Por ejemplo, se entiende aquí que no puede medirse en igual modo el merecimiento de pena en aquel supuesto en el que se lleve a cabo un robo con fuerza cuando se padezca penuria económica respecto a aquel otro en el que concurra manifiesto bienestar económico y se cometa únicamente por avaricia.

56 En este sentido, también, Demetrio Crespo, E., Prevención general..., 2016, p. 388.

Por otro lado, la gravedad del hecho, que no ha de traducirse en la gravedad del delito[57], se enfrenta, también, a la dificultad de concretar la inmensidad de posibles circunstancias a valorar; aunque su genericidad ofrece, no obstante, la ventaja, como hemos dicho, de no excluir circunstancias relevantes desde el prisma axiológico establecido por el legislador[58]. Dichas circunstancias han de ser clasificadas en el desvalor objetivo de la acción[59], el desvalor subjetivo de la acción[60], el desvalor del re-

---

57 Así, la STS 95/2014, 20 de febrero (Excmo. Sr. D. Juan Ramón Berdugo Gómez de la Torre), tras la STS 48/2024, 17 de enero, de igual ponente. En esta se señala que la gravedad del delito ha sido contemplada por el legislador al fijar la banda cuantitativa penal atribuida al delito, mientras que la gravedad del hecho integra aquellas circunstancias fácticas que el Juzgador ha de valorar para individualizar la pena en el caso concreto, teniendo en cuenta que el legislador pone de manifiesto en la infracción su doble consideración de acto personal y de resultado lesivo para el bien jurídico.

58 Así, DE LA MATA BARRANCO, N. J., Gravedad del hecho…, 2014, p. 103, señala que el "*criterio de la gravedad del hecho debe obligar a considerar todas —adverbio con el que creo se logra más precisión que con la de una enumeración que nunca podrá ser exhaustiva, dada la absoluta diversidad de delitos existentes y de hechos delictivos posibles— las circunstancias que permitan concretar, desde el prisma axiológico establecido por el legislador […], una pena que por éste se establece como óptima para un supuesto genérico*".

59 Si atendemos al Derecho comparado, podríamos integrar en el desvalor objetivo de la acción aquellas circunstancias contenidas en el art. 133.1º CP italiano (naturaleza, especie, medios, objeto, tiempo, lugar y cualquier otra modalidad de la acción). La jurisprudencia viene haciendo una referencia genérica a dicha categoría, incluyéndola en "*las circunstancias concurrentes* [en el hecho], *que sin llegar a cumplir con los requisitos necesarios para su apreciación como circunstancias atenuantes o agravantes, ya genéricas, ya específicas, modifiquen el desvalor de la acción*" (STS 301/2022, 24 de marzo -Excmo. Sr. D. Juan Ramón Berdugo Gómez de la Torre-). Mayor desglose ejemplificativo encontramos en la doctrina penal; por ejemplo, en DE LA MATA BARRANCO, N. J., Gravedad del hecho…, 2014, p. 104.

60 Siguiendo igual línea que en la nota anterior, en atención al Derecho comparado, el desvalor subjetivo de la acción puede abarcar las circunstancias recogidas en el art. 133.3º CP italiano, el § 46.2 CP alemán (apartados i, ii y iii) o el art. 47.2 CP suizo ("*La colpa è determinata secondo il grado*

sultado[61] y la culpabilidad en sentido estricto[62]; categorías que, en su conjunto, conforman y condicionan el merecimiento de pena.

En conformidad con lo anterior, la coherencia de los criterios de individualización de la pena con el merecimiento y la necesidad de la misma ha de buscarse y encontrarse en el siguiente esquema:

Merecimiento de pena	**Necesidad de pena**
Desvalor de la acción (objetivo y subjetivo)	Rasgos de la personalidad delictiva
Desvalor del resultado	Factores sociales y personales que influyen en los costes directos e indirectos de la pena
Culpabilidad	
Proceder postdelictivo	

di lesione o esposizione a pericolo del bene giuridico offeso, secondo la reprensibilità dell'offesa, i moventi e gli obiettivi perseguiti [...]"). A su vez, la sentencia citada en la nota a pie precedente, entre tantas otras, hace referencia a "*la intensidad del dolo, -y si es directo, indirecto o eventual- o, en su caso, del grado de negligencia imputable al sujeto*", así como "*a la mayor o menor culpabilidad -o responsabilidad- del sujeto, deducida del grado de comprensión de la ilicitud de su comportamiento (conocimiento de la antijuridicidad, del grado de culpabilidad y de la mayor o menor exigibilidad de otra conducta distinta*".

61 En el CP italiano, el desvalor del resultado encaja en su art. 133.2° (gravedad del daño o peligro ocasionado a la víctima del delito). Asimismo, la STS 301/2022, 24 de marzo (Excmo. Sr. D. Juan Ramón Berdugo Gómez de la Torre), citada previamente como ejemplo de la consolidada jurisprudencia, establece que la mayor o menor gravedad del hecho dependerá, también, de la mayor o menor gravedad del mal causado. Un mayor desglose ejemplificativo lo encontramos, de nuevo, en De La Mata Barranco, N. J., Gravedad del hecho..., 2014, p. 104.

62 La mayor o menor gravedad del hecho también dependerá de la mayor o menor culpabilidad -o responsabilidad- del sujeto, deducida del grado de comprensión de la ilicitud de su comportamiento (conocimiento de la antijuridicidad, del grado de culpabilidad y de la mayor o menor exigibilidad de otra conducta distinta), como así viene recogiendo la jurisprudencia (entre otras, la STS 697/2024, 2 de julio).

El merecer y el necesitar una determinada pena, sin perjuicio de su naturaleza, depende, también, del fin de la misma; y, a su vez, en consecuencia, la corrección o la incorrección de los factores o criterios de individualización dependerá, así mismo, del fin de la pena[63].

---

[63] Al respecto, la STS de 22 de octubre de 2001 (Excmo. Sr. D. Enrique Bacigalupo Zapater), F.J. 2.°, establece: "*En la interpretación jurisprudencial de este precepto se ha establecido que dicha motivación se debe basar: 1) en una ponderación de los fines de la pena y de los llamados factores de la individualización de la pena, es decir, de las circunstancias del hecho y del autor relevantes para la establecer la gravedad del hecho y las circunstancias personales del autor; y 2) en la traducción de esta ponderación en una cantidad de pena*". SILVA SÁNCHEZ, J. M., La teoría de la determinación..., 2007, p. 6, siguiendo la teoría de la proporcionalidad por el hecho mantenida por HÖRNLE, T., en Determinación de la pena..., 2003, donde defiende que las "*categorías dogmáticas pueden y deben ser reconstruidas en clave político-criminal considerando las finalidades preventivas y de garantía que legitiman el recurso al Derecho penal. La teoría del delito se configurará así como un sistema de reglas que permiten establecer con la mayor seguridad posible el sí o no de tales merecimiento y necesidad de pena. Y la teoría de la determinación de la pena como teoría de la concreción del contenido delictivo del hecho implicará, a la vez, el establecimiento del quantum de su merecimiento y necesidad (político-criminal) de pena*". De este modo, ambos autores defienden que la medición de la pena ha de basarse esencialmente en una valoración retrospectiva del hecho, equivaliendo la determinación de la pena a la graduación del injusto culpable, aunque dicha teoría tampoco permita el cálculo de valores exactos, sino aproximados (y, por tanto, impide establecer la proporcionalidad en términos absolutos, sino aproximados). En este sentido, también, SILVA SÁNCHEZ, J. M., La teoría de la determinación..., 2007, pp. 8 y ss. Además, afirma el mismo autor que "*no pueden existir factores relevantes para la individualización de la pena (comportamientos posteriores al hecho, nivel de sensibilidad a la pena, transcurso del tiempo) que carezcan de un soporte categorial en la teoría del delito. Sin embargo, parece claro que hay múltiples circunstancias del hecho concreto a las que se asigna relevancia cuantificadora y que no tienen una referencia categorial clara. Naturalmente, aquí suele apelarse a la oscura categoría (por muchos ni siquiera aceptada) de la punibilidad. Sin embargo, su propia naturaleza de "cajón de sastre" pone de relieve que se hace preciso un desarrollo (y eventual diferenciación interna) de esta*". Tal afirmación trata de justificar la autonomía de una categoría

Sin espacio para profundizar en los fines de la pena, aunque admitiendo aquí los fines preventivos de la misma, resalta HÖRNLE el consenso en la criminología al señalar la imposibilidad de "*decir exactamente que tales penas poseen tales efectos preventivos. Y sería completamente imposible para los jueces realizar dichos juicios de manera científicamente seria. Deberían confiar en intuiciones personales*"[64]. Ello, sin embargo, no impide un entendimiento en términos normativos y negativos de la prevención especial, como maximización de la no desocialización y como correlato inherente al principio de intervención mínima y del principio de humanidad[65], a través del

---

más allá del injusto culpable (que integre las referidas "*múltiples circunstancias del hecho [...] que no tienen una referencia categorial clara*") por no encontrar (fácil) cabida en las anteriores categorías, forzando ello la búsqueda *ex post* de un fundamento común capaz de armonizar circunstancias, factores y elementos, en principio, heterogéneos. Es más, sin perjuicio de lo anterior, resulta difícil sostener que, entre otros, los factores sociales y personales que influyen en los costes directos e indirectos de la pena puedan integrarse en la teoría del delito, o puedan ser entendidos como "circunstancias del hecho". Así, procede resaltar la complejidad, si no imposibilidad, a la hora de defender la mirada retrospectiva como única perspectiva en la individualización judicial de la pena, sin acoger que las "circunstancias personales del delincuente" (art. 66.1.6ª CP) se sustenten en una mirada, también, prospectiva.

64 HÖRNLE, T., Determinación de la pena..., 2003, p. 25, utilizando dichos fundamentos como crítica frente a la teoría del ámbito de juego (*Spielraumtheorie*). Esta autora señala a continuación que "*valorar el entorno personal del delincuente y la necesidad social de disuasión en cada caso dado, tomaría demasiado tiempo para ser factible en la práctica cotidiana de los tribunales inferiores que se encargan de delitos de menor cuantía*". Sin embargo, como señalamos, no sería ello un problema si no se buscara la disuasión del delincuente, sino la no desocialización del mismo. Así, si pensamos en los referidos delitos "de menor cuantía", sin perjuicio del deber de dichos tribunales inferiores de indagar de oficio sobre las circunstancias personales, así como de la conveniencia de la defensa de efectuar alegaciones sobre estas y acreditarlas, la escasa gravedad de las penas no conlleva un grave riesgo de desocialización.

65 En esta línea, ROXIN, C., Culpabilidad y prevención en Derecho Penal, Reus, 1981, p. 111; SALINERO ALONSO, C., Teoría general de las circuns-

cual solo sea posible disminuir (y no agravar) la pena en atención a las circunstancias personales del autor. En este sentido, dichas circunstancias no podrán fundamentar una pena superior a la determinada en base a la gravedad del hecho, en cuanto que, de lo contrario, supondría formular pronósticos especulativos de la peligrosidad futura, predicciones irracionales y defender, en definitiva, un Derecho penal del autor[66]. No obstante, sí podrán justificar la no disminución de la pena más allá de la fijada en atención a la gravedad del hecho.

En atención a lo anterior, la incorrección de los criterios, factores o circunstancias a valorar en la individualización judicial de la pena puede derivar de la búsqueda de criterios fuera del anterior esquema, de la modificación del sentido de los mismos (traslación equívoca al merecimiento o a la necesidad de pena) y, por tanto, de la incorrecta aplicación de aquellos, o de la agravación de la pena conforme a circunstancias relacionadas con fines preventivos[67].

---

tancias modificativas de la responsabilidad criminal y artículo 66 del Código Penal, Estudios de Derecho Penal, 2000, pp. 162 y 163; BESIO HERNÁNDEZ, M., Los criterios legales y judiciales de individualización de la pena, Tirant lo Blanch, 2011, pp. 592 y ss.

66 BESIO HERNÁNDEZ, M., Los criterios..., 2011, pp. 592 y ss. Así, también, CASTELLÓ NICÁS, N., Arbitrio judicial..., 2007, p. 169.

67 La incorrecta aplicación del criterio significa, también, la incorrección del criterio. En cambio, la corrección del criterio únicamente puede estimarse si encaja en el merecimiento o en la necesidad de pena, y si es aplicado conforme a ello; es decir, si el tratamiento del mismo es coherente con su sentido (y fin). Lo contrario supondría (erróneamente) afirmar la corrección del criterio en base a su apariencia superficial o su nombre, pero no en atención a su contenido real o su significado, respectivamente. El criterio puede ser erróneo por su contenido o significado (o su contenido o significado alterado), pero no por su concurrencia formal y hueca. En otras palabras, la incorrección del criterio ha de basarse en lo que el criterio *es* (materialmente) y no en lo que *dice ser* (formalmente).

b) Delimitación del arbitrio judicial y la arbitrariedad en la individualización judicial de la pena:

El (incorrecto) ejercicio y el control del arbitrio judicial supone una de las principales y necesarias preocupaciones de la doctrina penal, así como de la sociedad en general[68]. Este actúa como contrapunto del principio de legalidad, como puente que enlaza lo abstracto y lo concreto, inherente a la función judicial y situado, así, entre la legalidad mecánica o estricta y la arbitrariedad[69]. En palabras de NIETO[70], "*una decisión arbitrada es [...] fruto de un acto de voluntad; pero este, a su vez, tiene que ir precedido de un razonamiento implícito y, sobre todo, seguido de una justificación razonada expresa que ha de ser, además, en Derecho. En definitiva, se trata, por tanto, de un acto de voluntad intelectualmente condicionado y justificado*".

La arbitrariedad, en cambio, limítrofe al arbitrio judicial, es entendida como el "*ejercicio excesivo (o inadecuado y, en todo caso, ilícito) del arbitrio*"[71]. No obstante, ante ello cabe plantearnos lo siguiente: ¿es suficientemente preciso el arbitrio para delimitar o servir de referente a la arbitrariedad? El anterior autor afirma que los contornos del arbitrio son vagos y que sus confines limítrofes con la legalidad y la arbitrariedad suelen tornarse borrosos, dependiendo el "cruce" de un concepto a otro, en consecuencia, más

---

68 Así, entre otros, CASTELLÓ NICÁS, N., Arbitrio judicial..., 2007, p. 9.

69 NIETO GARCÍA, A., El arbitrio..., 2000, pp. 204, 208, 209 y 219. En este sentido, igual autor, de modo metafórico, señala (p. 209): "*El arbitrio es el espíritu que da vida a la actividad judicial, de tal manera que estudiar esta sin tener en cuenta a aquel, ateniéndose solo a la ley y a la lógica es como trabajar con un cuerpo muerto en un laboratorio de anatomía*".

70 NIETO GARCÍA, A., El arbitrio..., 2000, p. 221.

71 NIETO GARCÍA, A., El arbitrio..., 2000, p. 368. El Tribunal Constitucional español, en cambio, ha abusado de dicho concepto, describiéndolo en múltiples formas, entendiendo dicho autor (p. 363) que, así, se ha "*trivializado el concepto que, en su excesiva generalización, ha tenido que renunciar a su individualización propia y se atribuye a cualquier decisión pretendidamente irregular*".

de un grado cuantitativo que de un cambio cualitativo[72]. Ahora bien, ¿significaría ello tener que resignarnos y estimar correcta la intervención únicamente cuando la pena sea *manifiestamente* arbitraria?

El sistema penal[73] y constitucional[74] español exige motivar las sentencias penales y, con ello, la individualización judicial de la pena. Así, el Tribunal Constitucional "*ha venido exigiendo un específico, y reforzado, deber de motivar las resoluciones judiciales*", al ser "*una exigencia directamente derivada de la Constitución*" y al afectar, en este caso, a la libertad como valor superior del ordenamiento jurídico[75]. De este modo, la motivación ejerce como la "ventana" desde donde mejor puede observarse la arbitrariedad[76].

La STS, Sala Segunda, de 25.02.1989 (Excmo. Sr. D. Ramón Montero Fernández-Cid), señaló, con contundencia, la improcedencia e inadmisibilidad de confundir la discrecionalidad con la arbitrariedad, a la que puede derivar la no expresión de la

---

72 NIETO GARCÍA, A., El arbitrio..., 2000, p. 370.

73 Entre otros, los arts. 66.1.6ª y 72 CP, así como el art. 741, párr. II, LECrim ("*siempre que el Tribunal haga uso del libre arbitrio que para [...] la imposición de la pena le otorga el Código Penal, deberá consignar si ha tomado en consideración los elementos de juicio que el precepto aplicable de aquél obligue a tener en cuenta*"). Sobre este último precepto, FERNÁNDEZ RODRÍGUEZ, T. R., Del arbitrio y de la arbitrariedad judicial, Iustel, 2005, p. 124, de modo ilustre, resalta: "*Este precepto legal, sorprendentemente olvidado durante todo un siglo en el campo penal y simplemente ignorado en los demás a pesar de que por obvias razones sistemáticas hubiera debido tenerse muy presente también en todos ellos, establece con toda precisión, dentro de la economía del lenguaje que es propia de un texto legislativo, cuál debe ser el contenido de la justificación que el ejercicio del arbitrio reclama*".

74 Así, los arts. 9.3, 24.1 y 120.3 CE.

75 Entre otras, la STC 116/1998, 2 de junio (Excmo. Sr. D. Pedro Cruz Villalón), F.J. 3 y 4; STC 96/2017, 17 de julio (Excmo. Sr. D. Antonio Narváez Rodríguez), F.J. 3.º; STC 46/2022, 24 de marzo (Excmo. Sr. D. Santiago Martínez-Vares García), F.J. 13. En este sentido, también, BASSO, G.J., Determinación judicial ..., 2019, pp. 372 y 373.

76 NIETO GARCÍA, A., El arbitrio..., 2000, p. 375.

necesaria motivación constitucionalmente impuesta, *"ya que si la elección punitiva depende [...] "de la mayor o menor gravedad del hecho y la personalidad del delincuente"; un silencio fundamentador sobre tales datos deviene absolutamente recusable, pues seria ha de ser la individualización penal y no reducible a simples esquemas de recusables prácticas estereotipadas*".

La imposibilidad legislativa de dar respuesta precisa a cada caso concreto fuerza la genericidad de la letra de la norma. Es esta genericidad, no obstante, el ámbito de actuación del arbitrio judicial; donde corresponde motivar la proporcionalidad de una pena concreta sobre un hecho determinado. Así, ajustar proporcionalmente una pena a un hecho concreto exige, en palabras de NEUMANN, "*una ecuación de tres incógnitas: la cuestión es cómo hallar, según una escala de medición no determinada, la relevancia no determinada de una magnitud en comparación con la de otra tampoco determinada*"[77]. Este autor, posteriormente, tras admitir que las cotas más altas de imprecisión en el principio de proporcionalidad se alcanzan en la proporcionalidad en sentido estricto, precisa que, pese a la debilidad estructural del mismo, la motivación sobre su aplicabilidad no concurre en un espacio lógico vacío, sino que se basa en una pluralidad de premisas comúnmente compartidas[78].

La difusión de premisas, sin embargo, no garantiza la corrección de las mismas; ni la utilización de premisas ajenas a las comúnmente compartidas asegura la incorrección de aquellas; ni, por tanto, en lo que aquí importa, la utilización de unas u otras premisas evita, *per se*, la arbitrariedad. Menos aún en los controvertidos conceptos de merecimiento y necesidad de pena. Por tanto, podría afirmarse que aún permanece aquellas "incógnitas".

---

77 NEUMANN, U., El principio de proporcionalidad como principio limitador de la pena, en ROBLES PLANAS, R. (Ed.), Límites al Derecho penal. Principios operativos en la fundamentación del castigo, Atelier, Barcelona, 2012, p. 203.

78 NEUMANN, U., El principio de proporcionalidad..., 2012, pp. 204 y 211.

Si la motivación puede traducirse, metafóricamente, en la ventana desde la que observar la arbitrariedad, la no motivación no se transforma directamente en arbitrariedad, sino en la incapacidad de observar la misma. La cuestión es cómo delimitar, desde la ventana (motivación), el arbitrio respecto a la arbitrariedad. No obstante, el concepto de arbitrariedad, generalizado por la jurisprudencia, ha renunciado a su propia individualización y es atribuido a cualquier decisión pretendidamente irregular[79]. En consecuencia, como afirma NIETO, "*mientras no se tenga un concepto medianamente preciso de la arbitrariedad resulta imposible razonar objetivamente un juicio de arbitrariedad respecto de una decisión anterior, porque —a falta de consenso o aceptación general— será siempre rigurosamente subjetivo*"; de este modo, continúa, se llegará "*a la paradoja de que los juicios de arbitrariedad han de ser inevitablemente arbitrarios al carecer ellos mismos de parámetros objetivos de referencia*"[80].

La genericidad de la arbitrariedad judicial no impide el control del arbitrio judicial, más aún desde el principio de legalidad y el principio de proporcionalidad; ambos entremezclados en la jurisprudencia, comúnmente, con la arbitrariedad de modo indisoluble[81]. La pena calificada jurisprudencialmente como arbitraria, sin perjuicio de proceder su revisión cuando así sea, normal-

---

79 NIETO GARCÍA, A., El arbitrio..., 2000, p. 363.

80 NIETO GARCÍA, A., El arbitrio..., 2000, p. 365.

81 Por un lado, a modo de ejemplo, la STC 27/1981, 20 de julio (Excmo. Sr. D. Plácido Fernández Viagas), F.J. 9.º, señala que "*«arbitrario» equivale a no adecuado a la legalidad y ello, tanto si se trata de actividad reglada -infracción de la norma- como de actividad discrecional -desviación de poder-, etc.*". Es decir, equipara la arbitrariedad a la ilegalidad. Por otro lado, en cuanto a la vinculación de la arbitrariedad con el principio de proporcionalidad, la STC 70/1988, 19 de abril (Excmo. Sr. D. Fernando García-Mon y González-Regueral), establece: "*Representa ésta la opción del poder legislativo para regular o configurar una determinada materia -la edad de jubilación-, sin que aparezca, como sería necesario para apreciar arbitrariedad, la falta de proporción entre los fines perseguidos y los medios empleados para su consecución*".

mente será ilegal[82]. Así, a pesar de no tratarse la individualización judicial de la pena de una operación automática y matemática, corresponde identificar y delimitar (operación cualitativa), al menos de forma aproximada, las circunstancias y los factores que permitan, luego, identificar y delimitar, también, las incógnitas a las que refería NEUMANN y, de este modo, permitir, en tercer lugar, cuantificar la pena proporcional al hecho concreto (operación cuantitativa). En este sentido, la incorrección en cualquiera de las anteriores operaciones conllevará un resultado *ilegal*; sin embargo, la desatención a las mismas, que conlleva necesariamente al voluntarismo (sin justificación en Derecho) o al intuicionismo, supondrá un resultado *arbitrario*[83].

---

82 En este sentido, NIETO GARCÍA, A., El arbitrio..., 2000, p. 355, señala que "*el «acto realizado fuera de los casos y sin las formas que la ley determina» es con toda evidencia la definición de un acto ilegal. Lo que nos dice, en definitiva, es que los actos ilegales -al menos una determinada variedad de ellos- son arbitrarios: nada más*". Posteriormente (pp. 362 y 363), expresa que "*el control primario es el de la legalidad y únicamente en el supuesto de que no procediere habría que empezar a pensar en otro subsidiario. Lo cual significa que, mediando una ilegalidad, no es lícito acudir a otro control subsidiario y, por ende, cuando se quiere emplear el control de arbitrariedad hay que argumentar primero que no procede el de legalidad. Yo entiendo que el control de arbitrariedad es subsidiario -y no alternativo- del de ilegalidad [...] el punto de partida ha de ser inevitablemente la nítida separación entre ilegalidad y arbitrariedad: algo que no se ha intentado hacer nunca*".

83 En un sentido similar, BESIO HERNÁNDEZ, M., Los criterios..., 2011, pp. 495 y 496: "*una motivación suficiente de la decisión cuantitativa de pena es aquella cuyo contenido permite conocer de forma directa, indubitada y unívoca todo el razonamiento jurídico relevante [...] que permita poder controvertirlo en sede de recurso, a saber (a) la interpretación que se adopte respecto del contenido y operatoria de cada uno de los factores reales de medición [...]; b) qué circunstancias de hecho acreditadas en el proceso considera susceptibles de ponderación al alero de cada uno de ellos, por qué y en qué sentido (agravatorio o atenuatorio); (c) la incidencia que otorgue a cada criterio en la cuantificación de la pena específica a imponer; y (d) la traducción de estos en una magnitud temporal aproximada de sanción*".

No pasa desapercibido el altísimo riesgo de caer en la ilegalidad ante el abandono doctrinal y jurisprudencial respecto a las referidas incógnitas, así como la probable y previsible incapacidad de controlar aquella ilegalidad. Es más, no ha de obviarse tampoco la fina línea que separa la incorrección (ilegalidad) de la desatención (arbitrariedad), ¿pero cómo atender a lo que se desconoce? O peor aún, ¿cómo atender a lo que, en atención al estado actual de la doctrina penal y la jurisprudencia, no puede conocerse? Es justo aquí, en el seno de dichas preguntas, donde mayor fuerza ha de cobrar el arbitrio judicial, así como el posterior control de la razonabilidad.

c) La no proporción de la pena y la posibilidad de control:

Actualmente no se discute que no toda magnitud de pena formalmente integrada en un determinado marco penal abstracto resulta, por ello, legítimamente imponible. No obstante, el escaso desarrollo dogmático en el ámbito de la individualización judicial de la pena obstaculiza la estabilidad, la seguridad y la claridad en las decisiones judiciales[84]. Ahora bien, ello no impide que se deba exigir una pena racional, útil y proporcionada al hecho delictivo concreto[85].

La lectura de la norma (por ejemplo, el art. 66.1.6ª CP), acompañada de debidos juicios valorativos imprecisos y controvertidos, conduce a una aparente (y preocupante) discrecionalidad judicial desmesurada[86]. En adición a ello, la común deferencia de los

---

84 JORGE BARREIRO, A., La motivación en la individualización judicial de la pena, en Problemas específicos de la aplicación del Código Penal, Manuales de Formación Continuada, CGPJ, 1999, p. 98.

85 DE LA MATA BARRANCO, N. J., El principio..., 2007, p. 225; CHOCLÁN MONTALVO, J. A., Individualización judicial de la pena. Función de la culpabilidad y la prevención en la determinación de la sanción penal, Colex, 1996, p. 1514.

86 COBO DEL ROSAL, M., Consideración general sobre el nuevo Código Penal., La Ley: Revista jurídica española de doctrina, jurisprudencia y

tribunales de control limita la revisión de las decisiones adoptadas[87], siendo esencial, por tanto, ante la imprecisión normativa, impulsar la tarea de ingeniería punitiva de dichos tribunales para uniformizar el tratamiento penal en casos análogos[88], así como el tratamiento desigual en otros supuestos.

Frente a la referida deferencia de los tribunales de control, así como ante la incertidumbre sobre qué es manifiestamente desproporcionado, BASSO señala el conveniente deber de los tribunales de enjuiciamiento de intervenir de forma restrictiva, legitimando únicamente aquellas penas que aparezcan como *manifiestamente razonables y proporcionadas,* a fin de evitar una situación de indefensión en los condenados frente a penas que

---

bibliografía, n.º 3, 1996, p. 1332. Respecto al excesivo margen de arbitrio del juzgador en la individualización judicial de la pena, ÁLVAREZ GARCÍA, J. denuncia los resultados indeseados derivados del mismo, resaltando entre ellos: a) la frecuente conculcación del principio de igualdad, en cuanto la manifiesta amplitud del marco penal abstracto provocará notorias diferencias en la determinación final de la pena; b) el favorecimiento a la tendencia de imponer penas mínimas; c) la probabilidad de confusión valorativa derivada de la similitud entre sanciones con las que se castigan los atentados a bienes jurídicos de muy diversa magnitud; d) la quiebra de la seguridad jurídica, relacionada con el desconocimiento por parte del destinatario sobre cuál es la pena que se le puede llegar a imponer; e) la de, finalmente, convertir al Juez en legislador (ÁLVAREZ GARCÍA, J., Principio de proporcionalidad. Comentario a la sentencia del Tribunal Constitucional de 20 de julio de 1999, recaída en el recurso de amparo interpuesto por los componentes de la Mesa Nacional de Herri Batasuna., Diario La Ley, Sección Doctrina, t. 5, 2001, p. 2057). Asimismo, como señala PÉREZ DEL VALLE, C., "*la posibilidad de control de la aplicación de la pena está vinculada, sin duda, a la exigencia de una cierta ordenación de criterios que permita garantizar un control jurídico racional*" (PÉREZ DEL VALLE, C., La individualización de la pena y su revisión, en: DEL ROSAL BLASCO, B. (Ed.), Estudios sobre el nuevo Código Penal de 1995, Tirant lo Blanch, 1997, p. 43).

87 BASSO, G. J., Determinación judicial…, 2019, p. 321.

88 BASSO, G. J., Determinación judicial…, 2019, p. 373.

no resulten *evidentemente irrazonables o desproporcionadas*[89]. No obstante, obstaculiza lo anterior la incapacidad del principio de proporcionalidad para fijar o determinar una pena concreta, exacta y proporcionada, siendo su función, en cambio, denunciar que una determinada pena es manifiestamente desproporcionada. Ello no impide segmentar el marco penal concreto, a fin de asegurar, al menos, una proporcionalidad aproximada y permitir al Juzgador, a su vez, fijar o determinar la pena según las circunstancias y factores concurrentes en el caso concreto.

El art. 66.1.1ª CP establece que, en los delitos dolosos, "*cuando concurra sólo una circunstancia atenuante*", se aplicará la pena en la mitad inferior de la fijada legalmente para el delito. Por otro lado, el art. 66.1.3ª CP señala que, concurriendo una o dos circunstancias agravantes, se aplicará la pena en su mitad superior[90]. Entiende CASTELLÓ NICÁS que la mitad superior ha de reservarse para la presencia de agravantes; la mitad inferior para aquellos supuestos en los que no concurra atenuantes ni agravantes; y debiendo integrarse en la parte inferior de la mitad inferior aquellos otros casos en los que concurra una sola atenuante[91]. En modo diverso, entiende BASSO que aquellos supuestos de unidad delictiva han de orientarse, normalmente, hacia la aplicación de penas insertas en los segmentos inferiores del marco penal concreto, mientras que aquellos casos de concurso ideal (también los de

---

89 BASSO, G. J., Determinación judicial..., 2019, p. 321.

90 A modo de ejemplo, de forma genérica, también ha de aplicarse la pena en su mitad superior cuando se mantenga un fundamento cualificado de agravación en aquellos supuestos en los que concurran atenuantes y agravantes (art. 66.1.7ª CP); o en aquellos casos en los que un solo hecho constituya dos o más delitos, donde se aplicará en su mitad superior la pena prevista para la infracción más grave, sin que pueda exceder de la que represente la suma de las que correspondería aplicar si se penaran separadamente las infracciones (art. 77.2 CP en relación con el apartado primero del mismo).

91 CASTELLÓ NICÁS, N., Arbitrio judicial..., 2007, pp. 164, 165 y 169.

concurso real) podrán alcanzar la máxima penalidad posible, al integrar un mayor contenido de injusto[92].

La logicidad sistemática de las anteriores posturas es, en principio, pertinente; no obstante, sin perjuicio de su admisibilidad orientativa, resulta aparentemente relativa o restrictiva, más aún si atendemos a aquellos tipos penales que incluyen apartados en los que se establece el deber o la facultad de aplicar la pena en su mitad superior[93] o inferior[94], según el contenido de injusto.

Por otro lado, BESIO HERNÁNDEZ, arrastrando con las comunes deficiencias[95], propone dividir el marco penal en dos mitades equivalentes, actuando en cada una de ellas (sub-marcos) los criterios de individualización judicial de la pena (circunstancias personales del autor y gravedad del hecho). Dichos criterios han de determinar una pena aproximada en cada sub-marco, debiendo promediarse en términos valorativos, a continuación, ambos resultados, alcanzando, así, una ponderación aproximada[96]. Para

---

92 Basso, G. J., Determinación judicial…, 2019, pp. 309 y ss.

93 Así, a modo de ejemplo, los arts. 139.2; 145.1 y 3; 165; 169.1°, II; 172.1, II y III; 181.5; 244.2; 284.2; 334.2; 340 bis.2; 386.2 CP. Además, no ha de obviarse que los tipos penales recogen supuestos de unidad delictiva, sin perjuicio de que alcanzar la mitad superior del marco penal requiera mayor justificación conforme a la gravedad del hecho.

94 En este caso, cabe citar como ejemplos los arts. 178.4; 279, II; 449.2; 466.3 CP.

95 Como señala Besio Hernández, M., Los criterios…, 2011, pp. 601 y ss., este modelo enfrenta la ausencia de una concepción y aplicación uniformes de los elementos adecuados para ponderar (y en qué sentido) cada factor real de cuantificación. No obstante, entiende que ello ofrece la ventaja de instaurar un esquema de razonamiento que impone la apreciación e influencia de las circunstancias personales del delincuente en la individualización judicial de la pena.

96 A modo de ejemplo, si la gravedad del hecho es manifiestamente alta, procederá fijar provisionalmente la pena en la parte superior del sub-marco correspondiente a la gravedad del hecho; y si las circunstancias personales del autor aconsejan una pena mínima, corresponderá situar provisionalmente la pena en la parte inferior del sub-marco relativo a dicho criterio. En este caso, el promedio del resultado de ambos facto-

ello, entiende que puede ser útil atribuir un valor aproximado de ponderación a cada factor real a través de una escala de máximos, medios y mínimos[97].

El anterior modelo, aun no permitiendo el cálculo exacto y uniforme de la pena, parece permitir revisar aquellas penas simplemente irrazonables y desproporcionadas (sin requerir la manifiesta notoriedad de ello), así como, en consecuencia, salvaguardar en mayor medida la necesaria seguridad jurídica y del principio de igualdad. Ahora bien, no parece asegurar que, por ejemplo, ante una necesidad de pena máxima y un merecimiento mínimo, impida agravar la pena conforme a la necesidad de pena. Además, entendemos aquí que tampoco procede identificar necesariamente (o exclusivamente) las circunstancias personales con la necesidad de resocialización.

En atención a lo anterior, se propone aquí segmentar el marco penal concreto únicamente en base a la gravedad del hecho (merecimiento de pena). Una vez fijada provisionalmente la pena conforme a lo anterior, procedería evaluar la necesidad de pena (en perspectiva preventivo-especial), legitimando únicamente reducir o mantener la pena previamente fijada de modo provisional. Así, será la valoración de la necesidad de pena el ámbito donde mayor espacio de actuación tenga el arbitrio judicial (que no arbitrariedad), debiéndose motivar por qué y en base a qué circunstancias personales se reduce (o se mantiene) la pena. Ello permite mantener el arbitrio judicial (exigido legalmente), la proporcionalidad (al menos aproximada) y controlar la ilegalidad y la arbitrariedad.

---

res (gravedad del hecho máxima y necesidad de resocialización mínima) se fijará, aproximadamente, en la mitad del marco concreto.

97 BESIO HERNÁNDEZ, M., Los criterios…, 2011, pp. 596 y ss.

IV. REFLEXIÓN FINAL

Es generalmente aceptada la borrosidad y la controversia en el merecimiento y la necesidad de pena. Pese a ello, la jurisprudencia exige que la motivación de la pena sea coherente con dichos conceptos; no obstante, más allá del impreciso contenido, guarda absoluto (y preocupante) silencio respecto al contenido, el alcance y la relación recíproca entre ambos. Ello, lógicamente, deriva en la imprevisibilidad de la pena por parte del reo[98], en el común intuicionismo del encargado de individualizar judicialmente la pena y, además, en la manifiesta complejidad (si no común imposibilidad) del órgano de control a la hora de determinar si la motivación de la pena (y no la pena en sí) es coherente o no al merecimiento y la necesidad de la misma.

Permitir perpetuar lo anterior puede traducirse en aceptar el favorecimiento de la arbitrariedad. Segmentar el marco penal concreto constituye un parche provisionalmente eficaz, que permite estrechar la proporcionalidad aproximada; no obstante, resulta necesario "subcategorizar" las circunstancias y factores que han de integrar el merecimiento y la necesidad de pena, sin necesidad (ni conveniencia) de desglosar taxativamente aquellas, aunque sin perjuicio de su concreción en la casuística jurisprudencial. La suma de ambas acciones, acompañada de la inherente motivación, permitirá tomar distancia de la arbitrariedad (y de la ilegalidad) y, en consecuencia, delimitar el arbitrio judicial en conformidad al merecimiento y la necesidad de pena.

---

98 El art. 787.4 LECrim establece que "*cuando el Juez o el Tribunal albergue dudas sobre si el acusado ha prestado libremente su conformidad, acordará la continuación del juicio*". Esta libertad procesalmente deseada no siempre es absoluta, en cuanto la común imprevisibilidad de la pena enfrenta al acusado a una especie de "ruleta rusa", en la que "apretar el gatillo" y quedar a la suerte del difuso e imprevisible arbitrio judicial, o "no apretar el gatillo" y aceptar una pena, en principio, probablemente inferior (o no) a la que, imprevisiblemente, podría fijarse.

CAPÍTULO PRIMERO
PENAS ESPECIALMENTE DEBATIDAS

*Sobre la obligatoriedad de la pena de alejamiento en la violencia de género**

CAROLINA BOLEA BARDON
Profesora Titular de Derecho penal (Catedrática acr.).
Universidad de Barcelona

I. INTRODUCCIÓN

En esta contribución se analiza la regulación actual de la pena de alejamiento y se cuestiona la necesidad de mantener su carácter imperativo en el ámbito de la violencia de género. Para ello, en primer lugar, se examinará el origen de la pena de prohibición de aproximación. En segundo lugar, se expondrá el *iter* legislativo y, muy especialmente, el cambio de orientación que experimentó la imposición de esta pena con la reforma de 2003. En tercer lugar, se abordarán los problemas que plantea la imposición obligatoria de la prohibición. Finalmente, se brindará una propuesta alternativa al marco legal vigente con la pretensión de ofrecer una respuesta adecuada a las cuestiones planteadas.

II. ORIGEN DE LA PENA DE PROHIBICIÓN DE APROXIMACIÓN A LA VÍCTIMA U OTRAS PERSONAS

La prohibición de aproximación se introdujo en el Código penal en el año 1999, a través de la LO 11/1999, de 30 de abril,

* Este trabajo se enmarca en el Proyecto de Investigación financiado por el Ministerio de Ciencia e Innovación: «Violencia extrema sobre la mujer: respuesta penal y alternativas para la prevención» (VEM, PID2022-140170NB-I00).

clasificándose entre las penas privativas de derechos y configurándose como una pena accesoria. Pese a su ubicación sistemática y a su configuración, se ha cuestionado en la doctrina su naturaleza accesoria, básicamente, por dos razones: primera, porque su imposición no depende de la de otra pena a la que acompaña en los términos del art. 54 CP, sino que se hace depender de la comisión de determinados delitos (los previstos en el art. 57.1 CP); y, segunda, porque su duración no se ajusta a la de la pena principal, sino que puede extenderse en el tiempo más allá de la duración de esta, en función de la gravedad del delito y dentro de los límites que establece el propio precepto[1]. De ahí que parte de la doctrina y la jurisprudencia del Tribunal Supremo se refieran a ella en términos de accesoriedad impropia[2].

En el debate en torno la naturaleza las prohibiciones reguladas en el art. 57 CP algunos autores consideran que en realidad no son penas, sino medidas de seguridad[3]. Sin embargo, para no acoger

---

1 De hecho, se trata de uno de los supuestos excepcionales a que se refiere el art. 33.6 CP, "las penas accesorias tendrán la duración que respectivamente tenga la pena principal, excepto lo que dispongan expresamente otros preceptos de este Código". En principio, el límite máximo de duración es de 10 años.

2 Así, FARALDO CABANA, P., Las prohibiciones de residencia, aproximación y comunicación en el Derecho penal, Valencia, 2008, p. 46; LA MISMA, La pena de prohibición de aproximación a la víctima u otras personas, en FARALDO CABANA, P. / PUENTE ABA L. M. (Dirs.), Las penas privativas de derechos y otras alternativas a la privación de libertad, Valencia, 2013, p. 301. Vid. STS (Pleno) 392/2017, 31-05: "No sólo es una pena accesoria cuya extensión, excepcionalmente, no está vinculada a la duración de la pena principal (art. 33.6 y 57 del Código Penal (RCL 1995, 3170y RCL 1996, 777), sino que también, a diferencia del resto de penas accesorias reguladas en la misma sección, no se trata de restricciones inherentes a la imposición de otras sanciones, sino que su aplicación deriva de la condena por determinados delitos"; STS 935/2005, 15-07.

3 Así, SANZ MORÁN, A., Las medidas de corrección y de seguridad en el Derecho penal, Lex Nova, Valladolid, 2003, 235 y ss.; LEAL MEDINA, J., La prohibición de residir y de acudir a determinados lugares: medida

una tesis que podría ser cuestionada por no respetar el principio de legalidad, cabe interpretar que, aun tratándose de penas, una parte de estas se vincula al concepto de peligro futuro y, por tanto, no presenta el carácter de pena, sino de medida de seguridad con un claro carácter asegurativo. Concretamente, se trataría de esa parte de la prohibición que va más allá de la duración de la pena principal. En este sentido, el propio Tribunal Supremo, cuando alude a la duración de la pena accesoria, entiende que esta debe ser determinada por el juez dentro del margen establecido legalmente, teniendo en cuenta *"de manera prioritaria, no la duración de la pena privativa de libertad impuesta sino las específicas necesidades de protección que, derivadas de la gravedad del delito o de factores de peligrosidad, concurran"*[4]. Insiste, además, en que elegir el mínimo de la pena de prisión no obliga a hacer lo mismo con las otras penas, añadiendo que deberá motivar también esta decisión[5].

La prohibición de aproximación es una de las prohibiciones previstas en el art. 48 CP, junto a la de comunicación y la de residencia. Todas ellas son conocidas como penas en interés de las víctimas porque persiguen, como objetivo principal, la protección de la víctima y sus allegados[6]. Es por ello que, aunque el juez otorgue la suspensión de la ejecución de la pena de prisión, se ve forzado a mantener la prohibición de aproximación por imperativo legal (art. 83.2 CP). Hay que tener en cuenta que, además de penas, las prohibiciones recogidas en el art. 48 CP son medidas

---

de seguridad, pena principal, pena accesoria, medida cautelar o posible obligación en el caso de ejecución de las penas privativas de libertad, La Ley 2001-7, p. 130. Vid., también, STS 369/2004, 11-03. Advierte sobre la complejidad de la distinción entre penas y medidas de seguridad, así como del coste que puede tener dicha distinción, PUENTE RODRÍGUEZ, L., La peligrosidad del imputable y la imputabilidad del peligroso, Madrid, 2021, pp. 354 y ss.

4 *Vid.* SSTS 923/22, 24-5; 112/18, 12-3.

5 *Vid.* STS 526/12, 26-6.

6 La SAP Valencia 2ª, 13- abril, 2016, sostiene que las prohibiciones de aproximación y comunicación no tienen tanto una finalidad sancionadora cuanto preventiva y protectora de la víctima.

de obligado cumplimiento por parte de los sometidos a libertad vigilada (art. 106.1); y, también, pueden funcionar como medidas cautelares.

Con la prohibición de aproximación se pretende establecer una "zona de exclusión" para impedir que el condenado se acerque a la víctima y allegados y, de este modo, evitar ataques a su persona y a sus bienes. Atendiendo al Protocolo de Actuación de las Fuerzas y Cuerpos de seguridad, la distancia mínima de prohibición de aproximación se establece en 500 metros. Esta distancia se considera aconsejable para garantizar la seguridad de la víctima, aunque puede ser modificada por el juez en función de las circunstancias específicas de cada caso[7]. En coherencia con el contenido de la prohibición y con el propio reconocimiento de la condición de víctimas de violencia de género de los hijos menores, la ley también prevé la suspensión obligatoria del régimen de visitas, comunicación y estancia reconocido en sentencia civil respecto de los hijos hasta que se haya cumplido la pena (art. 48.2 *in fine*)[8].

---

7 Según el Protocolo de Actuación de las Fuerzas y Cuerpos de Seguridad y de coordinación con los Órganos Judiciales para la protección de las víctimas de violencia doméstica y de género, 2005, p. 11: "Cuando el órgano judicial determine el contenido concreto de la prohibición de aproximación a la que se refieren los artículos 57 CP (pena), 105.1 g) CP (medida de seguridad), 83.1,1 ° y 1 ° bis CP (condición para la suspensión de la pena), 93 CP (regla de conducta para el mantenimiento de la libertad condicional), 544 bis LECR (medida cautelar o de protección de la víctima) y *64 LO 1/2004 (medidas de salida del domicilio, alejamiento o suspensión de las comunicaciones*) resulta conveniente que establezca un ámbito espacial suficiente para permitir una rápida respuesta policial y evitar incluso la confrontación visual entre la víctima y el imputado. A tal efecto el auto fijará la distancia y la fecha de entrada en vigor y finalización de la medida de alejamiento. Parece aconsejable que la distancia sea al menos de 500 metros".

8 Según el Preámbulo de la LO 8/2021, el art. 1 de la LO 1/2004, de 28 de diciembre, de Medidas de Protección Integral contra la Violencia de Género, se modifica "para hacer constar que la violencia de género a que se refiere dicha ley también comprende la violencia que con el

III. OBLIGATORIEDAD DE LA PROHIBICIÓN DE APROXIMACIÓN A TENOR DEL ART. 57.2 CP

La prohibición de aproximación nace con carácter potestativo, al igual que las otras dos prohibiciones (residencia y comunicación) previstas en el art. 48 CP. Sin embargo, a diferencia de las otras dos, la prohibición de aproximación pasa en el año 2003 a ser preceptiva, aunque sólo en el ámbito de la violencia doméstica y de género. En efecto, desde la reforma operada por la LO 15/2003, de 25 de noviembre, el art. 57.2 CP impone al juez la obligación de acordar la prohibición de aproximación a la víctima o a otros sujetos recogida en el art. 48.2 CP por un tiempo de hasta diez años, si el delito fuera grave o de hasta cinco si fuera menos grave, en todos aquellos casos en los que la víctima fuera alguna de las personas protegidas que menciona ese mismo apartado y el delito fuera alguno de los previstos en el primer apartado del art. 57 CP. En otras palabras, en delitos relacionados con la violencia de doméstica y de género el juez está obligado a acordar la prohibición de aproximación, sin entrar a valorar, por consiguiente, ni la gravedad de los hechos ni la peligrosidad del condenado[9].

A nadie se le escapa que la decisión del legislador de eliminar el carácter potestativo de la prohibición de aproximación trajo

---

objetivo de causar perjuicio o daño a las mujeres se ejerza sobre sus familiares o allegados menores de edad" (*vid.* Disposición final décima).

9 Y, en cuanto a la Fiscalía, la Circular 6/2011, de 2 de noviembre, sobre criterios para la unidad de actuación especializada del Ministerio Fiscal en relación a la violencia sobre la mujer, establece: "A la vista de la reiterada posición del Tribunal Supremo sobre el carácter imperativo de la pena de alejamiento así como de la Sentencia del TC de 7 de octubre de 2010 y la del Tribunal de Justicia Europeo de 15 de septiembre de 2011, no puede sostenerse el carácter discrecional de la pena en los procedimientos de violencia sobre la mujer y doméstica (art. 57.2), por lo que los Sres. Fiscales deberán solicitar siempre la pena de alejamiento de conformidad con los parámetros establecidos en el art. 57.1 del CP"

consigo un considerable recorte del arbitrio judicial. En cuanto a las razones por las que el legislador se decidió por dicha opción, seguramente tuvo que pesar la necesidad de combatir la tradicional resistencia que mostraba la judicatura a imponer dicha prohibición en el ámbito de la violencia doméstica y de género. En este sentido, Laurenzo Copello señala que «detrás de esta medida se percibe la desconfianza hacia un estamento judicial poco implicado por entonces con el problema del maltrato; pero también la aceptación implícita de un estereotipo muy habitual en las políticas de género: la idea de que toda mujer que ha vivido algún episodio de violencia, cualquiera sea su entidad, sufre alienación emocional y está incapacitada para adoptar decisiones "correctas" por sí misma»[10]. Esta última consideración resulta especialmente relevante a efectos de este trabajo. Sobre ello, se volverá más adelante.

La Exposición de Motivos de la mencionada LO 15/2003 no arroja luz en cuanto al cambio de criterio, pues se limita a decir que la pena de alejamiento "se mejora técnicamente para que sirva con más eficacia a la prevención y represión de los delitos y, en especial, a la lucha contra la violencia doméstica"[11]. Hoy en día todavía no queda claro en qué medida ha podido contribuir a una mayor prevención, cuando las cifras en nuestro país de mujeres muertas a manos de sus parejas o exparejas siguen siendo escalofriantes. De hecho, la batería de medidas adoptadas por el Estado para combatir la violencia de género no ha logrado el objetivo

---

10 LAURENZO CAPELLO, P., Hacen falta figuras género específicas para proteger mejor a las mujeres, Estudios Penales y Criminológicos, vol. XXXV, 2015, p. 802. En este sentido, también, FARALDO CABANA, P., Las prohibiciones de residencia, aproximación y comunicación, 2008, p. 149.

11 Cabe advertir que la protección de la mujer todavía no se había desgajado del ámbito doméstico, lo que sucedería a partir de la promulgación de la mencionada LO 1/2004, de Medidas de Protección Integral contra la Violencia de Género.

de reducir el número de feminicidios a mínimos asumibles[12]. De 2003 a 2023 han muerto cada año entre 71 y 52 mujeres víctimas de violencia de género[13]. Y en lo que llevamos del año 2024 ya son 19 las mujeres muertas a manos de su pareja o expareja[14]. Asimismo, conviene no olvidar todos aquellos casos que quedan en tentativa de homicidio o asesinato, que también alcanzan cifras extremadamente elevadas[15].

La imposición preceptiva de la prohibición de aproximación del art. 48.2 CP, cuando los delitos recogidos en el art. 57.1 CP tuvieran como víctima algunos de los sujetos pasivos descritos en el art. 173.2 CP, fue objeto de múltiples cuestiones de inconstitucionalidad planteadas por diversas audiencias provinciales y juzgados de lo penal. Los argumentos esgrimidos por los distintos órganos judiciales se centraban en la falta de consideración hacia el tipo de delito cometido, su gravedad, su influencia en las relaciones de convivencia, en la falta de atención a la voluntad de la víctima y a la peligrosidad del autor. Especialmente cuestionada fue la obligatoriedad en los casos, no poco frecuentes en la práctica, en que víctima y autor deciden reanudar la convivencia. Nuestro Tribunal Constitucional desestimó las diversas cuestiones de constitucionalidad planteadas, rechazando tanto la vulneración de un supuesto derecho de la víctima a padecer indefensión como la

---

12 En 2019 fueron 56 las mujeres víctimas mortales. En 2020, 50. En 2021, 49. En 2022, 50. Y en 2023 la cifra se eleva a 58 mujeres víctimas mortales (Fuente: Estadística de Víctimas Mortales por Violencia de Género. Delegación del Gobierno contra la Violencia de Género, 2023).

13 En total la cifra asciende a 1.237 muertes desde el 1 de enero de 2003. Fuente: Estadística de Víctimas Mortales por Violencia de Género. Delegación del Gobierno contra la Violencia de Género, 2023.

14 Fuente: Estadística de Víctimas Mortales por Violencia de Género. Delegación del Gobierno contra la Violencia de Género (a 5 de julio de 2024).

15 Según datos que constan en la Memoria de la Fiscalía General del Estado de 2023, en el año 2022 se registró un incremento del número de feminicidios intentados en el ámbito de pareja en un 66% respecto al año anterior.

posible infracción del principio de personalidad de la pena y del principio de proporcionalidad[16]. Sin embargo, el que no fuera declarada inconstitucional no impide entrar a valorar la conveniencia político-criminal de seguir manteniendo la imposición obligatoria de la prohibición de aproximación en el contexto de la violencia de género y doméstica. De hecho, como se ha encargado de poner de manifiesto buena parte de la doctrina especializada, mantener dicha imposición puede aparecer como contraproducente de cara a una correcta individualización de las penas y, además, puede resultar desproporcionado[17]. Asimismo, tiene el inconveniente de prescindir completamente de la voluntad de la víctima y de toda valoración de la situación objetiva de riesgo que se cierne sobre ella. Argumentar, como se hace en algunas sentencias, que cuando la prohibición no parezca justificada siempre podrá solicitarse el indulto parcial y la simultánea suspensión de la ejecución, no resuelve el fondo del problema[18].

El precepto parte de la presunción "iuris et de iure" de que la proximidad entre el agresor y la mujer da lugar a una situa-

---

16 *Vid.* STC 60/2010, que resuelve la cuestión de inconstitucionalidad plateada por la Audiencia Provincial de Las Palmas. *Vid.*, también, SSTC 83/2010; 86/2010; 118/2010, que se remiten a la anterior en cuanto a razonamientos y conclusiones. En la STC (Pleno) 141/08 ni siquiera llega a admitirse a trámite la cuestión de inconstitucionalidad planteada por la Audiencia Provincial de Lleida. No obstante, dicha inadmisión fue objeto de dos Votos Particulares.

17 Así, VALEIJE ÁLVAREZ, I., Penas accesorias, prohibiciones del art. 48.2 del CP y delito de quebrantamiento de condena. Consideraciones críticas sobre el art. 57.2 del CP, Estudios Penales y Criminológicos, nº 26, 2006, pp. 325 y 335. *Vid.*, también, DÍEZ RIPOLLÉS, J. L., El abuso del sistema penal, RECPC 19-01 (2017), p. 14, para quien "las nuevas demandas de segregación social del delincuente" llevan a "desconsiderar el principio de proporcionalidad cuando lo que se pretende es mantener al condenado reiterante durante el mayor tiempo posible alejado de la convivencia social".

18 *Vid.*, no obstante, SSAP Barcelona 2ª 252/07, 9-3; Barcelona 7ª 432/06, 30-3; Circ. FGE 2/2004, VI.

ción objetivamente peligrosa para la mujer que hay que evitar[19]. Es cierto que la víctima puede ser objeto de presiones e incluso de amenazas o coacciones, con la pretensión de que desista de interponer denuncia o para que no llegue a declarar en el juicio, lo que, respecto a esto último, a partir de la nueva regulación de la dispensa a la obligación de declarar establecida por LO 8/2021, de 4 de junio, le puede llegar a acarrear consecuencias penales (delito de desobediencia) por no alcanzarle el régimen de dispensa previsto en la legislación procesal[20]. También puede suceder que la mujer, que no quiera el alejamiento, infravalore su propia situación de riesgo. Pero lo anterior no justifica privar al juez de la labor de valoración del peligro en el caso concreto, ni tampoco negar a la mujer la capacidad de asumir un cierto grado de riesgo, siempre y cuando este no sea elevado. En aras a proteger a la víctima el legislador ha decidido prescindir de la voluntad de la mujer afectada por la prohibición, sin tener en cuenta que, aunque ella

---

19 Así, Faraldo Cabana, P., Las prohibiciones de residencia, aproximación y comunicación, 2008, p. 145.

20 En efecto, LO 8/2021, de 4 junio, de protección integral a la infancia y la adolescencia frente a la violencia, introduce una excepción al régimen de dispensa establecido hasta el momento, en el art. 416 LECrim., añadiendo un nuevo apartado ("5.º Cuando el testigo haya aceptado declarar durante el procedimiento después de haber sido debidamente informado de su derecho a no hacerlo) que viene a recoger lo establecido en el art. 660 Anteproyecto de la Ley de Enjuiciamiento Criminal de 2020, en el sentido de no eximir del deber de declarar a la víctima que, habiendo sido debidamente informada de su derecho a no hacerlo, ha decidido en un momento previo del proceso declarar contra la persona a la que le une la relación de afectividad o parentesco. Si bien, cabe advertir que el legislador no ha recogido en la LO 8/2021 el texto introducido en el art. 660.3 del ALECrim., encaminado a evitar posibles maniobras coercitivas por parte del victimario. Según el art. 660.3 ALECrim.: "En todo caso, el juez, de oficio o a petición de parte, realizará las comprobaciones oportunas para asegurarse de que concurren los supuestos que amparan la dispensa del testigo y que su decisión ha sido libremente adoptada, sin coacción o amenaza. Las informaciones obtenidas al realizar tales comprobaciones carecerán de valor probatorio a efectos del juicio".

no sea la destinataria de la prohibición, la decisión repercute en su vida íntima (relación de pareja) y familiar. Como bien señala MAQUEDA ABREU, "la idea de que cualquier agresión contra ellas es un asunto público se ha llevado a sus últimas consecuencias hasta llegar a privarles del control de sus necesidades y de la autonomía de sus decisiones vitales"[21].

IV. CONSECUENCIAS PROBLEMÁTICAS DERIVADAS DE LA APLICACIÓN DEL ART. 57.2 CP

Una de las consecuencias más problemáticas de la actual regulación del art. 57.2 CP es, sin duda, la que afecta al incumplimiento de la prohibición de aproximación a la víctima, puesto que determina la comisión de un nuevo delito: el quebrantamiento de condena[22]. Y lo que puede resultar paradójico es que, en los casos, relativamente frecuentes en la práctica, en que es la propia víctima del delito de violencia de género la que acepta o incluso propone reanudar la convivencia con su expareja esta puede

---

21 Maqueda Abreu, M., La deriva punitivista del feminismo institucional: retos pendientes, en PÉREZ Manzano, M. *et al.* (coord.): Estudios en Homenaje a la profesora Susana Huerta Tocildo, Madrid, 2020, p. 271.

22 Como problema añadido, se menciona en la doctrina el solapamiento que se produce en caso de que se proceda a la suspensión de la pena de prisión, pues coincide el contenido de la pena accesoria (alejamiento como pena obligatoria, art. 57.2) con una de las obligaciones (previstas en el art. 83.1.ª) a la que queda condicionada *obligatoriamente* la suspensión cuando se trata delitos de violencia de género (art. 83.2). Con ello, según Faraldo Cabana, P., El quebrantamiento de la prohibición de aproximación impuesta como medida cautelar y como pena accesoria por delitos relacionados con la violencia de género: razones para un tratamiento distinto, en Castillejo Manzanares, R. (dir.) / Alonso Salgado, C. (coord.), *Violencia de género y Justicia*, 2013, p. 537, se llega "no solo a una duplicidad innecesaria de penas y obligaciones con el mismo contenido, pero distinta naturaleza jurídica y duración, sino a una duplicidad superflua de consecuencias en caso de incumplimiento que, como poco, deja perplejo al intérprete".

acabar siendo procesada como partícipe de un delito quebrantamiento de condena. Así lo estiman quienes, no admitiendo la tesis de la impunidad del *extraneus* en un auténtico delito especial de deber, como entiendo que sería el quebrantamiento de condena, defienden la posibilidad de hacer responsable a la mujer como inductora o cooperadora necesaria[23].

El delito de quebrantamiento previsto en el art. 468.2 CP se configura actualmente como un tipo específico, una modalidad agravada de quebrantamiento de condena cuando la pena, la medida cautelar o la medida de seguridad se haya impuesto en un procedimiento en el que el ofendido sea alguna de las personas mencionadas en el art. 173.2 CP[24]. En lo referente a las penas, el delito de quebrantamiento específico se refiere a todas las penas privativas de derechos incluidas en el art. 48 CP: privación del derecho a residir en determinados lugares o acudir a ellos; prohibición de aproximación a la víctima o a otras personas, de acercarse a su domicilio, lugar de trabajo o frecuentado por ellas y suspensión del régimen de visitas, comunicación y estancia con los hijos reconocido en sentencia civil; y prohibición de comunicación con la víctima o con otras personas. Junto al quebrantamiento de estas penas se incluye el de medidas cautelares o de seguridad de la misma naturaleza. Las medidas de seguridad que presentan la misma naturaleza que las penas privativas de derechos antes mencionadas son algunas de la incluidas en el catálogo de medidas de seguridad no privativas de libertad del art. 96.3 CP. Téngase en cuenta que, según establece el art. 544 bis LECrim,

---

23 Sobre esta cuestión, *vid.* BOLEA BARDON, Quebrantamiento de condena y violencia de género: ¿absoluta irrelevancia del consentimiento de la mujer?, RECPC 25-05, 2023, pp. 9 y ss.

24 El art. 468.2 CP establece que «se impondrá en todo caso la pena de prisión de seis meses a un año a los que quebrantaren una pena de las contempladas en el artículo 48 de este Código o una medida cautelar o de seguridad de la misma naturaleza impuestas en procesos criminales en los que el ofendido sea alguna de las personas a las que se refiere el artículo 173.2».

el juez puede imponer como medidas cautelares la prohibición de residir en un determinado lugar, barrio, municipio, provincia u otra entidad local, o Comunidad Autónoma, la prohibición de acudir a determinados lugares, barrios, municipios, provincias u otras entidades locales o Comunidades Autónomas y la prohibición de aproximarse a determinadas personas o de comunicarse con ellas. Asimismo, desde la reforma operada por LO 1/2015, el quebrantamiento específico también es aplicable cuando el quebrantamiento tiene por objeto la medida de libertad vigilada regulada en el art. 106 CP[25].

La actual regulación penal en materia de quebrantamiento en el contexto de violencia de género merece algunas consideraciones. En primer lugar, no deja de sorprender y resulta difícil de explicar que la imposición de pena de prisión obligatoria en caso de quebrantamiento de condena (art. 468.2 CP) no establezca distinción alguna en función del objeto del quebrantamiento[26]. Ade-

---

25 No dejan de sorprender medidas como la propuesta en el Pacto de Estado contra la Violencia de Género, aprobado en 2017, que pretende "establecer consecuencias a los sucesivos quebrantamientos de las órdenes de alejamiento, como, por ejemplo, el uso de los instrumentos de vigilancia electrónica, cuando concurran los supuestos legalmente previstos" (núm.117), sin tener en cuenta que ya tiene prevista una consecuencia especialmente grave, como es la pena de prisión obligatoria de seis meses a un año, que se verá agravada en aplicación de la circunstancia agravante de reincidencia.

26 En cambio, sí se tiene en cuenta la distinción a efectos de exigir el pronunciamiento expreso del juez en la sentencia de primera instancia para el mantenimiento de las medidas cautelares adoptadas durante la tramitación de la causa por delito de violencia de género. Dicho mantenimiento no se puede presumir mientras se resuelven los recursos contra la sentencia (art. 69 LO 1/2004, de Medidas de Protección Integral contra la Violencia de Género). De ahí, que la falta de pronunciamiento expreso en la sentencia por parte del juez sobre el mantenimiento de dichas medidas implica que dejan de estar operativas desde la fecha de la sentencia y, en consecuencia, el incumplimiento de la prohibición de aproximación (medida cautelar) no podría subsumirse en el delito de quebrantamiento de condena (vid., al respecto BENLLOCH PETIT,

más de poco distintivo, prever una misma e idéntica pena, prisión, para el supuesto tanto de quebrantamiento de pena como de medida de seguridad o, incluso, de medida cautelar puede resultar desproporcionado[27]. En segundo lugar, no se atiende al hecho de que el autor del quebrantamiento pueda con posterioridad resultar absuelto del delito de violencia de género por el que había sido sometido a una medida de cautelar[28]. En tercer lugar, no se

---

G., «Tema 17. Delitos contra la Administración de Justicia», en SILVA SÁNCHEZ, J. M. (dir.), Lecciones de Derecho penal. Parte especial, 8ª ed., Barcelona, 2023, p. 450).

27 Se muestra crítica frente a la falta de distinción; JIMÉNEZ DÍAZ, M. J., Algunas reflexiones sobre el quebrantamiento inducido o consentido, en JIMÉNEZ DÍAZ, M. J. (coord.), La Ley integral. Un estudio multidisciplinar, Madrid, 2009, pp. 418 y s. Según esta autora, "sería conveniente acabar con la equiparación punitiva que efectúa el vigente art. 468.2 CP respecto del quebrantamiento de una medida cautelar y de una pena. Aun cuando se parte de la base de que, de acuerdo con su redacción actual, a los efectos de ejecución del comportamiento típico resulta indiferente quebrantar un alejamiento decretado como medida cautelar que quebrantar el que ha sido impuesto como pena, no parece razonable que tengan asignada la misma respuesta penal. En aras del principio de proporcionalidad de las penas, la diferente naturaleza de ambas instituciones debe quedar reflejada en la pena que el quebrantamiento de una o de otra debe comportar (menor si se quebranta una medida cautelar y mayor si se trata de una pena)». Como propuesta de *lege ferenda*, reclama JIMÉNEZ DÍAZ, la modificación del apartado 2 del artículo 468.

28 *Vid.* SAP Madrid 15ª, 157/2013, 21-02, que condena a 6 meses de prisión al marido "sorprendido por agentes de la Policía Nacional, en la Terminal Cuatro del aeropuerto de Madrid-Barajas, viajando junto con su esposa Vicenta , pese a conocer la vigencia del auto de 22 de marzo de 2009, dictado por el Juzgado de Violencia sobre la Mujer nº 3 de Madrid, en DUD nº 90/2009, que, estimando la solicitud de su esposa, dictó orden de protección a su favor, imponiéndole, como medidas cautelares, la prohibición aproximarse a menos de 500 metros de aquella y de comunicarse con ella hasta la terminación del procedimiento por resolución firme, que le había sido notificada al mismo 22 de marzo de 2009, incumpliendo el acusado, con ello, de forma consciente y voluntaria, las medidas impuesta por la resolución anteriormente mencionada".

tiene en cuenta la gravedad del delito que se imputa, o por el que ha sido condenado el autor del quebrantamiento, que puede ir desde unas vejaciones injustas de carácter leve o un maltrato de obra a una tentativa de homicidio. En cuarto lugar, cabe destacar la incompatibilidad de esta modalidad típica con el subtipo agravado de quebrantamiento previsto en los delitos de violencia de género, para no incurrir en un *bis in ídem*[29]. Por último, no queda claro el papel que juega el consentimiento de la mujer en relación con la vulneración de la prohibición de aproximación, pues se ha pasado de conceder cierta relevancia a la voluntad de la víctima en una primera etapa, al menos por parte de un sector de la jurisprudencia, a negar toda eficacia al consentimiento a partir del año 2008, haciendo una interpretación hiperrestrictiva del Acuerdo del Pleno no Jurisdiccional de la Sala Segunda del Tribunal Supremo de 25-01-08. No obstante, ante las consecuencias que dicha interpretación trae consigo, algunas sentencias proceden a rebajar o, incluso, a excluir la responsabilidad penal del quebrantador de la prohibición acudiendo a distintas figuras dogmáticas, con la pretensión de hallar una salida político-criminalmente satisfactoria para los casos en que la mujer consiente o incluso insta a su pareja o expareja a vulnerar la prohibición de aproximación[30].

No obstante, "casi dos meses después de su detención, con fecha 4 de mayo de 2010 se dictó sentencia por el Juzgado de lo Penal nº 9 de Madrid, por el que absolvía a la hora acusado de la infracción objeto de investigación en las DUD nº 90/2009, antes mencionadas, declarándose la firmeza de la resolución por auto de 25 de febrero de 2011". Niega también relevancia al hecho de quedar el acusado absuelto del delito por el que se había dictada la medida de alejamiento, la SAP Madrid 27ª, 164/2014, 17-02.

29 De este modo, el ámbito de aplicación del 468.2 se debería reducir, según creo, a los supuestos en que se incumple la pena o medida de alejamiento, pero sin cometer un nuevo delito previsto en los arts. 153 o 173.2 CP.

30 Sobre ello, ampliamente, *vid.* BOLEA BARDON, Quebrantamiento de condena y violencia de género, 2023, pp. 7 y ss.

Enlazando con lo anterior, resulta sorprendente el elevado número de sentencias condenatorias por delito de quebrantamiento de penas o medidas en el ámbito de la violencia de género[31]. Es el segundo delito, por detrás del delito de violencia de género ocasional del art. 153.1 CP, con el mayor número de condenas, seguido por el delito de amenazas leves[32]. También es el segundo delito que más veces se investiga (por detrás del 153.1 CP)[33]. Si el 48,4% de los delitos instruidos por violencia de género lo son por el art. 153 CP, el 11,2% lo son por quebrantamiento de medida cautelar y un 7,6%, por quebrantamiento de penas[34]. Especialmente llamativa es la cifra de quebrantamientos consentidos por la víctima que muestran las estadísticas[35]. En este sentido, diversos estudios destacan el notable incremento de los casos de quebrantamiento de condena (art. 468.2 CP), relacionados con la prohibición

---

31 Según el XIII Informe Anual del Observatorio Estatal de Violencia sobre la Mujer 2019, el porcentaje de internos penados con delitos por violencia de género que cumplen condena en centros de la AGE por delito de quebrantamiento de penas o medidas de alejamiento es del 43,1% (datos a 31-12-2019).

32 Vid. Estudio sobre la aplicación de la Ley integral contra la violencia de género por las Audiencias Provinciales, CGPJ, marzo 2016, p. 16 (no se han encontrado estudios más recientes). En cuanto al elevado número de condenas que se imponen aplicando el 153.1, advierten de los problemas derivados de su utilización automática, GORJÓN BARRANCO, M. C., La tipificación del género en el ámbito penal, Madrid, 2012, p. 350; FUENTES OSORIO, J. L., Lesiones producidas en un contexto de violencia doméstica o de género. Una regulación laberíntica, RECPC 15-16, 2013, p. 16:47.

33 *Vid.* Guía de actuación con perspectiva de género en la investigación y enjuiciamiento de los delitos de violencia de género, FGE, 2020, p. 35.

34 *Vid.* Informe Anual sobre Violencia de Género, CGPJ, 2021, p. 10.

35 En un estudio realizado en Cataluña se examinaron 542 resoluciones judiciales dictadas en los años 2007 y 2008, mostrando que en un 43% de todas las condenas por quebrantamiento se daba el consentimiento de la víctima, *vid.* CALVET BAROT, G. / CORCOY BIDASOLO M., Avaluació i impact de les respostes al fenomen de la violencia de génere a Catalunya (2007-2008), Centre d'Estudis Jurídics i Formació Especialitzada, Generalitat de Catalunya, Barcelona, 2010, p. 14.

de aproximarse y/o comunicarse con la víctima, que tienen lugar por iniciativa de la persona protegida o con su consentimiento[36].

En respuesta a la problemática que arrojan cifras como las mencionadas anteriormente, desde distintas posiciones se aboga en la doctrina por eliminar la obligatoriedad del art. 57.2 CP, permitiendo la imposición facultativa de la pena en función de la constatación de una situación objetiva de riesgo[37]. También han surgido voces en la doctrina a favor de suprimir el alejamiento como medida autónoma para subsumirla en la medida de libertad

---

36 *Vid.* DÍEZ RIPOLLÉS J. L. / CEREZO DOMÍNGUEZ A.I. / BENÍTEZ JIMÉNEZ M. J., La política criminal contra la violencia sobre la mujer pareja (2004-20014), Valencia, 2017, pp. 153 y ss. Según el estudio realizado por autores (pp. 155 y ss.), el volumen de sentencias condenatorias por quebrantamientos consentidos oscila entre los años 2004-2014 en torno al 50% de todos los casos (basándose en los datos aportados por el Observatorio estatal de violencia sobre la mujer. Ministerio de Sanidad, Servicios Sociales e Igualdad).

37 *Cfr.*, en este sentido, FARALDO CABANA, P., Las prohibiciones de residencia, aproximación y comunicación, 2008, p. 136, para quien "la imposición obligatoria del alejamiento del agresor como pena accesoria y/o regla de conducta durante suspensión o la sustitución de penas privativas de libertad impuestas a condenados por violencia de género puede repercutir negativamente en la propia víctima, en particular cuando solo desea el fin de la violencia y no la ruptura de su relación sentimental"; VALEIJE ÁLVAREZ, I., Penas accesorias, prohibiciones del art. 48.2 del CP y delito de quebrantamiento de condena, 2006, p. 336 y pp. 341 y ss.; JIMÉNEZ DÍAZ, M. J., Algunas reflexiones sobre el quebrantamiento, 2009, p. 418; OLAIZOLA NOGALÉS, I., Violencia de género: elementos de los tipos penales con mayor dificultad probatoria, *Estudios Penales y Criminológicos*, vol. XXX, 2010, p. 309; LAURENZO COPELLO, P., ¿Hacen falta figuras genero específicas para proteger mejor a las mujeres?, 2015, pp. 804 y s.; PÉREZ RIVAS, N., Cuando la respuesta penal a la violencia de género se vuelve contra la víctima: aproximación a la realidad espanyola, Polit. Crim. Vol. 11, núm. 21, 2016, pp. 34 y s., quien considera que son intereses políticos los que han llevado a la imposición obligatoria de la prohibición y a la total desconsideración hacia la opinión de la víctima.

vigilada[38]. En cualquier caso, no cabe duda de que elevado número de condenas por quebrantamiento de condena por vulnerar la prohibición de aproximación está estrechamente relacionado con la obligatoriedad de imponer la prohibición de aproximación a la víctima (art. 57.2 CP).

V. LA CUESTIÓN DE LA EXTENSIÓN DEL CARÁCTER IMPERATIVO DE LA PROHIBICIÓN

Objeto de controversia ha sido la propuesta, planteada por un sector de la jurisprudencia, de admitir excepciones a la aplicación preceptiva de la prohibición de aproximación en tipos delictivos de menor entidad. Una línea jurisprudencia iniciada con la STS 1023/2009, 22-10, seguida por las audiencias provinciales en varias sentencias, propone dejar fuera del régimen previsto en el ap. 2 del art. 57 CP los casos de golpes o maltrato de obra sin causar lesión, sancionados en el contexto de la violencia doméstica o de género a través del art. 153 CP. A favor de negar el carácter imperativo de la prohibición de aproximación en estos casos se muestra la mencionada sentencia del Tribunal Supremo, apoyándose en un argumento de corte gramatical, pero que en realidad esconde razones de proporcionalidad: "entre los delitos previstos en el art. 57.1 , no se contempla el tipo penal por el que ha sido condenado el acusado, pues aunque el delito de maltrato en el ámbito familiar se incluya dentro del Título III del Libro II "De las lesiones" y el tan citado art. 57.1 y 2 disponga su aplicación, entre otros delitos, en el de "lesiones", esta aplicación se tendrá que

[38] Uno de los principales defensores de este posicionamiento es Sanz Morán A., Libertad vigilada y quebrantamiento de condena: artículos 106 y 468 CP, en Álvarez García, F. J. / González Cussac, J. L., (dirs.), Consideraciones a propósito del proyecto de ley de 2009 de modificación del Código penal, Valencia, 2010, p. 142, siguiendo en este punto la Propuesta de modificaciones al Proyecto de reforma del Código penal de la plataforma "Otro derecho penal es posible".

realizar cuando la conducta típica constituya realmente un delito de lesiones, pero no cuando la acción típica sancionada -como es el caso- se integra exactamente en una acción de maltrato de obra a otro "sin causarle lesión", constitutiva de delito".

Reproduciendo los mismos argumentos empleados en la STS 1023/2009, la SAP Madrid 26ª, 358/2018, 09-05, desestima el recurso interpuesto por el Ministerio Fiscal, confirmando la no imposición de penas accesorias (prohibición de aproximación y comunicación) en un supuesto de malos tratos sin causar lesiones, atendiendo al hecho de que se trata de una "pareja que han seguido juntos pese a haberse producido los hechos, sin incidentes posteriores, y habiendo manifestado la perjudicada que desea seguir con la relación". También la SAP Madrid 27ª, 104/2016, 29-02, se decanta por no estimar el recurso interpuesto por el Ministerio Fiscal, confirmando así la sentencia dictada por el Juzgado de lo Penal, que condena al acusado por un delito de maltrato en el ámbito familiar con una pena de 16 días de TBC, sin imponer la prohibición de aproximación en un supuesto en el que el agresor, "encontrándose con su esposa, Alicia, en la vía pública, inició una discusión con ella en el transcurso de la cual, con ánimo de menoscabar su integridad física, le cogió del cuello, sin que conste que le causase lesión". La Audiencia parte del razonamiento establecido en las STS 1023/2009 de 22 de octubre, añadiendo la siguiente consideración: el art. 57.2 CP señala, entre otros delitos, el de lesiones y no el de maltrato, "sin que puedan efectuarse interpretaciones extensivas en contra del reo, siendo además razonable la exclusión referida, dada la menor entidad del maltrato, respecto al resto de los ilícitos recogidos en el precepto, y el alcance de la pena accesoria descrita, que indudablemente afecta a derechos fundamentales del condenado"[39].

---

[39] En el mismo sentido, vid. SSAP Madrid 27ª, 1384/ 2013, 5-12; 1354/2013, 28-11; 87/2014, 20-02; 82/2014, 13-02; 341/2014, 05-06; 115/2018, 23-02 (supuesto en el que la sentencia del Juzgado de lo Penal había acordado una orden de protección). Las anteriores sentencias apuntan al principio de proporcionalidad.

Existe una segunda línea jurisprudencial que aboga por interpretar que también en el caso de condena por un delito de maltrato de obra sin causar lesión la imposición de la prohibición de aproximación debe ser preceptiva. Esta segunda postura, establecida en la STS 342/2018, 10-07, es la que sostiene el Tribunal Supremo en la actualidad. En dicha sentencia se afirma que el delito de maltrato de obra sin causar lesión "sí debe entenderse comprendido entre aquellos delitos para los que el apartado segundo del artículo 57 CP (RCL 1995, 3170y RCL 1996, 777) prevé la imposición preceptiva de la prohibición de aproximación". Se argumenta que cuando el art. 57.1 se refiere a los delitos de lesiones, "esta última expresión no puede interpretarse desde un punto de vista puramente gramatical", apegado al texto de los apartados 1 y 2 del art. 147 CP ("causare a otro una lesión"), porque cuando el_artículo 57.1 CP enumera los delitos en general no lo hace en relación con delitos concretos, sino atendiendo a las rúbricas de los títulos del Libro II del CP. Según el tribunal, el considerar que el delito de maltrato de obra del art. 153 CP no es un delito de lesiones comportaría una consecuencia incoherente, que nunca se le podrían imponerse las penas del art. 48 CP, ni de forma facultativa ni imperativa. Insiste en que la distinción entre los dos incisos del artículo 153 CP "solo responde a un intento de diferenciar dos conductas lesivas que, como dijimos con anterioridad y de acuerdo con la Jurisprudencia de esta Sala, protegen idéntico bien jurídico: la integridad física y psíquica"[40].

Otra cuestión que ha resultado controvertida es si la prohibición de aproximación debe ajustarse a la gravedad o levedad del delito o si, por el contrario, debe vincularse a la pena finalmente impuesta. De modo que en un supuesto en el que el juez decida imponer una rebaja de pena, aplicando la previsión específica prevista en el art. 153. 4, en el art 171.6 o el art. 172.2 *in fine*,

---

40 En idéntico sentido, vid. SSTS 86/2019, 19-02; 47/2020, 11-02; 79/2020, 22-02.

esto es, la atenuación de la pena en un grado, cabe preguntarse si sigue siendo aplicable art. 57.2 en relación con el 57.1, o si lo correcto sería acudir al art. 57.3 que otorga la facultad (no obliga) al juez de imponer cualquiera de las prohibiciones establecidas en el art. 48 (por un tiempo no superior a seis meses), cuando se trate de uno de los delitos mencionados en el art. 57.1 que tenga la consideración de leve. La Sentencia del Tribunal Supremo (Pleno) 392/2017, 31-05, viene a responder a esta cuestión en el sentido de entender que el delito cometido ha de considerarse menos grave y que "su naturaleza no muta ante la posibilidad de que el juez haya rebajado las penas principales en un grado y haya impuesto finalmente la pena de trabajos en beneficio de la comunidad en un tramo correspondiente a pena leve". De ahí, que se admita la aplicación en estos casos del art. 57.2 CP en relación con el art. 57.1 CP, descartando acudir al 57.3 CP, por quedar reservado para los delitos leves.

Ciertamente, la postura a favor de excluir el carácter imperativo de la prohibición de aproximación en los casos de maltrato de obra no cuestiona la decisión del Tribunal Constitucional en relación con la constitucionalidad del art. 57.2 CP. Pero tiene el inconveniente de que se apoya únicamente en una interpretación gramatical de los tipos y no superaría otros cánones de interpretación como el sistemático o el teleológico, especialmente, si se tiene en cuenta la hiperprotección que se pretende dispensar a la mujer en este ámbito. No obstante, el mero hecho de que parte de la jurisprudencia se haya mostrado a favor de no aplicar el art. 57.2 en relación con el maltrato de obra previsto en el art. 153, denota la necesidad percibida por los jueces de dispensar un tratamiento más distintivo y pone de manifiesto la preocupación por las consecuencias que la retirada del margen de arbitrio judicial acarrea, especialmente en los casos menos graves.

VI. PROPUESTA DIFERENCIADORA

Como se ha tenido ocasión de ver, en el ámbito de la violencia de género y doméstica hasta la reforma de 2003 la prohibición de aproximación era de aplicación discrecional por parte del juez, quien decidía en función de un juicio de pronóstico sobre el riesgo de reiteración delictiva. Pronóstico que derivaba, a su vez, de la gravedad del hecho y de la peligrosidad del autor. Este es, según creo, el escenario al que se debería volver, si bien, integrando nuevos factores a tener en cuenta como la voluntad de la mujer víctima, en aquellos supuestos en que el riego de reiteración no sea elevado, y el peligro para los hijos menores, reconocidos como víctimas de violencia de género expresamente desde el año 2015[41]. En lo que sigue intentaré explicar los argumentos en que me baso para defender esta postura.

La doctrina del Tribunal Constitucional, establecida a partir de la resolución de las cuestiones de inconstitucionalidad planteadas por varios tribunales (vid., por todas, STC 60/2010, 7-10), acierta al negar que la prohibición de aproximación constituya una pena para la víctima porque supone una carga directa para ella. En efecto, la pena de alejamiento se impone al autor de delito y no a la víctima, independientemente de los efectos que pueda tener para ella. No habría, por tanto, vulneración de principio de personalidad. En cuanto al principio de proporcionalidad, los argumentos que emplea el Tribunal Constitucional para rechazar su posible afectación se mueven en un plano de control meramente formal, sin entrar en cuestiones de fondo. En cualquier caso, la opción

---

41 Vid. el nuevo núm. 2 del art. 1 de la LO 1/2004, 28-12, de medidas de Protección Integral contra la Violencia de Género, introducido por LO 8/2015, de 22 de julio, de modificación del sistema de protección a la infancia y a la adolescencia. Cabe advertir, como señala RAMÍREZ ORTIZ, J. L., Perspectiva de género, prueba y proceso penal: una reflexión crítica, Valencia, 2019, p. 141, que técnicamente no se puede hablar de víctima en sentido jurídico-penal hasta que no hay una sentencia condenatoria.

de prescindir completamente de la voluntad de la mujer a la hora de decidir sobre la imposición de la prohibición de aproximación puede resultar contraproducente y, lo que es más importante, recorta de tal modo su libertad que resulta poco respetuosa con el principio de autonomía personal. El argumento de que dicha voluntad puede ser considerada en la fase de determinación de la pena no es suficiente para salvar ambas objeciones. Es cierto que el juez dispone, según nuestra legislación actual, de un amplio margen de arbitrio respecto de la fijación de la duración de la pena accesoria, pues si la pena principal no es de prisión, la duración de la accesoria tiene un límite máximo de diez o cinco años, en función de la gravedad del delito, y un mínimo de un mes (vid. art. 33.6 CP en relación con el art. 57.2 CP). En consecuencia, el juez puede decidir que la prohibición de aproximación no exceda de un mes en atención a la gravedad de hecho y del peligro de reiteración delictiva, dando entrada aquí sí a la voluntad de la víctima. No obstante, lo que sorprende y resulta especialmente problemático es que estos mismos criterios no puedan ser tenidos en cuenta a la hora de decidir sobre la propia necesidad de la imposición de la prohibición en el caso concreto. El legislador parte aquí de la presunción (*iuris et de iure*) de que toda condena por delito de violencia de género comporta, sin ulteriores distinciones, un peligro para los bienes de la mujer víctima y/o hijos menores y, además, que esta no está capacitada para asumir ningún margen de riesgo por mínimo que este sea.

No creo que sea necesario incidir en los problemas derivados de la imposición obligatoria de la prohibición de aproximación (desde un tratamiento poco distintivo hasta un incremento exponencial de los casos de incumplimiento y, en consecuencia, de los quebrantamientos de condena). Quisiera centrarme ahora en tres aspectos que considero cruciales: el papel del juez, el papel de la mujer víctima y los intereses individuales que están en juego. Empezando por esto último, cabe preguntarse en qué medida los intereses de la mujer que se ve afectada por la prohibición coinciden con los que dicen defender quienes se arrogan la representación del conjunto de miembros del colectivo de mujeres víctimas de violencia de género[42]. No hay que olvidar que los intereses que se consideran necesitados de una protección reforzada son intereses individuales, disponibles por su titular, aunque, ciertamente, no siempre de forma ilimitada (con mayores restricciones si lo que está en juego es la vida o integridad física o psíquica de la mujer que si se ve afectada la libertad, la intimidad o el honor).

También cabe cuestionarse hasta qué punto el hecho de prescindir de la voluntad de la mujer, en aras de otorgarle una supuesta mayor protección, no acaba por girarse en contra de la propia mujer al restringir notablemente su capacidad de autodeterminación. El argumento al que a menudo se recurre para explicar la necesidad de adoptar determinadas decisiones como la que aquí nos ocupa, que obliga a imponer "en todo caso" la pena de alejamiento para proteger al colectivo de mujeres víctimas de maltrato, apela a una posible alienación de la mujer, apuntando hacia un fenómeno psicológico que, sin duda, hay que tener en cuenta, pero que no debiera conducir a prescindir siempre y en todo caso de la voluntad de la titular del interés individual, sin ulteriores comprobaciones. Partir de que toda mujer víctima de violencia de género es incapaz de tomar una decisión autónoma en relación a sus propios intereses es un error que denota un claro automatismo y que acaba derivando en presunciones legales absolutamente rechazables[43].

---

42 Sobre los riesgos de que el colectivo se apropie de la disponibilidad del individuo, quedando sus intereses a expensas de la comprensión que de ellos tienen los portavoces de dicho colectivo, *vid.* Díez Ripollés, J. L., Los colectivos identitarios y la tutela penal, RECPC, 26-01 (2024), p. 35.

43 En este sentido, apunta Ramírez Ortiz, J. L., Perspectiva de género, prueba y proceso penal, 2019, p. 174, que ciertos enfoques y soluciones propuestas "por más bienintencionados que puedan ser, acaban siendo contraemancipatorios y traduciéndose en una suerte de paternalismo jurídico. Así puede suceder cuando se parte de la premisa de que, *siempre y en todo caso,* las mujeres son seres humanos necesitados de especial protección, aun en contra de su propia voluntad" (el subrayado es mío).

Por último, considero necesario combatir la desconfianza en la labor judicial y devolver al juez la facultad de decidir acerca de la conveniencia o no de acordar la prohibición de aproximación, pues como señala VALEIJE ÁLVAREZ, "la desaparición del art. 57.2 del CP no supondría dejar los derechos de las víctimas de los delitos desprovistos de tutela", ya que el art. 57.1 CP permite a los tribunales imponer la pena de alejamiento cuando las circunstancias del caso aconsejan su adopción[44]. Sin embargo, sería conveniente que a la hora de tomar la decisión el juez no sólo tuviera en cuenta la situación objetiva de riesgo de reiteración delictiva en el caso concreto, sino también la voluntad de la mujer, siempre que haya sido manifestada válidamente. En cuanto a esto último, la realidad criminológica, que advierte sobre una posible voluntad forzada de la mujer, aconseja exigir siempre la verificación de su capacidad de decisión[45]. Más complicado puede resultar determinar hasta qué punto la mujer es capaz de valorar el grado de riesgo al que enfrenta, porque con cierta frecuencia es infravalorado por ella. Pero esa no es razón suficiente para negar toda relevancia a su voluntad, pues lo contrario la coloca en una situación

---

44 VALEIJE ÁLVAREZ, I., Penas accesorias, prohibiciones del art. 48.2 del CP y delito de quebrantamiento de condena, 2006, p. 353. Se muestra crítico frente a la tendencia a la reducción del ámbito de la discrecionalidad judicial a la hora de establecer la pena, DÍEZ RIPOLLÉS, J. L., El abuso del sistema penal, 2017, p. 14. A favor de la supresión del ap. 2 del art. 57, se manifiesta, también, el Informe del grupo de expertos y expertas en violencia doméstica y de género del Consejo General del Poder Judicial acerca de los problemas técnicos detectados en la aplicación de la Ley Orgánica 1/2004, de Medidas de Protección Integral contra la violencia de género y en la normativa procesal, sustantiva u orgánica relacionada y sugerencias de reforma legislativa que los abordan, 2011, p. 9, con el argumento de que "un alejamiento forzoso, en todos los casos, puede conducir a situaciones indeseadas entre personas que van a seguir vinculadas por determinados lazos de afectividad, familiares, económicos, sociales, etc.".

45 Destaca la importancia de la verificación de la capacidad concreta de decisión individual cuando están en juego intereses individuales, DÍEZ RIPOLLÉS, J. L., Los colectivos identitarios y la tutela penal, 2024, p. 34.

equiparable a la del menor de edad o sujeto especialmente vulnerable[46]. En definitiva, mantener la opción introducida en el año 2003 por el legislador supone recortar la capacidad de decisión de la mujer a partir de su inclusión en el colectivo de personas vulnerables o necesitadas de especial protección, lo que es sinónimo de paternalismo jurídico. La imposición de la prohibición de aproximación deviene ilegítima cuando se prescinde completamente de la voluntad de la mujer víctima y se establece con carácter imperativo para todos los casos, sin entrar a valorar ni la gravedad del hecho ni el peligro futuro. Obviamente, lo anterior no significa que la imposición de la pena de alejamiento quede en manos de la víctima, pues ha de ser el juez quien valore si existen indicios de peligro de reiteración delictiva y el grado que este alcanza. Y, en cualquier caso, cuando el riesgo sea elevado, no hay razón para permitir que la víctima lo asuma, aunque quiera.

---

46 Concepto este último que, a diferencia del de discapacidad o discapacidad necesitada de especial protección, no viene definido en el Código penal con carácter general. Únicamente en el art. 177 bis 1, II, en materia de trata de seres humanos se dice que existe una situación de necesidad o vulnerabilidad "cuando la persona en cuestión no tiene otra alternativa, real o aceptable, que someterse al abuso a propósito de la situación concreta de necesidad". Vid. un análisis crítico de las numerosas referencias que el Código penal hace a los "sujetos vulnerables o necesitados de especial protección" en De la Mata Barranco, N., "Doctrina", Revista Penal, núm. 50, 2022, pp. 65 y ss.

Trabajos en beneficio de la comunidad ¿pena menos lesiva para los derechos fundamentales que la prisión y más idónea para la reinserción?

MIRENTXU CORCOY BIDASOLO

I. INTRODUCCIÓN

La doctrina penal se ha centrado, en gran medida, en la teoría del delito olvidando la teoría de la pena, excepto en los aspectos relacionados con la función y finalidad del Derecho penal. Por el contrario, el estudio de las clases de penas, su naturaleza, sus efectos o la eficacia de las penas ha sido objeto de un menor estudio, aun cuando con relevantes excepciones[1]. Las críticas a las penas privativas de libertad son habituales, pero raramente encontramos propuestas factibles de sustitución por otras penas que sumen los requisitos propios de una sanción penal y, esencialmente, que sean eficaces desde una perspectiva preventiva, tanto general como especial. En esta dirección, los trabajos en beneficio de la comunidad reúnen las características idóneas para ser eficaces por su función social y resocializadora. No obstante, no han sido

---

1 Entre otros trabajos, podemos citar: MAPELLI CAFFARENA, Consecuencias jurídicas del delito, 5ª ed., Ed. Civitas, 2011; GRACIA MARTÍN (Coord.) / BOLDOVA PASAMAR / ALASTUEY DOBÓN, Lecciones de Consecuencias Jurídicas del Delito, 7ª ed., Ed. Tirant lo Blanch, 2023; GIL GIL / NÚÑEZ FERNÁNDEZ, Consecuencias jurídicas del delito, Ed. Dykinson, 2018.

suficientemente abordados por la doctrina, con excepciones[2], deficientemente regulados y mínimamente aplicados. Sin embargo, correctamente concebidos y ejecutados, podrían llegar a ser una pena que evitase penas cortas de prisión, desocializadoras en general, y las penas de multa con muy poca eficacia de prevención general negativa, en muchos supuestos.

La situación del Derecho penal, tal y como se está desarrollando a partir de principios del S. XXI, cuyas características son la expansión y el populismo punitivo, determina que sea más necesario que nunca elaborar propuestas que posibiliten evitar la afectación de derechos fundamentales como consecuencia de la intervención del Derecho penal. No es discutible que la prisión es una pena que afecta gravemente estos derechos por lo que, sin que sea factible optar por su abolición, como se propone (o se proponía) desde la Criminología crítica, es necesario introducir en el Código penal penas menos aflictivas y de ser posible más efectivas. Efectividad de la que carece, como se señalaba, la pena de multa, en particular, en la delincuencia socioeconómica, ámbito en el que se ha generalizado su previsión.

Las justificadas críticas que suscitan las penas privativas de libertad han llevado a la doctrina a proponer penas sustitutivas de la prisión y, finalmente, al legislador a introducir en el Código penal de 1995 los trabajos en beneficio de la comunidad[3], pero de una forma limitada y pienso que errónea. Errónea porque en la mayor parte de casos los referidos trabajos consisten en cursos sobre seguridad vial cuya eficacia es altamente discutible, así como también es dudosa la naturaleza aflictiva que debe predicarse de cualquier sanción penal. Independientemente de la función que

---

2 *Cfr.* BRANDARIZ GARCÍA, El trabajo en beneficio de la comunidad como sanción penal, Ed. Tirant lo Blanch, 2002, *passim.*

3 Previamente, en el art. 17 LO 4/1992, reguladora de la competencia y el procedimiento de los Juzgados de Menores, ya se recogía la posibilidad de que estos órganos judiciales pudiesen imponer o sancionar a los menores de edad penal con una "medida" de prestación de servicios en beneficio de la comunidad.

se predique de la pena -retributiva, preventiva...- conceptualmente es un castigo y, es discutible, que un curso de formación tenga esa naturaleza. Ello no implica que participar en los referidos cursos sea positivo y, en consecuencia, deberían configurarse como una medida complementaria a la pena -consecuencia accesoria-.

II. ¿LOS TRABAJOS EN BENEFICIO DE LA COMUNIDAD PUEDEN SER CONSIDERADOS TRABAJOS FORZADOS?

Los trabajos en beneficio de la comunidad tradicionalmente han estado lastrados y criticados por su posible similitud con los trabajos forzados prohibidos constitucionalmente[4]. Para poder generalizar la pena de trabajos en beneficio de la comunidad es indispensable diferenciarlos claramente de los trabajos forzosos y determinar que requisitos deben concurrir para que no se califiquen como tales. Su regulación, en el art. 49 CP[5], es compleja, ya que está orientada en la dirección de diferenciar respecto de los trabajos forzados, exigiendo que concurra consentimiento por parte del penado y que no atente contra su dignidad. Y, es precisamente, la presunta consideración como trabajo forzoso lo que determinó que el legislador la introdujera en el Código penal, primero únicamente como pena sustitutiva[6] y, posteriormente[7], como alternativa a la pena de prisión[8]. La idea de *"supletoriedad"*,

---

4 Art. 25. 2 CE.

5 Modificado por las LLOO 15/2003 y 5/2010.

6 En el Código penal de 1995, los trabajos en beneficio de la comunidad surgen como pena sustitutiva de las penas cortas privativas de libertad (art. 71.2 CP) en los supuestos en los que, aplicando las reglas previstas para el cálculo de la pena inferior en grado, esta resulta inferior a tres meses.

7 La LO 15/2003, reforma el art. 88 CP, posibilitando que el trabajo en beneficio de la comunidad sustituyese a la pena privativa de libertad.

8 Los trabajos en beneficio están previstos, como pena alternativa, en algunos delitos: arts. 153.1 y 2, 171.4, 5 y 7, 172.2 y 3, 172 ter.2, 172 quater.1, 173.4, 244.1, 270.4, 274.3, 340 bis.4, 340 ter, 379, 384 y 38.

ha llevado a algunos autores a afirmar que los trabajos en beneficio de la comunidad no pueden considerarse una *"pena"* sino un beneficio para el penado, en cuanto sustituyen a la pena privativa de libertad[9]. Ello a su vez, conduce a unas exigencias respecto a la voluntariedad y al grado de consentimiento requeridos que limita en gran medida su aplicación. Alguna autora llega incluso más lejos y considera que los trabajos en beneficio de la comunidad son *"una alternativa de las penas cortas privativas de libertad y de la multa, que se concede a instancia del condenado"*[10].

Una primera cuestión sería ¿se exige consentimiento para aplicar una pena privativa de libertad? y la segunda, ¿realmente, en la mayoría de trabajos que no son castigo/pena, concurre consentimiento libre o más bien resignación? No debería ponerse en duda que los trabajos en beneficio de la comunidad sí son una pena[11] y que, como tales, tienen la naturaleza de castigo y, por consiguiente, el consentimiento no debería ser un requisito, excepto cuando los trabajos en beneficio de la comunidad estén previstos como pena sustitutiva. Cuestión diferente es que, desde una perspectiva práctica, de no existir un mínimo consentimiento va a ser difícil que se puedan ejecutar de forma idónea.

¿Dónde se encuentran las fronteras entre un trabajo forzoso, un trabajo que incumple la mayoría de los derechos laborales y un trabajo en beneficio de la comunidad? La regulación prevista en el Código penal para los trabajos en beneficio de la comunidad establece unos requisitos que superan incluso los previstos como derechos laborales. Deberíamos plantearnos si es lógico que el

---

9 MAZA MARTÍN, Penas privativas de derechos y accesorias en el nuevo Código Penal. Penas y Medidas de seguridad en el nuevo Código Penal. CGPJ. XXIV, 1996, p.158.

10 LÓPEZ CABRERO, Penas cortas de prisión. Medidas sustitutivas. Revista del Poder Judicial nº 40, pp. 279-285.

11 El Código penal no deja margen de duda ya que, en los arts. 33 y 39, se recogen los trabajos en beneficio de la comunidad, expresamente, como una pena.

trabajo como pena, cuya naturaleza necesariamente es aflictiva, para su aplicación requiera que concurran más requisitos que los exigidos por la normativa laboral. Es cierto que no pueden ser remunerados, aun cuando está previsto que al condenado le serán abonados los gastos que genere la ejecución del trabajo como, por ejemplo, el transporte. La ausencia de remuneración es el único aspecto que lo diferencia respecto de los trabajos abarcados por la normativa laboral, mientras que los trabajos forzosos conculcan todos los derechos laborales básicos: salario mínimo, condiciones de trabajo adecuadas, salud e higiene en el trabajo, derechos colectivos...

Respecto de la naturaleza jurídica el Código penal ubica los trabajos en beneficio de la comunidad entre las penas privativas de derechos sin que se sepa cuáles son estos derechos afectados. En principio, debería entenderse que se afecta la libertad, en un sentido amplio, de autonomía, ya que se limita un ámbito de libertad, en mayor medida incluso que la libertad condicional ya que reduce el tiempo libre del condenado[12]. Desde una perspectiva sistemática lo idóneo es que tuvieran una sección propia, en el Capítulo 1 del Título III, tras le Sección 2ª, relativa a las penas privativas de libertad. Esta autonomía de los trabajos en beneficio de la comunidad permitiría, por una parte, una mayor visibilidad y, por otra, que se regulasen en el propio Código penal algunas de las cuestiones que actualmente están previstas por Decreto.

III. CARACTERÍSTICAS Y REQUISITOS DE LOS TRABAJOS FORZOSOS

En aras a evidenciar las diferencias entre los trabajos en beneficio de la comunidad y los trabajos forzosos conviene desarrollar

---

12 Brandariz García, El trabajo en beneficio de la comunidad..., pp. 134-135.

las características de estos últimos que implica su asimilación a la esclavitud. Esclavitud que ha sido formalmente proscrita en el art.4 DUDH, en el art. 4 CEDH y en el art. 5 Carta de Derechos Fundamentales de la Unión Europea. No obstante, lo cierto que, pese a la prohibición, la esclavitud sigue existiendo, por lo que son necesarias medidas eficaces para lograr su desaparición. En la esclavitud/trabajo forzoso se atenta contra la libertad y la dignidad, infringiendo otros derechos fundamentales, como el derecho a no sufrir tratos inhumanos o degradantes, la intimidad o la no discriminación.

Pese a la condena universal, desde la OIT se afirma que 20,9 millones de personas son víctimas de trabajo forzoso en todo el mundo. Del total de víctimas, 18,7 millones (90 por ciento) son explotadas en la economía privada, por individuos o empresas, y los 2,2 millones restantes (10 por ciento) están sujetas a modalidades de trabajo forzoso impuestas por el Estado. Entre los trabajadores explotados por personas o empresas privadas, 4,5 millones (22 por ciento) son víctimas de explotación sexual forzada y 14,2 millones (68 por ciento) de explotación laboral forzada. El trabajo forzoso en la economía privada genera al año ganancias por valor de 150 mil millones de dólares, siendo el tercer negocio ilegal más lucrativo por detrás del tráfico de armas y de drogas.

La doctrina señala que los factores que explican el fenómeno de la trata de personas para su explotación son fundamentalmente: la explosión demográfica y la extrema pobreza y vulnerabilidad de grandes sectores de la población mundial, especialmente en situaciones de guerra, sequías, desastres naturales ..., lo que pone a millones de personas en el mundo en situaciones límite en las que no tienen ninguna oportunidad real[13]. Siendo importantes estas causas económicas, demográficas y medio ambientales

---

13 RODRÍGUEZ MONTAÑÉS, Trata de seres humanos y explotación laboral. Reflexiones sobre la realidad práctica, Ley penal: revista de derecho penal, procesal y penitenciario, nº 109, 2014, *passim.*

para explicar la pervivencia de los trabajos forzosos en el siglo XXI aún lo son más, si cabe, la corrupción y la ausencia o debilidad del Estado de Derecho. Donde existe un Estado que garantiza la libertad de todos, también la de los vulnerables, es más difícil que se produzca este fenómeno.

El concepto de trabajo forzoso se define, por la Convención de la OIT de 1930, como *"todo trabajo o servicio exigido/impuesto a una persona bajo la amenaza de una pena y para el cual dicha persona no se ha ofrecido voluntariamente"*. Esta definición plantea problemas en relación con la "amenaza de pena" que no debe interpretarse como sanción penal sino como intimidación de causar un mal, de cualquier naturaleza, al trabajador o a terceros. Los requisitos que determinan la calificación del trabajo como forzoso son: a) prestación de un trabajo o servicio a un tercero; b) amenaza -física, psicológica, financiera o de cualquier otro tipo-; c) ausencia de consentimiento; d) periodo de tiempo indeterminado. Puede suceder que el trabajo se realice desde el principio en contra de su voluntad o, también, que, una vez aceptado el trabajo, la persona se vea obligada a continuar.

A los efectos del Convenio OIT, de 1930, la expresión trabajo forzoso u obligatorio no comprende, según su art. 2: a) el servicio militar obligatorio; b) cualquier trabajo o servicio que forme parte de las obligaciones cívicas normales de los ciudadanos, por ejemplo, participar como vocal de una mesa electoral o como miembro de un jurado; c) cualquier trabajo o servicio que se exija a un individuo en virtud de una condena pronunciada por sentencia judicial, a condición de que este trabajo o servicio se realice bajo la vigilancia y control de las autoridades públicas y que dicho individuo no sea cedido o puesto a disposición de particulares, compañías o personas jurídicas de carácter privado; d) cualquier trabajo o servicio que se exija en casos de fuerza mayor, es decir, guerra, siniestros o amenaza de siniestros, tales como incendios, inundaciones, hambre, temblores de tierra, epidemias y epizootias violentas, invasiones de animales, de insectos o de parásitos vegetales dañinos, y en general, en todas las circunstancias que pongan en peligro o amenacen poner en peligro la vida o las condiciones normales de existencia de toda o parte de la población; e) los pequeños trabajos comunales, es decir, los trabajos realizados por los miembros de una comunidad en beneficio directo de la misma, trabajos que, por consiguiente, pueden considerarse como obligaciones cívicas normales que incumben a los miembros de la comunidad, a condición de que la misma población o sus representantes directos tengan derecho a pronunciarse sobre la necesidad de esos trabajos. En consecuencia, el art. 2, establece directamente la posibilidad de aplicar una pena de trabajos en beneficio de la comunidad, siempre que sea como consecuencia de una sentencia judicial y bajo la vigilancia y control de las autoridades judiciales.

Los trabajos en beneficio de la comunidad tampoco son proscritos por el Convenio OIT, de 1957, sobre la abolición del trabajo forzoso, ya que prohíbe los trabajos: a) como medio de coerción o de educación políticas; b) como castigo por tener o expresar determinadas opiniones políticas o por manifestar oposición ideológica al orden político, social o económico establecido; c) como método de movilización y utilización de la mano de obra con fines de fomento económico; d) como medida de disciplina en el trabajo, o como castigo por haber participado en huelgas; e) como medida de discriminación racial, social, nacional o religiosa. Por consiguiente, tampoco en este Convenio OIT de 1957 se prohíben los trabajos en beneficio de la comunidad.

Según el art. 25.2 CE, las penas privativas de libertad y las medidas de seguridad estarán orientadas hacia la reeducación y reinserción social y no podrán consistir en trabajos forzosos. En todo caso, el condenado tiene derecho a un trabajo remunerado y a los beneficios correspondientes de la Seguridad Social, así como al acceso a la cultura y al desarrollo integral de su personalidad. Conforme a la STC 116/2002, de 20 de mayo, no tienen la consideración de trabajos forzosos los impuestos a los reclusos para mantener el buen orden y limpieza de los establecimientos penitenciarios, afirmando que, aun cuando el trabajo en prisión es un derecho del interno y no una obligación, y que lo contrario sería tanto como admitir los trabajos forzados, entendiendo que considerar que la orden de limpiar parte de las zonas comunes del módulo de prisión es un trabajo forzado pugnaría con el más elemental sentido común en la medida que tal obligación se justifica por la especial intensidad con la que opera la relación especial de sujeción del interno, de la que se deduce su deber de colaboración en las tareas comunes del centro penitenciario conforme al art. 26 LGP 1979/3825 y art. 5 RDL 1996/14116.

El concepto de trabajo forzoso acotado por la OIT incluye la esclavitud, prácticas similares a la esclavitud y la servidumbre. En la Convención sobre la esclavitud promovida por la Sociedad de Naciones y firmada el 25 de septiembre de 1926 se define como: “el estado o condición de un individuo sobre el cuál se ejercitan los atributos del derecho de propiedad o alguno de ellos” (art. 1°), mientras que la Convención suplementaria de Naciones Unidas sobre la abolición de la esclavitud, el tráfico de esclavos e instituciones y prácticas similares a la esclavitud, firmada en Ginebra el 7 de septiembre de 1956 (BOE 29 de diciembre de 1967) -EDL 1967/1891- incluye como prácticas similares:

a) La servidumbre por deudas, definida como el estado o la condición que resulta del hecho de que un deudor se haya comprometido a prestar sus servicios personales, o los de alguien sobre quien ejerce autoridad, como garantía de una deuda, si los servicios prestados, equitativamente valorados, no se aplican al pago de la deuda, o si no se limita su duración ni se define la naturaleza de dichos servicios.

b) La servidumbre de la gleba o por adscripción a la tierra, definida como la condición de la persona que está obligada por la ley, por la costumbre o por un acuerdo a vivir y a trabajar sobre una tierra que pertenece a otra persona y a prestar a ésta, mediante remuneración o gratuitamente, determinados servicios, sin libertad para cambiar su condición.

c) Los matrimonios forzados, a los que define como cualquier institución o práctica en virtud de la cual una mujer, sin tener derecho a oponerse, es prometida o dada en matrimonio a cambio de una contraprestación en dinero o de otra clase a sus padres, su tutor, su familia o cualquier otra persona o grupo; o el marido de una mujer, su familia o su clan tiene el derecho de transferirla a otra persona a título oneroso o de cualquier otro modo; o una mujer, a la muerte de su marido, puede ser transmitida en herencia a otra persona.

d) La explotación del trabajo de menores de 18 años, entendiendo por tal cualquier institución o práctica en virtud de la cual un niño o joven menor de 18 años es entregado por sus padres, por algunos de ellos o por quien ejerza su custodia a otra persona, mediante remuneración o sin ella, con el propósito de que se explote la persona o el trabajo del niño o del joven.

e) La mendicidad forzosa, aunque no incluida expresamente en la Convención suplementaria de Naciones Unidas sobre la abolición de la esclavitud, debe entenderse como una forma de trabajo o servicio forzoso según la definición del Convenio nº 29 de la OIT.

En el mundo desarrollado son múltiples los casos en los que trabajadores extranjeros son captados en su país de origen mediante maquinaciones o engaños, con aprovechamiento de su situación de vulnerabilidad, ofreciéndoles un trabajo aparentemente legal con buena remuneración, ocultando o mintiendo sobre la naturaleza del mismo y sobre las condiciones laborales. Una vez en el país de destino es cuando se dan cuenta de su situación, y de que han contraído una deuda muy elevada que se va incrementando por múltiples conceptos (vivienda, comida, sanciones impuestas de forma arbitraria, amenazas de denuncia ante las autoridades), siendo alojados en pisos bien de la organización o del intermediario y que no reúnen condiciones de habitabilidad, sin recibir salario alguno o un mínimo de subsistencia hasta saldar la deuda.

La STS 30 de junio de 2000, condena a dos empresarios por un delito contra la libertad y seguridad de los trabajadores, por su relación con un argelino a la espera de regularizar su situación en España, al que obligaron a firmar y cumplir un contrato como «esclavo». El Tribunal Supremo anuló el fallo de la Audiencia Provincial de Guadalajara, que absolvió de dicho delito a los acusados, y rebate los argumentos en los que se basó, entre otros, que los inmigrantes ilegales carecen de derechos laborales. El punto esencial de su disidencia se encuentra en lo que sin duda vertebraba toda la argumentación de la sentencia recurrida: la afirmación de que los inmigrantes ilegales no tienen derecho al trabajo y por lo tanto no pueden ser víctimas de maquinaciones o procedimientos que le perjudiquen en sus derechos laborales porque ya están excluidos de ellos por su condición de ilegales. El Tribunal Supremo, señala que, así expresado, el argumento constituía toda una invitación a los empleadores a la contratación de emigrantes ilegales en cualesquiera condiciones porque no estarían sujetos a ninguna normativa. Cuando un particular, añadía el alto tribunal, de forma consciente y voluntaria contrata a un inmigrante ilegal, no por ello, puede imponerle condiciones claramente atentatorias contra la dignidad humana, como hacerle firmar el «contrato de esclavo», cuya sola lectura producía sonrojo, y menos tratar de convertirlo en «broma» cuando el firmante lo acepta porque quería a toda costa legalizar la situación, sometiéndose a esa calificación y el trato subsiguiente, trabajando sin cobrar, solo por la alimentación.

En estrecha conexión con los trabajos forzosos y la esclavitud está el delito de trata de personas (art. 177 bis CP) que tipifica la cosificación, comercialización y explotación de las personas por constituir una grave violación de los derechos humanos. Se castiga a quien en territorio español, sea desde España, en tránsito o con destino a ella, empleando violencia, intimidación o engaño, o abusando de una situación de superioridad o de necesidad o de vulnerabilidad de la víctima nacional o extranjera, o mediante la entrega o recepción de pagos o beneficios para lograr el consentimiento de la persona que poseyera el control sobre la víctima, la captare, transportare, trasladare, acogiere, o recibiere, incluido el intercambio o transferencia de control sobre esas personas, con cualquiera de las finalidades siguientes: a) La imposición de trabajo o de servicios forzados, la esclavitud o prácticas similares a la esclavitud, a la servidumbre o a la mendicidad; b) La explotación sexual, incluyendo la pornografía; c) La explotación para realizar actividades delictivas; d) La extracción de sus órganos corporales; e) La celebración de matrimonios forzados[14].

IV. EFICACIA Y UTILIDAD DE LOS TRABAJOS EN BENEFICIO DE LA COMUNIDAD

Si se prevén los medios necesarios de personal, organización, control…, la utilidad social y la eficacia preventiva de los trabajos en beneficio de la comunidad es indiscutible, aun cuando desde los sindicatos se hayan puesto trabas a su aplicación por entender que dificultaban la obtención de trabajo. Criticas respecto de las que no se aportan datos y que son muy discutibles si analizamos los supuestos para los que podrían ser idóneos los referidos trabajos: limpieza de bosques, playas o grafitis, compañía para personas mayores o con dificultades de movilidad…. Trabajos, todos ellos, para los que el Estado no tiene presupuesto o no suficiente y que no son rentables para ser asumidos por la empresa privada.

En este sentido, en el art. 1 RD 690/1996, se introduce un concepto amplio de las actividades que se incluirían en los tra-

---

14 La bibliografía sobre trata de seres humanos actualmente es muy amplia, pero citaré exclusivamente el primer trabajo de quien considero máxima especialista: VILLACAMPA ESTIARTE, El delito de trata de seres humanos. Una incriminación dictada desde el Derecho internacional, Ed. Aranzadi, 2011

bajos en beneficio de la comunidad, estableciendo que debe de tratarse de: *"actividades de utilidad pública, con interés social y valor educativo, tendente a servir de reparación para la comunidad perjudicada por el ilícito penal y no supeditada al logro de intereses económicos"*. Por el contrario, el art. 49 CP, prácticamente los limita a la participación en cursos cuyas modalidades han sido progresivamente aumentadas en sucesivas modificaciones del Código penal: a) *"la participación del penado en talleres o programas formativos o de reeducación, laborales, culturales, de educación vial, sexual y otros similares"*[15]; *b) "cursos o proyectos sobre la resolución pacífica de conflictos o parentalidad positiva"*[16]. Todo ello evidencia la voluntad del legislador de limitar los trabajos en beneficios de la comunidad a participar en un determinado curso. Cursos que, como mencionaba, no pueden considerarse aflictivos, máxime cuando, tras el COVID, mayoritariamente se han mantenido como virtuales. Por lo demás, por sus características estos cursos deberían imponerse como consecuencia accesoria, junto a la pena, orientados a la reinserción.

Así mismo, el art. 49 CP, incluye, entre los trabajos en beneficio de la comunidad, la reparación de los daños causados. Reparación de daños que ya está prevista en el Código penal como una atenuante por lo que carece de sentido que algo sea al mismo tiempo una pena y una atenuante de la pena. De los supuestos previstos en el art. 49 CP, nos quedaría como idónea únicamente la asistencia a la víctima que no siempre es posible. No lo será en los supuestos en los que no hay una víctima, por haber muerto, o no hay una víctima concreta, en los delitos contra bienes jurídicos supraindividuales, o en aquellos en los que, existiendo una víctima, esta no quiere ser asistida por el autor. En estos supuestos, sí que el consentimiento, en este caso de la víctima, es esencial.

---

[15] LO 5/2010.

[16] LO 8/2021.

Lo anterior no supone negar las dificultades prácticas de la implementación de los trabajos en beneficio de la comunidad ni el costo que puede suponer. Respecto del aspecto económico, no cabe olvidar que la pena de prisión también supone un costo elevado y respecto de las dificultades de aplicación, como señalaba, sería necesaria voluntad política de arbitrar las medidas necesarias para hacerlo posible. En el RD 840/2011 se regula: a) la determinación de los puestos de trabajos, facilitados por la Administración estatal, autonómica o local, que podrán establecer los oportunos convenios entre sí o con entidades públicas o privadas que desarrollen actividades de utilidad pública, y sin perjuicio de que el penado pueda proponer un trabajo concreto (art. 4); b) la valoración y selección del trabajo, que se concretará en un plan de ejecución elaborado por los servicios de gestión de penas y medidas alternativas, y será remitido al Juez de Vigilancia Penitenciaria para su control, sin perjuicio de su inmediata ejecutividad (art. 5); c) la determinación de la jornada, el horario y el plazo en el que deberá cumplirse, atendiendo a las cargas personales o familiares del penado, sus circunstancias laborales y, en el caso de programas o talleres, la naturaleza de los mismos, de modo que la ejecución esté regida por el principio de flexibilidad (art. 6); d) la protección en materia de Seguridad Social y prevención de riesgos laborales (art. 11). En el RD 840/2011, se establece, así mismo, como debe llevarse a efecto el seguimiento y control, la comunicación de las incidencias al Juez de Vigilancia, el informe final y el traslado de información general y particular, desde la Administración Penitenciaria a las autoridades judiciales y fiscales y a los colegios de abogados, así como a las personas que lo soliciten y se encuentren en situación procesal susceptible de que se les aplique esta pena, y a sus letrados[17].

---

[17] Sobre la regulación y los problemas de aplicación, vid. de forma sintética, pero completa, CARDENAL MONTRAVETA, "Art. 49 CP", Comentarios al Código penal- Reformas LLOO 1/2023 y 4/2023, (CORCOY BIDASO-

V. CONCLUSIONES

Los trabajos en beneficio de la comunidad es la pena que, en mayor y mejor medida, podría servir para cumplir con el mandato constitucional de que las penas deben tener como finalidad la reinserción social. Difícilmente puede discutirse que la pena privativa de libertad, en general, no sirve para la reinserción y, por el contrario, si se utilizan de forma adecuada, los trabajos en beneficio de la comunidad sí pueden tenerla. Así, por ejemplo, en supuestos de delitos contra la seguridad vial, acompañar a víctimas de accidentes de tráfico ingresadas en centros dedicados al tratamiento y atención de personas tetrapléjicas o parapléjicas o, en delitos contra el medio ambiente, la limpieza de playas o bosques. Estas actividades no sólo sirven para que los penados visibilicen las consecuencias de sus actos, lo que puede tener una elevada función de prevención especial, sino que además son útiles para la sociedad.

En esta línea, la participación en cursos o proyectos, a lo que se orienta claramente el legislador, como trabajo en beneficio de la comunidad, difícilmente puede tener los mismos efectos preventivos que los indicados en el apartado anterior ni tampoco son socialmente útiles. Y, en otra dirección, respecto del concepto de pena como castigo no deberían calificarse como pena/castigo la realización de cursos. Me atrevo a señalar que detrás de la consideración de un curso como castigo subyace una mentalidad para la que estudiar/aprender no es algo positivo sino negativo. Ello no excluye que la participación en esos programas y cursos es positiva, puede tener un cierto efecto preventivo y, en consecuencia, sería conveniente que estuvieran previstos no como pena sustitutiva sino como consecuencia accesoria.

Para que la pena de trabajos en beneficio de la comunidad se imponga con habitualidad por los tribunales, no como excepción, es necesario asumir que no son trabajos forzosos y que es una

---

LO / MIR PUIG (Dirs.); RAMÍREZ MARTÍN / ROGÉ SUCH (Coords.), Ed. Tirant lo Blanch, 2023.

pena y que, en consecuencia, el consentimiento del penado no debería ser un requisito esencial, tal y como reiteradamente requiere la jurisprudencia del Tribunal Supremo[18], como no lo es para la aplicación de una pena privativa de libertad o de una multa. Es incongruente que la jurisprudencia exija un nivel de consentimiento mayor del requerido en cualquier trabajo, afirmando que "ha de tratarse de un consentimiento expreso, terminante y no condicionado" (STS 413/2022, de 27 de abril).

Y no son trabajos forzosos porque, tal y como están regulados, se respetan todos los derechos laborales (horarios, seguridad social, duración...) excepto la remuneración. Incluso, en aras de facilitar la reinserción, el art. 6 RD 840 2011, establece que, para determinar la jornada, el horario y el plazo en el que deberá cumplirse, se deben tomar en consideración las cargas personales o familiares y su situación laboral para que la ejecución no interfiera con su situación vital. Todas estas exigencias acerca como está prevista la ejecución de un trabajo en beneficio de la comunidad evidencian, como se ha podido comprobar en el apartado 3, es totalmente divergente de la concepción del trabajo forzoso o de la esclavitud por parte de las instancias internacionales, especialmente la OIT.

Así mismo, es un requisito esencial, para que los tribunales impongan de forma generalizada la pena de trabajos en beneficio de la comunidad, que las diferentes administraciones, estatal, autonómica o local, establezcan convenios entre sí o con entidades públicas o privadas que desarrollen actividades de utilidad pública, sin perjuicio de que el penado pueda proponer un trabajo concreto[19]. Sin la voluntad política de organizar adecuadamente el sistema de trabajos en beneficio de la comunidad no es posible que se conviertan en la pena más aplicada en delitos no muy graves y respecto de condenados no violentos. Acorde con los principios de proporcionalidad y eficacia es la pena idónea en delitos leves y, especialmente, en el ámbito de la llamada delincuencia económica o empresarial.

---

18 Entre otras, SSTS 653/2019, de 8 de enero o 325/2019 de 20 de junio.

19 Tal y como está previsto en el art. 4 del RD 840/2011, de 17 de junio.

La pena de inhabilitación especial para profesión u oficio[1]

JAVIER DE VICENTE REMESAL
Catedrático (emérito) de Derecho Penal
Universidad de Vigo

I. INTRODUCCIÓN

En el sistema actual de penas, el CP vigente distingue entre penas privativas de libertad, multa y penas privativas de derechos.[2] Estas últimas deben denominarse, con mayor propiedad, privativas de "otros derechos", pues cualquier pena priva de derechos a quien la sufre; atentan, cuando menos, contra la libertad ambulatoria o de movimientos y contra el patrimonio.[3] Así lo entiende

---

1 Este tema fue originariamente objeto de un trabajo realizado por mí hace varios años (en el marco del Proyecto de Investigación "Responsabilidad de personas físicas y jurídicas en el ámbito médico-sanitario: estrategias para la prevención de errores médicos y eventos adversos", DER2011-22934, del Ministerio de Ciencia e Innovación, España. IP: Javier de Vicente Remesal) y publicado como artículos doctrinales en varias revistas. Tras las reformas introducidas en la legislación que le afecta, lo reelaboro aquí, debidamente modificado, en el marco del Proyecto de Investigación "La progresiva relajación de garantías penales en la elaboración del sistema y en diversos sectores. Vindicación del refuerzo de los límites al ius puniendi", Retos nacional, AEI. Referencia: PID2019-1085567RBC21, IPs: Miguel Díaz y García Conlledo / María A. Trapero Barreales.

2 En sus secciones 2ª, 3ª y 4ª del Capítulo I, del Título III.

3 En el mismo sentido, Díez Ripollés, J. L. Derecho Penal Español. Parte General. 5ª ed., Tirant Lo Blanch, Valencia, 2020, 705.

también el art. 32 CP[4], según el cual, las penas que pueden imponerse con arreglo a este Código, bien con carácter principal, bien como accesorias, son privativas de libertad, privativas de otros derechos y multa.

Las penas privativas de derechos pueden afectar a "cualquier otro derecho", como indica, *in fine*, en la letra b del art. 39, refiriéndose éste, en sus diversos apartados (a-j)[5], a los supuestos concretos de limitaciones o prohibiciones de derechos profesionales, civiles o políticos fundamentalmente[6].

En su evolución histórica han desaparecido muchas penas privativas de derechos, por considerarse denigrantes, infamantes o ignominiosas. La mayoría de las actualmente vigentes provienen del CP de 1995. Por lo que aquí más se refiere al tema, la pena de inhabilitación profesional ya figuraba en nuestro primer CP, de 1822 (art. 28: "La inhabilitacíon para ejercer empleo, profesion, ó cargo público en general, ó en clase determinada"). El

---

4 En adelante, cuando no se exprese otra cosa, los números se refieren a los artículos del Código Penal.

5 Concretamente, en el art. 39, las penas de: a) La inhabilitación absoluta. b) Las de inhabilitación especial para empleo o cargo público, profesión, oficio, industria o comercio, u otras actividades, sean o no retribuidas, o de los derechos de patria potestad, tutela, guarda o curatela, tenencia de animales, derecho de sufragio pasivo o de cualquier otro derecho. c) La suspensión de empleo o cargo público. d) La privación del derecho a conducir vehículos a motor y ciclomotores. e) La privación del derecho a la tenencia y porte de armas. f) La privación del derecho a residir en determinados lugares o acudir a ellos. g) La prohibición de aproximarse a la víctima o a aquellos de sus familiares u otras personas que determine el juez o el tribunal. h) La prohibición de comunicarse con la víctima o con aquellos de sus familiares u otras personas que determine el juez o tribunal. i) Los trabajos en beneficio de la comunidad. j) La privación de la patria potestad.

6 *Cfr.* FARALDO CABANA, P. Concepto y funciones, en: PUENTE ABA, L.M. / FARALDO CABANA, P. (dirs.), Las penas privativas de derechos y otras alternativas a la privación de libertad, Tirant Lo Blanch, Valencia, 2013, 17-33.

CP 1995 añade la pena de inhabilitación para industria o comercio y posteriormente se añaden nuevas reformas. Entre las más recientes hay que destacar las producidas por la Ley Orgánica 8/2021, de 4 de junio, de protección integral a la infancia y la adolescencia frente a la violencia[7] y por la Ley Orgánica 10 1995, de 23 de noviembre, del Código Penal, en materia de maltrato animal[8], en las que se introducen, en el primer caso, diversos supuestos de inhabilitación especial para profesión u oficio en el ámbito educativo y de los menores[9] (arts. 39 b, 45, 107,156 quinques, 177 bis 1, 192.3, 511.4 y 512) así como, en el segundo, en relación con la tenencia de animales (arts. 340 bis, 340 ter y 340 quinquies).

En la regulación vigente, entre las penas que limitan o prohíben el ejercicio de derechos, se encuentran las penas de inhabilitación especial (art. 39 b), que pueden ser: para empleo o cargo público (art. 42: produce la privación definitiva del empleo o cargo sobre el que recayere, aunque sea electivo, y de los honores que le sean anejos[10]); para profesión u oficio (en la que se centrará este estudio); privación de los derechos de patria potestad, tutela, guarda o curatela (art. 46: priva al penado de los derechos inherentes a la primera, y supone la extinción de las demás, así como la incapacidad para obtener nombramiento para dichos cargos durante el tiempo de la condena); para la tenencia de animales (regulada también de forma expresa en el art. 340 bis, introducido por Art. Único 7 LO 3/2023, de 28

---

7 BOE núm. 134, de 05 de junio de 2021. Referencia: BOE-A-2021-9347.

8 BOE núm. 75, de 29 de marzo de 2023, Referencia: BOE-A-2023-7935.

9 *Cfr.* García Mosquera, M. Nuevas perspectivas de la pena de inhabilitación profesional orientada a la protección de menores. Cuadernos de Política Criminal, nº 129, Época II, diciembre 2019, 109-151.

10 Como dispone el art. 42, produce, además, la incapacidad para obtener el mismou otros análogos, durante el tiempo de la condena. Y en la sentencia habrán de especificarse los empleos, cargos y honores sobre los que recae la inhabilitación.

de marzo[11]); para el derecho de sufragio pasivo (art. 44: priva al penado, durante el tiempo de la condena, del derecho a ser elegido para cargos públicos) y, finalmente, inhabilitación especial de cualquier otro derecho.

Como he indicado, bajo la expresión genérica "inhabilitación profesional" me referiré -en el ámbito particular, y no público o funcionarial- a la pena de inhabilitación especial para profesión, oficio, industria o comercio, u otras actividades, sean o no retribuidas. No se ignora con ello que la inhabilitación especial para empleo o cargo público también es en realidad una inhabilitación profesional, que incide sobre un funcionario[12].

La pena de inhabilitación profesional puede ser, en función de su gravedad, grave, menos grave o leve (art 33). Es grave cuando supera los cinco años (33.2.d). Es menos grave, en general (33.3b), la inhabilitación especial hasta cinco años. No obstante, el art. 33.3.f. establece que es pena menos grave la inhabilitación especial para el ejercicio de profesión, oficio o comercio que tenga relación con los animales y para la tenencia de animales de un año y un día a cinco años. Finalmente, es pena leve la inhabilitación especial para el ejercicio de profesión, oficio o comercio que tenga relación con los animales y para la tenencia de animales de tres meses a un año (33.4.c).

Esta clasificación determina, en función de lo que dispone el art. 13, que el delito se califique, asimismo, de grave, menos grave o leve. Es contradictorio el criterio que sigue el art. 13.4: "Cuando la pena, por su extensión, pueda incluirse a la vez entre las men-

---

11 Ley Orgánica 3/2023, de 28 de marzo, de modificación de la Ley Orgánica 10/1995, de 23 de noviembre, del Código Penal, en materia de maltrato animal.

12 Así lo advierte también –citando en el mismo sentido a QUINTANO RIPOLLÉS, A. Comentarios al Código Penal. 2ª. ed. Ed. Revista de Derecho Privado, Madrid. (1996) – MANZANARES SAMANIEGO, J. L. Las inhabilitaciones y suspensiones en el Derecho positivo español. ADPCP, 1975, 193.

cionadas en los dos primeros números de este artículo, el delito se considerará, en todo caso, como grave. Cuando la pena, por su extensión, pueda considerarse como leve y como menos grave, el delito se considerará, en todo caso, como leve".

En función de su autonomía, la inhabilitación profesional se contempla en el CP no sólo como pena principal, sino también como pena accesoria, además de como medida de seguridad. A continuación, me referiré en primer lugar brevemente a la medida de seguridad[13], para centrarme después en la inhabilitación profesional como pena, accesoria y principal.

II. LA INHABILITACIÓN PROFESIONAL COMO MEDIDA DE SEGURIDAD

La inhabilitación profesional aparece contemplada en el art. 96.3. 1ª[14] como una de las medidas de seguridad no privativas libertad que pueden imponerse con arreglo al Código Penal, bajo determinadas condiciones y previa concurrencia de ciertos requisitos.

Aparte de los requisitos establecidos por el art. 95 para la aplicación de las medidas de seguridad en general (comisión de un hecho previsto como delito y pronóstico de comportamiento futuro que revele la probabilidad de comisión de nuevos delitos), en lo que se refiere más concretamente a la inhabilitación profesional dispone lo siguiente el art. 107 CP: "La autoridad judicial

---

13 Un amplio análisis de la inhabilitación profesional como medida de seguridad, en De Vicente Remesal, J. La pena de inhabilitación profesional: consideraciones desde el punto de vista de los fines de la pena. Cuadernos de Política Criminal, nº 113, II, Época II, septiembre 2014, 45-104.

14 Número 3 del art. 96 redactado por el apartado vigésimo segundo del artículo único de la L.O. 5/2010, de 22 de junio, por la que se modifica la L.O. 10/1995, de 23 de noviembre, del Código Penal (B.O.E. 23 junio).

podrá decretar razonadamente la medida de inhabilitación para el ejercicio de determinado derecho, profesión, oficio, industria o comercio, cargo o empleo u otras actividades, sean o no retribuidas, por un tiempo de uno a cinco años, cuando la persona haya cometido con abuso de dicho ejercicio, o en relación con él, un hecho delictivo, y cuando de la valoración de las circunstancias concurrentes pueda deducirse el peligro de que vuelva a cometer el mismo delito u otros semejantes, siempre que no sea posible imponerle la pena correspondiente por encontrarse en alguna de las situaciones previstas en los números 1.°, 2.° y 3.° del artículo 20."

Es decir, según este art. 107, no puede imponerse la inhabilitación profesional como medida de seguridad cuando se pueda imponer como pena, por no cuncurrir en el sujeto las situaciones previstas en el art. (20.1°) cualquier anomalía o alteración psíquica -o trastorno mental transitorio- por lo que no pueda comprender la ilicitud del hecho o actuar conforme a esa comprensión, (20.2°) un estado de intoxicación plena por el consumo de bebidas alcohólicas, drogas tóxicas, estupefacientes, sustancias psicotrópicas u otras que produzcan efectos análogos, o (20.3°) por sufrir alteraciones en la percepción desde el nacimiento o desde la infancia, tenga alterada gravemente la conciencia de la realidad.[15]

Esta subsidiariedad de la medida de seguridad respecto de la pena es en principio aceptable desde el punto de vista de la pre-

---

15 Esto no significa que no puedan imponerse medidas de seguridad a sujetos culpables. Es rechazable la opinión de que a los sujetos plenamente imputables, por muy peligrosos que sean, sólo se les puede imponer penas. Pues la culpabilidad no es incompatible con las medidas de seguridad, de forma que a las personas culpables también se les puede aplicar una medida de seguridad si encajan en un estado peligroso. *Cfr.* LUZÓN PEÑA, D. M. Lecciones de Derecho Penal, Parte General, 2ª ed. Editorial Tirant. Valencia., 2012, 1/24; 27/17.

vención, por el mayor rigor en el cumplimiento de las penas[16]. Pero, como acertadamente observa CARDENAL MONTRAVETA[17], no debería desconocerse que la duración de la pena, ajustada a la culpabilidad del sujeto, puede ser insuficiente para neutralizar la peligrosidad criminal.

III. LA INHABILITACIÓN PROFESIONAL COMO PENA ACCESORIA

La pena de inhabilitación profesional tiene carácter de pena accesoria, cuando, aun sin preverse expresamente en el tipo, puede imponerse por acompañar a una pena principal. Claramente lo manifiesta así el art. 54: las penas de inhabilitación son accesorias

---

16 En lo que se refiere a su ejecución, advierte con razón SANZ MORÁN, A., Medidas de seguridad: régimen general. En: ÁLVAREZ GARCÍA, F. J. / GONZÁLEZ CUSSAC, J. L. (Dirs.) Comentarios a la Reforma Penal de 2010, ed. Tirant Lo Blanch, Valencia, 2010, 139-143, que se echa en falta en nuestra normativa un derecho de ejecución de medidas paralelo al de penas, más completo que el contemplado actualmente en los arts. 97 y 98 CP. En el mismo sentido se pronuncia también con posterioridad en SANZ MORÁN, A. Medidas de seguridad, En: ÁLVAREZ GARCÍA, F. J. (Dir.) / DOPICO GÓMEZ ALLER, J. (Coord.) Estudio crítico sobre el anteproyecto de reforma penal de 2012. (Ponencias presentadas al Congreso de Profesores de Derecho Penal "Estudio Crítico sobre el Anteproyecto de Reforma Penal de 2012", celebradas en la Universidad Carlos III de Madrid los días 31 de enero y 1 de febrero de 2013). Ed. Tirant Lo Blanch, 3.ª ed., Valencia, 2013, 467-481.

17 CARDENAL MONTRAVETA, S. En: CORCOY BIDASOLO, M. / MIR PUIG, S. (Dirs.) (2015), Comentarios al Código penal. Reforma LO 1/2015 y LO 2/2015. Ed. Tirant Lo Blanch. Valencia, 2015. Comentario art. 107, p. 398, añadiendo que "por ello nos oponemos a extender con carácter general la prohibición de la imposición simultánea de penas no privativas de libertad y medidas de seguridad no privativas de libertad de contenido homogéneo y rechazamos que en estos casos sean de aplicación los límites máximos previstos en el art 105 para la duración de las medidas de seguridad no privativas de libertad".

en los casos en que, no imponiéndolas especialmente, la Ley declare que otras penas las llevan consigo. E igualmente el art. 56, el cual, en su apartado 1 establece que en las penas de prisión inferiores a diez años, los jueces o tribunales impondrán, atendiendo a la gravedad del delito, como penas accesorias, alguna o algunas de las que recoge. Concretamente: la suspensión de empleo o cargo público (art. 56.1. 1°), la inhabilitación especial para derecho de sufragio pasivo durante el tiempo de la condena (art. 56.1. 2°) y la inhabilitación profesional (art. 56.1. 3°). Pero el art. 56 advierte en el apartado 2 que "lo previsto en este artículo se entiende sin perjuicio de la aplicación de lo dispuesto en otros preceptos de este Código respecto de la imposición de estas penas."

A tenor del art. 33. 6, la duración de la pena accesoria es en principio la misma que la de la pena principal. De acuerdo con el art. 56.1., podrá llegar hasta los 10 años. Pero, como advierten el propio art. 33.6 y el art. 56.2. esto debe entenderse sin perjuicio de lo que dispongan expresamente otros preceptos del CP. Por ejemplo, algunas inhabilitaciones contenidas en la Parte Especial.[18]

Si el principio de proporcionalidad significa –en términos muy gene rales– que la gravedad de la pena ha de ser proporcional a la gravedad del hecho antijurídico, esto es, a la gravedad del injusto, lo primero que llama la atención en la pena de inhabilitación profesional como pena accesoria es que dicha pena, aun siendo requisito necesario para su imposición la re lación directa entre el derecho afectado por la misma y el delito cometido (art. 56.3°), haya de tener en principio –por imperativo legal general (art. 33.6)- la misma duración que la pena de prisión. Y esto no parece que se deba a que los distintos factores de la gravedad del injusto tengan según el legis lador el mismo peso y significado para determinar, por igual, la dimensión de ambas penas, sino

---

18 DÍEZ RIPOLLÉS, J. L. Derecho Penal Español. Parte General. 5ª ed., Tirant Lo Blanch, Valencia, 2020, 623.

sencillamente a que el análisis de los mismos no se toma en absoluto en consideración para el marco penal de la inhabilitación profesional como pena accesoria, sino sólo para el de la pena de prisión, procediéndose después, una vez determinada ésta en concreto (por el juez), a la automática igualación de la inhabilitación profesional, sin que tampoco el juez tenga en cuenta para nada a estos efectos la exigida relación directa entre el derecho afectado y el delito cometido. Con ello se con culca claramente el principio de proporcionalidad, con el resultado de que la inhabilitación profesional adquiere una dimensión exagerada (e incluso, en algunos supuestos, posiblemente superior a la principal) y en cualquier caso irreflexiva por su automatismo

Por otra parte, todo ello resulta contradictorio, cuando menos con lo siguiente.

Primero: con el hecho de que cuando la pena de inhabilitación profesio nal se impone como principal, su marco penal y su duración generalmente nunca es la misma (sino generalmente mayor) que la de la pena de prisión (con la salvedad de cuando, prevista como pena principal, se dispone que su duración sea "por el tiempo de la condena" de la de prisión; como es el caso, por ejemplo –en el delito de trata de seres humanos– del art. 177 bis nº 6 en relación con el nº 1, y –en el marco del tráfico ilegal o la inmigración clandestina de personas– del 318 bis 1, 2 y 3 en relación con el nº 4).

Segundo: resulta asimismo contradictorio con lo previsto para otras penas incluidas sistemáticamente entre las accesorias, pero cuyo carácter de tales es sin embargo discutible y que por ello suelen calificarse de "accesoriedad atípica"[19]. Así, en las contempladas

---

19 Así, en relación con la denominada pena de interdicción domiciliaria, resume de este modo DE LAMO RUBIO, J. Incidencia de la Ley Orgánica 14/1999, de 9 de junio en el sistema de penas del Código Penal de 1995, Noticias jurídicas. Artículos doctrinales, diciembre 1999, 1-4 las características de la accesoriedad

en el art. 48, sobre las cuales establece el art. 57, entre otras cosas, que si el condenado lo fuera a pena de prisión y el juez o tribunal acordara la imposición de una o varias de dichas prohibiciones, lo hará por un tiempo superior entre uno y diez años al de la duración de la pena de prisión impuesta en la sentencia, si el delito fuera grave, y entre uno y cinco años, si fuera menos grave.

Tercero: es contradictorio también con el hecho de que, en los casos de accesoriedad típica, la pena de inhabilitación profesional no puede beneficiarse de ninguna modificación durante su ejecución, al contrario de la pena principal, de prisión[20]. Eso significa

---

atípica: "a) La llevaban aparejada tan sólo determinados delitos: homicidio, lesiones, aborto, contra la libertad, torturas y contra la integridad moral, la libertad sexual, la intimidad, el honor, el patrimonio y el orden socioeconómico. b) La única pena accesoria atípica era la prohibición de que el reo volvieraal lugar en que hubiere cometido el delito, o acudiera a aquél en que residiera la víctimao su familia, si fueran distintos. c) Su duración no se supeditaba ni se relacionaba con laduración de la pena impuesta por el delito, sino que iba de seis meses a cinco años (art. 33, en relación con el 57), en atención a las circunstancias del caso, pudiendo ser, por tanto, pena grave o menos grave. d) Su imposición no era preceptiva, sino que, el órganojurisdiccional podría imponerla o no, teniendo en cuenta la gravedad de los hechos y el peligro que el delincuente representase".

20 En lo que se refiere a las penas privativas de libertad, la doctrina mayoritaria –*cfr.* DE LA CUESTA ARZAMENDI, J. L. Formas sustitutivas de las penas privativas de libertad en el Código penal español de 1995, en: ECHANO BASALDÚA, J. I (coord.). Estudios jurídicos en Memoria de José María Lidón. Ed. A cargo del Área de Derecho Penal. Universidad de Deusto, pp. 125-153 (129) –considera que el ámbito de aplicación de la suspensión de la ejecución alcanza a todas las penas privativas de libertad, incluida la responsabilidad personal subsidiaria –GARCÍA ARÁN, M. Fundamentos y aplicación de penas y medidas de seguridad en el Código penal español de 1995. Ed. Aranzadi.Pamplona, 1997, p. 101– que, por impago de la pena de multa se traduzca en una privación de libertad. Sin embargo, minoritariamente se mantiene que la suspensión sólo es aplicable a las penas privativas de libertad impues-

que el variable tiempo de cumplimiento de aquélla no se debe a valoración alguna de los diferentes factores sobre la misma, sino a que sencillamente se aplica automáticamente y por inercia, aun a pesar, una vez más, de la exigencia de relación directa entre el derecho afectado y el delito cometido.

Y cuarto: ha de tenerse en cuenta que la obligatoriedad de la imposición de la pena de inhabilitación profesional como pena accesoria deja de ser tal (con las consecuencias que de ello se derivan, entre otras cosas en virtud del principio de proporcionalidad) cuando la inhabilitación profesional se prevé como pena principal en algún tipo penal, en cuyo caso su duración puede no ser la misma, sino incluso inferior, que la de la pena de prisión. Así sucede, por ejemplo, en el supuesto del art. 325. Si la pena de inhabilitación profesional no estuviese prevista en ese artículo para ese delito contra el medio ambiente, sino sólo la de prisión de dos a cinco años y ésta, valoradas las circunstancias (riesgo de grave perjuicio para la salud de las personas), se impusiese en concreto en cinco años, entonces, en virtud del art. 56.1. 3º se podría (o habría que) imponer, como accesoria y con la misma duración de cinco años, la pena de inhabilitación profesional. Sin embargo, como ésta sí está prevista y su duración es de uno a tres años, sólo se podrá imponer en este máximo de tres años (sin poder llegar, por tanto, a cinco).

Por otra parte, la conculcación del principio de proporcionalidad resulta evidente en el hecho de que a tenor del art. 56 se prevé la imposición obligatoria de alguna o algunas de las medidas (entre ellas la inhabilitación profesional) aunque la pena de prisión prevista para el hecho tenga un límite inferior que

---

tas con carácter principal. Así, AYO FERNÁNDEZ, M. Las penas, medidas de seguridad y consecuencias accesorias. Manual de determinación de las penas y de las demás consecuencias jurídico-penales del delito, Ed. Aranzadi, Pamplona, 1997, p. 182.

puede descender incluso hasta los tres meses[21]. Por el contrario, en ese umbral inferior, de los tres meses de privación de libertad, se prevé –conjuntamente– la pena de inhabilitación como pena principal en los arts. 146 (de uno a tres años) 152 (de seis meses a cuatro años) 158 (de seis meses a dos años) y 463.2 (de dos a cuatro años).

Existe una cierta discusión acerca de la obligación de imponer una pena accesoria en las penas de prisión inferiores a 10 años, o si, por el contrario, esto es potestativo. El tenor literal del art. 56–"en las penas de prisión inferiores a diez años, los jueces o tribunales impondrán, atendiendo a la gravedad del delito, como penas accesorias, alguna o algunas de las siguientes"- se decanta claramente por el carácter obligatorio de la imposición de alguna de las penas accesorias que prevé dicho artículo. Así lo entiende también mayoritariamente la doctrina[22], y especialmente la jurisprudencia, aun a costa de tener que recurrir a alguna de esas penas como "residual" -concretamente, la de inhabilitación especial para el derecho de sufragio pasivo- cuando el delito cometido no tenga relación directa con su profesión u oficio[23].

---

21 Art. 36: "2. La pena de prisión tendrá una duración mínima de tres meses y máxima de 20 años, salvo lo que excepcionalmente dispongan otros preceptos del presente Código".

22 *Cfr.* DÍEZ RIPOLLÉS, J. L., Derecho Penal Español. Parte General. 5ª ed., Tirant Lo Blanch, Valencia, 2020, 622-623.

23 Así, Tribunal Supremo (Sala de lo Penal) Sentencia núm. 430/1999 de 23 marzo. RJ 1999\2676: "En definitiva, el art. 56 del Código Penal de 1995, emplea una expresión preceptiva, «impondrán», y no potestativa, «podrán imponer», por lo que ha de deducirse que, como regla general, el precepto legal determina que ha de imponerse necesariamente alguna de las penas accesorias en él prevenidas. En consecuencia, cuando el condenado no ejerza ningún cargo o empleo público del que pueda ser suspendido, y el delito cometido no tenga relación directa con su profesión u oficio, como sucede en el caso actual en el que el recurrente ha sido condenado por abusos sexuales, la pena accesoria a imponer es precisamente la residual de inhabilitación especial para el derecho de sufragio pasivo durante el tiempo de la condena, como ha hecho correctamente el Tribunal «a quo» en la sentencia impugnada."

Lo que debe quedar claro es que, a pesar de esa obligatoriedad, la pena de inhabilitación profesional nunca podrá aplicarse ni siquiera como residual, pues para su imposición como pena accesoria se exige en todo caso que haya una relación directa entre la profesión y el hecho cometido. Por otra parte, también parece lo más correcto que si ha existido esa relación directa, sea siempre la pena de inhabilitación la que se aplique, sola o en conjunción con alguna de las otras. [24]

Con la redacción vigente del art. 56 (tras sus reformas de 2003[25] y de 2010[26]), se zanjan las discusiones, hasta entonces arduas, acerca de la necesidad de relación directa entre el de lito cometido y el derecho del que se priva al sujeto[27]. Tras la reforma operada en 2010 en la circunstancia 3.ª del número 1 de dicho artículo, queda definitivamente claro que la imposición de la pena de inhabilitación profesional requiere relación directa con el delito cometido, debiendo determinarse expresamente en la sentencia esta vinculación. En la normativa anterior, el criterio para la imposición de las penas accesorias era únicamente el de la gravedad de las penas principales, a las que acompañaban. No se exigía expresamente relación alguna entre la pena privativa de derechos y el delito cometido, lo cual generó abundantes críticas por parte de la doctrina porque, entre otras cosas, eso contradecía el principio resocializador de las penas.

---

24 Considerando que "la vinculación con el delito conlleva la obligatoriedad de su imposición", Domínguez Izquierdo, E. M. Cuando la pena accesoria de inhabilitación especial requiere relación directa con el delito cometido. Cuadernos de Política Criminal, nº 112, Época II, mayo 2014, 151.

25 L.O. 15/2003, de 25 de noviembre, por la que se modifica la L.O. 10/1995, de 23 de noviembre, del Código Penal (B.O.E. 26 noviembre).

26 L.O. 5/2010, de 22 de junio, por la que se modifica la L.O. 10/1995, de 23 de noviembre, del Código Penal (B.O.E.23 junio)

27 *Cfr.* Domínguez Izquierdo, E. M. Cuando la pena accesoria de inhabilitación especial requiere relación directa con el delito cometido. Cuadernos de Política Criminal, nº 112, Época II, mayo 2014, 149-152.

Si la pena de inhabilitación profesional se impone como accesoria (por imponerse una pena de prisión inferior a 10 años), es muy correcto exigir que exista una relación directa entre la profesión y el hecho cometido. Acertadamente, así lo establece en su redacción actual el citado art. 56.1.3º: "Inhabilitación especial para empleo o cargo público, profesión, oficio, industria, comercio, ejercicio de la patria potestad, tutela, curatela, guarda o acogimiento o cualquier otro derecho, la privación de la patria potestad, si estos derechos hubieran tenido relación directa con el delito cometido, debiendo determinarse expresamente en la sentencia esta vinculación, sin perjuicio de la aplicación de lo previsto en el artículo 579 de este Código." [28] La exigencia de esta relación directa la argumentó ya la STS 23-3-1999[29], aplicando los

---

[28] El tenor literal de esta circunstancia 3ª del número 1 del art. 56 proviene de la reforma introducida por la L.O. 5/2010, de 22 de junio, por la que se modifica la L.O. 10/1995, de 23 de noviembre, del Código Penal (B.O.E. 23 junio). Por otra parte, el art. 579, que ahí se cita, fue redactado redactado por el apartado centésimo quincuagésimo cuarto del artículo único de la L.O. 5/2010, de 22 de junio, por la que se modifica la L.O. 10/1995, de 23 de noviembre, del Código Penal (B.O.E. 23 junio), y se refiere a disposiciones concretasen los casos de delitos de terrorismo.

[29] Tribunal Supremo (Sala de lo Penal) Sentencia núm. 430/1999 de 23 marzo. RJ 1999\2676. "El artículo 56 «in fine» del Código Penal de 1995 establece la exigencia, para la imposición de determinadas penas accesorias, de que los derechos afectados por estas penas «hubieran tenido relación directa con el delito cometido, debiendo determinarse expresamente en la sentencia esta vinculación». Este requisito se refiere a la pena accesoria de inhabilitación especial para empleo o cargo público, profesión, oficio, industria o comercio o cualquier otro derecho, «si éstos hubieran tenido relación directa con el delito cometido», pero no a las otras dos penas accesorias expresadas en la parte inicial del precepto, es decir a la mera suspensión de cargo o empleo público y a la inhabilitación especial para el derecho de sufragio pasivo durante el tiempo de la condena".

criterios de interpretación: gramatical, sistemático, histórico, lógico y teleológico[30].

Esto es, por otra parte, una base fundamental para exigir también, como veremos, esa relación entre profesión y hecho cometido cuando la pena de inhabilitación se impone como principal. Pues si se exige para la accesoria, con igual o mayor razón, desde esos mismos criterios interpretativos, debe exigirse para la principal.[31]

A la necesidad de esa relación directa hay que añadir el el requisito de que el penado se haya aprovechado de dicha profesión u oficio para cometer el hecho[32].

---

30 Observa la citada STS 430/1999 de 23 marzo: "Así se deduce, en primer lugar, de una interpretación gramatical del precepto a través de su atenta lectura y de la utilización de la expresión «éstos», ligada a los derechos afectados por la última inhabilitación especial a que se refiere el artículo. En segundo lugar, de su interpretación sistemática que vincula esta limitación con lo dispuesto en los arts. 42 y 45 del mismo Texto Legal que exigen una expresa concreción y motivación de los derechos afectados. En tercer lugar, de su interpretación histórica, de acuerdo con los precedentes legislativos y jurisprudenciales, pues dicha limitación tiene su antecedente en el art. 41.2º del Código Penal de 1973 ... y en la doctrina de esta Sala que exigía una relación directa, e incluso causal entre la profesión u oficio objeto de la inhabilitación y el delito cometido... En cuarto lugar, de su interpretación lógica, pues el criterio contrario conduciría al absurdo, al determinar que un alcalde, por ejemplo, habría de seguir rigiendo desde la prisión los destinos de su ciudad mientras cumple condena por tráfico de drogas o falsificación de moneda, ya que, al tratarse de delitos no directamente relacionados con su cargo, no podría aplicarse la pena accesoria de suspensión del ejercicio del mismo durante el tiempo de la condena. Y, en quinto lugar, de su interpretación teleológica, de acuerdo con el espíritu y finalidad de la norma."

31 Huelga decir que esa relación directa con el delito cometido, que debe determinarse expresamente en la sentencia. también es exigible del mismo modo a la pena accesoria de inhabilitación especial para empleo o cargo público.

32 En este mismo sentido, cfr. Fiscalía General Del Estado. Consulta n.º 2/2000, de 14 de diciembre, sobre la aplicación de las penas acceso-

Finalmente, dos observaciones. En primer lugar, como habíamos visto, la pena de inhabilitación especial para el ejercicio de profesión, oficio o comercio que tenga relación con los animales y para la tenencia de animales, se recoge (aparte de como pena principal en diversos arts. CP), en el art. 33, en el catálogo de las penas por su gravedad, como pena menos grave o leve. Asimismo, en el art. 39.b., si bien sólo, la tenencia de animales. Pues bien, a pesar de ello, es discutible que esta pena pueda imponerse como accesoria, pues no aparece entre las que recoge la Sección 5ª, Capítulo I, Título III del Código Penal (arts. 54-57). En segundo lugar, las penas accesorias funcionan también por lo general como penas principales, en cuanto se integran en el marco penal abstracto de algún delito. Esta observación de DÍEZ RIPOLLÉS[33] es especialmente aplicable a la inhabilitación profesional. Porque, por una parte, son muy numerosos los tipos penales que recogen la pena de inahabilitación profesional como pena principal y por-

rias previstas en el artículo 56 del Código Penal. https://www.fiscal.es/memorias/estudio2016/CONS/CON_02_2000.html En esta consulta se le plantea a la FGE la duda la duda acerca de si el inciso final del mencionado precepto, que condiciona la imposición de la pena accesoria privativa de derechos a que «estos hubieran tenido relación directa con el delito cometido, debiendo determinarse expresamente en la sentencia esta vinculación», se refiere tan sólo a la pena de inhabilitación especial para empleo o cargo público, profesión, oficio, industria o comercio o cualquier otro derecho, o por el contrario engloba también a las otras dos penas accesorias previstas en el citado artículo, esto es, la de suspensión de empleo o cargo público y la de inhabilitación especial para el derecho de sufragio durante el tiempo de la condena. La FGE, en la misma línea que la jurisprudencia (SSTS n.º 69/99 de 26199, n.º 430/99 de 23399, n.º 1309/99 de 25999, n.º 1442/99 de 181099 y ATS 293/999 de 281299) considera que la relación directa con el delito sólo ha de ser tomada en consideración al aplicar la pena de inhabilitación especial para empleo o cargo público, profesión, oficio, industria o comercio o cualquier otro derecho, y no para imponer cualquiera de las otras dos penas accesorias previstas.

33 DÍEZ RIPOLLÉS, J. L., Derecho Penal Español. Parte General. 5ª ed., Tirant Lo Blanch, Valencia, 2020, 621.

que, por otra, en consecuencia, eso disminuye sustancialmente el número de casos sancionados con penas de prisión inferior a 10 años que no prevean también, de forma expresa, la pena de inhabilitación

IV. LA INHABILITACIÓN PROFESIONAL COMO PENA PRINCIPAL

1. Cuestiones generales previas

La pena de inhabilitación profesional como pena principal se recoge en numerosos artículos del CP. Sin embargo, su denominación no siempre es la misma. Más bien, distinta en muchos casos. Así, la mención más completa, de "profesión, oficio, industria o comercio u otras actividades, sean o no retribuidas", se recoge sólo en algunos casos (así, en el art. 45), mientras que en otros falta alguno de esos elementos. Por ejemplo, entre otros muchos casos, los arts. 390 y 394 mencionan únicamente la inhabilitación especial, sin otra especificación[34]; el art.271 cita sólo la profesión; el art. 221.3, las actividades; los arts. 159 y 345, profesión u oficio; el art. 184, profesión, oficio o actividad; el art. 285.1, profesión o actividad; y el art. 570.2, industria o comercio.

Estas referencias legales no ayudan a determinar el contenido y alcance de la inhabilitación profesional. El tenor literal del art. 45 supone una ayuda para solucionar el problema (en cuanto requiere que la inhabilitación ha de concretarse expresa y motivadamente en la sentencia y precisa que priva al penado de la facultad –no del derecho– de ejercer la profesión), pero a la vez, con la

---

34 Ampliamente, sobre los problemas que plantea esta falta de especificación, *cfr.* De Vicente Remesal, J. La pena de inhabilitación profesional: consideraciones desde el punto de vista de los fines de la pena. Cuadernos de Política Criminal, n° 113, II, Época II, septiembre 2014, pp. 45-104.

inclusión de la referencia a "para cualquier otro derecho", genera dificultades para la determinación del alcance de la pena de inhabilitación profesional. La inclusión de esta referencia es ambigua y por lo tanto criticable por lesionar la taxatividad que exige el principio de legalidad[35]. Se mantiene de esta forma la línea del CP 1944, el cual no sólo extendía expresamente la inhabilitación especial a las ocupaciones manuales y a las profesiones liberales, sino que incluía también al final la cláusula general "y las de cualquier otra clase". La referencia a "para cualquier otro derecho" no debería figurar en el art. 45, como una clase de inhabilitación especial que no recae sobre una profesión, oficio, industria o comercio, sino como pena independiente en el art. 39 (donde se enumeran las penas privativas de derechos), como último punto, pues también son privaciones de "otros derechos", distintos al ejercicio de una actividad laboral, la privación del derecho a conducir, así como a la tenencia y porte de armas. Realmente sí aparece en el art. 39, pero no como pena independiente, como último punto, sino en el art. 39 b), como cierre a las modalidades de inhabilitación especial referidas en dicho apartado. En cualquier caso, en esa letra b), a pesar de su inclusión con carácter genérico ("de cualquier otro derecho"), a través de una pena principal sólo podrá privarse de los derechos indicados en el precepto que prevé la correspondiente conducta delictiva.

Ciertamente, el legislador debió ser mucho más cuidadoso y preciso a la hora de plasmar los conceptos, pero, en cualquier caso, lo que queda claro con y a pesar de esa desigual plasmación de conceptos es que el legislador quiere advertir con ello, y con la

---

35 En este sentido, MAPELLI CAFFARENA, B. / TERRADILLOS BASOCO, J. Las consecuencias jurídicas del delito, 3ª ed. Civitas, Madrid, 1996, 182; GUTIÉRREZ CASTAÑEDA, A. Las penas privativas de derechos políticos y profesionales. Bases para un nuevo modelo regulativo. Tirant Lo Blanch, Valencia, 2012, 126; HERNÁNDEZ GARCÍA, J. Comentario al art. 45 CP, en: CUERDA ARNAU, M. L. (Dir.) Comentarios al Código penal, Tomo I, Tirant Lo Blanch, Valencia, 2023, 466.

alusión expresa, a partir de 2021[36], a "otras actividades, sean o no retribuidas", que aquí queda comprendida cualquier clase de ocupación laboral, constituya o no una profesión, con independencia de que sea o no retribuida o exija, o no, permiso, licencia o habilitación, o sea usual o inusual.[37] Se zanja y corrige así la exigencia, que perduró durante mucho tiempo, de que debía tratarse de actividades reguladas administrativamente.[38]

Según dispone el art. 40.1, las penas de inhabilitación especial (y entre ellas la pena de inhabilitación profesional) tienen, como pena principal, una duración de tres meses a veinte años. Y según el art. 33.2.d. son penas graves las inhabilitaciones especiales por tiempo superior a cinco años; y menos graves (33.3.b.) las inhabilitaciones especiales hasta cinco años. Por otra parte, este art. establece asimismo que la "inhabilitación especial para el ejercicio de profesión, oficio o comercio que tenga relación con los animales y para la tenencia de animales" es pena menos grave (33.3. f.) si está comprendida entre un año y un día a cinco años, y leve (33.4.c.) entre tres meses y un año.En consecuencia, la pena de inhabilitación profesional no relacionada con animales puede ser grave o

---

36 Ley Orgánica 8/2021, de 4 de junio, de protección integral a la infancia y la adolescencia frente a la violencia, D.F: 6ª Tres.

37 En el mismo sentido, Díez Ripollés, J. L. Derecho Penal Español. Parte General. 5ª ed., Tirant Lo Blanch, Valencia, 2020, 712; Boldova Pasamar, M. A. Penas privativas de derechos, en: Gracia Martín, L./ Boldova Pasamar, M. A. / Alastuey Dobón, C. Lecciones de consecuencias jurídicas del delito, Tirant Lo Blanch, Valencia, 2022, 73; Hernández García, J. Comentario al art. 45 CP, en: Cuerda Arnau, M. L. (Dir.) Comentarios al Código penal, Tomo I, Tirant Lo Blanch, Valencia, 2023, 465.

38 Sin embargo, para Mir Puig, S. Derecho Penal. Parte General. 10ª ed. Ed. Repertor, Barcelona 2016, 745 "sólo se incluyen entre las profesiones de cuyo ejercicio puede privar esta pena aquéllas que requieren una inhabilitación o permiso oficial", citando en el mismo sentido a Córdoba Roda, J., en: Córdoba Roda, J. / Rodríguez Mourullo, G. / Del Toro Marzal, A. / Casabó Ruiz, J. R. Comentarios al Código penal. T. II. Ed. Ariel. Barcelona, 1972, 179.

menos grave. Y la relacionada con animales, sólo puede ser menos grave o leve.[39]

La duración antedicha de estas penas puede variar excepcionalmente. En atención a lo que dispone el art. 40.5., la duración de la pena de inhabilitación profesional es de 3 meses a 20 años, "salvo lo que excepcionalmente dispongan otros preceptos de este Código".

Así sucede, por ejemplo, cuando hay que aplicar la pena superior en grado. A tenor de lo que dispone el art. 70, 3, 2°, la pena de inhabilitación profesional puede llegar hasta un máximo de 30 años.

También acontece lo mismo en algunos casos de las penas de inhabilitación profesional relacionada con menores y en las referidas a profesión u oficio educativos, en el ámbito docente, deportivo y de tiempo libre.

En el primer caso, el art. 192.3. dispone que "la autoridad judicial impondrá a las personas responsables de los delitos comprendidos en el presente Título, sin perjuicio de las penas que correspondan con arreglo a los artículos precedentes, una pena de inhabilitación especial para cualquier profesión,oficio o actividades, sean o no retribuidos, que conlleve contacto regular y directo con personas menores de edad, por un tiempo superior entre cinco y veinte años al de la duración de la pena de privación de libertad impuesta en la sentencia si el delito fuera grave,y entre dos y veinte años si fuera menos grave. En ambos casos se atenderá proporcionalmente a la gravedad del delito, el número de los delitos cometidos y a las circunstancias que concurran en la persona condenada.

En el segundo caso, por ejemplo, en los delitos de terrorismo, la pena de inhabilitación especial para profesión u oficio educativos, en el ámbito docente, deportivo y de tiempo libre que prevé

---

39 De la misma opinión, DÍEZ RIPOLLÉS, J. L. Derecho Penal Español. Parte General. 5ª ed., Tirant Lo Blanch, Valencia, 2020, 711.

el art. 579 bis. 1. hay que imponerla por un tiempo superior entre seis y veinte años al de la duración de la pena de privación de libertad impuesta en su caso en la sentencia.[40] Esto supone un notable incremento de la pena. Y desde luego mucho mayor cuando, como sucede por ejemplo en los delitos de genocidio, las penas privativas de libertad son muy graves e incluso de prisión permanente revisable, y el art. 607.3 dispone que en todos los casos se impondrá además la pena de inhabilitación especial paraprofesión u oficio educativos, en el ámbito docente, deportivo y de tiempo libre, por un tiempo superior entre tres y cinco años al de la duración de la pena de privación de libertad impuesta en su caso en la sentencia, atendiendo proporcionalmente a la gravedad del delito y a las circunstancias que concurran en el delincuente.

El CP prevé en muchos tipos penales la pena de inhabilitación como pena principal. Es decir, sin que su imposición dependa de otras penas. La mayoría de las veces se prevé juntamente con la pena de prisión, en forma acumulativa.

Por lo que alcanzo a ver, en ningún caso se prevé como pena principal única[41]. Y los pocos artículos en que se establecía como facultativa, se han modificado (192.3)[42] o suprimido (337.4; 337 bis)[43].

---

40 Otro tanto sucede en el art. 511.4, si bien el tiempo superior es aquí de uno a tres años.

41 A pesar de que el art. 512, con una deficiente redacción, parezca que comprende dos penas de inhabilitación distintas: "... incurrirán en la pena de inhabilitación especial para el ejercicio de profesión, oficio, industria o comercio e inhabilitación especial para profesión u oficio educativos, en el ámbito docente, deportivo y de tiempo libre por un periodo de uno a cuatro años".

42 Modificado por D.F: 6ª 25 Ley Orgánica 8/2021, de 4 de junio, de protección integral a la infancia y la adolescencia frente a la violencia.

43 Suprimido por art. único 5 y 6, respectivamente, de la Ley Orgánica 3/2023, de 28 de marzo, de modificación de la Ley Orgánica 10/1995, de 23 de noviembre, del Código Penal, en materia de maltrato animal.

2. *Contenido y alcance de la pena de inhabilitación profesional*

Las posiciones de la doctrina y de la jurisprudencia acerca del contenido y del alcance de la pena de inhabilitación profesional han variado, como es natural, en atención a las variaciones del tenor literal de los preceptos correspondientes del CP, tanto de los siempre presentes de la parte general, y en particular aquí del art. 45 CP[44], como de los cada vez más habitualmente incluidos en la especial.

La pena de inhabilitación impuesta (de profesión, oficio, industria o comercio u otras actividades de las que se priva al condenado) debe especificarse concretamente en la sentencia. Esta exigencia se derivaría ya de los principios limitadores del ius puniendi (pues privar al condenado de poder ejercer cualquier actividad chocaría con los principios de humanidad de las penas y de resocialización) y de su necesaria diferenciación de la pena de inhabilitación absoluta[45], con indepencia de su plasmación en el precepto. Pero, además, así lo exige expresamente el art. 45 CP: "...que ha de concretarse expresa y motivadamente en la sentencia."

Por otra parte, para aplicar dicha pena de inhabilitación profesional debe existir una relación directa entre el delito cometido y la profesión. En la redacción que se le dió en la Ley Orgánica 8/1983, de 25 de junio al art. 41 CP se establecía, en su párrafo

---

44 Artículo 45. "La inhabilitación especial para profesión, oficio, industria o comercio u otras actividades, sean o no retribuidas, o cualquier otro derecho, que ha de concretarse expresa y motivadamente en la sentencia, priva a la persona penada de la facultad de ejercerlos durante el tiempo de la condena. La autoridad judicial podrá restringir la inhabilitación a determinadas actividades o funciones de la profesión u oficio, retribuido o no, permitiendo, si ello fuera posible, el ejercicio de aquellas funciones no directamente relacionadas con el delito cometido".

45 En el mismo sentido, DÍEZ RIPOLLÉS, J. L. Derecho Penal Español. Parte General. 5ª ed., Tirant Lo Blanch, Valencia, 2020, 712.

1°, que la inhabilitación para profesión u oficio privará al penado de la facultad de ejercerlos por el tiempo de la condena. Y se añadía en su párrafo 2° que "cuando esa pena tenga carácter accesorio, sólo se impondrá si la profesión u oficio hubieren tenido relación directa con el delito cometido, debiendo determinarse expresamente en la sentencia". De ahí se extraía la conclusión de que mientras la pena accesoria de inhabilitación se aplica únicamente cuando existe relación directa entre el delito cometido y la profesión, en el caso de la inhabilitación profesional prevista como pena principal no se requiere tal relación.[46]

En la actualidad no existe discusión al respecto. Dicha exigencia no sólo se desprende -como he indicado anteriormente- de la redacción actual del art. 56.1.3° (que así lo dispone para la pena accesoria) y de la lógica conclusión de que si así lo es para la pena accesoria, con igual o mayor motivo debe serlo para la principal, sino también del propio tenor literal del art, 45 CP, en cuanto éste recoge el requisito, antes mencionado, de concreción expresa y motivada en la sentencia, y la referencia final a lo directamente relacionado con el delito cometido[47].

No basta con que se realice en su contexto, sino que debe entenderse como resultado de la actividad profesional misma o cuando menos como uno de los derivados generalmente de dicho

---

46 *Cfr.* De La Mata Amaya, J. Ejecución de penas restrictivas de libertad y no privativas de derechos. Cuadernos de Derecho Judicial, n°. 15 (1994), 175; Pozuelo Pérez, L. Las penas privativas de derechos en el Código penal. Editorial Constitución y Leyes. Colex. Madrid. 1998, 26.

47 Sobre esta misma exigencia en el Derecho alemán, cfr. Wedekind, V. E. Die Reform des strafrechtlichen Berufsverbots (§§ 70-70b StGB). Inaugural Dissertation zur Erlangung der Doktorwürde der Juristischen Fakultät der Eberhard-Karls-Universität Tübingen. Druckerei Hans-Joachim Köhler Tübingen, 2006, 41.

ejercicio[48]. Cumpliría este requisito, por ejemplo, el daño causado por el médico al paciente por una intervención quirúrgica mal ejecutada, pero no el sustraerle la cartera que el paciente ha dejado mientras tanto en la consulta[49].

Los efectos de la pena inhabilitación profesional consisten en privar a la persona penada de la facultad de ejercer la actividad laboral durante el tiempo de la condena. No se le priva al penado del posible título que, en su caso, le habilite para el ejercicio de la profesión (por ejemplo, del requerido para el ejercicio de la profesión médica) y, por tanto, podrá volver a ejercerla tras cumplir la condena. Se trata, en consecuencia, de una suspensión temporal de la actividad laboral[50]. Debe destacarse que si, por ejemplo, el hecho se ha cometido por imprudencia, por carecer el sujeto (un médico, por ejemplo) de los conocimientos o capacidades exigibles al sujeto medio, la imposición de la pena de inhabilitación profesional, si efectivamente se cumple, tiene un indiscutible y por supuesto necesario efecto preventivo especial durante ese periodo, pero, al mismo tiempo, si su cumplimiento consiste exclusivamente en no ejercer durante ese periodo (y no, además, por ejemplo, en mejorar los conocimientos y/o las capacidades), eso en nada impide, sino que más bien aumenta, la posibilidad de

---

48 *Cfr.* HANACK, E. W. § 70: Anordnung des Berufsverbots; § 70 a: Aussetzung des Berufsverbots. En: StGB: Leipziger Kommentar; Großkommentar, 11., neubearb. Aufl. Lfg. 23 §§ 69 – 72. Ed. Walter de Gruyter. Berlin. New York, 1996, § 70, nm. 18.

49 O en el ejemplo semejante que pone DOMÍNGUEZ IZQUIERDO, E. M. Cuando la pena accesoria de inhabilitación especial requiere relación directa con el delito cometido. Cuadernos de Política Criminal, nº 112, Época II, mayo 2014, 166, n. 91.

50 *Cfr.* RAMOS VÁZQUEZ, J. A. La pena de inhabilitación especial para profesión, oficio, industria o comercio ", en: PUENTE ABA, L. M. / FARALDO CABANA, P. (dirs.), Las penas privativas de derechos y otras alternativas a la privación de libertad, Tirant Lo Blanch, Valencia, 2013, 115-128.

que ese médico incurra en la misma imprudencia nada más volver al ejercicio de su profesión.[51]

a) Alcance de la pena según los preceptos de la parte general del CP

Una de las cuestiones más problemáticas y discutidas de la pena de inhabilitación profesional es la referida a su alcance. Esto es, a si afecta a todas o sólo a algunas de las posibles funciones o actividades integadas en la profesión. Por ejemplo, a la profesión médica en general, a una determinada especialidad, o incluso a una concreta actividad.

1) La regulación legal y la posición de la doctrina y de la jurisprudencia

El art. 45, antes de 2021, en su redacción anterior a la actual[52], nada decía expresamente al respecto. Su texto era el siguiente: "La inhabilitación especial para profesión, oficio, industria o comercio u otras actividades, sean o no retribuidas, o cualquier otro derecho, que ha de concretarse expresa y motivadamente en la sentencia, priva a la persona penada de la facultad de ejercerlos durante el tiempo de la condena".

Sobre esta base, la posición de la doctrina era generalmente la de extender al máximo el alcance de la pena de inhabilitación profesional. Así, para RODRÍGUEZ RAMOS[53], la inhabilitación

---

51 *Cfr.* De Vicente Remesal, J., La inhabilitación profesional médica: ¿para el ejercicio de la medicina en general, o sólo para la especialidad?, Revista Foro FICP (Tribuna y Boletín de la FICP) 2015-3 (noviembre 2015), 43-44.

52 Redacción introducida por la Ley Orgánica 8/2021, de 4 de junio, de protección integral a la infancia y la adolescencia frente a la violencia. Disposición final sexta. Modificación de la Ley Orgánica 10/1995, de 23 de noviembre, del Código Penal. Tres. Se modifica el artículo 45. «BOE» núm. 134, de 05 de junio de 2021. Referencia: BOE-A-2021-9347).

53 Rodríguez Ramos, L. Código Penal concordado y comentado con jurisprudencia y leyes penales especiales y complementarias, (5.ª edi-

especial para profesión debe entenderse de forma genérica, con independencia de la especialidad que se ejerza; aunque sea en el ramo de esa actividad profesional en la que se cometa el delito, no significa que deba individualizarse a dicha especialidad.

En sentido semejante, para DÍEZ RIPOLLÉS[54], la privación abarca a todas las facetas de una determinada actividad laboral, sin que pueda restringirse a una especialidad de ella. Menos drástico es CARDENAL MONTRAVETA[55], para quien debe evitarse una reducción excesiva del objeto de la inhabilitación, que permita realizar actividades que entrañan un riesgo igual, o incluso mayor, que el de aquellas sobre las que recae la inhabilitación. Y otro tanto sucedía con la jurisprudencia, si bien en algunos casos admitía la restricción[56]. Por ejemplo, entre otras, la STS 25-5-1992[57], que restringía la pena de inhabilitación profesional a la actividad de regentar establecimientos de hostelería con dependencia femenina o donde se ejercieran actividades de alterne; la STS 9-10-1981[58], que la restringía al ejercicio de la profesión de director de publicaciones periódicas de carácter pornográfico o erótico; o la STS 14-9-1990[59], que limitaba la inhabilitación especial a la profesión de maestro o encargado en cualquier manera de la educación o dirección de la juventud.

---

ción), ed. La Ley, 2015, 400.

54 Díez Ripollés, J. L. Derecho Penal Español. Parte General. 5ª ed., Tirant Lo Blanch, Valencia, 2020, 713.

55 Cardenal Montraveta, S. en: Corcoy Bidasolo, M / Mir Puig, S. (Dirs.), Comentarios al Código penal. Reforma LO 1/2015 y LO 2/2015. Ed. Tirant Lo Blanch. Valencia, 2015. Comentario art. 45, 221.

56 Cfr. De Vicente Remesal, J. La pena de inhabilitación profesional: consideraciones desde el punto de vista de los fines de la pena. Cuadernos de Política Criminal, nº 113, II, Época II, septiembre 2014, 54.

57 STS 25-5-1992 (Sala de lo Penal) Sentencia núm. 1178/1992 de 25 mayo, RJ\1992\4338

58 STS 9-10-1981 (Sala de lo Criminal), RJ\1981\3626.

59 STS 14-9-1990 (Sala de lo Penal), RJ\1990\6938.

2) Posición propia

No obstante, ya sobre la base de esa redacción anterior, modificada en 2021, puse de manifiesto en diversos trabajos (inicialmente en 2014[60] y 2015[61], y después en otras publicaciones anteriores a 2021[62]), que el silencio del art. 45 sobre este particular no podía impedir la interpretación, más correcta (y plasmada ahora en el texto legal), de restringir el alcance de la inhabilitación profesional a las actividades o funciones directamente relacionadas con el hecho, siempre y cuando dicha restricción no permita realizar actividades de igual o mayor riesgo.[63] Advertía que (incluso sobre

---

60 De Vicente Remesal, J. La pena de inhabilitación profesional: consideraciones desde el punto de vista de los fines de la pena. Cuadernos de Política Criminal, nº 113, II, Época II, septiembre 2014, pp. 45-104.

61 De Vicente Remesal, J. La inhabilitación profesional médica: ¿para el ejercicio de la medicina en general, o sólo para la especialidad?, Revista Foro FICP (Tribuna y Boletín de la FICP) 2015-3 (noviembre 2015) (ISSN: 2340-2210), pp. 39-64.

62 Entre otros, en De Vicente Remesal, J. Fines de la pena e inhabilitación profesional: su relevancia para la inhabilitación profesional médica, Dereito da Saúde. LH-G. de Oliveira, Vol. 3 -2016, páginas 95-133; Revisión crítica de los presupuestos, carácter y alcance de la pena de inhabilitación profesional en el CP español: referencia especial a la inhabilitación profesional médica, Revista de Derecho -Perú- año 11, núm. 10–2016, pp. 49-78; Prohibición del ejercicio de una especialidad o actividad médica versus prohibición del ejercicio de la medicina en general: consideraciones dogmáticas y de política criminal, en: Silva Sánchez, J. M. / Queralt Jiménez, J. J. / Corcoy Bidasolo, M. / Castiñeira Palou, M. T. (Coords.), Estudios de derecho penal, homenaje al profesor Santiago Mir Puig, Ed. B de F, 2017, 949-961.

63 En relación con las penas específicamente orientadas a la protección de personas menores de edad, acertadamente advierte García Mosquera, M. Nuevas perspectivas de la pena de inhabilitación profesional orientada a la protección de menores. Cuadernos de Política Criminal, nº 129, Época II, diciembre 2019, 151, que la restricción de la inhabilitación profesional a las actividades propias de la ocupación laboral puede resultar insuficiente si se toma en cuenta el riesgo de posible comisión de delitos por parte del autor en otros desempeños no retribuidos, como pueden ser las actividades de voluntariado.

la base del silencio al respecto en la regulación anterior) el juez no está obligado a restringir la prohibición al servicio, especialidad o campo concreto de la profesión en el que el sujeto cometió el delito. Y puede, por tanto, optar por la prohibición en general de la profesión u oficio. Pero tampoco está obligado a esto. Tanto una decisión como otra –ambas posibles– debe fundamentarse y motivarse desde el punto de vista de los fines de la pena. Lo cual implica en cualquier caso que el juez está obligado a concretar de la forma más precisa posible el alcance de la prohibición[64].

Este problema se plantea frecuentemente en ámbito médico. Así, en la STS 15-11-2001[65], habiéndose cometido el delito en la especialidad obstétrica, se discute si procede imponer la inhabilitación para la profesión médica en general o sólo para el ejercicio de la especialidad de obstetricia. El TS (siguiendo la línea jurisprudencial, muy mayoritaria, en el mismo sentido) defiende en este caso la primera alternativa por la finalidad de protección social que corresponde a la pena, que no se cumpliría si el sujeto puede seguir ejerciendo la medicina en otras especialidades[66].

---

64 Un análisis detallado de la inhabilitación profesional desde los fines de la pena, en DE VICENTE REMESAL, J. La pena de inhabilitación profesional: consideraciones desde el punto de vista de los fines de la pena. Cuadernos de Política Criminal, nº 113, II, Época II, septiembre 2014, 45-104.

65 TS (Sala de lo Penal) Sentencia num. 2139/2001 de 15 noviembre, RJ\2001\9704.

66 La citada STS argumenta que no debe restringirse la pena de inhabilitación profesional a la especialidad obstétrica, sino aplicarse a la medicina en general, por las siguientes razones: "**a)** la inhabilitación especial para el ejercicio de su profesión, priva al penado de la facultad de ejercerla durante el tiempo de la condena (art. 45 del Código Penal); **b)** dicha profesión está conectada con el oficio (en sentido amplio de actividad retribuida) en cuyo ámbito se comete el delito, para cuyo ejercicio, cuando se trata de una profesión, en el caso médica, se requiere la oportuna titulación facultativa, la cual a su vez es habilitante para la

Con independencia de que esto pueda ser lo correcto, también lo sería restringir la inhabilitación a la especialidad[67] si ello es lo indicado por los fines de la pena[68].

---

obtención de las posteriores especialidades dentro del ejercicio de su profesión; **c)** la finalidad de la pena es el apartamiento temporal del penado en el ejercicio de tales actividades en que se cometió el delito, que actúa en un doble sentido, como sanción individual y como mecanismo de protección social; **d)** la profesión en el caso de la acusada era la de profesional de la medicina, cometiendo el delito en el ámbito de una de las facetas del mismo, sin que tenga que estar necesariamente conectado con la específica y concreta actividad –médica– en la que se comete el delito, aunque sea especializada, pues tal delimitación podría conducir a resultados absurdos, permitiendo entonces al penado ejercer su profesión en otros ámbitos diferentes, pero no por ello dejar, mediante su apartamiento, de ejercer su profesión, que es la razón de la pena, y que se concreta en el art. 45 del Código penal con relación a una determinada profesión (en este caso, el ejercicio de la medicina, como profesión, no como especialidad); **e)** por último, el delito doloso previsto en el art. 157 del Código Penal, individualiza la inhabilitación especial con el ejercicio de «cualquier profesión sanitaria», sin perjuicio de acotar en otros términos referida inhabilitación para la prestación de servicios en clínicas ginecológicas, con relación a otros partícipes no sanitarios, siendo evidente que el delito culposo descrito en el art. 158 debe tener idéntico tratamiento en este particular aspecto penológico relacionado con la inhabilitación especial que también concreta para la imprudencia profesional en inhabilitación especial para el ejercicio de la profesión."

67 Como por ejemplo hizo, entre otras, la Audiencia Provincial de Sevilla (Sección 1ª), en Sentencia núm. 205/2002 de 13 mayo. JUR 2002\207669, que condenó al ginecólogo que por dejación de funciones causó lesiones al feto, a la pena de arresto de siete fines de semana y seis meses de inhabilitación especial, no para el desempeño de la profesión médica en general, sino sólo para el ejercicio de médico especialista en ginecología y obstetricia.

68 Lo que disponen algunos artículos de la Parte Especial del CP sobre el contenido y el alcance de la pena apoyan esta interpretación. Por ejemplo, el art. 144, referido al aborto doloso, restringe la inhabilitación de la siguiente forma: "inhabilitación especial para ejercer cualquier profesión sanitaria, o prestar servicios de toda índole en clínicas, establecimientos o consultorios ginecológicos, públicos o

Y el mismo planteamiento cabe hacer en otros casos en los que quepa la posibilidad de un ejercicio limitado de la profesión, restringiéndose a ella la prohibición. Por ejemplo, al profesor de música que abusó sexualmente de algunos de los alumnos de su grupo de menores, se le podría permitir seguir dando clases de música sólo a grupos de adultos. O que al médico que hizo lo mismo con una paciente se le restrinja la atención médica a pacientes varones[69].

Trayendo a colación uno de los ejemplos que he utilizado al respecto, al ginecólogo, de reconocidísimo prestigio por sus certeros diagnósticos y gran habilidad en las intervenciones quirúrgicas, que causa graves lesiones a una paciente por el impreciso

privados". A pesar de que el texto no es muy claro, cabe interpretar que la inhabilitación se centra únicamente en el ejercicio de la profesión relacionada con la ginecología, pues es sólo en ella donde radica el juicio de peligrosidad del sujeto. Esta misma interpretación habría que hacer del art. 146 (aborto por imprudencia profesional), a pesar de que aquí solamente se dice "inhabilitación especial para el ejercicio de la profesión, oficio o cargo". No olvidemos que siempre sigue vigente la necesidadde que haya habido una relación directa entre la imprudencia profesional y el hecho, con lo que es fácil colegir que dicha imprudencia profesional lo fue en el campo de la ginecología. Otra consecuencia importante que debe extraerse de esto es la siguiente: si el aborto imprudente fue consecuencia de una imprudencia profesional general, no vinculada al ejerciciode la ginecología, las razones de prevención general y especial permitirían ampliar el ámbito de la inhabilitación más allá de la propia especialidad, afectando al ejercicio global dela medicina. No obstante, aun así, los fines de la pena podrían justificar, por ejemplo, que dicha prohibición afectara únicamente al ejercicio autónomo de la medicina, pero no a sercolaborador de otro médico con el cual puede trabajar bajo supervisión o control.

69 *Cfr.* WEDEKIND, V. E. Die Reform des strafrechtlichen Berufsverbots (§§ 70-70b StGB). Inaugural Dissertation zur Erlangung der Doktorwürde der Juristischen Fakultät der Eberhard-Karls-Universität Tübingen. Druckerei Hans-Joachim Köhler Tübingen, 2006, 56, quien recoge asimismo las referencias jurisprudenciales correspondientes a los ejemplos expuestos.

uso del bisturí debido al Parkinson del que estaba afectado y pretendía ocultar, la pena de inhabilitación profesional que correspondería imponer no debe extenderse de forma indiscutible al ejercicio de la profesión médica. Salvo que concurrieran otras circunstancias que indicaran la necesidad de extender la inhabilitación profesional al ejercicio de la medicina en general, dicha pena, sobre la base de que la causa de la imprudencia radica en una merma, infravalorada por el médico, de las condiciones físicas para la práctica de la cirugía, debería restringirse al ejercicio de dicha actividad, sin que el médico resultara privado, por ejemplo, de la posibilidad de seguir atendiendo en consulta a los pacientes o de actuar como tutor cualificado en las primeras intervenciones quirúrgicas realizadas por otros ginecólogos noveles.[70]

Esta interpretación restrictiva es la que ha sido seguida en la redacción actual del art. 45 CP, introducida por Ley Orgánica 8/2021, de 4 de junio[71], que, a su anterior redacción añade lo siguiente: "La autoridad judicial podrá restringir la inhabilitación a determinadas actividades o funciones de la profesión u oficio, retribuido o no, permitiendo, si ello fuera posible, el ejercicio de aquellas funciones no directamente relacionadas con el delito cometido." Como era de esperar, esto ha supuesto

---

70 De Vicente Remesal, J., La inhabilitación profesional médica: ¿para el ejercicio de la medicina en general, o sólo para la especialidad?, Revista Foro FICP (Tribuna y Boletín de la FICP) 2015-3 (noviembre 2015) (ISSN: 2340-2210), 39-64.

71 La Ley Orgánica 8/2021, de 4 de junio, de protección integral a la infancia y la adolescencia frente a la violencia, ha intriducido, en su Disposición final sexta, de Modificación de la Ley Orgánica 10/1995, de 23 de noviembre, del Código Penal, importantes modificaciones relativas la inhabilitación profesional. Entre otras modificaciones, por lo que aquí más nos interesa, de ahí proviene la redacción actual de los siguientes artículos del CP: 39 b), 45, 107,156 quinques, 177 bis 1, 192.3, 511.4, y 512

un cambio para la doctrina y la jurisprudencia que se ha pronunciado al respecto[72].

b) Alcance de la pena según se especifica en los correspondientes tipos penales

Aparte de la previsión de esta pena de inhabilitación con la expresión genérica, que hemos visto, de inhabilitación especial para el ejercicio de la profesión, oficio o cargo, el contenido y el alcance de la pena de inhabilitación especial (acompañada generalmente de penas privativas de libertad) aparece también especificado expresamente, de forma más o menos detallada, en muchos de los tipos de la parte especial que prevén la pena de inhabilitación profesional. Veamos algunos ejemplos.

En relación con el aborto (144, 145. 145 bis): inhabilitación especial para ejercer cualquier profesión sanitaria, o para prestar servicios de toda índole en clínicas, establecimientos o consultorios ginecológicos, públicos o privados[73].

---

72 Así, por ejemplo, para HERNÁNDEZ GARCÍA, J. Comentario al art. 45 CP, en: CUERDA ARNAU, M. L. (Dir.) Comentarios al Código penal, Tomo I, Tirant Lo Blanch, Valencia, 2023, 466. Otros poco dicen al respecto a pesar de este importante cambio, así, ORTS BERENGUER, E. / GONZÁLEZ CUSSAC, J. L. Compendio de Derecho Penal Parte General. 10ª. ed. Tirant Lo Blanch, Valencia, 2023, 491 se limitan a observar que ahora se faculta a jueces y tribunales a una aplicación restringida de la inhabilitación a ciertas actividades.

73 Inhabilitación especial para ejercer cualquier profesión sanitaria, o para prestar servicios de toda índole en clínicas, establecimientos o consultorios ginecológicos, públicos o privados, con una duración de 3 a 10 años en el caso del aborto sin consentimiento (144), y de 1 a 6 años en el aborto consentido, fuera de los casos permitidos por la ley (145). Por otra parte, la prevista para el aborto en casos permitidos por la ley, pero con incumplimiento de ciertas formalidades (145 bis) es únicamente la de inhabilitación especial para prestar servicios de toda índole en clínicas, establecimientos o consultorios ginecológicos, públicos o privados, por tiempo de seis meses a dos

En relación con tráfico de órganos humanos (156 bis): inhabilitación especial para empleo o cargo público, profesión u oficio, para ejercer cualquier profesión sanitaria o para prestar servicios de toda índole en clínicas, establecimientos o consultorios, públicos o privados, por el tiempo de la condena.

En relación con las lesiones al feto (157): inhabilitación especial para ejercer cualquier profesión sanitaria, o para prestar servicios de toda índole en clínicas, establecimientos o consultorios ginecológicos, públicos o privados.

En relación con la "trata de niños", utilizando guarderías o colegios (221.3)[74]: inhabilitación especial para el ejercicio de actividades de recogida de niños.

En los delitos relativos a la propiedad intelectual (271, 276): inhabilitación especial para el ejercicio de la profesión relacionada con el delito cometido.

En los delitos relativos al mercado y a los consumidores (284): inhabilitación especial para intervenir en el mercado financiero como actor, agente o mediador o informador.

En relación con lo delitos de deslealtad profesional (467): inhabilitación especial para su profesión (de abogado o procurador).

En relación con los delitos los delitos cometidos con ocasión del ejercicio de los derechos fundamentales y de las libertades públicas garantizados por la Constitución (510.5; 511.4; 512) y en

---

años. Y en los casos de aborto ocasionado por imprudencia profesional (146) se prevé la pena de inhabilitación especial para el ejercicio de la profesión, oficio o cargo por un período de uno a tres años

74 Art. 221.3.: "Si los hechos se cometieren utilizando guarderías, colegios u otros locales o establecimientos donde se recojan niños, se impondrá a los culpables la pena de inhabilitación especial para el ejercicio de las referidas actividades por tiempo de dos a seis años y se podrá acordar la clausura temporal o definitiva de los establecimientos. En la clausura temporal, el plazo no podrá exceder de cinco años."

los delitos de terrorismo (579 bis.1): inhabilitación especial para profesión u oficio educativos, en el ámbito docente, deportivo y de tiempo libre.

En delitos relativos a la tenencia, tráfico y depósito de armas, municiones o explosivos (570): inhabilitación especial para el ejercicio de su industria o comercio.

En delitos relativos a organizaciones y grupos criminales (570 quáter): inhabilitación especial para todas aquellas actividades económicas o negocios jurídicos relacionados con la actividad de la organización o grupo criminal o con su actuación en el seno de los mismos.

En relación con delitos de genocidio (607.2) y de lesa humanidad (607 bis 3.): inhabilitación especial para profesión u oficio educativos, en el ámbito docente, deportivo y de tiempo libre.

En relación con delitos que afecten a menores: delitos de lesiones (156 quinquies)[75], trata de seres humanos (177 bis 1.)[76]; deli-

---

[75] Art. 156 quinquies. "A las personas condenadas por la comisión de alguno de los delitos previstos en los artículos 147.1, 148, 149, 150 y 153 en los que la víctima sea una persona menor de edad se les podrá imponer, además de las penas que procedan, la pena de inhabilitación especial para cualquier profesión, oficio u otras actividades, sean o no retribuidos, que conlleve contacto regular y directo con personas menores de edad, por un tiempo superior entre tres y cinco años al de la duración de la pena de privación de libertad impuesta en la sentencia o por un tiempo de dos a cinco años cuando no se hubiere impuesto una pena de prisión, en ambos casos se atenderá proporcionalmente a la gravedad del delito, el número de los delitos cometidos y a las circunstancias que concurran en la persona condenada.»

[76] Art. 177 bis 1. «1. ... Cuando la víctima de trata de seres humanos fuera una persona menor de edad se impondrá, en todo caso, la pena de inhabilitación especial para cualquier profesión, oficio o actividades, sean o no retribuidos, que conlleve contacto regular y directo con personas menores de edad, por un tiempo superior entre seis y veinte años al de la duración de la pena de privación de libertad impuesta».

tos contra la libertad sexual (192.3)[77]: inhabilitación especial para cualquier profesión, oficio o actividades, sean o no retribuidos, que conlleve contacto regular y directo con personas menores de edad.

En delitos que tengan relación con animales[78]; lesiones (340 bis), abandono (340 ter): inhabilitación especial para el ejercicio de profesión, oficio o comercio que tenga relación con los animales y para la tenencia de animales.

---

77 Art. 192.3. «3. ... La autoridad judicial impondrá a las personas responsables de los delitos comprendidos en el presente título, sin perjuicio de las penas que correspondan con arreglo a los artículos precedentes, una pena de inhabilitación especial para cualquier profesión, oficio o actividades, sean o no retribuidos, que conlleve contacto regular y directo con personas menores de edad, por un tiempo superior entre cinco y veinte años al de la duración de la pena de privación de libertad impuesta en la sentencia si el delito fuera grave, y entre dos y veinte años si fuera menos grave, en ambos casos se atenderá proporcionalmente a la gravedad del delito, el número de los delitos cometidos y a las circunstancias que concurran en la persona condenada».

78 La Ley Orgánica 10 1995, de 23 de noviembre, del Código Penal, en materia de maltrato animal, introduce el título XVI bis, «De los delitos contra los animales», en cuyos artículos 340 bis, 340 ter y 340 quinquies recoge diversos supuestos de inhabilitación especial para el ejercicio de la profesión, oficio o comercio que tenga relación con los animales y para la tenencia de animales.

Las penas privativas de derechos digitales ¿a través de la regulación de las penas accesorias?

MARÍA A. TRAPERO BARREALES
Catedrática de Derecho Penal
Universidad de León

I. INTRODUCCIÓN*

El CP 1995 ha seguido la tradición histórica al conservar la clasificación de las penas en principales y accesorias[1], a pesar de las

---

* Este trabajo se enmarca en el Proyecto de investigación PID2019-108567RB-C21 financiado por MCIN/AEI/10.13039/501100011033, y en uno presentado al Ministerio de Innovación, Ciencia y Universidades, en fase de evaluación para la eventual financiación en el momento en que se presenta este trabajo; así como en las tareas de investigación de la UIC 166 de Castilla y León; en todos los casos el investigador principal y director es el Prof. Dr. Dr. h. c. mult. Miguel Díaz y García Conlledo y en el PID2019 y en el proyecto solicitado en fase de evaluación es segunda IP la Prof.ª Dra. María A. Trapero Barreales.

1 En el CP 1822 no había un capítulo, sección o precepto dedicado a penas accesorias. Ahora bien, MAPELLI CAFFARENA, Las consecuencias jurídicas del delito, 5ª, Cizur Menor (Navarra), Civitas Thomson Reuters, 2011, 333, cita el art. 53 que disponía que los condenados a trabajos perpetuos, deportación o destierro perpetuo del Reino, se considerarán muertos para todos los efectos civiles. En el CP 1844 ya se encuentra esta clasificación (arts. 24 y 25 y 27 -para la duración de las penas accesorias-): eran penas accesorias, art. 24, la argolla, la degradación, la interdicción civil, la pérdida o comiso de los instrumentos y efectos del delito, el resarcimiento de los gastos ocasionados en el juicio y el pago de las costas procesales. El art. 25 recogía las penas accesorias que

críticas que ha recibido desde la doctrina su mantenimiento, en particular cuando su imposición resulta automática u obligatoria, pues, por un lado, ello puede que no resulte ajustado a los fines de la pena, y, por otro lado, y en conexión con esto, porque se dificulta su armonización con los principios que han de legitimar y limitar la potestad punitiva del Estado en un Estado social y democrático de Derecho[2].

---

perviven en la actualidad (y con esta naturaleza): las penas de inhabilitación y suspensión para cargos públicos, derechos políticos, profesión u oficio, son accesorias en los casos en que, no imponiéndolas especialmente la ley, declara que otras penas las llevan consigo. Y en los arts. 50-59 CP 1844 se regulaba detalladamente el régimen de las penas accesorias (penas que llevan consigo otras accesorias). Esta clasificación de las penas en principales y accesorias, y penas que llevan consigo otras penas, se mantiene en los CP 1850, 1870, 1932 y 1944. También el CP 1928 contenía una regulación sobre las penas accesorias, si bien era sustancialmente diferente. El CP 1944/1973 vigente hasta la entrada en vigor del CP 1995 presentaba la siguiente regulación sobre las penas accesorias: en el art. 27, sobre la escala general de las penas, clasificaba a estas en penas graves, leves, comunes a las dos clases anteriores y pena accesoria, citando la pérdida o comiso de los instrumentos y efectos del delito. En el art. 29 disponía que las penas de inhabilitación y suspensión para cargos públicos, derecho de sufragio, profesión u oficio, eran accesorias en los casos en que, no imponiéndolas especialmente la ley, declare que otras penas las llevan consigo. En el art. 31 se regulaba la duración temporal de las penas accesorias, la que respectivamente tenga la principal. Y en los arts. 45 a 48 las concretas penas accesorias que acompañaban a las diferentes penas privativas de libertad, arts. 45 a 47, y a las de extrañamiento y confinamiento, art. 46, cerrando la sección el art. 48 para regular como pena accesoria de toda pena impuesta por un delito o falta el comiso (hoy decomiso) de los efectos y de los instrumentos.

2 V., entre otros, ya en la doctrina relativamente tradicional, Quintano Ripollés, Comentarios al Código Penal tomo I, Madrid, Editorial Revista de Derecho Privado, 1946, 342 ss., 350 ss.; y en la doctrina moderna, GRUPO DE ESTUDIOS DE POLÍTICA CRIMINAL, Una propuesta alternativa al sistema de penas y su ejecución, y a las medidas cautelares personales, 2005, 39; Valeije Álvarez, Penas accesorias, prohibiciones del art. 48.2 del CP y delito de quebrantamiento de condena. Conside-

raciones críticas sobre el art. 57.2 del CP, Estudios Penales y Criminológicos (EPC) XXVI, 2006, 325 s., 327 s., 331 s.; La regulación de las penas accesorias en el Código Penal de 1995, Anuario de Derecho Penal y Ciencias Penales (ADPCP), 2007, 243 ss., 264 s., 267 ss.; La reforma del régimen de la accesoriedad penal. Especial referencia al Proyecto de Ley Orgánica de Reforma del Código Penal de 2007, en: ÁLVAREZ GARCÍA (Dir.) / ÁLVAREZ GARCÍA / MANJÓN-CABEZA OLMEDA / VENTURA PÜSCHEL (Coords.), La adecuación del Derecho penal español al ordenamiento de la Unión Europea. La política criminal europea, Valencia, Tirant lo Blanch, 2009, 187 ss., 193 ss., 213 s.; ROCA AGAPITO, El sistema de sanciones en el Derecho penal español, Barcelona, JMB Bosch, 2007, 98 s.; MAPELLI CAFFARENA, Consecuencias jurídicas, 5ª, 2011, 335 s., 337 ss.; GUTIÉRREZ CASTAÑEDA, Las penas privativas de derechos políticos y profesionales. Bases para un nuevo modelo regulativo, Valencia, Tirant lo Blanch, 2012, 393 ss.; FARALDO CABANA / PUENTE ABA, Concepto y funciones, en: FARALDO CABANA / PUENTE ABA (Dirs.), Las penas privativas de derechos y otras alternativas a la privación de libertad, Valencia, Tirant lo Blanch, 2013, 27, 29 ss.; DOMÍNGUEZ IZQUIERDO, Cuando la pena accesoria de inhabilitación especial requiere relación directa con el delito cometido: el contenido del art. 56.1.3 del Código Penal, Cuadernos de Política Criminal (CPC), 112, 2014, 139, 140; MUÑOZ CONDE / GARCÍA ARÁN, Derecho penal. Parte general, 11ª, Valencia, Tirant lo Blanch, 2022, 469 s., 485; BOLDOVA PASAMAR, Penas privativas de derechos, en: BOLDOVA PASAMAR / ALASTUEY DOBÓN (Coords.), Tratado de las consecuencias jurídicas del delito, 2ª, Valencia, Tirant lo Blanch, 2023, 201 s. De manera más matizada, CASABÓ RUIZ, Penas que llevan consigo otras accesorias, en: CÓRDOBA RODA / RODRÍGUEZ MOURULLO / DEL TORO MARZAL / CASABÓ RUIZ, Comentarios al Código Penal. Tomo II (artículos 23 a 119), Barcelona, Ariel, 1972, 191, quien sí defiende el mantenimiento como pena accesoria de la pena de inhabilitación para empleo o cargo público. Sobre fines de la pena desde la perspectiva de las penas accesorias, y si estas penas se ajustan o no a los principios legitimadores y limitadores del *ius puniendi*, v., más ampliamente, DE VICENTE REMESAL, La pena de inhabilitación profesional: consideraciones desde el punto de vista de los fines de la pena, CPC, 113, 2014, 59 s., 62 ss., 77 ss., y su compatibilidad con los principios, 69 ss., 71 ss.; La relación del ámbito profesional con la prohibición del ejercicio de la profesión como pena principal, accesoria, o medida de seguridad, en: ABEL SOUTO / BRAGE CENDÁN / GUINARTE CABADA / MARTÍNEZ-BUJÁN PÉREZ / VÁZQUEZ-PORTOMEÑE

Las sucesivas reformas penales, iniciadas en 1999, lejos de atender a las demandas de revisión y reforma de las penas accesorias, han aumentado su presencia[3], combinando el régimen tradicional, basado en el principio de la automaticidad de la pena accesoria dependiente de otra pena, en el vigente CP ya solo de la pena de prisión[4], con otros planteamientos más acordes con las reclamaciones doctrinales, desde el momento en que algunas penas accesorias ya no se apoyan en el citado principio, sino que requieren para su imposición la relación o vinculación directa con el delito cometido, que ha de ser expresamente motivado en la sentencia, y que permite además al juez que limite el efecto de la pena accesoria que va a acordar a determinadas actividades o aspectos de la misma, a tenor de lo dispuesto en los arts. 42, 46 y, sobre todo, en el art. 45 CP, reguladores de los efectos y contenido de algunas de las penas de inhabilitación que pueden acordarse como penas accesorias.

Seijas (Coords.), Estudios penales en homenaje al profesor José Manuel Lorenzo Salgado, Valencia, Tirant lo Blanch, 2021, 1472 ss., 1478 ss., 1475 ss.

3 V. Mapelli Caffarena, Consecuencias jurídicas, 5ª, 2011, 334.

4 Los arts. 55 y 56 se refieren literalmente a la pena de prisión. Desde la reforma de 2015 hay otra pena privativa de libertad, la prisión permanente revisable, surgiendo la duda de si procede o no imponer penas accesorias (concretamente las del art. 55 CP) a los condenados a esta pena privativa de libertad. La duda no se plantea en el caso de los condenados por delitos de genocidio y lesa humanidad, ya que en el art. 616 CP se ha previsto la imposición de la pena de inhabilitación absoluta de 10 a 20 años si el delito lo comete una autoridad o funcionario público; si es un particular, el juez podrá imponer la pena de inhabilitación especial para empleo o cargo público por tiempo de 1 a 10 años. Tampoco surge la duda en caso de condena por delitos de terrorismo, ya que en el art. 579 bis 1 CP se prevé expresamente la imposición de la pena de inhabilitación absoluta. En terrorismo la duda es otra, a saber, si procede imponer o no la pena de prisión permanente revisable, pues literalmente el art. 573 bis.1.1ª CP dispone que se impondrá la pena de prisión por el tiempo máximo previsto en este Código.

Al mismo tiempo en el CP 1995 se ha introducido otro régimen de accesoriedad diferente, basado en la comisión de determinados delitos (art. 57 CP), que también se ha ido ampliando en las sucesivas reformas legislativas[5].

---

5 En el CP 1944/1973 también se había previsto un precepto similar al actual art. 57 CP, pero su ubicación sistemática no era entre los preceptos dedicados a las penas accesorias, sino en el Capítulo dedicado a la aplicación de las penas, entre las reglas para la aplicación de las penas según el grado de ejecución y las personas responsables de las infracciones. En concreto, el art. 67 CP 1944/1973 disponía lo siguiente: "Los Tribunales, en los delitos contra las personas y su honor, honestidad, libertad y seguridad, y propiedad, atendiendo a la gravedad de los hechos y al peligro que el delincuente represente, podrán acordar, en sus sentencias, la prohibición de que el reo vuelva al lugar en que hubiere cometido el delito, o en que resida la víctima o su familia, si fueren distintos, dentro del período de tiempo que el mismo Tribunal señale, según las circunstancias del caso". Se han utilizado distintas denominaciones para referirse al doble régimen de penas accesorias derivado de los arts. 54 a 57 CP: régimen propio e impropio, accesoriedad propia, accesoriedad regular/irregular, accesoriedad típica/atípica, penas accesorias por declaración legal/por declaración judicial. Sobre estas denominaciones y, sobre todo, sobre las diferencias básicas entre uno y otro grupo de penas accesorias, v., entre otros, VALEIJE ÁLVAREZ, EPC, XXVI, 2006, 332 s.; ADPCP, 2007, 245, 261; en: ÁLVAREZ GARCÍA (Dir.) / ÁLVAREZ GARCÍA / MANJÓN-CABEZA OLMEDA / VENTURA PÜSCHEL (Coords.), Adecuación del DP al ordenamiento UE, 2009, 188 ss.; ROCA AGAPITO, Sistema de sanciones, 2007, 98, 101; FARALDO CABANA, Las prohibiciones de residencia, aproximación y comunicación en el Derecho penal, Valencia, Tirant lo Blanch, 2008, 53 s., 55 ss.; FARALDO CABANA / PUENTE ABA, en: FARALDO CABANA / PUENTE ABA (Dirs.), Penas privativas de derechos, 2013, 23 s.; BAUCELLS LLADÓS, Artículos 54 a 57 CP, en: CÓRDOBA RODA / GARCÍA ARÁN (Dirs.), Comentarios al Código Penal. Parte general, Madrid, Marcial Pons, 2011, 554, 562; MAPELLI CAFFARENA, Consecuencias jurídicas, 5ª, 2011, 345 s. GARCÍA ALBERO, Artículos 54 a 57, en: QUINTERO OLIVARES (Dir.) / MORALES PRATS (Coord.), Comentarios al Código Penal español. Tomo I (artículos 1 a 233), 7ª, Cizur Menor (Navarra), Thomson Reuters Aranzadi, 2016, 492, 494, 502.

Si se atiende a lo dispuesto en el Libro I CP, cabe diferenciar un doble régimen de penas accesorias: el régimen general, arts. 55 y 56 (y al que se refiere en realidad el art. 54) y el régimen especial, art. 57 CP[6]:

El primero es el referido a la accesoriedad de la pena respecto de otra, concretamente de la de prisión; y de duración temporal coincidente con la de la pena principal[7]. El segundo es el referido

---

6 Para más detalles sobre la regulación de las penas accesorias de los arts. 54-57 CP, v. TRAPERO BARREALES, Las penas accesorias: algunas consideraciones generales, en: GÓMEZ-JARA DÍEZ (coord.), Persuadir y razonar. Estudios jurídicos en homenaje a José Manuel Maza Martín, tomo II, Cizur Menor (Navarra), Thomson Reuters Aranzadi, 2018, 689-735.

7 Se establece expresamente la duración temporal idéntica entre pena accesoria y pena principal en el art. 55 CP, respecto de la pena de inhabilitación absoluta, y en el art. 56.1.2ª CP, para la pena de inhabilitación especial para el derecho de sufragio pasivo. Para el resto de penas accesorias habrá que estar a lo dispuesto como principio general en el art. 33.6 CP respecto de la duración de las penas accesorias, ya que en ningún momento en los arts. 55 y 56 CP se prevé expresamente la posibilidad de que las penas accesorias en ellos descritas tengan una duración diferente a la de la pena principal. Ahora bien, esta segunda característica presenta excepciones: primera, porque en el mencionado art. 33.6 CP ya se advierte que la pena accesoria tendrá la misma duración que la pena principal, salvo que se disponga otra cosa en el CP. Esta excepción se materializa también en el propio art. 56.2 CP, cuando se establece que lo previsto en este artículo se entiende sin perjuicio de la aplicación de lo dispuesto en otros preceptos del CP respecto de la imposición de las penas mencionadas en él, lo que puede ser interpretado también referido a la posibilidad de que la duración de la pena que resulte aplicable por lo dispuesto en otros preceptos del CP no coincida con la duración de la pena de prisión (así sucede en los delitos de terrorismo). Segunda, porque como pena accesoria se ha previsto en los arts. 55 y 56.1.3ª CP la de privación de la patria potestad, pena que tiene un efecto definitivo, tal como se deduce de lo dispuesto en el art. 46 CP, por tanto, inicialmente al menos, con una duración temporal diferente a la de la pena de prisión inferior a diez años, o de diez años o superior a la que acompaña. Sobre estas excepciones, sobre todo respecto de la segunda, si es o no efectivamente una excepción, v.,

a la accesoriedad de la pena respecto de determinados delitos; la duración temporal se fija de manera específica para la pena accesoria. Ambos comparten el principio o criterio común a todas las penas accesorias: el cumplimiento simultáneo con la pena principal[8], lo que no significa necesariamente que ambas penas tengan que tener la misma duración temporal[9].

En realidad, hoy se puede afirmar que el texto punitivo cuenta con un régimen quíntuple de penas accesorias. A esta conclusión se llega si se tiene en cuenta la concreta regulación de los arts. 54-57 CP y la forma como esta se repite en algunos preceptos del Libro II CP: uno, vinculado a la pena de prisión y de imposición

---

por todos, BAUCELLS LLADÓS, en: CÓRDOBA RODA / GARCÍA ARÁN (Dirs.), Comentarios CP. PG, 2011, 557.

8 V., entre otros muchos, VALEIJE ÁLVAREZ, EPC, XXVI, 2006, 330; ADPCP, 2007, 267; en: ÁLVAREZ GARCÍA (Dir.) / ÁLVAREZ GARCÍA / MANJÓN-CABEZA OLMEDA / VENTURA PÜSCHEL (Coords.), Adecuación del DP al ordenamiento UE, 2009, 192; MAPELLI CAFFARENA, Consecuencias jurídicas, 5ª, 2011, 343; FARALDO CABANA / PUENTE ABA, en: FARALDO CABANA / PUENTE ABA (Dirs.), Penas privativas de derechos, 2013, 23; PUENTE ABA, La pena de inhabilitación absoluta, en: FARALDO CABANA / PUENTE ABA (Dirs.), Penas privativas de derechos, 2013, 40, 79.

9 En el art. 57 CP se establece de manera expresa que pena principal y accesoria no van a tener la misma duración temporal. Pero también respecto del régimen general (arts. 55 y 56) los efectos de la pena accesoria se extienden en duración temporal respecto de la pena de prisión a la que acompañan. Esto es así porque los efectos de la pena accesoria se prologan durante el tiempo de vigencia de los antecedentes penales -extinguidas tanto la pena principal como la accesoria-. Es lo que sucede con las penas de inhabilitación absoluta e inhabilitación especial para empleo o cargo público, si para el acceso a determinados cargos o funciones públicas se exige que el sujeto carezca de antecedentes penales. V., más ampliamente, VALEIJE ÁLVAREZ, EPC, XXVI, 2006, 330; ADPCP, 2007, 267; en: ÁLVAREZ GARCÍA (Dir.) / ÁLVAREZ GARCÍA / MANJÓN-CABEZA OLMEDA / VENTURA PÜSCHEL (Coords.), Adecuación del DP al ordenamiento UE, 2009, 192; PUENTE ABA, La pena de inhabilitación absoluta, Granada, Comares, 2012, 125 ss.; en: FARALDO CABANA / PUENTE ABA (dirs.), Penas privativas de derechos, 2013, 61 y n. 116, 86 y n. 155; DOMÍNGUEZ IZQUIERDO, CPC, 112, 2014, 145 y n. 17.

automática u obligatoria (arts. 55 primer inciso y 56.1.2°, y, cuando el autor sea autoridad o funcionario, el art. 56.1.1° CP); dos, vinculado también a la pena de prisión y de imposición cuando se aprecie la relación directa entre el delito cometido y el derecho afectado por la pena (arts. 55 segundo inciso y 56.1.3° CP); tres, vinculado a la comisión de determinados delitos, de apreciación facultativa cuando se cumplan los criterios establecidos en el CP (art. 57.1 y 3 CP); cuatro, vinculado a la comisión de determinados delitos, de apreciación obligatoria (art. 57.2 CP); y, por último, por las semejanzas con la regulación de las penas accesorias del Libro I CP, el régimen específico previsto en varios preceptos del Libro II CP para determinados grupos de delitos siguiendo el modelo del régimen general de los arts. 55-56 (penas que tienen la misma duración que la "otra" pena principal, y esta es prisión), así sucede en los arts. 156 bis.5 y 6, 177 bis.6, 572 CP; o siguiendo el modelo del régimen especial del art. 57 (penas que se imponen en determinados delitos, su duración temporal se establece diferenciando entre delitos graves y menos graves, y/o entre delitos castigados o no con pena privativa de libertad), en los arts. 156 quinquies, 177 bis.1 párrafo 2°, 192.3, 510.5, 511.4, 558, 570, 570 quater 2, 579 bis.1, 607.2, 607 bis.3 CP; este último régimen, además, ha ido aumentando a través de las reformas legislativas sucedidas particularmente en los últimos años[10].

---

[10] Con más motivo se puede defender la similitud en cuanto a su naturaleza de los preceptos identificados en el texto si se tiene presente la hipótesis de que, en realidad, lo dispuesto en los arts. 54 a 57 CP está encubriendo la regulación de auténticos supuestos de penas principales potestativas, sobre todo si se hace la comparativa con las penas que han de imponerse cuando se cumpla el requisito de la relación directa con el delito (en el caso de los arts. 55 inciso segundo y 56.1.3° CP) y, en todo caso, en el art. 57 cuando se cumplan los requisitos para su imposición. V., en este sentido, MAPELLI CAFFARENA, Consecuencias jurídicas, 5ª, 2011, 244, 347, 348; DOMÍNGUEZ IZQUIERDO, CPC, 112, 2014, 148 s., 150, refiriéndose al art. 56.1.3ª CP; AGUDO FERNÁNDEZ / JAÉN VALLEJO / PERRINO PÉREZ, Penas, medidas y otras consecuencias jurídicas del delito, Madrid, Dykinson, 2015, 162, refiriéndose al art. 57 CP; CUELLO

El régimen de penas accesorias (sea el regulado en el Libro I CP, sea el que se acaba de mencionar derivado también de algunos preceptos del Libro II CP) se ha vinculado con la imposición de penas privativas de derechos de corte "tradicional". Así se deduce del contenido de las penas privativas de derechos consistentes en penas de inhabilitación, para el caso del régimen general de penas accesorias del art. 54 y desarrollado en los arts. 55-56 CP [mencionadas en el art. 39 a) y b), el contenido y efectos en los arts. 40.1, 41, 42, 44, 45 y 46 CP], a las que hay que sumar las penas de suspensión de empleo o cargo público y privación de la patria potestad (legalmente no calificadas como penas de inhabilitación)[11]. También se deduce así de las penas privativas de derechos del régimen especial de accesoriedad del art. 57 CP, al menos en algunas de ellas.

La aparición y desarrollo de las TIC,s, hoy de las TRIC,s (tecnologías de relación, información y comunicación) ha dado lugar a la incorporación al CP de nuevos delitos, inicialmente categorizados como delitos informáticos, actualmente como ciberdelitos[12]. Es el caso, por ejemplo, de los daños informáticos (también

---

Contreras / Mapelli Caffarena, Curso de Derecho penal. Parte general, 3ª, Madrid, Tecnos, 2015, 329 s. Por otro lado, la diferencia entre el régimen de penas accesorias del art. 57 CP y la previsión contenida, por ejemplo, en el art. 192.3 CP, no es muy diferente, si acaso porque el primero se refiere a un número de delitos más amplio, el segundo se limita a los delitos contra la libertad sexual.

11 Las penas de privación del derecho a conducir y del derecho a la tenencia y porte de armas tampoco son penas de inhabilitación (no son clasificadas de esta manera por la ley), y, como se comentará más adelante, tampoco son susceptibles de ser impuestas como penas accesorias.

12 No se entra aquí en la definición del delito informático o del ciberdelito. Tampoco de qué delitos han de recibir esta caracterización, y, eventualmente, de qué manera se pueden clasificar. Simplemente se pretende poner de relieve que el legislador penal sí se ha preocupado de incorporar al CP delitos relacionados con las TIC,s, en última instancia, porque así resulta del cumplimiento del principio de legalidad criminal.

llamados de sabotaje informático). O el delito de utilización de la imagen de una persona para abrir perfiles falsos en redes sociales. También ha hecho que se incorpore al CP determinadas consecuencias jurídicas que generan dudas sobre su naturaleza, si bien queda claro que no se trata de penas. Por ejemplo, en el delito de incitación a las autolesiones (art. 156 ter CP), la retirada de los contenidos, o la interrupción de servicios que ofrezcan predominantemente dichos contenidos, o el bloqueo de unos y otros cuando radiquen en el extranjero[13]. Pero el legislador penal no ha sentido la necesidad de incorporar al CP penas privativas de derechos de "nueva generación", denominadas así para hacer referencia a la privación o restricción de derechos digitales.

Algunos ejemplos de penas referidas a derechos digitales podrían ser la de privación o restricción del derecho de acceso a redes sociales, más concretamente, el derecho a abrir un canal en una red social como youtube o tik tok, por ejemplo. O el derecho a ejercer una profesión u oficio como el de youtuber, tiktoker, influencer, creador de contenidos digitales, etc. O el derecho a tener cuentas en redes sociales, participar en chats, tener canales

---

13 Sobre la discusión en torno a la naturaleza jurídica de esta consecuencia v., por todos, DOVAL PAIS, Las consecuencias jurídicas innominadas. Una reflexión sobre los límites del principio de legalidad penal, Revista Electrónica de Ciencia Penal y Criminología (RECPC), 20-21, 2018, 20.

propios de youtube[14]. O, más genéricamente, la prohibición o restricción en el uso del ordenador, el acceso a internet[15]...

La falta de referencia expresa a penas privativas de derechos cibernéticos o digitales[16], con la excepción de la prohibición de comunicación del art. 48.3 CP (impide al penado establecer con determinadas personas, por cualquier *medio de comunicación o medio informático o telemático,* contacto escrito, verbal o visual), que

---

14 Estos últimos ejemplos citados por Boldova Pasamar, La inviolabilidad de lege lata de imponer como pena la prohibición de acceder a determinados contenidos de internet, La Ley (LL) 10179, 2022, 1; La inviabilidad de lege lata de imponer como pena la prohibición de acceder a determinados contenidos de internet, en: Muñoz Sánchez / García Pérez / Cerezo Domínguez / García España (Dirs.) / Corral Maraver / García Magna / Pérez Jiménez / Prado Manrique / Rando Casermeiro (Coords.), Estudios político-criminales, jurídico-penales y criminológicos. Libro homenaje al Profesor José Luis Díez Ripollés, Valencia, Tirant lo Blanch, 2023, 987.

15 Planteadas como hipótesis por Felip I Saborit. ¿Poner puertas al campo? Sobre la posibilidad de prohibir penalmente el uso de las tecnologías de la información y de la comunicación, Revista Catalana de Derecho Público (RCDP) 35, 2007, 3. Este autor explica a continuación si la privación o restricción de derechos relacionados con el uso de las TIC,s cumple o no el significado de pena, y los fines de la pena (pp. 4), así como la posibilidad de su incorporación con otra naturaleza jurídica, como medidas cautelares, medidas de seguridad, alternativas a la pena de prisión (p. 4 s., 16 ss.). Con anterioridad alude a la posible incorporación de la pena de inhabilitación, suspensión o limitación de acceso a sistemas informáticos o a redes de comunicación, Anarte Borrallo, Incidencia de las nuevas tecnologías en el sistema penal. Aproximación al Derecho penal en la sociedad de la información, Derecho y Conocimiento. Anuario Jurídico sobre la Sociedad de la Información y del Conocimiento 1, 2001, 248. Y Doval Pais, RECPC, 20-21, 2018, 10, cita las siguientes penas privativas de derechos digitales: prohibición de utilizar internet; prohibición de contratar con empresas proveedoras de servicios de internet; prohibición de acudir a lugares de acceso público que dispongan de servicio de internet; prohibición de uso de redes P2P de intercambio de ficheros.

16 V., por todos, Felip I Saborit, RCDP, 35, 2007, 13.

se impondrá como pena accesoria a través del art. 57 CP, sin embargo, no ha impedido que judicialmente[17] se estén imponiendo penas que afectan a estos derechos relacionados con el uso de las TIC,s, o TRIC,s, a falta de una referencia expresa en el Libro I, y tampoco en el Libro II CP, a través precisamente del régimen de penas accesorias de los arts. 54 a 57 CP.

Tampoco habrá obstáculo para imponer como pena accesoria la pena de inhabilitación para el ejercicio de una profesión u oficio que tenga relación con las TIC,s o TRIC,s, a través del art. 56.1.3º CP, por tanto, cuando el juez imponga una pena de prisión inferior a 10 años y el ejercicio abusivo de la profesión u oficio tenga relación directa con el delito cometido. Ello es así porque esta pena privativa de derechos se describe de manera genérica como pena de inhabilitación especial en el art. 39 b) CP, su contenido está definido también de manera global en el art. 45 CP, como pena de inhabilitación especial para profesión, oficio, industria o comercio u otras actividades, sean o no retribuidas. El desarrollo de las nuevas tecnologías ha hecho aparecer nuevas actividades profesionales que han de quedar englobadas en la pena accesoria del art. 56.1.3º CP, al igual que también estarán abarcadas por la pena de inhabilitación especial para profesión u oficio cuando esté prevista como pena principal en el Libro II CP[18]. A modo de ejemplo cabe citar la SAN 2/2016, de 5 de febrero, en la que se condena por delitos contra la propiedad intelectual y se impone, como pena principal, la inhabilitación especial para la

---

17 Mención especial merece la STS 547/2022, de 2 de junio (ECLI:ES:TS:2022:2356), que se comentará más adelante.

18 V., por todos, BOLDOVA PASAMAR, LL, 10179, 2022, 1; en: MUÑOZ SÁNCHEZ / GARCÍA PÉREZ / CEREZO DOMÍNGUEZ / GARCÍA ESPAÑA (Dirs.) / CORRAL MARAVER / GARCÍA MAGNA / PÉREZ JIMÉNEZ / PRADO MANRIQUE / RANDO CASERMEIRO (Coords.), Libro homenaje Díez Ripollés, 2023, 987.

profesión de administrador de servidores y páginas web y gestor de contenidos de páginas web[19].

A continuación se va a analizar de qué manera la regulación de las penas accesorias ha servido para que jurisprudencialmente se impongan penas privativas de derechos relacionados con el uso de las TIC,s (o TRIC,s), haciendo una valoración sobre tal proceder.

II. LAS CLÁUSULAS ABIERTAS DE LOS ARTS. 39 B) Y 56.1.3ª CP, ¿APOYO PARA LA IMPOSICIÓN DE PENAS PRIVATIVAS DE DERECHOS DE NUEVA GENERACIÓN?

En los arts. 39 b) y 56.1.3° CP se utilizan cláusulas abiertas para la referencia a penas privativas de derechos, consistentes en inhabilitación especial, que cabe imponer al responsable del delito: en el art. 39 b CP "otras actividades, sean o no retribuidas" y "en el ejercicio de cualquier otro derecho"[20]; en el art. 56.1.3° CP "cualquier otro derecho".

---

19 La sentencia citada ha sido objeto de recurso de casación, que se ha desestimado, en la STS 920/2016, de 12 de diciembre. Felip I Saborit, RCDP, 35, 2007, 13, cita la Sentencia Juzgado de lo Penal de Badajoz de 21 de febrero de 2006, en la que se impone como pena accesoria la inhabilitación para el ejercicio de la profesión de administrador de sistemas y programador informático al condenado por delito de descubrimiento y revelación de secretos.

20 En el art. 39 b) CP se mencionan las dos cláusulas abiertas, que han de servir para considerar que se está haciendo referencia a dos penas privativas de derechos diferentes. V., para más detalles, los argumentos para llegar a esta conclusión (no necesariamente compartidos) de Gutiérrez Castañeda, Penas privativas de derechos, 2012, 135 ss. En la versión originaria del art. 39 b) CP solo había una cláusula genérica, la de cualquier otro derecho. Será en la reforma operada por la LO 15/2003, de 25 de noviembre, cuando se produce la primera reforma del art. 39 b), incluyendo la cláusula otras actividades determinadas en este Código. Y en la LO 8/2021, de 4 de junio, esta primera cláusula

Son cláusulas abiertas que sirven para subsumir en ellas las penas privativas de derechos que aparecen mencionadas en algunos delitos del Libro II CP, evitando así la objeción desde el principio de legalidad penal si fuera otra su exégesis, en particular, la referida a la privación de cualquier otro derecho[21].

De manera indiscutida, a través de las dos referencias genéricas descritas en el art. 39 b) CP se pretende incluir en este precepto relativo al catálogo de penas privativas de derechos a las penas que aparecen mencionadas en el Libro II CP, bien como pena de inhabilitación para el ejercicio de actividades, retribuidas o no[22],

---

genérica cambia de redacción, para aludir a otras actividades, sean o no retribuidas.

21 V., más ampliamente, entre otros, VALEIJE ÁLVAREZ, ADPCP, 2007, 254; en: ÁLVAREZ GARCÍA (DIR.) / ÁLVAREZ GARCÍA / MANJÓN-CABEZA OLMEDA / VENTURA PÜSCHEL (Coords.), Adecuación del DP al ordenamiento UE, 2009, 198; BAUCELLS LLADÓS, en: CÓRDOBA RODA / GARCÍA ARÁN (Dirs.), Comentarios CP. PG, 2011, 556; MAPELLI CAFFARENA, Consecuencias jurídicas, 5ª, 2011, 265; TAMARIT SUMALLA, Artículo 45, en: QUINTERO OLIVARES (Dir.) / MORALES PRATS (Coord.), Comentarios al Código Penal español. Tomo I (artículos 1 a 233), 7ª, Cizur Menor (Navarra), Thomson Reuters Aranzadi, 2016, 463; GIL GIL / LACRUZ LÓPEZ / MELENDO PARDOS / NÚÑEZ FERNÁNDEZ, Consecuencias jurídicas del delito. Regulación y datos de la respuesta a la infracción penal en España, Madrid, Dykinson, 2ª, 2018, 167; DOVAL PAIS, RECPC, 20-21, 2018, 19, 21; GARCÍA MOSQUERA, Nuevas perspectivas de la pena de inhabilitación profesional orientada a la protección de menores, CPC, 129, 2019, 118, 150; BOLDOVA PASAMAR, en: BOLDOVA PASAMAR / ALASTUEY DOBÓN (Coords.), Tratado de consecuencias jurídicas del delito, 2ª, 2023, 224 s.

22 La primera cuestión a dilucidar es qué consecuencias jurídicas descritas en el Libro II CP sin paralelismo con las consecuencias jurídicas del Libro I CP son o no auténticas penas. V., sobre esta cuestión, DOVAL PAIS, RECPC, 20-21, 2018, passim. Resuelta esta primera cuestión, la siguiente es decidir qué penas de las previstas en el Libro II CP se conectan con la cláusula u otras actividades, retribuidas o no, o con la de inhabilitación especial para el ejercicio de otro derecho. La cuestión tiene cierta relevancia porque si la pena se conecta con la primera de las cláusulas, su imposición solo procede como pena principal; si se

opta por la segunda de las cláusulas, la pena se podría acordar como pena principal y como accesoria (solo la segunda aparece mencionada en el art. 56.1.3º CP). V., por ejemplo, la agrupación de penas del Libro II CP que realizan refiriéndose a otras actividades GUTIÉRREZ CASTAÑEDA, Penas privativas de derechos, 2012, 137; o GIL GIL / LACRUZ LÓPEZ / MELENDO PARDOS / NÚÑEZ FERNÁNDEZ, Consecuencias jurídicas del delito, 2ª, 2018, 164 ss.; o DÍEZ RIPOLLÉS, Derecho penal español. Parte general, 5ª, Valencia, Tirant lo Blanch, 2020, 717 s. Una interpretación más restrictiva es la defendida por BOLDOVA PASAMAR, LL, 10179, 2022, 5; en: MUÑOZ SÁNCHEZ / GARCÍA PÉREZ / CEREZO DOMÍNGUEZ / GARCÍA ESPAÑA (Dirs.) / CORRAL MARAVER / GARCÍA MAGNA / PÉREZ JIMÉNE Z/ PRADO MANRIQUE / RANDO CASERMEIRO (Coords.), Libro homenaje Díez Ripollés, 2023, 995; en: BOLDOVA PASAMAR / ALASTUEY DOBÓN (Coords.), Tratado de consecuencias jurídicas del delito, 2ª, 2023, 215 s., quien, en la práctica, limita la referencia de otras actividades, retribuidas o no, a las penas previstas en los delitos de lesiones, libertad sexual y trata de seres humanos, cuando la víctima es menor de edad. A continuación se mencionan los delitos en los que aparece literalmente el término pena de inhabilitación… u *otras actividades:* en delitos de lesiones (arts. 147.1, 148, 149, 150 y 153), la pena se establece en el art. 156 quinquies CP, cuando la víctima sea menor de edad, y se concreta además a qué tipo de actividades se le ha de inhabilitar al sujeto: la pena de inhabilitación especial para cualquier profesión, oficio *u otras actividades, sean o no retribuidos, que conlleve contacto regular y directo con personas menores de edad.* Se identifica expresamente a qué delitos de lesiones le resulta aplicable la pena de inhabilitación descrita en este precepto, consecuentemente, en los delitos de lesiones que no aparecen mencionados (en concreto, los delitos imprudentes) no cabe imponer esta pena específica, y, por tanto, tampoco se podrá imponer a través del régimen de penas accesorias, en su caso, pues hay una declaración expresa del legislador de cuándo procede imponer la pena, pero solo apreciable como principal. También se prevé en el delito de trata de seres humanos cuando la víctima sea menor de edad: art. 177 bis.1 segundo párrafo CP: se impondrá, en todo caso, la pena de inhabilitación especial para cualquier profesión, oficio o actividades, sean o no retribuidos, que conlleve contacto regular y directo con personas menores de edad. La aclaración, en todo caso, aunque mencionada en el apartado 1, afecta en realidad a todos los apartados del delito de trata de seres humanos, repercutiendo así en una mayor o menor duración de la misma, dependiendo de la concurrencia del tipo básico del delito o de alguna de las circunstancias cualificantes (porque la regla de cálculo de la pena es por tiempo superior entre 6 y 20 años al de la duración de la pena de privación de libertad impuesta). En delitos contra la libertad sexual, art. 192.3 párrafo tercero CP: pena de inhabilitación especial para cualquier profesión, oficio o actividades, sean o no retribuidos, que conlleve contacto regular y directo con personas menores de edad. A la vista de la regla de cálculo descrita para imponer esta pena privativa de derechos (por un tiempo superior entre 5 y 20 años al de la duración de la pena de privación de libertad impuesta en la sentencia si el delito fuera grave, y entre 2 y 20 años si fuera menos grave) surge la duda de si procede imponer la pena solo a delitos castigados con pena privativa de libertad o, si por el contrario, se impondrá a delitos graves y menos graves, estén o no castigados con pena privativa de libertad. Por otro lado, en este párrafo no se alude literalmente a que la víctima sea un menor de edad, así que parece que se pretende imponer esta pena privativa de derechos al condenado por un delito contra la libertad sexual, al margen de si la víctima es menor o mayor de edad. Sobre estas dos cuestiones, v. para más detalles, por todos, DURÁN SECO, La azarosa prohibición de contacto con menores para delincuentes sexuales, LL, 10480, 2024, 1 ss. En el art. 192.3 párrafo primero, inciso segundo CP, se ha previsto una pena ligeramente diferente. En concreto, este precepto dispone que, en los delitos de los Capítulos III y IV, cuando la víctima sea menor de edad (pues a ella se refiere el primer inciso de este apartado) el juez podrá imponer la pena de inhabilitación para empleo o cargo público o ejercicio de la profesión u oficio, retribuido o no, por el tiempo de seis meses a seis años. En este precepto no hay referencia a otras actividades. Esta previsión puede entrar en conflicto con el Capítulo III, el delito de acoso sexual, art. 184, en el que se ha previsto la imposición de la pena de inhabilitación especial para el ejercicio de la profesión, oficio *o actividad*, que, cuando la víctima es menor de edad, las penas del art. 184 se han de imponer en su mitad superior. Cabe plantearse el interrogante de si hay diferencia en las penas a imponer entre el art. 192.3 párrafo primero segundo inciso y el art. 184 CP. Sí se puede plantear alguna diferencia entre ambos preceptos: el art. 184 CP se refiere a actividad, no así el art. 192.3 párrafo primero inciso segundo CP, que solo cita la profesión u oficio. Y el art. 184 CP se refiere a profesión, oficio o actividad, sin aclaración, así que ha de entender que han de tratarse de actividad, profesión u oficio retribuidos. Y hay otra diferencia añadida: en el art. 184 CP la pena es de imposición obligatoria, en el art. 192.3 párrafo primero inciso segundo CP la pena

bien como pena de inhabilitación para el ejercicio de derechos que no tiene un *nomen iuris* específico en el propio art. 39 CP,

---

es facultativa, queda a la decisión del juez. El problema surge porque hay un conflicto entre ambos artículos cuando la pena se refiere a oficio o profesión, retribuidos, pues ambos supuestos encajan en ambos preceptos, pero la duración temporal de la pena es muy diferente en un caso o en otro (de aplicarse el art. 184 CP, la duración temporal oscila entre 13 meses y 15 días a 15 meses o 21 meses a 23 meses, de aplicarse el art. 192.3 párrafo primero segundo inciso CP, la duración temporal sería de 6 meses a 6 años). Por otro lado, las penas de inhabilitación especial para profesión u oficio o actividad del art. 184 CP y del art. 192.3 párrafo primero segundo inciso CP, cuando de víctimas menores se trata, pueden conllevar o no contacto regular y directo con menores, pero si son de la primera clase, entonces entra en aplicación el art. 192.3 párrafo segundo CP, y con carácter imperativo, y con la duración temporal que fija este precepto. En delitos de injurias y calumnias, cuando se cometan mediante precio, recompensa o promesa, el art. 213 CP remite a los arts. 42 o 45 para que el juez imponga, además, la pena privativa de derechos. El art. 45 CP es el que regula el contenido de la pena de inhabilitación especial para profesión, oficio, industria o comercio u otras actividades, sean o no retribuidas, o cualquier otro derecho. En delitos relativos a la suposición de parto y de alteración de la paternidad, art. 221.3 CP, se concretan las actividades afectadas por la pena, que, realmente, son concreción de la pena de inhabilitación para el ejercicio de la profesión u oficio (V., en este sentido, Boldova Pasamar, *Op. cit.*, 216): si los hechos se cometieren utilizando guarderías, colegios u otros locales o establecimientos donde se recojan niños, se impondrá a los culpables la pena de inhabilitación especial para el ejercicio de las referidas *actividades* por tiempo de 2 a 6 años. En delitos relativos al mercado y a los consumidores, los arts. 285, 285 bis y 285 ter CP se castigan con prisión, multa, e inhabilitación especial para el ejercicio de la profesión o *actividad.* También aquí Boldova Pasamar, *Op. cit.*, 215 s., considera que la referencia a actividad va referida al carácter profesional. En delitos contra la flora y la fauna, alude expresamente a la pena de inhabilitación para realizar actividades de marisqueo: art. 335.2 y 3 CP. Y en delitos de organizaciones y grupos criminales, y organizaciones y grupos terroristas, en el art. 570 quater CP: inhabilitación especial para todas aquellas actividades económicas o negocios jurídicos relacionados con la actividad de la organización o grupo criminal o con su actuación en el seno de los mismos.

pero que sí se identifican como penas privativas de derechos en el Libro II CP, en determinados delitos[23].

---

23 Como se ha indicado en la nota anterior, el elenco de penas que son reconducibles a esta cláusula está condicionada por la interpretación que se haga de la otra cláusula "otras actividades, retribuidas o no". V., por ejemplo, la enumeración de delitos castigados con la pena de inhabilitación especial para cualquier otro derecho que realiza Ramos Vázquez, La pena de inhabilitación especial para cualquier otro derecho, en: Faraldo Cabana / Puente Aba (Dirs.), Penas privativas de derechos, 2013, 211 s., 216 ss. Desde una lectura literal, porque se omite la expresión "actividad" en su descripción, a la inhabilitación para cualquier otro derecho se refieren los siguientes delitos: en el delito de alteración de precios en concursos y subastas públicas, art. 262.1 CP: inhabilitación especial para licitar en subastas judiciales. Si se tratare de un concurso o subasta convocados por las Administraciones o entes públicos, se impondrá además al agente y a la persona o empresa por él representada la pena de inhabilitación especial que comprenderá, en todo caso, el derecho a contratar con las Administraciones públicas. En delitos relativo al mercado y consumidores, en el art. 282 bis CP hay una mención expresa al concurso de delitos, "sin perjuicio de lo dispuesto" en el art. 308 CP. Significa, por tanto, que quien cometa este delito también será condenado por el segundo delito, con las penas previstas para él. Y en el art. 284 CP: inhabilitación especial para intervenir en el mercado financiero como actor, agente o mediador o informador. Esta pena bien puede ser concreción de la pena de inhabilitación para profesión u oficio, y así se constata, además, con lo dispuesto en el art. 284.3 CP: si el responsable fuera trabajador o empleado de una empresa de servicios de inversión, entidad de crédito, autoridad supervisora o reguladora, o entidad rectora de mercados regulados o centros de negociación, las penas se impondrán en su mitad superior. En los delitos de corrupción en los negocios, art. 286 ter.1 párrafo segundo y art. 286 quater CP, y en el delito de tráfico de influencias, art. 429 CP: la pena de prohibición de contratar con el sector público, así como la pérdida de la posibilidad de obtener subvenciones o ayudas públicas y del derecho a gozar de beneficios o incentivos fiscales y de la Seguridad Social, y la prohibición de intervenir en transacciones comerciales de trascendencia pública. En este precepto las penas no se califican como inhabilitación especial. Pero, en interpretación sistemática, sí lo son, pues así se nombran en otros preceptos del CP, como se verá. La inhabilitación especial para el ejercicio del derecho a la caza o la pesca, en delitos

La cláusula otras actividades, sean o no retribuidas, solo aparece en el art. 39 b) CP, no así en el art. 56 CP. Como se acaba de mencionar, se trata de una cláusula que sirve para dar cobertura a las penas que aparecen mencionadas de manera específica en el Libro II CP, operando, por tanto, tan solo como penas principales[24].

contra la flora y la fauna: en los arts. 334, 335 y 336 CP. La pérdida de la posibilidad de obtener subvenciones o ayudas públicas y del derecho a gozar de beneficios o incentivos fiscales y de la Seguridad Social aparece en varios delitos del Libro II CP: en el de corrupción en los negocios (arts. 286 ter.1 párrafo segundo y 286 quater CP); en delitos contra Hacienda Pública y la Seguridad Social (arts. 305 a 308 CP), si bien en algunos de estos delitos se matiza, así en el art. 307 ter CP: la pérdida de la posibilidad de obtener subvenciones y del derecho a gozar de los beneficios o incentivos fiscales o de la Seguridad Social (es decir, no se menciona la pérdida de la posibilidad de obtener ayudas públicas); en delitos relativos a la infidelidad en la custodia de documentos y violación de secretos (art. 418 CP); en el delito de cohecho del particular (art. 424.3 CP y, por remisión, en el art. 427 CP); en el delito de tráfico de influencias (art. 429); y en el delito de fraudes y exacciones ilegales cometido por particular (art. 436 segundo inciso CP). En general, estas penas no se identifican con el término inhabilitación especial. Sí aparece este término en el catálogo de "penas" aplicables a personas jurídicas [art. 33.7 f) CP] y en el delito de cohecho del art. 424.3 CP y en el de fraude y exacciones ilegales, art. 436 CP. Así que, aunque a veces se omita el término, se trata de inhabilitaciones especiales, declaradas como tales legalmente. En el delito de fraudes y exacciones ilegales del art. 438 CP, dado que remite a las penas del art. 307 ter CP, habrá que concluir que también se impondrá la pena que aquí se cita, en la duración que establece el art. 438 CP. En el delito de cohecho cometido por particular (art. 424.3 CP y por remisión, también el art. 427 CP), y en el delito de fraudes y exacciones ilegales (art. 436 segundo inciso CP), además, también se prevé la pena de inhabilitación para contratar con entes, organismos o entidades que formen parte del sector público.

24 V., de esta opinión, GUTIÉRREZ CASTAÑEDA, Penas privativas de derechos, 2012, 138; GIL GIL / LACRUZ LÓPEZ / MELENDO PARDOS / NÚÑEZ FERNÁNDEZ, Consecuencias jurídicas del delito, 2ª, 2018, 164; DÍEZ RIPOLLÉS, PG, 5ª, 2020, 716; BOLDOVA PASAMAR, LL, 10179, 2022, 4 s.; en: BOLDOVA PASAMAR / ALASTUEY DOBÓN (Coords.), Tratado de conse-

Aunque aquí se está haciendo referencia a las penas accesorias, sí debe hacerse una precisión sobre si esta pena, que tiene carácter principal, permite limitar o restringir derechos digitales y/o cibernéticos. En particular, se está dando cobertura a la pena de inhabilitación para actividades, retribuidas o no, que conlleven contacto regular y directo con menores de edad. En esta pena se podrán incluir actividades que impliquen contacto físico, o presencial, pero también el contacto directo (y regular) podrá ser a través del uso de las TIC,s (o TRIC,s), como el contacto a través de redes sociales, por ejemplo. Téngase en cuenta, además, que algunos delitos sexuales se cometen precisamente utilizando las TIC,s. El ejemplo paradigmático es el delito de agresión sexual del art. 183 CP[25]. Para llegar a esta conclusión será decisivo de qué manera se da contenido a la referencia actividades, retribuidas o no[26].

La otra cláusula abierta, inhabilitación para cualquier otro derecho, sí aparece mencionada en el art. 39 b) CP y en el art. 56.1.3º CP, por tanto, en este segundo supuesto para imponer como pena accesoria cuando el sujeto haya sido condenado a pena de prisión inferior a 10 años y exista vinculación directa con el delito cometido abusando en el ejercicio de ese derecho.

Si se relacionan estas cláusulas genéricas del art. 39 b) CP, una de ellas mencionada en el art. 56 CP, con las distintas penas (de

---

cuencias jurídicas del delito, 2ª, 2023, 216, 229; en Muñoz Sánchez / García Pérez / Cerezo Domínguez / García España (Dirs.)/ Corral Maraver/García Magna / Pérez Jiménez / Prado Manrique / Rando Casermeiro (Coords.), Libro homenaje Díez Ripollés, 2023, 994 s.

25 Por si hubiera alguna duda, la propuesta de reforma del CP a la que se aludirá más adelante plantea cambiar la redacción del art. 45 CP, para incluir como pena privativa de derechos la inhabilitación especial para profesión, oficio, industria o comercio u otras actividades, *incluidas las que se desarrollen* o exploten *en espacios virtuales*, sean o no retribuidas.

26 Sobre esta pena de inhabilitación v., por todos, García Mosquera, CPC, 129, 2019, 120 ss.

inhabilitación) privativas de derechos que aparecen mencionadas en el Libro II CP, entonces la conclusión parece clara: a través de ellas no se pueden imponer penas privativas de derechos de nueva generación, esto es, que impliquen o tengan relación con las TIC,s o TRIC,s, por la sencilla razón de que las penas del Libro II CP y que las complementan no hacen referencia a penas con este contenido.

Cabría plantearse como hipótesis, sobre todo a través de la cláusula de la inhabilitación para el ejercicio de cualquier otro derecho del art. 56.1.3° CP, que se podría estar ante una previsión que permitiría incorporar al catálogo de penas las privativas de derechos de nueva generación, consiguiendo de esta manera la permanente actualización del CP en el sistema de penas. Tal tesis interpretativa tendría que estar circunscrita a la interpretación de la cláusula en el régimen de penas accesorias, porque como pena principal en todo caso sí ha de estar prevista la pena aplicable, sea cual sea su denominación, y su contenido. Para llegar a esta deducción, además, habrá que interpretar de manera diferente la cláusula "cualquier otro derecho" en el art. 39 b CP y en el art. 56.1.3.° CP:

En el primer precepto, se trata de una cláusula que permite subsumir en ella las penas privativas de derechos que aparecen en el Libro II CP y que no tienen una correspondencia con penas privativas de derechos reguladas y descritas en el Libro I CP[27].

---

27 V., en este sentido, entre otros muchos, Sánchez García De Paz, Artículo 45, en: Gómez Tomillo (Dir.), Comentarios prácticos al Código Penal. Tomo I, Parte general. Artículos 1-137, Cizur Menor (Navarra), Thomson Reuters Aranzadi, 2015, 540; Tamarit Sumalla, en: Quintero Olivares (Dir.) / Morales Prats (Coord.), Comentarios CP I, 7ª, 2016, 463; Ramos Vázquez, en: Faraldo Cabana / Puente Aba (Dirs.), Penas privativas de derechos, 2013, 215, 216; Boldova Pasamar, LL, 10179, 2022, 4; en: Muñoz Sánchez / García Pérez / Cerezo Domínguez / García España (Dirs.) / Corral Maraver / García Magna / Pérez Jiménez / Prado Manrique / Rando Casermeiro (Coords.), Libro homenaje Díez Ripollés, 2023, 992; en:

En el segundo precepto la cláusula inhabilitación para cualquier otro derecho tendría otro sentido o significado: en primer lugar, como pena accesoria podría imponerse la privación de cualquier derecho que aparece en el Libro II CP en delitos en los que no se ha previsto esa pena como principal, siempre y cuando exista relación directa entre el ejercicio abusivo del derecho y el delito, y siempre y cuando se admita que las penas privativas de derechos específicamente mencionadas en el Libro II también pueden actuar como penas accesorias, no tienen la consideración única de penas principales[28], tesis que podría refutarse argumentando que, cuando el legislador ha introducido penas específicas en el Libro II CP para determinados delitos, con esta decisión se podría entender que tales penas son aplicables solo como principales, y para esos delitos en concreto, pues en ellos se da, además, la vinculación directa entre el ejercicio -abusivo- del derecho y el delito, y, por otro lado, con su previsión específica se cumple más certeramente con los fines de la pena, y adicionalmente, con los límites al *ius puniendi*. Se trata, además, de penas que afectan a derechos muy específicos o determinados, que solo pueden tener relación directa con los delitos en los que se ha previsto su imposición como pena principal. Solo para el caso de que el legislador haya incurrido en algún "olvido", porque en el Capítulo dedicado a los delitos que tienen relación con el ejercicio de ese derecho en particular algunos delitos sí tienen la previsión de la pena principal, pero no en todos, se podría tratar de colmar este "olvido" a través del régimen de penas accesorias y la cláusula privación de cualquier otro derecho del art. 56.1.3° CP. En segundo lugar, permitiría imponer penas privativas de derechos que no aparecen mencionadas de manera específica en el art. 56.1.3° CP, pero sí tienen un *nomen iuris* propio y sí aparecen

---

BOLDOVA PASAMAR / ALASTUEY DOBÓN (Coords.), Tratado de consecuencias jurídicas del delito, 2ª, 2023, 225.

28 De esta opinión, considerando que la pena de inhabilitación para cualquier otro derecho del art. 56.1.3° CP permite imponer penas privativas de derechos que aparecen descritas en el Libro II CP, FELIP I SABORIT, RCDP, 35, 2007, 14 s.; BAUCELLS LLADÓS, Artículo 45, en: CÓRDOBA RODA / GARCÍA ARÁN (Dirs.), Comentarios CP. PG, 2011, 474 s.

mencionadas en el art. 39 CP, aunque no tengan la consideración legal de penas de inhabilitación (y no se ajustan, por tanto, a la declaración genérica del art. 54 CP), por ejemplo, la privación del derecho a conducir y privación del derecho a la tenencia y porte de armas[29], o permitiría imponer como penas accesorias penas privativas de derechos que aparecen mencionadas en el Libro I CP, sean o no denominadas penas de inhabilitación[30]; en tercer lugar, permitiría imponer como accesoria la pena privativa de un derecho que no

---

29 Existe un abierto debate doctrinal sobre si las penas de privación del derecho a conducir y privación del derecho a la tenencia y porte de armas son penas principales o tienen la doble naturaleza, principal y accesoria. A favor de la primera tesis, v., entre otros, BAUCELLS LLADÓS, Artículos 39 y 40, en: CÓRDOBA RODA / GARCÍA ARÁN (Dirs.), Comentarios al CP. PG, 2011, 458, 482, si bien más adelante matiza respecto de la privación del derecho a la tenencia y porte de armas, ya que sí admite su imposición como pena accesoria, por ejemplo en los delitos de los arts. 180.15°, 455.2 (en versión en este momento de estos delitos, pp. 485 s.); GUTIÉRREZ CASTAÑEDA, Penas privativas de derechos, 2012, 141 n. 217; Penas privativas y restrictivas de derechos, en: ROCA DE AGAPITO (Dir.), Las consecuencias jurídicas del delito, 2ª, Valencia, Tirant lo Blanch, 2021, 58, 63; SÁNCHEZ GARCÍA DE PAZ, Art. 39, en: GÓMEZ TOMILLO (Dir.), Comentarios prácticos CP I, 2015, 526 s.; GARCÍA ALBERO, en: QUINTERO OLIVARES (Dir.) / MORALES PRATS (Coord.), Comentarios CP I, 7ª, 2016, 498; GIL GIL / LACRUZ LÓPEZ / MELENDO PARDOS / NÚÑEZ FERNÁNDEZ, Consecuencias jurídicas del delito, 2018, 180, 183. BOLDOVA PASAMAR, en: BOLDOVA PASAMAR / ALASTUEY DOBÓN (Coords.), Tratado de consecuencias jurídicas del delito, 2ª, 2023, 199. Defiende la tesis de que ambas penas pueden imponerse como penas accesorias a través del art. 56.1.3° CP, entre otros, CARDENAL MONTRAVETA, Artículo 47, en: CORCOY BIDASOLO / MIR PUIG (Dirs.) / RAMÍREZ MARTÍN / ROGÉ SUCH (Coords.), Comentarios al Código Penal, 2ª, Valencia, Tirant lo Blanch, 2024, 284.

30 Defiende esta tesis BOLDOVA PASAMAR, LL, 10179, 2022, 3 s.; en: MUÑOZ SÁNCHEZ / GARCÍA PÉREZ / CEREZO DOMÍNGUEZ / GARCÍA ESPAÑA (Dirs.) / CORRAL MARAVER / GARCÍA MAGNA / PÉREZ JIMÉNEZ / PRADO MANRIQUE / RANDO CASERMEIRO (Coords.), Libro homenaje Díez Ripollés, 2023, 992; en: BOLDOVA PASAMAR / ALASTUEY DOBÓN (Coords.), Tratado de consecuencias jurídicas del delito, 2ª, 2023, 226.

aparece mencionada ni en el Libro I ni en el Libro II CP, en particular, para la privación de derechos de nueva generación.

Esta ha sido la tesis que ha planteado un sector de la doctrina, en el entendimiento de que la pena de inhabilitación especial para cualquier otro derecho permite la privación de derechos que no han sido expresamente contemplados por el legislador como objeto de otras penas de inhabilitación[31]. Además, se añade que no se ha previsto como pena principal en ningún delito (interpretación que aquí no se ha sostenido, como se ha comentado líneas atrás), si acaso con la salvedad de los delitos de injurias y calumnias del art. 213 CP, así que su operatividad queda limitada a su imposición como pena accesoria a través del art. 56.1.3º CP. Esta interpretación, no obstante, es objeto de crítica, por la indeterminación que implica, vulnerando el principio de taxatividad derivado del principio de legalidad[32], llegando a poner en duda su constitucionalidad[33].

---

31 Gutiérrez Castañeda, Penas privativas de derechos, 2012, 139 s.; Inhabilitaciones y suspensiones, en: Roca De Agapito (dir.), Consecuencias jurídicas del delito, 2ª, 2022, 63; Quintero Olivares, Las penas en el siglo XXI, reflexiones obligatorias, en: Roca De Agapito (dir.), Un sistema de sanciones penales para el siglo XXI, Valencia, Tirant lo Blanch, 2019, 63. Parece que esta es también la tesis defendida por Gil Gil / Lacruz López / Melendo Pardos / Núñez Fernández, Consecuencias jurídicas del delito, 2ª, 2018, 167, ya que, reconociendo que esta pena de inhabilitación puede operar como principal (y citan que esto sucede solo en el art. 213) o como accesoria, añaden que esta pena y la de inhabilitación para otras actividades pueden afectar a cualquier derecho siempre y cuando se indique expresamente en la sentencia y guarde relación directa con el delito, tal como exige el art. 45 CP.

32 Así lo reconocen algunos de los defensores de esta interpretación. V. Gutiérrez Castañeda, Penas privativas de derechos, 2012, 139 s.; en: Roca De Agapito (dir.), Consecuencias jurídicas del delito, 2ª, 2022, 63; Gil Gil / Lacruz López / Melendo Pardos / Núñez Fernández, Consecuencias jurídicas del delito, 2ª, 2018, 167.

33 Díez Ripollés, PG, 5ª, 2020, 717 s. Este autor advierte que la pena prevista en el art. 39 b) CP no se puede reconducir a los derechos concretados en los delitos del Libro II CP, pues para ello ya está prevista la otra cláusula abierta "otras actividades".

Como ejemplo de aplicación de la pena de inhabilitación para cualquier otro derecho, como pena accesoria del art. 56.1.3° CP, se ha citado en particular el uso de medios telemáticos o sistemas de telecomunicación[34].

Esta interpretación de la inhabilitación especial para cualquier otro derecho del art. 56.1.3° CP supone una quiebra del principio de legalidad penal, que no puede justificarse o mitigarse porque se deje en manos del juez su imposición como pena accesoria, solo para el caso de que imponga una pena de prisión inferior a 10 años y motive y justifique en la sentencia condenatoria que ha habido relación directa entre la comisión del delito y el ejercicio abusivo de ese derecho. El principio de legalidad penal exige que la pena, en su contenido y efectos, además de duración temporal, esté taxativamente descrita por la ley previa[35]. La mera previsión de la cláusula indeterminada como la referida inhabilitación para el ejercicio de cualquier otro derecho no cumple mínimamente con las exigencias materiales del principio de legalidad penal. Así como tampoco se admite la tipificación de un delito consistente en causar un daño a los intereses de una persona, tampoco se puede admitir una pena consistente en la inhabilitación para el ejercicio de cualquier otro derecho. Las exigencias derivadas del principio de legalidad penal no han de ser diferentes atendiendo al carácter de pena principal o pena accesoria. Al contrario, precisamente el hecho de que se acuerde como pena accesoria, y que sea una decisión sometida a la discrecionalidad judicial, hace que se refuercen las garantías de taxatividad, certeza y, en última instancia, seguridad en relación con el principio de legalidad penal.

---

34 Gutiérrez Castañeda, Penas privativas de derechos, 2012, 139.

35 V., entre otros muchos, Mapelli Caffarena, Consecuencias jurídicas del delito, 5ª, 2011, 266; Ramos Vázquez, en: Faraldo Cabana / Puente Aba (Dirs.), Penas privativas de derechos, 2013, 214 s.; Tamarit Sumalla, en: Quintero Olivares (Dir.) / Morales Prats (Coord.), Comentarios CP I, 7ª, 2016, 463.

Otro sector doctrinal ha defendido otra interpretación de la cláusula inhabilitación para cualquier otro derecho[36]: solo actúa para incluir nuevos contenidos en las penas accesorias[37]. El principio de legalidad penal implica que la pena ha de estar prevista por la ley; el CP responde en líneas generales a este principio y su derivado, el de taxatividad. Al mismo tiempo, también se ha pretendido dotar de la mayor eficacia posible al sistema de penas, así que a través de esta cláusula se pueden cubrir eventuales lagunas que surgen por la redacción dada al sistema de penas. Ahora bien, la restricción a la aplicabilidad de esta cláusula es necesaria, es más, debería añadirse que es una exigencia del principio de legalidad penal, lo que lleva a la hipótesis de que siempre ha de actuar como pena accesoria: ello se consigue dando contenido a esta cláusula remitiendo a un derecho que ha de encontrarse previamente definido como objeto de una pena en el Libro I CP. A esto se une, además, la condición exigida para su imposición como pena accesoria, la relativa a la relación o vinculación directa entre el ejercicio abusivo del derecho y el delito.

Esta conexión o relación entre la pena de inhabilitación para el ejercicio de cualquier otro derecho del art. 56.1.3º CP con el

---

36 Boldova Pasamar, LL, 10179, 2022, 4; en: Muñoz Sánchez / García Pérez / Cerezo Domínguez / García España (Dirs.)/ Corral Maraver / García Magna / Pérez Jiménez / Prado Manrique / Rando Casermeiro (Coords.), Libro homenaje Díez Ripollés, 2023, 992; en: Boldova Pasamar / Alastuey Dobón (Coords.), Tratado de consecuencias jurídicas del delito, 2ª, 2023, 226 s., con ejemplos de la jurisprudencia sobre la aplicación de penas accesorias a través de la cláusula del art. 56.1.3º CP.

37 Aclara Boldova Pasamar, en: Boldova Pasamar / Alastuey Dobón (Coords.), Tratado de consecuencias jurídicas del delito, 2ª, 2023, 228, que la pena de inhabilitación para cualquier otro derecho, con esta descripción, solo aparece en el art. 213 CP como pena principal, y ello sucede porque este precepto remite a los arts. 42 o 45 para que se imponga la pena de inhabilitación especial prevista en estos preceptos cuando la calumnia o la injuria se cometa mediante precio, recompensa o promesa.

sistema de penas genérico del Libro I CP sí permite introducir como pena accesoria una que suponga la limitación o restricción en el uso de las TIC. Porque, por ejemplo, se puede encontrar conexión con la pena de prohibición de comunicación del art. 48 CP, o con la pena de inhabilitación para el ejercicio de una profesión o de actividades no regladas, art. 39 b) CP[38]. Ahora bien, esto significaría que las penas privativas de derechos del art. 48 CP resultarían aplicables tanto en el régimen especial regulado en el art. 57 CP, cumpliéndose los requisitos establecidos en este precepto, como en el régimen general, en este caso a través del art. 56.1.3° CP: acompañando a la pena de prisión inferior a 10 años y cuando el ejercicio abusivo del derecho a comunicarse por vía informática o telemática tenga relación directa con el delito. No parece que sea esta la pretensión de la regulación penal sobre las penas accesorias de los arts. 54 a 57 CP.

En la jurisprudencia menor se ha abierto el debate sobre la imposición de penas privativas de derechos de nueva generación a través del régimen de la pena accesoria del art. 56.1.3° CP "inhabilitación para cualquier otro derecho". Por ejemplo, en la SAP Barcelona 6 de mayo de 2015[39], en la que se plantea la posible aplicación como pena accesoria la prohibición de uso de redes P2P de intercambio de archivos, invocando dos preceptos para su imposición, el art. 56 y el art. 57.1 en relación con el art. 48.1 CP. El Tribunal entiende que el mejor apoyo legal para la imposición de esta pena sería el art. 56.1.3° CP, pero, a continuación, se descarta por exigencias del principio de legalidad penal, pues el citado principio exige la previa descripción, en la parte general o en la parte especial, de una pena como la que se solicita, lo que no ocurre.

El Tribunal también realiza una valoración de índole política criminal sobre la conveniencia o no de la imposición de penas accesorias de este contenido, tomando en consideración los fines

---

[38] Felip i Saborit, RCDP, 35, 2007, 15 n. 50, 20.

[39] ECLI:ES:APB:2015:2946.

de la pena: desde esta perspectiva se advierte que el sistema penal pretende como finalidad principal la rehabilitación social, no el control social o inocuización, que sería el fin principal de las penas de inhabilitación relacionadas con las TIC,s. En conclusión, se descarta la imposición de la pena accesoria consistente en la prohibición de uso de redes P2P de intercambio de archivos.

En esta sentencia se citan otras resoluciones judiciales en las que sí se ha dado carta de naturaleza a la pena de inhabilitación de derechos de nueva generación, a través del art. 56.1.3° CP, resueltas por la vía de la conformidad: en la SAP Barcelona 127/2013, de 12 de febrero, en la que en primera instancia se ha impuesto la prohibición de utilizar internet en aplicación de los arts. 56.1.3° y 48.1 CP, así como la prohibición de contratación con empresas proveedoras de servicio de internet y de acudir a lugares de acceso público que dispongan de servicio de internet al condenado por delito continuado de coacciones y un delito de pornografía infantil. Y en la SAP Barcelona de 12 de noviembre de 2014[40] en la que se impone la prohibición de uso de redes P2P, en este caso aplicando los arts. 57.1 y 48.1 CP, al condenado por delito de pornografía infantil.

También se cita la SAP Madrid 138/2009, de 25 de marzo, en la que se discute la imposición de la prohibición de contratar con cualquier proveedor del servicio de internet, pero como consecuencia accesoria art. 129 d) CP, descartándola al no estar prevista su imposición, ya que no cumple los requisitos exigidos para ello el art. 189.8 CP (el culpable no pertenece a una sociedad, organización o asociación). Y la SAP Madrid 70/2009, de 6 octubre, en la que sí se acuerda como consecuencia accesoria del art. 129 d) CP la prohibición de contratar con cualquier proveedor del servicio de internet.

---

40 ECLI:ES:APB:2014:12057.

III. EL ART. 57 CP Y LA IMPOSICIÓN DE PENAS PRIVATIVAS O RESTRICTIVAS DE DERECHOS DE NUEVA GENERACIÓN

Como se ha mencionado en el apartado anterior, en la jurisprudencia menor se ha planteado la posible aplicación de penas privativas o restrictivas de derechos de nueva generación a través del régimen especial de penas accesorias del art. 57 CP. En particular, a través de la interpretación de la pena de prohibición de acudir a determinados lugares.

Por ejemplo, en la ya citada SAP Barcelona 6 de mayo de 2015[41], en la que se plantea la posible aplicación como pena accesoria, a través del art. 57.1 en relación con el art. 48.1 CP, de la prohibición de uso de redes P2P de intercambio de archivos, en un delito de pornografía infantil. La sentencia es dictada en conformidad, pero el Tribunal entra a valorar si se respeta o no el principio de legalidad penal la petición de esta pena accesoria. En concreto, analizando lo dispuesto en el art. 57.1 y 48.1 CP, el Tribunal concluye que la pretensión en torno a la imposición de esta pena como accesoria no es factible, ya que en el art. 48.1 CP no se contempla una privación de derechos diversa a la de residencia o aproximación a un lugar concreto, "lo que ni analógicamente puede relacionarse con el uso de programas informáticos dirigidos a compartir archivos en internet".

Sí se ha impuesto la pena de prohibición de uso de redes P2P al condenado por delito de pornografía infantil en la ya citada SAP Barcelona de 12 de noviembre de 2014[42], en este caso aplicando los arts. 57.1 y 48.1 CP.

Y, de manera destacada, el TS ha recurrido al régimen especial de penas accesorias del art. 57 CP para acordar la imposición de penas privativas de derechos de nueva generación.

---

41 ECLI:ES:APB:2015:2946.

42 ECLI:ES:APB:2014:12057.

Esta cuestión ha sido objeto de especial atención en la STS 547/2022, de 2 de junio[43], en la que se ha condenado al sujeto por un delito contra la integridad moral y como pena accesoria se ha acordado la prohibición de acudir al lugar del delito, esto es, a la red social youtube, que implica el cierre del canal durante el tiempo de la condena y la prohibición de crear otros durante ese tiempo.

De manera resumida el caso resuelto es el de un youtuber[44], y, dado el número de videos publicados, el de suscriptores y el de visualizaciones de sus contenidos, el TS considera a este sujeto un influencer[45].

Esta descripción es interesante pues hubiera permitido al TS recurrir a la pena accesoria de inhabilitación para el ejercicio de la profesión u oficio, al tener relación directa el ejercicio abusivo de esta profesión con el delito de trato degradante cometido. Hipótesis finalmente descartada al tomar en consideración el principio acusatorio[46].

El youtuber acepta el reto propuesto por uno de sus seguidores consistente en rellenar un paquete de galletas con pasta

---

43 STS 547/2022, de 2 de junio (ECLI:ES:TS:2022:2356).

44 Se define en la sentencia como nombre usado para designar a personas que comparten videos en su canal de la red social, haciendo del mismo un medio de vida, al obtener cuantiosos ingresos derivados de la publicidad que se inserta en el mismo y que se calculan en función del número de seguidores y del número de visualizaciones que tienen los contenidos difundidos.

45 En opinión del TS, este término se atribuye a jóvenes que con este medio de comunicación tienen la capacidad de movilizar y crear reacciones de todo tipo entre sus seguidores, interactuando con ellos.

46 El TS ha reconocido que la vía del art. 57 CP no es la única que permite la imposición de penas privativas de derechos de nueva generación. En concreto, menciona la posibilidad de recurrir a la pena accesoria de inhabilitación especial para el ejercicio de una profesión u oficio, ya que se constata que el acusado está desarrollando una actividad profesional como es la de youtuber. Pero, como se ha mencionado en el texto, esta vía queda descartada en cumplimiento del principio acusatorio.

de dientes para luego entregarlas a personas en la vía pública; para captar más seguidores, decide entregar las galletas a una persona sin hogar, aprovechándose de su situación de vulnerabilidad. Una vez entregado el paquete de galletas graba la escena a la que acompaña de unas frases calificadas por el TS "con el ánimo de ridiculizar y vejar a dicha persona, y en general a todas las personas que se encuentran en situación de extrema pobreza". Al día siguiente contacta nuevamente con esta persona y emite otro video haciendo sorna de lo sucedido, haciendo comentarios "poco afortunados". También se han localizado otros videos de este youtuber con contenidos vejatorios.

En la parte que aquí interesa el TS realiza un análisis exhaustivo sobre la aplicabilidad o no de la pena consistente en la prohibición de acudir al lugar del delito, esto es, a la red social youtube, a través del art. 57.1 en relación con el art. 48.1 CP. Este segundo precepto describe la pena de privación del derecho a residir en determinados lugares o acudir a ellos, y consiste en impedir residir o acudir al lugar en que haya cometido el delito o a aquel en que resida la víctima o su familia, si fueren distintos.

Dejando al margen la cuestión previa que podría afectar a la imposición o no de esta pena, a saber, si el delito contra la integridad moral se ha cometido o no en la red social youtube[47], y

---

47 Esto ha sido rechazado en la SAP Barcelona de 21 de octubre de 2019 objeto del recurso de casación, considerando que el delito realmente donde se comete es en la vía pública, llegando a otra conclusión el TS, pues el hecho se inicia con el desafío aceptado por el youtuber y culmina con la difusión incontrolada en la red. El TS argumenta, además, que la mayor reprochabilidad de la acción hay que asociarla a la divulgación de la secuencia grabada en el canal de youtube, es aquí donde se produce el mayor daño a la dignidad persona, haciéndose irreversible. Se afirma que el delito no solo se cometió en una calle de la ciudad, "(F)fue inducido y preparado en el marco de una aplicación de Internet, inició su efecto destructivo de la dignidad personal en el portal de

dejando también al margen la interpretación de los requisitos que describe el art. 57.1 CP y que han de guiar la decisión judicial sobre la imposición de las penas accesorias de este precepto, a saber, atender a la gravedad de los hechos o al peligro que el sujeto represente[48], interesa atender a los argumentos esgrimidos por el

---

esa calle e intensificó su antijuridicidad mediante la divulgación en la red *Youtube* de las imágenes de un vagabundo pretendiendo saciar su hambre con las galletas entregadas en lo que interpretó como un gesto de caridad ajena". Concluyendo que el verdadero escenario del ataque al bien jurídico ha sido el escenario virtual, telemático.

48 El art. 57.1 CP formula ambos criterios de manera alternativa. Sobre la interpretación de estos requisitos, v., entre otros muchos, FARALDO CABANA, Prohibiciones de residencia, 2008, 59 ss.; La pena de prohibición de aproximación a la víctima u otras personas, en: FARALDO CABANA / PUENTE ABA (Dirs.), Penas privativas de derechos, 2013, 303 ss.; BAUCELLS LLADÓS, en: CÓRDOBA RODA / GARCÍA ARÁN (Dirs.), Comentarios CP. PG, 2011, 564 s.; SOUTO GARCÍA, La pena de privación del derecho a residir en determinados lugares o acudir a ellos; y RODRÍGUEZ MORO, La pena de prohibición de comunicarse con la víctima u otras personas, en: FARALDO CABANA / PUENTE ABA (Dirs.), Penas privativas de derechos, 2013, 281, 284; y 327 ss., respectivamente; PÉREZ RIVAS, La pena accesoria de prohibición de aproximarse a la víctima: regulación y propuestas de *lege ferenda*, Revista de Derecho Penal y Criminología (RDPC), 13, 2015, 96 ss.; La pena accesoria de prohibición de comunicarse con la víctima en el Código Penal de 1995: regulación y propuestas de *lege ferenda*, Revista Electrónica de Derecho de la Universidad de la Rioja (REDUR), 13, 2015, 150 ss.; La pena accesoria de privación del derecho a residir en determinados lugares o acudir a ellos: propuestas de *lege ferenda*, Revista Jurídica de Castilla y León (RJCyL), 38, 2016, 12 ss.; GARCÍA ALBERO, en: QUINTERO OLIVARES (Dir.)/MORALES PRATS (Coord.), Comentarios CP I, 7ª, 2016, 502 s.; CARDENAL MONTRAVETA, Artículo 57, en: CORCOY BIDASOLO / MIR PUIG (DIRS.) / RAMÍREZ MARTÍN / ROGÉ SUCH (Coords.), Comentarios CP, 2ª, 2024, 325 s. V., también, por ejemplo, STS 112/2018, 12 de marzo (ECLI: ES:TS:2018:821): el requisito de la gravedad no se ha de identificar o interpretar atendiendo a la clasificación de los delitos en graves, menos graves o leves, sino a la gravedad del hecho en concreto. El de peligro no va referido necesariamente a personas concretas, cabe también idealmente en delitos sin víctimas o con víctimas

TS para concluir que la pena sí está incluida en el art. 48.1 CP (en contra del parecer de la AP Barcelona) y, por tanto, sí puede ser acordada como pena accesoria a través del art. 57 CP[49].

En este caso se plantea el interrogante sobre si la privación del derecho a residir en determinados lugares o acudir a ellos se está refiriendo solo a espacios físicos o si, por el contrario, también permite abarcar los espacios digitales o virtuales de encuentro y comunicación creados en internet. El TS acude a la interpretación literal del término "lugar", en una de sus acepciones es el espacio ocupado o que puede ser ocupado por un cuerpo cualquiera, definición que permite abarcar en el término espacios de reuniones como el foro, el chat, la red social, porque la participación de individuos y la aportación de sus contenidos ocupa el espacio limitado del que dispone el foro o la red, limitando a su vez la disponibilidad del mismo para que pueda ser ocupado por otros sujetos y sus respectivos contenidos.

En opinión del TS, se confirma esta exégesis del término lugar con la interpretación sistemática, ya que en el art. 214 CP, en la regulación de los efectos de la retractación del acusado por delitos de injurias y calumnias, se refiere a espacios de difusión, no a espacios geográficos.

---

difusas, potenciales o sin concretar. El pronóstico de riesgo (el peligro que el delincuente represente) no ha de basarse ineludiblemente en condenas anteriores, aunque son un factor de elevadísima ayuda. Puede apoyarse en otros elementos. No es un juicio de culpabilidad (que exigiría pruebas que destruyesen la presunción de inocencia), sino un juicio de probabilidad; el peligro del condenado no es la reincidencia ni la multirreincidencia, aunque estas puedan ser signo de peligrosidad o profesionalidad; se trata de un pronóstico y no una profecía; exige valoraciones racionales, pero no certeza.

49 Parece estar de acuerdo con la interpretación realizada por el TS, que coincide en su conclusión con la de la sentencia en primera instancia por el Juzgado de lo Penal nº 9 de Barcelona 243/2019, 29 de mayo, MAGRO SERVET, La prohibición del uso de las redes sociales como pena en los delitos cometidos por internet, LL, 9449, 2019, 8.

Este argumento sistemático se apoya, sin embargo, en un término, espacio, que ciertamente es sinónimo de lugar, pero no es un término idéntico, pudiendo por tanto tener cada uno diferentes significados, como así se refleja en las definiciones de ambos términos en la RAE[50].

En esta interpretación sistemática no se recurre a otros preceptos penales en los que se utiliza la prohibición de acudir a un determinado lugar, y/o hay referencia al término lugar[51]. En particular, en varias reglas de conducta de la suspensión hay referencia al lugar (art. 83 CP: en prohibición de aproximación a la víctima, en el mantenimiento del lugar de residencia, en la prohibición de residir en un lugar determinado o acudir al mismo); también en reglas de conducta de la medida de seguridad de libertad vigilada (art. 106 CP: comunicar el cambio de lugar de residencia, o del lugar o puesto de trabajo, prohibición de ausentarse del lugar donde resida o de un determinado territorio, prohibición de acudir a determinados territorios, lugares o establecimientos, prohibición de residir en determinados lugares). Y, sobre todo, la interpretación sistemática con la pena de prohibición de acudir a determinados lugares, pena principal con la que se castigan solo

---

50 V., para más detalles, sobre la interpretación sistemática, que puede llevar a la interpretación en el mismo sentido o en sentido contrario, por todos, LUZÓN PEÑA, Lecciones de Derecho penal. Parte general, 3ª, Valencia, Tirant lo Blanch, 2016, 6/17 s. (pp. 71 s.).

51 Tampoco se recurre al significado de la prohibición de acudir a determinados lugares que se deriva de la regulación de las medidas cautelares del art. 544 bis CP, que han de imponerse precisamente en los casos en los que se investigue un delito de los que se mencionan en el art. 57 CP: como medida cautelar, cuando resulte estrictamente necesario para proteger a la víctima, el juez podrá acordar la prohibición de residir en un determinado lugar, barrio, municipio, provincia u otra entidad local, o Comunidad Autónoma. En las mismas condiciones podrá imponerle cautelarmente la prohibición de acudir a determinados lugares, barrios, municipios, provincias u otras entidades locales, o Comunidades Autónomas, o de aproximarse o comunicarse, con la graduación que sea precisa, a determinadas personas.

dos modalidades delictivas: en el delito de acoso para obstaculizar el derecho a la interrupción voluntaria del embarazo (art. 172 quater.3 CP): el tribunal puede imponer la prohibición de acudir a determinados lugares por tiempo de 6 meses a 3 años. Y en el delito de desórdenes públicos (art. 558 CP): se podrá imponer la pena de privación de acudir a los lugares, eventos o espectáculos de la misma naturaleza.

El TS cita un segundo significado gramatical de lugar para apoyar la conclusión de que la pena accesoria permite abarcar espacios virtuales: según la RAE, lugar significa sitio o paraje, y el término sitio es el que se utiliza de manera generalizada para referirse a las ubicaciones de contenidos en internet. Y sitio según la RAE es el espacio que es ocupado o puede serlo por algo. Inclusive, podría haber añadido el TS que se cuenta con una quinta acepción del término sitio en la RAE: sitio web.

Es este argumento gramatical el que sirve para contradecir la conclusión alcanzada por el TS: en los espacios virtuales el término utilizado es sitio, no lugar; aunque ambos sean términos sinónimos, no son idénticos, cada uno se emplea en un contexto que es el que sirve para captar su auténtico significado, permitiendo de esta manera deducir si la interpretación ha de ser en idéntico sentido o en sentido diferente.

A juicio del TS, con estas dos acepciones del término lugar se está delimitando un espacio o ubicación que no ha de tener vinculación geográfica en la medida en que sean susceptibles de ser ocupados por contenidos de extensión limitada. En resumidas, cuentas, no aprecia ningún impedimento derivado del tenor literal para incluir en el significado lugar el espacio virtual.

Se descarta el recurso a la interpretación histórica. Y, ciertamente, al TS no le interesa el recurso a este método interpretativo, pues, en tal caso, la conclusión a la que se llegaría sería la contraria a la pretendida. Porque las prohibiciones del art. 57-48 CP sí tienen tradición en la legislación penal y, obviamente, el significado del término lugar en las penas privativas de derechos de los CP históricos ha de estar referido a un espacio geográfico más o menos determinado y/o extenso[52].

En última instancia el TS también utiliza la interpretación teleológico-valorativa, conectada con los fines de las penas descritas en los arts. 57-48 CP: en concreto, es proteger a las víctimas directas del delito de la victimización secundaria derivada del posible encuentro con el autor del delito y, fundamentalmente, excluir el riesgo de que se puedan repetir nuevos hechos delictivos. A juicio del Tribunal, la imposición de la pena accesoria consistente en la privación del derecho a acudir a espacios virtuales donde se ha cometido el delito no implica separarse de esta finalidad, pues la privación impide la reiteración de la conducta lesiva para el bien jurídico en cada caso protegido. Aclara además el TS que esta privación se ha impuesto de manera limitada, ceñida al lugar de comisión del delito, esto es, la red, foro o plataforma concreta en la que se ha producido la distribución del material. Se respeta así el principio de proporcionalidad, circunstancia que no sucedería si se hubiera impuesto la prohibición de acceso a internet, bien de forma genérica o bien en forma de prohibición de contratar con empresas proveedoras de acceso a internet.

Este será, como se comentará más adelante, el método que ha de fijar el verdadero alcance y extensión del significado literal o gramatical del término lugar; su conexión con los fines de la pena, y con el contenido y extensión de la misma, y su contextualización (en el propio art. 57-48.1 CP), han de resultar decisivos para averiguar si esta pena accesoria permite o no la incorporación de penas privativas de derechos digitales.

No se ha valorado la posibilidad de recurrir a la otra pena accesoria mencionada en el art. 57-48.3: la prohibición de comunicarse con la víctima, que impide al penado establecer con ella contacto escrito, verbal o visual, por cualquier medio de comunicación o

---

52 El precedente más inmediato del vigente art. 57 CP es el art. 67 CP 1944/1973 CP, ya mencionado anteriormente, precepto ubicado en el capítulo dedicado a las reglas de aplicación de las penas.

medio informático o telemático; esta pena privativa de derechos sí puede englobar la privación de derechos de nueva generación, como por ejemplo la comunicación a través de las redes sociales[53].

En esta sentencia se ha presentado un voto particular firmado por dos Magistrados, poniendo en evidencia que puede estar en contradicción con el principio de legalidad de las penas. Los argumentos esgrimidos en este voto particular resultan convincentes.

En un primer momento se toma en consideración la duración temporal de la pena accesoria del art. 57 CP cuando acompaña a la pena de prisión, siempre superior a la de esta, pues es una forma de que tanto una pena como otra tengan un auténtico efectivo privativo de derechos, pero esta consecuencia ya carece de sentido cuando su contenido se extiende a la privación de acudir a lugares virtuales. Algo que no es cierto necesariamente, salvo que se esté reconociendo que una persona privada de libertad puede utilizar redes sociales y/o abrir canales en redes sociales, en cuyo caso efectivamente no tendría tanto sentido la superior duración temporal de la pena privativa de derechos.

A continuación, advierten sobre el verdadero significado del término lugar, y de la prohibición de acudir a un lugar, referido a un espacio geográfico, cuando esta pena acompaña a la de prisión.

No se entra a analizar si la interpretación literal del término lugar es o no correcta, centrándose en todo caso en el sentido que ha de darse a esta expresión en el art. 48 CP. En opinión de estos Magistrados, la red no es el lugar donde se ha cometido el delito,

---

53 V., por ejemplo, STS 553/2022, 2 de junio (ECLI:ES:TS:2022:2329), en la que se condena por quebrantamiento de la medida cautelar consistente en la prohibición de comunicarse con su expareja por cualquier medio, incluido internet. El sujeto ha escrito en su página de la red social Google+ varios textos aludiendo a su expareja. Esta también está unida a la red social, así que estos textos también le llegarían, de ahí que este sujeto haya cometido el delito de quebrantamiento de medida cautelar.

sino el medio utilizado para cometerlo; y, por otro lado, la red tampoco es el lugar donde reside la víctima o sus familiares. En el voto particular también se toma en consideración la interpretación literal conectada con la teleológico-valorativa, atendiendo a la finalidad de la norma. En el caso de la pena del art. 48.1 CP, se trata de una pena que afecta a la libertad deambulatoria de forma muy limitada. Utilizar la pena descrita en este precepto para incidir en otros derechos, como sería en este caso la libertad de expresión, comporta un fraude de etiquetas. Se está apartando del sentido real de la pena, escondiendo bajo el mismo nombre otra pena muy distinta, una que limita la libertad de expresión, e, incluso, la libertad de recibir opiniones e informaciones. En definitiva, se pretende restringir su capacidad de comunicación, no su libertad deambulatoria.

Se añade en el voto particular que la concreción de la clase de pena que establece el legislador tiene consecuencias en los requisitos para su imposición, en qué delitos se acuerda, su duración temporal, etc. Estos parámetros no pueden ser idénticos en cualquier pena, sea cual sea el derecho que limita o restringe. El art. 48.1 CP regula una pena que afecta a la libertad deambulatoria, con sus requisitos, ámbito de aplicación, contenido aflictivo, no puede servir para dar cobertura a una pena que nada tiene que ver, como es la que limita la libertad de expresión y comunicación, ya que en esto se convierte la prohibición acudir a la red social.

En el voto particular se baraja la posibilidad de acordar otra pena privativa de derechos, reformulada con la LO 8/2021, la inhabilitación especial para profesión u oficio, industria o comercio, u otras actividades, sean o no retribuidas, o cualquier otro derecho, regulada en el art. 45 CP, donde se faculta al juez a restringir la inhabilitación a determinadas actividades o funciones de la profesión u oficio, retribuido o no, permitiendo el ejercicio de aquellas no directamente relacionadas con el delito cometido[54].

---

54 También Dolz Lago, Alcance del término "prohibición de acudir al lugar del delito" previsto en la pena accesoria del art. 48.1 CP cuando

La doctrina ha criticado la interpretación realizada por el TS del art. 57 CP y de la pena de prohibición de acudir a determinados lugares. Se ha achacado que se ha incurrido en una analogía *in malam partem* con la pena de prohibición de acudir a determinados lugares[55], conculcando el principio de legalidad penal.

En esta línea crítica se ha objetado que una pena como la descrita en el art. 48.1-57 CP, definida como pena restrictiva de libertad ambulatoria, se convierte con esta interpretación jurisprudencial en restrictiva de libertad de expresión, tal como se ha puesto de relieve en el voto particular de dos de los Magistrados[56], objetándose también el otro aspecto controvertido, esto es, lo que

---

los delitos cometidos en entornos físicos se prolongan y amplifican en espacios virtuales como Youtube, LL, 10120, 2022, 10, se muestra partidario de acudir al art. 45 CP para la imposición de la pena accesoria consistente en prohibir acudir a espacios virtuales. Descarta esta vía, Boldova Pasamar, LL10179, 2023, 6, porque no es plenamente satisfactoria.

55 Boldova Pasamar, LL, 10179, 2023, 6; en: Boldova Pasamar / Alastuey Dobón (Coords.), Tratado de consecuencias jurídicas del delito, 2ª, 2023, 228, 245; en: Muñoz Sánchez / García Pérez / Cerezo Domínguez / García España (Dirs.) / Corral Maraver / García Magna / Pérez Jiménez / Prado Manrique / Rando Casermeiro (Coords.), Libro homenaje Díez Ripollés, 2023, 998; González Uriel, La prohibición de acudir al "ciberlugar" de comisión del delito, Revista Aranzadi Doctrinal (RAD), 3, 2023, 4. Rechaza esta crítica Dolz Lago, LL, 10120, 2022, 9, ya que acepta que lugar de comisión del delito puede ser interpretado como lugar virtual, sin estar en interpretación analógica.

56 Así lo concluyen también, Dolz Lago, LL, 10120, 2022, 10; Boldova Pasamar, LL, 10179, 2023, 6; en: Muñoz Sánchez / García Pérez / Cerezo Domínguez / García España (Dirs.) / Corral Maraver / García Magna / Pérez Jiménez / Prado Manrique / Rando Casermeiro (Coords.), Libro homenaje Díez Ripollés, 2023, 997; en: Boldova Pasamar / Alastuey Dobón (Coords.), Tratado de consecuencias jurídicas del delito, 2ª, 2023, 226, 244; González Uriel, RAD, 3, 2023, 5, quien también ve limitado el derecho a recibir informaciones y opiniones, y en la doble vertiente, activa y pasiva.

constituye realmente el medio para la comisión del delito se ha convertido o transformado en su lugar de ejecución[57].

El término lugar utilizado en la descripción de la pena privativa de derechos del art. 48.1-57 ha de ser interpretado en su sentido usual, conectado con un espacio geográfico determinado, y así se ha de concluir atendiendo a la finalidad de la norma, que no es otro que proteger a la víctima[58]. Además, su interpretación ha de ir acom-

---

[57] BOLDOVA PASAMAR, en: MUÑOZ SÁNCHEZ / GARCÍA PÉREZ / CEREZO DOMÍNGUEZ / GARCÍA ESPAÑA (Dirs.) / CORRAL MARAVER / GARCÍA MAGNA / PÉREZ JIMÉNEZ / PRADO MANRIQUE / RANDO CASERMEIRO (Coords.), Libro homenaje Díez Ripollés, 2023, 997; en: BOLDOVA PASAMAR / ALASTUEY DOBÓN (Coords.), Tratado de consecuencias jurídicas del delito, 2ª, 2023, 226.

[58] Defiende esta interpretación literal GONZÁLEZ URIEL, RAD, 3, 2023, 4. También limitan el significado del término lugar al espacio geográfico del art. 48.1 CP, entre otros muchos, FARALDO CABANA, Prohibiciones de residencia, 2008, 68 ss.; BAUCELLS LLADÓS, Artículo 48, en: CÓRDOBA RODA / GARCÍA ARÁN (Dirs.), Comentarios CP. PG, 2011, 489, 492 s.; SOUTO GARCÍA, en: FARALDO CABANA / PUENTE ABA (Dirs.), Penas privativas de derechos, 2013, 285, 287 s.; PÉREZ RIVAS, RJCyL, 38, 2016, 6 s.; VILLA SIEIRO, Penas privativas de derechos en interés de la víctima, en: ROCA DE AGAPITO (Dir.), Consecuencias jurídicas del delito, 2ª, 2022, 75 s. Sobre los fines de las penas privativas de derechos del art. 57-48 CP, v., entre otros, SILVA SÁNCHEZ / FELIP I SABORIT, La ideología de la seguridad en la legislación penal española presente y futura, en: DA AGRA / DOMÍNGUEZ / GARCÍA AMADO /HEBBERECHT /RECASENS (Eds.), La seguridad en la sociedad del riesgo. Un debate abierto, Atelier, Barcelona, 2003, 125 (quienes, refiriéndose al art. 57 CP, ven una clara manifestación del retorno a la inocuización); VALEIJE ÁLVAREZ, EPC, XXVI, 2006, 340-342; Crítica a la imposición preceptiva de las penas accesorias en todos los supuestos de violencia de género: una lectura del art. 57.3 CP, en: VÁZQUEZ-PORTOMEÑE SEIJAS (Dir.), Cuestiones actuales de política criminal, Valencia, Tirant lo Blanch, 2023, 242 s.; FARALDO CABANA, *Op. cit.*, 54 ss., 191 ss., 209 ss.; BAUCELLS LLADÓS, *Op. cit.*, 489, 491, 565; SOUTO GARCÍA, en: FARALDO CABANA / PUENTE ABA (Dirs.), Penas privativas de derechos, 2013, 278 s., 280; DOMÍNGUEZ IZQUIERDO, CPC, 112, 2014, 140; PÉREZ RIVAS, RDPC, 13, 2015, 93, 98; REDUR, 13, 2015, 148, 152; RJCyL, 38, 2016, 6, 9; GIL GIL / LACRUZ

pañada de otro término, "acudir", que también en su acepción usual hace referencia a ir o asistir a un espacio geográfico, mientras que a los sitios web (y se usa el término sitio, no lugar) no se acude, sino que se visitan, se accede a ellos, se interactúa en ellos[59].

También se advierte de la consecuencia de esta interpretación en cuanto al contenido o alcance de la pena: específicamente aparece como una prohibición de acudir o residir en el lugar de comisión del delito o en el que resida la víctima, si fuera distinto, pero la interpretación defendida por el TS la convierte solo en una prohibición de acudir (no de residir) a determinado lugar, el sitio web, que está completamente al margen de la víctima[60]. De

---

López / Melendo Pardos / Núñez Fernández, Consecuencias jurídicas del delito, 2ª, 2018, 192; Villa Sieiro, en: Roca De Agapito (Dir.), Consecuencias jurídicas del delito, 2ª, 2022, 74. Jurisprudencialmente también se ha reconocido que el fin de las penas del art. 57-48 CP, además de tener un contenido retributivo, tienen una finalidad específica como es la de proteger a la víctima del delito ante el riesgo de nuevos ataques. Así se afirma, por ejemplo, en STS 809/2021, 21 de octubre (ECLI:ES:TS:2021:3893), si bien la explicación sobre los fines de las penas del art. 57-48 CP es diferente en la STS 112/2018, 12 de marzo (ECLI: ES:TS:2018:821): además de la carga aflictiva porque como pena supone la privación o restricción de derechos, también se destaca intuitivamente un componente de prevención especial, por el criterio de peligrosidad que se menciona en el art. 57.1 CP, pero que en algún caso pueda estar ausente esa orientación: porque su imposición se base fundamentalmente en razones de gravedad, y no de peligrosidad; o de tranquilidad bien de la víctima concreta bien de un colectivo difuso. Se reconoce que la pena puede ser impuesta fundada en razones como la alarma, la conciencia colectiva que pueda ver en ella la expresión de la restauración de la confianza en el derecho y en la protección que dispensa la norma penal. En esta sentencia también se entra a interpretar el significado de la prohibición de acudir a determinados lugares, para decidir si este término permite imponer la prohibición de acceso a las instalaciones del metro de Barcelona.

59 González Uriel, RAD 3 (2023), 6.

60 Boldova Pasamar, LL, 10179, 2023, 6; en: Muñoz Sánchez / García Pérez / Cerezo Domínguez / García España (Dirs.) / Corral Maraver / García Magna / Pérez Jiménez / Prado Manrique / Rando

hecho, si la víctima accede a este sitio web donde el sujeto "cuelga" contenidos, entonces lo procedente es imponer la prohibición de comunicación, no tanto la de acudir o residir en un determinado lugar.

Se ha entendido que el contenido de esta pena se ha formulado de manera alternativa: en primer lugar, se refiere a residir o acudir al lugar de comisión del delito; si este no coincide con el de residencia de la víctima o la familia, se extiende alternativamente a residir o acudir a estos otros lugares[61]. Se plantea entonces otra posible objeción a la forma como ha interpretado el TS esta pena privativa de derechos: si en el caso concreto la víctima del delito reside en el mismo lugar que el autor o este ha cometido el delito en su lugar de residencia, ¿estaría el juez autorizado a imponer esta pena con un doble contenido: prohibición de residir en un lugar físico y prohibición de acudir a un lugar virtual?[62].

Con esta pena se pretende proteger a la víctima; la prohibición de acudir o acceder a la red social no tiene este objetivo, sino impedir la actividad del condenado. Se ha de realizar, por tanto, una interpretación restrictiva, la voluntad de la ley es dar un único contenido a esta pena, la de proteger a la víctima, y también tiene un único conteni-

---

Casermeiro (Coords.), Libro homenaje Díez Ripollés, 2023, 997; en: Boldova Pasamar / Alastuey Dobón (Coords.), Tratado de consecuencias jurídicas del delito, 2ª, 2023, 244.

61 Doctrinalmente se reconoce que en el art. 48.1 CP se describen dos penas diferentes. V., entre otros, Faraldo Cabana, Prohibiciones de residencia, 2008, 68 s.; Baucells Lladós, en: Córdoba Roda / García Arán (Dirs.), Comentarios CP. PG, 2011, 491; Souto García, en: Faraldo Cabana / Puente Aba (Dirs.), Penas privativas de derechos, 2013, 285 ss.; Villa Sieiro, Penas privativas de derechos en interés de la víctima, en: Roca De Agapito (Dir.), Consecuencias jurídicas del delito, 2ª, 2022, 75.

62 Boldova Pasamar, LL, 10179, 2023, 5, 6; en: Muñoz Sánchez / García Pérez / Cerezo Domínguez / García España (Dirs.) / Corral Maraver / García Magna / Pérez Jiménez / Prado Manrique / Rando Casermeiro (Coords.), Libro homenaje Díez Ripollés, 2023, 995, 997 s.; en: Boldova Pasamar / Alastuey Dobón (Coords.), Tratado de consecuencias jurídicas del delito, 2ª, 2023, 244 s.

do, en su lugar de residencia[63]. En esta misma línea se añade que esta prohibición no sirve para proteger a la víctima de ciberataques, pues no puede evitar que el condenado no vuelva a actuar, ya que existen otras plataformas o ciberlugares similares, donde se suben y se descargan vídeos, que el condenado podría utilizar. La prohibición se refiere a un ciberlugar determinado, youtube, pero no a todos los ciberlugares como tik tok, instagran, Facebook, otros espacios virtuales con las mismas características y funcionalidades[64].

En definitiva, no hay previsión específica en el vigente CP de penas privativas o restrictivas de derechos digitales, al margen de la posible incorporación de su contenido en la prohibición de comunicación, operando como pena accesoria en los supuestos y con las condiciones y requisitos exigidos en el art. 57 CP, o en la inhabilitación para el ejercicio de una profesión u oficio, que puede imponerse bien como pena principal o como pena accesoria a través del art. 56.1.3º CP.

Esta laguna en el sistema de penas debe ser colmada, introduciendo una pena específica que haga referencia a la prohibición o privación de acceso a determinados contenidos de internet, y/o a determinadas redes sociales. Se ha reclamado su introducción como pena principal y como pena accesoria, evitando así forzar el contenido de las penas del art. 57-48 CP que están pensadas para realidades físicas[65]; esta previsión específica también evitará que

---

63 Boldova Pasamar, LL, 10179, 2023, 6; en: Muñoz Sánchez / García Pérez / Cerezo Domínguez / García España (Dirs.) / Corral Maraver / García Magna / Pérez Jiménez / Prado Manrique / Rando Casermeiro (Coords.), Libro homenaje Díez Ripollés, 2023, 998; en: Boldova Pasamar / Alastuey Dobón (Coords.), Tratado de consecuencias jurídicas del delito, 2ª, 2023, 245.

64 González Uriel, RAD 3 (2023), 4.

65 Defiende la incorporación de la pena privativa de derechos digitales como pena principal y como pena accesoria Boldova Pasamar, LL, 10179, 2023, 6; en: Muñoz Sánchez / García Pérez / Cerezo Domínguez / García España (Dirs.) / Corral Maraver / García Magna / Pérez Jiménez / Prado Manrique / Rando Casermeiro (Coords.), Libro homenaje Díez Ripollés, 2023, 998; en: Boldova Pasamar / Alastuey Dobón (Coords.), Tratado de consecuencias jurídicas del

se defienda una interpretación de la pena de inhabilitación de cualquier otro derecho que sea contraria al principio de legalidad penal.

IV. LA FUTURA REFORMA EN EL SISTEMA DE PENAS: LA INCORPORACIÓN DE UNA PENA PRIVATIVA DE DERECHOS DE NUEVA GENERACIÓN

En el Pacto de Estado contra la violencia de género de 2017[66] ya se había propuesto la incorporación, como medida cautelar y como pena privativa de derechos, de la prohibición de comunicarse a través de las redes sociales cuando el delito se cometa a través de las nuevas tecnologías.

En las diferentes reformas del CP sucedidas hasta la actualidad no se ha optado por la introducción en el sistema de consecuencias jurídicas del delito alguna referencia a penas privativas de derechos de nueva generación. Esto puede cambiar en un futuro más o menos inmediato, ya que recientemente se ha presentado el Anteproyecto de LO para la protección de las personas menores de edad en los entornos digitales[67].

En la parte que aquí interesa, se proponen los siguientes cambios en el Libro I CP:

---

delito, 2ª, 2023, 445. A favor de su incorporación como pena accesoria, y como regla de conducta en la suspensión de la ejecución de penas privativas de libertad, Magro Servet, LL 9449, 2019, 4, 5 s.

66 V. la medida 143 del texto refundido Congreso+ Senado de medidas del pacto de Estado en materia de violencia de género, accesible en https://violenciagenero.igualdad.gob.es/wp-content/uploads/Documento_Refundido_PEVG_2.pdf. (fecha de consulta 14 de junio de 2024).

67 Se puede consultar en https://www.mpr.gob.es/servicios/participacion/Documents/ANTEPROYECTO%20DE%20LEY%20ORG%C3%81NICA%20PARA%20LA%20PROTECCI%C3%93N%20DE%20LAS%20PERSONAS%20MENORES%20DE%20EDAD%20EN%20LOS%20ENTORNOS%20DIGITALES.pdf.

En primer lugar, se plantea la introducción de una nueva pena privativa de derechos en el art. 33.2 l), 33.3 m) y 33.4 j) (dependiendo de si, por su duración temporal, es grave, menos grave o leve): la pena de prohibición de acceso o de comunicación a través de redes sociales, foros, plataformas de comunicación o cualquier otro lugar en el espacio virtual.

En segundo lugar, se propone añadir el apartado k) en el art. 39 para incluir como pena privativa de derechos la de prohibición de acceso o de comunicación a través de redes sociales, foros, plataformas de comunicación o cualquier otro lugar en el espacio virtual.

En tercer lugar, también se modificará el art. 40.3, para fijar la duración mínima y máxima (como regla general) de esta pena privativa de derechos digitales. Este cambio se completará con la modificación del art. 70.3.6° CP, para fijar la duración máxima de esta pena cuando se hayan de aplicar reglas de determinación de la pena superior en grado.

En cuarto lugar, se propone el cambio de los arts. 45 y 48.5 CP, que serán los que traten de describir el contenido de penas relacionadas con el ejercicio de derechos de nueva generación: en el primero se regulará la inhabilitación especial para profesión, oficio, industria o comercio u otras actividades, *incluidas las que se desarrollen o exploten en espacios virtuales,* sean o no retribuidas, o cualquier otro derecho. En el segundo de los preceptos citados se describe la pena de prohibición de acceso o de comunicación a través de redes sociales, foros, plataformas de comunicación o cualquier otro lugar en el espacio virtual: priva a la persona penada de la facultad de acceso o de comunicación a través de internet, del teléfono o de cualquier otra tecnología de la información o de la comunicación durante el tiempo de la condena, cuando tengan relación directa con el delito cometido. Y se propone un segundo párrafo para que en la resolución judicial se concrete y motive expresamente el contenido y alcance de la prohibición.

En quinto lugar, también se propone un cambio en el régimen de penas accesorias. En concreto, se pretende introducir el art. 56.1.4º para que se imponga como pena accesoria, cuando el delito cometido esté castigado con prisión y el juez imponga una pena inferior a 10 años, la prohibición de acceso o de comunicación a través de redes sociales, foros, plataformas de comunicación o cualquier otro lugar en el espacio virtual, cuando tengan relación directa con el delito cometido.

Hay que aclarar que el cambio en el art. 56.1 CP no afecta a las penas accesorias enumeradas en el apartado 3º, lo que significa que no cabrá imponer como pena accesoria la inhabilitación especial para otras actividades, incluidas las que se desarrollen o exploten en espacios virtuales, sean o no retribuidas. Y, por otro lado, se propone la inclusión de esta pena accesoria en el art. 56 CP, lo que significa que solo podrá imponerse cuando el sujeto sea condenado a pena de prisión inferior a 10 años. Queda fuera del ámbito aplicativo como pena accesoria a los condenados a pena de prisión igual o superior a 10 años. Una consecuencia que debe ponerse en entredicho, tal como ya sucede actualmente con la imposibilidad de aplicar penas accesorias del art. 56.1.3º CP a los condenados a pena de prisión igual o superior a 10 años.

A la vista de las modificaciones que se introducen en los arts. 39, 45 y 48 CP, el prelegislador está pensando actualizar el régimen general y especial de penas accesorias, a través de los arts. 56 y 57 CP: su futura imposición dependerá de los diferentes requisitos y condiciones exigidas en el régimen general (acompañará a la pena de prisión inferior a 10 años y se impondrá si existe relación directa) y en el régimen especial (su duración temporal dependerá de si es delito grave, menos grave o leve, y si está castigado o no con pena de prisión, y se impondrá atendiendo a la gravedad del hecho o al peligro que el sujeto represente).

Los cambios también se extienden a la regulación de las reglas de conducta en la suspensión, al proponer incluir en el art. 83.1 CP una nueva prohibición (la 10ª) consistente en prohibición de acceso o de comunicación a través de redes sociales, foros o plataformas virtuales cuando tengan relación directa con el delito cometido[68]. La referencia a la relación directa con el delito cometido no es muy correcta en el régimen de reglas de conducta de la suspensión, pues lo importante es que se cumplan las condiciones fijadas en el párrafo primero del art. 83.1: existe riesgo de reiteración delictiva CP.

No hay tal previsión de cambios en la medida de seguridad de la libertad vigilada, y/o en la medida de seguridad referida a la inhabilitación para el ejercicio de una profesión u oficio del art. 107 CP.

Por último, en el Anteproyecto también se propone la reforma de diferentes delitos del Libro II CP, pero en ninguno de ellos, al menos de momento, se ha previsto que se castiguen con la pena privativa de derechos de nueva generación como pena principal.

Las propuestas de reforma en el sistema de penas deben ser aplaudidas desde el momento en que se cumple con las exigencias del principio de legalidad penal. Pero un problema surgirá cuando este cambio legislativo sea una realidad porque, ¿de qué manera se llevará a cabo el cumplimiento de esta pena privativa de derechos de nueva generación? ¿Cómo se comprobará si, efectivamente, el sujeto cumple o quebranta la futura pena? ¿Es suficiente con la previsión de esta pena privativa de derechos digitales o sería necesaria la incorporación de alguna más?

---

68 En la actualidad se ha aceptado la posibilidad de imponer reglas de conducta en la suspensión que consistan en privaciones o limitaciones de derechos cibernéticos, a través de la cláusula genérica del art. 83.1.9ª CP (cumplir los demás deberes que el juez estime convenientes para la rehabilitación social del penado). V., más ampliamente, Felip i Saborit, RCDP, 37, 2007, 16 ss., en particular 17; Magro Servet, LL, 9449, 2019, 7; Boldova Pasamar, LL, 10179, 2022, 1 s. Este autor también alude a la posibilidad de imponer privaciones o restricciones de derechos digitales en la libertad vigilada, a través del art. 106.1 i) CP (prohibición de desempeñar determinadas actividades que puedan ofrecerle o facilitarle la ocasión para cometer hechos delictivos de similar naturaleza).

*La pena de inhabilitación especial para profesión, oficio o actividades que conlleve contacto regular y directo con menores de edad en los delitos contra la libertad sexual**

ISABEL DURÁN SECO
Profesora Titular de Derecho Penal
Universidad de León

I. INTRODUCCIÓN

Desde la promulgación del CP de 1995, la protección de personas menores de edad frente a los ataques sexuales ha sido una de las principales preocupaciones alegadas por el legislador español, lo que ha justificado las numerosas reformas sucesivas en materia de delitos sexuales. Además de la creación de nuevas figuras delictivas, se ha aumentado el rigor punitivo mediante la ampliación de los marcos penales y el establecimiento de penas específicas destinadas a proteger a las víctimas menores. Entre dichas penas, ocupa un lugar destacado la de inhabilitación especial para profesión,

* Este trabajo se enmarca en el Proyecto de investigación PID2019-108567RB-C21 (AEI) y PID2023-148510NB-I00 (Agencia Estatal de Investigación) del que son IP el Prof. Dr. Dres. h. c. Miguel Díaz y García Conlledo y la Prof. Dra. María A. Trapero Barreales. Asimismo, el trabajo forma parte de las tareas de investigación de la UIC 166 de Castilla y León, que dirige el Prof. Dr. Dres. h. c. Miguel Díaz y García Conlledo.

oficio u otras actividades, sean o no retribuidas, que conlleve contacto regular y directo con personas menores de edad.

En su momento, cuando la LO 15/2003 modificó –dentro del catálogo de penas privativas de derechos- el apartado b) del art. 39 CP, permitiendo que la pena de inhabilitación pudiera extenderse a «otras actividades determinadas en este código», se pretendía otorgar cobertura a las diversas privaciones o limitaciones de actividades ya existentes en algunos delitos de la parte especial, así como a aquellas que, en el futuro, pudieran contemplarse en el mismo sentido[1].

Años más tarde, la LO 1/2015, de 30 de marzo, introdujo, además de las penas que ya se incluían en la disposición común aplicable a los delitos sexuales (art. 192.3 CP), la de inhabilitación especial para cualquier profesión u oficio, sea o no retribuido, que conlleve contacto regular y directo con menores[2]. Esta reforma

---

1 Sobre la inhabilitación especial para otras actividades determinadas en el Código, véase GIL GIL / LACRUZ LÓPEZ / NÚÑEZ FERNÁNDEZ, Consecuencias jurídicas del delito, 2018, 164 ss.

2 Posteriormente, también se ha previsto la citada pena en los delitos de trata de seres humanos, con carácter obligatorio cuando la víctima sea menor de edad, y en determinados delitos de lesiones con carácter potestativo. Así, la LO 8/2021 modificó el art. 177 bis.1 CP e incluyó un último párrafo con el siguiente tenor: «Cuando la víctima de trata de seres humanos fuera una persona menor de edad se impondrá, en todo caso, la pena de inhabilitación especial para cualquier profesión, oficio o actividades, sean o no retribuidos, que conlleve contacto regular y directo con personas menores de edad, por un tiempo superior entre seis y veinte años al de la duración de la pena de privación de libertad impuesta». Asimismo, la citada LO introdujo el art. 156 *quinquies* CP, posteriormente modificado a través de la LO 10/2022, estableciendo la posibilidad de imponer la pena de inhabilitación especial en relación con los menores. Su redacción actual es la siguiente: «A las personas condenadas por la comisión de alguno de los delitos previstos en los artículos 147.1, 148, 149, 150 y 153 en los que la víctima sea una persona menor de edad se les podrá imponer, además de las penas que procedan, la pena de inhabilitación especial para cualquier profesión, oficio u otras actividades, sean o no retribuidos, que conlleve contacto

penal fue acompañada, en el ámbito administrativo, de la creación de un Registro Central de Delincuentes Sexuales[3], destinado a hacer efectivo el cumplimiento de la obligación de presentar una certificación negativa como requisito para el acceso y ejercicio de profesiones, oficios y actividades que impliquen contacto habitual con menores[4]. Con ello, nuestro ordenamiento jurídico se adaptaba a las prescripciones del Convenio de Lanzarote y a la Directiva 2011/93/UE[5].

---

regular y directo con personas menores de edad, por un tiempo superior entre tres y cinco años al de la duración de la pena de privación de libertad impuesta en la sentencia o por un tiempo de dos a cinco años cuando no se hubiere impuesto una pena de prisión, en ambos casos se atenderá proporcionalmente a la gravedad del delito, el número de los delitos cometidos y a las circunstancias que concurran en la persona condenada».

3 Fue la Disposición Final decimoséptima de la Ley 26/2015, de 28 de julio, de modificación del sistema de protección a la infancia y a la adolescencia, la que ordenó la creación del Registro Central de Delincuentes Sexuales, cuyo desarrollo normativo fue regulado por el Real Decreto 1110/2015, de 11 de diciembre.

4 Dicha obligación estaba originalmente contemplada en el art. 13.5 de la Ley Orgánica 1/1996, de protección jurídica del menor. Actualmente, la cuestión se regula en el art. 57 de la Ley Orgánica 8/2021, de protección integral a la infancia y a la adolescencia frente a la violencia.

5 Así, el Convenio del Consejo de Europa para la protección de los niños contra la explotación y el abuso sexual, hecho en Lanzarote el 25 de octubre de 2007, ratificado por España el 22 de julio de 2010, señala en su art. 5.3, referido a las medidas preventivas: «Cada Parte adoptará, de conformidad con su derecho interno, las medidas legislativas o de otro tipo necesarias para que las condiciones de acceso a las profesiones cuyo ejercicio conlleve el contacto habitual con niños garanticen que los aspirantes a ejercer dichas profesiones no hayan sido condenados por actos de explotación o abuso sexual de niños». Por su parte, la Directiva 2011/93/UE, relativa a la lucha contra los abusos sexuales y la explotación sexual de los menores y la pornografía infantil, dispone entre sus considerandos: «Cuando la peligrosidad o los posibles riesgos de reincidencia en las infracciones así lo aconsejen, los delincuentes condenados deben ser inhabilitados, con carácter temporal o permanente, en caso necesario, para el ejercicio, al menos con carácter

La LO 8/2021, de protección integral a la infancia y a la adolescencia contra la violencia, reformó la regulación del art. 193.2 CP, en lo que respecta, en concreto, a la pena de inhabilitación especial para profesión, oficio o actividades que conlleven contacto regular y directo con menores. Dicha LO también modificó el art. 39 CP[6] sustituyendo la expresión «u otras actividades determinadas en este código», por «u otras actividades, sean o no retribuidas», y el art. 45 CP, añadiendo a la enumeración existente hasta ese momento (profesión, oficio, industria o comercio), el inciso «u otras actividades, sean o no retribuidas».

II. REGULACIÓN LEGAL DE LA PENA DE PROHIBICIÓN DE CONTACTO CON MENORES PARA DELINCUENTES SEXUALES

1. Configuración originaria en la LO 1/2015

Como he anticipado, fue la LO 1/2015 la que introdujo por primera vez en nuestro CP la pena que nos ocupa, y lo hizo dando nueva redacción al apartado 3 del art. 192 CP, en los siguientes términos:

---

profesional, de actividades que impliquen contactos directos y regulares con menores». Se hacen eco de ello, entre otros, JAÉN VALLEJO / PERRINO PÉREZ, La reforma penal de 2015, 2015, 35. Sobre las críticas por defectos y excesos de la transposición de la citada Directiva, véase SALAT PAISAL, Las consecuencias sancionatorias aplicables a los delincuentes sexuales tras las últimas reformas legislativas, Estudios Penales y Criminológicos (EPC), XXXVI, 2016, 322; CASTRO LIÑARES, Los instrumentos de valoración y gestión de riesgos en el modelo de penalidad español, 2019, 198.

6 Se modificó la letra b del citado art. 39 por la disposición final 6.2 de la LO 8/2021.

«3. El juez o tribunal podrá imponer razonadamente, además, la pena de privación de la patria potestad o la pena de inhabilitación especial para el ejercicio de los derechos de la patria potestad, tutela, curatela, guarda o acogimiento, por el tiempo de seis meses a seis años, y la pena de inhabilitación para empleo o cargo público o ejercicio de la profesión u oficio, por el tiempo de seis meses a seis años. A los responsables de la comisión de alguno de los delitos de los Capítulos II bis o V se les impondrá, en todo caso, y sin perjuicio de las penas que correspondan con arreglo a los artículos precedentes, una pena de inhabilitación especial para cualquier profesión u oficio, sea o no retribuido que conlleve contacto regular y directo con menores de edad por un tiempo superior entre tres y cinco años al de la duración de la pena de privación de libertad impuesta en su caso en la sentencia, o por un tiempo de dos a diez años cuando no se hubiera impuesto una pena de prisión atendiendo proporcionalmente a la gravedad del delito, el número de los delitos cometidos y a las circunstancias que concurran en el condenado».

La razón de la inclusión de esta pena se encuentra en el riesgo que dicho tipo de conductas genera para las personas menores de edad. Se ha entendido que su introducción en el CP ha sido un acierto, ya que la experiencia muestra que, en no pocas ocasiones, los delincuentes sexuales que enfocan su actuación delictiva en personas menores de edad tienden a ubicarse en profesiones en las que el contacto con ellas es más directo, buscando situaciones de impunidad a través de ciertas actividades laborales[7]. No obstante, también se ha puesto de manifiesto que «se mantiene y amplia la tendencia político criminal de establecer, en el ámbito de la delincuencia sexual, medidas de intervención punitivas más orientadas a la inocuización del delincuente

7 En este sentido, AGUDO FERNÁNDEZ / JAÉN VALLEJO / PERRINO PÉREZ, Penas, medidas y otras consecuencias jurídicas del delito, 2017, 159, aludiendo también a lo establecido en el Real Decreto 1110/2015, de 11 de diciembre, por el que se regula el Registro Central de Delincuentes Sexuales.

que a su resocialización y rehabilitación en la línea del llamado Derecho penal de la seguridad»[8].

Varias son las cuestiones que merecen ser destacadas en relación con esta configuración inicial de la pena, recogida en el segundo inciso del apartado 3 del art. 192 CP.

En primer lugar, se trata de una pena de inhabilitación ubicada en la Parte Especial del CP y prevista, con tal contenido específico, única y exclusivamente en ese momento inicial para (determinados) delitos sexuales[9]. Aun cuando resulta indiscutible su carácter de pena principal (ya sea conjunta o acumulada[10]), su imposición se realiza a través de la técnica de una cláusula general en el capítulo de disposiciones comunes del Título VIII. Ello obliga, a efectos de determinación de la pena, a una interpretación integrada de los respectivos delitos en particular con la correspondiente disposición común.

En segundo lugar, se contempló como pena de imposición preceptiva, puesto que la redacción señalaba: «se les impondrá, en todo caso». Sin embargo, la determinación de los delitos a los que resultaba aplicable se llevaba a efecto por remisión a las figuras delictivas contempladas en los Capítulos II bis y V del Título

---

8 Al respecto, véase GARCÍA MOSQUERA, Nuevas perspectivas de la pena de inhabilitación profesional orientada a la protección de menores, Cuadernos de Política Criminal (CPC), n.º 129, 2019, 134 y doctrina allí citada.

9 Con todo, es necesario señalar que la LO 1/2015 también incorporó en otros tipos concretos de la parte especial una pena de inhabilitación profesional relacionada con menores, de contenido similar. Se trata de la pena de «inhabilitación especial para profesión u oficio educativos, en el ámbito docente, deportivo y de tiempo libre», contemplada en los arts. 510.5, 511.4, 512, 579 bis.1, 607.2 y 607 bis.3 CP.

10 En este sentido, GARCÍA MOSQUERA, CPC, n.º 129, 2019, 122, para quien se concibe como pena principal cumulativa. En palabras de VALEIJE ÁLVAREZ, De las penas accesorias a las penas complementarias, 2021, 455 ss. estamos ante «nuevas penas de inhabilitación con efectos acumulados».

VIII; es decir: «De los abusos y agresiones sexuales a menores de dieciséis años» y «De los delitos relativos a la prostitución y a la explotación sexual y corrupción de menores», respectivamente (conforme a la regulación entonces vigente). Por tanto, parecía dispuesta exclusivamente para delitos sexuales con víctima menor de edad, aun cuando podríamos decir que *ni eran todos los que estaban*[11], *ni estaban todos los que eran*[12]; efecto que hay que atribuir a la señalada técnica legislativa de previsión de la pena en una disposición general con remisión a categorías delictivas en su conjunto[13].

---

11 Así, y aunque no parece que el legislador estuviera pensando en este tipo delictivo cuando incluyó la pena en el CP, lo cierto es que el art. 187 CP (contenido en el Cap. V) hace referencia a la prostitución con víctimas mayores de edad. Bien es verdad que la propia Exposición de Motivos de la LO 1/2015 (aún sin hacer expresa referencia a esta pena), al referirse a las modificaciones llevadas a cabo en el ámbito de los delitos sexuales, incide en la atención especial que presta la ley a los menores de edad. Así, señalaba: «Se introducen modificaciones en los delitos contra la libertad sexual para llevar a cabo la transposición de la Directiva 2011/93/UE, relativa a la lucha contra los abusos sexuales y la explotación sexual de los menores y la pornografía infantil y por la que se sustituye la Decisión Marco 2004/68/JAI del Consejo. La citada Directiva obliga a los Estados miembros a endurecer las sanciones penales en materia de lucha contra los abusos sexuales, la explotación sexual de menores y la pornografía infantil, que sin duda constituyen graves violaciones de los derechos fundamentales y, en particular, de los derechos del niño a la protección y a los cuidados necesarios para su bienestar, tal como establecen la Convención de las Naciones Unidas sobre los Derechos del Niño de 1989 y la Carta de los Derechos Fundamentales de la Unión Europea».

12 No puede olvidarse que, dentro de la minoría de edad, y para las personas mayores de dieciséis y menores de dieciocho años, la tipificación de los (entonces) delitos de abusos y agresiones sexuales se contemplaba en el Cap. I del Título VIII, capítulo al que no alcanzaba la previsión del art. 192.3 CP.

13 Algo que Valeije Álvarez, De las penas accesorias a las penas complementarias, 2021, 456, describe como «creciente fragmentación del sistema de consecuencias en función de la tipología de las manifestaciones de

Por último, en lo que atañe a la determinación de su duración, se establecía un sistema que distinguía en función de la naturaleza de la pena «impuesta»[14]: si fuere privativa de libertad, la inhabilitación especial se impondría por un tiempo superior entre tres y cinco años al de la duración de aquella; mientras que si no fuere privativa de libertad, la inhabilitación especial tendría una duración de dos a diez años. Es decir, en el primer caso, la duración de la inhabilitación tomaba como referencia el umbral de la pena privativa de libertad acordada, mientras que en el segundo caso, la duración de la inhabilitación se establecía conforme a un marco temporal absoluto e independiente (esto es, conforme al criterio ordinario de establecimiento de un intervalo mínimo y máximo de pena).

Este modelo de determinación del *quantum* de pena de inhabilitación, en función del tipo de pena a la que acompaña, parece insinuar un particular género de lo que podríamos denominar «accesoriedad camuflada o encubierta», en la medida en que un aspecto esencial de la inhabilitación, como es su duración, se sujeta y subordina a la naturaleza de la pena a la que acompaña (la cual aparece así como auténtica y genuina «pena principal», al no depender de ninguna otra).

---

criminalidad (modelos de respuesta diferenciada)». En sentido crítico y con razón señalaba, entre otros muchos, TRAPERO BARREALES, Las penas accesorias: algunas consideraciones generales, en: GÓMEZ-JARA DÍEZ, (coord.), Persuadir y Razonar: Estudios Jurídicos en Homenaje a José Manuel Maza Martín, II, 2018, 731, que atendiendo a la finalidad de la pena resultaba llamativo que quedasen fueran del ámbito de aplicación obligada otros delitos sexuales tipificados en el Título VIII del Libro II CP, en particular acoso sexual, exhibicionismo y provocación sexual e, incluso, delitos de agresiones y abusos sexuales cuando se trate de menores entre 16 hasta 18 años.

14 Obsérvese que, cuando la ley hablaba aquí de la «pena impuesta» se refiere en realidad a aquella pena principal derivada del delito en particular, a la que, de manera conjunta o acumulada, acompaña la pena (también principal) de inhabilitación especial.

2. Las reformas operadas por la LO 8/2021, de 4 de junio

Varias han sido las modificaciones operadas por la LO 8/2021, de 4 de junio, de protección integral de la infancia y la adolescencia contra la violencia, en relación con la pena contenida en el segundo inciso del art. 192.3 CP. Esta reforma entró en vigor el 25 de junio de 2021[15].

Además, la pena que ahora nos ocupa, que hasta ese momento se contemplaba exclusivamente para (determinados) delitos sexuales, pasó a incluirse como pena principal también para determinados delitos de lesiones (en concreto, las lesiones de los arts. 147.1, 148, 149, 150 y 153 CP) en el art. 156 *quinquies* CP -en este caso como potestativa- y para el delito de trata de seres humanos en el art. 177 bis.1, último párrafo -aquí con carácter preceptivo, aunque en ambos casos, solo en el supuesto de que la víctima sea una persona menor de edad.

No se comprende el motivo que ha llevado al legislador a contemplar esta pena a veces como potestativa y en otros casos como obligatoria. Asimismo, no queda claro cuál es el criterio que utiliza el legislador para prever la imposición de la pena de inhabilitación mencionada en determinados delitos (sexuales, trata de seres humanos y algunos delitos de lesiones) y por qué no se contempla tal posibilidad para otro tipo de delitos[16]. Quizá, como el legislador nos tiene acostumbrados, vaya extendiendo la pena a otras modalidades delictivas en futuras reformas.

---

15 Sobre la necesidad de esta LO, véase PÉREZ CARA, en: MARÍN DE ESPINOSA CEBALLOS / ESQUINAS VALVERDE (dirs.) / MORALES HERNÁNDEZ (coord.), Los delitos contra la libertad e indemnidad sexual, 2022, 101 ss.

16 Con razón lo expresa GARCÍA MOSQUERA, CPC, n.º 129, 2019, 148, refiriéndose al Anteproyecto, entendiendo que sería plausible la pena en otro tipo de delitos en los que se afecte a menores de edad, tales como tráfico de órganos, violencia habitual en el ámbito familiar, detenciones ilegales y secuestros, matrimonio forzado etc.

En lo que se refiere ya concretamente a la regulación de la pena en el contexto de los delitos sexuales, el art. 192.3, 2.º inciso CP pasó a tener la siguiente redacción:

«La autoridad judicial impondrá a las personas responsables de los delitos comprendidos en el presente título, sin perjuicio de las penas que correspondan con arreglo a los artículos precedentes, una pena de inhabilitación especial para cualquier profesión, oficio o actividades, sean o no retribuidos, que conlleve contacto regular y directo con personas menores de edad, por un tiempo superior entre cinco y veinte años al de la duración de la pena de privación de libertad impuesta en la sentencia si el delito fuera grave, y entre dos y veinte años si fuera menos grave, en ambos casos se atenderá proporcionalmente a la gravedad del delito, el número de los delitos cometidos y a las circunstancias que concurran en la persona condenada»[17].

La LO 10/2022, de 6 de septiembre, de garantía integral de la libertad sexual, también modificó el art. 192 CP; sin embargo, las modificaciones fueron únicamente de redacción y no de contenido.

A continuación, se destacan los elementos más significativos de la nueva regulación. Antes de abordar estos aspectos, conviene recordar que la inhabilitación sigue conservando su carácter de pena principal de imposición preceptiva. De este modo, el juez

---

17 Un excelente análisis sobre la pena de inhabilitación profesional, en cuanto específicamente orientada a la protección de menores de edad en el Anteproyecto de LO de protección integral a la infancia y la adolescencia frente a la violencia, es realizado por GARCÍA MOSQUERA, CPC, n.º 129, 2019, 109 ss. Sobre los delitos contra la libertad sexual y la pena de inhabilitación especial para cualquier profesión, oficio o actividad, tras la reforma operada por la LO 8/2021, de 4 de junio, véase ORTEGA CALDERÓN, Delitos contra la libertad sexual y pena de inhabilitación especial para cualquier profesión, oficio o actividad, tras la reforma operada por LO 8/21 de 4 de junio, Diario La Ley, n.º 10008, 11 de febrero de 2022, 3, quien aborda tanto la ampliación del ámbito de aplicación como la duración de la pena de inhabilitación mencionada.

o tribunal no tiene que motivar la vinculación entre el delito cometido y la pena de inhabilitación para el ejercicio de profesión u oficio relacionada con los menores de edad[18].

En primer lugar, la pena de inhabilitación especial se ha extendido a todos los delitos comprendidos en el Título VIII del CP, relativo a los delitos contra la libertad sexual, independientemente de que el sujeto pasivo haya sido o no un menor de edad[19]. De este modo, se dispone que aquellos que han cometido delitos sexuales con víctimas, tanto mayores como menores de edad, no puedan trabajar o realizar actividades con menores, evitando así la posibilidad y el riesgo de que se cometan delitos de contenido sexual con víctimas menores[20].

Con esta ampliación del ámbito objetivo de aplicación de la pena, el legislador español ha ido más allá de lo dispuesto en la Directiva 2011/93/UE, que, en el art. 10, establece que: «1. A fin de evitar el riesgo de reincidencia en los delitos, los Estados

---

18 MAGRO SERVET, Aplicación de la condena de inhabilitación especial para realizar trabajos con menores por delitos sexuales con víctimas mayores de edad a raíz de la reforma del art. 192.3 CP por LO 8/2021 de 4 de junio, Diario La Ley, núm. 10009, febrero 2022, analizando la reforma del art. 192.3 por LO 8/2021, de 4 de junio, ap. III.

19 En su momento, el Informe del Consejo Fiscal al Anteproyecto de Ley Orgánica de protección integral a la Infancia y la Adolescencia frente a la violencia, emitido el 25 de marzo de 2019 (pág. 64 ss.), se mostró contrario a la ampliación de la pena a todos los delitos contra la libertad sexual. Este Informe entendía que el ámbito objetivo de aplicación de esta pena de inhabilitación debería venir referido a aquellos delitos en los que el ofendido sea menor de edad, o bien mantener la redacción entonces vigente del art. 192.3 CP, en donde esta vinculación, dada la naturaleza de los delitos a los que se refería, resultaba más evidente. Por el contrario, el Informe del CGPJ a ese mismo Anteproyecto, aprobado el 30 de mayo de 2019 (pág. 96 ss.) consideraba que esa ampliación debía ser valorada positivamente.

20 En este sentido, MAGRO SERVET, Diario La Ley, núm. 10009, febrero 2022, analizando la reforma del art. 192.3 por LO 8/2021, de 4 de junio, ap. III.

miembros adoptarán las medidas necesarias para garantizar que una persona física que haya sido condenada por una infracción contemplada en los artículos 3 a 7 pueda ser inhabilitada, con carácter temporal o permanente, para el ejercicio de actividades, al menos profesionales, que impliquen contactos directos y regulares con menores». Si atendemos a lo dispuesto en los arts. 3 a 7 de la Directiva, observamos que aluden siempre a víctimas menores de edad.

Es cierto que existen estudios criminológicos de orientación médico-científica que demuestran la tendencia de los delincuentes sexuales a dirigir su conducta a las personas menores. Por ello, un sector doctrinal considera acertada la ampliación del ámbito de regulación por parte del legislador español, más allá de lo exigido a nivel internacional, que se limita a los casos en que la víctima es menor de edad[21]. Sin embargo, otro sector se ha mostrado crítico con esta ampliación[22], afirmando que resulta una medida desproporcionada y carente de apoyo y justificación material[23], y que con tal extensión el legislador se ha adherido a la corriente de pensamiento irracional y sin base empírica alguna, que sostiene que la victimización sexual de un adulto refleja también una peligrosidad respecto a menores[24].

---

21 Así lo expone ROMERO FLORES, El Registro de Delincuentes Sexuales del Real Decreto 1110/2015 como mecanismo de protección a la infancia, La Ley Penal, n.º 121, 2016, 3. Afirma que la medida es «absolutamente acertada» MAGRO SERVET, Diario La Ley, núm. 10009, febrero 2022, analizando la reforma del art. 192.3 por LO 8/2021, de 4 de junio, ap. III

22 ORTEGA CALDERÓN, Diario La Ley, n.º 10008, 11 de febrero de 2022, 12 ss.

23 GARCÍA MOSQUERA, CPC, n.º 129, 2019, 145. Pone también de manifiesto la autora que constituye un auténtico sinsentido y una medida desproporcionada que debería revisarse (147 s.).

24 FERNÁNDEZ CABRERA, Naturaleza jurídica de la normativa relativa al Registro de Delincuentes Sexuales a la luz de la jurisprudencia del TEDH y crítica a toda la regulación, EPC, 42, 2022, ap. 4.2.3.b).

Considero que, teniendo en cuenta que el objetivo de esta pena es proteger a las víctimas menores de edad, al imponerse la pena, en principio, con carácter obligatorio por cualquier delito de los comprendidos en el Título VIII CP, se pueden vulnerar principios básicos del Derecho penal. Por tal razón, quizá hubiera sido más acertado que la pena solo se impusiese con carácter obligatorio cuando la víctima es menor de edad, dejando al juez la facultad discrecional de decisión cuando las víctimas del delito sean mayores de edad, en función del pronóstico de peligrosidad de cada supuesto en concreto[25], justificando la duración de la pena en el mayor o menor riesgo de reincidencia[26]. En el resto de casos, lo adecuado sería, en mi opinión, establecer la imposición facultativa, dejando al arbitrio del juez su aplicación, analizando su vinculación con el delito cometido.

En segundo lugar, y por lo que concierne a la duración de la pena, se han producido dos cambios importantes. El primero atañe al incremento importante en su duración[27]. El segundo consiste

---

25 Sobre ello, aunque haciendo referencia al Registro de delincuentes sexuales, García Mosquera, CPC, n.º 129, 2019, 128, afirmando que «si el registro se orienta a la protección de los menores, pero tienen acceso al registro las condenas por delitos en que la víctima es mayor de edad, el pronóstico de peligrosidad (que ya opera de modo automático y sin fundamento concreto cuando la víctima hubiera sido menores de edad), se vuelve una suerte de profecía infundada, claramente impropia de un sistema jurídico mínimamente racional y mínimamente garantista».

26 Así lo señalaba respecto de la anterior regulación Salat Paisal, EPC, XXXVI, 2016, 324.

27 Un incremento, en palabras de Ortega Calderón, Diario La Ley, n.º 10008, 11 de febrero de 2022, 9, tal vez desmedido y presumiblemente no meditado por el legislador y no acomodado a las exigencias del principio de proporcionalidad. Afirma García Mosquera, CPC, n.º 129, 2019, 145 s., que la desmesurada ampliación de la duración de la pena supone que vendría a funcionar, en la práctica, como una medida de seguridad cuasi permanente; poniendo además la autora de manifiesto los problemas que se plantean con trascendencia en la clasificación de

en que, para determinar su duración, se atenderá exclusivamente a que el delito sea grave o menos grave, pero en todo caso con referencia a una pena privativa de libertad. Así, si en la redacción anterior los límites de duración de la pena se determinaban teniendo en cuenta la *naturaleza* de la pena por la que hubiera optado el órgano judicial (distinguiendo, según hubiere sido privativa de libertad o no se hubiera impuesto pena de prisión); en la redacción actual, la duración de la pena de inhabilitación se fijará atendiendo en exclusiva a la duración de la pena privativa de libertad impuesta, a través de la siguiente regla: por un tiempo superior entre cinco y veinte años si el delito fuera grave, y [*por un tiempo superior*] entre dos y veinte años si fuera menos grave. Entiendo, en consecuencia, que de la regulación penal se colige que esa (y solo esa) debe ser la naturaleza de la pena: privativa de libertad[28]. En ambos casos se atenderá proporcionalmente a la gravedad del delito, el número de los delitos cometidos[29] y a las circunstancias que concurran en la persona condenada. En tal sentido, y contrariamente a lo que ocurre sobre su imposición obligatoria (a excepción de los supuestos en los que se haya optado por pena de multa, como veremos en el epígrafe correspondiente), respecto a la duración sí se exige la adecuada motivación[30]. Sobre

---

los delitos y, consiguientemente, en los plazos de prescripción de los mismos y en los plazos de cancelación de antecedentes penales.

28 De otra opinión ORTEGA CALDERÓN, Diario La Ley, n.º 10008, 11 de febrero de 2022, 10, al afirmar que cuando se hace referencia a delito menos grave se entiende cualquiera que sea la naturaleza de la pena con la que estuviera castigado.

29 Alude a la cuestión de cómo entender esta referencia al número de delitos cometidos como criterio de cálculo de esta pena privativa de derechos TRAPERO BARREALES, en: GÓMEZ-JARA DÍEZ, (coord.), Persuadir y Razonar: Estudios Jurídicos en Homenaje a José Manuel Maza Martín, II, 2018, 732.

30 MAGRO SERVET, Diario La Ley, núm. 10009, febrero 2022, analizando la reforma del art. 192.3 por LO 8/2021, de 4 de junio, ap. III., añadiendo que habrá que analizar si se trata de un delito continuado, el número

su duración máxima, con la regulación vigente, el periodo de inhabilitación puede ser superior en veinte años al de la pena privativa de libertad impuesta, mientras que anteriormente ese tiempo máximo era de diez años.

Sin duda, tanto la propia naturaleza de esta pena de inhabilitación especial, su ampliación a la hora de su imposición -independientemente de que la víctima haya o no sido un menor de edad-, como su desmesurada duración pueden dar lugar a un importante análisis y ser objeto de crítica[31]. Obsérvese, además, que el límite máximo de la pena de inhabilitación es el mismo, tanto si el delito es grave como si es menos grave: 20 años. Esto puede suponer la vulneración del principio de proporcionalidad[32].

Con la extensión de la citada pena de inhabilitación a los delitos sexuales con víctimas adultas y con el aumento del límite temporal, se está acercando la regulación penal a la regulación administrativa, a la que me referiré posteriormente. Así, la doctrina ha destacado que se presenta la paradoja de que la regulación administrativa deja sin efecto práctico la penal, ya que la comisión de un delito sexual implica la incorporación automática del sujeto al Registro Central de Delincuentes Sexuales, regulado en el RD 110/2015[33].

---

de víctimas, la forma en la que se haya perpetrado el delito, las circunstancias personales que concurren en el autor, entre otras.

31 Sobre ello, Ortega Calderón, Diario La Ley, n.º 10008, 11 de febrero de 2022.

32 Lo destaca, Serrano Gómez, Aplicación retroactiva de la reforma del Código Penal por Ley Orgánica 10/2022 (ley del sólo sí es sí) y posible vulneración del art. 9.3 de la Constitución, Diario La Ley, núm. 10509, ap. V.

33 Fernández Cabrera, EPC, 42, 2022, ap.2.

III. CONTENIDO

Respecto de su contenido, hay que señalar, antes de nada, que, dentro del catálogo de penas privativas de derechos, la LO 8/2021 modificó la redacción del art. 39.b) CP, para sustituir la expresión [inhabilitación especial para] «otras actividades determinadas en este Código», por «otras actividades, sean o no retribuidas»[34], incluyendo también esta última expresión en la enumeración de los ámbitos a los que puede extenderse la inhabilitación especial en el art. 45 CP, dedicado a la regulación específica de la pena[35]. Por otro lado, en ese mismo art. 45 CP se añadió un segundo inciso, según el cual «la autoridad judicial podrá restringir la inhabilitación a determinadas actividades o funciones de la profesión u oficio, retribuido o no, permitiendo, si ello fuera posible, el ejercicio de aquellas funciones no directamente relacionadas con el delito cometido».

El contenido radica según reza el art. 192.3 CP en: prohibir el desarrollo de cualquier «profesión, oficio o actividades, sean o no retribuidos, que conlleve contacto regular y directo con personas menores de edad»[36]. Para garantizar la seguridad jurídica, es fun-

---

[34] En este sentido, BOLDOVA PASAMAR, en: BOLDOVA PASAMAR / ALASTUEY DOBÓN (coords.), Tratado de Consecuencias Jurídicas del delito, 2.ª, 2023, 229.

[35] Critica la expresión de «otras actividades, sean o no retribuidas», GARCÍA MOSQUERA, CPC, n.º 129, 2019, 125 s., considerando que resulta inapropiada tanto por exceso como por defecto y sugiriendo una interesante propuesta de *lege ferenda* de creación de una pena específica y autónoma para la protección específica de los menores de edad.

[36] Afirma que razones de seguridad jurídica y de interpretación sistemática de las penas de inhabilitación aconsejan que en la sentencia se debería concretar expresa y motivadamente las actividades más allá de la genérica referencia legal, ORTEGA CALDERÓN, Diario La Ley, n.º 10008, 11 de febrero de 2022, 5. No obstante, el autor reconoce que el problema y la quiebra sistemática reside en que el legislador ha definido la pena en el art. 192.3 CP sin relación al delito cometido, más allá de la referencia genérica a que fuera un delito de los tipificados en el Título VIII. Por ello no cabe la posibilidad de que el juzgador realice dicha de-

damental aclarar qué se entiende por esta expresión[37] y cuáles son las profesiones y oficios incluidos en dicha prohibición[38].

Aun cuando la ley no aporta mayor especificación de las concretas profesiones, oficios y actividades que han de quedar abarcados en el ámbito de la pena, la doctrina ha venido apuntando que se incluirían profesiones y actividades como profesor/a, maestro/a, bedel, pediatra, personal de administración y servicios, ayudante técnico educativo, personal de transporte, cuidador/a de comedor, cuidador/a de ciclo de educación infantil, monitor/a de actividades extraescolares, entre otras[39].

En este contexto resulta relevante referirse al texto de la LO 8/2021, que introdujo en su art. 57.2 una definición acerca de qué ha de entenderse, a los efectos de esa ley, por profesiones, oficios y actividades que implican contacto habitual con personas menores de edad. En dicho sentido señala el citado precepto: «2. A los efectos de esta ley, son profesiones, oficios y actividades que implican contacto habitual con personas menores de edad, todas

---

limitación a contenidos concretos de la función, excluyendo aquellos que no estén vinculados al delito cometido.

37 También se ha analizado la expresión contenida en el RD 1110/2015, de 11 de diciembre, por el que se regula el Registro Central de Delincuentes Sexuales relativa a profesiones, oficios y actividades que impliquen contacto habitual con menores. Sobre ello, entre otros, Fernández-Pacheco Estrada, Medidas que afligen como penas. La inhabilitación para delincuentes sexuales para profesiones de contacto con menores, Revista Penal, 43, 2019, 53, remitiéndose al Informe 0401/2015 emitido por la AEPD como consecuencia de una consulta en tal sentido. Así, la AEPD afirmó que habrá que seguir «un criterio casuístico, que habrá de valorar para cada puesto de trabajo, y no objetivo o genérico» y que lo relevante será que «la profesión en sí misma implique, por su propia naturaleza y esencia, un contacto habitual con menores».

38 En este sentido, aludiendo a la regulación inicial, Salat Paisal, EPC, XXXVI, 2016, 323.

39 Sobre esto, véase Romero Flores, La Ley Penal, n.º 121, 2016, 4; la sigue Castro Liñares, Los instrumentos de valoración y gestión de riesgos en el modelo de penalidad español, 2019, 197.

aquellas, retribuidas o no, que por su propia naturaleza y esencia conllevan el trato repetido, directo y regular y no meramente ocasional con niños, niñas o adolescentes, así como, en todo caso, todas aquellas que tengan como destinatarios principales a personas menores de edad». En este sentido, se ha entendido que, a falta de una disposición similar en el CP, esta descripción de la ley extrapenal podría operar como criterio hermenéutico restrictivo en la determinación del alcance de la pena de inhabilitación que estamos tratando[40].

La doctrina ha puesto de manifiesto que la literalidad del citado art. 57.2 LO 8/2021 excluiría de las profesiones u oficios abarcados por la pena de inhabilitación, por ejemplo, las ocupaciones de servicios complementarios en centros educativos, como pueden ser el de transporte, limpieza o cocina, dado que en esos casos el contacto con menores no es algo consustancial a la actividad, ni tampoco se trata de actividades profesionales cuyo objeto se destine principalmente a ese grupo de personas. No obstante, se ha añadido que la cuestión resulta discutible si por profesión u oficio se entiende no la actividad profesional en sí misma y en abstracto, sino el concreto puesto de trabajo a que se destina al trabajador o trabajadora, en el caso de que dicho puesto de trabajo sí comporte un trato repetido y no ocasional con menores, o tenga como destinatarios principales a estos[41].

En mi opinión, efectivamente nos encontramos con profesiones, oficios y actividades cuyo contacto habitual con menores de edad es indiscutible (por ejemplo, maestro/a de infantil). Sin embargo, en otros casos, considero que ha de analizarse la concreta actividad que desarrolla la persona en cuestión, pudiendo tratarse de una actividad que, aunque en términos generales no implique un contacto regular y directo con menores, en el caso concreto sí sea así. Lo que sí debe excluirse son aquellas profesiones, oficios o

---

40 En ese sentido (refiriéndose al texto del Anteproyecto), GARCÍA MOSQUERA, CPC, n.º 129, 2019, 123.

41 Así lo expresa, GARCÍA MOSQUERA, CPC, n.º 129, 2019, 123.

actividades cuyo contacto con menores sea esporádico y fortuito. También deben incluirse las actividades de voluntariado en las que produzca dicho contacto directo y habitual con los menores de edad[42].

IV. LA IMPOSIBILIDAD DE APLICACIÓN CUANDO SE OPTA POR LA PENA DE MULTA

En este apartado, me centro en uno de los cambios reseñados anteriormente, un aspecto muy importante que considero que merece destacarse. Se trata de que, a pesar del «impondrá» del art. 192.3 párrafo segundo CP, la pena de inhabilitación especial referida solo puede imponerse si se opta, en el delito contra la

---

42 La cuestión fue discutida en la regulación anterior al no incluirse en el art. 192.3 CP el término más genérico de actividades, término que tampoco aparecía en el Anteproyecto de LO de protección integral a la infancia y a la adolescencia frente a la violencia. Al respecto, la doctrina se mostró crítica al entender que dicho término sí se contenía en la Directiva 2011/93/UE y en el art. 45 CP, y que, a pesar de la referencia explícita al carácter retribuido o no de las profesiones u oficios resultaba complicado incluir las actividades de voluntariado. En este sentido, Salat Paisal, EPC, XXXVI, 2016, 323; García Mosquera, CPC, n.º 129, 2019, 124. Tales críticas pudieron servir para que dicho término sí aparezca en el art. 192.3 CP a partir de la modificación operada por LO 8/2021, de 4 de junio. En tal sentido la Enmienda núm. 395 del Grupo Parlamentario Socialista señaló: «En relación a la inclusión de la palabra «actividades», el número 4 de la disposición final sexta da una nueva redacción al artículo 45 del Código Penal y dice que: «La inhabilitación especial para profesión, oficio, industria o comercio u otras actividades, sean o no retribuidas, o cualquier otro derecho...». Por tanto, por coherencia, debe seguirse la misma redacción para evitar interpretaciones equívocas» Proyecto de Ley Orgánica de protección integral a la infancia y la adolescencia frente a la violencia. (621/000021). Boletín Oficial de las Cortes Generales Senado XIV Legislatura, 5 de mayo de 2021.

libertad sexual de que se trate, por la pena de prisión, y en ningún caso cuando el Juez o Tribunal opte por la pena de multa[43].

La cuestión tiene enorme trascendencia, porque no son pocos los tipos penales incluidos dentro del Título dedicado a los delitos contra la libertad sexual que posibilitan la imposición de la pena de multa[44]. En tales conductas, si el Juzgador se inclina por la pena de multa, no cabe la imposición de la pena de inhabilitación especial para cualquier profesión, oficio o actividad, retribuida o no, que conlleve contacto regular y directo con personas menores de edad[45].

Sin embargo, al realizar un análisis jurisprudencial, se puede concluir que, a pesar de aplicarse la regulación proveniente de la LO 8/2021, en la mayoría de los casos se ha impuesto la pena de inhabilitación especial para cualquier profesión, oficio o actividades, sean o no retribuidos, que conlleve contacto regular y directo

---

43 Sobre esta cuestión véase DURÁN SECO, La azarosa prohibición de contacto con menores para delincuentes sexuales, Diario La Ley, núm. 10480, abril de 2024, donde analizo más extensamente la problemática.

44 Esta pena se prevé en los delitos de agresión sexual (art. 178.4 CP); el denominado *on line child grooming* (art. 183.1 CP); acoso sexual (art. 184.1 CP); exhibicionismo ante menores de edad (art. 185 CP); provocación sexual (art. 186 CP); prostitución de mayores de edad (art. 187.1 CP); posesión para el propio uso de pornografía infantil (art. 189.5 CP); no impedir la prostitución de menores que estén bajo la tutela, curatela o acogimiento o de discapacitados necesitados de especial protección (art. 189. 6 CP); y distribución o difusión pública de contenidos destinados a facilitar la prostitución, explotación y corrupción de menores (art. 189 bis CP).

45 Parece concebirla como posible, ORTEGA CALDERÓN, Diario La Ley, n.º 10008, 11 de febrero de 2022, 9, quien, cuando crítica el incremento de la pena de inhabilitación tras la entrada en vigor de la LO 8/2021, afirma que: «Parece desbordarse claramente en particular, como se verá, cuando la duración de una pena accesoria puede prolongarse más allá de veinte años para delitos incluso castigados meramente con pena de multa».

con personas menores de edad, aun cuando la pena elegida para el concreto delito contra la libertad sexual haya sido la de multa.

Sobre las tipologías delictivas concretas, en algunos casos se condena por abusos sexuales (en aplicación de la regulación anterior a la LO 10/2022); en otros casos la condena es por agresión sexual (con aplicación de la regulación derivada de la LO 10/2022); y en otros, el acusado ha sido condenado por otros delitos contra la libertad sexual como exhibicionismo y provocación sexual.

Por lo que hace a la cuestión concreta de la pena de inhabilitación, nos encontramos con dos soluciones diversas por parte de los tribunales.

En primer lugar, un primer grupo de sentencias (mayoritario) en las que no se observa problema alguno para imponer simultáneamente, dentro de los delitos contra la libertad sexual, la pena de multa y la de inhabilitación especial para realizar trabajos o actividades con menores de edad. En algunas de estas sentencias se menciona que se impone como pena accesoria la de inhabilitación para el ejercicio de la profesión o actividad que tenga relación con menores[46].

---

46 Así, por ejemplo, SAP Zaragoza núm. 14/2023, de 19 enero. En opinión de TRAPERO BARREALES, en: GÓMEZ-JARA DÍEZ, (coord.), Persuadir y Razonar: Estudios Jurídicos en Homenaje a José Manuel Maza Martín, II, 2018, 693, dada la similitud existente entre la previsión de las penas accesorias contenida en los arts. 54 a 57 CP, también en el Libro II se puede encontrar una especie de régimen de penas accesorias en grupos reducidos de delitos: principalmente, en los arts. 192.3 y 579 bis CP; ORTEGA CALDERÓN, Diario La Ley, n.º 10008, 11 de febrero de 2022, 8, analizando la discusión sobre si se trata de una pena principal o accesoria, afirma que nos encontramos ante una pena accesoria o, al menos ante una pena accesoria impropia no solo porque depende en su duración e imposición tanto de la pena principal como de la infracción misma, sino porque su ubicación sistemática se realiza precisamente en sede de la propia infracción penal que la lleva aparejada.

En todo caso, los ejemplos muestran que son numerosas las Audiencias Provinciales de diferentes ámbitos territoriales que llegan a la misma conclusión, de modo que no es algo aislado o puntual, lo que, desde mi perspectiva, resulta preocupante.

Dentro de este primer grupo, encontramos, por un lado, supuestos jurisprudenciales en los que se ha llegado a esta solución a través del instituto de la conformidad[47].

La conformidad es una institución muy antigua en nuestro sistema procesal penal. En las últimas décadas, ha experimentado un notable incremento en su aplicación como mecanismo de justicia penal negociada, a raíz de varias modificaciones en la Ley de Enjuiciamiento Criminal, que se han llevado a cabo con la finalidad de introducir en dicha figura más espacio para la negociación e incentivar su utilización[48]. No es mi intención en este trabajo profundizar en el análisis de esta institución, pero sí dejar patente que la relativa automatización con que se opera en ocasiones genera el riesgo de que no se compruebe en concreto si las penas solicitadas por las acusaciones son o no ajustadas a la Ley (riesgo

---

47 En este sentido: SAP Guadalajara núm. 19/2022, de 7 julio (exhibicionismo); SAP Cantabria núm. 224/2022, de 26 julio (exhibicionismo); SAP Barcelona núm. 1127/2022, de 16 noviembre (abuso sexual); SAP Tarragona núm. 309/2022, de 29 noviembre (abuso sexual); SAP Zaragoza núm. 14/2023, de 19 enero (exhibicionismo y provocación sexual); SAP Asturias núm. 25/2023, de 26 enero (agresión sexual); SAP Navarra núm. 28/2023, de 15 febrero (abuso sexual); SAP Barcelona núm. 135/2023, de 20 febrero (abuso sexual); SAP Madrid núm. 123/2023, de 21 marzo (abuso sexual); SAP Zamora núm. 6/2023, de 13 abril (abusos sexuales); SAP Barcelona núm. 392/2023, de 23 mayo; SAP Sevilla núm. 286/2023, de 24 mayo (exhibicionismo); SAP Zaragoza núm. 210/2023, de 19 junio (abuso sexual); SAP Zaragoza núm. 169/2023, de 21 junio (exhibicionismo).

48 Sobre esta institución, véase entre otros muchos, OLIVER CALDERÓN, La conformidad en el proceso penal español: análisis y juicio crítico, Derecho PUCP, 90, 2023; MOLINA CASTAÑER, Cuestiones esenciales de la conformidad penal en España: análisis doctrinal y jurisprudencial, Revista Aranzadi de Derecho y Proceso Penal, 74, 2024.

que, desde luego, se incrementa cuando la norma penal adolece de una técnica legislativa poco depurada, como acaso ocurre con el ejemplo que nos ocupa)[49].

En segundo lugar, se ha impuesto la pena de inhabilitación especial referida, junto a la pena de multa, en otros supuestos en los que no se ha acudido a la conformidad. En estos casos, tras la celebración del juicio, atendiendo a las características de la conducta típica y a las posibles circunstancias modificativas de la responsabilidad criminal que en el caso concurren, se ha optado por la imposición de multa, descartando la pena de prisión. Además, se ha añadido la de inhabilitación especial para cualquier profesión, oficio o actividades, sean o no retribuidas, que conlleve contacto regular y directo con personas menores de edad, solicitada por alguna de las partes, al haber sido condenado el sujeto por uno de los delitos previstos en el Título VIII del Libro II del CP[50].

---

49 En los casos de conformidad, esa forma de terminación del proceso no exime al órgano jurisdiccional del control pertinente, en los términos previstos en el art. 787.2 y 3 de la Ley de Enjuiciamiento Criminal. Así, el Juez o Tribunal solo puede dictar sentencia de conformidad (en los casos en que legalmente proceda) si entiende que la calificación aceptada es correcta y que la pena es procedente según dicha calificación. En caso contrario, «requerirá a la parte que presentó el escrito de acusación más grave para que manifieste si se ratifica o no en él. Sólo cuando la parte requerida modificare su escrito de acusación en términos tales que la calificación sea correcta y la pena solicitada sea procedente y el acusado preste de nuevo su conformidad, podrá el Juez o Tribunal dictar sentencia de conformidad. En otro caso, ordenará la continuación del juicio» (art. 787.3 LECrim). En definitiva, el órgano judicial tiene el deber de controlar la corrección de la calificación jurídica, la procedencia de la pena conformada y la voluntariedad de la conformidad. Si la pena no es procedente el Juez o Tribunal ha de velar por ello y no aplicarla.

50 En este sentido, SAP Madrid 176/2023, de 18 de abril (abuso sexual); SAP Albacete núm. 181/2023, de 1 junio (abuso sexual), esta sentencia fue posteriormente revocada por la STSJ Castilla La Mancha; SAP Zaragoza núm. 187/2023, de 5 junio (abuso sexual); SAP Barcelona núm. 298/2023, de 7 noviembre (abuso sexual).

En segundo término, y en contraposición con la línea anterior, hay sentencias (si bien son las menos) en las que se afirma que, cuando se ha optado por la pena de multa en los delitos contra la libertad sexual, es improcedente imponer la de inhabilitación especial para la profesión o actividad que tenga relación con los menores.[51]

Merecen destacarse en este sentido la STSJ de Castilla-La Mancha núm. 55/2023, de 13 de noviembre[52] y la SAP León núm.

---

51 Se encuentran también algunas sentencias en las que no se ha impuesto la pena de inhabilitación para la profesión o actividad relacionada con menores con la argumentación de que los hechos no guardan relación alguna con menores ni el condenado tiene profesión o actividad relacionada con los mismos. En este sentido, SAP Madrid núm. 29/2023, de 27 marzo, cuyos hechos consistieron en que el día 16 de julio de 2021 el acusado llamó repetidas veces a la víctima cuando esta se encontraba en los vestuarios de la empresa cambiándose de ropa al finalizar su jornada de trabajo, y cuando ésta salió de los vestuarios la cogió del cuello agarrándola, y bajándola la mascarilla la besó en la boca. Hay que señalar, sin embargo, que la ley no supedita la imposición de la inhabilitación especial a la relación directa de la pena con el delito cometido.

52 La STSJ de Castilla-La Mancha revoca la SAP Albacete núm. 181/2023, de 1 de junio, en la que se había condenado a un sujeto como autor de un delito de abuso sexual a la pena de 4 meses y 16 días de multa y a la pena de 2 años de inhabilitación especial para cualquier profesión u oficio, sea o no retribuido, que conlleve contacto regular y directo con menores de edad. Se plantea por el recurrente, entre otros motivos, la infracción por aplicación indebida del art. 192.3 en su redacción introducida por la LO 8/2021 vigente en el momento de ocurrir los hechos. Entiende el TSJ Castilla-La Mancha que, de acuerdo con el principio de legalidad penal, no procede la imposición de una pena no prevista por la Ley, por lo que deja sin efecto la citada inhabilitación. Ello, expone el Tribunal, porque tras la LO 8/2021 se anuda la imposición de dicha inhabilitación a los supuestos en los que la pena correspondiente sea la de prisión, de donde deduce que dicha pena solo está prevista cuando la pena impuesta sea de prisión. Así, continúa argumentando el TSJ Castilla-La Mancha, «de acuerdo con una interpretación gramatical del precepto la duración de la inhabilitación especial se fija en función de la duración de la pena de prisión por un tiempo superior a la misma,

468/2023, de 14 de diciembre[53]. Los razonamientos de ambas sentencias, que comparto, los analizo a continuación al expresar mi posición[54].

En mi opinión, la pena de inhabilitación especial para profesiones o actividades que conlleven contacto con menores de edad, cuando se opta por imponer la pena de multa en el ámbito de los delitos sexuales, es una pena no ajustada a derecho, puesto que no está prevista por la Ley para estos supuestos. La consecuencia lógica debería ser su no imposición en tales casos. Hay varias razones que me llevan a entender la improcedencia de la pena de inhabilitación especial para profesiones y actividades relacionadas con menores en casos en que la pena impuesta sea la de multa, considerando la interpretación en Derecho penal.

La interpretación en Derecho penal, entendida como la operación de buscar y descubrir el sentido de los preceptos jurídico-penales, utiliza los criterios tradicionales de interpretación de la

---

que varía según se trate de delitos graves o menos graves, pero siempre anudada justamente a la duración de la pena privativa de libertad». A dicho argumento interpretativo añaden que en la redacción anterior se diferenciaba claramente entre los delitos sancionados con pena de privación de libertad respecto de los hechos en que no se hubiera impuesto pena privativa de libertad.

53 Por su parte la SAP León núm. 468/2023, de 13 de noviembre, considera que no procede la pena de inhabilitación especial para cualquier profesión, oficio o actividades, sean o no retribuidos, que conlleve contacto regular y directo con menores de edad durante diez años solicitada por el Ministerio Fiscal. Se condenó al acusado a una pena de 20 meses de multa como autor de un delito de abuso sexual por haber puesto la mano en la vagina y pechos, por encima de la ropa, a una víctima discapacitada psíquica. Lo argumentos que la AP de León ofrece para llegar a tal conclusión son atender a una interpretación gramatical, histórica, teleológica y sistemática. Aludo a dichos argumentos en el siguiente apartado.

54 Esto se debe a que, en mi calidad de Magistrada Suplente de la AP León, fui la ponente de la SAP de León mencionada.

teoría general del Derecho[55]. Esta interpretación se clasifica según el sujeto que la realiza, sus resultados y los medios o métodos empleados[56].

Centrándonos en la interpretación en cuanto punto de vista del método, en primer lugar, es importante mencionar la interpretación literal o gramatical del precepto. Este método busca determinar el significado o los significados de las palabras de la norma en su sentido lingüístico, considerando la significación gramatical de los términos utilizados en el contexto de la frase correspondiente. Generalmente, se aborda en el sentido usual del lenguaje, aunque en ocasiones puede requerir un sentido jurídico que difiera del normal, o bien un enfoque técnico-científico o especial.

El art. 192.3, párrafo segundo CP establece claramente que la pena de inhabilitación ve determinada su duración en función de cuál sea la de la pena privativa de libertad impuesta en la sentencia. La inhabilitación se impondrá siempre por un tiempo *superior* al de la duración de la pena privativa de libertad. Así, es la extensión de la pena privativa de libertad la que sirve como umbral (y referencia exclusiva) de fijación de la extensión de la pena privativa de derechos. Sin embargo, no se prevé nada para los casos en que la pena impuesta no sea privativa de libertad. Por lo tanto, si se opta por la pena de multa, resulta complicado establecer la duración de una pena de inhabilitación cuya duración depende exclusivamente de la extensión de la pena privativa de libertad, según el texto normativo. En definitiva, el sistema legal vigente solo vincula la duración de la inhabilitación al carácter grave o menos grave del delito, sin tener en cuenta la naturaleza de la pena a la que acompaña, que deber ser necesariamente privativa de libertad.

---

55 Cfr., por todos, LUZÓN PEÑA, Lecciones de DP. PG, 3ª ed., 2016, 6/1.

56 En lo que sigue, sobre los criterios de interpretación de la ley penal, sigo a LUZÓN PEÑA, Lecciones DP. PG, 3ª ed., 2016, 6/4 ss.

En segundo lugar, se puede considerar la interpretación histórica del precepto. Este método implica analizar los antecedentes y la génesis histórica de la norma actual, así como la regulación anterior (y a veces varias versiones consecutivas) en comparación con la vigente. También se tiene en cuenta la situación social que la norma pretendía regular, los anteproyectos, proyectos, enmiendas y trabajos legislativos, así como la exposición de motivos o las memorias que acompañan a la ley.

En este sentido, aunque la interpretación histórica no tenga carácter decisivo y sirva únicamente de refuerzo, se observa que, en la redacción original (derivada de la LO 1/2015), el precepto sí hacía una distinción respecto a la duración de la pena de inhabilitación, dependiendo de si la pena impuesta en la sentencia era privativa de libertad o si no se había impuesto una pena de prisión. En la actual redacción, sin embargo, no se realiza tal distinción; la duración de la pena de inhabilitación se fija exclusivamente atendiendo a la duración de la pena de privación de libertad impuesta en la sentencia, graduándose únicamente en función de que el delito sea grave o menos grave.

Por otro lado, el texto del *Anteproyecto de Ley Orgánica de Protección Integral a la Infancia y la Adolescencia frente a la Violencia*[57] sí mencionaba literalmente la distinción, a efectos de determinación de la duración de la privativa de derechos, entre los casos de imposición de pena «de privación de libertad» y los casos en que «no se hubiera impuesto una pena de prisión»[58], redacción que

---

57 https://www.sanidad.gob.es/normativa/audiencia/docs/LO_proteccion_integral_violencia_menores.pdf (fecha de consulta: 18/03/2024).

58 Así se contemplaba en el apartado Veintidós de la DF 2.ª del texto del Anteproyecto. Cabe recordar que este fue el texto respecto del que emitieron informe preceptivo, tanto el Consejo Fiscal como el CGPJ, a pesar de que esta iniciativa quedaría caducada en su momento como consecuencia de la promulgación del Real Decreto 129/2019, de 4 de marzo, de disolución del Congreso de los Diputados y del Senado y de convocatoria de elecciones. Posteriormente, en la XIV Legislatura, se inició la tramitación parlamentaria de la ley con la publicación del

–en lo que ahora nos ocupa- se sustituyó por la hoy vigente en el texto del Proyecto de Ley Orgánica.

En tercer lugar, al considerar una interpretación sistemática del Código Penal, se sostiene que los Códigos suelen constituir un todo orgánico y sistemático, siendo sus preceptos supletorios respecto de las leyes penales especiales. Así, las palabras y disposiciones legales suelen estar coordinadas entre sí e integradas en un sentido general, lo que implica que se puede y debe atribuir un significado lógico a la utilización de un mismo concepto con un determinado sentido en otros preceptos.

En relación con esto, se observa que dicha pena también se contempla en otros dos preceptos. Por un lado, en el actual art. 156 *quinquies* (introducido a través de la LO 8/2021, de 4 de junio), que señala literalmente: «A las personas condenadas por la comisión de alguno de los delitos previstos en los artículos 147.1, 148, 149, 150 y 153 en los que la víctima sea una persona menor de edad se les podrá imponer, además de las penas que procedan, la pena de inhabilitación especial para cualquier profesión, oficio u otras actividades, sean o no retribuidos, que conlleve contacto regular y directo con personas menores de edad, por un tiempo superior entre tres y cinco años al de la duración de la pena de privación de libertad impuesta en la sentencia o por un tiempo de dos a cinco años cuando no se hubiere impuesto una pena de prisión, en ambos casos se atenderá proporcionalmente a la gravedad del delito, el número de los delitos cometidos y a las circunstancias que concurran en la persona condenada».

Por otro lado, en el art. 177 bis.1 último párrafo CP (también incluido a través de LO 8/2021), relativo a la trata de seres humanos, se establece: «Cuando la víctima de trata de seres humanos fuera una persona menor de edad se impondrá, en todo caso, la pena de inhabilitación especial para cualquier

---

Proyecto de Ley Orgánica de protección integral a la infancia y la adolescencia frente a la violencia en el BOCG, Congreso de los Diputados, Serie A, núm. 22-1, de 19 de junio de 2020.

profesión, oficio o actividades, sean o no retribuidos, que conlleve contacto regular y directo con personas menores de edad, por un tiempo superior entre seis y veinte años al de la duración de la pena de privación de libertad impuesta».

Como se observa, en el art. 156 *quinquies* CP sí se distingue, en lo que respecta a la duración de la pena de inhabilitación especial, entre los casos en que la pena impuesta es de privación de libertad y aquellos en los que no se impone una pena de prisión. Por su parte, el art. 177 bis CP solo se refiere a la pena privativa de libertad, siendo esta la única que se prevé para los responsables de la trata de seres humanos. Una interpretación sistemática nos lleva a concluir que el significado lógico es descartar la posibilidad de imponer, en los delitos contra la libertad sexual (cuando se opta por multa la pena), la inhabilitación especial que estamos analizando.

Finalmente, también la interpretación teleológica y valorativa, que atiende a la finalidad de la norma (fundamentalmente la ley), a su voluntad «objetiva» en su configuración actual y a las valoraciones implícitas o explícitas de la misma. En el caso de las leyes penales, se examinan los objetivos de política criminal que el sistema penal ha plasmado en un precepto o grupo de preceptos. Siguiendo este método de interpretación, es importante señalar que, si se opta por la pena de multa, se entiende que la trascendencia del hecho es escasa. En tales casos, parece lógico pensar que no debería entrar en juego la pena de inhabilitación para la realización de trabajos con menores.

V. EL PROBLEMA DE RETROACTIVIDAD

Considero que, aunque sea brevemente, conviene plantearse si es o no posible la aplicación retroactiva del art. 192.3 CP[59]. Dicho precepto no se ha aplicado, tras la modificación sufrida a través

---

59 Este es un tema muy interesante que simplemente planteo aquí, ya que su estudio requiere un análisis más profundo.

de la LO 8/2021, en la que se establecía la pena de inhabilitación especial con carácter obligatorio para los delitos contra la libertad sexual, ya que su aplicación supondría una retroactividad perjudicial para el reo. Sin embargo, tras la Ley Orgánica 10/2022, de 6 de septiembre, de Garantía Integral de la Libertad Sexual, se han generado debates jurídicos importantes en relación con la aplicación retroactiva de algunas disposiciones del CP. Dentro de ese debate, y por lo que ahora nos interesa, surge la cuestión de cómo se aplica esta reforma en relación con el artículo 192.3 CP[60], teniendo en cuenta lo preceptuado en el art. 2.2 CP[61] y el art. 9.3 CE[62].

Como sabemos, el principio que rige en las leyes penales es el de la total prohibición de retroactividad de las leyes que crean o agravan responsabilidad penal. Por el contrario, se admite la retroactividad de las normas que favorezcan al reo[63]. Sin embargo, en ocasiones, como en el supuesto que nos ocupa, resulta difícil determinar cuál es la ley más favorable. En caso de duda, debe ser oído el reo.

Un análisis jurisprudencial nos lleva a observar que se ha aplicado en sentido retroactivo la imposición de esta pena cuando se han revisado sentencias de sujetos condenados por delitos sexuales. En estos supuestos, teniendo en cuenta la LO 10/2022,

---

60 Lo analiza, SERRANO GÓMEZ, Diario La Ley, núm. 10509, 21 de mayo.

61 Art. 2.2 CP: «No obstante, tendrán efecto retroactivo aquellas leyes penales que favorezcan al reo, aunque al entrar en vigor hubiera recaído sentencia firme y el sujeto estuviese cumpliendo condena. En caso de duda sobre la determinación de la Ley más favorable, será oído el reo. Los hechos cometidos bajo la vigencia de una Ley temporal serán juzgados, sin embargo, conforme a ella, salvo que se disponga expresamente lo contrario».

62 Art. 9.3 CE: «La Constitución garantiza el principio de legalidad, la jerarquía normativa, la publicidad de las normas, la irretroactividad de las disposiciones sancionadoras no favorables o restrictivas de derechos individuales, la seguridad jurídica, la responsabilidad y la interdicción de la arbitrariedad de los poderes públicos».

63 Sobre ello, por todos, LUZÓN PEÑA, Lecciones de DP. PG, 3ª, 2016, 7/6 ss.

en muchos casos hubo que rebajar la pena de prisión, ya que su menor duración beneficiaba al reo. Sin embargo, considerando lo dispuesto en el art. 192.3 CP, ello conllevó también la aplicación de la pena de inhabilitación de la que me estoy ocupando, puesto que la aplicación retroactiva de las leyes lo es en su conjunto y el art. 192.3 CP establece de forma imperativa la imposición de la pena de inhabilitación. Así, a la rebaja de la pena de prisión se sumó la pena de inhabilitación especial para profesión, oficio o actividades con menores de edad. Esta interpretación ha sido confirmada por el Alto Tribunal en diferentes supuestos[64], entendiendo que la aplicación de la ley más favorable debe ser en su conjunto, integral. La doctrina mayoritaria también sostiene que no se pueden combinar los preceptos más favorables de la ley anterior y posterior, ya que esto equivaldría a crear una ley nueva[65].

Ciertamente, para determinar cuál es la ley penal favorable se requiere comparar la ley anterior con la nueva y valorar si esta última es más beneficiosa para el reo. En este sentido, y teniendo en cuenta la Disposición Transitoria Segunda del Código Penal, se debe comparar la pena que corresponde al delincuente aplicando

---

64 En este sentido, entre otras, STS núm. 930/2022 de 30 noviembre; STS núm. 501/2023 de 23 junio; STS núm. 523/2023 de 29 junio; STS núm. 529/2023 de 29 junio.

65 Cfr., por todos, Luzón Peña, Lecciones de DP. PG, 3ª, 2016, 7/21 ss. En sentido contrario Serrano Gómez, Diario La Ley, núm. 10509, ap. IV, para quien la aplicación de la ley en su conjunto puede vulnerar el art. 9.3 CE; Cuello Contreras, El Derecho Penal Español, PG 3ª ed., 2002, 250, descartando la aplicación de la ley anterior o posterior en bloque «cuando se basa en el argumento de que, de otro modo, se estaría creando una nueva ley que nunca ha existido, lo que vulneraría el principio de legalidad, cuando, en realidad, lo único que prohíbe el principio de legalidad es que se persigan comportamientos con penas no previstas por la ley…y que se aplique la ley penal de forma desfavorable para el reo, lo que la teoría de la ley penal en bloque puede llegar a ocasionar. La aplicación diferenciada, en cambio, sin vulnerar la seguridad jurídica, es más justa».

ambas leyes, determinando cuál es la más favorable, sin que sea posible combinar ambas normativas.

Sin embargo, también se ha afirmado, en sentido contrario a lo manifestado por el TS y la mayoría de la doctrina, que solo debe aplicarse lo favorable[66], admitiéndose de esto modo lo que podríamos denominar retroactividad parcial.

Es cierto que en el art. 2.2 CP no se especifica que la nueva ley más favorable deba aplicarse en su conjunto, es decir, en bloque. Ello ha llevado a algún autor, precisamente analizando la LO 10/2022 y en concreto el art. 192.3 CP, a realizar una propuesta de reforma en el sentido de que la aplicación de la ley no debería hacerse en su conjunto, sino que lo adecuado sería aplicar la nueva ley solo en la parte que favorezca al reo. Así se ha propuesto una modificación del art. 2.2 CP en el siguiente sentido: «Tendrán efecto retroactivo aquellas leyes penales *en lo* que favorezcan al reo, aunque al entrar en vigor hubiera recaído sentencia firme y el sujeto estuviere cumpliendo condena...En caso de duda sobre la determinación de la Ley más favorable, será oído el reo»[67].

Dejo abierto el debate sobre la posible retroactividad parcial de las leyes penales, dado que este tema suscita importantes discusiones jurídicas sobre la aplicación de normas que podrían perjudicar al reo.

---

66 En este sentido, SERRANO GÓMEZ, Diario La Ley, núm. 10509, 21 de mayo, ap. I.1.

67 SERRANO GÓMEZ, Diario La Ley, núm. 10509, 21 de mayo, ap. VII.

VI. EL REGISTRO CENTRAL DE DELINCUENTES SEXUALES: UNA MANIFESTACIÓN DEL DERECHO PENAL SIN GARANTÍAS

La restricción de derechos que impide ejercer profesiones, oficios o actividades con menores trasciende lo dispuesto en el CP. Como se mencionó en la introducción, la incorporación de la pena de la que me estoy ocupando fue acompañada de la creación, en 2015, de un Registro Central de Delincuentes sexuales[68], conforme a lo previsto en el actualmente derogado art. 13.5 de la Ley Orgánica de Protección Jurídica del Menor[69]. La finalidad de dicho registro, según el art. 3.2 del Real Decreto 1110/2015, de

---

68 Se trata de un registro superfluo ya que su función podía ser desempeñada a través de mecanismos ya existentes como el Registro Central de Antecedentes Penales. En este sentido, acertadamente, FERNÁNDEZ-PACHECO ESTRADA, Punitivismo postpenitenciario. El Registro Central de Delincuentes Sexuales y la inhabilitación para profesiones de contacto con menores, en: JUANATEY DORADO / SÁNCHEZ-MORALEDA VILCHES, Derechos del Condenado y necesidad de pena 2018, 211 ss., 224; en idéntico sentido la misma en: Revista Penal, 43, 2019, 48 s. Además, no existe ninguna norma que obligue al Estado español a regular un registro de delincuentes sexuales *ad hoc*; en tal sentido, SALAT PAISAL, El registro de delincuentes sexuales español: su regulación jurídica y su efecto en la prohibición para desempeñar profesiones que impliquen contacto habitual con menores, Revista General de Derecho Penal 25, 2016, ap.2 y 3. Un registro y una regulación que, en opinión de FUERTES IGLESIAS, El nuevo Derecho Penal Sexual Español y los menores de edad, 2024, 74, obedece a unos postulados de derecho de autor o del enemigo.

69 Como consecuencia de la Disposición Final decimoséptima de la Ley 26/2015, de 28 de julio, de modificación del sistema de protección a la Infancia y a la adolescencia, el Gobierno dictó en un plazo de seis meses el RD 110/2015, de 11 de diciembre, por el que se regula el Registro Central de Delincuentes sexuales. Los apartados 4 y 5 del art. 13 LOPJM fueron suprimidos por la disposición final 8.3 de La Ley Orgánica 8/2021, de 4 de junio, al introducirse una regulación específica en relación con la certificación negativa del Registro de delincuentes sexuales (arts. 56 a 60 LO 8/2021).

11 de diciembre[70], por el que se regula el Registro Central de Delincuentes Sexuales, es: «contribuir a la protección de las personas menores de edad contra la explotación y las agresiones sexuales, con independencia de quién sea el autor del delito, mediante el establecimiento de un mecanismo de prevención que permita conocer si quienes pretenden el acceso y ejercicio de profesiones, oficios y actividades que impliquen el contacto habitual con personas menores de edad, carecen o no de condenas penales por los delitos a los que se refiere el apartado anterior».

Es complicado sostener que el propósito y la naturaleza de ambas inhabilitaciones (administrativa y penal) sea diferente cuando su contenido es exactamente el mismo contenido. Sin embargo, la doctrina ha destacado —correctamente, en mi opinión— que, aunque ambas «tienen en común tanto el contenido material como el hecho de que su imposición es obligatoria por la comisión de un delito sexual, la inhabilitación prevista penalmente es más garantista y se ajusta en mayor medida al principio de proporcionalidad pues, aunque el máximo por el que puede ser impuesta llega hasta los 20 años de duración (un periodo casi tan largo como los 30 de la inhabilitación administrativa), ésta la impone una autoridad judicial y su duración puede ser regulada atendiendo a circunstancias del caso concreto (vid art. 192.3 párrafo 2 CP). Sin embargo, la imposición de la inhabilitación administrativa es automática y no permite ajustar la duración atendiendo a las circunstancias del caso concreto (relacionadas con el sujeto, la gravedad del delito...)»[71].

Además, la naturaleza jurídica de esta institución ha sido objeto de preocupación por parte de la doctrina que ha analizado si

---

70 Este RD regula aspectos esenciales de la configuración del Registro. Sin embargo, su aprobación mediante un RD ha sido objeto de críticas por posibles vicios de inconstitucionalidad En tal sentido: MOLINA BLÁZQUEZ, A propósito de la constitucionalidad del Real Decreto 110/2015, que regula el registro de delincuentes sexuales, Diario La Ley, núm. 119, 2016, II.1; GARCÍA MOSQUERA, CPC, n.º 129, 2019, 1.

71 FERNÁNDEZ CABRERA, EPC, 42, 2022, ap. 4.1.1.

debe considerarse una pena o una medida administrativa, dado que de su calificación jurídica se derivan los derechos y garantías que deben acompañarla. Si se admite su naturaleza penal habría de determinarse si se están o no respetando los principios de legalidad o proporcionalidad y reinserción social[72]. En este sentido, surgen dudas sobre su constitucionalidad,[73] ya que, como ha

---

72 Sobre esta cuestión y en sentido crítico con la vulneración de los citados principios, Fernández-Pacheco Estrada, en: Juanatey Dorado / Sánchez-Moraleda Vilches, Derechos del Condenado y necesidad de pena 2018, 220 ss., 225; la misma en: Revista Penal, 43, 2019, 59 ss.; Fernández Cabrera, EPC, 42, 2022, ap. 4.1. Afirma Fuertes Iglesias, El nuevo Derecho Penal Sexual Español y los menores de edad, 2024, 74, que es una medida desproporcionada y que compromete seriamente la reinserción social de los penados, destacando que en el caso de condenas a menores despliega un especial estigma aflictivo que aberra a la naturaleza de la propia LORPM y a los principios informadores de tal rama del Derecho penal.

73 En esa línea Molina Blázquez, Diario La Ley, núm. 119, 2016, II. 2, analizando los principios e necesidad y proporcionalidad, concluyendo que sería más ajustado al principio de proporcionalidad que el plazo de cancelación de los datos obrantes en el Registro coincidiera, como norma general, con el plazo de cancelación de los antecedentes penales. Sigue las consideraciones de la citada autora en cuanto a la inconstitucionalidad del RD 110/2015, la Sentencia núm. 37/2018, de 19 de febrero, del Juzgado de lo Contencioso Administrativo núm. 3. Sobre dicha sentencia véase Marco Franco, La inscripción en el Registro de Delincuentes Sexuales, una pena de inhabilitación especial contraria al principio de legalidad. A propósito de la Sentencia núm. 37/2018 del Juzgado de lo Contencioso-Administrativo núm. 3 de Zaragoza, Diario La Ley, núm. 9256, 11 de septiembre de 2018. También aluden a la inconstitucionalidad del citado RD, García Mosquera, CPC, n.º 129, 2019, 128; García Pérez, La contribución de la jurisprudencia al endurecimiento de la respuesta a los menores infractores, Revista electrónica de Ciencia Penal y Criminología, 21-25, 2019, 36 ss. Afirma que el RD 110/2015 produce una vulneración insoportable de principios nucleares de nuestro Estado de Derecho, como el de legalidad penal, la jerarquía normativa y la irretroactividad de las disposiciones sancionadoras no favorables o restrictivas de derechos individuales, Marco Francia, Diario La Ley núm. 9256, 11 de septiembre de 2018, ap. IV.2.

afirmado nuestra doctrina, nos encontramos ante una medida de inhabilitación limitativa de los derechos del ciudadano susceptible de ser calificada de sanción penal[74] y que tiene un alcance más amplio y unos efectos más severos que la pena contenida en el art. 193.2 CP[75]. Se trata de una medida de imposición automática, sin valoración judicial. Incluso se ha llegado a afirmar que dicha medida viene a dejar sin efecto lo dispuesto en el art. 192.3 CP[76].

En una primera aproximación, debería entenderse que no se trata de una institución de naturaleza penal, ya que no cumple con los requisitos establecidos para considerarla como tal. No se impone en el marco de un procedimiento penal ni por parte de un juez penal. Sin embargo, sus consecuencias pueden ser incluso más gravosas que las establecidas del CP.

En cuanto a su alcance, el Registro incluye cualquier delito contra la libertad e indemnidad sexuales tipificados en el título VIII de la Ley Orgánica 10/1995, de 23 de noviembre, del CP, así como cualquier delito de trata de seres humanos tipificado en el título VII bis del CP. Por su parte, el CP impone, con carácter obligatorio, la pena de inhabilitación especial para profesiones,

---

74 Así, Salat Paisal, EPC, XXXVI, 2016, 326; el mismo en: El registro de delincuentes sexuales español: su regulación jurídica y su efecto en la prohibición para desempeñar profesiones que impliquen contacto habitual con menores, Revista General de Derecho Penal 25, 2016, ap. 3, calificándolo como un auténtico fraude de etiquetas; García Pérez, Revista electrónica de Ciencia Penal y Criminología, 21-25, 2019, 33; Fernández-Pacheco Estrada, en: Juanatey Dorado / Sánchez-Moraleda Vilches, Derechos del Condenado y necesidad de pena 2018, 215 ss., 224; la misma en: Revista Penal, 43, 2019, 53, 58; Fernández Cabrera, EPC, 42, 2022, ap. 3.3.2.

75 En este sentido, aludiendo a la regulación anterior, entre otros, Molina Blázquez, Diario La Ley núm.19, 2016, II.1; García Pérez, Revista electrónica de Ciencia Penal y Criminología, 21-25, 2019, 33; García Mosquera, CPC, n.º 129, 2019, 129, aludiendo al Anteproyecto.

76 Marco Francia, Diario La Ley núm. 9256, 11 de septiembre de 2018, ap. IV.1; Cabrera Martín, La victimización sexual de menores en el CP español y en la política criminal internacional, 2019, 220 s.

oficios o actividades a los condenados por cualquier delito contra la libertad sexual (art. 192.3 CP), así como a los condenados por un delito de trata de seres humanos cuando la víctima sea menor de edad (art. 177 bis.1, último párrafo).

Cabe recordar que, en la regulación anterior a la LO 8/2021, el art. 192.3 CP solo hacía referencia a la imposición de la pena de inhabilitación especial para profesiones, oficios y actividades con menores de edad a los responsables de la comisión de alguno de los delitos de los Capítulos II bis o V CP. No obstante, con la normativa actual, esta pena se ha ampliado a cualquier delito contra la libertad sexual, lo que aproxima la regulación penal a la administrativa. Sin embargo, si en un caso concreto se opta por imponer una pena de multa en lugar de la pena privativa de libertad, no podrá imponerse respetando el principio de legalidad, en la vía penal, la pena de inhabilitación a la que nos referimos, por las razones ya expuestas en el apartado correspondiente. Ahora bien, sí se aplicaría en ese caso lo dispuesto en el Registro Central de Delincuentes Sexuales.

De este modo, puede afirmarse que, en determinados casos, el ámbito de aplicación es más amplio en el ámbito administrativo que en el penal[77]. Además, aunque no es objeto de este trabajo, resulta relevante observar que, en lo que respecta al delito de trata de seres humanos, el Registro se refiere a los condenados por cualquier delito de trata, mientras que el CP solo menciona a los condenados en casos donde las víctimas sean menores de edad.

En cuanto a su duración, esta es mayor en el ámbito administrativo, puesto que, si el condenado es un adulto y la víctima es menor de edad, puede extenderse hasta los 30 años[78].

---

77 Solo en determinados casos porque el CP prevé también su imposición en determinados delitos de lesiones tal y como se desprende del art. 156 *quinquies* CP.

78 Analiza como una consecuencia colateral de la condena la solicitud de certificados de antecedentes penales para acceder a un empleo, Fernández Díaz, Antecedentes penales y exclusión social: una mirada a

La doctrina también ha planteado la cuestión de cuáles son los delitos que conllevan la inscripción en el citado Registro. En este sentido, el artículo 13.5 de la Ley Orgánica de Protección Jurídica del Menor (LORPM), en su redacción dada por la Ley Orgánica 26/2015, de 28 de julio, sobre Modificación del Sistema de Protección a la Infancia y a la Adolescencia, se refería a los delitos contra la libertad e indemnidad sexuales, que incluyen la agresión y el abuso sexual, el acoso sexual, el exhibicionismo y la provocación sexual, la prostitución y la explotación sexual, así como la corrupción de menores y la trata de seres humanos.

Por su parte, la Disposición Final 17ª de la citada LO 26/2015 optó por hacer un listado de los delitos objeto del registro de delincuentes sexuales, mencionando específicamente «delitos contra la libertad e indemnidad sexuales, en los que incluyen la agresión y abuso sexual, acoso sexual, exhibicionismo y provocación sexual, prostitución y explotación sexual y corrupción de menores»)[79]. Finalmente, el RD 1110/2015 amplió el listado a

---

España, a Europa y al Tribunal Europeo de Derechos Humanos en la era digital, Revista de Derecho de la UNED, núm. 33, 2024, 162 ss., poniendo de manifiesto la cada vez mayor magnitud que están adquiriendo los registros penales, caracterizada por el uso abusivo de su contenido para fines de prevención delictiva, pero extramuros del derecho penal, constituye una medida socialmente excluyente y sitúa a la política criminal española en un escenario crítico (168). La autora llega a la conclusión de que hay que establecer límites ante tal situación para no perpetuar la exclusión social, confiando en la posibilidad de verdadera reinserción social (185).

79 En opinión de SALAT PAISAL, Revista General de Derecho Penal 25, 2016, ap.3, quedaban fuera el delito de embaucamiento y el *on line child grooming*, incluyéndose otros que no tienen por objeto proteger a menores de edad; para FERNÁNDEZ-PACHECO ESTRADA, Revista Penal, 43, 2019, 49, pese a la deficiente técnica legislativa sí podían entenderse incluidos. Por su parte MOLINA BLÁZQUEZ, Diario La Ley, nº 19, 2016, entendía que podía interpretarse que la ley se refiere solo a delitos contra menores de edad.

todos los delitos contra la libertad e indemnidad sexual y a la trata de seres humanos[80], lo que ha sido objeto de crítica[81].

En definitiva, la regulación del Registro Central de Delincuentes Sexuales y la pena de inhabilitación especial analizada suscitan importantes cuestiones sobre la protección de los menores, la garantía de derechos y la necesidad de un equilibrio entre la seguridad de los ciudadanos y la reinserción social.

---

80 Art. 3.1. «El Registro Central de Delincuentes Sexuales constituye un sistema de información, de carácter no público y gratuito, relativo a la identidad, perfil genético, penas y medidas de seguridad impuestas a aquellas personas condenadas en sentencia firme por cualquier delito contra la libertad e indemnidad sexuales o por trata de seres humanos con fines de explotación sexual, incluyendo la pornografía, regulados en el Ley Orgánica 10/1995, de 23 de noviembre, del Código Penal, con independencia de la edad de la víctima. Esta información se referirá a las condenas dictadas tanto en España como en otros países, en particular los Estados miembros de la Unión Europea y del Consejo de Europa».

81 En este sentido SALAT PAISAL, Revista General de Derecho Penal 25, 2016, ap. 3, entiende que no puede justificarse la incorporación del delito de trata de personas ya que la DF 17ª Ley 26/2015 no habilita al ejecutivo para proceder a su inclusión.

*Las penas previstas en los delitos contra la Corona y el principio de proporcionalidad penal**

DULCE M. SANTANA VEGA
PTU-Acreditada a Catedrática de Derecho penal,
Universidad de Las Palmas de Gran Canaria

I. CONSIDERACIONES GENERALES PREVIAS: EL PRINCIPIO DE PROPORCIONALIDAD PENAL

El principio de proporcionalidad penal, en su concepción moderna, tiene como precedente más antiguo al movimiento de la Ilustración, el cual tiene lugar en Europa a partir del siglo XVIII, generando como principal consecuencia para el Derecho penal la preocupación por humanizar las penas[1], lo que se traducirá no solo en la supresión de algunas de las hasta entonces existentes, sino también en el cambio de la forma de llevar a cabo la ejecución de todas las penas. Así, ya en el art. 8 de la Declaración de Derechos del Hombre y del Ciudadano de 1789, se proclamaba que "la Ley no debe establecer otras penas que las estrictas y evidentemente necesarias...", si bien esta declaración traslada el

---

* Este trabajo se enmarca en el PID2020-114303RB-I00 del MICIN sobre: "El estatuto jurídico de la Jefatura del Estado en la monarquía parlamentaria española: análisis comparado y de contraste, evaluación y propuestas".

1 Por todos, MIR PUIG, S., Derecho Penal. Parte General, Reppertor, 10ª ed., 2016, pp. 133 y 703; si bien no faltan autores como VIGANÓ, F., La proporzionalità della pena. Profili di Diritto penales e costituzionale, Giappichelli, 2021, p. 3 y ss., que refiere su origen al *Bill of Richts* inglesa de 1689.

problema a la concreción de lo que se entienda por necesidad o merecimiento de pena[2], tema que es abordado en otro capítulo de esta obra.

No obstante, el principio de proporcionalidad penal no ha estado exento de críticas. De hecho, algún autor ha considerado que presenta incluso cierto carácter demagógico por adolecer de falta de determinación y de la necesaria concreción[3]. Sin embargo, quienes lo critican por su grado de abstracción reconocen que no se puede prescindir de él, debido a su capacidad para conformar el sistema penal.

Por otra parte, a diferencia de otros principios fundamentadores del Derecho penal, como el de legalidad, el cual resulta directa y expresamente recogido en el Art. 25.1 CE, el principio de proporcionalidad no encuentra una recepción nominal

---

2 Cfr. STC 65/1986, de 22 de mayo, F. J. 2. En la doctrina ampliamente sobre el particular, por todos: LUZÓN PEÑA, D., La relación del merecimiento de pena y de la necesidad de pena con la estructura del delito, ADPCP, T. XLVI, F. 1, 1993, pp. 21 y ss.; ROBLES PLANAS, R., Merecimiento, necesidad de pena y punibilidad, en: C. Gómez Martín; C. Bolea Bardon; J. I. Gallego Soler; J. C. Hortal Ibarra; U. Joshi Jubert, Un modelo integral de Derecho penal: Libro homenaje a la Profra. Mirentxu Corcoy Bidasolo, BOE, 2022, p. 857 y ss.

3 GÜNTHER, H. L., Strafrechtswidrigkeit und Strafunrechtsausschluß. Studien zur Rechtswidrigkeit als Straftatmerkmal und zur Funktion der Rechtfertigungsgründe im Strafrecht, Heymanns, 1983, pp. 226 y ss., pone también de manifiesto su vinculación al valor de la justicia, y la necesidad de articularse a través de otros subprincipios o en ámbitos de aplicación sistemáticos del hecho penal (en el tipo, la antijuridicidad, la culpabilidad, la medición de la pena o el proceso penal). En la misma línea, NAUCKE, W., Strafrecht. Eine Einführung, Hermann Luchterhand, 10ª ed., 2002, pp. 41, 52, 93, respecto de la Constitución alemana, ha considerado que la proporcionalidad exigida por la *Grundgesetz* de todas las penas estatales se dirige al problema, pero no lo soluciona; vid. también, en esta línea crítica, BACIGALUPO ZAPATER, E., ¿Tiene rango constitucional las consecuencias del principio de culpabilidad?, La Ley, n.º 2, 1982, pp. 940 y 941; o FERNÁNDEZ RODRÍGUEZ, M. D., Los límites del *Ius puniendi*, ADPCP T. XLVII, F. III, 1994, p. 103.

y directa en el texto constitucional español, lo que sí sucede en otros estados[4] o en algunos tratados y convenios internacionales[5]. No obstante, hay consenso en la jurisprudencia constitucional española en afirmar que, si bien el principio de proporcionalidad penal no constituye en nuestro ordenamiento un "canon de constitucionalidad autónomo", cuya alegación pueda producirse de forma independiente o aislada, sí se puede extraer su reconocimiento de otros principios o derechos como los de dignidad, justicia, humanidad, interdicción de la arbitrariedad o igualdad[6].

Sin embargo, no existe acuerdo en la doctrina cuando se trata de conectar el principio de proporcionalidad con la forma de Estado (Art. 1.1 CE). Así, mientras que para unos autores sería una emanación del Estado de Derecho, conectando aquel con el valor superior de la Justicia, aludiendo también al Art. 10 de la CE, en su referencia a la dignidad del ser humano[7]; otros autores consideran que el principio de proporcionalidad es una emanación del Estado democrático, recalcando la conexión que el

---

4 Tal sería el caso, por ejemplo, de la Octava Enmienda a la Constitución de los Estados Unidos de Norteamérica de 1791, la cual dispone que "no se exigirán fianzas excesivas, ni se impondrán multas excesivas, ni se infligirán castigos crueles e inusitados".

5 Así, el principio de proporcionalidad se encuentra recogido en el artículo 8 de la Declaración de Derechos y del Hombre y del Ciudadano de 1789 al establecer que: "La ley no debe señalar sino las penas estrictamente necesarias y proporcionales al delito".

6 En este sentido, SSTC 62/1982, de 15 de octubre; 65/1986, de 22 de mayo;160/1987, de 27 de octubre; 55/1996, de 28 de marzo; 177/2015, de 22 de julio, 112/2016, de 20 de junio; 47/2022, de 24 de marzo, o la 8/2024, de 16 de enero; 136/1999; 122/21; 46/2022; o 8/2024, de 16 de enero, entre otras.

7 En este sentido, por todos, JESCHECK/WEIGEND, Strafrecht. Allagemeine Teil, 5ª ed., 1996, p. 27; o el Tribunal Constitucional español, el cual, siguiendo al *Bundesverfassungsgericht* (BVerfGE 81, 310 (338)), deriva el principio de proporcionalidad, fundamentalmente, de la declaración de Estado de Derecho (vid. supra n. 6).

mencionado principio ha de tener con la sensibilidad popular, el sentido común y la valoración social racional de las penas[8].

Por otra parte, se pueden distinguir dos categorías básicas de proporcionalidad: de un lado, estaría la proporcionalidad legislativa, también denominada proporcionalidad en sentido amplio o proporcionalidad abstracta, esto es, aquella que comprende un examen de si la intervención jurídico-penal persigue la protección de un bien jurídico, si es idónea y necesaria para alcanzarla, y la proporcionalidad en sentido estricto[9]; y, de otro lado, estaría la proporcionalidad judicial o concreta, también denominada estricta[10] que exige analizar si la pena aplicada al caso concreto se ha realizado conforme a los parámetros legales y de justicia[11]. A diferencia de la proporcionalidad legislativa, en la judicial se ha partido tradicionalmente de que esta era perfectamente revisable, dentro de sus parámetros[12]. No obstante, ambas modalidades de

---

8 MIR PUIG, S., Introducción a las bases del Derecho penal: concepto y métodos, Bosch, 1976, n. 15, p. 159; en análogo sentido, LASCURAÍN SÁNCHEZ, J. A., La proporcionalidad de la norma penal, Cuadernos de Derecho Público, n.º 5, 1998, pp. 159 y 188.

9 Como advierte ORTÍZ ÚRCULO, J. C., Razonabilidad y proporcionalidad en el Derecho penal (sustantivo y procesal) contemporáneo, en: A. Jorge Barreiro (Dir.), Homenaje al Prof. Gonzalo Rodríguez Mourullo, 2005, p. 771, la concepción amplia del principio de proporcionalidad procede del Derecho de policía prusiano, cuya estructuración se ha mantenido hasta nuestros días; cfr. también, entre otros, AGUADO CORREA, T., El principio de proporcionalidad en Derecho penal, Edersa, 1999, pp. 137-8 y 147-8; DE LA MATA BARRANCO, N., El principio de proporcionalidad penal, Tirant lo Blanch, 2007, p. 138 y ss.; SÁNCHEZ LÁZARO, F. G., Una teoría principialista de la pena, Marcial Pons, 2016, p. 42 y ss.

10 Sobre esta modalidad, cfr. NAVARRO FRÍAS, I., El principio de proporcionalidad en sentido estricto: ¿principio de proporcionalidad entre el delito y la pena o balance global de costes y beneficios?, InDret, n.º 2, 2010, p. 3 y ss.

11 V. gr. STC 81/2022, de 27 de junio, F. J. 6.

12 GONZÁLEZ CUSSAC, J. L., Arbitrio judicial y artículo 61.4 del Código penal: comentario a la sentencia de 20 de marzo de 1986, Poder Judicial,

proporcionalidad se han visto afectadas por nuevas orientaciones jurisprudenciales.

Por lo que respecta al principio de proporcionalidad concreto o en sentido estricto, este se ha visto mediatizado por la jurisprudencia del Tribunal Supremo en la interpretación del principio acusatorio a través de dos sucesivos Acuerdos del pleno no jurisdiccional del Tribunal Supremo. En el Acuerdo de 20 de diciembre de 2006 se establece que: "El Tribunal sentenciador no puede imponer pena superior a la más grave de las pedidas en concreto por las acusaciones, cualquiera que sea el tipo de procedimiento por el que se sustancie la causa". Este Acuerdo se complementó, posteriormente, con el de 27 de diciembre de 2007, el cual interpretaba que: "El anterior Acuerdo de esta Sala, de fecha 20 de diciembre de 2006, debe ser entendido en el sentido de que el Tribunal no puede imponer pena superior a la más grave de las pedidas por las acusaciones, siempre que la pena solicitada se corresponda con las previsiones legales al respecto, de modo que cuando la pena se omite o no alcanza el mínimo previsto en la ley, la sentencia debe imponer, en todo caso, la pena mínima establecida para el delito objeto de condena". De esta manera, el concepto de imposición de la pena típica en toda su extensión desaparece, en post del principio acusatorio, quedando aquella limitada a la imposición de una pena hasta el máximo de lo solicitado por las acusaciones, si bien tal condicionamiento no impedirá tampoco la impugnación de la pena impuesta si se considerara que esta puede ser inferior.

Por lo que a la proporcionalidad en sentido abstracto se refiere, en la Doctrina y en la Jurisprudencia se partía de la premisa de que la proporcionalidad "legislativa" era un campo —casi— inexpugnable

---

n.º 4, 1986, p. 141 y ss.; SILVA SÁNCHEZ, J. M., La revisión en casación de la individualización judicial de la pena, Poder Judicial, n.º 6, 1987, p. 137 y ss.; ZUGALDÍA ESPINAR, El derecho a obtener una sentencia motivada y la individualización de la pena, Poder Judicial, n.º 18, 1990, p. 133 y ss.

al control jurisdiccional[13], a diferencia de la proporcionalidad "judicial". Se consideraba que el juicio de proporcionalidad respecto al tratamiento legislativo de los derechos fundamentales y, en concreto, en materia penal, respecto a la cantidad y calidad de la pena en relación con el tipo de comportamiento incriminado, limitativo de los citados derechos fundamentales, debía partir de "la potestad exclusiva del legislador para configurar los bienes penalmente protegidos, los comportamientos penalmente reprensibles, el tipo y la cuantía de las sanciones penales, y la proporción entre las conductas que pretende evitar y las penas con las que intenta conseguirlo". De esta manera, dentro los límites que señala la CE, se entendía que el legislador gozaba de un amplio margen de libertad que deriva de su posición constitucional y, en última instancia, de su específica legitimidad democrática, la cual le habilitaba para llevar a cabo un "complejo juicio de oportunidad" que conlleva, entre otros aspectos, la fijación de la conminación abstracta de la pena, a los efectos de dar cumplimiento a los fines de prevención general y especial, los cuales resultan condicionados por: la gravedad del comportamiento que se pretende disuadir, las posibilidades fácticas de su detección y sanción y las percepciones sociales relativas a la adecuación entre delito y pena[14].

---

13 Así, el Tribunal Constitucional español seguía una línea "conservacionista" en la STC 65/1986, de 22 de mayo, F. J. 3, en la cual se declara que: "en principio, el juicio sobre proporcionalidad de la pena, prevista por la Ley con carácter general, con relación a un hecho punible que es presupuesto de la misma, es de competencia del legislador. A los Tribunales de justicia sólo les corresponde, según la Constitución, la aplicación de las Leyes y no verificar si los medios adoptados por el legislador para la protección de los bienes jurídicos son o no adecuados a dicha finalidad, o si son o no proporcionados en abstracto. Ello se deduce, como es claro, del artículo 117 de la Constitución. Consecuentemente, no cabe deducir del art. 25.1 de la Constitución española un derecho fundamental a la proporcionalidad abstracta de la pena con la gravedad del delito". Esta doctrina es posteriormente reiterada en las SSTC 65/1986, F. J. 3; 160/1987, F. J. 6 b); 150/1991, F. J. 4; Auto 319/1996, F. J. 3: la proporcionalidad abstracta corresponde al legislador.

14 Cfr. SSTC 55/1996, F. J 6°; 161/1997, F. J. 9°.

Sin embargo, estos postulados van a ser relativizados por la posterior STC 136/1999, de 20 de julio, de tal manera que la inatacabilidad de la proporcionalidad abstracta o legislativa se sustituye por la libertad de configuración del legislador penal de la elección de la técnica o la vía concreta para restaurar la vigencia del principio de proporcionalidad en la represión de las conductas delictivas que podrán ser revisada por el Tribunal Constitucional[15], dentro del ámbito que, en cada caso, señale este "legislador negativo", aspecto este último en el que se centrará este trabajo, circunscribiéndolo a las penas que se hallan previstas en los "Delitos contra la Corona", que se encuentran recogidos en el Capítulo II, arts. 485-491, del Título XXI que lleva por rúbrica: "Delitos contra la Constitución".

II. EL PRINCIPIO DE PROPORCIONALIDAD Y LA VIGENTE TIPIFICACIÓN DE LOS DELITOS CONTRA LA CORONA EN EL CÓDIGO PENAL ESPAÑOL

La observancia del principio de proporcionalidad penal abstracto en los delitos contra la Corona se analizará desde un triple punto de vista: la determinación de quiénes son los sujetos pasivos protegidos, la forma de configuración de las conductas típicas y, por último, las penas previstas en los tipos penales.

Este análisis se abordará desde un concreto entendimiento del bien jurídico-penal que se considera protegido en estos delitos, el cual está caracterizado por su necesaria dimensión pluriofensiva, esto es, de protección de bienes jurídicos penales individuales como medio para la protección penal de las funciones de la Corona.

---

15 Cfr., críticamente, ÁLVAREZ GARCÍA, F. J., Principio de proporcionalidad. Comentario a la Sentencia del Tribunal Constitucional de 20 de julio de 1999, La Ley, n.º 5, 1999, p. 2.053 y ss.

1. Principio de proporcionalidad y determinación de sujetos pasivos especialmente protegidos: los sujetos pasivos cualificados

Los sujetos pasivos que resultan especialmente protegidos en los delitos contra Corona han ido variando a través de los concretos Códigos penales, dentro del proceso de Codificación penal española, excepción hecha de los Códigos republicano y franquista, en los que tal protección se circunscribía exclusivamente al único titular posible de la jefatura del Estado. En el resto de los Códigos penales históricos españoles (1822, 1848-50, 1870, 1928), que se han promulgado con constituciones que recogían una forma de gobierno monárquica, el ámbito de protección subjetiva de los tipos ha comprendido siempre, además de al titular de la Corona, a otros sujetos cualificados, debido a la idiosincrasia de la forma de gobierno monárquica y a su sucesión hereditaria[16], si bien no en todos ellos con la misma extensión.

Por lo que al vigente Código penal de 1995 se refiere[17], el legislador penal articula un amplio elenco de sujetos pasivos que van a ser objeto de una protección penal cualificada: el Rey o la Reina reinante; al Príncipe o la Princesa de Asturias; cualquiera de los descendientes (no solo los infantes o las infantas, sino también nietos, bisnietos, tataranietos o cualquier otro descendiente en línea recta descendente posterior), o cualesquiera otros ascendientes del Rey o la Reina (reyes honoríficos, bisabuelos, o cualquier otro en línea recta ascendente); la Reina consorte o el

---

16 En efecto, según dispone el Art. 57.1 de la CE, "1. La Corona de España es hereditaria en los sucesores de S. M. Don Juan Carlos I de Borbón, legítimo heredero de la dinastía histórica La sucesión en el trono seguirá el orden regular de primogenitura y representación, siendo preferida siempre la línea anterior a las posteriores; en la misma línea, el grado más próximo al más remoto; en el mismo grado, el varón a la mujer, y en el mismo sexo, la persona de más edad a la de menos".

17 Dicho elenco será posteriormente modificado por la LO 1/2015, de 30 de marzo, la cual introduce en la redacción de los tipos contra la Corona el lenguaje inclusivo.

consorte de la Reina; y el Regente o algún miembro de la Regencia, según que esta sea individual o colegiada.

Sorprendentemente, esta relación de sujetos pasivos es más extensa que la que contenían otros Códigos Penales españoles decimonónicos[18]. Así, por ejemplo, el Código Penal de 1822 llevaba por rúbrica "De los delitos contra el Rey, la Reina y el Príncipe heredero", circunscribiendo, básicamente, a estos la protección penal, aunque, acorde con la época, el elenco de conductas y sus penas son las propias de la época. En el Código Penal de 1848-1850 el allanamiento de morada, que ha de ser violento, solo se castiga si se trata de la morada del Rey, su consorte, del inmediato sucesor de la Corona o del Regente. En la misma línea el citado Código aludía de forma más restringida a los padres del Rey y no a todos los ascendientes, y a los infantes, esto es, no a todos los descendientes.

En la regulación vigente del Código Penal se incluye una lista amplia de parientes del rey: todos los ascendientes y todos los descendientes, así como el cónyuge del Rey o la Reina, ninguno de los cuales *per se* ostentan funciones constitucionales por el mero hecho de ser consanguíneos en línea recta ascendente o descendente, o cónyuge. Por el contrario, las funciones constitucionales están circunscritas, en sentido estricto, al Rey o Reina reinante y, en su defecto, al titular de la Regencia o algún miembro de esta, en el caso de ser colegiada, quien o quienes ejercerán funciones constitucionales en los casos previstos por la CE. En concreto, se activará la Regencia en los supuestos en los que el Rey o la Reina fueran menores de edad, en cuyo caso podrán ser regentes el padre o la madre del Rey y, en su defecto, el pariente mayor de edad más próximo a suceder en la Corona. También se activaría la Regencia cuando el Rey o la Reina se inhabilitaren para el ejercicio de su autoridad y la imposibilidad fuere reconocida por las Cortes

---

18 En este sentido, LLABRÉS FUSTER, A., Delitos contra la Corona, en: M. Gómez Tomillo (Dir.), Comentarios al Código Penal, Lex Nova, 2ª ed., 2011, p. 1.738.

Generales, en cuyo caso la ejercería el Príncipe o Princesa de Asturias, si fuera mayor de edad. Si no lo fuere, se procederá de la manera indicada anteriormente hasta que el Príncipe o la Princesa de Asturias alcance la mayoría de edad y puedan ser Rey o Reina (Art. 59 CE). Por lo tanto, los mencionados parientes del Rey o la Reina están llamados a la Regencia y, por lo tanto, a ejercer funciones constitucionales, al ser nombrados Regentes, pero no por el mero hecho de serlo, por lo que los parientes mencionados en estos delitos o quien fuera cónyuge solo resultaran incluidos en estos tipos si ejercen la Regencia por el orden de llamamiento constitucional o de las Cortes Generales o cuando ejerzan funciones representativas.

Es más, la propia Constitución es elocuente como fundamento para excluir la protección penal reforzada otorgada a los consortes del Rey o la Reina, al explicitar que no tienen reconocidas ni ejercen, por el hecho del matrimonio, funciones constitucionales (Art. 58 CE)[19]; ni tampoco las ejercen los ascendientes, ni ninguno de sus descendientes, incluidos el Príncipe o la Princesa de Asturias (Art. 57.2), por el mero hecho de serlo.

La referencia separada que hacen los preceptos a los parientes o cónyuge y a la Regencia es debida a que no siempre la ejercerá uno de los parientes indicados en el tipo, y a la posibilidad de que aquellos ejerzan funciones representativas.

Además, la inobservancia del principio de proporcionalidad se agrava al preverse, en la mayoría de los delitos contra la Co-

---

19 Según dispone el Art. 58 de la CE: "La Reina consorte o el consorte de la Reina no podrán asumir funciones constitucionales, salvo lo dispuesto para la Regencia". Cfr. OLMEDO CARDENETE, M. Delitos contra la Corona, en L. Morillas Cuevas, Sistema de Derecho Penal, Parte Especial, Dykinson, 3ª ed., 2020, p. 1256; QUERALT JIMÉNEZ, J. J., Delitos contra la Corona: apuntes sobre descoordinación normativa y paradojas penales, en: J. G. Fernández Teruelo; M. M. González Tascón; S. V. Villa Sieiro (coords.), Estudios penales en homenaje al Profesor Rodrigo Fabio Suárez, Constitutio Criminalis Carolina, 2013, p. 536.

rona (arts. 486-490 CP), las mismas penas para proteger a los sujetos pasivos que sí ejercen funciones constitucionales originarias (el Rey o la Reina), y que son los únicos que gozan de inviolabilidad e irresponsabilidad y para el resto de los sujetos pasivos mencionados.

Esta regla solo tiene una excepción en el supuesto del art. 485 CP, el cual, tras la reforma llevada a cabo por la LO 1/2015[20], establece dos escalones punitivos en la protección jurídico-penal de la vida de los sujetos pasivos cualificados: el más grave, para el caso de que se diera muerte al jefe del Estado —Rey o Reina—, o al Príncipe o Princesa de Asturias, que, *per se*, solo podría ejercer funciones representativas, si bien garantiza la sucesión de la Corona (*ius ad rem*); y el de menor gravedad, en el que se incluye la protección jurídico-penal agravada del resto de parientes mencionados de la Familia del Rey que podrían llegar a ejercer funciones representativas, asimilando a los mismos la protección jurídico-penal de quien o quienes, siendo o no familiares del Rey o la Reina, pudieran llegar a integrar la Regencia.

Por otra parte, este elenco excesivo de sujetos pasivos cualificados se contrapone con lo establecido sobre el ámbito de competencia jurisdiccional de los tribunales españoles. En efecto, según establece el art. 23.3 b) de la LOPJ, la jurisdicción española solo será competente para conocer de los hechos cometidos por españoles o extranjeros fuera del territorio nacional cuando sean susceptibles de tipificarse, según la ley penal española por los delitos contra el titular de la Corona, su Consorte, su Sucesor o

---

20 En efecto, antes de la citada Reforma, el Código Penal de 1995 disponía en su art. 485.1 que: "El que matare al *Rey, o a cualquiera de sus ascendientes o descendientes, a la Reina consorte o al consorte de la Reina, al Regente o a algún miembro de la Regencia, o al Príncipe heredero de la Corona,* será castigado con la pena de prisión de veinte a veinticinco años". Es más, en la redacción originaria del Código Penal de 1995 en la protección de la vida se equipaba a todos sus miembros, pero sin que viniera contemplada la prisión permanente revisable.

el Regente. Con ello, se asiste a una asimetría entre el ámbito de protección jurisdiccional y el material, pues la protección penal reforzada de los ataques que se cometan fuera del territorio español no se activará frente al resto de los sujetos pasivos de los delitos contra la Corona, que no sean los indicados en el citado art. 23.3 b) de la LOPJ.

Es más, los sujetos pasivos de los delitos contra la Corona exceden también de los integrantes de la denominada Familia Real[21], entendiendo por tal a aquellas personas que se hallen inscritas en el Registro Civil de la Familia Real, regulado por el Real Decreto 2917/1981, de 27 de noviembre, sobre Registro Civil de la Familia Real. A este respeto, obsérvese que la citada regulación[22] limita los ascendientes hasta aquellos de primer grado, mientras que en el Código penal alude a todos los ascendientes, sin limitación alguna de grado.

Por último y, a mayor abundamiento, tampoco concuerda el elenco de sujetos pasivos de los delitos contra la Corona con lo establecido en el art. 55 bis de la LOPJ, el cual circunscribe el ámbito personal de aforamiento en el Tribunal Supremo, en la tramitación y enjuiciamiento de las acciones civiles y penales contra miembros de la Corona a: la Reina consorte o el

---

21 En este sentido, los delitos contra la Corona en el Código Penal de 1928 llevaban por rúbrica "Delitos contra el Rey, la Regencia y la Familia Real".

22 El art. Primero del RD 2917/1981, dispone que: "En el Registro Civil de la Familia Real se inscribirán los nacimientos, matrimonios y defunciones, así como cualquier otro hecho o acto inscribible con arreglo a la legislación sobre Registro Civil, que afecten al Rey de España, su Augusta Consorte, sus ascendientes de primer grado, sus descendientes y al Príncipe heredero de la Corona". Esta regulación tendría que ser complementada por el Real Decreto 434/1988, de 6 de mayo, sobre reestructuración de la Casa de S. M. el Rey, modificado recientemente por el Real Decreto 297/2022, de 26 de abril; y por el Capítulo I del Real Decreto 1368/1987, de 6 de noviembre, sobre régimen de títulos, tratamientos y honores de la Familia Real y de los Regentes.

consorte de la Reina, la Princesa o Príncipe de Asturias y su consorte, así como contra el Rey o Reina que hubiere abdicado y su consorte.

2. *Principio de proporcionalidad penal y configuración de las conductas típicas*

Otro aspecto singular de los delitos contra la Corona es el relativo a la especial configuración de las conductas típicas y la previsión de sus respectivas penas, ya que el legislador va optando, según el delito contra la Corona de que se trate, bien por una configuración *uti singuli*; o bien, en otras ocasiones, por una remisión a las conductas típicas de los delitos comunes, como se expondrá en los apartados siguientes.

a) Penalidad de los delitos contra la vida (art. 485 CP)

En este caso el tipo está diseñado para crear un régimen especial de protección de la vida del Rey o la Reina, sus cónyuges o parientes y el Regente. Esto es, el art. 485 no reproduce, ni se remite a la configuración típica de los delitos de homicidio de los arts. 138 y siguientes del CP, sino que alude a "los que mataren", no utilizando el *nomen iuris* homicidio o el de asesinato. En consecuencia, tratándose del Rey o la Reina reinantes o del Príncipe o la Princesa de Asturias se castigará con el mismo marco penológico —prisión permanente revisable— tanto si se trata de un homicidio o de un asesinato, y tanto si el homicidio es consentido —por tratarse de un auxilio ejecutivo al suicidio— como si no lo es, pues no se hace distingos, siendo este último supuesto ciertamente controvertido. Esto es, la punición de la muerte de los sujetos cualificados se lleva a cabo sin atender al desvalor de acción y haciendo primar el desvalor del resultado: la muerte de los sujetos pasivos cualificados con dolo, lo que constituye en sí mismo un régimen excepcional, totalmente distinto del común del CP español.

Este mismo sistema *sui generis* se sigue cuando se trata de la muerte de cualquiera de los ascendientes o descendientes del Rey o de la Reina, la Reina consorte o el consorte de la Reina, en el caso de que ejerzan funciones representativas, o de quien o quienes integren la Regencia. Con relación a estos sujetos pasivos el Código penal prevé un tipo básico castigado con la pena de prisión de veinte a veinticinco años (art. 458.2-I CP). Ahora bien, si concurriera "dos o más circunstancias agravantes", cualesquiera que sean estas, pero siempre que se hallen recogidas en el art. 22 CP, se impondrá la pena de veinticinco a treinta años de prisión (art. 485.2-II CP).

Ahora bien, según dispone el art. 70.4 CP, la pena inferior en grado a la de prisión permanente revisable es la de prisión de veinte a treinta años, con lo que se da la paradoja de que esta pena, impuesta a quien o quienes ocupen la Regencia y al resto de los citados parientes que se hallen en el ejercicio de funciones de representación, pueda ser incluso mayor que la pena prevista para el Rey o la Reina —la prisión permanente revisable— cuya suspensión en general está prevista a los veinticinco años. Con ello se establece otra vía de desproporción entre los dos grupos de sujetos pasivos cualificados, que, teóricamente, tienen previstas penas de diversa gravedad, diluyéndose la desigual protección de la vida del Rey o la Reina o del Príncipe o de la Princesa de Asturias, con respecto al resto de los parientes o de quien o quienes integren la Regencia.

Además, con relación a este segundo grupo de sujetos pasivos se prevé en su tipo básico que si se hallara prevista una pena en cualquier otro tipo del Código penal contra la vida que fuera superior a la pena de veinte a veinticinco años (art. 485.2-I CP), la conducta de matar se castigaría por este último, recogiéndose así un principio especial de alternatividad. Este sería el caso del asesinato hipercualificado del art. 140 del CP, ya que la pena prevista es la de prisión permanente revisable. Por lo tanto, la muerte causada a quien o quienes ocuparan la Regencia o ejercieran funciones de representación de la Corona, podría alcanzar el mismo nivel punitivo que el previsto para el Rey o la Reina, titular de la jefatura del Estado. Además, la prisión permanente revisable se alcanzaría no por la vía del tipo cualificado contra estos sujetos, sino por la del tipo básico, desdibujando la proporcionalidad interna misma del tipo contra quien o quienes ocuparan la Regencia y los citados parientes.

Por último, solo se permite bajar potestativamente en un grado la pena en casos de tentativa de causar la muerte, sin tan siquiera circunscribir dicha norma penológica al jefe del Estado, o a quien ocupara la Regencia, sino que viene referida a cualquiera de los sujetos pasivos mencionados (art. 485.3 CP). Este precepto constituye, al igual que el concurso de normas del art. 485.2-I CP, último inciso, disposiciones innecesarias y conculcadoras del principio de proporcionalidad, además de atentar contra el principio de lesividad[23].

b) Penalidad de los delitos contra la integridad física (486 CP)

A diferencia de la tipificación de los delitos contra la vida en el ámbito de la Corona, en la protección de la integridad física de los sujetos cualificados se cambia de modelo de punición: no solo no se evita el uso del *nomen iuris* de los delitos comunes contra la integridad física (lesiones), sino que se dispone una remisión expresa al articulado de los tipos comunes de lesiones, a los que se menciona expresamente, estableciéndose tres niveles agravados de punición. En el nivel castigado con pena más grave se encuentran las lesiones del art. 149 del CP (la pérdida o la inutilidad de un órgano o miembro principal, o de un sentido, la

---

23 MIRA BENAVENT, J. M., Delitos contra la Corona (art. 485), en: J. L. González Cussac (Dir.), Comentarios a la reforma del Código Penal de 2015, Tirant lo Blanch, p. 1.197 y ss.; GARCÍA RIVAS, N., Delitos contra la Corona, en: J. M. Terradillos Basoco (Coord.), Lecciones y materiales para el Estudio del Derecho penal, T. III, Iustel, 2016, p. 292.

impotencia, la esterilidad, una grave deformidad, o una grave enfermedad somática o psíquica o una mutilación genital), que se castigan con la pena de prisión de quince a veinte años, esto es, alcanzando la entidad de las penas previstas para el asesinato. En un segundo nivel punitivo, inferior al anterior, se hallarían las lesiones del art. 150 del CP (pérdida o la inutilidad de un órgano o miembro no principal, o la deformidad) que pasan a ser castigadas con pena de ocho a quince años, llegando a los niveles punitivos del homicidio. Por último, el precepto alude a "un cajón de sastre", referido a "cualquier otra lesión", cuyo tenor literal habría que circunscribir únicamente al resto de los tipos de lesiones dolosas, propiamente dichas, es decir, a las lesiones contenidas en los arts. 147 y 148 CP y, más discutiblemente, las del 153 CP, que pasarían a estar castigadas, cualquiera que fuera su entidad, con las penas de cuatro a ocho años. Estas penas castigarían desde la causación de un hematoma o un rasguño superficial hasta una lesión que requiriera, además de una primera asistencia facultativa, tratamiento médico o quirúrgico. Por lo tanto, la entidad de la pena de cuatro a ocho años de prisión resulta también en este caso a todas luces desproporcionada, por el exceso punitivo, sobre todo, atendiendo a la entidad de su cifra mínima —cuatro años— con la que se castigaría una lesión leve de quien no fuera el titular de la jefatura del Estado, y sin posibilidad de suspensión.

c) Penalidad de los delitos contra la libertad ambulatoria (art. 487 CP)

Al igual que sucede en la protección de la vida, en la protección penal de la libertad ambulatoria se vuelve a un modelo autónomo de punición de las conductas que atentan contra este bien jurídico-penal de los sujetos pasivos cualificados, desconectada de la regulación de los tipos comunes. Esto es, no hay referencia en estos tipos a la distinción entre detenciones ilegales y secuestro, que sí se recogen en los tipos comunes, y tampoco se exige que el juez o tribunal tenga que modular la pena por razón de la duración de la privación de libertad, o por la puesta en libertad voluntaria del privado ilícitamente de libertad, limitándose el tipo a aludir al bien jurídico-penal a proteger, esto es, la privación de la libertad personal. En consecuencia, habrá que estar a las penas solicitadas por las acusaciones para establecer la pena concreta, dentro de la fijada por el tipo de quince a veinte años, la cual en su nivel mínimo ya supera la del homicidio, incluyéndose, nuevamente, una cláusula de alternatividad en el caso de concurso de leyes ("...salvo que los hechos estén castigados con mayor pena en otros preceptos de este Código"), remisión alternativa que se podría dar al tipo común del art. 166.2 CP (secuestro sin dar paradero de la persona detenida, siempre que esta fuera menor de edad o persona con discapacidad necesitada de especial protección; o que autor hubiera llevado a cabo el secuestro con la intención de atentar contra la libertad o la indemnidad sexual de la víctima, o hubiera actuado posteriormente con esa finalidad).

En este delito se prevé también el castigo de los actos preparatorios de proposición, conspiración y provocación (art. 487 CP). Esta previsión supone un adelantamiento excesivo de las barreras de protección, sobre todo, cuando va referida a sujetos pasivos distintos al titular de la jefatura del Estado, resultando por ello una previsión legal desproporcionada, dada la entidad de las penas a imponer.

d) Penalidad de las amenazas y del delito de coacciones (arts. 490.2 y 489 CP)

El art. 490.2 CP alude expresamente al *nomen iuris* de "amenaza". Únicamente se delimitan por su gravedad o levedad. Las amenazas graves son castigadas con penas de tres a seis años, y si son leves con la pena de prisión de uno a tres años. Tendrá que ser el juez o tribunal el que habrá de determinar, dentro del tope que le señalen las acusaciones, la entidad de la pena en cada caso, gozando de un amplio margen dentro de la indeterminación de criterios acabada de señalar.

Por otra parte, en el ámbito de la libertad de obrar, el art. 489 CP no alude, ni tan siquiera, al *nomen iuris* de coacciones, sino que se limita a castigar a quien "con violencia o intimidación grave obligare" a todos los sujetos pasivos cualificados "a ejecutar un acto contra su voluntad" con la pena de prisión de ocho a doce años, alcanzando el nivel del homicidio, y castigando tal conducta con pena inferior en un grado a esta —de cuatro años a ocho años menos un día—, cuando la violencia o la intimidación no fueran graves.

Como se puede observar, el art. 489 CP recoge una única modalidad típica de conducta de las dos que recoge el tipo común de coacciones, castigándose exclusivamente el "compeler" u obligar, no tipificando la de "impedir". De esta manera, en este tipo se pueden apreciar dos críticas que parecerían contradictorias, pues, de un lado, se prevén penas más elevadas para un conjunto heterogéneos de sujetos pasivos cualificados, lo que resulta excesivo, sobre todo cuando la violencia o intimidación no fueran graves, salvo que se trate del titular de la jefatura del Estado o de la Regencia. Pero, al mismo tiempo, esta pena elevada, circunscrita a los sujetos pasivos que ejercen funciones constitucionales y que ocupan la jefatura del Estado o la Regencia, resulta mutilada de una de las modalidades de las conductas del tipo de coacciones con sujetos pasivos comunes (impedir), con lo que puede llegar a ser una forma de tipo privilegiado, salvo que se hiciera una interpretación por asimilación del impedir al compeler, lo que no siempre será viable.

e) Penalidad de los delitos contra la intimidad (art. 490 CP)

El Código penal castiga el allanamiento de la morada de los sujetos cualificados, siguiendo el esquema de tipificación del correspondiente tipo común, esto es, castigando con más pena si concurre violencia o intimidación a la hora de cometer el allanamiento —con la pena de prisión de tres a seis años—; y con menos pena —la de prisión de dos a cuatro años—, si aquellas no concurrieran. Sin embargo, este tipo no diferencia entre entrar y mantenerse.

Nuevamente, se prevén las penas sin distinción entre los sujetos pasivos cualificados, por lo que el allanamiento del Palacio de la Zarzuela, en donde tiene su morada el Rey sería castigado con la misma pena que el allanamiento de morada de la habitación de una residencia universitaria en la que se alojara un nieto o nieta del Rey o la Reina, o la habitación de un hotel en el que pernoctaran estos, si se hallaran realizando labores de representación. Tal equiparación supone un menoscabo de los más elementales criterios de proporcionalidad en la tipificación de tales conductas.

Tampoco se ha tenido en cuenta en la descripción típica el carácter oficial o no de la morada (embajadas, palacios del patrimonio nacional), sino que en la constante confusión entre lo particular y lo público el allanamiento de morada va referido a cualquier tipo de morada[24].

f) Penalidad de los delitos contra el honor (arts. 490.3 y 491 CP)

El delito de injurias al Rey o a su sucesor es el que ha tenido una mayor aplicación jurisprudencial de entre todos los delitos contra la Corona[25], y el que ha suscitado y suscita más polémica

---

24 Críticamente, MARTÍNEZ GUERRA, A., Delitos contra la Corona, en: F. J. Álvarez García, Tratado de Derecho Penal Español, T. IV, Tirant lo Blanch, 2016, p. 117.

25 Entre otras: SSTS 783/2023, de 19 octubre: condenatoria por imputar públicamente al Rey Emérito la participación en un crimen que estremeció a la opinión pública española, intervención en violaciones, orgías con menores de edad y circos de prostitución de índole masoca, que harían de él un "depravado", un "enfermo sexual", capaz de "matar a criaturas", afirmaciones que no tienen otro objetivo que degradar la integridad moral del agraviado y de lo que representa institucionalmente, mediante su difusión en una conferencia televisada con la falsa apariencia de ser fruto de un trabajo de investigación; 135/2020, de 7

en la doctrina en lo concerniente a su conciliación constitucional no solo con el principio de proporcionalidad o lesividad, sino también con el derecho a la libertad de expresión[26]. Esto ha dado lugar a diversos proyectos de reforma de estos preceptos, en los que se propugna su derogación para hacer sintonizar el Código penal español con la jurisprudencia sentada por el TEDH[27]. En

---

mayo —condenatoria por injurias a la Corona con Voto Particular—: caso del tuitero rapero que tanto en *tuits* como la letra de la canción focalizan su atención especialmente en la figura del Rey honorífico, aludiendo al despilfarro económico, a sus relaciones extramatrimoniales, sus negocios privados, sus vínculos de amistad con la monarquía Saudí, a la que se acusa, y no al monarca español, de financiar al terrorismo; SJCI N.º 1 16/2013. de 14 marzo: condenatoria de un coronel que, en un artículo publicado en un periódico, se dirige al Rey honorífico con expresiones tales como «el último representante en España de la banda de borrachos, puteros, idiotas, descerebrados, cabrones, ninfómanas, vagos y maleantes»; «corrupto máximo» y «genocida», considerándose en la citada Sentencia que la finalidad era la de desprestigiar a la institución de la monarquía; STC 177/2015: quema de retrato del Rey honorífico boca abajo, en la que no se admite el amparo porque tal conducta no solo constituye un acto ofensivo, sino también una incitación a la violencia y al odio contra la persona y la institución que representa; se considera en la citada STC que tal acto era innecesario para exteriorizar una posición crítica hacia la Monarquía, por lo que, tras una ponderación adecuada de los derechos fundamentales en conflicto, se considera que la condena fue proporcional al bien jurídico protegido.

26 Cfr., entre otros, CORRAL MARAVER, N., Sentencia del TEDH en el asunto Stern Taulas y Roura Capellera c. España. Reflexiones sobre el delito de injurias a la Corona y el derecho a la libertad de expresión política en España, RGD, n.º 34, 2020, p. 17 y ss., critica la no observancia por España de la jurisprudencia del TEDH sobre estos delitos; MARTÍNEZ GUERRA, Delitos contra la Corona, 2016, p. 118 y ss., sostiene que en un Estado democrático nadie puede quedar exento de crítica, no habiendo razón para que la figura del Rey o la de cualquier otro miembro de la Corona deba recibir en esta materia un tratamiento privilegiado; por su parte, MUÑOZ CONDE, F., Derecho penal. Parte Especial, 22ª ed., 2019, p. 729, considera que todavía en estos tipos penales ha pesado la tradición franquista sobre el jefe de Estado.

27 Vid. infra n. 58.

concreto, el citado Tribunal ha sostenido que el hecho de que el Rey ocupe una posición de neutralidad en el debate político, una posición de árbitro y símbolo de la unidad del Estado, no puede ponerlo al abrigo de toda crítica en el ejercicio de sus funciones oficiales o como representante del Estado que simboliza, en particular, frente a aquellos que rechazan legítimamente las estructuras constitucionales de esta forma de gobierno en un Estado[28].

Por otra parte, frente a los otros delitos contra la Corona, la punición de los delitos de injurias y calumnias contra la Corona presentan la singularidad de ser los únicos tipos en los que se prevé una distinta punición en función de que se cometan contra los sujetos pasivos cualificados en el "ejercicio de sus funciones o con motivo u ocasión de estas", o no estando en aquel ejercicio, previéndose en este segundo caso una pena inferior[29]. Sin embargo, esto no deja de ser un contrasentido, pues solo el Rey o la Reina y, en su caso, quienes ocupen la Regencia, sean o no parientes de Rey o la Reina, ejercen funciones constitucionales, en sentido estricto. Fuera de estos casos solo ejercería funciones o labores de representación, por lo que las injurias y calumnias del art. 490.3 respecto de los parientes del Rey o la Reina, aludidos en el citado precepto, si no están ejerciendo la Regencia, solo pueden entenderse en el sentido de que estuvieran ejerciendo las aludidas funciones de representación, o con motivo u ocasión de estas.

En definitiva, el referido criterio del "ejercicio de funciones" opera como un criterio de modulación de la pena a imponer, si bien con efectos cuestionables, en el caso de quienes las ejercen,

---

28 STEDH (Sección 3ª) de 15 de marzo de 2011, Otegui Mondragón c. España, §56.

29 A los que QUERALT JIMÉNEZ, Delitos contra la Corona, 2013, p. 540 y ss., gráficamente califica de "infuncionales", concluyendo que el CP no puede dilatar la punición de lo que "la CE ni contempla, ni reconoce, ni ampara".

por las razones más arriba apuntadas, y resulta todavía más inadmisible que esté prevista un castigo especial de injurias y calumnias contra meros parientes cuando no las ejercen (art. 491.1 CP), en lugar de acudir a los tipos comunes[30].

Además, resulta desproporcionado que en los delitos de injurias contra la Corona no solo resulten castigadas las que sean tenidas como graves, sino también las leves, lo que constituye otro criterio más de falta de proporcionalidad, dado que estas solo se castigan, en el ámbito de los tipos comunes, si se producen en el contexto familiar o parafamiliar (art. 173.4 y 2 CP).

Paradójicamente, además, tal como ha puesto de manifiesto la doctrina, sorprende que, mientras que en el resto de los delitos contra la Corona se incurren en una *Übermaßverbot* – o prohibición del exceso— (Arts. 20 y 28 de la GG)[31], en el caso de los delitos de calumnias, altamente cuestionados por su punición especial, se pueden terminar castigando con penas idénticas a las que se contemplan en los tipos contra sujetos comunes (que puede llegar hasta dos años de prisión, si, como será habitual, se llevan a cabo con publicidad)[32].

---

30 De otra opinión, a STS 783/2023, de 19 octubre, sostiene que el castigo de forma autónoma de los delitos de calumnias e injurias a los miembros de la Familia Real no atenta al principio de igualdad al desbordar la tipicidad ordinaria en esos delitos, además de tener penas similares en ambos supuestos.

31 Sobre esta cuestión, LOPERA MESA, G. P., El principio de proporcionalidad en el control de constitucionalidad de las leyes penales sustantivas (una aproximación a su empleo en la jurisprudencia constitucional colombiana), Nuevo Foro Penal, n.º 67, 2005, p. 33 y ss., resalta que con tal prohibición "se trata de verificar que la ley penal no imponga un sacrificio desproporcionado, por exceso, a las posiciones iusfundamentales de defensa que se ven afectadas por la definición del delito y de su correspondiente pena".

32 MACÍAS CARO, V. M., Delitos de calumnias e injurias al rey y a otras personas vinculadas a la Corona (arts. 490.3 y 491 CP): análisis de los tipos y de la jurisprudencia española y europea, Revista Penal-México, n.º 20, 2022, p. 118 y ss., hace hincapié en como una injuria contra el Rey

También se castiga, dentro de los delitos contra el honor en el ámbito de la Corona, si se "*utilizare la imagen del Rey o de la Reina o de cualquiera de sus ascendientes o descendientes, o de la Reina consorte o del consorte de la Reina, o del Regente o de algún miembro de la Regencia, o del Príncipe o de la Princesa de Asturias, de cualquier forma que pueda dañar el prestigio de la Corona*" (art. 491.2 CP). La tipificación de esta conducta es todavía más errática, si cabe, que la de las injurias y calumnias previstas en los arts. 490.3 y 491.1 CP, aunque esté castigada con pena de multa, pues en este caso la desproporción viene ya evidenciada por la imposibilidad de validar como bien jurídico-penal al citado "prestigio de la Corona". Esta forma de protección no tiene parangón en la del resto de las instituciones constitucionales, también cuestionable, debido no solo a las altas dosis de indefinición, sino también por su personalismo. En efecto, el desprestigio de uno o varios de los parientes cualificados, que no son titulares de la Corona, no alcanzaría para afectar el prestigio de aquella, lo que constituye otro sinsentido que conduce a otra manifestación de desproporción punitiva[33].

Pero, sobre todo, una institución en la que sus titulares han de ser ejemplares, los delitos de injurias por hechos o infracciones administrativas, así como los de calumnias no tendría justificación alguna que fueran objeto de una regulación especial y de una mayor punición, dado que esta clase de delitos pueden ser una protección y control de la mencionada ejemplaridad desde la que

---

fuera del ejercicio de sus funciones recibiría en principio el reproche de una pena de multa de cuatro a doce meses, mientras que la misma conducta con respecto a cualquier otra persona, si es con publicidad (art. 206 CP), puede llegar a ser castigada con pena de prisión de seis meses a dos años. Cfr. también OLMEDO CARDENETE, Delitos contra la Corona, 2020, p. 1261.

33 QUERALT JIMÉNEZ, Delitos contra la Corona, 2013, p. 545-545. Además, tampoco cabría olvidar que las Cortes Generales, la Administración de Justicia o el resto de los órganos constitucionales también han de gozar de prestigio, sin que por ello sean o deban ser objeto de protección penal.

han de ejercer las funciones constitucionales el o la Monarca, o quien ocupe la Regencia.

Por otra parte, en contraste a lo que sucede con las formas de gobierno republicanas, en las monárquicas el deslinde entre lo privado —que ha de estar presidido por la ejemplaridad— y lo público no es tan fácil por las propias características de una institución que no solo es vitalicia, sino que además es hereditaria. No se ejerce de Rey o Reina durante determinados períodos de tiempo o en un determinado horario, sino que se es Rey o Reina durante gran parte de la vida o durante toda ella[34]. El jefe del Estado de una monarquía parlamentaria, a diferencia del jefe del Estado de una república, lo es veinticuatro horas al día los trescientos sesenta y cinco días al año. Esto es, en las jefaturas del Estado de las monarquías parlamentarias se produce una proyección o extrapolación al orden político de una serie de ámbitos que para el conjunto de los cargos públicos permanece en el ámbito privado[35].

---

34 Sin olvidar que el sucesor o sucesora, desde el nacimiento, ya posee un *ius ad rem* o, incluso, podrían ya tener un *ius in rem* a la Jefatura del Estado, si ocupara la Regencia (Art. 59.2 CE).

35 ALZAGA VILLAAMIL, O., Capítulo XII. El Rey, en: Alzaga Villaamil/Álvarez Rodríguez (Dirs.), Derecho Político español según la Constitución de 1978, 7ª ed., Marcial Pons-Fundación Concordia y Cultura, 2021, p. 298; BASSOLS COMA, M., Instituciones administrativas al servicio de la Corona: Dotación, Casa de S. M. el Rey y Patrimonio Nacional, en: P. Lucas Verdú (Dir.), La Corona y la Monarquía parlamentaria en la Constitución de 1978, Facultad de Derecho de la Universidad Complutense, 1979, p. 158; siendo esta forma de monarquía la tercera y actual fase de la evolución de las monarquías tras comenzar siendo absolutas y limitadas, tal como ponen de manifiesto EXPÓSITO/BARCELÓ, La Jefatura del Estado y la monarquía parlamentaria, en: Aparicio Pérez/Barceló i Serramalera, Manual de Derecho constitucional, Atelier, 2016, p. 159 y ss.; TORRES DEL MORAL, A., Principios de Derecho constitucional español, T. II, Servicio de Publicaciones de la Facultad de Derecho de la Universidad Complutense de Madrid, 5ª ed., 2004 a), p. 40.

Esta ejemplaridad y alto sentido de servicio público conlleva un mayor ámbito de intromisión en lo privado, lo que es esencial para así poder ser depositarios de la confianza por parte de los ciudadanos españoles. Tales exigencias han de proyectarse también sobre quien está llamado a la sucesión, pues, como el Rey o la Reina que ocupan la jefatura del Estado, se encontrarán también revestidos de inviolabilidad y no sujeción a responsabilidad, con más o menos limitaciones, según las diversas concepciones doctrinales[36]. En todo caso, tales prerrogativas no se atribuyen a ningún titular de un cargo público, por lo que es lógico que se exija y garantice que no se restrinja el ámbito de libertad de información y expresión respecto a la Corona, sobre todo, si se quiere sostener y transmitir esa otra legitimidad que otorga la ejemplaridad. El control informal que supone la libertad de expresión tiene que ser más intenso respecto a esta institución vitalicia y hereditaria, a lo que sin duda no ayuda la regulación vigente de las injurias y calumnias a la Corona en el Código penal, pudiéndose, por todo lo expuesto, afirmar que la previsión de su castigo no es proporcional. Esta misma conclusión es extensible a las injurias y calumnias respecto a quien o quienes integren la Regencia, o a los parientes mencionados en los delitos contra la Corona que ejercieran labores de representación de esta.

---

36 Para una concepción restrictiva del ámbito de la inviolabilidad del Rey o la Reina, ÁLVAREZ GARCÍA/VENTURA PÜSCHEL, La inviolabilidad del Rey, Revista Aranzadi Doctrinal, N.° 5, 2021, p. 4 y ss.; desde una concepción más amplia del ámbito de inviolabilidad e irresponsabilidad, GIMBERNAT ORDEIG. E., Las dos tesis sobre la inviolabilidad del Rey", El Español, 15 de noviembre de 2021, Sección Tribuna, p. 1 y ss.; y, desde una posición que podría considerarse ecléctica, cfr. MOLINA FERNÁNDEZ, F., «The king can do wrong». La inviolabilidad del rey a examen, en VVAA, Libro Homenaje al Profesor Luis Arroyo Zapatero: un Derecho penal humanista, BOE, 2021, p. 407 y ss.; VIANA BALLESTER, C., La inviolabilidad parlamentaria y la inviolabilidad del Rey como causas de exclusión de la responsabilidad penal", en J. C. Carbonell Mateu (Dir), Derecho Penal y Orden Constitucional, Tirant lo Blanch, 2022, p. 89 y ss.to

III. CONSIDERACIONES CRÍTICAS CONCLUSIVAS

Si algo ha caracterizado y sigue caracterizando al principio de proporcionalidad penal es su nivel de conculcación tanto en lo que se refiere a la estructuración de tipos penales protectores de un mismo bien jurídico-penal, como también desde un punto de vista transversal, esto es, en la comparación con otros tipos penales protectores de bienes jurídico-penales diversos, lo que se aprecia claramente en los delitos contra la Corona en relación con los tipos comunes. Por ello, sobre la base de lo expuesto en los apartados anteriores, se llevará a cabo la crítica de las penas previstas en los delitos contra la Corona, a la luz de las exigencias que se derivan del principio de proporcionalidad.

En efecto, el principio de proporcionalidad, en sentido abstracto, siguiendo la doctrina del Tribunal Constitucional español[37], se articula a través de una serie de postulados para verificar si el legislador ha incurrido en un exceso manifiesto en el hecho mismo de la intervención penal, y por ende en el rigor de las penas. En primer lugar, establece el TC que habrá que atender a si el bien jurídico-penal protegido por la norma cuestionada[38], o si los fines inmediatos y mediatos son suficientemente relevantes. En caso contrario, la vulneración de la proporcionalidad podría declararse, desde un primer momento del análisis del tipo penal. En este sentido, se conculca el principio de proporcionalidad legislativo cuando se sacrifica la libertad, mediante una pena estable-

---

[37] A este respecto y con relación a un bien jurídico-penal supraindividual, la STC 111/1993, de 25 de marzo, circunscribe la vulneración del principio de proporcionalidad al que tiene lugar entre el injusto y la pena. Afirma el Tribunal Constitucional que hay una jerarquía en la modalidad de los bienes jurídico- penales colectivos, de tal manera que cuando estos van referidos a bien jurídico-penales individuales esenciales, han de estar dotados de más pena. Cfr. también, STC 66/1995, F. J. 4 y 5.

[38] Cfr. MIR PUIG, S., Bien jurídico y bien jurídico penal como límite del ius puniendi, Estudios Penales y Criminológicos, n.° XIV, 1991, pp. 205 y ss., sobre la diferenciación entre ambas categorías como mecanismo previo y definidor de la proporcionalidad penal.

cida por una norma penal para prevenir la protección de bienes o intereses no solo constitucionalmente proscritos, sino también socialmente irrelevantes, como tal sería v. gr. limitar la libertad de expresión política sobreprotegiendo al que, por su condición pública, ha de estar sometido a la crítica, o cuando se usa el Derecho penal para sobreproteger meras relaciones de parentesco con el titular de la Jefatura del Estado[39], interpretación que ha sido descartada de *lege data*.

Sin embargo, es claro que la protección de la jefatura del Estado es un bien jurídico-penal institucional digno de protección, dado los fines que esta está llamada a cumplir: el ejercicio de las funciones constitucionales (fundamentalmente, Art. 62 CE) que aquella ejerce dentro de la forma de gobierno de monarquía parlamentaria que se recoge en la CE (Art. 1.3)[40]. Esta protección de la forma de gobierno se articula a través de la protección reforzada, mediata o instrumental, de los bienes jurídico-penales individuales de la persona del jefe del Estado (vida, integridad física, libertad, o intimidad) o de quien o quienes ocupen la Regencia para conseguir la protección del ejercicio de las citadas funciones constitucionales, o, en su caso, de quien tenga un derecho directo a la sucesión para asegurar la continuidad de aquella. Pero no cabe concebir la protección de los bienes jurídico-penales individuales como un fin en sí mismo. Por eso, la conformación de este bien jurídico-penal institucional, aunque tenga una base personal, solo puede ser entendida asociada al ejercicio de las funciones constitucionales o con motivo u ocasión de ellas, debiéndose entender y configurar los delitos contra la Corona como tipos pluriofensivos.

Es más, la excesiva personificación de este bien institucional que presentan los vigentes tipos penales contra la Corona, como con razón se ha afirmado en la doctrina penal española, "desborda" el

---

39 STC 55/1996, F. J. 7; en la misma línea de la STC 111/1993, F. J. 9.

40 Así también, LLABRÉS FUSTER, Delitos contra la Corona, 2011, 1.738.

principio de proporcionalidad de las penas[41], salvo que se conecten con las funciones constituciones o de representación de la Corona.

Por ello, es precisamente el carácter pluriofensivo de estos delitos el que da justificación no solo a su existencia, sino también a su mayor punición, respecto a lo tipos comunes protectores de los citados bienes jurídico-penales personales, y el que evita que la previsión de tales tipos sea considerada inconstitucional —salvo en el caso de los delitos contra el honor (arts. 489.3 y 490 C) en los que es la propia conducta la que estaría viciada de inconstitucionalidad—; y el que sirve de base para proscribir cualquier tipificación en la que se confundan los aspectos estrictamente familiares de la Corona con los institucionales que son los que justifican su singular y agravada protección jurídico-penal[42].

De lege data, no se comparte la postura sostenida por un sector de la Doctrina[43] cuando afirma que de los dos modelos posibles que tuvo el legislador penal español: proteger especialmente las personas que integran la Corona o proteger el ejercicio de funciones constitucionales en el ámbito de la Corona, en el Código penal español de 1995 parece haber seguido el primero, acentuando y profundizando el modelo decimonónico.

A diferencia de lo que opina este sector de la Doctrina, con la redacción actual se puede llevar a cabo una interpretación conforme con la CE, en la que, teniendo en cuenta el tenor de las rúbricas del Título y Capítulo en donde se ubican los delitos

---

41 Es el caso de MARTÍNEZ GUERRA, Delitos contra la Corona, 2016, p. 103, quien señala como la jurisprudencia se ha esforzado en recalcar el carácter institucional y pluriofensivo de estos tipos (SSAN 66/2007, 22-11; o 24/2012, 27-3).

42 De esta opinión, MIRA BENAVENT, Delitos contra la Corona, 2015, p. 1.1196.

43 En este sentido, entre otros, GARCÍA RIVAS, Delitos contra la Corona, 2016, p. 289.

contra la Corona, se pueda requerir que para que las personas aludidas en los arts. 485 a 490 CP sean objeto de la especial protección reforzada que brindan dichos preceptos, de *lege data,* se hallen en el "ejercicio de sus funciones o con motivo u ocasión de ellas", lo que únicamente podrá predicarse *per se* del Rey o de la Reina, y, en su caso, de quien o quienes ocupen la Regencia. El resto de los parientes del Rey o la Reina solo podrán obtener esta protección penal reforzada cuando estén en el ejercicio de funciones de representación del Rey o la Reina en actos oficiales. Otra forma de proceder estaría viciada de inconstitucionalidad por conculcar el principio de proporcionalidad, y sin perjuicio de que, de *lege ferenda,* se proponga la reducción del elenco de sujetos pasivos a los mencionados más adelante.

En modo alguno, y de *lege data,* puede ser un argumento en contra de esta interpretación el que únicamente se haga referencia al "ejercicio de sus funciones o con motivo u ocasión de ellas" en la tipificación de los delitos de injurias y calumnias contra la Corona (arts. 490.3 y 491 CP) [44]. En estos tipos la mención al citado ejercicio de funciones es a los solos efectos de modular la pena, castigándose con pena inferior —multa de cuatro a veinte meses— las calumnias e injurias contra cualquiera de las personas cualificadas, pese a que estas no se hallen en el ejercicio de sus funciones o con motivo u ocasión de

---

44 A este respecto, de otra opinión, LASCURAÍN SÁNCHEZ, A.; GALLEGO ARRIBAS, D., Delitos contra la Corona, Memento Práctico, Francis Lefebvre, 2021, marg. 17.466, considera que solo cabría sostener como bien jurídico-penal protegido en estos delitos el de la protección de las personas que integran la Corona, dado que solo en el tenor literal del art. 490.3 CP, referido a los delitos de calumnias e injurias contra la Corona, se hace referencia a la expresión "en el ejercicio de sus funciones o con motivo u ocasión de éstas". En análogo sentido, LLABRÉS FUSTER, Delitos contra la Corona, 2011, p. 1739, estima que no parecería proporcionado otorgar una protección reforzada cuando estas personas se hallan "en un ámbito de su estricta privacidad", pero considera que "esta no es la voluntad de la ley".

ellas, lo que hace todavía más reprochable estos tipos y los vicia de inconstitucionalidad, ya que "ser" uno de los parientes del Rey o la Reina a los que se refieren estos tipos no puede fundamentar una protección penal reforzada sin conculcar el principio de proporcionalidad; y, en el caso de quienes ejerzan *per se* funciones constitucionales, también habría vicio de inconstitucionalidad porque el castigo de las injurias, calumnias o del menoscabo del prestigio de la Corona conculcarían la libertad de expresión, y contradiría la exigencia de ejemplaridad, en los términos más arriba mencionados.

Por otra parte, tampoco sería admisible que se estuviera ultra protegiendo el principio de dignidad humana de quienes son meros parientes del Rey o la Reina, o de quienes ejercen funciones constitucionales, pues tal atributo lo es de todo ser humano, lo que también sería otro argumento de inconstitucionalidad, al desconocer, en este ámbito, el principio y derecho fundamental a la igualdad.

Tal como ya ha puesto de manifiesto la jurisprudencia española, pero, sobre todo, la doctrina penal española, del ejercicio del derecho fundamental de la libertad de expresión resulta, con toda evidencia, que los delitos de injurias y calumnias contra la Corona son contrarios al principio de proporcionalidad y, por lo tanto, absolutamente innecesaria su tipificación singular, superándose con mucho lo que pudieran considerarse críticas hirientes, molestas o desabridas[45].

---

[45] Cfr. STS 1284/2005, de 31 de octubre, F. J. 3º y 4º; SAN 27/2018, de 2 marzo; ALCÁCER GUIRAO, R., Opiniones constitucionales, Indret, n.º 1, 2018, pp. 22 y ss., criticando a la jurisprudencia constitucional española, expresa que: "los excesos interpretativos de la STC 177/2015 para justificar la sanción de la quema de las fotos del Rey llegan hasta el punto de pretender hallar una incitación a la violencia en dicho acto simbólico, el cual –a juicio del Tribunal– "traslada a quien visiona la grabación videográfica que los Monarcas merecen ser ajusticiados"; advirtiendo que es inexpugnable para el legislador penal el principio de prohibición de exceso o proporcionalidad, que proscribe regulaciones

Los tipos de injurias y calumnias contra la Corona, al igual que los que se recogen en el Código penal español en los delitos contra las otras instituciones del Estado (arts. 496 o 504 CP), van en contra de la doctrina ya establecida por el TEDH relativa al honor de las instituciones. A este respecto, el citado Tribunal ha declarado que aquellas no tienen honor, por lo que la dimensión constitucional de la Corona o las funciones que como titular de la jefatura del Estado ha de ejercer el o la monarca poco o nada tienen que ver con un estatus civil[46]. Es más, el TEDH, a colación del art. 10.2 CEDH, tiene declarado que cuando se trata de expresiones o conductas expresivas referidas a un cargo público –al que cabría asimilar, a estos efectos, aunque no lo sea, al monarca como jefe de Estado[47]–, los límites de la crítica admisible tienen que ser más amplios que respecto de un particular tanto por la prensa como por la ciudadanía[48].

---

sancionatorias que restrinjan o disuadan desproporcionadamente de su legítimo ejercicio -el de libertad de expresión-"; por su parte, DOPICO GÓMEZ-ALLER, J., El segundo "caso Pablo Hasél", Eunomía, n.º 20, 2021, pp. 396, llama la atención de que "reprimir penalmente determinadas manifestaciones contra Juan Carlos de Borbón implica castigar expresiones dirigidas a "quien ya ni siquiera es Jefe de Estado"; en análogo sentido, MACÍAS CARO, V. M., Revista Penal-México, n.º 20, 2022, p. 127 y ss.

46 Cfr. QUERALT JIMÉNEZ, Delitos contra la Corona, 2013, p. 541 y ss. Por su parte, CARMONA SALGADO, C., Calumnias, injurias y otros atentados al honor. Perspectiva doctrinal y jurisprudencial, Tirant lo Blanch, 2012, p. 213 y ss., considera que la tipificación del art. 491 CP constituye una injustificada y privilegiada diferenciación contraria al principio de igualdad, postulando la derogación del art. 491, cuya permanencia en el CP no tiene ninguna razón de ser y también la del art. 490.3, pues debería articularse por los delitos comunes de injurias y calumnias.

47 SANTANA VEGA, D. M., Las penas privativas de derechos innominados, Bosch, 2024, p. 195 y ss.

48 SSTEDH de 8.7.1986, Lingens c. Austria; y de 27.5.2004, Vides Aizsardzïbas Klubs c. Letonia; o la 15.3.2011, Otegi Mondragón c. España; ideas que también suscribe el Tribunal Constitucional español en sus sentencias 177/2015, 22-7; 112/2016, 20-6 y 35/2020, 25-2.

En segundo lugar, el principio de proporcionalidad exige la verificación de si las penas impuestas son idóneas y necesarias para alcanzar los fines de protección que constituyen el objetivo del precepto en cuestión, evitando sacrificios excesivos o innecesarios, tal como se reitera en las sentencias del Tribunal Constitucional[49]. Este elemento de verificación del principio

---

[49] La STC 136/1999, de 20 de julio, contra STS de 29-11-1997 que condenó a los recurrentes como autores de un delito de colaboración con banda armada, es fruto de la interposición de un recurso de amparo (Recurso de amparo 5.459/1997, avocado al Pleno) por veintitrés demandantes, todos ellos miembros de la Mesa Nacional de la asociación política Herri Batasuna (HB), quienes esgrimen, entre otros motivos, que la pena impuesta en el tipo penal impugnado resulta desproporcionada al ser innecesaria la reacción penal y excesiva la pena impuesta. Consideran los recurrentes que el recurso a la sanción penal es desproporcionado y que la condena constituye una medida innecesaria en una sociedad democrática con lo que se conculca la previsión contenida en el referido art. 10.2 del Convenio Europeo de Derechos Humanos. En contra, JAÉN VALLEJO, M., Consideraciones generales sobre el principio de proporcionalidad penal y su tratamiento constitucional, RGD, 507, 1986, p. 4932, el cual afirma que "no se trata de que la Constitución no reconozca el principio de proporcionalidad de las penas en abstracto, sino de que dicho principio no encuentra su reconocimiento entre los derechos que son susceptibles de recurso de amparo constitucional, por lo que su posible vulneración sólo encontrará su remedio por las vías de recurso o de la cuestión de inconstitucionalidad, no utilizables por los particulares"; por su parte, CUERDA ARNAU, M. L., Proporcionalidad penal y libertad de expresión. La función dogmática del efecto desaliento, *Revista General de Derecho Penal,* n.°. 8, 2007, p. 114, considera que la STC 136/1999 no supuso, *strictu senso,* una ruptura de la doctrina constitucional en materia de proporcionalidad, por lo que el TC no alude a la Ley, sino a su aplicación, apreciando en mucha de la doctrina que analiza la citada Sentencia el error de comparar cosas distintas; de otra opinión, OLIVEIRA ROCHA, L. O., El principio de proporcionalidad y el control constitucional de las normas penales: el amparo a la mesa de Herri Batasuna, Cuadernos de Política Criminal, n.° 70, 2000, págs. 219 y ss. Sobre la evolución de la jurisprudencia constitucional española con relación al principio de proporcionalidad, cfr. MIR PUIG, S., Principio de proporcionalidad y fines del Derecho penal en J. I. Echano Basaldua

de proporcionalidad se hace difícilmente compatible con los tipos de protección de la Corona cuando aluden a la protección de los parientes del Rey o Reina (ascendientes, descendientes, o los consortes), si no van anudados a las reiteradas funciones de representación. La protección de una determinada familia, por más que sea la del jefe del Estado, constituiría un privilegio incompatible con cualquier estado democrático de Derecho. De ahí que solo se sostiene la constitucionalidad de la vigente regulación, si se mantiene el reiterado carácter pluriofensivo de estos delitos.

A este respecto no cabe olvidar lo ya manifestado por el TC de que un "patente derroche punitivo" en un tipo penal convierte al mismo en arbitrario, socavando los principios de justicia y dignidad de la persona imputada y, por ende, del Estado de Derecho[50].

En tercer y último lugar, el juicio de proporcionalidad exige analizar si el precepto es desproporcionado desde la perspectiva de la comparación entre la entidad del delito y la entidad de la pena. Este aspecto se pone de manifiesto en la formulación general e indefinición de algunas de las conductas castigadas (matar, privar de libertad, obligar), dando lugar en estos casos a sacrificios innecesarios o excesivos de libertad que no se atemperan a la gravedad de las conductas tipificadas, caracterizadas por su indefinición; o, en otras ocasiones, recogiendo formas leves de ataque en estos tipos pluriofensivos, lo que carece de sentido dada su escasa capacidad para afectar al bien jurídico-penal protegido.

La protección de bienes jurídico-penales mediante "tipos genéricos" conlleva además de un mayor arbitrio judicial, a una merma en la seguridad jurídica en la determinación de la pena proporcional. Así, se podrá alcanzar la pena de prisión

---

(Coord.), Estudios jurídicos en memoria de José María Lidón, Universidad de Deusto, 2002, p. 349 y ss.

50 SSTC 55/1996, F. J. 8º; 55/1996, F. J. 9º.

permanente revisable en los casos de muerte del Rey o la Reina por un homicidio o por un asesinato; se podría castigar con la misma pena la privación de libertad del Rey durante tres días que durante tres meses; o, como se expuso, se podría imponer la misma pena prevista para la muerte del Rey o la Reina, que en la muerte de un ascendiente o descendiente, en el ejercicio de labores de representación, lo que pone en tela de juicio y hace cuestionable la conciliación de esta respuesta penal con la CE, dada la posibilidad de equiparación de penas en supuestos de muy distinta gravedad[51].

Igualmente, es propio de un autoritarismo punitivo el contemplar el castigo de la provocación, la conspiración y la proposición para los delitos de muerte, lesiones y privación de libertad con relación a sujetos que, a lo sumo, podrán ejercer meras funciones representativas, o no tienen un derecho sucesorio directo, suponiendo otra muestra más de falta de proporcionalidad[52]. Además, esta forma de protección jurídico-penal no solo excede la protección de los antiguos delitos de lesa majestad, sino que se aleja de la legitimidad de la monarquía parlamentaria (Art. 1.3. CE).

En definitiva, a la clásica concepción de que el juicio de proporcionalidad con relación al tipo de pena y a su entidad era potestad exclusiva del legislador, corriendo esta concepción paralela a su amplio margen de libertad para configurar los bienes jurídicos penalmente protegidos, le ha ido progresivamente sucediendo una concepción más restrictiva. Según esta nueva concepción, la configuración legislativa de las limitaciones de los derechos fundamentales, como su aplicación judicial o administrativa con-

---

51 En este sentido, cfr. GARCÍA RIVAS, Delitos contra la Corona, 2016, p. 291.

52 Por el contrario, TAMARIT i SUMALLA, J., Delitos contra la Corona, en: G. Quintero Olivares, Comentarios al Código Penal, Tirant lo Blanch, 2016, p. 1607, critica que el Código penal vigente acentúe e intensifique de modo notorio la defensa penal de la Corona.

cretas, ha de quedar reducida a las que se hallen dirigidas a un fin constitucional legítimo que pueda justificarlas, en cuanto suponga un sacrificio del derecho fundamental, y que resulte proporcionado a ese fin legítimo[53]. De esta manera, el principio de proporcionalidad cobra también un singular relieve a la hora de examinar las posibles vulneraciones de derechos fundamentales producidas a raíz de las operaciones judiciales de medición e imposición de la pena prevista, al ser la proporcionalidad un límite infranqueable a la discrecionalidad judicial[54].

La adecuada protección de la Corona, bajo la rúbrica de "Jefatura del Estado" remarcará el ejercicio de funciones constitucionales y la forma de gobierno de monarquía parlamentaria, y señalará como únicos posibles sujetos pasivos al Rey o Reina, a quien o quienes ocupen la Regencia, y al Príncipe o la Princesa de Asturias.

Además, estos tipos deberán respetar la necesaria precisión de las conductas, mediante su remisión a los tipos comunes, evitando problemas interpretativos y de desproporción punitiva.

En cuanto a las penas, se propone que se establezcan en sintonía —agravatoria— con la de los tipos comunes, articulando, por las razones que se han indicado, dos niveles punitivos: el

---

53 LOPERA MESA, G. P., Principio de proporcionalidad y ley penal. Bases para un modelo de control de constitucionalidad de las leyes penales. Centro de Estudios Políticos y Constitucionales, Madrid, 2006, pp. 45 y ss.; 387 y ss., estima que, en los casos de control intenso, como sucede con las normas penales, la competencia del legislador decrece y se amplía la competencia revisora del TC. En consecuencia, al ser la intervención estatal más intensa en los derechos fundamentales y menos seguras las premisas empíricas que avalan su idoneidad, necesidad y estricta proporcionalidad, el TC puede ponderar los excesos de penas; por su parte, MIR PUIG, S., El principio de proporcionalidad, 2010. p. 73, destaca que el principio de proporcionalidad abstracta puede servir de control a la actividad de diseño de los tipos penales por parte del legislador.

54 Cfr. STC 55/1996, de 28 de marzo.

más grave, articulado para la protección del Rey o Reina reinantes, cuyos tipos se castigarían con la pena superior en grado a la establecida en los correspondientes tipos comunes; y el destinado a la protección jurídico-penal de quien o quienes ocupen la Regencia y el Príncipe o la Princesa de Asturias, cuyos tipos se castigarían con la mitad superior de la pena establecida en los correspondientes tipos comunes hasta la mitad inferior de la pena superior en grado.

De este régimen punitivo se exceptuaría los delitos contra la vida e integridad física en los que la muerte del Rey o la Reina, la de quien o quienes ocupen la Regencia, o la del Príncipe o Princesa de Asturias se castigaría si fuera homicidio con la pena de veinticinco años de prisión a prisión permanente revisable, y el asesinato con la pena de prisión permanente revisable, a la vista de las previsiones vigentes en los tipos comunes.

Por último, en aquellos casos en los que personas de la Familia Real (consorte del Rey o la Reina, ascendientes de primer grado y descendientes de primer grado del Rey o la Reina, excepción hecha del Príncipe o la Princesa de Asturias) ejerzan funciones de representación del Rey o la Reina, y, en el ejercicio de las mismas, resultaran ser sujetos pasivos de cualquier delito contra la jefatura del Estado, se podrían imponer las penas que estuvieran, en su caso, previstas en los subtipos agravados comunes cuando se cometieran contra la autoridad o funcionarios públicos —aunque aquellos no lo sean—.

Sin embargo, por lo que respecta a la previsión de las penas en los delitos de injurias y calumnias contra los sujetos cualificados o contra el prestigio de la Corona, habría que recordar que la proporcionalidad de las penas exige que los beneficios asociados a ellas sean iguales o superiores a sus costes. Mientras que los primeros dependerán de la eficacia preventiva de la pena y de la gravedad de la expresión ilícita que se intenta prevenir, los costes dependen, esencialmente, de la gravedad de la pena y de su posible efecto desaliento[55]. Por ello, se propone derogar los delitos de injurias y calumnias contra los sujetos pasivos cualificados o contra el prestigio de la Corona, al no estar justificada en estos casos una protección cualificada del honor, compartiéndose la derogación de los artículos 490.3 y el 491[56].

Además, al remitir tales delitos al régimen común, permitirá perseguirlos de oficio cuando se refieran a hechos o a la comisión de infracciones administrativas, debiéndose esto explicitarse, dado que los sujetos pasivos indicados no son autoridades, ni

---

55 STEDH de 15 de marzo de 2011 (Otegi Mondragón c. España); CUERDA ARNAU, M.L., La doctrina del efecto de desaliento en la jurisprudencia del Tribunal Constitucional español. Origen, desarrollo y decadencia, InDret, n.º 2, 2022, p. 104, remarca que la tipificación de esas conductas convierte en extremadamente difícil la empresa de encontrar una sanción que supere el juicio de proporcionalidad estricta, poniendo como ejemplo los ataques leves, tales como las injurias leves contra la Corona del art. 490.3, último inciso.

56 Tal como se hace constar en la Exposición de Motivos de la Proposición de Ley Orgánica 124/000013 por la que se modifica la Ley Orgánica 10/1995, de 23 de noviembre, del Código Penal, para despenalizar las injurias a la Corona y los ultrajes a España, por la cual se suprime el apartado 3 del artículo 490 y los artículos 491 y 543 del CP (BOCG 10-06-2022, Núm 255-1): "*En el caso de un delito contra un jefe de Estado, el Tribunal Europeo de Derechos Humanos ya ha declarado que una protección concedida por una ley especial sobre el delito no es, en principio, conforme con el espíritu del Convenio. De hecho, «el interés de un Estado en proteger la reputación de su propio jefe del Estado no puede justificar la concesión a este de un privilegio o una protección especial contra el derecho a informar y a expresar las opiniones sobre él» (Otegi Mandragón contra España, 2011). Asimismo, también ha manifestado que «una pena de prisión impuesta por un delito cometido dentro del marco del debate político, en lo que representa la mayor reprobación jurídica de un comportamiento, constituye una injerencia en la libertad de expresión, que no es proporcional al objetivo legítimo perseguido, ni necesaria en una sociedad democrática» (Stern Taulats y Roura Capellera contra España, 2018). En este sentido, el Tribunal Europeo de Derechos Humanos sostiene que la quema de imágenes del rey debe entenderse como un acto de rechazo hacia la institución de la monarquía y que, por tanto, entra dentro del ámbito de la crítica política o la disidencia y está protegido por el derecho a la libertad de expresión…* ".

funcionarios públicos[57], procediendo también la aplicación de la *exceptio veritatis*.

En suma, no cabría olvidar, lo que ya ha puesto de manifiesto la doctrina especializada[58], que la prevención general se consigue de forma más eficaz cuando las penas responden a las expectativas éticas de la sociedad, mientras que han de llegar a producir el efecto contrario de levantar en los ciudadanos la rebeldía contra la ley, cuando se sientan como injustas por el cuerpo social. Frente a esto, los preceptos constitucionales suministran significativas pautas que no ha de desconocer el legislador, tampoco en la protección de la Corona, y cuya conculcación podría ser objeto de control constitucional[59].

---

57 En este sentido, GEPC, Una propuesta alternativa de regulación de los delitos de expresión, GEPC-Tirant, 2019, p. 28.

58 MIR PUIG, Introducción, 1976, p. 158 y ss.

59 Así, ya MANTOVANI, F., Diritto Penale, Parte Generale, 3ª ed., CEDAM, 1992, pp. 203 y 202.

CAPÍTULO SEGUNDO
CONSECUENCIAS JURÍDICAS EN EL ÁMBITO DE LA LORPM

El ámbito de aplicación de las reglas especiales para los delitos de extrema y máxima gravedad cometidos por menores (Art. 10 LORPM) *

SERGI CARDENAL MONTRAVETA
Catedrático de Derecho Penal
Universidad de Barcelona

I. INTRODUCCIÓN

Este trabajo quiere analizar el ámbito de aplicación de las "reglas especiales de aplicación y duración de las medidas", previstas para los menores que, con 16 o 17 años, cometen los delitos considerados de extrema gravedad o de máxima gravedad. Estas reglas se encuentran en los arts. 10.1.b) y 10.2.b) de la Ley Orgánica 5/2000, de 12 de enero, reguladora de la responsabilidad penal de los menores (en adelante, LORPM). Concretando lo dispuesto con carácter general en el art. 7.3 LORPM, ambos preceptos obligan a imponer una medida de internamiento en régimen cerrado y limitan la posibilidad de hacer uso de las facultades de modificación o sustitución de la medida impuesta a las que se refieren los arts. 13 y 51 LORPM. El art. 10.2.b) también limita la facultad de suspender la ejecución de la medida, regulada en el art. 40 LORPM. En la sentencia, el Juez de Menores fijará la duración de aquella medida, dentro de los límites previstos por el legislador.

---

* Esta publicación es parte del proyecto de I+D+i PID2021-125718NB-I00, financiado por el MCIN/ AEI/10.13039/501100011033/ FEDER "Una manera de hacer Europa".

Antes de examinar el ámbito de aplicación de las reglas especiales previstas en los arts. 10.1.b) y 10.2 LORPM, es conveniente exponer brevemente el contexto en el que se enmarcan, las sucesivas reformas de esta materia y su relación con la función que se asigne a la incoación de un expediente (proceso) penal y a las medidas en las que se concreta la responsabilidad penal de los menores.

Que el Ministerio Fiscal tenga conocimiento de que un menor ha podido incurrir en responsabilidad penal por la comisión de un hecho delictivo, no comporta que deba acordar la incoación del expediente. De acuerdo con el principio de oportunidad, los arts. 18, 19 y 27.4 LORPM permiten desistir de la incoación del expediente o de la continuación del mismo en determinados supuestos, en los que ello no parece oportuno para evitar que el menor vuelva a delinquir[1]. En el caso de que sí se incoe el expediente, se celebre el juicio oral (audiencia) y el menor resulte condenado, se impondrá alguna o algunas de las medidas previstas en el art. 7.1, de acuerdo con las reglas previstas en los arts. 7 a 11 LORPM. Aquí no se prevé un marco penal para cada delito, que se atenúa cuando queda en fase de tentativa o de actos preparatorios, cuando el menor interviene como cómplice o cuando concurren las circunstancias agravantes y atenuantes previstas en los arts. 21 a 23 CP.

El art. 7.1 enumera y describe las penas susceptibles de ser impuestas a los menores penalmente responsables. Las denomina medidas para destacar la importancia de su función preventiva especial e intentar limitar su posible efecto estigmatizador. En re-

---

1 Ver también art. 16 LORPM. *Cfr.* arts. 269, 308, 309, 309 bis, 312 y 313 LECrim. En la doctrina, ver CARDENAL MONTRAVETA, S., La responsabilidad penal de los menores, 3ª ed., 2024, pp. 212 y ss.; GARCÍA PÉREZ, O., Los actores públicos del proceso penal de menores, el inicio de éste y las vías desjudicializadoras, en F. PÉREZ ÁLVAREZ (ed.), Serta in memoriam Alexandri Baratta, 2004, pp. 735-767; más ampliamente CUETO SANTA EUGENIA, E., El desistimiento en la justicia juvenil y su fundamento educativo, 2023, *passim.*

lación con las medidas privativas de libertad, el legislador distingue entre el internamiento en régimen cerrado, el internamiento en régimen semiabierto, el internamiento en régimen abierto, el internamiento terapéutico y la permanencia de fin de semana. Las diferencias entre estas medidas se concretan luego, en los arts. 54 a 59 LORPM y 23 a 58 del R.D. 1774/2004, de 30 jul, por el que se aprueba el Reglamento de la Ley Orgánica 5/2000 (en adelante, RegLORM), que regulan las reglas especiales para la ejecución de las medidas privativas de libertad. El art. 7.2 dispone: "Las medidas de internamiento constarán de dos períodos: el primero se llevará a cabo en el centro correspondiente, conforme a la descripción efectuada en el apartado anterior de este artículo, el segundo se llevará a cabo en régimen de libertad vigilada, en la modalidad elegida por el Juez. La duración total no excederá del tiempo que se expresa en los artículos 9 y 10. El equipo técnico deberá informar respecto del contenido de ambos períodos, y el Juez expresará la duración de cada uno en la sentencia"[2]. De acuerdo con la importancia de la función educativa del derecho penal de menores, el art. 7.3 establece: "Para la elección de la medida o medidas adecuadas se deberá atender de modo flexible, no sólo a la prueba y valoración jurídica de los hechos, sino especialmente a la edad, las circunstancias familiares y sociales, la personalidad y el interés del menor, puestos de manifiesto los dos últimos en los informes de los equipos técnicos y de las entidades públicas de protección y reforma de menores cuando éstas hubieran tenido conocimiento del menor por haber ejecutado una medida cautelar o definitiva con anterioridad, conforme a lo dispuesto en el artículo 27 de la presente Ley. El Juez deberá motivar en la sentencia las razones por las que aplica una determinada

---

2 El art. 11.2 LORPM amplía la duración máxima de las medidas cuando el menor comete una pluralidad de infracciones y alguno de los hechos fueren de los mencionados en el art. 10.2 LORPM. Por ello, el art. 7.2 LORPM también debería hacer referencia a la duración de la medida de internamiento en los casos de pluralidad de infracciones, que regula el art. 11 LORPM.

medida, así como el plazo de duración de la misma, a los efectos de la valoración del mencionado interés del menor". La elección de las medidas debe respetar, además, diversos límites derivados de los principios de culpabilidad y proporcionalidad, y que regulan los arts. 8, 9, 10 y 11 LORPM[3]. A su vez, los arts. 13, 14, 40, 47.3 y 7, 50 y 51 LORPM regulan la suspensión de la ejecución del fallo, la sustitución de las medidas y la posibilidad de reducir su duración o dejarlas sin efecto[4].

Analizando la constitucionalidad del art. 16 de Ley de Tribunales Tutelares de Menores, aprobada por Decreto de 11 de junio de 1948 (en adelante, LTTM), la STC 36/1991, de 14 feb., afirmó que, al determinar las medidas, es preciso que el Juez "se sujete a determinados principios que operan como límites a esa discrecionalidad, reconocidos en algunos casos en la propia LTTM (...) y en otros implícitos en la imposición de cualquier medida restrictiva de derechos fundamentales, como son la proporcionalidad entre la gravedad del hecho y la medida impuesta o la imposibilidad de establecer medidas más graves o de una duración superior a la que correspondería por los mismos hechos si de un adulto se tratase" (FJ 7). En esta dirección, el párrafo 2º del art. 8 LORPM dispone que la duración de las medidas privativas de libertad no podrá exceder, "en ningún caso, del tiempo que hubiera durado la pena privativa de libertad que se le hubiere impuesto por el mismo hecho, si el sujeto, de haber sido mayor de edad, hubiera sido declarado responsable, de acuerdo con el Código Penal". Aunque el legislador se ha olvidado de decirlo expresamente, me parece que, además de la duración de las medidas, el principio que prohíbe tratar más severamente al menor que al adulto que ha cometido el mismo delito, también debe tomar en consideración la regulación sobre la suspensión de la ejecución de las penas privativas de libertad y sobre las condiciones de su cumplimento, y

---

3 Ver CARDENAL MONTRAVETA, S., La responsabilidad penal de los menores, 3ª ed., 2024, pp. 161 ss.

4 Ver CARDENAL MONTRAVETA, S., La responsabilidad penal, 3ª ed., 2024, pp. 326 ss.

debe extender su ámbito de aplicación a las medidas no privativas de libertad.

Tratando de garantizar así el significado limitador de los principios de culpabilidad y proporcionalidad, la regulación de las medidas previstas para los menores que delinquen distingue entre los delitos sometidos al "régimen general de aplicación y duración de las medidas" (art. 9 LORPM) y aquellos que están sometidos a las reglas especiales previstas en el art. 10 LORPM. A su vez, el art. 9 distingue entre el régimen previsto para los delitos leves (art. 9.1) y el previsto en el art. 9.3 para los delitos menos graves que no presentan las características mencionadas en el art. 9.2 LORPM: delitos en cuya ejecución no se ha empleado violencia ni intimidación en las personas, ni se ha generado un grave riesgo para la vida o la integridad física de las mismas, y que tampoco son hechos cometidos en grupo, ni el menor pertenece ni actúa al servicio de una banda, organización o asociación dedicada a la realización de tales actividades. Por su parte, el art. 10.1 contiene reglas especiales para los delitos graves o menos graves que sí presentan las características mencionadas en el art. 9.2. El segundo inciso del art. 10.1.b) prevé unas reglas más severas para los menores que, con 16 o 17 años, comenten un delito considerado de extrema gravedad. Y el art. 10.2 contiene un régimen específico para los delitos de máxima gravedad que allí se indican expresamente. Esto permite afirmar que el art. 10 prevé reglas especiales distintas para tres grupos de delitos: a) los delitos graves o menos graves que presentan las características mencionadas en el art. 9.2 [art. 10.1 a) y b) primer inciso]; b) los delitos considerados de extrema gravedad cometidos por menores de 16 o 17 años [art. 10.1.b) segundo inciso] y (c) los delitos de máxima gravedad indicados en el art. 10.2. A su vez, el art. 11 LORPM contiene reglas específicas para algunos supuestos de pluralidad de infracciones. Como apuntaba al principio, cuando un menor que tuviera 16 o 17 comete un delito considerado de extrema gravedad o sometido al régimen del art. 10.2, es preceptiva la imposición de una medida de internamiento en régimen cerrado y, además, se limitan temporalmente (hasta que haya transcurrido el correspondiente "periodo de seguridad") las facultades de suspender su ejecución y/o de sustituir, reducir la duración o dejar sin efecto la medida impuesta, reguladas en los arts. 13, 40 y 51.1 LORPM.

La regulación vigente sobre la determinación de las medidas es el resultado de diversas reformas, que también es conveniente conocer antes de analizar los problemas que su interpretación plantea y formular propuestas de mejora. Aquellas reformas han incrementado la gravedad de las medidas que se pueden imponer a los menores cuando ello parece necesario para evitar que vuelvan a delinquir. Pero también han aumentado los supuestos (ahora regulados en el art. 10 LORPM) en los cuales se priva al Juez de Menores de la capacidad de elegir la medida y determinar las consecuencias de su imposición.

La versión original de la LORPM solo permitía imponer la medida de internamiento en régimen cerrado "cuando en la descripción y calificación jurídica de los hechos se establezca que en su comisión se ha empleado violencia o intimidación en las personas o actuado con grave riesgo para la vida o la integridad física de las mismas" (art. 9 regla 2ª). La duración de las medidas sólo podía ser superior a 2 años en los casos previstos en la regla 4ª del art. 9: personas que hayan cumplido los 16 años en el momento de la comisión de los hechos y respecto de las cuales el equipo técnico aconseje en su informe la prolongación de la medida. El legislador sólo limitaba la elección de la medida cuando, además, se trataba de supuestos que "revistieran extrema gravedad", considerándose como tales "aquellos en los que se apreciare reincidencia y, en todo caso, los delitos de terrorismo y los constitutivos de actos de favorecimiento, apoyo o reclamo de la actividad de bandas, organizaciones o grupos terroristas, así como los de asesinato u homicidio doloso, y la agresión sexual contemplada en los artículos 179 y 180 del Código Penal". En estos casos debía imponerse "una medida de internamiento en régimen cerrado de uno a cinco años de duración, complementada sucesivamente por otra medida de libertad vigilada con asistencia educativa hasta un máximo de otros cinco años". El cumplimiento de esta medida complementaria estaba condicionado a su posterior ratificación. Cuando la duración de la medida de internamiento no era superior a 2 años, se permitía suspender la ejecución. Pero sólo se podía sustituir, reducir su duración o dejarla sin efecto una vez transcurrido el primer año de cumplimiento efectivo (art. 9 regla 5ª), plazo previsto con carácter general y que coincide con la mitad de la duración mínima de las medidas cuya ejecución no puede suspenderse.

Antes de que la LORPM entrara en vigor, la LO 7/2000, de 22 dic., de modificación del Código Penal y la LORPM en relación con los delitos de terrorismo, amplió los supuestos en los que era preceptiva la imposición de la medida de internamiento en régimen cerrado. Tal ampliación no se hizo incrementando los delitos considerados de extrema gravedad, regulados en el art. 9 regla 5ª. Se hizo mediante la introducción de la Disposición adicional cuarta de la LORPM, que establecía un régimen especial, más severo, para una parte de los hasta entonces considerados delitos de extrema gravedad. Es el antecedente del actual art. 10.2 LORPM, cuyo ámbito de aplicación se limitaba a los delitos previstos en los arts. 138, 139, 179, 180, 571 a 580 y aquellos otros sancionados en el Código Penal con pena de prisión igual o superior a 15 años. Conviene destacar que, en estos casos, también la suspensión de la ejecución se condicionaba al transcurso previo de un "periodo de seguridad", y la imposición de una medida de libertad vigilada complementaria de la medida de internamiento ya no era preceptiva; esto último es coherente con el hecho de que el internamiento podía llegar a tener una duración de hasta 8 años y el art. 7.2 ya garantizaba que el menor quedara sometido a un periodo de libertad vigilada antes de extinguirse la responsabilidad penal. Y también es coherente con el hecho de que, en los supuestos considerados de extrema gravedad, la libertad vigilada prevista como medida complementaria sólo llegaba a cumplirse en el caso de ser luego ratificada.

Además de flexibilizar el contenido de la medida de internamiento en régimen semiabierto, permitiendo que, también en estos casos, el menor realice todas las actividades en el centro [art. 7.1.b) LORPM], la LO 8/2006, de 4 dic., volvió a modificar las reglas sobre la determinación y cumplimiento de las medidas. La reforma de la regla 2ª del art. 9 amplió considerablemente los supuestos en los que era *posible* imponer una medida de internamiento en régimen cerrado y superar los límites temporales previstos con carácter general en la regla 3ª. A su vez, el legislador trasladó al art. 10.2 las reglas especiales previstas en la Disposición adicional cuarta LORPM para los delitos de máxima gravedad, que se vieron ampliados a través de las reformas de los delitos contra la libertad e indemnizad sexual y de los delitos de terrorismo, en el Código Penal. También es oportuno mencionar aquí la reforma del art. 51.1 LORPM, que alude expresamente a la posibilidad de que la medida sustitutiva sea más grave que la sustituida "siempre que la nueva medida pudiera haber sido impuesta inicialmente atendiendo a la infracción cometida". Además, la nueva redacción del art. 51.2 introdujo una alusión expresa a la sustitución de la medida de internamiento en régimen cerrado por otra de internamiento en régimen semiabierto o abierto, a la posibilidad de dejar sin efecto tal sustitución cuando el menor evoluciona desfavorablemente, y a la posibilidad de sustituir por una medida de internamiento en régimen cerrado la medida de internamiento en régimen semiabierto inicialmente impuesta. Todo ello sin aclarar la relación entre los arts. 7.2, 10, 13, 40 y 51 LORPM[5].

---

[5] Valorando críticamente las reformas a las que hemos hecho referencia, ver GARCÍA PÉREZ, O., La introducción del modelo de seguridad ciudadana en la justicia de menores, en PANTOJA GARCÍA, F. (dir.), La ley de responsabilidad penal del menor: situación actual, 2005, pp. 399-438; BERNUZ BENEITEZ, M. J., Justicia de menores española y nuevas tendencias penales, en RECPC, núm. 7, 2005, pp. 1-23.; BARQUÍN SANZ, J. / CANO PAÑOS, M.A., Justicia penal juvenil en España: una legislación a la altura de los tiempos, en RDPC, 2ª época, núm. 18, 2006, pp. 37-95; CUERDA ARNAU, M. L., Consideraciones político-criminales sobre las últimas reformas de la Ley Penal del Menor, en Revista Penal, núm.

Luego vendría la modificación de los arts. 7 y 10.2 LORPM mediante la LO 10/2022, de 6 sept., de garantía de la libertad sexual. Desde entonces, el art. 7.5 obliga a imponer, de forma accesoria, a quienes hayan intervenido en una agresión sexual, "la obligación de someterse a programas formativos de educación sexual y de educación en la igualdad". Además, dicha ley extendió a todos los delitos de abuso y agresión sexual esta última denominación y el régimen especial previsto en el art. 10.2, que también extendió a los delitos descritos en los arts. 182 y 183 CP[6]. La LO 4/2023, de 27 de abr., corrigió parcialmente aquel exceso, excluyendo expresamente del ámbito de aplicación del art. 10.2 las agresiones sexuales ahora previstas en el art. 178, apartados 1 y 4, y en el art. 181, apartados 1 y 3 CP.

El legislador podía haber asignado al derecho penal de menores exclusivamente una función de prevención especial, limitada por

---

22, 2008, pp. 22-32; FERNÁNDEZ MOLINA, E., Entre la educación y el castigo. Un análisis de la justicia de menores, 2008, pp. 246 ss.; JIMÉNEZ DÍAZ, Algunas reflexiones sobre la responsabilidad penal de los menores, en RECPC, núm. 17, 2015, pp. 3-9; JERICÓ OJER, L., El impacto (probablemente no previsto) de la reforma del Código Penal operada por la LO 1/2015, de 30 de marzo en el Derecho penal de menores, en RECPC, núm. 20, 2018.

6 Ver COLÁS TURÉGANO, M.A., Punitivismo y justicia de menores: La reforma de la Ley Reguladora de la Responsabilidad Penal de los Menores (LO 5/2000) por la Ley del "solo sí es sí" (LO 10/2022 de Garantía Integral de la Libertad Sexual), en RECPC, núm. 25, 2023; GARCÍA ESTEBAN, D., "Delitos sexuales entre adolescentes", Revista de Jurisprudencia, octubre 2023; el mismo autor, Comentario "de urgencia" sobre la afectación de la LO 10/2022 (Ley "Sí es sí") a la jurisdicción de menores, Revista de Jurisprudencia, octubre 2022. En las Conclusiones de las Jornadas de Fiscales Delegados Provinciales de Menores celebrada en noviembre de 2022, se proponía una interpretación restrictiva de la nueva redacción del art. 10.2 LORPM y se afirmaba que el nuevo texto "precisa de revisión o reforma, dándole una nueva redacción para que resulte más acorde a los principios de flexibilidad, proporcionalidad y no discriminación de los menores y hacerla más congruente con las directrices medulares de la legislación de reforma de menores".

los principios de legalidad, humanidad, culpabilidad y proporcionalidad, de modo que la incoación del expediente, el enjuiciamiento del menor, la imposición de una medida y su ejecución se reservaran para aquellos supuestos en los que ello parece necesario para evitar que el menor vuelva a delinquir, porque los recursos previstos en el derecho de protección de menores son insuficientes. Pero el derecho penal vigente no tiene exclusivamente una función de prevención especial. La incoación del expediente, el enjuiciamiento, el castigo del menor y la ejecución de la pena impuesta no dependen siempre y exclusivamente de que ello parezca necesario para evitar que el menor vuelva a delinquir. El desistimiento de la incoación y de la continuación del expediente también dependen de la gravedad del delito cometido[7]. La función de prevención especial y los principios de humanidad, culpabilidad y proporcionalidad tampoco explican todos los límites que el art. 10 LORPM establece en relación con la elección de las medidas que el Juez de Menores puede imponer, la determinación de su duración y las consecuencias de su imposición. Cuando la incoación del expediente, el enjuiciamiento del menor, la imposición de una medida de internamiento y/o su ejecución son preceptivos, con independencia de si parecen o no necesarios para evitar que el menor vuelva a delinquir, sólo podrán justificarse por su función retributiva o su eficacia preventiva general[8].

---

7 *Cfr.* arts. 18 y 19 LORPM.

8 En el mismo sentido, la STS 471/2022, de 15 mayo, afirma: "La preceptibilidad de la medida de internamiento en régimen cerrado durante un determinado periodo de tiempo, además de su acento preventivo-general, neutraliza el modelo de flexibilidad en la individualización de las medidas basado en el prioritario interés superior del menor y en la prevalencia de los fines educativos y resocializadores" (FJ 11). Sobre la función del derecho penal de menores, ver, también, más ampliamente, CARDENAL MONTRAVETA, S., La responsabilidad penal, 3ª ed., 2024, pp. 81 ss.; CRUZ MÁRQUEZ, B., Educación y prevención general en el Derecho penal de menores, 2006, *passim.* Ver también el planteamiento alternativo que mantiene FEIJOO SÁNCHEZ, B., Bases dogmáticas y

La STC 160/2012, de 20 dic., resolvió una cuestión de inconstitucionalidad planteada por el Juzgado Central de Menores, que debía juzgar a un menor acusado de un delito de incendio en grado de tentativa (arts. 351 y 16 CP) y un delito de tenencia de sustancias inflamables con fines terroristas (art. 577 CP), cuyo castigo se regulaba en la Disposición adicional cuarta LORPM, que —como hemos visto— obligaba a imponer una medida de internamiento en régimen cerrado con una duración mínima de 1 año y limitaba la posibilidad de suspender su ejecución, sustituirla, reducir su duración o dejarla sin efecto[9]. Tras la detención del menor y la incoación del expediente, el 9 de marzo de 2001 se acordó la medida cautelar de internamiento en régimen cerrado, decisión que se revocó el 25 de abril. El auto que acordó oír a las partes y al Ministerio Fiscal sobre la posible inconstitucionalidad del apartado 2.c) de dicha disposición adicional, estimó probado que, poco antes de cumplir 17 años, el menor expedientado (I.R.) "en unión de dos personas más y con los rostros cubiertos con pasamontañas, decidieron quemar una oficina de Seguros Bilbao en San Sebastián, acción que pretendían llevar a cabo en el marco de la actividad organizada por el movimiento radical independentista del País Vasco. Para tal fin, el menor trasladó en su mochila tres botellas conteniendo gasolina que repartió a las personas que iban con él, disponiéndose a arrojarlas contra la fachada de la entidad pero sin llegar a hacerlo por impedirlo la actuación de unos escoltas privados, quienes detuvieron al menor tras una persecución". Aquel auto también afirma: "Ha quedado acreditado que I.R. es un joven que en la actualidad está completamente rehabilitado y socializado habiendo

---

de la responsabilidad penal de los menores, en Abadías Selma, A. y otros (coords.), Tratado sobre la delincuencia juvenil y responsabilidad penal del menor, 2021, pp. 317-338; el mismo autor, Responsabilidad y prevención en el Derecho Penal de menores, en J. de Vicente Remesal y otros (dirs.), Libro Homenaje al Prof. Diego-Manuel Luzón Peña con motivo de su 70ª aniversario, vol. 1, pp. 2020, pp. 639-649.

9 El marco penal de una tentativa del delito de incendio con fines terroristas era de 3 años y 9 meses a 15 años menos un día.

concluido el curso académico favorablemente estudiando en la actualidad el siguiente con toda normalidad y prestando sus servicios en el verano en una O.N.G. Durante su estancia en el centro de internamiento 'El Madroño' de esta ciudad su comportamiento fue ejemplar y conforme la dirección del mismo no sería en absoluto conveniente su reingreso en el mismo. Se ha mostrado desde las primeras diligencias muy arrepentido del acto enjuiciado y conforme al equipo técnico que lo ha ido examinando *no necesita medida de internamiento en régimen cerrado* debido a su perfecta integración social y familiar *siendo incluso contraproducente separarlo de este medio* atribuyendo el acto cometido a presiones externas de determinados círculos juveniles con los que contactó en su momento"[10].

El Tribunal Constitucional dejó claro que la previsión, imposición y ejecución de medidas innecesarias para evitar que el menor condenado vuelva a delinquir, que sólo cumplen una función de prevención general, es compatible con la Constitución, siempre que se respeten el derecho de defensa y los principios de legalidad, culpabilidad y proporcionalidad. Se consideró que la Disposición adicional cuarta LORPM satisfacía tales exigencias, pero el Tribunal no se pronunció sobre la manera en la que debía interpretarse. Y, naturalmente, tampoco tuvo en cuenta la ya aludida ampliación posterior del ámbito de aplicación de las reglas especiales que hoy regula el art. 10[11].

---

10 Cursiva añadida.

11 De la conclusión mayoritaria y su motivación, que desestima la cuestión de inconstitucionalidad, se aparta la Magistrada A. Asúa Batarrita en su voto particular, al que se adhiere el Magistrado Fernando Valdés Dal-Ré.

II. LOS DELITOS DE EXTREMA Y DE MÁXIMA GRAVEDAD DEBEN SER DELITOS GRAVES

Ya sabemos que el legislador nunca ha delimitado los supuestos en los que obliga a imponer una medida de internamiento en régimen cerrado atendiendo, exclusivamente, a la gravedad de la pena prevista en el Código Penal para el correspondiente delito y a la edad del menor en el momento de cometerlo. Siempre se han incluido en este grupo los delitos más graves. Pero ya desde un principio se incluyeron, además, *todos* los delitos de terrorismo, cuya gravedad, también entonces, era muy diversa. Sin embargo, en la versión original de la LORPM, la posibilidad de suspender la ejecución de las medidas de internamiento en régimen cerrado impuestas por la comisión de los delitos considerados de extrema gravedad, cuando su duración no es superior a 2 años, relativizaba la gravedad de las limitaciones que afectaban a las facultades previstas en los arts. 13 y 51.1 LOPRM

El panorama cambia desde el momento en que la LO 7/2000, de 22 dic., excluye la posibilidad de suspender la ejecución de la medida impuesta por la comisión de alguno de los delitos primero mencionados en la Disposición adicional cuarta, y luego en el art. 10.2 LORPM. El régimen más flexible de los delitos considerados de extrema gravedad que regula el art. 10.1.b) pasa a ser residual respecto del previsto en el art. 10.2.b). Y las sucesivas reformas de los delitos de terrorismo, de los delitos contra la libertad e indemnidad sexual y del propio art. 10.2 irán ampliado su ámbito de aplicación a comportamientos cada vez de menor gravedad, hasta el punto de llegar a mencionar delitos cuya ejecución no comporta el empleo de violencia o intimidación en las personas ni genera grave riesgo para la vida o la integridad física de las mismas, ni están castigados con penas de prisión o multa graves o menos graves y, por lo tanto, sólo se incluyen en el art. 9.2 y pueden castigarse con una medida de internamiento en régimen cerrado porque, además de aquellas penas, el legislador ha previsto la imposición de penas privativas de derechos que sí son penas graves.

El ámbito de aplicación de las reglas especiales previstas para los supuestos de extrema gravedad y en el art. 10.2 LORPM debe respetar el principio de proporcionalidad y ser coherente con la regulación que, con carácter general, limita la posibilidad de imponer una medida de internamiento en régimen cerrado (art. 9.2 LORPM) y con aquella que, también con carácter general, fija los supuestos en los que se permite desistir de la continuación del expediente (art. 19 LORPM). Dicho de otro modo: el legislador puede decidir que sólo algunos delitos graves queden sometidos al régimen jurídico previsto para los delitos de extrema gravedad y en el art. 10.2. Pero una interpretación sistemática y teleológica del art. 10.2 y del régimen jurídico de los delitos de extrema gravedad, obliga a limitar su ámbito de aplicación a los delitos que puedan considerarse así o que estén allí mencionados y que, además, sean delitos graves. La obligación de imponer una medida de internamiento en régimen cerrado, que caracteriza a los delitos de extrema y máxima gravedad, solo puede referirse a delitos (a) que reúnen las características que el art. 9.2 exige para imponer dicha medida, y (b) que es obligatorio castigar con medidas impuestas en una sentencia, esto es, delitos de cuyo enjuiciamiento no puede desistirse por razones de oportunidad. Esto excluye a los delitos leves y menos graves porque, en estos casos, los arts. 19 y 27.4 permiten desistir de la continuación del expediente. No tiene sentido *exigir* la imposición de una medida de internamiento en régimen cerrado al menor que comete determinados delitos y, al mismo tiempo, *permitir* que tales delitos queden impunes cuando el menor al que se imputa su comisión se concilia con la víctima, repara el daño, realiza la actividad educativa propuesta por el equipo técnico o concurren los requisitos previstos en el art. 27.4 LORPM. La posibilidad de desistir de la continuación del expediente cuando se imputa al menor un delito leve o menos grave, es incompatible con afirmar que estos delitos deben castigarse *siempre* con una medida de internamiento en régimen cerrado, y ello conduce a considerar que esta obligación sólo puede referirse a delitos graves.

Permitir el desistimiento de la continuación del expediente es compatible con permitir imponer una medida de internamiento en régimen cerrado cuando esta es la respuesta que mejor se ajusta a la función de prevención especial. Pero permitir el desistimiento de la continuación del expediente por razones de oportunidad es incompatible con exigir la imposición de una medida de internamiento en régimen cerrado a quien comete esos delitos de cuyo enjuiciamiento puede desistirse. Lo primero supone dar preferencia a la función de prevención especial, mientras que lo segundo supone dar preferencia a la función de prevención general.

Al delimitar los supuestos en los que puede imponerse una medida de internamiento en régimen cerrado y permitir el desistimiento de la continuación del expediente cuando se imputa al menor la comisión de delitos leves o menos graves, los arts. 9.2 y 19 LORPM vienen a exigir que los delitos que el legislador ordena castigar con aquella medida (los considerados de extrema o de máxima gravedad), sean siempre delitos graves, pues sólo tiene sentido exigir la imposición de una medida de internamiento en régimen cerrado cuando concurren los requisitos previstos con carácter general para poder imponer esta medida y, *además*, se trata de delitos en relación con los cuales el legislador impide desistir de la continuación del expediente, obligando a imponer una medida cuando las pruebas practicadas desvirtúen la presunción de inocencia o el menor se conforme con la acusación. Permitir que los delitos leves y menos graves puedan quedar sin castigo es incompatible con exigir que se imponga siempre una determinada medida a quien comete alguno de ellos. Sólo puede exigirse la imposición de una medida de internamiento en relación con aquellos delitos respecto de los cuales se excluye la posibilidad de desistir de la continuación del expediente. Y el art. 19 sólo excluye esta posibilidad en relación con los delitos graves.

Una interpretación sistemática y teleológica del art. 10 impide considerar que los delitos leves y menos graves, que el art. 19

permite dejar sin castigo, pueden considerarse delitos de extrema gravedad o sometidos el régimen jurídico previsto en el art. 10.2 cuando no se desiste de la continuación del expediente. Porque, como acabamos de indicar, permitir el desistimiento de la continuación del expediente es incompatible con exigir la imposición de una determina medida siempre que se comete el correspondiente delito.

III. LA DELIMITACIÓN DE LOS DELITOS GRAVES

La delimitación de los delitos graves ha de partir de lo dispuesto en los arts. 13 y 33 CP. Pero no es tan sencilla como podría deducirse de una primera lectura de estos preceptos.

El art. 13 CP remite al carácter grave, menos grave o leve de las penas con las que la ley castiga la correspondiente infracción[12]. La jurisprudencia considera que esta remisión a la pena prevista por la ley obliga a delimitar los delitos graves, menos graves y leves atendiendo a la extensión de *todas* las penas que la ley prevé para el autor de la infracción consumada. La modificación del marco penal prevista en los arts. 62 y 63 CP, para la tentativa y el cómplice, serían aquí irrelevantes. Y también la modificación del marco penal prevista para los actos preparatorios punibles en los arts. 16 y 17 CP, así como la que resulte de apreciar la concurrencia de

---

[12] Mas concretamente, el art. 13 CP dispone:
"1. Son delitos graves las infracciones que la Ley castiga con pena grave.
2. Son delitos menos graves las infracciones que la Ley castiga con pena menos grave.
3. Son delitos leves las infracciones que la ley castiga con pena leve.
4. Cuando la pena, por su extensión, pueda incluirse a la vez entre las mencionadas en los dos primeros números de este artículo, el delito se considerará, en todo caso, como grave. Cuando la pena, por su extensión, pueda considerarse como leve y como menos grave, el delito se considerará, en todo caso, como leve".

circunstancias agravantes o atenuantes genéricas. En este sentido, al analizar si las amenazas leves realizadas en el ámbito de la violencia de género y castigadas en el art. 171.6 CP (con una pena leve privativa de derechos y una pena menos grave de prisión o una pena leve de trabajos en beneficio de la comunidad y, facultativamente, una privativa de derechos distinta y menos grave) son un delito leve o menos grave, la STS (Pleno) 392/2017, de 31 mayo, afirma: "Son múltiples los supuestos en los que el Código Penal contempla una degradación penológica de los distintos tipos penales que puede conducir a que la sanción impuesta a sus responsables recaiga en el espacio propio de las penas leves. La imperfección en la ejecución de un delito menos grave (art. 16, 61 y 62 del Código Penal), la complicidad en su comisión (art. 63), la concurrencia de eximentes incompletas de la responsabilidad criminal (art. 68), la apreciación de dos o más atenuaciones genéricas o de al menos una que se contemple como muy cualificada (art. 66.1.2 ª y 7ª), la apreciación de la concurrencia de un error vencible sobre la ilicitud del hecho (art. 14.3) o —ya en la parte especial del Código Penal— cualquier minoración de pena que resulte de la aplicación de una regla específica de atenuación, en alguno de los numerosos supuestos en los que el legislador faculta al juzgador a que imponga la pena inferior en grado a la contemplada para el tipo penal de que se trate, son supuestos que obligan a aclarar si la rebaja en grado de la pena prevista para el tipo penal, entraña la modificación de la naturaleza delictiva (...) [L]a particular naturaleza de la acción u omisión sancionada en el Código Penal y su capacidad de atentar contra el bien jurídico, es lo que determina la gravedad de la infracción y, con ello, el conjunto de instrumentos que el Estado puede y debe desplegar para el adecuado reproche y la ajustada corrección de cualquier conducta que le haga referencia. (...) Resulta así que los condicionantes normativos anteriormente referidos, cuando conducen a una degradación de la pena prevista para un tipo penal, no modifican la naturaleza de la infracción, por más que la sanción atenuada venga a ubicarse en distinta e inferior escala de las contempladas en el artículo 33 del Código Penal". Como también se afirma en aquella sentencia, al determinar la naturaleza de un delito se tendrán en cuenta todas las penas previstas, con independencia de si se prevén con carácter acumulativo o alternativo. Cuando la ley prevea la imposición alternativa de una pena menos grave o de una pena leve, estaremos ante un delito menos grave, ya que estos casos no son los previstos en el art. 13.4 CP[13].

---

13 En el mismo sentido, ver SSTS 474/2021, de 2 jun. y 152/2022, de 22 feb., que analizan la naturaleza y el plazo de prescripción de la tentativa del delito de hurto de uso, que el art. 244.1 CP castiga con una pena menos grave de trabajos en beneficio de la comunidad o una pena leve de multa; el Tribunal confirma que se trata de un delito menos grave. Como indica la primera sentencia, aquí "no es que la pena (única) asociada al delito cometido pueda, por su extensión, considerarse como leve y como menos grave, sino que nos hallamos ante una pena compuesta por dos o más sanciones, teniendo, cada una, distinta naturaleza (leve o menos grave). Esas penas compuestas, a su vez, pueden ser conjuntas (necesaria imposición de todas las concurrentes) o alternativas". La STS 152/2022, de 22 feb., afirma: "si la infracción penal está castigada con una pena menos grave (individual, conjunta o alternativa), la naturaleza de *menos grave* se predica también del delito. El delito sólo tiene la consideración de leve si todas las penas en abstracto con las que está castigado son leves, aunque lo sean solo en uno de sus tramos" (cursiva en el original). Y más adelante se dice: "Es aceptado pacíficamente, que el delito menos grave no desciende a la consideración de delito leve por las eventuales degradaciones penológicas del caso concreto, ni cabe aplicarle el plazo prescriptivo de infracciones veniales, por mucho que pudiera ser castigado con una pena leve, según la clasificación de las penas establecida en el art. 33 CP (STS 392/2017, de 25 de abril). Un asesinato nunca podrá convertirse en un delito leve, o en un delito menos grave aunque el grado de perfección, forma de participación y concurrencia de eximente incompleta y/o atenuantes, le corresponda en concreto una pena menos grave". Ver también STS 636/2021, de 14 jul. La jurisprudencia sigue el mismo criterio para determinar el juez o tribunal competentes para el enjuiciamiento de los hechos, de acuerdo con lo dispuesto en el art. 14 LECrim.; sobre esta cuestión, ver STS 173/2024, de 27 feb., que afirma: "No importa que el delito esté en grado de tentativa. Un Juzgado de lo Penal no podrá nunca conocer de un delito de estafa procesal en cuanto la pena en abstracto (uno a seis años de prisión más la multa) sobrepasa los cinco años, dintel de su marco

Que el legislador otorgue relevancia a la distinción entre delitos graves, menos graves y leves no impide que distinga luego entre los delitos que componen cada uno de estos grupos. Así sucede en el art. 10 LORPM: Como hemos visto, sólo los delitos graves pueden ser delitos considerados de extrema gravedad o de máxima gravedad, pero estos delitos graves tienen un tratamiento distinto del previsto para el resto de delitos graves. En el mismo sentido, el art. 131 CP fija un plazo común para la prescripción de los delitos leves, pero no hace lo mismo con los delitos graves y menos graves; en relación con ellos, el plazo de prescripción se fija atendiendo a la pena máxima señalada al delito, lo cual plantea la duda de si también esta referencia legal remite a la pena prevista para los autores de la infracción consumada o aquí sí debe tenerse en cuenta la rebaja derivada del hecho de que el delito no haya llegado a consumarse o el sujeto intervino como cómplice[14]. La misma cuestión se plantea en relación con la referencia a la gravedad y duración de "la pena abstractamente aplicable al hecho cometido", que encontramos en el art. 6.2 CP. Y también se plantea esta cuestión en relación con la referencia a las penas con las que se castigan los delitos concurrentes, que encontramos en el art. 76 CP. Como afirma la STS 173/2024, de 27 feb., al resolver el recurso que cuestionaba la competencia objetiva del tribunal que juzgó los hechos, "[c]uando el legislador utiliza la locución "pena señalada al delito" u otras similares, surge habitualmente la duda de si hay que pensar en la pena en concreto o en abstracto. La opción por la segunda de las alternativas, a su vez abre nuevos dilemas: la pena en abstracto ¿es la establecida

---

competencial. [./.] Lo decisivo en este campo es la pena en abstracto del más grave de los delitos objeto de acusación, aunque, en concreto, la pena se fije atendiendo a otra de las figuras delictivas objeto de acusación, y no pueda llegar en ningún caso a sobrepasar los cinco años por mor de las reglas de individualización penal, en este caso el art. 62 CP (tentativa)".

14 Sobre esta cuestión y la evolución de la jurisprudencia, ver STS 152/2022, de 22 feb. En la doctrina, ver, por todos, Gómez Martín, V., La prescripción del delito, 2016, pp. 29-35.

para el delito consumado en la parte especial?; ¿hay que tener en cuenta las reglas de individualización?; en este último caso, ¿todas las reglas de individualización o solo las que permiten sobrepasar por arriba o por abajo la horquilla penal?, ¿también en los casos de eximentes incompletas o pluralidad de atenuantes? [./.] La respuesta no siempre ha de ser la misma. Según la institución a la que nos enfrentemos la solución varía. Una cosa es el derecho penal sustantivo (arts. 76 o 131 CP); y otra, con reglas de interpretación diferentes, el derecho procesal regido por principios propios. Dentro del derecho procesal, a su vez, hay que distinguir supuestos (prisión preventiva, tipo de procedimiento, competencia...) La naturaleza de la institución modula y condiciona la respuesta. [./.] No vamos a explorar ahora, —resulta innecesario—, todo ese mosaico de supuestos. Interesa solo subrayar que las soluciones no son trasplantables miméticamente de uno a otro ámbito, sin distorsionar el sistema. Por eso no es correcto, a diferencia de lo que sucede en la acumulación de condenas (art. 76 CP), entender que al hablarse de delitos castigados con una pena ha de tomarse en consideración también el grado de ejecución a efectos de determinar la competencia. No es ese el criterio consagrado en la jurisprudencia. Un delito de homicidio siempre será juzgado por la Audiencia, aunque no esté consumado y se esté enjuiciando en exclusiva a un cómplice. Y el procedimiento a seguir será necesariamente el ordinario (art. 757 LECrim). [./.] En materia de competencia objetiva reiteradamente ha sostenido este Tribunal que hay que estar a la pena en abstracto sin atender al grado de ejecución (SSTS 355/2014, de 14 de abril, 30/2018, de 19 de enero; 189/2018, de 19 de enero y 702/2020, de 17 de diciembre). [./.] Para atribuir la competencia, hay que fijarse en la penalidad señalada al tipo penal abstracto en el precepto correspondiente de la parte especial, con independencia de su grado de perfección, forma de participación, o la eventual concurrencia de eximentes incompletas que podrían determinar una rebaja de penalidad hasta límites inferiores".

IV. LA DELIMITACIÓN DE LOS DELITOS DE EXTREMA Y DE MÁXIMA GRAVEDAD DEPENDE DE LA PENA PREVISTA EN ABSTRACTO PARA EL AUTOR DE LA INFRACCIÓN CONSUMADA

Sin perjuicio de lo que luego se dirá en relación con la clasificación de los delitos contra la libertad sexual, me parece acertado el criterio seguido por la jurisprudencia para delimitar los delitos graves, menos graves y leves. Y creo que el mismo criterio debe seguirse al delimitar el ámbito de aplicación del art. 10.2 LORPM. Esto supone entender que este precepto también es aplicable cuando los delitos allí mencionados no han llegado a consumarse y/o el menor ha intervenido como partícipe.

Que el delito no llegue a consumarse o el menor intervenga como cómplice son circunstancias que, como las previstas en los arts. 21 a 23 CP, afectan a *la gravedad del hecho* y a la pena prevista en el Código Penal. Por ello son relevantes en relación con la prohibición de castigar más severamente a los menores que a los adultos que cometen el mismo delito (art. 8 pfo. 2º LORPM). Pero no afectan a *la identidad del delito* ni son relevantes para delimitar el ámbito de aplicación del art. 10.2 LORPM. El homicidio consumado y el intentado son el mismo delito, aunque en este último caso no concurran todos sus elementos. También el autor y el cómplice de un homicidio cometen el mismo delito, mediante comportamientos de distinta gravedad que, por esta razón, el Código Penal castiga con penas distintas. Las penas son distintas cuando los hechos que se castigan presentan diferencias significativas; pero esa diferencia en la gravedad del hecho y los marcos penales no siempre refleja que se trata de delitos distintos. Puede tratarse de distintas formas de cometer un mismo delito o ser el reflejo de la concurrencia de meras circunstancias agravantes o atenuantes.

Alguna resolución judicial ha interpretado de otro modo el art. 10.2 LORPM y ha considerado que sólo resulta de aplicación cuando el menor comete los hechos descritos en los artículos allí mencionados; en cambio, los supuestos en los que el menor interviene como cómplice y aquellos en los el delito ha quedado en fase de tentativa o de actos preparatorios punibles, estarían excluidos del ámbito de aplicación del art. 10.2. También la referencia a "cualquier otro delito que tenga señalada (...) pena de prisión igual o superior a quince años" remitiría sólo a la actuación de los autores de la infracción consumada y excluiría del ámbito de aplicación del art. 10.2 a las formas de imperfecta ejecución y a la actuación del cómplice, cuando el marco penal previsto para tales hechos no alcance aquellos límites. No comparto esta opinión. El art. 10.2 remite al lugar en el que se describe y castiga el comportamiento del autor de la infracción consumada o a las penas de prisión previstas para estos casos, pero es aplicable siempre que se comete el correspondiente delito, con independencia de que la gravedad del hecho realizado u otras circunstancias modifiquen aquel marco penal. El art. 10.2 también se aplica cuando el correspondiente delito no llega a consumarse o el menor interviene como cómplice, porque el delito cometido no ha variado, sigue siendo el mismo y esto es aquí lo decisivo, no el marco penal que sirva de referencia para fijar la pena y que sí varía cuando concurren las circunstancias que el legislador considera relevantes a tal efecto. El marco penal previsto por el legislador para los supuestos en los que el delito no llega a consumarse o el menor actúa como cómplice es más leve cuando aquel considera que se trata de hechos más leves y que ello debe reflejarse en la delimitación del marco penal previsto para los adultos. Pero el delito cometido es el mismo. No ha variado el hecho de que se trate de un delito tipificado en el art. 138 CP o en el art. 139 CP, ni el hecho de que se trate de un delito que tenga señalada pena de prisión superior a 15 años, ni el hecho de que se trate de un delito grave, porque también el art. 13 CP remite a las penas previstas para el autor de la infracción consumada. Esto es aquí lo único relevante, sin perjuicio de que los principios de proporcionalidad y culpabilidad limiten la gravedad de la pena que puede imponerse a los menores e impidan que pueda ser más grave que la prevista para el adulto que comete el mismo delito.

A la misma conclusión llegó la STS 471/2022, de 15 mayo, que confirma la SAP Barcelona (sec. 3) 346/2020, de 18 sept., que revocó la sentencia del Juzgado de Menores en la que se condena al recurrente como autor de un delito intentado de agresión sexual con penetración a persona de 16 años de edad y especialmente vulnerable por razón de su discapacidad (entonces previsto en los arts. 179, 180.1.3 y 16 CP) concurriendo la atenuante de reparación del daño como muy cualificada. A finales de julio de 2017, tras quedar con ella, el condenado besó de forma sorpresiva a la víctima (que sufría una paraplejía total) e intentó introducir el pene en su boca, consiguiendo finalmente que le masturbara. El Juez de Menores impuso una medida de 15 meses de internamiento en régimen cerrado (con un primer periodo de 3 meses y un segundo periodo de 12 meses de libertad vigilada) y, considerando que no era aplicable el art. 10.2 LORPM porque la penetración no había llegado a consumarse, acordó la suspensión de la ejecución de la medida de internamiento, condicionada al correcto cumplimiento de 15 meses de libertad vigilada con la obligación de realizar el programa formativo en materia sexual. La sentencia de la Audiencia Provincial recuerda las alegaciones del Ministerio Fiscal en el sentido de que los hechos probados también describen la realización de un delito de agresión sexual previsto en el art. 178 CP, abarcado igualmente en el ámbito de aplicación del art. 10.2.b) LORPM. Así mismo, el Tribunal niega la relevancia que el Juez de Menores concedía al hecho de evitar que las agresiones sexuales intentadas y las consumadas puedan recibir el mismo castigo, y considera que la cuestión planteada no puede ser objeto de interpretación "[p]ues si, como hemos venido reiterando en anteriores resoluciones (...), no rigen en la jurisdicción de menores las reglas dosimétricas de los artículos 16 y 62 o 66 del CP, ni resulta preciso acudir a ellas en aplicación supletoria, porque (...) la legislación penal de menores cuenta con su propio sistema de determinación de medidas, habremos consecuentemente con ello de concluir, que la particular regla de determinación que contiene el tantas veces citado art. 10.2.b) es de imperativa aplicación para todos los hechos susceptibles de subsumirse en los particulares delitos que contempla, entendidos estos en abstracto sin consideración al grado de ejecución ni tampoco a otras eventuales circunstancias, que de concurrir, y justificar un fundamento de atenuación pueden desplegar su influencia en sede de individualización punitiva, a la hora de fijar el quantum de la medida dentro de la horquilla que contempla el precepto (en nuestro caso de 1 a 8 años de internamiento cerrado)". El Tribunal Provincial también recuerda que la STC 160/2012, de 20 feb., declaró la constitucionalidad del art. 10.2 LORPM y de la pérdida de flexibilidad que comporta. Atendiendo al imperfecto grado de ejecución y a la reparación del daño, a las conclusiones favorables del informe del equipo técnico, a la ausencia de antecedentes y a la existencia de un entorno familiar y social estructurado y plenamente normalizado, así como a la gravedad de las plurales acciones atentatorias contra la libertad sexual de la víctima y el especial y grave desvalimiento de la misma, la Audiencia impone al menor una medida de internamiento en régimen cerrado por tiempo de 1 año y 6 meses de duración, junto con una medida complementaria de 1 año y 6 meses de libertad vigilada, con la obligación de realizar un programa formativo en materia sexual, sin que proceda la división del internamiento en dos periodos, ni la suspensión de la ejecución de la medida en tanto que no resulte cumplida de forma efectiva, al menos, la mitad de su duración.

Por su parte, la STS 471/2022, de 15 mayo, destaca que la interpretación defendida por la Audiencia Provincial "se ajusta, en términos incuestionables, a las exigencias metodológicas de interpretación derivadas de los principios de estricta legalidad y taxatividad", alude a los elementos comunes del delito intentado y el consumado, y rechaza que las diferencias entre ambos conviertan a la forma intentada en un delito distinto al consumado. El Tribunal añade que, en nuestro sistema penal, no puede mantenerse "que la no expresa mención a la forma intentada de ejecución en cláusulas generales —por ejemplo, de atribución competencial en atención a la pena abstracta de los correspondientes delitos [art. 14 LECrim], de imposición de libertad vigilada [art. 192 CP], de fijación de penas accesorias [artículos 54 y ss. CP], de consecuencias accesorias [artículo 129 bis CP] o de prescripción de los delitos [art. 131 CP]— deba ser interpretada como exclusión. [./.] De contrario, cuando el legislador ha querido la exclusión de la forma intentada lo ha dispuesto expresamente en la norma. Como buenos ejemplos, encontramos el artículo 4 LOTJ que excluye de la competencia del Jurado a los delitos contra la vida intentados o el artículo 131.3, inciso segundo, CP cuando declara imprescriptibles solo los delitos de terrorismo que hubieran causado la muerte de una persona". Finalmente, se alude a la circunstancia de que los hechos probados de la sentencia condenatoria también describen un delito consumado de agresión sexual castigado en los arts. 178 y 180.1.3 CP. Así mismo, el Tribunal pone de relieve "que la duración de ese proceso hasta esta instancia casacional, casi cinco años, ha supuesto que la medida impuesta al entonces menor deba ejecutarse cuando este es ya una persona adulta de veintidós años de edad. [./.] Esta significativa ruptura o alteración entre las condiciones temporales de imposición y las de ejecución reclamará que, por la vía del artículo 14 LORPM se adopten, por el juez competente, con la intervención cooperativa de todas las partes que reclama el párrafo 3, las medidas necesarias de ajuste. Para procurar, por un lado, que la medida no pierda completamente la finalidad originaria que la justificó y, por otro, en lo posible, que su ejecución no comporte excesos disruptivos en las actuales y distintas condiciones socio-personales del recurrente".

La SAP Tarragona (sec. 2) 173/2015, de 10 jun., ofreció una respuesta distinta a los supuestos que estamos analizando. No rechazó la aplicación del art. 10.2, pero consideró que los arts. 16 y 62 CP obligaban a rebajar la duración de la medida de internamiento. El Juez de Menores había condenado al recurrente como autor de un delito intentado de homicidio, una falta de daños y otra de lesiones, e impuesto la medida solicitada por el Ministerio Fiscal: 1 año de internamiento en régimen cerrado, completado con 1 mes de libertad vigilada, debiendo abonarse la medida cautelar cumplida. Estimando este extremo del recurso de apelación, el Tribunal Provincial rebajó a 11 meses la duración de la medida de internamiento, manteniendo la medida complementaria de libertad vigilada. Como apuntábamos antes, ello se justificó partiendo de que los arts. 16 y 62 CP obligaban a rebajar la pena prevista en el art. 10.2; a su vez, la duración de la pena inferior en grado se concretó teniendo en cuenta la peligrosidad de la tentativa, la circunstancias de que, en el momento de los hechos, el menor estaba a punto de alcanzar la mayoría de edad y, también, el hecho de que el equipo técnico consideraba que el internamiento comportaría un resultado perjudicial para el menor. Más concretamente, la sentencia recuerda que "la representante del equipo técnico indicó que consideran que el menor Héctor no es acreedor de la medida de internamiento en régimen cerrado, pues se trata de un menor que ha evolucionado correctamente, que forma parte de un grupo de iguales prosocial, con un correcto comportamiento, que ha colaborado en todo con la técnica y que en su caso no sólo no es necesario el internamiento, sino que sería hasta perjudicial". Entender que *siempre* que los delitos mencionados en el art. 10.2 LORPM no lleguen a consumarse o el menor intervenga como cómplice debe imponerse una medida de internamiento con una duración inferior a 1 año, no me parece una solución satisfactoria.

V. LOS DELITOS CONTRA LA LIBERTAD SEXUAL CONSIDERADOS DE MÁXIMA GRAVEDAD

Como sabemos, la redacción actual del art. 10.2 LORPM se refiere, entre otros, a los delitos tipificados en los arts. 178, apartados 2 y 3, 179, 180 y 181, apartados 2, 4, 5 y 6 CP.

Las agresiones sexuales descritas en los arts. 179, 180 y 181, apartados 1, 2, 4, 5 y 6, son delitos graves, que tienen previstas penas de *prisión* graves [arts. 13 y 33.2.b) CP]. En cambio, las agresiones sexuales descritas en el art. 178 CP no se castigan con penas de prisión graves ni con penas que, por su extensión, puedan incluirse, a la vez, entre las penas graves y menos graves. Pero, de acuerdo con la interpretación del art. 13 CP antes propuesta, *todos* los delitos contra la libertad sexual previstos en el Título VIII del Libro II CP deben considerarse delitos graves, porque el primer párrafo del art. 192.3 CP prevé la imposición preceptiva o facultativa de penas de privación de la patria potestad e inhabilitaciones que sí son penas graves [arts. 13 y 33.2.d) y k) CP]: "La autoridad judicial *impondrá* a las *personas responsables de la comisión de alguno de los delitos de los Capítulos I o V cuando la víctima sea menor de edad y en todo caso de alguno de los delitos del Capítulo II*, además de las penas previstas en tales Capítulos, la *pena de privación de la patria potestad o de inhabilitación especial* para el ejercicio de los derechos de la patria potestad, tutela, curatela, guarda o acogimiento, *por tiempo de cuatro a diez años.* A las *personas responsables del resto de delitos del presente Título* se les *podrá imponer* razonadamente, además de las penas señaladas para tales delitos, la *pena de privación de la patria potestad o la pena de inhabilitación especial* para el ejercicio de los derechos de la patria potestad, tutela, curatela, guarda o acogimiento, por el tiempo de seis meses a seis años, así como la pena de inhabilitación para empleo o cargo público o ejercicio de la profesión u oficio, retribuido o no, *por el tiempo de seis meses a seis años*"[15].

El segundo párrafo del art. 192.3 CP obliga a imponer, a todas las personas responsables de los delitos comprendidos en el Título VIII del Libro II CP, "una pena de inhabilitación especial para cualquier profesión, oficio o actividades, sean o no retribuidos, que conlleve contacto regular y directo con personas menores de edad"[16]. Se trata de una pena grave [arts. 13.4 y 33.2.d) CP]. Pero

---

15 Cursiva añadida

16 Más concretamente, el párrafo segundo del art. 192.3 CP dispone: "Asimismo, la autoridad judicial impondrá a las personas responsables de los delitos comprendidos en el presente Título, sin perjuicio de las penas que correspondan con arreglo a los artículos precedentes, una pena de inhabilitación especial para cualquier profesión, oficio o actividades, sean o no retribuidos, que conlleve contacto regular y directo con personas menores de edad, por un tiempo superior entre cinco y veinte años al de la duración de la pena de privación de libertad im-

lo que podría considerarse un error de técnica legislativa impide afirmar que también la previsión de esta pena determina que todos los delitos contra la libertad sexual son delitos graves: Al fijar la duración de *aquella pena de inhabilitación*, el legislador distingue entre los delitos graves y menos graves. Esto solo tiene sentido si tal distinción se realiza prescindiendo de la imposición, en ambos casos, de una pena grave. Se evita así que también la duración de esta pena privativa de derechos distorsione la clasificación de estos delitos. El mismo criterio ha seguido el legislador al determinar la duración de las penas privativas de derechos en el segundo párrafo del art. 57.1 CP[17].

Como se acaba de indicar, las penas privativas de derechos previstas en el primer párrafo del art. 192.3 CP obligan a considerar que también son delitos graves las agresiones sexuales a quienes ya han cumplido 16 años descritas en los apartados 2 y 3 del art. 178 CP, castigadas con una pena de prisión menos grave, cuya ejecución no exige el empleo de violencia o intimidación en las personas ni que se haya generado un grave riesgo para la vida o la integridad física de las mismas, ni que los hechos se hayan cometido por la actuación conjunta de dos o más personas. Aquella circunstancia y el tenor literal del art. 10.2 LORPM conducen a afirmar que, *de lege lata*, todos los delitos aquí mencionados están incluidos en su ámbito de aplicación. El resto de las agresiones sexuales también son delitos graves y podrán ser consideradas delitos de extrema gravedad.

En relación con los delitos contra la libertad sexual, el ámbito de aplicación del art. 10.2 LORPM me parece excesivo. El hecho

---

puesta en la sentencia si el delito fuera grave, y entre dos y veinte años si fuera menos grave. En ambos casos se atenderá proporcionalmente a la gravedad del delito, el número de los delitos cometidos y a las circunstancias que concurran en la persona condenada".

17 La duración del resto de las penas privativas de derechos previstas en el art. 57 CP también se determinan en función de la naturaleza grave o menos grave del correspondiente delito, pero respetan los límites previstos en el art. 33 CP para ambos grupos.

de que se delimite tomando como referencia las penas privativas de derechos previstas en el art. 192.3 CP y, más concretamente, el hecho de que tales penas puedan tener una duración superior a 5 años y, por ello, sean siempre penas graves, distorsiona la clasificación de los delitos contra la libertad sexual. Ello no sucedería si, como hacen los arts. 57 y el segundo párrafo del art. 192.3 CP, la naturaleza grave o menos grave de las agresiones sexuales se determinara atendiendo *exclusivamente* a las penas privativas de libertad o de multa previstas en los arts. 178 a 181 CP, o la naturaleza grave o menos grave de las penas privativas de derechos coincidiera con la naturaleza grave o menos grave de las penas privativas de libertad o de multa a las cuales acompañan y, por lo tanto, no alterara la clasificación de aquellos delitos. En este sentido, aunque su duración no coincida, tanto las penas privativas de libertad como las penas privativas de derechos previstas en el primer párrafo del art. 57.1 y en el art. 57.2 son penas menos graves. El hecho de que la duración de las penas privativas de derechos pueda ser superior al de las penas de prisión, no comporta que los delitos a los que se imponen pasen de ser delitos menos graves a ser delitos graves. Este criterio ha seguido también el legislador al fijar la competencia para el enjuiciamiento de los delitos, en el art. 14.3 LECrim: El primer párrafo reserva para el Juez de lo Penal la competencia para "el conocimiento y fallo de las causas por delitos a los que la ley señale pena privativa de libertad de duración no superior a cinco años o pena de multa cualquiera que sea su cuantía, o cualesquiera otras de distinta naturaleza, bien sean únicas, conjuntas o alternativas, siempre que la duración de estas no exceda de diez años (...)". De esta forma, a pesar de que las penas privativas de derechos con una duración superior a 5 años son penas graves, no siempre determinan que la competencia objetiva pase a las Audiencias Provinciales (art. 14.4 LECrim.); esto sólo sucede cuando su duración excede de 10 años. Pero es que, además, el segundo párrafo del art. 14.3 LECrim. dispone: "No obstante, en los *delitos comprendidos en el Título VIII* del Libro II del Código Penal, a los solos efectos de determinar la competencia para el enjuiciamiento, *se tendrán en cuenta únicamente las penas de prisión o de multa*, correspondiendo al Juez de lo Penal de la circunscripción donde el delito fue cometido, o al Juez de lo Penal correspondiente a la circunscripción del Juzgado de Violencia sobre la Mujer, en su caso, el conocimiento y fallo de los delitos para los que la ley señale pena privativa de libertad de duración no superior a cinco años o pena de multa cualquiera que sea su cuantía"[18]. Al determinar la competencia objetiva para su enjuiciamiento, se prescinde, así, de las penas privativas de derechos previstas para estos delitos en el art. 192.3 CP[19]. Lo explica el apartado II del Preámbulo de la LO 4/2023, de 26 de abril, que introdujo aquel segundo párrafo del art. 14.3 LECrim.: "La Ley Orgánica 8/2021, de 4 de junio, de protección integral a la infancia y la adolescencia frente a la violencia, modificó el artículo 192.3 del Código Penal elevando el límite máximo de la pena de inhabilitación especial para cualquier profesión, oficio o actividades, sean o no retribuidos, que conlleve contacto regular y directo con personas menores de edad, accesoria de los delitos contra la libertad sexual, a veinte años en delitos menos graves y en un tiempo superior entre cinco y veinte años al de la

---

18 Cursiva añadida. Las penas privativas de derechos previstas en el art. 57 CP sí se ajustan a los criterios generales previstos en el art. 14 LECrim. para fijar la competencia objetiva de los juzgados y tribunales.

19 La Disposición Adicional Séptima de la LECrim., introducida por la Ley 41/2015, de 5 de octubre, de modificación de la Ley de Enjuiciamiento Criminal para la agilización de la justicia penal y el fortalecimiento de las garantías procesales, reajusta el tipo de procedimiento que debe seguirse para el enjuiciamiento de los delitos que el art. 13.4 CP obliga a considerar delitos leves. Allí se indica: "Sin perjuicio de lo establecido para los procesos especiales, los delitos que alternativa o conjuntamente estén castigados con una pena leve y otra menos grave se sustanciarán por el procedimiento abreviado o, en su caso, por el procedimiento para el enjuiciamiento rápido de determinados delitos o por el proceso por aceptación de decreto". De nuevo, se relativiza la importancia de la clasificación de los delitos prevista en el art. 13 CP.

duración de la pena de privación de libertad impuesta en la sentencia en los delitos graves. Además, amplió el ámbito de aplicación de esta pena accesoria a todos los delitos del Título VII del Libro II del Código Penal. Esta reforma, que se ha mantenido en los mismos términos por la Ley Orgánica 10/2022, de 6 de septiembre, ha traído como consecuencia indirecta, por efecto del artículo 14.3 de la Ley de Enjuiciamiento Criminal, la modificación del órgano de enjuiciamiento. Tras la entrada en vigor de la Ley Orgánica 8/2021, de 4 de junio, la competencia para el enjuiciamiento de todos los delitos del Título VIII del Código Penal es de la Audiencia Provincial, lo que ha provocado un aumento considerable de los asuntos conocidos por estos órganos judiciales, que podría producir dilaciones en los enjuiciamientos en perjuicio de las víctimas y de su adecuada recuperación. [./.] Es por ello necesaria la modificación del artículo 14.3 de la Ley de Enjuiciamiento Criminal para volver a atribuir a los Juzgados de lo Penal el conocimiento y fallo de aquellos delitos contra la libertad sexual de los que venían conociendo hasta la entrada en vigor de la Ley Orgánica 8/2021, de 4 de junio, limitando el catálogo de las penas que determinan la competencia en estos delitos para circunscribirlas únicamente a las penas de prisión o multa".

Ya he dicho que la actual delimitación de los delitos contra la libertad sexual a los que resulta de aplicación el art. 10.2 me parece excesiva. Además de excluir del ámbito de aplicación del art. 10.2 LORPM las agresiones sexuales previstas en los apartados 1 y 4 del art. 178, y en los apartados 1 y 3 del art. 181, *de lege ferenda* sería preferible limitarlo a las agresiones sexuales castigadas con penas graves de prisión (penas de prisión con un límite mínimo superior a 5 años) o con penas de prisión que, por su extensión, permitan considerar que se trata de delitos graves (penas de prisión con un límite máximo superior a 5 años) o, por lo menos, a las agresiones sexuales castigadas con pena de prisión menos grave (prisión de hasta 5 años) en las que concurran las circunstancias mencionadas en el art. 9.2 LORPM. Además de las agresiones sexuales a menores de 16 años previstas en el art. 181 CP (con la sola excepción de las previstas en el apartado 1[20] y en el apartad 3[21]), la primera opción incluiría en el ámbito de aplicación del art. 10.2 las agresiones sexuales a quienes ya han cumplido 16 años y que consistan en acceso carnal (art. 179 CP) o se realicen concurriendo las circunstancias previstas en el art. 180 CP, pero no el resto[22]. La tercera opción también extendería el ámbito de aplicación del art. 10.2 a todas las agresiones sexuales con víctimas que ya han cumplido 16 años y que se realicen empleando violencia o intimidación (art. 178.3 CP). Al tratarse de delitos graves, todas las agresiones sexuales excluidas del art. 10.2 LOPRM podrían llegar a considerarse delitos de extrema gravedad, sometidos a las reglas de determinación de las medidas previstas en el segun-

---

20 El art. 178.1 CP abarca (a) los actos de carácter sexual consentidos pero que el art. 183 bis CP no permite dejar impunes, (b) los tocamientos sorpresivos y (c) los realizados con engaño. Recientemente, la STS 603/2024, de 14 jun,, ha considerado que el denominado "stealthing" debe subsumirse entre los comportamientos descritos en los arts. 178.1 y 181.1 CP. Los magistrados que firman el voto particular consideran que es una agresión sexual descrita en los arts. 179.1 y 181.4 CP.

21 El art. 181.3 abarca las agresiones realizadas sin violencia o intimidación, sobre una víctima que no tenga anulada su voluntad, sin la concurrencia de las circunstancias previstas en el art. 181.5 CP, y castigadas con penas de prisión menos grave "en atención a la menor entidad del hecho y valorando todas las circunstancias concurrentes". Podrían incluirse aquí hechos como los analizados en la SAP Tarragona 240/2021, de 21 mayo: "Tras la finalización de la fiesta de cumpleaños de Carla, el grupo abandonó el local en el que se celebraba para dirigirse a dar una vuelta por el pueblo y, mientras iban caminando por la calle, un chico del grupo, que también se encontraba compartiendo la celebración del aniversario, el menor acusado Mauricio, con ánimo libidinoso, empezó a hacer tocamientos a Carla, en la zona de las nalgas, sin el consentimiento de ésta, tocamientos que cesaron al ella separarse de dicho menor acusado, para, finalmente, quedarse un poco rezagada del resto del grupo". El recurso de apelación no cuestiona la medida impuesta por el Juez de Menores: 9 meses de libertad vigilada.

22 La primera de las circunstancias mencionadas en el art. 180 y que agravan la pena es una que concurre con relativa frecuencia: la comisión de los hechos por la actuación conjunta de dos o más personas.

do inciso del art. 10.1.b) LORPM. En esta dirección, no es difícil encontrar en las bases de datos sentencias que, a pesar de poder hacerlo, no imponen medidas de internamiento en régimen cerrado a menores condenados por delitos a los que la redacción actual del art. 10.2 obliga a imponer dicha medida, o las imponen y suspenden la ejecución del fallo antes de que la medida empiece a cumplirse.

VI. LOS DELITOS RELACIONADOS CON EL TERRORISMO CONSIDERADOS DE MÁXIMA GRAVEDAD

El art. 10.2 LORPM también es aplicable a los delitos referentes a organizaciones y grupos terroristas y a los delitos de terrorismo descritos en los arts. 571 a 580 CP. Algunos de ellos tienen previstas penas de prisión menos graves. No se castigan con una pena grave de prisión la mayoría de los delitos informáticos a los que se refieren los art. 573.2 y 573 bis.3 CP desde su introducción mediante la LO 2/2015, de 30 mar. Tampoco los delitos consistentes en recibir o proporcionarse adoctrinamiento o adiestramiento, que el art. 575 CP castiga con penas de prisión de 2 a 5 años, ni el delito de enaltecimiento o justificación de los delitos de terrorismo o de humillación a las víctimas de delitos terroristas o a sus familiares, que el art. 578 CP castiga con penas de hasta 3 años de prisión y multa, ni algunos actos de difusión de mensajes o consignas previstos en el art. 579 CP. Tampoco son graves las penas de prisión que el art. 579 bis.4 CP fija para algunos delitos "cuando el hecho sea objetivamente de menor gravedad, atendidos el medio empleado o el resultado producido". Pero todos ellos son delitos graves, porque el art. 579 bis.1 CP establece que el responsable de los delitos previstos en el Capítulo VII del Título XXII del Libro II CP, sin perjuicio de las penas que correspondan con arreglo a los artículos precedentes, será también castigado con penas que el art. 33.2.c) y d) considera penas graves: "las penas de inhabilitación absoluta, inhabilitación especial para profesión u oficio educativos, en los ámbitos docente, deportivo y de tiempo libre, por un tiempo superior entre seis y veinte años al de la duración de la pena de privación de libertad impuesta en su caso en la sentencia".

También en este ámbito, el hecho de que se realice tomando como referencia las penas privativas de derechos previstas en el art. 579 bis CP y, más concretamente, el hecho de que tales penas puedan tener una duración superior a 5 años y, por ello, sean siempre penas graves, distorsiona la clasificación de los delitos.

La duración de las penas previstas en el art. 579 bis.1 CP obliga a que la competencia para el enjuiciamiento de estos delitos corresponda siempre a la Audiencia Nacional, pues, en relación con ellos, el art. 14.3 LECrim. no realiza una distinción como la que hemos visto que realiza en relación con los delitos contra libertad sexual[23].

Me parece excesivo incluir en el ámbito de aplicación del art. 10.2 LORPM a todos los delitos de terrorismo. *De lege ferenda*, sería preferible limitar su aplicación a los delitos castigados con penas de prisión graves o que permitan considerar que se trata de delitos graves (prisión con un límite máximo superior a 5 años) o, por lo menos, a los supuestos en los que concurren las circunstancias mencionadas en el art. 9.2 LORPM. En este sentido, parece oportuno recordar aquí las condenas por el delito de enaltecimiento del terrorismo impuestas a los miembros del grupo musical "La Insurgencia". Trece miembros de dicho grupo fueron condenados por la comisión de aquel delito, previsto en el art. 578 CP. El miembro del grupo que todavía no había alcanzado la mayoría de edad fue condenado en la Sentencia del Juzgado Central de Menores de 7 de nov. 2018, que le impuso la medida de *1 año de tareas socio educativas* centradas en sus competencias sociales y actitudes y valores pro-sociales que favorezcan una reflexión real de las con-

[23] Ver arts. 14.3 LECrim., 65 LOPJ y Disposición Transitoria de la Ley Orgánica 4/1988, de 25 mayo, de reforma de la Ley de Enjuiciamiento Criminal.

secuencias de sus actos[24]. Los hechos probados aluden a los videos publicados desde julio de 2012 en el canal del grupo en Youtube y en otras redes sociales, así como al contenido de las letras de sus canciones. La SAN 3/2019, de 23 en., desestimó el recurso del condenado, que cuestionaba que las canciones hubieran generado un riesgo penalmente relevante y también denunciaba la vulneración de su derecho a la libertad de expresión. Desconozco las razones por las cuales no se impuso al menor la medida de 1 año de internamiento prevista en el art. 10.2 LORPM. Pero seguramente están relacionadas con el párrafo 2 del art. 8 LORPM y la sentencia que, unas semanas antes, había dictado la Sala de Apelación de la Audiencia Nacional, en la que se afirma que los videos de aquel grupo musical "han sido expuestos desde 2012 y se han mantenido, después del 1 de julio de 2015, fecha en la que entra en vigor la L.O. 2/2015, de 30 de marzo", que introdujo el art. 579 bis CP". Los adultos que formaban parte de aquel grupo musical fueron primero condenados en la SAN (sec. 4) 34/2017, de 4 dic., por la comisión de un delito de enaltecimiento o justificación del terrorismo (arts. 578.1 y 2 CP) a las penas de 2 años y 1 día de prisión, con la accesoria de inhabilitación especial para el derecho de sufragio pasivo, multa de 16 meses con una cuota diaria de 10 euros, e inhabilitación absoluta durante 8 años y 1 día. La Sentencia de la Sala de Apelación 6/2018, de 18 sept. 2018, redujo luego *a 6 meses y 1 día la duración de la pena de prisión* impuesta y fijó en 4 meses la duración de la multa, manteniendo el resto de los pronunciamientos del fallo de la sentencia apelada. La rebaja de aquellas penas se basó en la aplicación del art. 579 bis.4 CP, que dispone: "Los jueces y tribunales, motivadamente, atendiendo a las circunstancias concretas, podrán imponer también la pena inferior en uno o dos grados a la señalada en este Capítulo para el delito de que se trate, cuando el hecho sea objetivamente de menor gravedad, atendidos el medio empleado o el resultado producido". El Tribunal estimó que

---

24 Previamente, el Juzgado Central de Menores había dictado una sentencia absolutoria, que fue anulada por la SAN 26/2018, de 23 jul.

procedía rebajar en dos grados las penas previstas en el art. 578.2 CP. El art. 579 bis.1 CP permitía imponer penas graves, privativas de derechos, con una duración mínima de 6 años y 6 meses[25]. Aquella sentencia fue confirmada luego por la STS 291/2020, de 10 jun., que, como la SAN (sec. 4) 34/2017, de 4 dic., contiene un voto particular.

En la base de datos del CENDOJ también consta la SAN (sec. 3) 12/2015, de 25 mar., que confirma la sentencia del Juzgado Central de Menores, que impuso a una menor la medida de *30 horas de realización de tareas socioeducativas*, por la comisión de un delito de enaltecimiento del terrorismo cometido a través de la publicación de una carta en el diario Gara y fechada el 15 de agosto de 2012, cuando el art. 579 bis CP todavía no había entrado en vigor, pero el art. 579.2 CP ya obligaba a imponer una pena grave de inhabilitación absoluta a los responsables de los delitos relacionados con las organizaciones y grupos terroristas y de terrorismo (Capítulo VII del Título XXII del Libro II CP). Aquella sentencia indica que los adultos que también participaron en los hechos fueron condenados en la SAN (sec. 1) 8/2014, de 19 feb., que les impuso la pena de 1 año de prisión, la accesoria de inhabilitación especial para el derecho de sufragio pasivo e inhabilitación absoluta durante 7 años.

Igual de sorprendente resulta la SAN (sec. 3) 21/2010, de 8 jun., que condena a un adulto por la comisión del delito de terrorismo previsto en el art. 577 CP a las penas de *11 meses de prisión* y 7 años de inhabilitación absoluta. El condenado accedió a trasladar en coche a un menor, conociendo que este se proponía causar daños en una instalación eléctrica, en reivindicación de la independencia de Galicia, siguiendo los postulados del independentismo radical gallego, a cuyo entorno pertenecía. Aquella sentencia informa de que el menor fue condenado por el Juzgado Central de Menores, en sentencia de 19 de abr. de 2010, a la medida de *9 meses de internamiento*, 1 año de libertad vigilada

---

25 Ver arts. 33.2.c) y d) y 40 CP.

y 4 años de inhabilitación absoluta, por la comisión del delito de terrorismo del art. 557 CP en relación con un delito de daños del art. 266.1 CP en grado de tentativa.

VII. REFLEXIONES FINALES

La capacidad preventiva de las normas penales es muy limitada y existen otras alternativas mucho más eficientes y eficaces. Pero, en tanto que permiten ofrecer una respuesta más eficaz desde el punto de vista de la función de *prevención especial* respetando los *principios de humanidad, culpabilidad y proporcionalidad en sentido amplio,* las sucesivas reformas de la LORPM me parecen acertadas, incluso cuando permiten aumentar la severidad de la intervención penal, algo que no parece haber sucedido[26]. No merecen la misma valoración las reformas del art. 10 que, para satisfacer una función de *prevención general,* amplían los supuestos en los que es preceptiva la imposición de una medida de internamiento en régimen cerrado, con independencia de si ello parece necesario para evitar que el menor condenado vuelva a delinquir. Tampoco son satisfactorias las propuestas que, con la misma finalidad, interpretan la regulación vigente limitando la posibilidad de que el régimen de cumplimiento de las medidas de internamiento se ajuste a las necesidades de prevención especial.

Como apuntábamos antes, la eficacia preventiva general de la incoación de un proceso penal, de la imposición y de la ejecución de una pena es moderada, difícil de determinar y está claro que no depende exclusivamente de su gravedad[27]. Tampoco

---

26 Ver Fernánez Molina, E., El internamiento de menores. Una mirada hacia la realidad de su aplicación en España, en RECPC, núm. 14, 2012.

27 Ver, p. ej., Cardenal Montraveta, S., ¿Eficacia preventiva general intimidatoria de la pena? Consecuencias para la decisión sobre la suspensión de su ejecución, en RECPC, núm. 17, 2015; Rodríguez Horcajo, D., Comportamiento humano y pena estatal; disuasión, cooperación y

puede desconocerse que aquellas reacciones del Estado limitan derechos, comportan así mismo otros costes e, incluso, pueden generar un efecto criminógeno. Pero comparto la tesis de que, también en relación con los delitos cometidos por menores, la eficacia preventiva general de la incoación de un proceso penal, de la imposición y de la ejecución de una pena, puede ser suficiente para justificar esta reacción del Estado, siempre que se respeten los principios de legalidad, humanidad, culpabilidad y proporcionalidad. Esto comporta que, en aquellos casos en los que son innecesarias para evitar que el menor vuelva a delinquir, la incoación del expediente, la imposición de una medida y su ejecución sólo estarán justificadas cuando la gravedad de esta reacción estatal sea moderada y, en cambio, sean significativas su eficacia preventiva y la gravedad de los delitos cometidos y que se intenta prevenir. Los problemas vienen al concretar este criterio general. Me parece que el legislador ha ido demasiado lejos. El ámbito de aplicación del art. 10.2.b) LORPM es actualmente excesivo, no es satisfactoria la fórmula aquí utilizada para fijar la duración del "periodo de seguridad" y tampoco son satisfactorias las limitaciones que comporta, salvo que estas se interpreten de forma restrictiva, admitiendo que los arts. 7.2 y 10.2 son perfectamente compatibles y complementarios —algo que rechazan las SSTS 699/2012, de 24 sept., y 737/2023, de 5 oct.[28] —, y que el "periodo de seguridad" previsto en los arts. 10.1.b) y 10.2.b) no impide ajustar las condiciones de cumplimiento de la medida de internamiento a las necesidades de prevención especial, con independencia de si el menor ha cumplido ya la mitad de su duración y de si se ha conciliado con la víctima (art. 51.3 LORPM)[29]. El "periodo

equidad, 2016, *passim*; GÓMEZ BELLVÍS, A. B., Desde Feuerbach hasta Kahneman: Un análisis de la evolución de la teoría de la disuasión general, en RGDP, núm. 41, 2024, todos ellos con múltiples referencias.

28 En el mismo sentido, Circ. FGE 9/2011, Ap. III.1.

29 Ver CARDENAL MONTRAVETA, S., La responsabilidad penal, 3ª ed., 2024, pp. 171-173, 329-331. Más ampliamente, ver mi artículo sobre las reglas

de seguridad" previsto en el art. 10.2.b) solo impediría reducir la duración de la medida de internamiento, dejarla sin efecto y sustituirla por una medida de permanencia de fin de semana o por una no privativa de libertad. Así eran las cosas en un primer momento: cuando no se distinguía entre los delitos de extrema y de máxima gravedad, y ambos recibían la respuesta prevista en la regla 5ª del art. 9 LORPM.

especiales de aplicación y duración de las medidas previstas para los delitos de extrema y máxima gravedad, en RGDP, núm. 42, 2024.

CAPÍTULO TERCERO
LAS CONSECUENCIAS JURÍDICAS DEL CONTROVERTIDO "SUBSISTEMA" DE PERSONAS JURÍDICAS

Entre la tipicidad, la culpabilidad, la punibilidad y el sinsentido. Algunas reflexiones sobre la naturaleza jurídica de los modelos corporativos de prevención de delitos[*]

VÍCTOR GÓMEZ MARTÍN
Universidad de Barcelona

I. PLANTEAMIENTO

Una de las cuestiones más controvertidas del sistema de responsabilidad penal de la persona jurídica instaurado por la LO 5/2010 fue la relativa a si los modelos de prevención podían servir para eximir de responsabilidad penal a las personas jurídicas que los desarrollaran de manera eficaz con anterioridad a la comisión del delito. Dicha duda quedó resuelta con la LO 1/2015, que consagró la llamada *eximente de compliance.* Se discute desde entonces, en este contexto, cuál es la naturaleza jurídica de dicha eximente, esto es, cuál es la categoría del delito que se excluye con su apreciación. No es de extrañar, por ello, que la Fiscalía General del Estado dedique en su Circular 1/2016 un apartado, el nº 5, al régimen de exención de responsabilidad de las personas jurídicas a través de los modelos de organización y gestión; ni tampoco que en dicho apartado se incorpore un subapartado, el 5.7, destinado

---

*

al análisis de la naturaleza jurídica de tales modelos, que gráficamente describe como cuestión *"muy discutida doctrinalmente"*[1].

Apunta la propia Circular, a este respecto, que la cuestión relativa a la naturaleza jurídica de los modelos de prevención de delitos referidos por el CP tras la reforma de 2015 "(...) *en definitiva, depende de la solución que se adopte ante la no menos controvertida cuestión de la naturaleza del modelo de atribución de responsabilidad penal a la persona jurídica"*[2]. Sin perjuicio de otros sugerentes abordajes[3], las posturas sostenidas sobre el particular que acaba de ser planteado se dividen, en esencia, en dos grandes grupos: aquellas según las cuales la exención de responsabilidad penal de referencia obedecería a la exclusión de las categorías de la atipicidad o de la culpabilidad, por un lado; y las que consideran, por otra parte, que la eximente de *compliance* se encontraría vinculada, en cambio, a la punibilidad. En las siguientes líneas se expondrán y valorarán críticamente dichos posicionamientos, para desarrollar posteriormente mi propio posicionamiento personal.

II. LA EXIMENTE DE COMPLIANCE COMO CAUSA DE ATIPICIDAD O DE EXCLUSIÓN DE LA CULPABILIDAD

Según un destacado sector doctrinal, la solución a los problemas político-criminales planteados hasta 2010 por la ausencia de responsabilidad penal de personas jurídicas en España consistiría en transferir la gestión y el control del riesgo a las empresas. No se trataría de una cesión absoluta de control, sino, antes bien,

---

1 Circular FGE 1/2016, p. 55.

2 Circular FGE 1/2016, p. 55.

3 Especialmente destacado a este respecto es, en mi opinión, el realizado desde la teoría de las normas por PASTOR MUÑOZ, Programas de cumplimiento y normas de conducta jurídico-penales: una reflexión desde la perspectiva de la responsabilidad penal de las personas físicas, La Ley compliance penal, Nº. 5, 2021.

de una delegación controlada normativamente, esto es, de una autorregulación regulada[4]. Desde este punto de vista, el elemento clave para que tal delegación sea realmente efectiva no sería otro que los ya conocidos programas de cumplimiento penal, de cuya existencia o ausencia cabría deducir, según este punto de vista, la existencia o no de responsabilidad penal de una persona jurídica. De acuerdo con este planteamiento, el cumplimiento efectivo por parte de la empresa de un programa de prevención penal podría servir para eximir a la empresa de responsabilidad criminal[5].

---

4 Nieto Martín, La responsabilidad penal de las personas jurídicas, 2008, pp. 231 ss.; Gómez-Jara Díez, Fundamentos…, en Banacloche Palao, J. / Zarzalejos Nieto / Gómez-Jara Díez (Dirs.), Responsabilidad penal de las personas jurídicas, cit., p. 29; Feijóo Sánchez, Autorregulación y Derecho Penal de la empresa: ¿Una cuestión de responsabilidad individual?, en Arroyo Jiménez / Nieto Martín (Dirs.), Autorregulación y sanciones, 2ª ed., 2015, pp. 197 ss. Críticos con la consideración del compliance penal como un sistema de autorregulación regulada se muestran, en cambio, Coca Vila, ¿Programas de cumplimiento como forma de autorregulación regulada? en Silva Sánchez (Dir.) / Montaner Fernández (Coord.), Criminalidad de empresa, 2013, pp. 69 ss.; Turienzo Fernández, La responsabilidad penal del compliance officer, 2021, *passim.* Sobre el concepto desde una perspectiva jurídico-administrativa, por todos, Darnaculleta i Gardella, Derecho Administrativo y autorregulación: la autorregulación regulada, 2005, *passim.*

5 Gómez Tomillo, Introducción a la responsabilidad penal de las personas jurídicas, 2010, p. 133; Gómez-Jara Díez, Fundamentos…, en Banacloche Palao / Zarzalejos Nieto / Gómez-Jara Díez (Dirs.), Responsabilidad penal de las personas jurídicas, cit., p. 43. Sobre el instrumento en general *vid.* Rotsch "Criminal Compliance" (trad. de Coca Vila, I., revisión de Robles Planas, R.), InDret, 1/2012; Cigüela Sola, Concepto y función del compliance, en Corcoy Bidasolo, M. / Gómez Martín, V., Derecho penal económico y de empresa, cit. pp. 180 s., poniendo el acento en la distinción entres dos modos de concebir dichos programas: los *command-and-control compliance,* orientados al control y sanción de las infracciones; y las *value-based cultures of Compliance,* que los concibe como sistemas integrales basados en la cultura ética (pp. 181 s.). En opinión de Cigüela, a pesar del protagonismo que tanto la Cir. FGE 1/16 como la STS 29-2-16 otorgan a la noción

Partiendo de tal premisa, se sostiene que las razones político-criminales tradicionalmente invocadas a favor de la responsabilidad penal de las personas jurídicas no encontrarían obstáculo alguno en una supuesta imposibilidad dogmática de construir un concepto de delito válido no sólo para personas físicas, sino también para sociedades[6]. Tal paso se daría, según esta dirección, mediante la elaboración de una teoría jurídica del delito paralela para personas jurídicas[7]. El resultado de la misma vendría representado por un concepto de delito constituido por elementos

---

de la cultura corporativa en el ámbito de la exención de responsabilidad a la persona jurídica, su exigencia como requisito de atribución de responsabilidad a la persona jurídica excedería lo expresamente enunciado por el art. 31 bis CP (p. 183). Sobre el concepto "cultura de cumplimiento" *vid.* TURIENZO FERNÁNDEZ, La responsabilidad penal, 2021, cit., pp. 218-219, identificándola con las políticas y medidas concretas de cumplimiento de la empresa. En idéntico sentido se expresan ORTIZ DE URBINA GIMENO, I., Cultura de cumplimiento y exención de responsabilidad de las personas jurídicas, Revista Internacional Transparencia e Integridad, nº 6, 2018, p. 7; LANGEVOORT, "Cultures of Compliance", American Criminal Law Review, 54, 2017, pp. 933 ss. Sostienen en la jurisprudencia un punto de vista similar las SSTS 154/2016, de 29 de febrero y la 949/2022, de 12 de diciembre, para las que la inexistencia de medidas de cumplimiento en la empresa representaría el *"núcleo de la infracción"* o el injusto en sí mismo de la persona jurídica.

6 Vid., entre otros, GÓMEZ-JARA DÍEZ, Fundamentos de la responsabilidad penal de las personas jurídicas, en BANACLOCHE PALAO / ZARZALEJOS NIETO / GÓMEZ-JARA DÍEZ, Responsabilidad penal de las personas jurídicas. Aspectos sustantivos y procesales, 2011, p. 41; BACIGALUPO ZAPATER, La prevención de la responsabilidad penal y administrativa de las personas jurídicas y los programas de compliance, en EL MISMO, Compliance y Derecho penal, 2010, p. 100.

7 Parten de este planteamiento, al menos formalmente, GÓMEZ-JARA DÍEZ, La culpabilidad penal de la empresa, 2005, *passim*; ZUGALDÍA ESPINAR, La responsabilidad penal de empresas, cit., pp. 45 ss. y 81 ss.; ZÚÑIGA RODRÍGUEZ, Bases para un modelo de imputación de responsabilidad penal a las personas jurídicas, 2009, pp. 237 ss. y 334 s.; GALÁN MUÑOZ, ¿Societas delinquere nec punire potest? Algunas consideraciones críticas sobre el artículo 31.2 CP, REDPC, 2ª Época, nº 18, 2006, pp. 279 ss., entre otros autores.

que, en realidad, no serían sino equivalentes funcionales de las diferentes categorías del delito cometido por personas físicas. De acuerdo con este planteamiento, todos y cada uno de los elementos que conforman la definición general de delito para las personas físicas encontrarían en la persona jurídica su correspondiente equivalente funcional[8]. Ello sucedería en aquellas empresas con el suficiente grado de complejidad interna como para atribuirles un nivel de autorreflexión, autorreferencialidad y autorresponsabilidad comparables a la conciencia de las personas físicas[9]. Entendidas como sistemas organizativos compuestos por decisiones o como reproducciones continuas de decisiones[10], del mismo modo que sucede con personas físicas cabría reconocer a las personas jurídicas libertad de organización y, en correspondencia, responsabilidad por organización[11].

Sobre la base de dichos presupuestos, la acción, entendida para las personas físicas como comportamiento humano voluntario y externo, tendría su correspondencia en la capacidad de organización de la persona jurídica[12]. En lo que se refiere a la tipicidad, el elemento central de su parte objetiva, la relación de riesgo que necesariamente debe existir entre la acción y el resultado, esto es, la imputación objetiva, que en el caso de la persona física consiste en la creación de un riesgo típicamente relevante mediante la

---

8 Gómez-Jara Díez, La culpabilidad penal de la empresa, 2005, cit., p. 44; el mismo, Fundamentos..., en Banacloche Palao/Zarzalejos Nieto/Gómez-Jara Díez, Responsabilidad penal de las personas jurídicas, cit., p. 39.

9 Gómez-Jara Díez, La culpabilidad penal de la empresa, 2005, cit., pp. 242 ss.

10 Gómez-Jara Díez, La culpabilidad penal de la empresa, 2005, cit., p. 204.

11 Gómez-Jara Díez, La culpabilidad penal de la empresa, 2005, cit., p. 75.

12 Gómez-Jara Díez, La culpabilidad penal de la empresa, 2005, cit., pp. 230 ss.; el mismo, Fundamentos..., en Banacloche Palao / Zarzalejos Nieto / Gómez-Jara Díez, Responsabilidad penal de las personas jurídicas, cit., p. 40. Desde otro planteamiento, también reconoce capacidad de acción a la persona jurídica con apoyo en el concepto de acción como manifestación de la personalidad de Claus Roxin, Gómez Tomillo, Introducción, 2010, cit., pp. 46 ss.

conducta típica y en la realización de dicho riesgo en el resultado, para persona jurídica vendría representado por el conocido elemento del "defecto de organización"[13]. En cuanto a la tipicidad subjetiva, el equivalente funcional al dolo sería el conocimiento organizativo del riesgo empresarial[14]. Por fin, en la persona jurídica la culpabilidad residiría —desde este planteamiento— en una determinada cultura empresarial de infidelidad al Derecho o, más concretamente, de incumplimiento de la legalidad[15]. Es culpable, de este modo, aquella empresa cuya actividad no se encuentra orientada a generar su propia fidelidad al derecho[16], destinando recursos al efecto[17].

Sin adscribirse al punto de vista que acaba de ser expuesto, la mencionada Circular FGE 1/2016 recuerda que el fundamento de la imputación de la persona jurídica como organización defectuosa conduciría a entender la presencia de un plan de cumplimiento normativo diligentemente implementado como la más inequívoca expresión de una correcta organización corporativa. Tal circunstancia propiciaría, así, la exclusión del defecto de organización como elemento del tipo fundamentador de la responsabilidad penal de la persona jurídica, erigiéndose en una auténtica causa de exclusión de la tipicidad o de atipicidad. En palabras de dicha Circular: "*[N]o se trataría, en puridad de conceptos, de una*

---

13 Gómez-Jara Díez, Fundamentos..., en Banacloche Palao/ Zarzalejos Nieto / Gómez-Jara Díez, Responsabilidad penal de las personas jurídicas, cit., p. 41; Bacigalupo Zapater, La prevención..., en el mismo, Compliance y Derecho penal, cit., p. 100.

14 Gómez-Jara Díez, La culpabilidad penal de la empresa, 2005, cit., pp. 236 ss. y 240; El Mismo, Fundamentos..., en Banacloche Palao/ Zarzalejos Nieto / Gómez-Jara Díez, Responsabilidad penal de las personas jurídicas, cit., p. 42.

15 Gómez-Jara Díez, La culpabilidad penal de la empresa, 2005, cit., p. 273; el mismo, Fundamentos..., en Banacloche Palao/ Zarzalejos Nieto / Gómez-Jara Díez, Responsabilidad penal de las personas jurídicas, cit., p. 43.

16 Gómez-Jara Díez, La culpabilidad penal de la empresa, 2005, cit., p. 270.

17 Gómez-Jara Díez, La culpabilidad penal de la empresa, 2005, cit., p. 272.

circunstancia eximente, que remitiría a una conducta antijurídica o que no le fuera personalmente imputable, sino de que, adoptadas con anterioridad a la comisión del delito las oportunas medidas de prevención, no concurriría un elemento básico del hecho típico (tipo objetivo) o, en todo caso, faltaría un elemento del tipo subjetivo, el dolo o la culpa, es decir, la tipicidad subjetiva"[18]. Este planteamiento indicado por la FGE coincide con el de un sector jurisprudencial, representado, entre otras, por las SSTS 154/2016, de 29 de febrero[19] y 221/2016, de 16 de marzo[20], que se refieren a la infracción penal por la que responde la persona jurídica como *"auténtico delito corporativo"*; y más recientemente, la 949/2022, de 12 de diciembre, que apunta que la inexistencia de medidas de cumplimiento en la empresa representaría el *"núcleo de la infracción"* o el injusto en sí mismo de la persona jurídica.

En una linea parecida, otro sector de la doctrina apunta que el defecto de organización no fundamentaría el tipo de injusto de la persona jurídica, sino su culpabilidad. En el caso de las personas jurídicas, dicha categoría vendría representada por un juicio de reproche que se formularía frente a aquellas por haber omitido la adopción de las medidas que le serían exigibles para garantizar un desarrollo ordenado y no infractor de la actividad relativa al hecho de la empresa. Según esta dirección, en el caso de que la empresa cuente con un modelo de prevención de delitos eficaz, el mismo operaría, en consecuencia, como causa de exclusión de la culpabilidad[21].

Entre estos dos planteamientos —el *compliance* como causa de exclusión de la tipicidad o como causa de la culpabilidad—, una parte de la jurisprudencia española viene sosteniendo una suerte de tercera vía, según la cual la eximente que nos ocupa podría desplegar alternativamente, en realidad, cualquiera de

---

18 Circular FGE 1/2016, pp. 55 s.

19 Fundamento Jurídico 8º.

20 Fundamento Jurídico 5º.

21 Gómez Tomillo, Introducción, 2010, cit., *passim*.

los dos efectos mencionados. Así, si se añade al elemento del injusto ("defecto de organización") una dimensión de culpabilidad propia de la persona jurídica (cultura organizativa o actitud interna hacia el derecho), los modelos de prevención de delitos pasarían a erigirse en una doble causa de exención: del tipo de injusto, por ausencia de defecto de organización; y de la culpabilidad, por existencia en la empresa de una adecuada cultura de cumplimiento. Aluden a este doble elemento del *compliance*, por ejemplo, las SSTS 154/2016, de 29 de febrero y la 894/2022, de 11 de noviembre[22].

III. LA EXIMENTE DE COMPLIANCE COMO EXCUSA ABSOLUTORIA

De conformidad con el modelo de responsabilidad penal de la persona jurídica de naturaleza vicarial o de transferencia que, según la Circular FGE 1/2016, se encontraría recogido en el art. 31 bis CP, la persona jurídica no respondería por un delito cometido por ella misma, esto es, por un hecho penal propio, sino por un hecho delictivo ajeno. Así, la comisión del delito por las correspondientes personas físicas en las condiciones que exige el precepto determinará la transferencia de responsabilidad a la persona jurídica. Según la FGE, ello comportaría que con el delito cometido por la persona física nacería también la responsabilidad penal de la persona jurídica. Esta última responsabilidad quedaría exenta de pena si resultase acreditada la implementación por parte de la empresa de un adecuado modelo de organización y gestión[23]. Para la Circular FGE 1/2016, esta construcción dogmá-

---

22 Críticamente al respecto se expresa, no obstante, el voto particular de la STS 154/16, 29-2, que califica la referencia a dicho elemento como presupuesto "metalegal" que no cumpliría con el mandato de determinación.

23 Circular FGE 1/2016, p. 56. Un planteamiento similar puede encontrarse en la STS 221/16, de 16 de marzo, que trata de establecer una

tica sobre la responsabilidad penal de la persona jurídica basada en el modelo de la heterorresponsabilidad conduciría indefectiblemente a la categoría de la punibilidad. En concreto, la existencia de un modelo de organización eficaz operaría, de este modo, bien como una causa personal de exclusión o levantamiento de la pena, bien como una excusa absolutoria[24].

Dicha postura desplegaría, a su vez, una decisiva consecuencia procesal: corresponderá a la defensa —subraya la Fiscalía— la carga de acreditar de que la persona jurídica cuenta con un modelo de organización y gestión que cumpla las condiciones y requisitos legales, mientras que la acusación simplemente habrá de probar que se ha cometido el delito en las circunstancias que establece el art. 31 bis, 1° CP, sin que nada deba probar en materia de *compliance*[25]. En términos de la propia Circular FGE 1/2016: *"[L]a atribución a la persona jurídica de la carga de la prueba deriva también del hecho de que la propia comisión del delito opera como indicio de la ineficacia del modelo y que, sobre esta base, cabría exigir a la persona jurídica una explicación exculpatoria que eliminara el efecto incriminatorio del indicio, a semejanza de la doctrina jurisprudencial sobre la prueba indiciaria, conforme a la cual no supone inversión de la carga de la prueba ni daña la presunción de inocencia exigir al acusado que facilite para lograr*

---

solución de compromiso entre la vía de la autorresponsabilidad y la de la heterorresponsabilidad. De acuerdo con esta dirección, la responsabilidad penal de la persona jurídica se encontraría integrado por un elemento vicarial, consistente en un "delito base" previo cometido por un integrante de la corporación; y un segundo elemento situado en el nivel estructural o colectivo de la persona jurídica, consistente en que *"(...) que ese delito cometido por la persona física y fundamento de su responsabilidad individual ha sido realidad por la concurrencia de un delito corporativo, por un defecto estructural (...)"*.

24 Circular FGE 1/2016, p. 56. En un sentido parecido se pronuncia el voto particular formulado contra la STS 949/2022, de 12 de diciembre.

25 Circular FGE 1/2016, p. 56.

su exculpación aquellos datos que está en condiciones de proporcionar de manera única e insustituible"[26].

IV. LA EXIMENTE DE COMPLIANCE COMO UN SINSENTIDO DOGMÁTICO

Entendido el delito como infracción de normas de determinación, puesto que tal clase de normas sólo pueden ser dirigidas a las personas físicas, y no a las jurídicas, sólo las primeras, y no las segundas, podrán cometer delitos[27]. Las personas jurídicas podrán ser, a lo sumo, objeto de normas de valoración, pero nunca pueden constituir destinatarios objetivamente adecuados de normas de determinación. Es ya un lugar común en la doctrina la afirmación de que esta clase de normas presuponen la concurrencia en su destinatario de una serie de presupuestos (autoconsciencia, libertad, racionalidad, etc.) que de ninguna manera podrían llegar a concurrir en una sociedad. Partiendo de esta constatación, si se sigue afirmando que las sociedades pueden cometer delitos, entonces quienes así procedan deben ser conscientes de que los mismos ya no podrán seguir siendo definidos como infracciones

---

26 Citando en apoyo de tal doctrina las SSTEDH de 8 de febrero de 1996, Murray contra Reino Unido; de 1 de marzo de 2007, Geerings contra Holanda; de 23 de septiembre de 2008, Grayson y Barnahm contra Reino Unido; SSTC nº 137/98 de 7 de julio y 202/2000 de 24 de julio; y SSTS nº 1504/2003, de 25 de febrero, 578/2012, de 26 de junio y 487/2014, de 9 de junio. Vid. Circular FGE 1/2016, p. 57. Sobre todo ello, extensamente, BOLDOVA PASAMAR, M. A., Naturaleza jurídica de los programas de cumplimiento, Revista General de Derecho Penal, 37, 2002, pp. 18 ss.

27 De acuerdo con esta conclusión, en términos sustancialmente coincidentes con los que a continuación se exponen en el texto principal, DÍAZ Y GARCÍA CONLLEDO, La responsabilidad penal de las personas jurídicas: un análisis dogmático en: GÓMEZ COLOMER (Dir.) / MADRID BOQUÍN (Coord.), Tratado sobre compliance penal. Responsabilidad penal de las personas jurídicas y modelos de organización y gestión, 2019, pp. 101 ss.

de normas de determinación, sino, a lo sumo, como comportamientos desvalorados o merecedores de un juicio de desvalor. No es éste, sin embargo, la concepción del delito que aquí se considera preferible. En un Estado social en el que el Derecho penal cumpla una función de protección de la sociedad mediante la prevención de la comisión de delitos, el Estado no puede limitarse a valorar negativamente los hechos ya cometidos lesivos o peligrosos para bienes jurídicos, sino que debe tratar de evitarlos. Para ello, habrá de dirigirse a los ciudadanos mediante normas de determinación de la conducta, que sólo podrán ser atendidas por sujetos con capacidad de autoconsciencia, racionalidad y libertad. Desde esta perspectiva, tales presupuestos sólo podrán concurrir en la persona física, nunca, en cambio, en la persona jurídica.

Como es obvio, en un sistema dogmático abierto a la política criminal como el que aquí se considera preferible, los presupuestos político-criminales que acaban de ser expuestos condicionarán de forma decisiva el contenido de la teoría del delito. En cuanto a la acción, entendida la persona jurídica como una realidad compleja formada por una pluralidad de persona físicas, es posible afirmar que el comportamiento de una sociedad es, en realidad, una ficción, ya que detrás del mismo se encuentra, necesariamente, el comportamiento humano de las personas físicas que la integran. Las personas jurídicas no son nada sin las personas físicas que las integran. Tampoco la acción de una sociedad sin los concretos comportamientos concretos de los individuos que las componen[28].

No obstante, algunas ramas del ordenamiento jurídico parten de dicha ficción para acabar concluyendo, por ejemplo, que las sociedades pueden contratar o celebrar negocios jurídicos de toda suerte, y que si pueden hacerlo lícitamente también tendrán capacidad para hacerlo de manera fraudulenta. Que ello sea posible desde una perspectiva jurídico-civil o mercantil, o, incluso, jurídico-administrativa, no significa, sin embargo, que una sociedad tenga

---

28 ROBLES PLANAS, Pena y persona jurídica: crítica del art. 31 bis CP, Diario La Ley, nº 7705, 29-09-2011, pp. 4 s.

capacidad de acción jurídico-penal. Debe recordarse, a tal efecto, que dos son los modos en que la Dogmática jurídico-penal puede afrontar el análisis de la estructura del delito[29]: prescindir de la construcción de un concepto general de acción e iniciar el análisis del delito directamente por la categoría de la tipicidad; o intentar dilucidar con carácter general, y antes de discutir los propios elementos del delito, qué debe entenderse por acción en Derecho penal, por considerarse que es posible una definición general de acción previa a las categorías jurídicas del delito. En apoyo de la primera postura suelen esgrimirse dos razones: la imposibilidad de encontrar una definición general de acción previa a las categorías jurídicas, y la ausencia de todo valor sistemático, por su excesiva generalidad, de una tal definición, en el supuesto de que fuera posible encontrarla[30]. Por contra, quienes consideran preferible la segunda opción, suelen argumentar en su favor que el concepto general de acción es un concepto útil para el Derecho penal, debido al interés que para éste tienen las distintas funciones que dicho concepto desempeña.

Desde mi punto de vista, de las dos perspectivas expuestas merece ser ampliamente compartida la *primera* de ellas. Tal y como acertadamente señala MIR PUIG, en el análisis de los casos prácticos, los tipos penales constituyen la *"puerta de entrada en el Derecho*

---

29 *Vid.* JESCHECK, Tratado de Derecho Penal, PG, I (traducción, adiciones y notas de Derecho penal español a cargo de S. Mir Puig y F. Muñoz Conde), 1981, pp. 290 s.

30 Defienden este punto de vista, entre otros, GÓMEZ BENÍTEZ, Teoría Jurídica del delito, pp. 91 ss.; MIR PUIG, Derecho penal, PG, 10ª ed., cit., 7/24 s.; OCTAVIO DE TOLEDO / HUERTA TOCILDO, Derecho Penal, PG, Teoría Jurídica del delito, 2ª ed., 1996, pp. 21 ss.; En un sentido similar JAKOBS, La imputación objetiva en Derecho penal, 1996, pp. 99 s. Aunque en la concepción de JAKOBS no hay un concepto unitario de acción, lo cierto es que en algunas de sus formulaciones este autor ha llevado la idea de la inexistencia de un concepto pre-jurídico de acción jurídico-penal a sus últimas consecuencias, llegando a afirmar que sólo concurre una acción jurídico-penal cuando se trata de una acción objetivamente imputable.

penal", de modo que la exigencia de un comportamiento humano no tiene naturaleza pre-jurídica, sino que es un requisito general exigido por todo tipo penal. Para MIR, resolver satisfactoriamente la cuestión relativa a si una conducta es o no constitutiva de delito requiere una doble comprobación. Por una parte, la concerniente a si se ha producido o no alguno de los resultados (entendido este término en un sentido amplio que permita abarcar tanto resultados en sentido estricto —separados de la acción— como situaciones de mera actividad) que el derecho pretende evitar. Por otra, y en caso de verificarse respuesta afirmativa en la primera comprobación, debe analizarse si concurren o no aquellas condiciones que permiten tratar de evitar dicho resultado (*ex ante*) o imputarlo a un sujeto en caso de confirmarse su concurrencia (*ex post*). La primera de estas condiciones de posibilidad de evitación o imputación del resultado es la acción, entendida como *comportamiento humano voluntario y externo.* MIR distingue, sin embargo, entre la acción como elemento general de (no previo a) los tipos penales y la exigencia por parte de cada tipo en concreto de una acción determinada que reúna una serie de características específicas. El motivo de que la acción sea un elemento genérico de todo tipo y no una mera realidad ontológica de naturaleza pre-jurídica hay que verla en que, según el autor, la delimitación del concepto de acción en Derecho penal no puede realizarse partiendo únicamente de la esencia ontológica de los hechos humanos, sino de los *"condicionamientos de la función de las normas penales"*. Y ello porque *"no todos los hechos del hombre interesan al derecho penal, sino sólo aquellos que pueden ser desvalorados como penalmente antijurídicos por falta de desvalor intersubjetivo de la conducta"*. Por de pronto, la exigencia de que la acción constituya un comportamiento humano voluntario y externo ya debe derivarse necesariamente de la función del Derecho penal, el cual sólo puede y al cual sólo le es lícito prohibir dicha clase de conductas. Esto es, los comportamientos *humanos* voluntarios y externos[31].

---

31 *Vid.* MIR PUIG, Derecho penal, PG, 10ª ed., cit., 6/24 s.

Negada la existencia de capacidad de acción jurídico-penalmente relevante a la persona jurídica, decaen por su propio peso el resto de elementos de la definición de delito que ahora se somete a consideración. No en vano, se encuentra comúnmente aceptada en la doctrina la idea de que la acción cumple una función de enlace de las diferentes categorías del delito: tipicidad, antijuricidad, culpabilidad o imputación personal y, en su caso, la punibilidad. Según ello, la función de definición de la acción obligaría a partir de un concepto de acción con el suficiente contenido material como para que del mismo puedan predicarse las especificaciones propias de las categorías conceptuales que configuran la teoría del delito como características de la propia acción, pero sin adelantar el análisis de estas cuestiones al comportamiento humano, sino sólo enlazando o coordinando aquellas categorías[32].

Ello no obstante, debe apuntarse, a mayor abundamiento, que tampoco el criterio del defecto de organización de la persona jurídica resulta aceptable como equivalente funcional de la creación de un riesgo típicamente relevante y su realización en el resultado, que integra la relación de riesgo entre la acción y el resultado en la teoría del delito de las personas físicas[33]. Por una parte, del mismo modo que sucede con la acción de la persona jurídica, que requiere necesariamente de un comportamiento humano, en el caso del defecto de organización también se precisará que sea una persona física, y no una jurídica, la que incurra en dicho defecto organizativo[34]. Así, por ejemplo, si —como entienden algunos autores— la comprobación si un delito trae o no causa de un defecto organizativo empresarial resulta necesario

---

32 *Vid.* en este sentido, por ejemplo, OCTAVIO DE TOLEDO / HUERTA TOCILDO, Derecho penal, PG, 2ª ed., cit., p. 22, para quienes, en virtud de esta función, un concepto general de acción debería constituirse, por su contenido material, en "punto de engarce de los demás elementos del delito para lograr una definición del mismo".

33 GÓMEZ TOMILLO, Introducción, 2010, cit., p. 52.

34 GÓMEZ TOMILLO, Introducción, 2010, cit., p. 52.

analizar si en la empresa se ha implementado o no un programa de cumplimiento penal, o si el programa implementado es o no eficaz en la prevención de la comisión de delitos, ocurra lo que ocurra siempre será imputable a una o varias personas físicas que actúen en nombre o representación de la compañía. Así, la decisión de no adoptar protocolo de cumplimiento alguno, la de implementar uno completamente insuficiente como operación de maquillaje publicitario, la de implantarlo formalmente y no cumplirlo materialmente, o la falta de control suficiente del órgano encargado de velar por su efectivo cumplimiento (*Compliance Officer*) siempre será imputable a alguna persona física con capacidad de decisión en la empresa. Las sociedades no se organizan o desorganizan solas: las organizan o desorganizan algunas de las personas físicas que actúan en su nombre o representación[35]. No en vano, incluso algún autor partidario de la responsabilidad penal de la persona jurídica reconoce abiertamente que en el sistema penal español, el injusto imputado a la persona jurídica equivale, en realidad, al injusto de la persona física que actúa en su nombre o representación[36].

Pero es que incluso aunque se creyera —como si de un dogma de fe se tratase— que son las propias personas jurídicas, y no las personas físicas que las administran o que actúan en su nombre o representación, las que incurren en defectos de organización, resulta extremadamente discutible que dichos defectos puedan equivaler, por sí mismos, a la creación de riesgos típicamente relevantes para los bienes jurídicos protegidos en los delitos para los que está prevista la responsabilidad penal de las personas jurídicas. Por seguir con el ejemplo de los protocolos de cumplimiento: admitiendo la existencia de un deber técnico general de cuidado consistente en que la empresa debe tener cubiertos los riesgos penales que razonablemente puedan derivar en alguno de los

---

35 En un sentido parecido ROBLES PLANAS, Diario La Ley, nº 7705, 29-09-2011, p. 6.

36 GÓMEZ TOMILLO, Introducción, 2010, cit., pp. 51 ss.

delitos para los que está prevista la responsabilidad penal de las personas jurídicas, ¿es realmente aceptable que la simple inobservancia de tal supuesto deber (por ejemplo, mediante la completa omisión de todo protocolo o la implementación de un protocolo insuficiente) constituya un riesgo típicamente relevante de estafa, insolvencias punibles, daños informáticos, delitos contra la propiedad intelectual e industrial, el mercado y los consumidores, delito de blanqueo de capitales, delitos contra la Hacienda Pública y contra la Seguridad Social, delitos urbanísticos, delitos contra los derechos de los ciudadanos extranjeros o delitos contra el medio ambiente? ¿Se trata de una relación de riesgo suficiente (por ejemplo, desde la perspectiva de la teoría de la adecuación)? Y en el (negado) supuesto de que así fuera: ¿será siempre posible acreditar la existencia de una relación de causalidad entre el defecto organizativo y el resultado lesivo del bien jurídico? Desde mi punto de vista, es obvio que la respuesta a estas preguntas debe ser, necesariamente, negativa[37].

En cuanto a la tipicidad subjetiva, en el caso de las personas jurídicas se afirma que la misma reside en el conocimiento organizativo del riesgo empresarial. Pero, ¿en qué consiste exactamente dicho conocimiento? ¿Puede una empresa conocer algo? Nuevamente aquí debe dejarse meridianamente claro que una persona jurídica ni conoce ni quiere: sólo pueden hacerlo, a lo sumo, las personas físicas que forman parte de la misma[38]. De nuevo en el tipo subjetivo, el equivalente funcional del dolo adquiere un contenido radicalmente normativizado difícilmente asumible por un Derecho penal respetuoso con el principio de culpabilidad.

---

37 GÓMEZ TOMILLO, Introducción, 2010, cit., p. 52; ROBLES PLANAS, InDret, 2/2006, pp. 7 y 15 s.; EL MISMO, Diario La Ley, nº 7705, 29-09-2011, p. 6.

38 En idéntico sentido PASTOR MUÑOZ, ¿Organizaciones culpables? Recensión a Carlos Gómez-Jara, La culpabilidad penal de la empresa, Marcial Pons, Madrid, 2005, InDret, 2/2006, p. 16.

Tampoco desde los modelos de responsabilidad por transferencia es posible fundamentar la responsabilidad subjetiva de la empresa. Ningún inconveniente especial representa, como es lógico, la responsabilidad subjetiva de la persona física que comete el delito en provecho de la sociedad. Sin embargo, tal y como afirma SILVA SÁNCHEZ, *"no parece fácil fundamentar una "transferencia" de los elementos subjetivos de las personas físicas a la persona jurídica, que compense los déficits subjetivos de esta última"*[39]. No parece descabellado concluir, por ello, que, a falta de posible transferencia de la responsabilidad subjetiva de la persona física a la sociedad, la responsabilidad penal de esta última es puramente objetiva[40].

Precisamente en lo que a culpabilidad se refiere, la tesis de que en la teoría del delito para la persona jurídica tal elemento reside en su participación en una cultura empresarial de infidelidad al Derecho o, más concretamente, de incumplimiento de la legalidad es, en parte, heredera de un concepto constructivista de culpabilidad como el defendido por Günther JAKOBS[41]. De acuerdo con el mismo, la culpabilidad se corresponde por completo con el fin de la pena como medida tendente a garantizar la fidelidad o confianza en la norma, o, mejor, la estabilización contrafáctica de las normas como expectativas normativas institucionalizadas[42]. Un comportamiento es culpable para JAKOBS cuando produce

39 SILVA SÁNCHEZ, en CGPJ 14, 2001, p. 329.

40 SILVA SÁNCHEZ, en CGPJ 14, 2001, p. 329; ROBLES PLANAS, Diario La Ley, nº 7705, 29-09-2011, pp. 8 y 11.

41 Acogido, entre otros, por GÓMEZ-JARA DÍEZ, La culpabilidad penal de la empresa, 2005, pp. 210 ss. Curiosamente, a pesar de que el concepto de culpabilidad que a continuación se expondrá y valorará críticamente en el texto condujo a JAKOBS a defender inicialmente la responsabilidad penal de las personas jurídicas, con posterioridad ha alcanzado la conclusión contraria. *Vid.*, a este respecto, JAKOBS, Strafbarkeit juristischer Personen en LH-Lüderssen, 2002, pp. 559 ss.

42 También establece esta conexión SILVA SÁNCHEZ, en CGPJ 14 (2001), p. 335.

una perturbación definitiva de la norma[43]. Desde el punto de vista de su comprensión de la sociedad como contexto comunicativo, el comportamiento de un individuo sólo puede expresar dos cosas: o bien tiene un significado comunicativamente relevante, o bien es simple naturaleza. Esto último ocurre, por ejemplo, con los comportamientos realizados por inimputables[44]. En suma: la función de la categoría de la culpabilidad consiste para JAKOBS, en la estabilización de las normas ante contradicciones de las mismas con sentido del tipo "la norma carece de validez", y tales contradicciones sólo están al alcance de aquellos sujetos que no sean inimputables, menores de edad, etc.[45]. Todo esto es coherente con el concepto de persona defendido por JAKOBS desde su perspectiva sociológico-funcionalista, de acuerdo con el cual la persona no es un sistema "psico-físico" prejurídico, sino un sistema social, un constructo social[46].

Frente a todo ello, debe afirmarse, en primer lugar, que un tal concepto de culpabilidad se encuentra completamente vacío de contenido. Puesto que JAKOBS define el delito mismo como quebrantamiento de la norma o infracción de un deber, su concepto de culpabilidad conduce, en definitiva, a una argumentación circular: es culpable el comportamiento que quebranta la norma, esto es, el comportamiento constitutivo de delito, y para que esto último ocurra es necesario que se trate de un comportamiento

---

43 JAKOBS, Culpabilidad y prevención (trad. de SUÁREZ GONZÁLEZ), en EL MISMO, Estudios de Derecho penal, 1997, p. 77. *Vid.*, también PEÑARANDA RAMOS / SUÁREZ GONZÁLEZ / CANCIO MELIÁ, Estudio preliminar a JAKOBS, Estudios de Derecho penal, cit., pp. 48 ss. y 56 s.

44 JAKOBS, Sociedad, norma y persona en una teoría de un derecho penal funcional (trad. de M. CANCIO MELIÁ y B. FEIJOO SÁNCHEZ), 1996, pp. 60 ss.

45 JAKOBS, Sociedad, norma y persona, cit., pp. 63 ss.

46 JAKOBS, La omisión: Estado de la cuestión, en SILVA SÁNCHEZ (ed.), Sobre el estado de la teoría del delito (Seminario en la Universitat Pompeu Fabra), 2000, p. 150.

culpable.[47] En segundo lugar, debe destacarse que en JAKOBS, la culpabilidad pierde, como el propio autor reconoce,[48] su característico sentido limitador del *ius puniendi*, al quedar restringida al ámbito de lo que resulte *funcional* o *disfuncional* para el sistema penal. La culpabilidad debe ser contemplada, esencialmente, como un límite a la pena cuando los principios de dignidad humana y de igualdad real ante la Ley harían ilícita una pena que tuviera por destinatario, por ejemplo, un enfermo mental[49]. Por lo demás, la consideración de la persona como un constructo social, como el resultado de un proceso de comunicación, resulta sencillamente intolerable. Porque una cosa es admitir que el individuo también encuentra su identidad a través de procesos de interacción social, y otra radicalmente distinta, inadmisible, que la sociedad defina por completo al individuo hasta el punto de que a quien carezca de capacidad para comunicarse con sentido social (como, por ejemplo, los inimputables) deba serle negado el *status* de persona[50].

Huelga decir, además, que una tal concepción de la culpabilidad no se compadece en absoluto con la que resulta preferible

---

47 Este círculo vicioso ha intentado ser explicado por algunos autores destacando la importancia central que para la definición general de delito tiene en el sistema de JAKOBS el concepto de culpabilidad como ámbito de lo penalmente relevante. En esta línea SUÁREZ GONZÁLEZ / CANCIO MELIÁ, Estudio preliminar a JAKOBS, Sociedad, norma y persona, cit., pp. 82 s. Tampoco este intento puede fructificar, porque, de lo contrario, los planos de la tipicidad objetiva y la culpabilidad se confundirían de tal modo que prácticamente carecería de sentido seguir distinguiendo entre ambas categorías, con lo que el efecto limitador y garantista de la culpabilidad acabaría desapareciendo de todos modos.

48 JAKOBS, Estudios de Derecho penal, cit., p. 77.

49 *Vid.* PEÑARANDA RAMOS / SUÁREZ GONZÁLEZ / CANCIO MELIÁ, Estudio preliminar a JAKOBS, Estudios de Derecho penal, cit., p. 48; SCHÜNEMANN, La culpabilidad: estado de la cuestión, en SILVA SÁNCHEZ (ed.), Sobre el estado, cit., pp. 95 ss.

50 En este sentido crítico *vid.* MIR PUIG, Recensión a JAKOBS, Sociedad, norma y persona..., RDPC, 2ª Época, 1998 (2), pp. 454 s.

en el Derecho penal de un Estado democrático: la infracción personal de una norma de determinación por un sujeto penalmente responsable[51]. Para que el comportamiento del sujeto consista en la infracción personal de una norma de determinación es necesario, como señala MIR PUIG, que concurran dos requisitos: la capacidad personal de evitar el hecho y la capacidad de conocer la antijuricidad de la conducta. La primera queda excluida en los casos de imposibilidad absoluta de evitar materialmente el hecho. Ello ocurre, por ejemplo, en los supuestos de enfermedad mental profunda. Por lo que respecta a la capacidad de conocer la antijuricidad de la conducta, ésta deberá entenderse ausente cuando el sujeto incurra en un error de prohibición objetiva o personalmente invencible[52]. En segundo lugar, MIR entiende que en un Estado democrático no es lícito castigar con pena a aquellos sujetos que no puedan ser calificados como penalmente responsables. No lo serán quienes no tengan capacidad para ser motivados por la norma de determinación con normalidad. No se trata, por tanto, de quienes no puedan ser motivados por la norma en absoluto (ello puede suceder, por ejemplo, en el caso de oligofrénicos profundos), en cuyo caso faltaría ya la infracción personal de la norma; sino de sujetos que, pese a ser motivables, no lo son con normalidad, esto es, como las restantes personas. La anormalidad motivacional de un sujeto puede deberse a dos clases de causas: las relativas a la "anormalidad" del sujeto; y las relativas a la "anormalidad" de ciertas situaciones en las que no es lícito exigir al sujeto el cumplimiento de la norma de motivación. Las primeras son las causas de inimputabilidad. Las segundas, las causas de "no exigibilidad"[53]. Definida de este modo, es evidente que

---

51 MIR PUIG, Derecho penal, PG, 9ª ed., cit., 20/23 ss. En este contexto, SILVA SÁNCHEZ llega a plantearse, muy razonablemente, si *"la* extensio *de un concepto como el de culpabilidad puede abarcar realidades tan distintas, sin perder prácticamente toda* intensio ": SILVA SÁNCHEZ, en CGPJ 14, 2001, p. 336.

52 MIR PUIG, Derecho penal, PG, 10ª ed., cit., 20/28 ss.

53 MIR PUIG, Derecho penal, PG, 10ª ed., cit., 20/36 ss.

sólo puede ser culpable o no culpable una persona física, nunca una persona jurídica. Tal concepto de culpabilidad presupone la concurrencia en el sujeto de dos elementos que difícilmente concurrirán en una persona jurídica: autoconciencia y libertad.[54] Por lo demás, una concepción de la culpabilidad como la que acaba de ser criticada, al identificar la culpabilidad con la instalación en la empresa de una cultura de la infidelidad o el incumplimiento de la legalidad, transita de forma peligrosa por la senda de la culpabilidad por la conducción de vida, una de las más (justamente) denostada formas de Derecho penal de autor que ha conocido la historia de la teoría del delito[55]. Como apunta SILVA SÁNCHEZ, "*en última instancia esa culpabilidad por la conducción de la vida de un sujeto no autoconsciente constituye algo no muy distinto de otra forma de designar a la peligrosidad*"[56].

Buena parte de las esperanzas doctrinales de una teoría del delito que pueda servir de fundamento material a la responsabilidad penal de las personas jurídicas descansan en la idea de la autorresponsabilidad de la persona jurídica. No en vano, la mencionada teoría del delito para personas jurídicas suele venir acompañada de argumentos de naturaleza constitucional. Se afirma, en este sentido, que si el legislador penal español hubiese optado —como suele hacer el legislador comunitario— por un modelo de responsabilidad vicarial o de transferencia, esto es, de responsabilidad

---

54 SILVA SÁNCHEZ, en CGPJ 14, 2001, p. 335; NIETO MARTÍN, La responsabilidad penal de las personas jurídicas, cit., pp. 155 ss.; PASTOR MUÑOZ, InDret, 2/2006, pp. 12 ss.; ROBLES PLANAS, InDret, 2/2006, p. 7; EL MISMO, Diario La Ley, nº 7705, 29-09-2011, p. 4: "*En realidad, la permanencia en el tiempo de la persona jurídica, con sus características, no ofrece ningún contenido positivo de su voluntad en relación con las normas y valores jurídico-penales, sino sólo de la de quienes la integran o la han integrado (…) Desde el punto de vista determinante para el Derecho penal, la persona jurídica no es libre independientemente de las personas físicas que las componen. Carece de autoconciencia y, por ello, de posibilidad de autodeterminación*".

55 En este sentido, por ejemplo, SILVA SÁNCHEZ, en CGPJ 14, 2001, p. 338.

56 SILVA SÁNCHEZ, en CGPJ 14, 2001, p. 338.

penal de la persona jurídica por el hecho ajeno cometido por la persona física, la conclusión sería que el mismo atentaría contra algunos de los principales principios político-criminales limitadores del *ius puniendi*, entre ellos el de personalidad de las penas como manifestación del principio de culpabilidad. Puesto que, como es obvio, no resultaría asumible una interpretación del art. 31 bis CP contraria al principio de culpabilidad y, por tanto, a la Constitución Española, sería obligado concluir, entonces, que la LO 5/2010 no consagra un modelo de heterorresponsabilidad, sino uno de responsabilidad por el hecho propio.[57] La sociedad respondería penalmente —según esta tesis— por su propio hecho delictivo, no por el hecho cometido por la persona física que actúa en su nombre o representación.

En este sentido, algunos autores han querido ver en el nuevo sistema español de responsabilidad penal de la persona jurídica un modelo de responsabilidad penal autónoma de la empresa. Tal conclusión viene fundamentándose, por una parte, en la referencia al *"haberse incumplido gravemente por aquéllos los deberes de supervisión, vigilancia y control de su actividad atendidas las concretas circunstancias del caso"* del art. 31 bis 1, párr. II CP, que parecería aludir a la infracción por parte de la propia persona jurídica del deber de cuidado consistente en organizarse de forma correcta. Y, por otra, en lo dispuesto en los apartados 2 y 3 del art. 31 bis CP. Ciertamente, el art. 31 bis, 2, inciso 1° CP desvincula la responsabilidad penal de la persona jurídica de la propia de la persona física que comete el delito. Siempre que concurran los presupuestos previstos en el art. 31 bis, 1 CP, la sociedad responderá aunque la concreta persona física responsable no haya sido individualizada o no haya sido posible dirigir el procedimiento contra ella. En cuanto al art. 31 bis, 3 CP, el precepto parece abundar en la idea de que la responsabilidad penal de la sociedad no es accesoria de

---

57 Dopico Gómez-Aller, en Ortiz de Urbina (coord.), Memento Experto Reforma Penal, 2010, 1/112; el mismo, Pero, ¿es que nadie va a pensar en los socios?, Legal Today, 8-4-2009 (http://www.legaltoday.com/opinion/blogs/blog-gf/pero-es-que-nadie-va-a-pensar-en-los-socios).

la responsabilidad de la persona física autora del delito. El precepto declara que las circunstancias que afecten a la culpabilidad del acusado o agraven su responsabilidad no resultan comunicables a la persona jurídica. Se refiere tanto a las circunstancias objetivas como a las personales[58].

Sin embargo, también existen razones de peso para pensar que nada es lo que parece. En el caso de que el Tribunal Constitucional se viera obligado a pronunciarse sobre la conformidad del art. 31 bis CP con la Constitución Española, los argumentos a favor de la autonomía de la responsabilidad penal de la persona jurídica harían sin duda sus delicias, en orden a la aplicación de las ya conocidas reglas constitucionales de la conservación de los preceptos y la deferencia hacia el legislador penal[59]. No obstante, considero altamente dudoso que tal interpretación del precepto resulte viable. Desde mi punto de vista, a pesar de que la LO 5/2010 parece derogar para el Derecho español el principio *societas delinquere nec puniri potest,* lo cierto es, sin embargo, lo siguiente: de los dos sub-principios que cabe derivar del principio *societas delinquere non potest* y *societas puniri non potest,* la LO 5/2010 únicamente dejó sin efecto, en cierto sentido, el segundo,[60] quedando

---

58 Dopico Gómez-Aller, en Ortiz de Urbina (coord.), Memento Experto Reforma Penal, 2010, 1/112 y 190; el mismo, Pero, ¿es que nadie va a pensar en los socios?, Legal Today, 8-4-2009 (http://www.legaltoday.com/opinion/blogs/blog-gf/pero-es-que-nadie-va-a-pensar-en-los-socios); Gómez Tomillo, Introducción, 2010, p. 24.

59 En este sentido Dopico Gómez-Aller, en Ortiz de Urbina (coord.), Memento Experto Reforma Penal, 2010, 1/112; El Mismo, Pero, ¿es que nadie va a pensar en los socios?, Legal Today, 8-4-2009 (http://www.legaltoday.com/opinion/blogs/blog-gf/pero-es-que-nadie-va-a-pensar-en-los-socios).

60 También queda derogado el art. 31.2 CP *ex* LO 15/2003. De acuerdo con su tenor literal, *"[e]n estos supuestos, si se impusiere en sentencia una pena de multa al autor del delito, será responsable del pago de la misma de manera directa y solidaria la persona jurídica en cuyo nombre o por cuya cuenta actuó".* Sobre este precepto y su escasa aplicación práctica durante sus años de vigencia vid., por todos, Silva Sánchez / Ortiz de Urbina

en pie, en cambio, el primero[61]. En Derecho español, por tanto, la persona jurídica sigue sin poder cometer delitos[62].

El art. 31 bis, 1, a) CP establece que *"[e]n los supuestos previstos en este Código, las personas jurídicas serán penalmente responsables: De los delitos cometidos en nombre o por cuenta de las mismas, y en su beneficio directo o indirecto, por sus representantes legales o por aquellos que actuando individualmente o como integrantes de un órgano de la persona jurídica, están autorizados para tomar decisiones en nombre de la persona jurídica u ostentan facultades de organización y control dentro de la misma"*. Parece poco discutible que el precepto exige que el delito sea cometido *"por sus representantes legales o por aquellos que actuando individualmente o como integrantes de un órgano de la persona jurídica, están autorizados para tomar decisiones en nombre de la persona jurídica u ostentan facultades de organización y control dentro de la misma"*, esto es, no por la persona jurídica, sino por la física que la representa. De este modo, el precepto viene a declarar, en realidad, que sólo la persona física y no la persona jurídica, puede cometer el delito. Aunque político-criminalmente ello resulta sin duda cuestionable, el precepto declara que la persona

---

GIMENO, El art. 31.2 CP, en InDret (www.indret.com) nº 343, abril 2006, *passim.*

61 De otra opinión GÓMEZ TOMILLO, Introducción, 2010, cit., pp. 15 y 32.

62 Ello explica, en parte, que la clausula de actuar por otro (art. 31 CP) permanezca inalterada. Además, el problema de la responsabilidad por actuación en nombre o representación de otro no se plantea solamente en los casos de personas jurídicas, sino en todos aquéllos en que alguien actúa en representación de otro, realizando una conducta cuya tipicidad requiere que el sujeto posea alguna condición (delito especial) que no concurre en él sino en su representante. Piénsese, p. ej., en el supuesto del representante de un incapaz que se alza con los bienes de éste en perjuicio de los acreedores del mismo. Sólo el incapaz posee la condición de deudor que exige el delito de alzamiento de bienes (art. 257 CP), pero no es él quien actúa, sino su representante. Ninguno de ambos entra en la letra del art. 257 CP. Ahora bien, si el incapaz no lo hace no es porque sea inimputable, sino porque *no actúa,* pues de haberlo hecho habría realizado el tipo, ya que la tipicidad no exige la culpabilidad.

jurídica puede responder con una pena, pero lo hará por un *hecho ajeno*, el cometido por la persona física que la representa. Lo mismo sucede en el caso del art. 31 bis, 1, b). Dispone este precepto que *"[e]n los supuestos previstos en este Código, las personas jurídicas serán penalmente responsables: (...) De los delitos cometidos, en el ejercicio de actividades sociales y por cuenta y en beneficio directo o indirecto de las mismas, por quienes, estando sometidos a la autoridad de las personas físicas mencionadas en el párrafo anterior, han podido realizar los hechos por haberse incumplido gravemente por aquéllos los deberes de supervisión, vigilancia y control de su actividad atendidas las concretas circunstancias del caso"*. También aquí, el legislador deja meridianamente claro que la persona jurídica podrá responder con pena (*societas puniri potest*), pero que, nuevamente, lo hará por un hecho ajeno, cometido *por quienes, estando sometidos a la autoridad de las personas físicas mencionadas en el párrafo anterior, han podido realizar los hechos por haberse incumplido gravemente por aquéllos los deberes de supervisión, vigilancia y control de su actividad atendidas las concretas circunstancias del caso"*.

Por lo demás, si la clausula del art. 31 bis, 1, a) CP ya representa una evidente muestra de responsabilidad objetiva y responsabilidad colectiva, la fórmula prevista en el art. 31 bis, 1, b) CP constituye un exponente todavía más obvio de tal exceso. Ciertamente, desde la perspectiva de las *teorías de la identificación* o del *alter ego* podría tener una cierta lógica interna —lo cual no significa que deba ser compartido— argumentar que cuando quien comete el delito es el administrador o legal representante de una sociedad es como si el delito lo cometiera la sociedad misma. La persona jurídica se *identifica* de tal modo con la persona física que actúa en nombre o representación de la sociedad (es su *alter ego*) que la comisión por parte de aquélla podría considerarse funcionalmente equivalente a la comisión del delito por parte de la sociedad. Sin embargo, resulta evidente que la teoría de la identificación no consigue explicar cómo es posible que la comisión de un delito por parte de un subalterno (por ejemplo, de un empleado) puede llegar a representar la responsabilidad penal de la empresa misma, máxime cuando cabe que el delito se haya cometido precisamente como consecuencia de la sustracción del subalterno a las directrices determinadas por la empresa o sus órganos directivos[63].

Tampoco el art. 31 ter, 1, inciso 1° CP apunta hacia otra dirección. Es cierto que el precepto señala que *"la responsabilidad penal de las personas jurídicas será exigible siempre que se constate la comisión de un delito que haya tenido que cometerse por quien ostente los cargos o funciones aludidas en el apartado anterior, aun cuando la concreta persona física responsable no haya sido individualizada o no haya sido posible dirigir el procedimiento contra ella"*. Pero de esto último no puede deducirse, en modo alguno, que la responsabilidad penal de la persona jurídica sea autónoma de la de la persona física que ha cometido el delito. Al contrario: también el apartado 2° de este precepto deja claro que la expresión "*no haber ejercido el debido control*" no hace referencia a la persona jurídica, sino a los "*representantes legales o por aquellos que actuando individualmente o como integrantes de un órgano de la persona jurídica, están autorizados para tomar decisiones en nombre de la persona jurídica u ostentan facultades de organización y control dentro de la misma*". El delito por el que responderá la persona jurídica (*societas puniri potest*) debe ser cometido, por tanto, por una persona física como consecuencia de la inobservancia del control debido por parte de otra persona física[64].

Que ello pueda suceder "*aun cuando la concreta persona física responsable no haya sido individualizada o no haya sido posible dirigir el procedimiento contra ella*" no cambia en nada el hecho de que el supuesto de la norma secundaria cuya consecuencia jurídica viene representada por la pena a imponer a la persona jurídica no es otro que el delito cometido por la persona física. Que el legislador penal español haya dispuesto que la sociedad puede responder aunque no se consiga saber quién ha cometido el delito (algo re-

---

63 Críticamente Silva Sánchez, CDJ, X, 2002, p. 128; Gómez Tomillo, Introducción, 2010, cit., pp. 66 s.

64 Gómez Tomillo, Introducción, 2010, cit., p. 58.

lativamente habitual en la práctica forense cuando de complejos entramados societarios se trata) o no sea posible dirigir el procedimiento contra el mismo (por ejemplo, por haber fallecido, o por haberse sustraído a la acción de la Justicia con la esperanza de que el delito prescriba), no prejuzga en nada la cuestión de si para que ello ocurra es o no necesaria la comisión de un delito por parte de una persona física. Del mismo modo que puede suceder entre un autor y un partícipe, es perfectamente posible que quede acreditada en las actuaciones la comisión de un hecho constitutivo de delito y no resulte posible, en cambio, acreditar su autoría. O que, individualizada ésta, la misma se encuentre extinguida (por ejemplo, por fallecimiento del autor del delito). Pues bien: a pesar de que nadie discute que la responsabilidad del partícipe es accesoria con respecto a la del autor, ¿negará alguien que la responsabilidad del partícipe sigue en pie en alguno de los supuestos planteados? Evidentemente, no: la punición del partícipe depende de la comisión de un hecho típico y antijurídico por parte del autor (accesoriedad limitada), pero no, en cambio, de si el autor es o no culpable (accesoriedad máxima) o de si concurre o no en su persona una causa de extinción de la responsabilidad criminal de naturaleza personal. En el caso de la persona jurídica, para que ésta pueda responder penalmente debe quedar acreditada la comisión de un delito por parte de una persona física que presente la vinculación típica con la sociedad, aunque no se sepa exactamente de quién se trata o, sabiéndose, su responsabilidad criminal se encuentre extinguida. Así las cosas, sólo erróneamente puede afirmarse que la responsabilidad de la sociedad es autónoma, o derivarse de todo ello que la persona jurídica responde, en realidad, por la comisión de un hecho delictivo propio[65].

---

65 También afirma que tanto en los modelos de heterorresponsabilidad como en los de autorresponsabilidad la responsabilidad penal de la persona jurídica es, en todo caso, accesoria con respecto a la actuación principal de alguna persona física SILVA SÁNCHEZ, en CGPJ 14, 2001, p. 328.

No en vano, el art. 31 ter, 1, inciso 2º CP, vincula claramente la responsabilidad de la persona jurídica con la de la física, al establecer una regla de compensación de la responsabilidad de la sociedad con la del autor del delito. La regla, que únicamente resultará aplicable cuando la pena impuesta sea de multa, persigue evitar situaciones de *bis in ídem* en casos de pequeñas empresas en las que el capital de la persona jurídica y el de la persona física del administrador coincidan sustancialmente. Obviamente, si la responsabilidad de la persona jurídica fuera autónoma, esto es, si la sociedad respondiera por su hecho y la persona física por el suyo, la regla carecería de todo sentido: faltaría la identidad de hecho que provoca el *bis in idem* que, mediante la fórmula de la compensación, trata de solucionar el legislador.

Idéntica conclusión se alcanza a la vista del art. 31 ter, 2 CP. El precepto establece, recuérdese, que "*[l]a concurrencia, en las personas que materialmente hayan realizado los hechos o en las que los hubiesen hecho posibles por no haber ejercido el debido control, de circunstancias que afecten a la culpabilidad del acusado o agraven su responsabilidad, o el hecho de que dichas personas hayan fallecido o se hubieren sustraído a la acción de la justicia, no excluirá ni modificará la responsabilidad penal de las personas jurídicas, sin perjuicio de lo que se dispone en el artículo siguiente*".

A pesar de la responsabilidad penal de la persona jurídica, el legislador vuelve a declarar sin ambages que debe ser una persona física la encargada de realizarlos "*materialmente*" o de "*haberlos hecho posibles*" por no haber ejercido el debido control. La referencia a las "*circunstancias que afecten a la culpabilidad del acusado*" no resulta —tampoco aquí— en absoluto inequívoca. En sentido estricto, únicamente las circunstancias previstas en los arts. 20, 1º y 2º CP afectan a la normalidad motivacional del reo. De acuerdo con esta comprensión del concepto, todas aquellas atenuantes que no incidan en la imputación personal (como, p. ej., las previstas en los arts. 20, 3º a 20, 6º CP, incluida la nueva atenuante de dilaciones indebidas) serían comunicables a la persona jurídica. Además, una interpretación *contrario sensu* del art. 31, 3 CP conduciría a entender que en un supuesto hipotéticamente imaginable de comportamiento justificado de la persona física representante de la empresa ésta no respondería con pena. De tal circunstancia podría desprenderse la conclusión de que la LO 5/2010 podría haber optado —del mismo modo que sucede con los intervinientes personas físicas que se encuentran en una relación de autoría-participación— por un modelo de accesoriedad limitada de la persona jurídica con respecto a la persona física que actúe en su nombre o representación. En este sentido, algunos autores han llegado a ver en la cláusula prevista en el art. 31 bis 3 CP un posible paralelismo para la responsabilidad penal de las personas jurídicas de la cláusula establecida en el art. 65, 1 CP para las personas físicas[66].

No obstante, no puede descartarse en absoluto que en el art. 31, ter, 2 CP el legislador haya empleado el término "*culpabilidad*" en un sentido más amplio, tal y como sucede, por ejemplo, en el art. 65, 3 CP. No en vano, el art. 31 quáter CP establece que sólo podrán considerarse circunstancias atenuantes de la responsabilidad penal de las personas jurídicas haber realizado, con posterioridad a la comisión del delito y a través de sus representantes legales, alguna de las actividades previstas en dicho precepto. Tal eventualidad es considerada por el art. 31 ter, 2 CP, mediante la cláusula «*sin perjuicio de lo que se dispone en el apartado siguiente*». Además, el art. 31 ter, 2 CP establece que la responsabilidad de la sociedad no se excluye por el fallecimiento del autor del delito, o por el hecho de haberse sustraído de la acción de la Justicia. La referencia a la causa de exclusión de la responsabilidad criminal prevista en el art. 130, 1° CP permite deducir, *contrario sensu*, que la concurrencia en el autor de otras causas (indulto, prescripción del delito o de la pena) sí excluirá la responsabilidad penal de las personas jurídicas. La alusión a

---

66 Gómez Tomillo, Introducción, 2010, cit., p. 143. De conformidad con el art. 65, 1 CP, "*[l]as circunstancias agravantes o atenuantes que consistan en cualquier causa de naturaleza personal agravarán o atenuarán la responsabilidad sólo de aquéllos en quienes concurran*".

la sustracción a la acción de la justicia del autor del delito es redundante, ya que cuando tal sustracción se produzca no será posible dirigir el procedimiento contra el reo, tal y como dispone el art. 31 bis, 2 CP. Por lo demás, si —como entiende, por ejemplo, GÓMEZ TOMILLO— la culpabilidad de la persona jurídica se fundamenta en el elemento del defecto organizativo de la empresa, es altamente dudoso que dicho elemento sea una de las *"causas de naturaleza personal"* a las que alude el art. 65, 1 CP. Se trataría, antes bien, de uno de los elementos consistentes *"en la ejecución material del hecho o en los medios empleados para realizarla"*, recogidos en el art. 65, 2 CP.

Además, la no comunicabilidad a la persona jurídica de causas que excluyan o disminuyan la culpabilidad del autor del delito, lejos de demostrar que la persona jurídica responde de forma autónoma por la comisión de un hecho propio, viene a confirmar, en realidad, lo contrario. En efecto, si la persona física respondiera por su hecho y la jurídica por el suyo, de forma independiente ¿qué necesidad tendría el legislador de recordar que las circunstancias que afecten a la culpabilidad de la persona física no resultan comunicables a la persona jurídica? La responsabilidad de la persona jurídica es accesoria de la de la persona física, simple y llanamente porque no hay dos hechos delictivos, sino sólo uno: el cometido por la persona física. Tal y como apunta SILVA SÁNCHEZ, no resulta en absoluto sencillo identificar los elementos del hecho propio de la persona jurídica. En puridad de conceptos, ni la *actitud criminal del grupo* ni el defecto de organización pueden entenderse en sentido estricto como "hechos",[67] sino más bien como "estado de cosas" que nada tiene que ver con un injusto personal, o con la antijuricidad objetiva de un hecho concreto.[68] Entendido como vulneración de deberes de organización general de la actividad empresarial, es evidente que tal vulneración debe producirse

---

67 SILVA SÁNCHEZ, CGPJ 14, 2001, p. 327; ROBLES PLANAS, Diario La Ley, nº 7705, 29-09-2011, pp. 7 s.

68 SILVA SÁNCHEZ, CGPJ 14, 2001, p. 340; ROBLES PLANAS, Diario La Ley, nº 7705, 29-09-2011, pp. 7 s.

a través del comportamiento de personas físicas (por ejemplo, de aquéllas que se encargan de vigilar o coordinar el desarrollo de actividades de la empresa). Para localizar el hecho de la persona física parece ineludible, por tanto, la referencia a un hecho de la persona jurídica, con lo que desaparece, de hecho, la línea que separa a los sistemas de transferencia de los de responsabilidad por el hecho propio[69].

Por lo demás, entendida como normalidad motivacional, es evidente que las personas jurídicas carecen de toda culpabilidad por lo que difícilmente puede comunicarse una circunstancia excluyente o modificativa de la culpabilidad a quien carece de ella. En cuanto a la no comunicabilidad de las circunstancias agravantes de la responsabilidad de la persona física, como es sabido todas ellas afectan al injusto, y no a la culpabilidad. Tampoco aquí la no comunicabilidad de tales circunstancias a la persona jurídica tampoco es reveladora de que la persona física cometa un hecho delictivo y la jurídica cometa otro distinto, sino, antes al contrario, una nuevo motivo para concluir que el legislador está declarando tácitamente la incapacidad de la persona jurídica para cometer delitos. En efecto, en el caso de las circunstancias que agravan la responsabilidad de la persona física, la ley es consciente de que los elementos típicos (objetivos y subjetivos) de tales circunstancias (alevosía, abuso de superioridad, precio, motivación discriminatoria, etc.) nunca podrán ser realizados por una persona jurídica, por lo que carecería de todo sentido su comunicabilidad a las mismas.

Por fin, la incomunicabilidad a la sociedad del "*hecho de que dichas personas hayan fallecido o se hubieren sustraído a la acción de la justicia*" no es sino una consecuencia reiterativa de lo dispuesto en el art. 31 ter, 1, inciso 1° CP, cuando se prevé que *"la responsabilidad penal de las personas jurídicas será exigible siempre que se constate la comisión de un delito que haya tenido que cometerse por quien ostente los*

---

69 Silva Sánchez, CGPJ 14, 2001, p. 328; Robles Planas, Diario La Ley, n° 7705, 29-09-2011, pp. 7 s.

cargos o funciones aludidas en el apartado anterior, aun cuando (...) no haya sido posible dirigir el procedimiento contra ella". Ya que es evidente que algunas de las causas por las que puede no ser *"posible dirigir el procedimiento contra ella"* es, precisamente, que el autor del delito *"haya fallecido o se hubiera sustraído a la acción de la justicia".*

Tomando como base las anteriores reflexiones, un sector de la doctrina se muestra partidario de entender que, aunque formalmente el legislador español habría incorporado al catálogo de penas las imponibles a personas jurídicas, desde una perspectiva material tales penas no serían, en realidad, auténticas penas y, por tanto, tampoco el principio *societas puniri potest* ha sido realmente derogado. De acuerdo con este planteamiento, las penas previstas para personas jurídicas en el actual Código penal pueden dividirse en pecuniarias (art. 33, 7 a) CP) e interdictivas (art. 33, 7 b-g CP). Las primeras tendrían por objeto el restablecimiento de una situación económica de enriquecimiento injusto de la persona jurídica como consecuencia de la comisión del delito por parte de una persona física que la representa *"en provecho propio"* (de la persona jurídica). Las segundas, las medidas interdictivas, tendrían más bien la naturaleza propia de medidas de seguridad previstas para controlar la probabilidad de reiteración delictiva inherente a sociedades peligrosas[70].

Según entiendo, este planteamiento es merecedor de ser ampliamente compartido. En un Derecho penal respetuoso con los límites derivados de un Estado democrático, las penas deben atender a una doble racionalidad: la instrumental, o consecuencialista, y la valorativa, o principialista. En un Derecho penal consecuencialista y, al mismo tiempo, principialista como el indicado, la pena debe servir para algo, pero con la limitación de la observancia de determinados principios o valores. Con otras palabras: las penas deben servir para proteger a la sociedad mediante la

---

70 GÓMEZ MARTÍN, V., en LANDA GOROSTIZA, J.-M. (Dir.) / GARRO CARRERA, E. / ORTUBAY FUENTES, M. (Coords.), Prisión y alternativas, cit., pp. 247 ss.

prevención de la comisión de delitos, pero con el sometimiento a los límites del *ius puniendi* derivados del carácter social y democrático de Derecho. En el caso de las penas a personas jurídicas, se trata, de forma evidente, de consecuencias jurídicas derivadas de una política criminal eminentemente pragmática y consecuencialista sustraída a límites tan fundamentales como el de *non bis in idem*, personalidad de las penas, responsabilidad por el hecho, imputación subjetiva, imputación personal o proporcionalidad de las penas. Además, se afirma —con toda razón— que por la especial naturaleza del hecho delictivo y la especial gravedad que entraña la pena, la imposición de ésta al autor de una infracción penal implica la realización de un juicio de reproche ético-social que difícilmente puede tener como destinatario a una persona jurídica[71]. Nada de ello obsta, sin embargo, la imposición a la persona jurídica de medidas de seguridad, consecuencias jurídicas interdictivas o reglas de restablecimiento de situaciones económicas de enriquecimiento injusto[72].

Descartada, por tanto, la viabilidad dogmática de una teoría del delito paralela para personas jurídicas, se trata ahora de analizar la segunda de las vías anunciadas *supra*: el recurso a un concepto más amplio de culpabilidad que permita aprehender en su seno formas de responsabilidad objetiva o colectiva, como lo sería la prevista para personas jurídicas en el Código penal español. Esta segunda alternativa se fundamenta en una amplia jurisprudencia del Tribunal Constitucional, en virtud de la cual el principio de culpabilidad debe adaptarse a la distinta naturaleza de las diferentes ramas del ordenamiento jurídico. Así, por ejemplo, a diferencia de lo que sucede (o debería suceder) con el Derecho penal,

---

71 Silva Sánchez, CGPJ, 2001, p. 331; Mir Puig, Una tercera vía en materia de responsabilidad penal de las personas jurídicas, RECPC, 2004, p. 10; Pastor Muñoz, ¿Organizaciones culpables? Recensión a Carlos Gómez-Jara, La culpabilidad penal de la empresa, Marcial Pons, Madrid, 2005, InDret, 2006, p. 14; Robles Planas, Pena y persona jurídica: crítica del art. 31 bis CP, Diario La Ley, nº 7705, 29-09-2011, p. 5.

72 Pastor Muñoz, InDret, 2006, p. 13.

el Derecho civil o el Derecho administrativo admitirían ciertas formas de responsabilidad objetiva y colectiva, compatibles con el principio de culpabilidad, en el mencionado sentido amplio de la expresión[73].

En mi opinión, este segundo punto de vista tiene la indudable virtud de llamar a las cosas por su nombre. En efecto, el art. 33, 7 CP se refiere a las nuevas consecuencias para personas jurídicas como "penas", pero resulta evidente que estas penas para personas jurídicas nada tienen que ver con las previstas en el mismo cuerpo legal para personas físicas. Aunque caben diversos sentidos del término "pena", en el sentido más fuerte del término, entendido como reproche ético-jurídico, la "pena" sólo puede serlo para personas físicas. La pena para personas jurídicas, esto es, la pena por hecho ajeno, cumulativa o sin culpabilidad, responde, más bien, a la naturaleza jurídica propia de la responsabilidad civil (singularmente análoga a ésta es la multa prevista en el art. 33, 7 a) o a la de una medida de seguridad (este es el caso de las penas interdictivas del art. 33, 7 b-g CP)[74].

En el caso de la responsabilidad penal de personas jurídicas, tanto los presupuestos como el contenido de las medidas previstas son completamente distintos a los que caracterizan el sistema de responsabilidad de personas físicas. Así, el presupuesto de la responsabilidad no será un hecho propio delictivo, sino un esta-

---

73 MIR PUIG, Las nuevas "penas" para personas jurídicas: una clase de "penas" sin culpabilidad, en MIR PUIG / CORCOY BIDASOLO / GÓMEZ MARTÍN (dir.), Responsabilidad de la empresa y Compliance. Programas de prevención, detección y reacción penal, 2014, pp. 6 s. Así, la STC 246/1991, FJ 2°, reconoció que los principios de personalidad de la sanción y de responsabilidad subjetiva deben aplicarse al Derecho administrativo de forma que permitan la responsabilidad de las personas jurídicas –admitida expresamente por la Ley 30/1992, de 26 de noviembre, de Régimen Jurídico de las Administraciones Públicas y del Procedimiento Administrativo Común, en su artículo 130.1.

74 MIR PUIG, en MIR PUIG / CORCOY BIDASOLO / GÓMEZ MARTÍN (dir.), Responsabilidad de la empresa, 2014, p. 12.

do de cosas peligroso que genera un enriquecimiento injusto a la persona jurídica. En lo que respecta al contenido de las medidas, el mismo reviste naturaleza fundamentalmente económica (singularmente, la pena de multa) y preventiva (éste es el caso de las llamadas penas interdictivas). Puede afirmarse, en conclusión, que las penas previstas para personas jurídicas en el Código penal español sólo lo son precisamente porque el legislador penal así lo indica, pero nada tienen que ver con las penas para personas físicas. Tanto por sus presupuestos, como en atención a su naturaleza jurídica, las medidas que nos ocupan se encuentran más próximas a las sanciones civiles, a las medidas de seguridad y a las consecuencias accesorias[75].

Así las cosas, si de acuerdo con el modelo previsto en el CP español la naturaleza jurídica de la responsabilidad de la persona jurídica se aproxima más a la propia del Derecho civil que a la que corresponde al Derecho penal, también jurídico-civil —más concretamente, jurídico-mercantil—, y no jurídico-penal, será la naturaleza de las normas reguladoras del *compliance* como eventual eximente de aquella responsabilidad[76]. No en vano, el art. 225 de la Ley de Sociedades de Capital impone a la administración de la mercantil, a modo de exigencia de cautela (*Obliegenheiten*),

---

75 MIR PUIG, en MIR PUIG / CORCOY BIDASOLO / GÓMEZ MARTÍN (dir.), Responsabilidad de la empresa, 2014, pp. 11 s.

76 En términos similares se expresan, entre otros, RODRÍGUEZ-VÁZQUEZ, Democracia, sistemas de control y Derecho penal- Aproximación al fenómeno del soft law y de la externalización de los deberes estatales de control a través de los compliance programs, RECPC, 2020, p. 42 ("[l]os programas de cumplimiento no debieran estar contenidos en el CP y tampoco debería otorgársele carta de naturaleza jurídico-penal. Su interés debería plantearse en otras ramas del ordenamiento jurídico") y BOLDOVA PASAMAR, Revista General de Derecho Penal, 37, 2022, p. 34 (*"[T]anto el castigo como la ausencia del mismo tienen su fundamento en las normas de valoración y distribución de bienes, perjuicios y riesgos conforme a deber ser cuya naturaleza jurídica no es penal. El reconocimiento legal del carácter penal de esta responsabilidad no obliga pues a tener que aplicar la teoría jurídica del delito para derivar responsabilidad penal de las personas jurídicas"*).

el deber de organizar el estado de cosas que representa la mercantil de acuerdo con un modelo de prevención de delitos eficaz. El cumplimiento efectivo de tal deber implica la elaboración y aplicación de modelos de prevención de la comisión de delitos, detección de tales infracciones penales y reacción frente a las mismas[77]. La infracción de tales deberes comportará como consecuencia directa la responsabilidad social del administrador con multa y medidas interdictivas (art. 367, 1 LSC), que contaría en el CP con la tutela reforzada representada por la responsabilidad penal del administrador societario o la propia responsabilidad penal de la persona jurídica.

Con base en todo lo anteriormente expuesto, cabe concluir, a modo de corolario, dos conclusiones finales, una *de lege lata* y otra *de lege ferenda*. La primera consiste en que la responsabilidad penal de la persona jurídica resulta dogmáticamente insostenible, idéntica valoración deberá realizarse con respecto a su eventual eximente de *compliance*[78]. La segunda, en que si la naturaleza jurídica de los modelos de prevención de delitos viene determinada por el modelo de responsabilidad penal de la persona jurídica consagrado por el legislador, y en el caso del Código penal español dicho modelo es uno vicarial o de heterorresponsabilidad en el que la responsabilidad de la persona jurídica se asemejaría más a la jurídico-civil que a la propia del Derecho penal, la eximente de *compliance* en modo alguno puede verse como una causa de exclusión del tipo de injusto o de la culpabilidad de la persona

---

77 Dispone este precepto: "*1. Los administradores deberán desempeñar el cargo y cumplir los deberes impuestos por las leyes y los estatutos con la diligencia de un ordenado empresario, teniendo en cuenta la naturaleza del cargo y las funciones atribuidas a cada uno de ellos. 2. Los administradores deberán tener la dedicación adecuada y adoptarán las medidas precisas para la buena dirección y el control de la sociedad. 3. En el desempeño de sus funciones, el administrador tiene el deber de exigir y el derecho de recabar de la sociedad la información adecuada y necesaria que le sirva para el cumplimiento de sus obligaciones*".

78 Comparten este punto de vista RODRÍGUEZ-VÁZQUEZ, RECPC, 2020, p. 42; BOLDOVA PASAMAR, Revista General de Derecho Penal, 37, 2022, p. 34.

jurídica[79]. Idéntica fortuna correría su hipotético entendimiento bien como causa personal de exclusión o levantamiento de la pena, bien como excusa absolutoria. Tal y como recuerda MIR PUIG, tales causas de exclusión de la punibilidad no excluye ni el injusto penal ni tampoco la posibilidad de imputarlo al sujeto; esto es, no impiden la presencia de un "delito", sino, sólo, excepcionalmente, el castigo del mismo cuando es cometido por una determinada persona[80]. La aplicación de tan incontestable tesis al ámbito de la responsabilidad penal de la persona jurídica, esto es, la afirmación de que la eximente de compliance no excluye el injusto penal o la culpabilidad de la empresa, sino sólo el castigo por el hecho contrario a derecho cometido por un sujeto culpable, supondría lógicamente, de nuevo, la aceptación de dos presupuestos cuya conjunción constituye un sinsentido dogmático: que la persona jurídica puede cometer un hecho típicamente antijurídico y que consiste en un sujeto con capacidad de culpabilidad penal[81].

---

79 Comparte este punto de vista BOLDOVA PASAMAR, Revista General de Derecho Penal, 37, 2022, pp. 34 s.

80 MIR PUIG, Derecho penal, PG, 10ª ed., cit., 5/36.

81 Igualmente críticos se muestran, a este respecto, RODRÍGUEZ-VÁZQUEZ, RECPC, 2020, p. 42 y BOLDOVA PASAMAR, Revista General de Derecho Penal, 37, 2022, p. 34.

CAPÍTULO CUARTO

LAS CONSECUENCIAS JURÍDICAS Y CORRUPCIÓN

Multiplicidad de consecuencias jurídicas en los delitos de corrupción pública: especial consideración de la aplicación y ejecución de las penas privativas de derechos.[1]

SOLEDAD BARBER BURUSCO
Profesora Honoraria
Universidad Pública de Navarra

I. CONSIDERACIONES PREVIAS

Las transformaciones producidas en las últimas décadas en la normativa que regula los delitos de corrupción pública han sido impulsadas, fundamentalmente, por dos factores. Por una parte, por la creciente sensibilización de la ciudadanía manifestada por la comisión de estos delitos a partir de la gran crisis financiera de 2008 y sus posteriores consecuencias económicas, coincidente con el afloramiento de múltiples casos de corrupción, sobre todo política[2]; y, por otra

---

1 El presente trabajo se enmarca en el Proyecto de la Agencia Estatal de Investigación (AEI) PID2020-118854GB-100 sobre instrumentos normativos preventivos en la lucha contra el fraude y la corrupción. Investigadores principales: Inés Olaizola Nogales y Hugo López López.

2 El barómetro del Centro de Investigaciones Sociológicas de diciembre de 2018 mostraba, entre los principales problemas que existían en España en ese momento, en respuesta espontánea en la que se recogían 63 cuestiones, a la corrupción y al fraude en décimo lugar; mientras que en el barómetro de diciembre de 2022 -efectuadas las preguntas con la misma metodología- la preocupación por la corrupción y el fraude descendió

parte, por las propuestas y mandatos provenientes de organizaciones internacionales[3]. Estas modificaciones han consistido en la adopción de diversas medidas, tanto preventivas como represivas.

---

hasta el número dieciocho. Por otra parte, el índice de percepción del nivel de corrupción en el sector público en 180 países y territorios del mundo, correspondiente al año 2021 elaborado por Transparencia Internacional, conforme a la opinión de expertos y empresarios, da cuenta de que España se encuentra en el número 61/100, donde 100 indica limpio de corrupción y 0 corrupción rampante, y la puntuación media es 42/100: www.transparency.org/cpi. Ahora bien, la preocupación de la ciudadanía por la corrupción pública no se expresa claramente mediante el castigo electoral a la misma, éste es a menudo muy débil, tal vez, entre otras razones, por la falta de información neutral, a pesar de que las consecuencias negativas de la corrupción a mediano y largo plazo son muy importantes para el desarrollo económico, moral y cultural de las sociedades. En este sentido, MUÑOZ, J.: El precio electoral de la corrupción: ¿Por qué los votantes la castigan tan poco?, en: QUERALT, J. (Dir.), Corrupción, Juruá, 2019, 108-118.

3 La Convención de las Naciones Unidas contra la Corrupción (Nueva York, 31-10-2003; BOE 19-07-2006) obliga a los Estados parte a adoptar medidas legislativas y de otra índole para tipificar delitos de soborno, malversación, tráfico de influencias, abuso de funciones, enriquecimiento ilícito en el sector público y también medidas de responsabilidad de las personas jurídicas por su participación en los delitos. En la Convención de Naciones Unidas contra la delincuencia organizada transnacional (de 15-11-2000, BOE 29-09-2003) se regula la penalización de la corrupción, obligando a los Estados parte a adoptar medidas legislativas y de otra índole, necesarias para tipificar delitos de cohecho, corrupción de funcionarios públicos extranjeros, etc., la responsabilidad de las personas jurídicas y las medidas de decomiso e incautación de bienes. En el ámbito del Consejo de Europa, el Convenio penal sobre la corrupción (173 de 27-01-1999, BOE 28-07-2010) obliga a los Estados parte a tipificar la corrupción activa y pasiva de los agentes públicos nacionales o extranjeros o ex miembros de asambleas públicas nacionales o extranjeras, funcionarios internacionales, miembros de asambleas parlamentarias internacionales, tráfico de influencias, blanqueo, delitos contables, etc.; a su vez, el Protocolo Adicional (15-04-2003; BOE 7-03-2011) relativo a la corrupción activa o pasiva de los árbitros nacionales o extranjeros. El Convenio civil sobre corrupción (174 de 4-11-1999; BOE 31-03-2010) regula la obligación de los Estados parte de establecer procedimientos eficaces en favor de las personas que hayan sufrido

La variada problemática social y económica que genera la corrupción pública en los distintos países constituye un problema grave que es necesario afrontar con medidas tanto preventivas como represivas, y acerca de ello no hay discusión. Particularmente, en España, se comprueba que las prácticas corruptas afectan a toda clase de empleados públicos, pero se trata de prácticas poco comunes entre los funcionarios[4]; mientras que, en el ámbito de los cargos políticos, la implicación en las actividades corruptas

---

daños resultantes de actos de corrupción, con el fin de defender sus intereses, incluida la posibilidad de obtener indemnización por dichos daños. El Convenio de la OCDE de 17-12-1997; BOE 22-02-2002 obliga a los Estados parte a tipificar los delitos de corrupción de los agentes públicos extranjeros, las formas de participación, la tentativa y los actos preparatorios, obliga a fijar plazos de prescripción suficientes para investigar la prescripción y la consideración de delito de corrupción de un agente extranjero como susceptible de extradición. En el ámbito de la UE, tras el Tratado de Lisboa, la tutela penal contra la corrupción tiene su anclaje competencial en el art. 83 del TFUE y se la considera uno de los ámbitos delictivos de especial gravedad y con dimensión transfronteriza que se considera necesario armonizar, mediante directivas adoptadas con arreglo al procedimiento legislativo ordinario, normas mínimas relativas a la definición de infracciones penales y sanciones en ámbitos de especial gravedad y tengan una dimensión transfronteriza. Se trata de una competencia compartida, sometida a los principios de subsidiariedad y proporcionalidad y que se desarrolla por medio de directivas.

4 En este sentido, Villorria Mendieta, M.: Principales rasgos y características de la corrupción en España, en: Villorria Mendieta, M. / Gimeno Feliú, J.M. / Tejedor Bielsa, J. (dirs.), La corrupción en España, Ámbitos, causas y remedios jurídicos, ed. Atelier, 2016, 50, s., quien sostiene que la corrupción de funcionarios es baja y no muy diferente a la de los países menos corruptos; Bosch, J.: Una aproximación institucional al problema de la corrupción en España, en: Jueces para la Democracia, nº 106, 2023, 5, que la caracteriza como de niveles muy bajos o residuales. Cuestiona estas opiniones Tarín, C.: La medición de la corrupción en España. Los datos objetivos, en: Villorria Mendieta, M. / Gimeno Feliú, J.M. / Tejedor Bielsa, J. (dirs.), La corrupción en España, Ámbitos, causas y remedios jurídicos, ed. Atelier, 2016, 73, quien considera que no existe base empírica lo suficientemente sólida

resulta muy elevada. Así, se señala que esto queda a la vista a partir de la exteriorización judicial que muestra que "en casi todos los territorios autonómicos tenemos o hemos tenido condenados o encausados a presidentes, consejeros, cargos políticos de las diputaciones, parlamentarios, alcaldes y concejales de todo tipo de ciudades, pequeñas, medianas y grandes. Esta altísima concentración de corrupción de tipo político no cuenta con apenas equivalentes en la Europa democrática"[5].

La corrupción es un fenómeno que se analiza desde distintos ámbitos del conocimiento, consecuencia de lo cual, entre otras cuestiones, no se le asigna un contenido ni un significado unívoco. Además, desde la perspectiva penal, no toda práctica corrupta constituye una práctica delictiva. El Derecho penal español no reúne en su CP un conjunto de descripciones típicas bajo la denominación "corrupción", o "corrupción pública"[6]. Al no aparecer recogidas en un capitulo o título del CP un conjunto de conductas que queden expresamente referenciadas en el ámbito de la corrupción pública, la doctrina penal, dependiendo de la definición de corrupción pública que adopte a efectos penales incorpora a este concepto más o menos tipos penales, que se encuentran desperdigados en el CP, aunque fundamentalmente en el Título XIX[7].

---

que permita afirmar que la corrupción en España se da más a menudo entre los cargos de tipo político que entre los funcionarios.

5 BOSCH, J.: JplD, n.º 106, 5.

6 En el CP solo aparece la expresión "corrupción" en la Sección 4.ª: "Delitos de corrupción en los negocios" que agrupa los arts. 286 bis a 286 quater, en los que se regulan conductas vinculadas con la tutela del mercado y de los consumidores.

7 Así, por ejemplo, DE LA MATA BARRANCO, N.: La lucha contra la corrupción política, en: RECPC, 2016, 5, a fin de definir qué entiende por corrupción pública, sostiene que ésta remite al delito de cohecho y al tráfico de influencias, "que son los que reflejan ese co-hacer con dos finalidades no convergentes, pero sí encontradas (...) y solo en un sentido muy amplio pueden tenerse en cuenta aquí los delitos de prevaricación, violación de secretos, malversación, fraudes y exacciones

Para este trabajo, siguiendo a OLAIZOLA NOGALES[8], entiendo por corrupción pública en el ámbito del Derecho penal, la realización de aquellas conductas que, en el ejercicio del poder público, no buscan el interés general sino el beneficio propio, desviándose del deber de objetividad e imparcialidad que todo funcionario, como servidor público, debe tener. Se trata de un concepto amplio, que recoge las conductas que atentan contra la objetividad e imparcialidad con las que conforme al mandato constitucional recogido en el art. 103 de la CE debe actuar la Administración pública y permite diferenciar estas conductas de otros delitos que, si bien aparecen conectados con los delitos de corrupción, podrían considerarse "instrumentales" a la misma, como el blanqueo de capitales, las falsedades o los delitos fiscales[9].

---

ilegales, negociaciones y actividades prohibidas y abuso en el ejercicio de la función. Sí son abusos de poder, abusos de situaciones de privilegio, pero no implican en todos los casos (o no tienen por qué hacerlo) desvío del ejercicio de la función pública (o perjuicio a esta) ni enriquecimiento económico, ni, en definitiva, compraventa del poder público".

8 Olaizola Nogales, I.: Breves reflexiones sobre la corrupción política, en: *Liber amicorum*: estudios en homenaje a Julio Díaz-Maroto y Villarejo, UAM, 2023, 507-517. En similar sentido, aunque con algún matiz, García Sánchez, B.: La corrupción en España: su persecución penal en la última década, Iustel, 2024, 25 ss.

9 Atendiendo a la caracterización de la corrupción pública que efectúa Olaizola Nogales, pueden considerarse incluidos en la misma, los siguientes delitos: la prevaricación urbanística y en el ámbito del patrimonio histórico (arts. 320 y 322 CP), la prevaricación de funcionarios públicos (arts. 404, 405 y 408 CP), la infidelidad en la custodia de documentos y violación de secretos (arts. 413 a 418 CP), el cohecho (arts. 419 a 422 CP); el tráfico de influencias (arts. 428 a 430 CP), la malversación de caudales públicos (arts. 432 a 435 CP), los fraudes y exacciones ilegales (arts. 436 a 438 CP) y el enriquecimiento ilícito o no justificado de autoridad (art. 438 bis CP). Estos delitos son los que incorpora el CGPJ en el repositorio de datos sobre procesos de corrupción que da cuenta los datos existentes sobre procedimientos judiciales por los delitos relacionados con la corrupción: https://poderjudicial.es/cgpj/

A continuación, me limitaré a analizar, de entre las diversas consecuencias jurídicas que se prevén para la comisión de estos delitos, algunas cuestiones problemáticas relativas a la aplicación y ejecución de las penas privativas de derechos que todos los delitos de corrupción pública incorporan como penas principales: inhabilitación absoluta, inhabilitación especial para empleo o cargo público, inhabilitación especial para el ejercicio del sufragio pasivo y suspensión de empleo o cargo público (junto a la prisión y a la multa, en algunos casos). A estas penas (que como principales se encuentran recogidas en una gran variedad de delitos) se les ha prestado históricamente poca atención, si se las compara con las privativas de libertad, quedando limitadas a su imposición sin mayores especificaciones. Aunque en las últimas décadas se han publicado un conjunto de contribuciones importantes[10].

II. LA EVOLUCIÓN EN LAS PENAS Y OTRAS CONSECUENCIAS

Las sucesivas leyes orgánicas que incrementan sanciones penales ya previstas e incorporan otras nuevas penas como principales y que también anudan otras consecuencias jurídicas a algunos de los delitos de corrupción pública, obedecen, como ya se ha expre-

---

es/Temas/Transparencia/Repositorio-de-datos-sobre-procesos-por-corrupcion.

10 Así, entre otras, VILLACAMPA ESTIARTE, C., Las penas de inhabilitación en la Unión Europea: regulación comparada y procesos de armonización de las sanciones penales en Europa, Aranzadi, 2009; PUENTE ABA, L. M., La pena de inhabilitación absoluta, Comares, 2012; MAPELLI CAFFARENA, B.: La pena de inhabilitación absoluta ¿es necesaria?, en: CPC, n.º 108, 2012; FARALDO CABANA, P. / PUENTE ABA, L. M. (dirs.), Las penas privativas de derechos y otras alternativas a las penas privativas de libertad, Tirant lo Blanch, 2013; BENÍTEZ ORTUZAR, I.: Acerca de la privación del ejercicio del Derecho de sufragio pasivo como consecuencia, directa o indirecta, del delito, en: CPC, núm. 120, Época II, 2016, 5-38.

sado, a la creciente preocupación por la corrupción política, al vaivén de los diversos escándalos que afloran recurrentemente y a los compromisos adquiridos con los organismos internacionales. Así, en el preámbulo de la LO 5/2010, de 22 de junio se justifica la modificación del delito de prevaricación urbanística y la agravación de las penas por las demandas que venía realizando la doctrina. La reforma introducida a las descripciones típicas de los delitos de cohecho y el incremento de las penas, se explica por la necesidad de adaptar éstas, a las exigencias de que al menos en los casos graves se prevean penas privativas de libertad que puedan dar lugar a la extradición[11].

La LO 1/2015, de 30 de marzo, revisa las penas previstas para todos los delitos relacionados con la corrupción en el ámbito de la Administración pública a fin de elevar las condenas. En primer lugar, la reforma lleva a cabo un aumento generalizado de las penas de inhabilitación especial para empleo o cargo público en los delitos de prevaricación administrativa, infidelidad en la custodia de documentos y revelación de secretos, cohecho, tráfico de influencias, en los fraudes y exacciones ilegales, entre otros, y, en segundo lugar, en los delitos en los que ya se preveía la imposición de una pena de inhabilitación especial para empleo o cargo público, se añade la previsión como pena principal, la de inhabilitación para el ejercicio del sufragio pasivo, por el mismo tiempo, en cada caso, que el dispuesto para la inhabilitación especial. Se justifica esta incorporación aclarando que la inhabilitación especial para cargo público alcanza únicamente al cargo que se ostenta al cometer el delito[12], por lo que, al incorporar la inhabilitación para

---

11 Exigencia proveniente del Convenio Penal sobre Corrupción del Consejo de Europa de 27 de enero de 1999 y del Convenio sobre la base de la letra c) del apartado 2 del artículo K3 del Tratado de la UE, relativo a la lucha contra los actos de corrupción en los que estén implicados funcionarios de las Comunidades Europeas, o de los Estados miembros de la UE.

12 Se olvida señalar que también debería alcanzar a los análogos al o los cargos perdidos.

el sufragio pasivo, se impide que el condenado por el delito de corrupción pueda optar durante el tiempo de esa condena a cualquier cargo electivo. Así se ha establecido, entre otros, en los delitos de cohecho, prevaricación de funcionario público o tráfico de influencias[13]. Respecto de la malversación de caudales públicos se produce una importante modificación en la redacción típica, que se explica por la nueva regulación dada a los delitos de administración desleal y de apropiación indebida puesto que se regula como un supuesto de administración desleal de fondos públicos. "De este modo se incluyen dentro del ámbito de la norma, junto con las conductas de desviación y sustracción de los fondos públicos, otros supuestos de gestión desleal con perjuicio para el patrimonio público". Se incluye un subtipo agravado que es aplicable en todos los casos de causación de un perjuicio al patrimonio público superior a 50.000 euros, y se prevé una agravación mayor a la pena (que permite alcanzar hasta los 12 años de prisión) en los casos de especial gravedad. Para los casos de menor gravedad se mantiene un tipo atenuado[14].

Por otra parte, la ampliación del concepto de funcionario público para los delitos de cohecho y malversación de caudales públicos, también obedece a la necesidad de cumplir con lo dispuesto por la normativa europea[15], y así se recoge en la LO 1/2019, de 20 de febrero. Esa misma Ley atiende a la tercera

---

13 LO 1/2015, de 30 de marzo, Preámbulo: XIX

14 LO 1/2015, de 30 de marzo, Preámbulo: XV. Pero, la reforma en algunos casos rebajó las penas de prisión previstas con anterioridad. Así, el art. 432 con la redacción originaria preveía una pena de prisión de 3 a 6 años, mientras que la reforma redujo el mínimo a 2 años de prisión, manteniendo el máximo. Además, reguló una atenuación muy amplia para todos los casos de malversación en el art. 434 CP (en caso de colaboración y reparación del daño en cualquier momento del procedimiento) que permitía la reducción en uno o dos grados de las penas. Ver, al respecto: SANZ MULAS, N.: Despilfarro de fondos públicos y nuevo delito de malversación de caudales, en: RECPC, 2017, 32-33.

15 En este caso, la Directiva (UE) 2017/1371 del Parlamento y del Consejo, de 5 de julio de 2017, art. 4.4.b).

ronda de evaluación realizada por GRECO que detectó algunas omisiones en las reformas operadas por la LO 1/2015, consecuencia de las cuales se introduce la previsión contenida en el art. 431 del CP, que determina que los funcionarios públicos extranjeros del art. 427 pueden cometer los delitos del Capítulo VI del Título XIX[16].

Finalmente, la LO 14/2022, de 22 de diciembre, volvió a reformar la malversación de caudales públicos, retornando, en parte, al sistema anterior a 2015. En cuanto a las penas, para las conductas más graves del art. 432 CP se prevé las mismas penas que las establecidas en la LO 1/2015, pero en las actuaciones que suponen un desvío en relación con los presupuestado las penas son más leves, pero en todo caso implican pena de prisión, exceptuando los supuestos en que no resultare comprometido o entorpecido el servicio al que estuvieren consignados los fondos desviados. La rebaja de penas se justifica señalando que "en la actualidad la sociedad española ha evolucionado hacia una mayor intolerancia hacia comportamientos de administración desleal del patrimonio público, si bien nunca equipara su gravedad y castigo con las conductas de sustracción o desvío hacia intereses particulares, que integran la noción común de corrupción. De esta manera, se sostiene que se corrige la inseguridad y la desproporción introducidas en la reforma de 2015 que igualó el reproche a hechos con un desvalor nítidamente diferente, como hacen los países europeos con una tradición jurídica similar a la española"[17]. Además, esta última LO

---

16 LO 1/2019, de 20 de febrero, Preámbulo: IV y VII.

17 LO 14/2022, de 22 de diciembre, Preámbulo: VI. Si bien la reforma de 2015 fue criticada por un sector de la doctrina porque se entendía que conllevaba a extender el castigo penal a múltiples conductas de forma incierta, sobre todo las relativas a la administración desleal; ver GONZÁLEZ CUSSAC, J.L, El retorno a las figuras autónomas de malversación, en: GONZÁLEZ CUSSAC (coord.), Comentarios a la LO 14/2022, de reforma del Código Penal, Tirant lo Blanch, 2023, 143 s.; GARCÍA SÁNCHEZ, B., La corrupción en España, 2024, 166 s.; también esta reciente reforma ha recibido importantes críticas, por una parte, por dar respuesta a la posibilidad de impunidad o rebaja de pena a personas relacionadas con

incorpora el delito de enriquecimiento ilícito o no justificado de autoridad como una figura de desobediencia, con el propósito de evitar que sea entendido como un delito de sospecha[18].

Por otra parte, en materia de consecuencias accesorias, la LO 1/2015 incorpora al art. 127 bis (decomiso ampliado) los delitos de cohecho y malversación. Esta medida puede resultar disuasoria en tanto pretende impedir que el sujeto obtenga beneficios del delito. También, para condenados por delitos de corrupción pública, ya sean funcionarios o no, puede aplicarse la prohibi-

---

el "procés"; y, por otra parte, porque sigue sin sancionar conductas tales como negocios arriesgados, despilfarro presupuestario, administración desleal, inversiones desacertadas, previsiones equivocadas de costes de ejecución, etc.: DE LA MATA BARRANCO, N.: La reforma de la malversación: ¿para qué?, en: http://almacendelderecho.org/. Un exhaustivo análisis de la reforma en MORALES HERNÁNDEZ, M. A.: La reforma del delito de malversación de patrimonio público en el Código Penal español: ¿un avance o un retroceso en la lucha contra la corrupción?, en: RECPC, 2023, 1-48.

18 LO 14/2022, de 22 de diciembre, Preámbulo VII: La justificación por la que se crea el nuevo tipo penal es la siguiente: "… siguiendo diversas recomendaciones y tendencias internacionales y europeas, entre las que se destacan La Convención de las Naciones Unidas contra la corrupción del año 2003, la Comunicación de la Comisión al Parlamento europeo y al Consejo, de 20 de noviembre de 2008, relativa a la creación de un delito que penalice la posesión de bienes injustificados para luchar contra la criminalidad organizada, así como el anuncio de la Presidenta de la Comisión Europea en el año 2022 de la intención de reforzar la lucha contra la corrupción en materia de enriquecimiento ilícito, habiendo, en los últimos años, diversos países europeos como Francia, Luxemburgo, Portugal o Lituania que han introducido este delito…". Para un análisis de este tipo penal, ver: OLAIZOLA NOGALES, I.: El delito de enriquecimiento ¿no justificado? ¿ilícito?, en: Revista Penal, n.º 52, julio 2023, 179-200.

ción de contratar con la Administración pública prevista en la Ley 9/2017, de 8 de noviembre, de Contratos del sector público en su art. 71.1. a).

1. Las penas en vigor

Producto de esta evolución, actualmente, para los delitos de corrupción pública se prevén penas de aplicación conjunta[19] que, en la mayoría de los casos y para los supuestos considerados de mayor gravedad, incorporan la pena de prisión y más de una pena privativa de derechos; resulta minoritaria, aunque relevante, la previsión de penas de multa (días multa[20] y en algún caso multa proporcional[21]).

No se prevé pena de prisión para los delitos de prevaricación de funcionarios (404 CP), los nombramientos ilegales (405 CP), la no persecución de delitos (408 CP), el acceso a documentos secretos (415 CP), la revelación de secretos o informaciones que no deban ser divulgados (417.1 CP), el falseamiento de contabilidad (433 bis.1), los fraudes y exacciones ilegales (436 y 437) y las negociaciones prohibidas (441 y 442 primer párrafo).

Las penas que en todos los casos se prevén para los delitos de corrupción pública son las privativas de derechos, ya sea la inhabilitación absoluta, la especial para empleo o cargo público, la inhabilitación para el ejercicio del sufragio pasivo o la suspensión de empleo o cargo público. Para muy pocos casos se prevé la inhabilitación

---

19 El único supuesto de pena única es el de la no promoción de persecución de delitos del art. 408 CP, que prevé la pena de inhabilitación especial para empleo o cargo público de 6 meses a 2 años.

20 Nombramientos ilegales (405), infidelidad en la custodia de documentos (413 a 415 y 417.1 párrafo primero y 2), malversación (432.3, 433, 433 bis), fraudes y exacciones ilegales (437), negociaciones prohibidas (439, 441).

21 Tráfico de influencias (428), enriquecimiento ilícito (438 bis) y negociaciones prohibidas (442).

absoluta (la más severa de todas ellas, prevista solo como pena grave[22]), así, para la malversación del art. 432.2 del CP y los abusos del art. 443 1 y 2 del CP, en ambos casos, conjuntamente con la pena de prisión. Con un significado opuesto, para las conductas menos graves, se prevé la suspensión de empleo o cargo público para los nombramientos ilegales del art. 405 del CP, el cohecho del art. 422, la malversación del art. 432 bis, los fraudes del art. 437, las negociaciones prohibidas del art. 441, aplicada conjuntamente en algunos casos con la pena de prisión (422, 432 bis) y en los restantes, con la de multa.

La mayor cantidad de supuestos se encuentran castigados con la pena de inhabilitación especial para empleo o cargo público, y desde la reforma de 2015, se prevé conjuntamente con la inhabilitación para el ejercicio del derecho de sufragio pasivo, junto a las penas de prisión y multa, o prisión o multa, según los casos.

III. LA PREPONDERANCIA DE LAS PENAS PRIVATIVAS DE DERECHOS

1. Justificación de la previsión de las inhabilitaciones y de la suspensión

Las penas privativas de derechos, concretamente la inhabilitación absoluta (aunque con dudas acerca de su necesidad), la inhabilitación especial para empleo o cargo público, la inhabilitación especial para el ejercicio del sufragio pasivo y la suspensión del empleo o cargo público, encuentran un fundamento adecuado, resultan especialmente idóneas para ser previstas como penas principales para aquellos empleados o cargos públicos que cometan delitos en el ejercicio de sus funciones. El hecho de que exista una especial vinculación entre el contenido de estas penas y los delitos que castigan, en la medida en que en mayor o menor medida privan al penado de un derecho que le ha permitido o

---

22 En el sentido del art. 33 del CP, con una extensión de 6 a 20 años.

facilitado la comisión del delito, permite concebirlas como una reacción legítima y adecuada para estas infracciones[23].

Además, desde la perspectiva de la función de prevención general cumplen una función intimidante, y, también, desde las exigencias de prevención especial, tienen una clara función inocuizadora, en tanto impiden o al menos dificultan la reiteración delictiva en el mismo ámbito[24].

A los objetivos intimidatorios e inocuizadores y, en caso de admitirse, los retributivos, se suma como fundamento para la previsión de esta pena, por parte de un sector de la doctrina, la preservación del prestigio y la calidad de las funciones públicas; se entiende que el sujeto, por haber cometido un delito, resulta indigno para ejercer esas funciones o poseer determinados honores, y no merece la confianza necesaria para ello[25]. Aunque este

---

23 En este sentido, entre otros, SÁNCHEZ MELGAR, J.: La pena de inhabilitación: constitucionalidad, contenido y problemas, en: Constitución y garantías penales, Cuadernos de Derecho Judicial (CDJ) XV, 2003, 331; FARALDO CABANA, P.: Introducción, en: FARALDO CABANA P./PUENTE ABA L.M., Las penas privativas de derechos y otras alternativas a la privación de libertad, Tirant lo Blanch, 2013, 20; GIL GIL, A. / LACRUZ LÓPEZ, J. M. / MELENDO PARDOS, M. / NÚÑEZ FERNÁNDEZ, J.: Consecuencias jurídicas del delito. Regulación y datos de la respuesta a la infracción penal en España, Dykinson, 2018, 141 s.; QUINTERO OLIVARES, G., en Las penas en el siglo XXI, reflexiones obligatorias, en: Roca de Agapito, L. (Dir.), Un sistema de sanciones para el siglo XXI, Tirant lo Blanch, 2019, 63 s.

24 Por muchos, FARALDO CABANA, P., en: FARALDO CABANA, P. / PUENTE ABA, L. M. (dirs.), Las penas privativas de derechos, 2013, 31.

25 PUENTE ABA, L. M.: La pena de inhabilitación absoluta, 2012, 135; la misma autora, La pena de inhabilitación absoluta, en: FARALDO CABANA P. / PUENTE ABA L. M. (Dirs.), Las penas privativas de derechos y otras alternativas a la privación de libertad, Tirant lo Blanch, 2013, 38; BOLDOVA PASAMAR, M.A.: Capítulo V. Penas privativas de derechos, en: BOLDOVA PASAMAR, M. A. / ALASTUEY DOBÓN, C. (coords.), Tratado de las consecuencias jurídicas del delito, 2ª ed., 2023, 202; de opinión claramente opuesta, MAPELLI CAFFARENA, B., en: CPC 2012, 31, quien sostiene que “La pena de inhabilitación absoluta, tanto como aparece

argumento, con independencia de su valoración, puede resultar pertinente para la pena de inhabilitación absoluta cuando se prevé como pena principal para grupos de delitos que no tienen ninguna relación con la función pública, o como pena accesoria en supuestos en los que el delito no ha tenido relación alguna con la actividad como empleado o funcionario público, pero no así en caso de preverse en delitos de corrupción pública, dado que encuentra fundamentos preventivos bastante más específicos para su aplicación como los antes mencionados; aunque pueda ser considerada, en algunos casos, como excesivamente severa o innecesaria.

2. El contenido de las penas

a) Inhabilitación absoluta

La inhabilitación absoluta se prevé exclusivamente como pena grave, consiste en la privación definitiva de todos los honores[26], empleos o cargos públicos[27] que tenga el penado, aunque sean

---

como pena principal, como cuando lo hace como accesoria, solo encuentra el fundamento de su existencia en el insostenible argumento de la infamia de ser condenado por un delito, que se cristaliza en la incompatibilidad con el ejercicio de la función pública (...) En el Derecho penal no deben quedar más inhabilitaciones que aquellas que afectan al ejercicio de derechos que fueron instrumentalizados por el individuo para cometer la infracción penal, solo entonces se pueden aunar a la pena los fines preventivos."

26 Por honores hay que entender todos los títulos y distinciones de carácter honorífico del condenado, excluyendo aquellas cualidades cuyo contenido no sea definido por el honor, como, por ejemplo, los grados académicos.

27 Son empleos o cargos públicos los que se incardinan en el ámbito de la función pública entendida en sentido amplio (Administración estatal, autonómica, local, institucional, etc.) cualquiera que sea la configuración de la relación (laboral, funcionarial, o administrativa, interina o permanente, electiva o por designación, etc.): BOLDOBA PASAMAR, M. A.: Penas privativas de derechos, en: GRACIA MARTÍN, L. (Coord.), Lec-

electivos y la incapacidad para obtener los mismos y cualquiera otros, y la de ser elegido para cargo público, durante el tiempo de la condena (art. 41 CP). Puede advertirse que su contenido viene totalmente predeterminado por el legislador, independientemente de cualquier consideración relativa a la naturaleza o forma de comisión del delito, por esa razón es absoluta[28]. Solo en dos delitos de los caracterizados como de corrupción pública se prevé la inhabilitación absoluta; éstos son: el subtipo agravado e hiper agravado de la malversación de apropiación del art. 432.2 del CP[29], el primero castigado con una pena de prisión de cuatro a ocho años e inhabilitación absoluta por tiempo de 10 a 20 años y el segundo con la misma pena de inhabilitación absoluta, incrementándose la prisión en su mitad superior, pudiendo llegar hasta la pena superior en grado (seis a ocho años, u ocho años y un día a doce años). A pesar de tratarse de conductas que entre otros bienes jurídicos afectan de forma notable al patrimonio público,

---

ciones de Consecuencias Jurídicas del Delito, 4ª ed., Tirant lo Blanch, 2012, 61.

28 En este sentido, Mapelli Caffarena, B.: Las consecuencias jurídicas del delito, 5ª ed., 2011, Thomson Reuters, 261.

29 Art. 432: 1. La autoridad o funcionario público que, con ánimo de lucro, se apropiare o consintiere que un tercero, con igual ánimo, se apropie del patrimonio público, que tenga a su cargo por razón de sus funciones o con ocasión de las mismas, será castigado con la pena de prisión de dos a seis años, inhabilitación especial para cargo o empleo público y para el ejercicio del derecho de sufragio pasivo por tiempo de seis a diez años./2. Se impondrán las penas de prisión de cuatro a ocho años e inhabilitación absoluta por tiempo de diez a veinte años si en los hechos que se refieren en el apartado anterior hubiere ocurrido alguna de las circunstancias siguientes: a) se hubiera causado un daño o entorpecimiento graves del servicio público, b) el valor del perjuicio causado o del patrimonio público apropiado excediere de 50.000 euros, c) las cosas malversadas fueran de valor artístico, histórico, cultural o científico; o si se tratare de efectos destinados a aliviar alguna calamidad pública./Si el valor del perjuicio causado del patrimonio público apropiado excediere de 250.000 euros, se impondrá la pena de prisión en su mitad superior, pudiéndose llegar hasta la superior en grado."

no se prevé una pena de multa, ni tampoco la han previsto en las regulaciones anteriores, a diferencia de lo que sucede en algunos supuestos de cohecho y tráfico de influencias. El segundo delito se castiga con la pena de inhabilitación absoluta de seis a doce años, más las penas de prisión de uno a dos años (inc. 1: solicitud sexual de la autoridad o funcionario) y de prisión de uno a cuatro años (inc. 2: solicitud sexual de funcionario de Instituciones penitenciarias, de centros de menores, o de centros de internamiento de personas extranjeras, etc.) regulado en el art. 443 del CP.

La pérdida de los derechos contenidos en esta pena es automática a partir de la sentencia firme (art. 988 LECrim). Para que la ejecución sea efectiva, el tribunal deberá remitir testimonio de la sentencia la los organismos correspondientes de la Administración pública. Pero, en abierta contradicción con la disposición de la LECrim mencionada y con el art. 3.1 del CP, la LO 5/1985 del Régimen Electoral General (LOREG) determina que son inelegibles, los condenados mediante sentencia, aunque no sea firme, por delitos contra la administración pública, entre otros (art. 6.2).

b) Inhabilitación especial para empleo o cargo público

La inhabilitación especial para empleo o cargo público se encuentra prevista como pena principal en la mayoría de los delitos de corrupción pública. Su contenido se encuentra explicitado en el art. 42 del CP y consiste en la privación definitiva del empleo o cargo público sobre el que recayere, aunque sea electivo[30] y de los honores que le sean anejos. Produce, además, la incapacidad para obtener el mismo u otros análogos, durante el tiempo de la condena.

Esta pena tiene dos efectos que pueden diferenciarse claramente. Por una parte, la privación definitiva de uno o varios empleos o cargos concretos. Que la privación sea definitiva significa

---

30 Especificación que incorpora la LO 15/2003, de 25 de noviembre.

que el empleo o cargo se podrá recuperar si, cumplido el tiempo de condena, accede de nuevo al mismo como si nunca lo hubiese ostentado[31]. Por la otra, la incapacidad para acceder a los empleos o cargos determinados y a otros análogos, durante el tiempo de la condena.

Por empleo público se entiende aquella profesión u oficio que se desempeña al servicio de la administración, a cambio de la retribución correspondiente[32]. Queda enmarcado en este concepto lo dispuesto en el Estatuto Básico del Empleado Público (EBEP)[33] en su art. 2, al referirse al personal funcionario y al personal laboral al servicio de las administraciones públicas, quedando incluidas las cuatro categorías en las que clasifica los empleos públicos en el art. 8: funcionarios de carrera[34], funcionarios interinos[35], personal laboral[36], y personal eventual[37], a los que debe añadirse el personal

---

31 Por muchos, Mapelli Caffarena, B., Las consecuencias jurídicas, 5.ª ed., 2011, 264; Gil Gil A. / Lacruz López, J. M. / Melendo Pardos, M. / Núñez Fernández, J.: Consecuencias jurídicas, 2018, 153.

32 En este sentido, por muchos, Puente Aba, L. M., en: Faraldo Cabana P. / Puente Aba. L. M. (dirs.), Las penas privativas de derechos, 2013, 21 ss.; también en: La pena de inhabilitación especial para empleo o cargo público en el ámbito de los delitos de corrupción relacionados con la contratación pública, en EPC, vol. XL, 2020, 241 s.

33 Aprobado por Real Decreto Legislativo 5/2015, de 30 de octubre.

34 Que define en el art. 9 del EBEP, como aquellos que, en virtud de nombramiento legal, están vinculados a una Administración pública por una relación estatutaria regulada por el Derecho administrativo para el desempeño de servicios profesionales retribuidos.

35 Que recoge en el art. 10 del EBEP, como aquellas personas nombradas por la Administración pública para desarrollar determinadas funciones propias de funcionarios de carrera cuando existan determinadas razones de necesidad y urgencia.

36 Que define el art. 11 del EBEP, como aquellas personas que, en virtud de contrato de trabajo formalizado por escrito, en cualquiera de las modalidades de contratación de personal previstas en la legislación laboral, prestan servicios retribuidos por las Administraciones públicas.

37 Que recoge el art. 12 del EBEP, como aquellas personas que, en virtud de nombramiento y con carácter no permanente, solo realizan funcio-

que desarrolla funciones directivas[38]. El concepto de cargo público no se encuentra tan claramente determinado como el de empleo, en principio, aparece identificado con actividades públicas provenientes de una elección, que puede provenir de elección popular o de autoridad, pero admite muchas variantes diferentes debido a las múltiples formas en que un ciudadano puede vincularse con la Administración para, sin ser empleado público, ejercer funciones de naturaleza pública[39]. Así, no se presentan dudas para considerar cargos públicos por elección ciudadana los miembros de las corporaciones municipales, los diputados y senadores, los integrantes de los parlamentos autonómicos y los parlamentarios españoles en el Parlamento Europeo. Si embargo, como expresa PUENTE ABA, existen supuestos más difusos, relacionados con las sociedades mercantiles públicas, las corporaciones, etc., en los que es preciso definir en qué casos un particular, sin tener la condición de empleado público, ejerce un auténtico cargo público[40].

c) La inhabilitación especial para el ejercicio del sufragio pasivo

La inhabilitación para el ejercicio del sufragio pasivo, prevista en el art. 44 del CP determina que "... priva al penado, durante el tiempo de la condena, del derecho a ser elegido para cargos públicos"; su contenido forma parte de la pena de inhabilitación absoluta y presenta coincidencias parciales con la inhabilitación

---

nes expresamente calificadas como de confianza o asesoramiento especial, siendo retribuidas con cargo a los créditos presupuestarios consignados para este fin.

38 Se define en el art. 13.1 del EBEP: "Es personal directivo el que desarrolla funciones directivas profesionales en las Administraciones Públicas definidas como tales en las normas específicas de cada Administración".

39 En la STS 426/2016, de 19 de mayo, se expresa que "El cargo es el adecuado para definir la situación de los que, sin el carácter o condición de permanencia y continuidad, ostentan una función pública por elección o por cualquier otra circunstancia transitoria."

40 Analiza en detalle estas cuestiones, PUENTE ABA. L. M., en: EPC vol. XL (2020), 243-272.

especial para el ejercicio de empleo o cargo público. Se incorpora como pena principal con la reforma de la LO 1/2015, en los delitos de corrupción pública en que se prevé la pena de inhabilitación especial para el ejercicio de empleo o cargo público, y por el mismo tiempo que ésta. El objetivo ha sido evitar que la persona condenada pueda acceder, por elección, durante el tiempo de cumplimiento de la inhabilitación especial, a algún cargo que no sea análogo al que perdió de forma definitiva, circunstancia no contemplada por la pena de inhabilitación especial. Esta incorporación ha sido caracterizada como acertada[41]. Aunque debe señalarse que, con anterioridad a esta incorporación por la LO 1/2015, en aquellos delitos en los que también se preveía pena de prisión, la inhabilitación para el ejercicio del sufragio pasivo se aplicaba como accesoria a ésta y por el mismo tiempo que la prisión. Esta pena incapacita al sujeto para el acceso al cargo público electo al que aspira, pero que aún no ejerce. Tendrá incidencia hasta el mismo momento de la elección, con efectos incluso para el caso de que la inhabilitación se decrete con posterioridad al plazo de candidaturas. Pero si el condenado ya ocupa el cargo

---

41 Benítez Ortúzar, I., en: CPC núm. 120, III, Época II, diciembre 2016, 5. Útil y coherente cuando se aplica como pena principal para delitos de funcionarios, entre otros, la considera Quintero Olivares, en: Roca de Agapito, L. (dir.), Un sistema de sanciones penales, 2019, 67. Además, ya había sido propuesta por un sector de la doctrina para delitos contra la Administración pública entre otros, en este sentido, Tamarit Sumalla, Artículo 44, en: Quintero Olivares (dir.) Comentarios al CP Español, Tomo I, 2011, 433-434; con alguna objeción por parte de Brandariz García, La pena de inhabilitación especial para el derecho de sufragio pasivo, en: Faralado Cabana, P. / Puente Aba, L. M. (dirs.), Las penas privativas de derechos y otras alternativas a la privación de libertad, Tirant lo Blanch, 2013, 187, quien entiende que este planteamiento tendría que enfrentar el escollo de que en general los delitos contra la Administración pública contemplan ya otras penas privativas de derechos, cuya aplicación en este ámbito tiene pleno sentido, y a las que no parece excesivamente oportuno aplicar la privación del derecho al sufragio, sobre todo en relación con la sanción del art. 41 CP.

público electo, aun cuando no haya tomado posesión del mismo, no le impide continuar, esto es, la ejecución de esta pena privativa de derechos no supone que deba abandonarlo[42].

d) Suspensión de empleo o cargo público

La suspensión de empleo o cargo público, recogida en el art. 43 del CP, "priva de su ejercicio al penado durante el tiempo de la condena". De las anteriores inhabilitaciones se diferencia por su menor gravedad y efectos, es por ello que se prevé como pena principal (siempre conjunta junto a la multa o la prisión) para aquellos supuestos de corrupción pública que parece que el legislador ha considerado menos lesiva para la función pública que otros delitos para los que reserva la inhabilitación (con lo que ello significa de pérdida del empleo o cargo), como los nombramientos ilegales del art. 405 del CP junto a la multa[43]; la revelación de secretos de un particular del art. 417.2 del CP junto a la prisión y la multa; el cohecho del art. 422 junto a la prisión; la malversación del art. 432 bis junto a la prisión; los fraudes y exacciones del art. 437 junto a la multa; y las negociaciones prohibidas del art. 441 del CP junto a la multa. En esta pena se recupera el empleo o cargo tras la extinción de la condena, y durante su cumplimiento no impide el acceso a otro empleo o cargo público distinto al que es objeto de suspensión[44].

---

42 En este sentido, BENÍTEZ ORTÚZAR, I., en: CPC núm. 120, III, Época II, diciembre 2016, 11 s.

43 Aunque, como señala MAPELLI CAFFARENA, B.: Las consecuencias jurídicas, 5.ª ed., 2011, 271, resulta difícil de explicar que se castigue con inhabilitación al funcionario que dicte una resolución injusta (art. 404), y con suspensión si la resolución consiste en nombrar o dar posesión de un cargo (art. 405).

44 Si bien en los requisitos generales del EBEP no aparece como impedimento para participar en procesos selectivos (art. 56.1), tal vez, conforme a lo dispuesto en el art. 56.3 pueda aparecer como impedimento en la concreta convocatoria, en tanto el requisito se establezca de manera abstracta y general.

Por otra parte, la ejecución de la misma no presenta mayores problemas, más allá de que deberá comunicarse la ejecutoria judicial al ámbito administrativo del que dependa el funcionario condenado.

IV. CUESTIONES RELATIVAS A LA APLICACIÓN Y EJECUCIÓN DE LA INHABILITACIÓN ABSOLUTA Y ESPECIAL

Las determinaciones que corresponde efectuar en el momento de aplicar estas penas difieren, de forma notable, según la inhabilitación de que se trate. Así, respecto de la pena de inhabilitación absoluta, no se suele concretar el alcance de la pena, ya que se proyecta sobre todos los empleos o cargos públicos de los que el sujeto sea o pueda ser titular, y también de los honores, solo se individualiza el tiempo por el que se impone la misma, atendiendo al grado de ejecución, el tipo de participación y la existencia de atenuantes y agravantes, a diferencia de lo que sucede con la pena de inhabilitación especial para empleo o cargo público que requiere necesariamente de mayores concreciones, como veremos.

1. La especificación en la sentencia de los empleos, cargos y honores sobre los que recae la inhabilitación especial

En los tipos penales en los que se exige para la autoría la condición de funcionario público o autoridad parece que, naturalmente, la pena de inhabilitación especial para empleo o cargo público guarda relación con el delito cometido y no resultan necesarias mayores especificaciones como las que se han previsto expresamente para esta pena cuando se aplica como accesoria[45];

---

[45] Así, el art. 56 del CP exige que la inhabilitación especial para empleo o cargo público, profesión, etc., se aplique como pena accesoria "si estos

pero, aparecen un conjunto de problemas que obligan a efectuar determinaciones.

El primero de ellos, es que, a pesar de la indicación legal que obliga a determinar en la sentencia los empleos, cargos y honores sobre los que recae la inhabilitación y que esta exigencia ha sido reiterada por la jurisprudencia[46], sigue, aunque cada vez en menos casos, sin cumplirse (aunque en ocasiones se repara la omisión en un auto posterior[47]).Todavía se encuentran sentencias condenatorias que imponen la pena de inhabilitación especial para empleo o cargo público con la única especificación del tiempo de condena[48], cuando deberían especificar el o los empleos o cargos concretos de los que se priva definitivamente, y, en segundo lugar, la incapacidad para acceder a esos empleos o cargos y a otros aná-

---

derechos hubieran tenido relación directa con el delito cometido, debiendo determinarse expresamente en la sentencia esta vinculación…".

46 En este sentido, en la STS 314/2017, de 3 de mayo, se sostiene: "Una cosa es que la imposición de la pena principal de inhabilitación especial no haya de argumentarse, más allá del juicio de subsunción del comportamiento analizado en uno de los tipos penales que contemplan esta sanción como ineludible, y otra bien distinta es que, aún en esos supuestos, habrán de especificarse las actividades a las que se refiere la inhabilitación, pues la inhabilitación especial -accesoria o principal- no tiene un alcance general, sino que solo se proyecta respecto del empleo o cargo sobre el que recaiga, el cual debe especificarse en la sentencia, tal y como recoge el art. 42 del CP."

47 Así, por ejemplo, el Auto de 4 de mayo de 2021 de la AP Castellón, Secc. 2ª, completa la sentencia de 26 de marzo de 2021, con el objeto de concretar la inhabilitación especial para empleo o cargo público se especifica para alcalde, teniente de alcalde, concejal de Ayuntamiento o cualquier otro de naturaleza electiva y ámbito local que implique una participación en un gobierno municipal.

48 Así, por ejemplo, en SSTS 213/2018, de 7 de mayo; 520/2021, de 16 de junio; 657/2021, de 28 de julio; 888/2021, de 17 de noviembre; SAP Guadalajara 9/2022, de 8 de abril; SSAN 8/2022, de 5 de abril; STS 772/2023, de 18 de octubre; 949/2023, de 21 de diciembre; SAP Granada, Secc. 2ª, 356/2023, de 28 de septiembre; SAN 8/2024, de 17 de abril.

logos durante el tiempo de la condena. En algunas sentencias se identifica el cargo o empleo que se priva, pero no la incapacidad para acceder a otros análogos[49].

Esta falta de determinación genera, sin lugar a dudas, una importante inseguridad jurídica, que puede llevar a que, en el ámbito de la ejecución de la pena, ya sea que por exceso, aparezcan dificultades para distinguir esta pena de la inhabilitación absoluta; o, que, por defecto, la única referencia que permita concretar la privación y los cargos o empleos a los que no puede acceder, sea la del empleo o cargo que ostentaba el sujeto en el momento de cometer el delito, por estar ausente la referencia concreta a los criterios para determinar la analogía.

a) La posible privación de alguna de las funciones en el ámbito del mismo empleo

Si bien el texto legal (art. 42 CP) no ofrece lugar a dudas acerca de que la privación es del "empleo" o "cargo"[50], en la práctica judicial, en algunas ocasiones se ha planteado la posibilidad de que se fragmenten las distintas competencias de un empleo, o de la conducta realizada en otro destino dentro del mismo empleo, por haberse cometido el delito en esa función del empleo o en ese destino. Así, ejemplo del primer caso es el de dos bomberos designados como miembros de un tribunal de selección de personal que, en tal función, cometieron el delito de violación de secretos (art. 417 CP) y fueron condenados a 1 año de prisión y 3 años de inhabilitación especial como bomberos funcionarios del Ayuntamiento. La pretensión de los condenados fue la de que

---

49 Así, por ej., en la STS 255/2024, de 14 de marzo.

50 Ver: Gutiérrez Castañeda, A., La determinación del objeto de la pena de inhabilitación especial para empleo o cargo público, en: Roca de Agapito, L. (dir.), Un sistema de sanciones penales para el siglo XXI, Tirant lo Blanch, 2019, 612 s.; también Puente Aba, L. M., EPC, Vol. XL (2020), 276-279.

debieron ser condenados solo a la inhabilitación especial para cargo electo como miembros del tribunal de oposición, ya que, como bomberos, no realizaron ninguna conducta merecedora de reproche penal. Sin embargo, el Tribunal[51] sostuvo que "a la hora de definir el contenido de la inhabilitación, ésta ha de conectarse con la función de raíz, con la actividad que está en el origen del delito, no con los desempeños ocasionales y que sólo se explican por razón de un empleo o cargo preexistente y que es, en última instancia, el que ha de quedar afectado por la pena".

El segundo caso se trata de un funcionario de Ayuntamiento destinado como operador administrativo de la Dirección General de Gestión Tributaria. La inhabilitación especial impuesta en la condena, recayó sobre "el empleo de funcionario público de la administración local". El agravio consistió en sostener que la inhabilitación debía circunscribirse a determinado empleo y éste no puede ser otro que aquél en cuyo ejercicio se ha cometido el delito u otro de igual naturaleza. Tampoco en este caso se hizo lugar al recurso interpuesto, dado que "El acusado era funcionario del Ayuntamiento, aunque "destinado" en la Dirección General de Gestión Tributaria como operador administrativo. Por lo tanto, era funcionario público de la Administración local y a tal empleo debe referirse la condena. Reducir la inhabilitación a una determinada actividad o destino, violenta el significado de la ley penal, pues "lo que la norma establece es la pérdida de dicho empleo en toda su extensión, de manera que, perdido éste, se pierdan todas las actividades o funciones propias del mismo sin excepción"[52]. Estas decisiones que adopta el TS resultan indiscutibles en atención al respeto del principio de legalidad. Pero también, en ciertos casos, dan cuenta de que esta inhabilitación puede presentarse como excesivamente aflictiva, si se atiende a la rigidez de la misma[53].

---

51 STS 887/2008, de 10 de diciembre.

52 STS 695/2012, de 19 de septiembre.

53 PUENTE ABA, L. M., en: EPC, vol. XL (2020), 279, entiende que la posibilidad de fragmentar funciones dentro de un mismo empleo o car-

b) Autor que posee varios empleos o cargos públicos

Pueden presentarse diversas situaciones: que el sujeto al que deba imponerse la pena posea dos empleos públicos a la vez[54]; o un empleo y un cargo público ya sea por designación o por elección a la vez[55]; o que en el momento de cometer el hecho tuviera un empleo o cargo diferente al del tiempo del enjuiciamiento con o sin relación entre ellos. En estos casos, es necesario determinar a qué empleos o cargos afectará la inhabilitación especial (de cuál o cuáles se privará al sujeto), decisión que fija el alcance de la pena. Para el caso de la inhabilitación especial como pena principal, el CP no aporta ningún criterio para la selección, ni exige, como en el caso de la pena accesoria, la "relación directa con el delito cometido, debiendo determinarse expresamente en la sentencia esta vinculación, ..." (art. 56. 1. 3° CP).

El TS no tiene, al respecto, una jurisprudencia uniforme. En un caso de condenas por los delitos malversación continuada en concurso medial con prevaricación continuada y falsedad continuada que se cometió en el ejercicio de cargos electivos (Director General de Juventud del Gobern de Islles Balears y de Presidente del Consejo de Dirección del Consorcio de Turismo Jove de les Illes Balears) pero no en la condición de funcionario de carrera (del cuerpo auxiliar de la Comunidad Autónoma), la Audiencia de instancia aclaró el sentido del fallo y sostuvo que la pena de inhabilitación especial para empleo o cargo público impuesta abarca todo empleo o cargo en la función pública incluida

---

go sería viable si la pena se definiera como una inhabilitación para funciones públicas, de tal modo que el juzgador tuviera la opción de seleccionar concretas funciones o actividades al aplicar esta pena al condenado.

54 Por ejemplo, los supuestos de funcionarios de la Administración que, a la vez imparten docencia universitaria conforme a lo previsto por la Ley 53/1984, de 26 de diciembre.

55 Donde se enmarcarían los casos de servicios especiales conforme a lo dispuesto en el art. 87 EBEP.

su condición de funcionario de carrera. Por el contrario, el TS[56] atendió al hecho de que las funciones "no fueron las propias de su condición de funcionario del cuerpo auxiliar, dado que el recurrente no estaba en activo en dicho cuerpo y perpetró el delito con ocasión del puesto de libre designación para el que había sido elegido (...)". En un sentido similar resuelve el TS[57] un caso en que se condena por el delito de prevaricación administrativa a la pena de 8 años de inhabilitación especial para los cargos de alcalde, teniente de alcalde, concejal o cualquier otro de naturaleza electiva y ámbito local que implique participación en el gobierno municipal. El condenado había actuado en calidad de teniente de alcalde, y era, a su vez, catedrático de universidad.

Sin embargo, en un supuesto[58] de delito continuado de tráfico de influencias cometido por un subdelegado del Gobierno de España en Lugo, en comisión de servicios, en la sentencia de instancia no se especificaron los empleos, cargos y honores en que recaía la inhabilitación especial impuesta, el TS sostuvo que

---

56 En la STS 314/2017, de 3 de mayo. Finalmente, la doctrina expuesta en esta sentencia no se aplicó en el caso, debido a que el recurrente había sido condenado a la pena de inhabilitación absoluta que se modificó por la de inhabilitación especial en virtud de la aplicación retroactiva de la ley más benigna, pero cuando la inhabilitación absoluta ya se había ejecutado, con la consecuencia de la pérdida de todos los empleos o cargos públicos.

57 STS 597/2014, de 30 de julio; en la que se sostiene que "En esta materia rige evidentemente el principio de legalidad penal y no es posible extender el contenido de la pena más allá de los estrictos términos del mismo. Además, es preciso tener en cuenta el contenido de la pena de inhabilitación absoluta (...). Por ello, en cuanto al primer inciso (del art. 42 CP) no puede recaer en otro empleo o cargo público que aquel en cuyo desempeño se comete el delito, si bien hemos admitido que no se trata de una función específica dentro del organigrama administrativo, sino de la que corresponde con carácter general en el seno del mismo, y por ello nuestros pronunciamientos a este respecto, en el ámbito local, contienen la mención de los cargos de alcalde, teniente de alcalde, concejal o cualquier otro de naturaleza electiva."

58 Resuelto en la STS 426/2016, de 19 de mayo

"El cargo de subdelegado de gobierno es un cargo de libre designación para el que se requiere ser funcionario de carrera de las comunidades autónomas o de las entidades locales, además de ostentar una titulación académica. Pretender que la inhabilitación afecte solamente al cargo de subdelegado de Gobierno y deje intacta la relación funcionarial o de empleo, restaría fuerza ejecutiva al sistema penal, pues el recurrente se valió de su posición de funcionario público para acceder a tal cargo, y el delito de tráfico de influencias quedaría en parte impune, mediante la artimaña de sustituir el cargo político por otro durante la tramitación del proceso penal, reduciendo a lo meramente simbólico la inhabilitación especial que como pena principal lleva consigo el referido delito."

Un caso en el que el condenado tiene, en el momento del enjuiciamiento un cargo distinto al ostentado en el momento de la comisión del hecho, fue resuelto por el TS[59] con criterios distintos a los ya expuestos. Se trata de un delito de prevaricación cometido por quien en el momento de los hechos era Viceconsejero de Bienestar Social y Vivienda del Gobierno del Principado de Asturias, mientras que en el del enjuiciamiento era diputado de la Junta General del Principado de Asturias. El TSJ de Asturias lo condenó a 7 años de inhabilitación especial para empleo o cargo público, lo que implica la pérdida de condición de diputado electo de la Junta General del Principado de Asturias, así como la imposibilidad de concurrir a ningún tipo de elección o ser nombrado para puesto representativo o ejecutivo o gestor por una actividad pública por dicho período, si bien no implicará la pérdida de condición de funcionario si la tuviera. El TS confirma la decisión sosteniendo que la inhabilitación "puede extenderse a otros cargos públicos similares obtenidos por elección ciudadana, pues el representante que no ha sabido cumplir con las reglas de probidad y respeto de la legalidad en su gestión como Viceconsejero, difícilmente puede hacerse merecedor de la confianza en

---

59 STS 259/2015, de 30 de abril

un cargo de representante parlamentario, en el que participa en las manifestaciones más importantes de la voluntad popular y del ejercicio del control político de la gestión del ejecutivo".

c) La incapacidad para obtener otros empleos o cargos análogos

En la sentencia condenatoria el tribunal debe indicar los criterios para identificar los cargos o empleos análogos al que se ha privado al condenado, y a los que no podrá acceder durante el tiempo de la condena. Esta cláusula analógica se ha criticado por entender que introduce un importante grado de inseguridad jurídica[60], aunque no se trata de una opinión unánime, así, MAPELLI CAFFARENA[61] afirma que lejos de emplearse contra reo, permite restringir los empleos o cargos a los que el penado no va a poder acceder durante el tiempo de la condena, en la medida en que el texto legal exige que sean análogos a aquél del que ha sido privado. También en la dirección de considerar positiva la inclusión de esta cláusula, GUTIÉRREZ CASTAÑEDA[62] atiende a que los fines de la prevención general y especial exigen que los efectos de la inhabilitación alcancen también a otros empleos o cargos que, por sus características, permitirían al sujeto la comisión de delitos similares, pero que no pueden ser enumerados taxativamente en el CP.

Entiendo que pueden considerarse análogos todos los empleos o cargos públicos que impliquen el desarrollo de funcio-

---

60 MANZANARES SAMANIEGO, J. L.: Las inhabilitaciones para cargo público, en: LH al Profesor Cerezo Mir, 2002, 1103; RÍOS MARTIN, J. (dir.) / PASCUAL RODRÍGUEZ, E. / ETXEBARRÍA ZARRABEITIA, X.: Manual sobre las consecuencias jurídicas del delito: su determinación y aplicación, Comillas, 2016, 66.

61 MAPELLI CAFFARENA, B., Penas privativas de derechos, LUZÓN PEÑA, D. M. (dir.) en: Enciclopedia Penal Básica, Comares, 2002, 1011.

62 GUTIÉRREZ CASTAÑEDA, A. en: ROCA DE AGAPITO, L. (dir.), Un sistema de sanciones penales, 2019, 614.

nes similares[63], y que deben interpretarse de forma restrictiva, a fin de atender a la naturaleza especial de la inhabilitación y fijar un límite lo más claro posible entre ésta y la inhabilitación absoluta. GUTIÉRREZ CASTAÑEDA propone que para determinar la relación de semejanza entre el cargo o empleo que se priva y aquellos a los que se impide el acceso durante el tiempo de la condena, se atienda exclusivamente a criterios de prevención general y especial, obviando cualquier consideración relativa a la "limpieza" y honorabilidad de la función pública, propuesta que me parece muy atinada.

La jurisprudencia sigue más de una línea interpretativa. La primera se apoya en la doctrina sentada en la STC 151/1999, de 14 de septiembre[64] que desarrolla una fundamentación jurídica basada en la asignación de fines ético-sociales a la pena y se acerca al viejo fundamento infamante de la inhabilitación absoluta. Un primer grupo mayoritario considera análogos todos los cargos electivos, con independencia de las funciones o del ámbito territorial en el que haya de ejercerse[65]. Una segunda línea relacionada con la inhabilitación especial respecto de cargos electivos, se encuentra representada por la STS 597/2014, de 30 de julio[66], que adopta un criterio claramente restrictivo y funcional.

---

63 PUENTE ABA, L. M., en: FARALDO CABANA, P. (dir.), las penas privativas de derechos, 2013, 86 s. propone otras especificaciones además del tipo de función desempeñada, como "el ámbito administrativo o territorial En el que se ejerce el empleo o cargo, el concreto nivel jerárquico o al ejercicio de autoridad inherente al empleo o cargo, al manejo de fondos o numerario, o a la existencia de contacto con el público".

64 Sentencia que contiene votos particulares de interés, y en la que la mayoría se aparta del criterio empleado en las SSTC 80/1987, de 27 de mayo y 154/1993, de 3 de mayo.

65 SSTS 798/1995, de 10 de julio; 259/2015, de 30 de abril; 436/2016, de 23 de mayo; 88/2018; 749/2022, de 13 de septiembre; SAP Pontevedra 1212022, de 3 de mayo.

66 El TS entiende que "la expresión 'otros análogos' en aras del principio de legalidad debe tener como referencia obligada la función desempe-

El TS adopta posiciones claramente más restrictivas[67] cuando se trata de inhabilitaciones especiales que recaen sobre empleos públicos no electivos. No así cuando se trata de cargos electivos. Resulta en algún sentido paradójico que cuando se trata de un funcionario o cargo no electivo, la posición sea más restrictiva, y cuando se trata de cargos electivos, que dependen de que el sujeto sea elegido o no por la ciudadanía, se adopte un criterio más amplio, limitando la posibilidad de elección popular de forma generalizada durante el tiempo de la condena.

V. LA PRIVACIÓN DEFINITIVA PARA EL EMPLEO O CARGO EN LA INHABILITACIÓN ABSOLUTA Y EN LA ESPECIAL

El CP de 1995 introduce la expresión "definitiva" para calificar la privación del empleo o cargo público[68]. Que la privación sea definitiva implica que se pierden definitivamente los derechos del cargo, o empleo sobre el que recae la inhabilitación y solo una vez extinguida la condena podrá optarse a acceder al mismo u otros a través de los medios legalmente previstos[69]. Pues bien, esta

---

ñada y el origen o título que habilita para ello a la autoridad o funcionario, en la medida en que el primero se refiere también a los cargos electivos. Por ello no se desborda el límite de la extensión de la pena cuando se considera análoga la desarrollada en otros ámbitos de la administración como puede ser la insular, autonómica o estatal, referida a las funciones de gobierno en el presente caso. Sin embargo, no debe alcanzar a otras funciones, como la legislativa, porque no sería análoga a las de gobierno, aun cuando sean electivas. En similar sentido, STS 179/2021, de 2 de marzo.

67 STTS 867/2003, de 22 de septiembre; 165/2015, de 10 de marzo; 8/2018, de 11 de enero.

68 La regulación anterior no incorporaba esta expresión en los arts. 35 y 36, aunque la privación se interpretaba en ese sentido.

69 OLAIZOLA NOGALES, I.: Previsiones específicas en materia de penalidad. Inhabilitación y suspensión, La agravación genérica del prevalimiento

pérdida "definitiva" del empleo o cargo como primer efecto de las inhabilitaciones absoluta y especial para empleo o cargo público, no siempre obligará (en caso de pretender recuperar el empleo o cargo) a acceder al mismo como si nunca se hubiera tenido. La Ley 13/1996, de medidas fiscales, administrativas y del orden social[70], introdujo la posibilidad de que la Administración pública, una vez cumplida la condena, concediese la rehabilitación a quien hubiera sido condenado a la misma como pena principal o accesoria, a petición del interesado. Esta posibilidad se recoge posteriormente en el art. 68.2 del EBEP[71], como una concesión facultativa y de carácter excepcional que debe atender a dos criterios: a las circunstancias y a la entidad del delito cometido. El RD 2669/1998, de 11 de diciembre[72], regula el procedimiento

---

del cargo, en: Asua Batarrita A. (ed.), Delitos contra la Administración Pública, IVAP, 1997, 86 s.

70 De forma un tanto subrepticia y sin explicación concreta en la Exposición de motivos.

71 Artículo 68.2: "Los órganos de gobierno de las administraciones públicas podrán conceder, con carácter excepcional, la rehabilitación a petición del interesado, de quien hubiera perdido la condición de funcionario por haber sido condenado a la pena principal o accesoria de inhabilitación, atendiendo a las circunstancias y a la entidad del delito cometido si transcurrido el plazo para dictar la resolución, no se hubiere producido de forma expresa, se entenderá desestimada la solicitud."

72 El RD 2669/1998, de 11 de diciembre regula el procedimiento de rehabilitación de la siguiente manera: requiere la extinción de la responsabilidad penal y civil derivada del delito (art. 2.3); determina que el órgano competente será el Consejo de Ministros, correspondiendo la instrucción a la Secretaría de Estado para las Administraciones Públicas, a través de la Dirección General de la Función Pública (art. 3.2); se inicia a instancia de parte, debiendo acreditarse la extinción de la responsabilidad penal y civil en los términos establecidos en el CP (art. 4.4); los criterios orientadores para la valoración y apreciación de las circunstancias y la entidad del delito cometido son los siguientes: a) la conducta y antecedentes penales previos y posteriores a la pérdida de la condición de funcionario, b) el daño y perjuicio para el servicio público derivado de la comisión del delito, c) la relación del hecho delictivo con el desempeño del cargo funcionarial, d) la gravedad de

de rehabilitación. Esta regulación plantea una serie de cuestiones de diversa importancia[73]. Así, aunque se trate de una decisión posterior al cumplimiento de la condena, acaba incidiendo en el contenido de la inhabilitación, en la medida en que puede quedar anulado el efecto de pérdida "definitiva" del empleo público, acercando esta pena a la de suspensión de empleo público[74]. Pero, además, se incorpora por una normativa extrapenal y es controlada en su aplicación por la jurisdicción contencioso-administrativa. Por otra parte, la posibilidad de recuperación no está prevista

---

los hechos y la duración de la condena, e) el tiempo transcurrido desde la comisión del delito, f) los informes de los titulares de los órganos administrativos en los que el funcionario prestó sus servicios, g) cualquier otro que permita apreciar objetivamente la gravedad del delito cometido y su incidencia sobre la futura ocupación de un puesto de funcionario público (art. 6.2); en el supuesto de rehabilitación la propuesta de resolución será elevada al Consejo de Ministros por el Ministerio de Administraciones Públicas (art. 7.1); la resolución que se adopte pone fin a la vía administrativa y contra ella se podrá interponer el correspondiente recurso contencioso-administrativo (art. 7.8). Si la resolución adoptada fuere desestimatoria, el interesado no podrá solicitar de nuevo la rehabilitación hasta el transcurso de dos años desde la resolución desestimatoria. De ser estimatoria, la resolución adoptada es notificada al Subsecretario del Ministerio, o al delegado del Gobierno correspondiente, según que el interesado hubiera tenido su destino en activo en servicios centrales o periféricos, respectivamente, quienes procederán a asignar al funcionario rehabilitado el desempeño provisional de un puesto de trabajo, tarea o función correspondiente al Cuerpo o Escala. El puesto de trabajo deberá ser convocado para su provisión definitiva por el procedimiento que corresponda (ARRIBAS LÓPEZ, E., Sobre la rehabilitación de funcionarios inhabilitados, en: Actualidad Administrativa, n.º 2, 2017, 5).

73 Un exhaustivo análisis de la rehabilitación realiza GILI PASCUAL, A.: La rehabilitación de la condición de funcionario tras condena penal. Un análisis a la luz de los principios rectores de la potestad punitiva, en: RDPC, 3ª Época, n.º 19, 2018, 47-82.

74 JAREÑO LEAL, A., Reflexiones de política criminal sobre las penas en los delitos relacionados con la corrupción pública, en: JUANATEY DORADO, C. / SÁNCHEZ-MORALEDA VILCHES, N. (dirs.), Derechos del condenado y necesidad de pena, ed. Thomson Reuters, 2018, 137.

para el empleado público no funcionario[75]; para la rehabilitación no se deberá aguardar, en la mayoría de los casos[76], a la cancelación de antecedentes penales, ya que conforme al EBEP basta con la extinción de la condena, y existe también disparidad entre las comunidades autónomas en relación con sus propios funcionarios, ya que algunas la prevén y otras no; generando importantes situaciones de desigualdad entre funcionarios y no funcionarios, entre quienes son rehabilitados y quienes deban acceder a la función mediante convocatorias ordinarias[77], y entre comunidades autónomas. También se producen situaciones de desigualdad entre funcionarios en la medida en que se prevé la rehabilitación en caso de condena penal, pero no en supuestos de separación del servicio por infracción administrativa, tratándose con mayor rigor una infracción que se presupone de menor gravedad que un delito[78].

Entiendo que la posibilidad de rehabilitación afecta claramente al contenido de la pena, en tanto relativiza su carácter de pérdida "definitiva" del empleo o cargo, pero se la ha diferenciado de

---

75 Tanto el art. 68.2 del EBEP como el RD 2669/1998 se refiere solo a la condición de funcionario por lo que no abarca a otros empleados públicos. En este sentido, Puente Aba, L. M., en: Faraldo Cabana P. / Puente Aba. L. M. (dirs.), Las penas privativas de derechos, 2013, 58.

76 Sí lo exigen algunas normas sectoriales, como las de secretarios judiciales, médicos forenses y funcionarios al servicio de la Administración de Justicia.

77 En términos genéricos en España se exige carecer de antecedentes penales para acceder a un puesto de funcionario público. Realiza una exposición detallada de esta exigencia Larrauri, E.: ¿En qué empleos se exigen antecedentes penales? Actualización del artículo RECPC (2011), en: RECPC, 2013, 1-14.

78 En el EBEP no existe ningún precepto que permita la rehabilitación por separación del servicio, aunque sí existe en algunas disposiciones sectoriales, en el Régimen Local, respecto del Cuerpo de Médicos Forenses. También la LOPJ, arts.: 379.1. c) y 380 prevé la posibilidad de reingreso en la carrera judicial con posterioridad a la separación del servicio.

la cuestión penal. Así, el TC[79] expresó que "La función rehabilitadora reconocida legalmente a la Administración despliega su eficacia exclusivamente en el ámbito administrativo, una vez que el funcionario condenado haya extinguido la responsabilidad penal impuesta en sentencia". Se afirma, en el auto, que constituye una manifestación de la potestad reconocida en el art. 103.3 CE para configurar el régimen estatutario de los funcionarios públicos, una de cuyas manifestaciones es configurar su régimen estatutario al legislador, que ha decidido establecer determinados mecanismos de rehabilitación que no afectan a la pena impuesta y que obedecen a fines constitucionales legítimos como la reinserción y reeducación social de los penados (art. 25.2 CE)[80].

La jurisprudencia de la Sala tercera del TS da cuenta de que son muy escasos los casos en los que el Tribunal concede la rehabilitación[81]; y, en todo caso, deja sentado que no existe un derecho a la rehabilitación y que su concesión resulta excep-

---

79 La Sala de lo Contencioso-Administrativo del TSJ de Galicia interpuso la cuestión de inconstitucionalidad 3438/2000 que fue inadmitida a trámite por el ATC 47/2001, de 26 de febrero, en la que se planteaba la posible contradicción con la institución del indulto, recogido en el art. 62.i) CE.

80 Señala acertadamente GILI PASCUAL, A., en: RDPC, 3ª época, n.º 19, 2018, 65, sin cuestionar la constitucionalidad de la institución de rehabilitadora en sí, que la cita del art. 25.2 CE va en puridad referido a las penas privativas de libertad y medidas de seguridad, no de derechos y resulta llamativo y capcioso negar el parentesco de la institución rehabilitadora con las penas e invocar después para justificar dicha institución los fines que son propios de algunas penas. Hace notar, también, que el art. 103.3 CE no alude a la necesidad de regular por Ley una rehabilitación tras sentencia de inhabilitación y que escudarse en este precepto es una forma de eludir la cuestión de fondo: "si cabe o no legítimamente la revisión por vía administrativa de efectos de la pena acordados por la jurisdicción penal", a lo que me parece necesario añadir que se trata de efectos previstos en la legislación penal.

81 Así, entre otras, SSTS de 14 de julio de 2004, de 28 de octubre de 2009, 753/2019, de 3 de junio.

cional. Respecto del listado de criterios del RD 2669/1998[82], algunos de los cuales parecen orientados a volver a enjuiciar los hechos por los cuales el sujeto ya ha sido condenado, la jurisprudencia ha entendido que se trata de directrices meramente orientativas y no ha elaborado una doctrina uniforme, más bien puede afirmarse que hay cierta imprevisibilidad en cuanto a la argumentación. GILI PASCUAL advierte dos enfoques en estas resoluciones, el primero parece buscar la justicia material del caso por considerar excesivamente severa la pena, acercando esta institución al indulto. El segundo enfoque, que se ha ido consolidando, se centra en la tutela de la credibilidad y el prestigio de la administración pública, diferenciando entre ilícitos que afectan a los "deberes esenciales" de todo empleo público (por ej., los delitos contra la salud pública o de detención ilegal, o que afecten al secreto de las comunicaciones) y otros que (supuestamente) no conculcan esos deberes esenciales, y en relación con los cuales se muestra más proclive a la rehabilitación (de naturaleza esencialmente económica en los que se haya restituido lo sustraído o defraudado)[83].

Ahora bien, con independencia de la valoración que se efectúe de la previsión legal de la rehabilitación y de los criterios utilizados por la jurisprudencia a la hora de conceder o rechazar la rehabilitación previamente denegada por el Consejo de Ministros, lo que genera preocupación, por la opacidad que representa, es la falta de conocimiento de los supuestos en

---

82 Ver nota 72.

83 Gili Pascual, A., en: RDPC, 3ª Época, n.º 19, 2018, 69-72, sostiene que "en un sistema bien ponderado de inhabilitación/rehabilitación, esta última debiera atender exclusivamente a circunstancias sobrevenidas, posteriores a la condena (…) de carácter excepcional debieran evidenciar en relación con la confianza social en el servicio público atacado una reducción, en el caso concreto, del impacto que en abstracto se le supuso a la reincorporación por parte del legislador a la hora de asignar como pena al hecho una privación definitiva de tal condición pública." (82).

los que la Administración concede la rehabilitación, y con qué criterios lo hace, ya que no se brinda información pública sobre tales concesiones, ni información estadística sobre estas rehabilitaciones.

VI. CONSIDERACIONES FINALES

Las penas de inhabilitación previstas como principales resultan, por los argumentos expuestos y sostenidos también por la mayoría de la doctrina, penas idóneas para los delitos de corrupción pública, y, tal vez, en muchos casos – al menos para los delitos menos graves- podrían preverse como penas únicas o junto a las de multa. La acumulación de penas, tanto principales como accesorias, es una clara tendencia en la evolución de nuestra legislación penal para múltiples delitos, como muestra de criterios claramente punitivistas, pero no ha demostrado efectos preventivos relevantes.

Para atender a los efectos preventivos o a la eficacia de la pena, parece que no basta con la idoneidad abstracta del tipo de pena prevista para el correspondiente delito, ésta puede verse afectada por diversos factores. Pone en cuestión la efectividad de cualquier clase de pena, incluidas las de inhabilitación, el hecho de que se produzca una importante distancia entre la cantidad de pena amenazada y la efectivamente impuesta, y esto sucede de forma notable en los delitos de corrupción pública. Las razones son varias, pero puede identificarse claramente la lentitud del proceso penal en sí misma, cuando, además, ese excesivo tiempo transcurrido lleva, generalmente, a la aplicación de atenuantes post delictivas simples o muy cualificadas por dilaciones indebidas, a las que puede sumarse, por las características de las personas involucradas en estos delitos, la reparación del daño, que permite disminuir hasta en dos grados la magnitud de pena; y, además, la conclusión de los procedimientos por conformidad, con lo que implican de rebaja de pena, son de gran importancia cuantitativa[84].

Por otra parte, la inhabilitación, en su aplicación, puede presentar problemas de proporcionalidad desde dos perspectivas si se atiende al principal efecto de la pena consistente en la pérdida del empleo o cargo. Esta pérdida no admite disminución alguna, ya que la posible aplicación de circunstancias modificativas de la responsabilidad solo afectará a la cantidad de pena impuesta, por lo que, en algunos casos, esa pérdida definitiva puede resultar excesivamente gravosa en relación con el grado de injusto atribuido al hecho. Y, en segundo lugar, según se trate de la pérdida de un cargo temporal (que puede que ya no se ocupe al momento del dictado de la sentencia) o del empleo para un funcionario de carrera, no resultan comparables los perjuicios que pueden sufrirse en cada caso.

Otro problema central de la aplicación de la inhabilitación es la falta de precisión y de elaboración de criterios unívocos para determinar los concretos cargos o empleos que se pierden y los análogos a éstos que no se podrán ocupar durante el tiempo de la condena.

La normativa administrativa afecta claramente al contenido de la pena de inhabilitación, y de forma ambivalente. Así, la posibilidad de rehabilitación recogida en el EBEP, en tanto relativiza el carácter de pérdida definitiva del empleo o cargo y que, tal vez, permite resolver un problema en aquellos casos en que esta pérdida definitiva pudiera considerarse excesivamente gravosa, pero que, a mi criterio, debería estar regulada en el ámbito penal y controlada por la jurisdicción penal, en su caso; se muestra como una fuente de desigualdad entre funcionarios y no funcionarios, ya que solo se encuentra prevista para los primeros, y respecto de los mismos funcionarios, aparece regulada

---

[84] Ver Barber Burusco, S.: La suspensión de la ejecución de la pena de prisión en los delitos de corrupción pública, en: Revista Penal, n.º 52, 2023, 36-39.

para los supuestos de condena penal y no para los de separación del servicio, al menos no de forma generalizada para todos los funcionarios públicos. Por otra parte, la LOREG en abierta contradicción con lo dispuesto en los arts. 3.1 del CP y 988 de la LECrim que determinan que la ejecución de la pena se inicia a partir de la existencia de una sentencia firme, determina que resultan inelegibles aquellos condenados por delitos contra la administración pública (entre otros) mediante sentencia firme o no firme (art. 6.2 LOREG).

CAPÍTULO QUINTO
MEDIDAS DE SEGURIDAD

La solución italiana para superar los hospitales psiquiátricos judiciales: la protección del derecho a la salud mental en la ejecución penitenciaria para "eliminar todas las formas de discriminación y segregación"

FRANCESCO SCHIAFFO[1]
Profesor Ordinario de Derecho Penal.
Università degli Studi di Salerno.

I. LA REFORMA DE LA DOBLE VÍA ENTRE AMBICIONES Y EROSIONES

En el contexto de las grandes reformas esperadas y perseguidas, con particular tenacidad, entre el final de los años ochenta y la primera década de este siglo, el sistema de las sanciones penales siempre ha representado el sector en el que la necesidad y la urgencia de una intervención legislativa radical se ha manifestado de manera más evidente.

El problema de las sanciones previstas en el Código Penal italiano de 1930 ha sido constantemente replanteado por cada una de las numerosas reformas que, incluso antes de la histórica Ley

---

1 Esta contribución ha sido traducida al español por Jose Ancor Viera González, Investigador Predoctoral en Formación en Derecho Penal por la Universidad de Las Palmas de Gran Canaria.

n.º 354/1975, han afectado constantemente, en términos más o menos incisivos, en el sistema sancionador y penitenciario.

A pesar de tratarse de un ámbito muy específico y claramente definido en el conjunto del sistema penal, en Italia sigue faltando, no obstante, una reforma orgánica del sistema de las sanciones penales: la propia ley sobre el sistema penitenciario continúa siendo objeto de periódicas y frecuentes revisiones, pero siempre limitadas, por parte del legislador o de la Corte Constitucional.

En tiempos relativamente recientes, sin embargo, una de las tantas intervenciones que han afectado al sistema sancionador ha tenido que ver con uno de sus rasgos esenciales: la regulación de la denominada "doble vía" sancionadora, articulada en penas y medidas de seguridad.

II. LA RECIENTE EROSIÓN: LA LEGISLACIÓN PARA LA SUPERACIÓN DE LOS HOSPITALES PSIQUIÁTRICOS JUDICIALES

Con la legislación para la superación de los hospitales psiquiátricos judiciales (*OPG – ospedali psichiatrici giudiziari –*), en Italia se ha revisado la principal característica de la disciplina de las medidas de seguridad, que, hoy más que nunca, no parece definir en absoluto una vía sancionadora radicalmente distinta a la de las penas.

En efecto, hoy en día, los dos tipos de sanciones no solo comparten los criterios del artículo 133 C.P., utilizados tanto para la medición de la pena como, de conformidad con el art. 203, párr. 2, C.P., para la definición y la detallada evaluación del presupuesto subjetivo de la aplicación de las medidas de seguridad, sino, de conformidad con el art. 1.1 *quater* del Decreto-Ley 52/2014, también la regulación de la duración máxima de estas últimas: en cuanto a las medidas de seguridad personales y privativas de libertad, estas ya no serán ilimitadas como en la regulación original y todavía formalmente vigente del Código Penal de 1930, sino que se encuentra ajustada, en cambio, al tiempo fijado para la pena de prisión prevista para el delito cometido, teniendo en cuenta el límite máximo del marco penal.

En el caso de las medidas de seguridad, por tanto, prácticamente se ha esfumado aquella diferencia macroscópica respecto a las penas que permitía mostrar en términos del todo marginales, incluso, los solapamientos anómalos que, desde el principio, caracterizan dichas disciplinas: hoy más que nunca, la metáfora más adecuada para representar la estructura fundamental de nuestro sistema sancionador podría no ser tanto aquella de la "doble vía", sino la de una 'trenza de dos mechones'.

Metáforas aparte, hoy parece aún más concreto y evidente el riesgo de que, en el ámbito de las sanciones penales, con la vigente regulación de las medidas de seguridad, pueda materializarse una gravísima participación sustancial en una violación manifiesta del principio *ne bis in idem*: se corre, en definitiva, el riesgo de prever – y en los casos en los que sea posible, también de aplicar – dos sanciones sustancialmente idénticas sobre un mismo hecho delictivo.

Probablemente se trata de un riesgo del cual era ya consciente el legislador de 1930, que había intentado exorcizarlo calificando como "administrativas" las medidas de seguridad en la rúbrica del título VIII del libro primero del Código Penal[2].

---

2 Sobre este punto y sobre la afirmación de la naturaleza sustancialmente penal de las medidas de seguridad, sigue siendo fundamental el trabajo de MUSCO, E., La misura di sicurezza detentiva. Profili storici e costituzionali, Milán, 1978, p. 175, también con referencia a la inequívoca posición adoptada rápidamente por la Corte de Casación; y por último, respecto al reciente debate sobre la llamada 'materia penal', cfr. CAVALIERE, A., Le vite dei migranti e il diritto punitivo, en Sistema penale 4/2022, pp. 43 y ss., 66 y ss. (https://www.sistemapenale.it/pdf_contenuti/1649838964_cavaliere-2022a-vite-migranti-diritto-punitivo.pdf–consultado el 12.10.2024), al que también se hace referencia para

III. LA «SUPERACIÓN DEFINITIVA» DE LOS HOSPITALES PSIQUIÁTRICOS JUDICIALES: LA EROSIÓN EN LAS RAÍCES DE LA DOBLE VÍA

Más allá de los aspectos específicos de la nueva normativa, hoy, en Italia, emerge un hecho con absoluta evidencia del proceso legislativo para la superación de los *OPG*: ¡una de las principales características que ha definido el Código Penal de 1930 durante 84 años ha sido revisada y superada sin modificar disposición alguna!

Más bien, en esta ocasión, se ha seguido y aplicado una estrategia legislativa radicalmente alternativa a aquella seguida con la propuesta de reserva del código que, en Italia, había sido claramente formulada y ampliamente compartida en los años de mayor vivacidad del movimiento reformista y que, sin embargo, solo apareció en la nueva y discutible disposición del art. 3-*bis* del Código Penal[3].

Con ocasión de la misma legislación para la superación de los *OPG*, si bien en un ámbito que incluso la Corte Constitucional ha considerado limitado a los pacientes psiquiátricos[4], se ha alcanzado una conclusión análoga respecto a la valoración de la peli-

---

una valoración crítica de las distintas posturas que han surgido en la doctrina.

[3] El art. 3-*bis* del Código Penal italiano, titulado «*Principio della riserva di codice*», establece que las «*nuevas disposiciones que prevean delitos sólo podrán introducirse en el ordinamiento si modifican el Código Penal o son incluidas en leyes que regulan de modo orgánico la materia*»; sobre la propuesta de la reserva del código, cfr., por todos, DONINI, M., La riserva di codice (art.3-bis cp) tra democrazia normante e principi costituzionali. Apertura di un dibattito, en La legislazione penale, 2018 (http://www.lalegislazionepenale.eu/wp-content/uploads/2018/11/Donini-approfondimenti-LP-1.pdf–consultado el 12.10.2024), p. 1 y ss.

[4] Cfr. Corte Constitucional, sentencia 24 de junio – 23 de julio del 2015, n.° 186, en https://www.cortecostituzionale.it/actionPronuncia.do (consultado el 12.10.2024), punto 4.2. de los Fundamentos de Derecho.

grosidad social que, en el ordenamiento jurídico-penal italiano, es el único requisito esencial para que las medidas de seguridad personales sean necesarias en todos los casos previstos por la ley para su aplicabilidad, y es siempre suficiente e indispensable para su ejecución.

En conformidad con el apartado 4 del art. 3-*ter* del Decreto-Ley n.° 211/2011 sobre la «*superación definitiva de los hospitales psiquiátricos judiciales*», modificado por el art. 1 de la Ley n.° 81/2014, hoy en día la peligrosidad social del paciente psiquiátrico se determina «*sin tener en cuenta las condiciones a las cuales se refiere el art. 133, apartado segundo, número 4 del código penal*» o sin tener en cuenta las «*condiciones de vida individual, familiar y social del reo*»: en este caso concreto, por tanto, más que a las condiciones subjetivas, se refiere a la gravedad del hecho que, notoriamente, sigue siendo el criterio fundamental para la medición de la pena.

1. El Código Penal marginal: hipótesis socio-criminológicas sobre las razones de una estrategia legislativa inusual

Así, tanto para la revisión de la regulación sobre la duración de las medidas de seguridad como en lo que respecta a aquella propia de la valoración de la peligrosidad social del paciente psiquiátrico, las reformas para la superación de los OPG no han afectado en lo más mínimo a las correspondientes disposiciones del Código Penal: los arts. 207 y 203.2 del Código Penal han permanecido inalterados.

Evidentemente, ello ha ocurrido por razones que no han sido fortuitas ni ocasionales.

En particular, podría atribuirse a la falta de las condiciones políticas y sociales que siempre han sido consideradas absolutamente necesarias para una reforma integral del Código Penal[5]: si, de

---

[5] Ejemplares y probablemente todavía actuales son las consideraciones de Marinucci, G., Problemi della riforma del diritto penale in Italia,

hecho, un Código Penal, independientemente de sus implicaciones estrictamente jurídicas, también es un elemento esencial del «*sistema de orientación referencial*» de un contexto social[6], parece inverosímil que su reforma pueda llevarse a cabo en ausencia de una condición – ¡hoy evidentemente remota! – de suficiente estabilidad de las estructuras y las orientaciones socioculturales.

Por estas razones, ha sido imposible en Italia una reforma integral del Código Penal y, probablemente, atendiendo también a la persistente diferencia entre las distintas orientaciones terapéuticas de la psiquiatría contemporánea[7], por iguales razones no ha sido posible actuar sobre el código siquiera dentro de los límites de las modificaciones que hubieran sido estrictamente necesarias para superar definitivamente el «*auténtico horror indigno de un país apenas civilizado*»[8], representado por las viejas estructuras para la ejecución de las medidas de seguridad de ingreso en un hospital psiquiátrico judicial (art. 222 C.P.) y de la asignación a un hogar de atención y custodia (art. 219 C.P.).

Además, el trabajo de quienes han contribuido a las reformas llevadas a cabo para la superación de los *OPG* parece haber estado comprensiblemente condicionado por valoraciones de *Realpolitik*: en atención al objetivo perseguido, se debió atender también a las inevitables consecuencias de una gestión de consensos y flujos

---

en AA.VV., Diritto penale in trasformazione, a cargo de MARINUCCI G. y DOLCINI, E., Milán, 1985, p. 349 y ss., 368 y s.

6 Según las elaboraciones de psicología social de Erich Fromm, el «*sistema de orientación referencial*» es una de las condiciones indispensables del bienestar psíquico colectivo e individual: cfr. FROMM, E., Avere o essere? (1976), Milán, 1986, pp. 18 y ss., 151 y ss.; ID., Psicoanalisi della società contemporanea (1955), Milán, 1975, pp. 31 y ss.

7 Cfr., por todos, FRANCES, A., *Primo*, non curare chi è normale. Contro l'invenzione delle malattie (2013), Turín, 2013, pp. 99 y ss., *passim*.

8 Así, en el Mensaje de fin de año del Presidente de la República Giorgio Napolitano del 31.12.2012, en http://presidenti.quirinale.it/elementi/Continua.aspx?tipo=Discorso&key=2600 (consultado el 12.10.2024)

electorales que, desde hace décadas, son canalizadas sobre todo a través del miedo[9].

Como es bien sabido, en la perspectiva de la suma de consensos político-electorales, la fácil representación mediática – ¡y la ilusoria percepción social! – de la amenaza penal como estrategia eficaz y resolutiva para la prevención de delitos hace que el miedo a la delincuencia parezca especialmente útil, por lo que es preferente y a menudo representado como emergencia absoluta en el debate mediático.

En el ámbito criminológico representa ya una realidad consolidada que, dada también la crisis del Estado de bienestar, es esencialmente la razón que alimenta las políticas de seguridad y que, por tanto, hace especialmente delicado cada debate público o propuesta de reforma jurídico-penal en una perspectiva reduccionista, por muy parcial y limitada que pueda ser.

Por otro lado, no parecen ser muy diferentes las distintas razones por las que en Italia, en el año 1978, el cierre de los hospitales psiquiátricos provocado por los revolucionarios protocolos terapéuticos aplicados por Franco Basaglia y, luego, dictados por la Ley n.° 180/1978, no afectó al manicomio judicial. Dada también la inminencia del referéndum derogatorio de la Ley n.° 36/1978, ya entonces convocado por el Decreto del Presidente de la República n.° 109/1978, para el 11 de junio siguiente, en los días en que fue hallado el cadáver de Aldo Moro, hubiera sido absolutamente inoportuno involucrar también los aspectos penales en una reforma que, además, habría sido aprobada el mismo día de su funeral[10].

---

9 Sobre este punto, permítase la remisión a Schiaffo, F., Le minime ragioni della legislazione penale simbolica: la criminalità mediata, en Critica del diritto, 2010, pp. 127 y ss.

10 Para una reconstrucción detallada y documentada de los orígenes de la Ley n.° 180/1978 y de las posiciones en muchos sentidos críticas del proprio Basaglia, inicialmente inseguro y luego decidido a explotar su

Evidentemente, las valoraciones de *Realpolitik* sugirieron estrategias más eficaces para alcanzar un objetivo que habría sido y sigue siendo de absoluta relevancia histórica y mundial.

IV. LAS ESTRATEGIAS PARA LA «SUPERACIÓN DEFINITIVA» DE LOS HOSPITALES PSIQUIÁTRICOS JUDICIALES: LAS PREMISAS PARA UNA EVALUACIÓN EN LA PERSPECTIVA DE OTRAS REFORMAS SECTORIALES

No obstante, en la evolución de nuestra legislación penal, el caso de la normativa para la superación de los hospitales psiquiátricos judiciales no solo destaca por la revisión de las características fundamentales del sistema de doble vía, ni siquiera por la peculiar estrategia legislativa seguida.

De hecho, a la vista de otras reformas deseables en ámbitos concretos del Derecho penal, podría adquirir una relevancia incluso mayor frente a aquella que, ahora en perspectiva de *lege lata*, supone la redefinición de las características fundamentales del sistema de doble vía.

En la misma perspectiva, sin embargo, es imprescindible tener en cuenta el tipo de soluciones adoptadas para superar aquel «*auténtico horror indigno de un país apenas civilizado*», representado por las estructuras y la regulación para el ingreso en un hospital psiquiátrico judicial.

1. *La «superación definitiva» alcanzada con nuevas formas de ejecución de medidas de seguridad nunca modificadas*

Sería reduccionista y absolutamente engañoso, en este sentido, la generalizada pero errónea representación de las nuevas re-

---

potencial, cfr. FOOT, J., La "Repubblica dei matti". Franco Basaglia e la psichiatria radicale in Italia, 1961-1978, Milán, 2014, pp. 282 y ss., 292.

sidencias para la ejecución de las medidas de seguridad (*REMS* – *Residenze per l'esecuzione delle misure di sicurezza* –) en términos de instalaciones sucesoras de los viejos hospitales psiquiátricos judiciales.

Algo similar solo habría ocurrido con el texto original del art. 3-*ter*, añadido al Decreto-Ley n.° 211/2011 con la correspondiente ley de conversión n.° 9/2012, que, sin embargo, fue inmediata y radicalmente modificado hasta seis veces en menos de dos años con tres decretos ley (Decreto-Ley. n.° 158/2012, Decreto-Ley n.° 24/2013, Decreto-Ley n.° 52/2014) y con cada una de las respectivas leyes de conversión (Ley n.° 189/2012, Ley n.° 57/2013 y Ley n.° 81/2014).

En efecto, a diferencia de las antiguas instituciones para la ejecución de la medida de seguridad de internamiento en hospital psiquiátrico judicial y de aquellas previstas en el texto original del art. 3-*ter* del Decreto-Ley n.° 211 del 2011, hoy las *REMS* no son el lugar de destino final del proceso judicial del paciente psiquiátrico autor de un hecho previsto en la ley como delito y considerado socialmente peligroso.

a) El internamiento en un hospital psiquiátrico judicial como extrema ratio: una medida esperada durante once años

En realidad, en el supuesto penitenciario de la persona a la que se aplica la medida de seguridad de internamiento en un hospital psiquiátrico judicial (art. 222 C.P.), ni siquiera se trata de un lugar de tránsito necesario.

Con las modificaciones del art. 3-*ter* del Decreto-Ley n.° 211/2011, introducidas con el art. 1.1.b) del Decreto-Ley n.° 52/2014 y sucesivamente revisadas con el anexo a la respectiva ley de conversión n.° 81/2014, han sido plenamente aplicadas en el ordenamiento jurídico italiano las indicaciones ya dadas por la Corte Constitucional en la sentencia n.° 253 del 2003, cuando había señalado el principio de subsidiariedad del internamiento en hospital psiquiátrico judicial, indicando como solución alternativa, en lugar de ello, la libertad vigilada «*acompañada de medidas impuestas por el juez de contenido atípico (y, por tanto, con utilidad terapéutica)*»[11].

Hoy, de hecho, en virtud del art. 3-*ter*, apartado cuarto, del Decreto-Ley n.º 211/2011, en primer lugar, «*el juez dispone frente al enfermo mental o semienfermo mental la aplicación de una medida de seguridad, incluso con carácter provisional, distinta al internamiento en un hospital psiquiátrico judicial o en una residencia de atención y custodia, salvo cuando se presenten elementos de los cuales se desprenda que cualquier otra medida no es idónea para garantizar cuidados adecuados y hacer frente a su peligrosidad social*».

b) Las REMS no sustituyen los OPG ni las razones de la inevitable necesidad de las nuevas modalidades de ejecución sobre las medidas de seguridad que nunca han sido modificadas

Cuando el juez no puede proceder en tal sentido, las *REMS* solo son el primer destino – ¡absolutamente provisional! – para la ejecución de las medidas de seguridad de internamiento en el hospital psiquiátrico judicial (art. 222 C.P.) y de asignación a un hogar de atención y custodia (art. 219 C.P.).

Las razones de la efectividad del resultado de una estancia solo provisional en las *REMS* son atribuibles, principalmente, a las *best practices* de los profesionales del sector.

De estas dependen la sostenibilidad del conjunto del nuevo sistema y, por tanto, la resistencia de las disposiciones legislativas que lo prevén: las mismas disposiciones, sin embargo, no permiten resolverlas en opciones de libre gestión.

---

11 Cfr. Corte Constitucional, sentencia 2-18 de julio de 2003, n.º 253 en https://www.cortecostituzionale.it/actionPronuncia.do_(consultado el 12.10.2024), punto 3 de los Fundamentos de Derecho.

En primer lugar, en efecto, con una formulación legislativa desafortunada – que, dada la letra de la ley, parece referirse solo a «*cada una de las personas ingresadas en los hospitales psiquiátricos judiciales a la fecha de la entrada en vigor de la ley de conversión*» del Decreto-Ley n.º 52/2014 –, el art.1, apartado 1-*ter* del mismo Decreto-Ley prevé que sus «*trayectorias terapéutico-rehabilitadoras individuales de alta [...] deben ser obligatoriamente elaboradas y enviadas al Ministerio de la Salud y a la autoridad judicial competente en un plazo de cuarenta y cinco días a partir de la fecha de entrada en vigor de la ley de conversión del presente decreto*».

Muy oportunamente, en Italia, en los ordenamientos jurídicos de algunas Regiones (que, en virtud del art. 117 de la Constitución, también son competentes en materia sanitaria) se ha introducido disposiciones que, de manera más incisiva, "atribuyen" «*a la responsabilidad del Director General del Hospital de referencia la consecución de los objetivos de [...] garantizar la elaboración y el envío a la autoridad judicial competente [...] de los proyectos terapéutico-rehabilitadora individuales para el alta de todas las personas bajo su jurisdicción presentes en los actuales OPG y en los establecimientos residenciales para las medidas de seguridad (REMS), dentro de los 30 días siguientes a su ingreso en dichos centros*»[12].

Sin embargo, se trata de disposiciones cuya efectividad no se confía a ninguna previsión sancionadora específica para los supuestos de posibles infracciones.

Con una elección que, probablemente, es aún más eficaz que cualquier amenaza de sanción, su eficacia se confía, en cambio, a la imposibilidad real de diferentes soluciones de gestión o a la

---

12 Así, el Comisionario *ad acta* para la continuación del plan de recuperación del sector sanitario en la Región de Campania, Decreto n.º 104 del 30.9.2014 para la «*Adecuación del Programa para la superación de los Hospitales Psiquiátricos Judiciales de la Región de Campania*», en el Boletín Oficial de la Región de Campania, n. 69 del 6.10.2014, punto 5.3. del Decreto.

imperiosa necesidad (una especie de «*Notwendigkeit im Dasein*»[13]) de un constante y ajustado *turn-over* en la gestión de las camas disponibles en las *REMS*.

Como es evidente, de hecho, la disponibilidad de camas en las *REMS* representa un caso ejemplar – y, según la legislación vigente, difícilmente superable – de "número cerrado".

Ello deriva, en primer lugar, del límite máximo de 20 camas en cada establecimiento, que, con el fin de evitar el hacinamiento y las dimensiones típicas de una institución total, se ha previsto oportunamente en el Anexo A del Decreto del Ministerio de la Salud de 1.10.2012, elaborado en conformidad con el art. 3-*ter*.2 del Decreto-Ley n.° 211/2011.

Finalmente, en la perspectiva más amplia de los datos nacionales, la misma elección se confirma por el número limitado de *REMS* que las Regiones han decidido instaurar en virtud de los recursos previstos por las disposiciones de los apartados 5 y 6 del mismo art. 3-*ter* del Decreto-Ley n.° 211/2011.

El resultado está claramente definido en el segundo informe trimestral sobre la actividad desarrollada por el Comisionado Único para la Superación de los Hospitales Psiquiátricos Judiciales,

---

[13] Permítase, también en este contexto, la referencia a la diáfana dicotomía kantiana entre la «necesidad material de la existencia» (textualmente: «*Notwendigkeit im Dasein*») y «aquella meramente formal y lógica en la conexión de los conceptos» (testualmente «*Verknüpfung der Begriffe*»): cfr: KANT, I., Critica della ragione pura, trad. it. de COLLI, G., Milán, 1976, III ed. 2001, I. *Doctrina trascendental de los elementos*, II. *Lógica trascendental, I. Analítica trascendental*, II. *Analítica de las proposiciones fundamentales*, II. *Sistema de todas las proposiciones fundamentales del intelecto puro*, III. *Representación sistemática de todas las proporsiciones fundamentales sintéticas del intelecto puro*, 4. *Postulados del pensamiento empírico*, KANT Immanuel, Critica della ragione pura, p. 299; el texto en lengua original se extrae de KANT, I., Kritik der reinen Vernunft (1786), II ed. 1787, a cargo de ERDMANN, B., Leipzig, 1878, p. 205 (p. 279 de la edición original).

en el que se muestra, en el ámbito nacional, un total de 604 plazas disponibles en las *REMS*[14].

V. LOS RESULTADOS: UNA VALORACIÓN JURÍDICA

En la perspectiva de una valoración esencialmente jurídica de las soluciones adoptadas para la superación de los *OPG*, resulta evidente que la necesidad de un constante y ajustado *turn-over* en la gestión de las plazas disponibles en las *REMS* así como la mayor efectividad que deriva de ella para la obligación de una rápida elaboración de los «*itinerarios individuales de alta terapéutico-rehabilitadora*», previstos en las disposiciones del art. 3-*ter*.4, 5 y 6 del Decreto-Ley n.° 211/2011 y en el apartado 1-*ter* añadido al art. 1 del Decreto-Ley n.° 52/2014 con la ley de conversión n.° 81/2014, se traduce también en una mayor efectividad de algunos derechos fundamentales reconocidos en la Constitución y regulados específica y expresamente en otros textos legislativos.

En concreto, el resultado de ello es una mayor efectividad del derecho del paciente psiquiátrico a un tratamiento penitenciario «*aplicado conforme a un criterio de individualización en relación a las condiciones específicas de los afectados*», previsto en el art. 1.2 de la Ley n.° 354/1975, así como la consecución de los objetivos del servicio sanitario nacional que, en virtud del art. 2.2.g) de la Ley n.° 833/1978, también persigue «*la tutela de la salud mental [...] a fin de eliminar toda forma de discriminación y de segregación*».

Por tanto, si la insustituible eficacia terapéutica de la libertad para el tratamiento del paciente psiquiátrico[15] también ha sido

---

14 Cfr. *Segundo Informe Semestral sobre las actividades desarrolladas por el Comisario único para la superación de los Hospitales Psiquiátricos judiciales* (19 agosto 2016 – 19 febrero 2017), en https://www.camera.it/temiap/2017/02/28/OCD177-2763.pdf (consultado el 12.10.2024), p. 25.

15 Se trata de una de las enseñanzas fundamentales de Basaglia, F., La distruzione dell'ospedale psichiatrico come luogo di istituzionalizzazio-

formalmente reconocida con la Ley n.° 189/1978, que ha previsto el cierre de los hospitales psiquiátricos existentes, la prohibición de crear otros nuevos (art. 7.7 de la Ley n.° 180/1978) y la organización de las estructuras territoriales para la adopción de los protocolos terapéuticos distintos al internamiento (art. 7.6 de la Ley n.° 180/1978), es evidente que «*toda forma de discriminación*» en la tutela de la salud mental solo será eliminada si al paciente psiquiátrico internado en ejecución de una sanción penal también se le ofrecen las posibilidades terapéuticas de «*recuperación*» y de «*reinserción social*», o el acceso a las estructuras territoriales que – en aplicación coherente y rigurosa, aunque traicionera, de las leyes n.° 180 y 833 del 1978[16] –, tras el 1994, han sido previstas e incluidas en la organización del Servicio Sanitario Nacional para la realización de programas terapéutico-rehabilitadores individuales.

Ya se trate, por tanto, de una fractura, un dolor de estómago, un problema dental o un sufrimiento mental, los ciudadanos libres y los ciudadanos reclusos deben poder beneficiarse en cualquier caso del mismo tratamiento terapéutico, que será también el mejor tratamiento ofrecido por el servicio público de salud.

El derecho a la salud, de hecho, es inmediata y claramente funcional al derecho a la vida y, evidentemente, también por ello está expresamente reconocido «*como un derecho fundamental de la persona*» en el art. 32 de la Constitución italiana. Por tanto, prevalece sobre cualquier otra consideración, incluso de carácter penal: esto incluye también la opción totalmente abolicionista sobre la pena de muerte, que, en Italia, ha sido recientemente confirmada en términos perentorios incluso en la Constitución con la ley constitucional n.° 1/2007, que ha modificado el apartado 4 del

---

ne (1965), en ID., L'utopia della realtà, Turín, 2005, 17.

16 Sobre la tardía pero rigurosa y ejemplar aplicación normativa de la ley n. 180/1978, permítase la remisión a SCHIAFFO, F., La esemplare vicenda della attuazione della legge n.180/1978, ovvero la ostinata persistenza della cultura manicomiale tra modelli storiografici e «logica del capitale», en Critica del diritto 2020, 54 y ss.

art. 27, eliminando la excepción final relativa a los «*casos previstos por las leyes militares de guerra*».

VI. LA VALORACIÓN DEL IMPACTO DE LA NUEVA DISCIPLINA: LOS ELEMENTOS PARA UN ANÁLISIS SOCIO-CRIMINOLÓGICO

Con la legislación relativa a la superación de los *OPG*, por tanto, no solo ha sido relegado definitiva y exclusivamente a la historia ese «*auténtico horror indigno de un país apenas civilizado*», representado por las estructuras destinadas a la ejecución de las medidas de seguridad de los arts. 219 y 222 C.P., sino que se redefinieron radicalmente las modalidades de ejecución, dando lugar a la adopción de soluciones organizativas y modelos de gestión útiles para hacer efectivo el derecho a la salud del paciente psiquiátrico y autor de un hecho previsto por la ley como delito.

Es comprensible, sin embargo, que el nuevo sistema haya suscitado resistencias y perplejidad, puestas en conocimiento también de la Corte Constitucional[17].

Se trata, entonces, de valorar el impacto real de la nueva disciplina y su eficacia en la superación de todos los aspectos críticos del anterior sistema.

1. *El parámetro seguro (pero inútil) de un índice claro de institucionalización: el hacinamiento*

Un problema constante de la vieja gestión se representaba notoriamente con el hacinamiento de los *OPG*: el hacinamiento, de hecho, conlleva siempre un altísimo riesgo de transformar

---

[17] Cfr. Corte Constitucional, ordenanza 9-24 de junio de 2021, n. 131 en https://www.cortecostituzionale.it/actionPronuncia.do (consultado el 12.10.2024).

cualquier centro residencial en una institución total, con la consiguiente despersonalización de los internos[18].

En los peores momentos – aunque no hace tantos años – de los antiguos *OPG*, el hacinamiento se representaba por la presencia constante de varios miles de internos[19]. La consolidación de una reducción hasta cifras no inferiores a unos pocos miles de personas no se registró hasta la primera década de este siglo, sobre todo tras los informes del Comité Europeo para la Prevención de la Tortura y de las Penas y Tratos Inhumanos o Degradantes (*CPT*): el CPT, de hecho, había intervenido con ocasión de una particular incidencia de suicidios en los hospitales psiquiátricos italianos, además de inducir los correspondientes informes, también, a las sucesivas iniciativas legislativas que derivarían, luego, en la Ley n.º 9/2012, con la que se introdujo en el Decreto-Ley n.º 211/2011 el art. 3-*ter* con las «*disposiciones para la superación definitiva de los hospitales psiquiátricos judiciales*».

Sin embargo, para la evaluación del impacto de las reformas que se han llevado a cabo, el común parámetro del dato estadístico de las ocupaciones a 31 de diciembre de cada año sería inútil y engañoso, puesto que las nuevas *REMS*, a diferencia de los viejos *OPG*, son instalaciones con plazas estrictamente limitadas.

---

18 Se refiere, evidentemente, a las teorizaciones de las instituciones totales de GOFFMAN, E., Asylums. Le istituzioni totali: i meccanismi della esclusione e della violenza (1961), Turín, 2001, pp. 31 y ss.

19 Sobre este punto, por todos, DELL'AQUILA, D. S., La disciplina della follia. Dal manicomio criminale all'ospedale psichiatrico giudiziario: una breve ricostruzione, en Antigone, 2014, pp. 59 y ss., 57 y ss., que tambien señala la tendencia significativa de la proporción de internos en *OPG* respecto al total de los reclusos.

2. *El dato de los ingresos: de la hipótesis de un déjà-vu a aquella de una pequeña consecución de un gran sueño*

Resulta importante, sin embargo, el dato relacionado a los ingresos que, en las nuevas residencias para la ejecución de las medidas de seguridad, aumenta constantemente y parece haber superado, incluso, los últimos datos disponibles sobre ingresos en los viejos *OPG*[20].

Deducir de estos datos una valoración negativa – si no incluso un fracaso – del nuevo sistema de las *REMS* sería, de hecho, una conclusión precipitada, engañosa y, en ciertos aspectos, injusta.

Más bien, la actual situación italiana podría ser muy similar a aquella ya registrada por quienes han estudiado la evolución en los EEUU de las tasas de institucionalización que derivan de la suma de las tasas de institucionalización psiquiátrica y de institucionalización penitenciaria, así como su distribución entre el 1928 y el 2000[21].

Ahora bien, después de aproximadamente 70 años, la cifra total es casi idéntica a la inicial: las dos curvas, sin embargo, se habían cruzado a principios de los años setenta y, por tanto, en la cifra final estaban en posiciones invertidas respecto a aquellas de los datos iniciales.

---

20 Sobre este punto, cfr. las cifras inequívocas elaboradas y divulgadas por Nese, G., La tutela della salute mentale in carcere ed il superamento degli Ospedali psichiatrici giudiziari (OPG), en Aa.Vv., Le misure di sicurezza personali: problemi e prospettive di riforma, a cargo de S. Moccia y A. Cavaliere, Nápoles, 2023, pp. 309 y ss.

21 Harcourt, B. E., From the Asylum to the Prison: Rethinking the Incarceration Revolution, en Texas Law Review, 2006, pp. 1751 y ss., 1755, 1776; Id., An Institutionalization Effect: The Impact of Mental Hospitalization and Imprisonment on Homicide in the United States, 1934-2001, en The Journal of Legals Studies, 2011, pp. 39 y ss., 41 y ss.; Id., Reducing Mass Incarceration: Lessons from the Deinstitutionalization of Mental Hospitals in the 1960s, en Ohio State Journal of Criminal Law, 2011, pp. 53 y ss.

En ese caso, habían disminuido las tasas de institucionalización psiquiátrica y habían aumentado, en cambio, aquellas de institucionalización penitenciaria, según un modelo recurrente en los análisis sociológicos de carácter estructural-funcionalista y representado habitualmente con la metáfora de los vasos comunicantes.

La situación hoy en Italia es evidentemente distinta.

En primer lugar, las cifras, incluso en términos porcentuales relativos, son significativamente diferentes.

En segundo lugar, y sin perjuicio de la reducción real, simultánea y progresiva de las cifras relacionadas a los ingresos en otras instalaciones penitenciarias, hoy en día en Italia el hacinamiento corre el riesgo de desbordar no a estas últimas (como ha ocurrido en los EEUU), sino a las *REMS* en cuanto instituciones de atención sanitaria y psiquiátrica.

Pero, sobre todo, dado que las *REMS* no son un lugar de destino final, sino solo un lugar de tránsito eventual necesariamente provisional en la trayectoria penitenciaria del paciente psiquiátrico al que ha sido aplicada la medida de seguridad contemplada en el art. 222 C.P., el actual sistema italiano de las *REMS* – que, compartiendo la misma metáfora, representa el segundo 'vaso comunicante' – es un vaso evidentemente 'agujereado'.

El interno que sale a través de ese 'agujero' es supervisado por los servicios psiquiátricos territoriales, ve protegido y satisfecho su derecho prioritario a la salud mental y, por tanto, sin ninguna «*forma de discriminación*» (es decir, en términos plenamente conformes a los previstos en el art. 2.2.g) de la Ley n.° 833/1978), a un tratamiento en libertad (es decir, «*sin segregaciones*», ex art. 2.2.g de la Ley n.° 833/1978).

En definitiva, al menos por una vez, puede decirse que se acoge realmente un tratamiento penitenciario conforme al «*criterio de individualización en relación a las condiciones específicas de las personas afectadas*», previsto en el art. 1.2 de la Ley n.° 354/1975.

Al final del «*recorrido terapéutico-rehabilitador individual de alta*», al cual se refieren los apartados 4, 5 y 6 del art. 3-*ter* del Decreto-Ley n.º 211/2011, el interno que salga a través de ese 'agujero' podría haber salido definitivamente también del circuito penal y penitenciario en el que había entrado por un delito cometido en condición de inimputabilidad debido a una anomalía psíquica absoluta.

Se trata, evidentemente, de hipótesis que tienen lugar en el ámbito de un sector del todo particular y, en definitiva, también marginal en el conjunto del sistema penal.

El proprio sector, sin embargo, asume una posición de absoluta relevancia porque por todas las razones hasta aquí expuestas, al menos una vez o, quizás, por primera vez en el sistema penal italiano destinado a los adultos, parece llevarse a cabo, en su ámbito, el deseo de Radbruch, que, célebremente, refiriéndose al futuro del Derecho penal, sostenía que «*podría ocurrir que la evolución del derecho penal vaya más allá del proprio derecho penal y que su mejoramiento no dé lugar a un derecho penal 'mejor', sino a un derecho de enmienda y prevención; a algo mejor que el derecho penal, es decir, más sabio y más humano de lo que ha sido el derecho penal*»[22].

---

22 Radbruch, G., Filosofia del diritto (1932), a cargo de G. Carlizzi y V. Omaggio, Milán, 2021, p. 186; Id, Einführung in die Rechtswissenschaft (1910), IX ed. a cargo de K. Zweigert, Stuttgart, 1952, pp. 143 y s. donde, como alternativa a la «*doble vía de pena y medida de seguridad y de enmienda*», se afirma que «*el interminable objetivo de la evolución jurídico-penal sigue siendo la vía única, sigue siendo un código penal sin penas, no es el mejoramiento del derecho penal, sino la sustitución del derecho penal por algo mejor*».

CAPÍTULO SEXTO
CONSECUENCIAS JURÍDICAS ACCESORIAS: EL DECOMISO

Decomiso ampliado y decomiso preventivo en el ordenamiento jurídico italiano[*]

ANNA MARIA MAUGERI
Catedrática de Derecho penal
Università ***degli Studi*** *di Catania*

I. INTRODUCCIÓN

El papel cada vez más empresarial de la delincuencia organizada, expresamente reconocido en el artículo 416 bis del Código Penal, que da una imagen de la mafia empresarial, ha sido resaltado recientemente por la Corte de Casación, que subraya cómo el sistema de medidas de prevención patrimonial (principalmente de decomiso), ha sido "estructurado y reforzado por el legislador con la consciencia de que es en el sector de las actividades productivas donde, hoy en día, se manifiesta el mayor peligro del presunto mafioso, el cual cada vez más frecuentemente encuentra satisfechos sus fines ilícitos... le llevan a convertirse él mismo en empresario, aunque sea a través de terceros, adquiriendo empresas ya constituidas, creando otras nuevas y, en cualquier caso, condicionando el funcionamiento y el desarrollo de las iniciativas productivas no solo para invertir y hacer uso de una riqueza contaminada, sino también con el objetivo de aumentar la posibilidad de infiltración en el tejido económico y social"[1].

---

* Traducción a cargo de Cristina Cazorla González y Jose Ancor Viera González.

1 Cass. pen., Sec. II, 6 de junio de 2019, Simply Soc. Coop, núm. 31549; cf. Cass., Sec. V, 22 de febrero de 2019, Arena, núm. 43405. Cfr. R.SCIARRONE-L.STORTI, *Le mafie nell'economia legale. Scambi, collusio-*

En numerosos documentos supranacionales destaca la importancia de la lucha contra la infiltración en la economía de los ingresos ilícitos de la delincuencia organizada o de la delincuencia económica, como el informe del Unicri (United Nations Interregional Crime and Justice Research) *"Organized crime and the legal economy. The Italian case (2016)"* y ya antes, en la Resolución del Parlamento Europeo sobre delincuencia organizada n.° 0459/2011 y la Resolución n.° 0444/2013 "sobre la delincuencia organizada, corrupción y blanqueo de capitales", en las cuales el Parlamento Europeo subraya "que la delincuencia organizada se asemeja cada vez más a una entidad económica global, con una fuerte vocación empresarial.... y tiene un impacto cada vez más pesado en la economía europea y mundial, con importantes repercusiones en los ingresos fiscales de los Estados miembros y de la Unión en su conjunto y con un coste anual para las empresas estimado en más de 670.000 millones de euros". En la misma dirección la Resolución

ni, azioni di contrasto, Il Mulino, Turín, 2019; L.BRANCACCIO-C. CASTELLANO, Affari di Camorra. *Famiglie, imprenditori e gruppi criminali,* Donzelli, Roma, 2015; G.M.REY, *La mafia come impresa: analisi del sistema economico criminale e delle politiche di contrasto,* Giuffrè, Milano 2017; R.SCIARRONE, Alleanze nell'ombra. *Mafie ed economie locali in Sicilia e nel mezzogiorno,* Donzelli, Roma, 2011; C.VISCONTI, "Proposte per recidere il nodo mafie-imprese", Diritto Penale Contemporaneo 7 ene, quien señala que "las organizaciones criminales persiguen la obtención de beneficios y el enriquecimiento a través de diferentes métodos y técnicas operativas, adscribibles sumariamente a una cuádruple tipología: a) realización de actividades ilícitas lucrativas, como tales comprendidas en el ámbito de la economía criminal (extorsión, tráfico de drogas); b) condicionamiento y acaparamiento de los flujos de gasto público mediante el tráfico de influencias y/o el uso de la intimidación y el condicionamiento del poder; c) inversión de los recursos ilícitamente adquiridos en actividades empresariales, incluso formalmente lícitas; d) utilización de los canales financieros y bancarios con fines de blanqueo, obtención de financiación, realización de inversiones en el mercado financiero global, recurriendo a instrumentos cada vez más sofisticados"; PAOLI (2007), 263; E.SAVONA-G.BERLUSCONI (ed.), *Organised crime infiltration of legitimate business in Europe: a pilote project in five European countries,* Trento 2015.

de 25 de octubre de 2016, sobre la "Lucha contra la corrupción y seguimiento de la Resolución de la Comisión CRIM"[2] y la decimosexta recomendación en la "Recomendación 2021 para seguir combatiendo el soborno de funcionarios públicos extranjeros en transacciones comerciales internacionales" (Consejo de la OCDE, 26 de noviembre de 2021).

En el ámbito europeo, sin embargo, se lamenta la insuficiencia de los actuales instrumentos ablatorios, como se destacó recientemente en la "Propuesta de Directiva por la que se revisa la Directiva 2014/42/UE sobre el embargo preventivo y el decomiso de las ganancias procedentes del delito y propuesta de nueva Directiva sobre los Organismos de Recuperación de Activos, derogando la Decisión del Consejo 2007/845/JAI" (DG HOME Unidad de Políticas de Crimen Organizado y Drogas, HOME.D.5)[3]. Se critica que sólo el 2% de los ingresos criminales se decomisa y sólo aproximadamente el 1% es confiscado en la Unión Europea, mientras que "los delincuentes utilizan sus ganancias ilícitas para aumentar su riqueza e infiltrarse en la economía legal y en las instituciones públicas, amenazando la seguridad de la Unión y obstaculizando su crecimiento económico".

Por último, la reciente Directiva n.° 1260/2024 sobre recuperación y decomiso de bienes destaca en el considerando n.° 3 la infiltración de las organizaciones criminales en la economía legal y la gravedad del fenómeno para el Estado de Derecho[4]: "Las

---

2 Fuente: https://www.europarl.europa.eu/doceo/document/TA-8-2016-0403_IT.html

3 Fuente: https://eur-lex.europa.eu/legal-content/EN/TXT/HTML/?uri=PI_COM:Ares(2021)1720625&rid=8

4 "Las organizaciones delictivas suelen reinvertir parte de los beneficios que obtienen de las actividades delictivas para crear una base financiera que les permita continuar con estas actividades. Además, las organizaciones delictivas utilizan a menudo la violencia, las amenazas, la intimidación o la corrupción para hacerse con el control de empresas, obtener concesiones y autorizaciones, conseguir contratos o subvenciones, obtener beneficios o ventajas ilegales, o infiltrarse en infraestructuras

organizaciones criminales se han convertido en operadores económicos globales con objetivos empresariales. Privar a los delincuentes de sus beneficios ilícitos es esencial para desmantelar sus actividades e impedir que se infiltren en las economías legales". Para a continuación subrayar en el considerando n.° 4 que dicha infiltración y, por lo tanto, "la delincuencia económica y financiera, en particular la delincuencia organizada, se comete a menudo a través de personas jurídicas"; de ahí deriva la importancia de utilizar el instrumento del decomiso contra las personas jurídicas[5] ("Por lo tanto, las resoluciones de embargo preventivo y decomiso también podrán dictarse contra personas jurídicas de conformidad con el Derecho nacional").

A nivel nacional, el informe de la Agenzia Nazionale Beni Sequestrati e Confiscati (A.N.B.S.C.) de 28 de febrero de 2017 ya muestra cómo, según las bases de datos de la agencia, aunque los bienes inmuebles siguen siendo con diferencia los más frecuentes entre los bienes embargados y confiscados, el número de empresas sujetas a órdenes de embargo y confiscación está creciendo, lo que demuestra que Italia es uno de los pocos países que utilizan instrumentos ablatorios contra entidades empresariales.

A ello se añade que de los estudios sobre la materia siempre resalta una creciente tendencia a aplicar el decomiso preventivo a las empresas (aunque este todavía sigue representando alrededor del 20% de los bienes decomisados) y en áreas geográficas no tradicionales del país, como Lombardía, Lazio, Emilia-Romagna y Piamonte, sea en atención a la expansión de los intereses económicos de las mafias en estas áreas (un fenómeno en realidad

---

clave como centros logísticos. Por tanto, estas organizaciones afectan negativamente a la libertad de competencia o influyen en las decisiones de las autoridades públicas, amenazando el Estado de Derecho y la democracia".

5 "y las infracciones incluidas en el ámbito de aplicación de la presente Directiva podrán cometerse en interés o en beneficio de dichas personas jurídicas".

ascendente) -también de las mafias extranjeras-, o sea en virtud de la siempre mayor conciencia del poder judicial sobre el potencial de las medidas de prevención patrimonial[6].

II. LA RELEVANCIA DEL DECOMISO EN LOS INSTRUMENTOS SUPRANACIONALES CONTRA LA INFILTRACIÓN DELICTIVA EN LA ECONOMÍA

En las últimas décadas, el legislador supranacional ha tomado conciencia del rol estratégico del decomiso en la lucha contra la delincuencia lucrativa y de la importancia de una cooperación internacional, como instrumento indispensable para combatir el crimen organizado y la delincuencia económica. Para ello, el legislador europeo ha elaborado "el paquete de normas más completo, solo comparable al dispuesto por el legislador comunitario en materia de protección de los intereses financieros de la Unión, adoptadas en diferentes momentos, pero todas ellas dirigidas a la agresión de los bienes de origen delictivo".

En particular, el problema del legislador moderno radica en la necesidad de eliminar los bienes acumulados a lo largo del tiempo por las organizaciones criminales, que representan una herramienta de infiltración en la economía lícita y en los órganos fundamentales de la política. Frente a esto, es difícil establecer, como exigen las formas tradicionales de decomiso de los productos del delito, *el nexo* entre cada bien y el delito que lo genera, de modo que surge la necesidad de prever, en primer lugar, *el decomiso por valor equivalente* del beneficio ilícito, que permite decomisar bienes distintos del "ingreso" del delito, incluso de origen legal, de valor equivalente al beneficio, precio o producto original del delito, sin requerir la comprobación de la "relación de pertinencia".

---

6 From illegal markets to legitimate businesses: the portfolio of organised crime in Europe informe final del proyecto OCP–Organised Crime Portfolio (HOME/2011/ISEC/AG/FINEC/4000002220).

Pero, sobre todo, surge, por un lado, la necesidad de prever *formas para aligerar la carga de la prueba* del origen ilícito, cuando no invertir la carga de la prueba, y de ahí la previsión de un decomiso "ampliado" que permita la retirada de todos los bienes del infractor de presunto origen ilícito. Por otro lado, se destaca la necesidad de asegurar el decomiso de los beneficios ilícitos incluso en ausencia de una sentencia condenatoria, a través de procedimientos *in rem* (el prototipo de este modelo está representado por el *"civil forfeiture"* cada vez más común en los ordenamientos del *common law*[7]).

En esta dirección, la cooperación judicial destinada a la ejecución de las resoluciones de decomiso se persigue a escala internacional desde el Convención de Viena de 1988 contra el narcotráfico (dado que el tráfico de drogas es la fuente principal del inmenso enriquecimiento de la delincuencia organizada, con la consiguiente necesidad de reinvertir los beneficios ilícitos en actividades lícitas). Esta Convención ya alentaba la introducción del decomiso del valor y de mecanismos de inversión de la carga de la prueba sobre el origen de los beneficios, al igual que el Convenio de Estrasburgo, n.° 141 de 1990, sobre el blanqueo de capitales y el decomiso de los productos del delito, el cual ha sido durante mucho tiempo el principal instrumento de cooperación en esta materia (previendo tanto el decomiso del valor como la cooperación en relación con las formas de decomiso sin condena). El decomiso también figura entre las medidas cuya adopción se insta en las 40 Recomendaciones del GAFI (Grupo de Acción Financiera Internacional) de 1996, que expresan una postura favorable a la *"actio in rem"* (decomiso sin condena, en procedimientos contra el patrimonio), como viene confirmada en la versión de 2012.

---

7 Este modelo fue reevaluado por el Congreso estadounidense en 1970 con la *Ley Integral de Prevención y Control del Abuso de Drogas (Comprehensive Drug Abuse Prevention and Control Act)*, en el marco de la lucha contra el narcotráfico, y posteriormente fue adoptado en numerosas leyes federales relacionadas con la delincuencia.

Asimismo, la Convención de las Naciones Unidas contra la Delincuencia Organizada Transnacional de 2000 -instrumento fundamental de cooperación internacional-, también prevé la inversión de la carga de la prueba. Esta Convención, en particular, impone a lo Estados firmantes, por un lado, a prever la responsabilidad penal de las personas jurídicas (art. 10) y, por otro, la adopción del decomiso de los beneficios del delito en la mayor medida posible (art. 12)[8].

Por otro lado, el legislador europeo ha perseguido la *armonización* en el ámbito de los instrumentos de decomiso, aplicables también a las personas jurídicas. Entre los instrumentos más relevantes se encuentra la Decisión Marco 212/2005, que prevé tres modelos de decomiso ampliado (más bien garantista, art. 3) y la Directiva n.° 42/2014, que en el art. 2 proporciona una amplia definición del objeto de decomiso, que incluye también las actividades económicas, y en el art. 5 establece también una forma de decomiso *ampliado*; mientras que el decomiso ampliado de los beneficios ilícitos "sin condena" se prevé, en cambio, en supuestos absolutamente delimitados (enfermedad y fuga, art. 4.2). Hasta 25 países han aplicado la Directiva n.° 42/2014, realizando parcialmente el proceso de armonización perseguido con este instrumento.

En esta materia, el Reglamento n.° 1805/2018 ha asumido un papel fundamental para la afirmación del modelo de decomiso ampliado *sin condena*, imponiendo su reconocimiento mutuo. Después de la Decisión Marco 2006/783/JHA, este Reglamento (que sustituye la anterior Decisión Marco para los Estados vinculados por ella), de hecho, impone el reconocimiento mutuo de todas las formas de decomiso -directo, por valor equivalente, ampliado, sin condena y frente a terceros-, incluso aquellas no previstas en la

---

8 Sobre las disposiciones relativas al régimen sancionador de las sociedades en los instrumentos supranacionales y en el Derecho comparado, véase A.M.Maugeri. *Prevenire il condizionamento criminale dell'economia: dal modello ablatorio al controllo terapeutico delle aziende*, en *Diritto penale contemporaneo Riv. trim.*, 1, 2022, 1 y ss.

Directiva n.° 42/2014, siempre y cuando se emitan en *"procedimientos en materia penal"*, un concepto autónomo del derecho de la Unión Europea (considerando 13), interpretado como "procedimiento relacionado con una infracción penal". Así, es suficiente con que el procedimiento tenga carácter jurisdiccional y esté relacionado con los beneficios o instrumentos del delito. No obstante, el Reglamento exige la aplicación de las garantías procesales previstas en varias Directivas, así como las "garantías esenciales aplicables a los procesos penales previstas en la Carta [Europea de Derechos Fundamentales]" (considerando 18). La adopción de este Reglamento es un acontecimiento doblemente significativo. En primer lugar, porque afirma el principio de reconocimiento mutuo en este sensible sector, con un fuerte impacto en términos de política criminal, imponiendo incluso a los Estados miembros que no deseen adoptar medidas de *decomiso sin condena*, la ejecución de dichos procedimientos dentro de sus fronteras, y el «tema del reconocimiento mutuo, aparentemente desvinculado de las cuestiones de fondo, acaba, sin embargo, por tener un efecto de arrastre sobre las mismas». En segundo lugar, porque el principio de reconocimiento mutuo no es sólo una cuestión de reconocimiento mutuo, sino también de reconocimiento mutuo del Derecho penal de los Estados miembros y, además, porque el reconocimiento mutuo viene impuesto por una medida legislativa directamente aplicable.

A propósito de las personas jurídicas, la Decisión Marco 2006/783/JHA sobre el reconocimiento mutuo de las medidas de decomiso ya establecía en el art. 12 § 3 que "una decisión de decomiso relativa a una persona jurídica se ejecuta incluso si el Estado en donde se realiza la ejecución no reconoce el principio de responsabilidad penal de las personas jurídicas". Esta norma se reitera en el Reglamento n.° 1805/2018, que considera a la persona jurídica como destinataria del decomiso[9].

---

9 Art. 2 Definiciones, n. 2) "Resolución de decomiso": pena o medida definitiva impuesta por un órgano jurisdiccional a raíz de un procedimiento relacionado con una infracción penal, que tiene como consecuencia la privación definitiva de los bienes de una persona física o jurídica; el artículo 23 establece "Ley aplicable a la ejecución Una

Por último, como se ha mencionado anteriormente, los resultados insatisfactorios en lo referente a los ingresos sustraídos a la criminalidad organizada han llevado al legislador europeo a fortalecer la armonización en la materia con la nueva Directiva n.° 1260/2024 sobre la recuperación y decomiso de activos (que reemplaza a la Directiva n.° 42/2014), que en el art. 3 incluye a las personas jurídicas entre los sujetos implicados. Esta Directiva, que prevé un modelo de decomiso ampliado en el art. 14, correspondiente al establecido en el art. 5 de la Directiva n.° 42/2014, presenta novedades relevantes en relación con el decomiso sin codena, persiguiendo la finalidad de "introducir normas más eficaces sobre el decomiso sin condena" [10]. A tal fin, el art. 15 -de conformidad con el art. 4, c. 2 de la Directiva 42/2014 (en caso de "enfermedad o fuga del investigado o acusado")-, garantiza la aplicación del decomiso directo y respecto a terceros (no el decomiso ampliado) cuando el proceso penal "se haya iniciado pero no haya sido posible continuarlo debido a una o varias de las siguientes circunstancias: enfermedad del investigado o acusado; fuga; fallecimiento; que los plazos de prescripción del delito en cuestión establecidos por el Derecho nacional sean inferiores a 15 años y hayan expirado después de la incoación del proceso penal". No se trata de un procedimiento autónomo in rem contra los bienes, sino que este modelo de NCBC (Non-Conviction Based Confiscation) solo permite al Tribunal continuar a efectos de decomiso los procedimientos que "hayan sido iniciados" y no puedan continuar a efectos de establecer la responsabilidad penal y condena debido a las causas impeditivas previstas, y solo cuando

---

resolución de embargo preventivo o de decomiso relativa a una persona jurídica se ejecutará incluso si el Estado de ejecución no reconoce el principio de responsabilidad penal de las personas jurídicas"; y, por último, el considerando 25 establece que "En el caso de una resolución dictada contra una persona jurídica, el certificado podrá transmitirse al Estado miembro en el que esté domiciliada la persona jurídica".

10 INFORME DE LA COMISIÓN AL PARLAMENTO EUROPEO Y AL CONSEJO Recuperación y decomiso de activos: garantizar que el delito no resulte rentable, Bruselas, 2.6.2020 COM(2020) 217 final, 17.

el Tribunal considere que "los procedimientos penales pertinentes podrían haber dado lugar a una condena penal" ("al menos por delitos que puedan producir, directa o indirectamente, una ventaja económica considerable") y, en cualquier caso, "el órgano jurisdiccional nacional tenga la certeza de que los instrumentos, productos o bienes que deben decomisarse proceden o están directa o indirectamente relacionados con el delito de que se trate".

La verdadera novedad está representada por la forma de decomiso sin condena prevista en el art. 16 "Decomiso de patrimonio injustificado vinculado a conductas delictivas", que constituye un modelo de NCBC aplicable de forma residual (en caso de que no sea aplicable el decomiso directo prevista en el art. 12, o el decomiso sin condena previsto en el art. 15), cuando "el órgano jurisdiccional nacional esté convencido de que los bienes identificados provienen de conductas delictivas cometidas en el marco de una organización criminal y tales conductas puedan producir, directa o indirectamente, un beneficio económico considerable". Se aplica únicamente a los delitos previstos (las figuras enumeradas en el artículo 2, párrafos del 1 al 3), siempre que dichos delitos sean castigados con una pena privativa de libertad de una duración máxima de al menos cuatro años.

Aún delimitando la aplicación únicamente al sector de la lucha contra la delincuencia organizada y los delitos graves (castigados con un máximo no inferior a cuatro años), y sugiriendo la aplicación solo de forma residual (aunque en el considerando n.° 34 parece dejar a la discrecionalidad del Estado miembro dicha limitación[11]), surge una opción precisa del legislador europeo en favor del modelo del decomiso ampliado sin condena, al que es posible reconducir el decomiso preventivo italiano.

---

11 Considerando 34 *"Los Estados miembros deben poder decidir autorizar el decomiso de bienes injustificados si se suspende el proceso penal o que dicho decomiso se ordene al margen del proceso penal relativo al delito"* [énfasis añadido].

Dicha elección en términos de armonización es claramente funcional a la promoción del mutuo reconocimiento de las resoluciones de decomiso que representa un instrumento fundamental para garantizar la eficiencia de la lucha contra una criminalidad transnacional cada vez más infiltrada en la economía legal; quedando entendido que el reconocimiento mutuo se basa en la *confianza recíproca* entre las jurisdicciones de los distintos Estados miembros, lo que presupone el respeto de las garantías del Estado de Derecho, a partir del derecho de defensa (y las garantías procesales) previsto en el artículo 24 de la Directiva n.º 1260/2024, hasta el punto de que un primer motivo fundamental para denegar el reconocimiento mutuo en virtud del Reglamento n.º 1805/2018 es la violación grave de un derecho fundamental (artículos 8.1.f) y 19.1.h)[12].

III. LA ESTRATEGIA ABLATORIA DEL LEGISLADOR ITALIANO EN LA LUCHA CONTRA LA INFILTRACIÓN CRIMINAL EN LA ECONOMÍA

Las formas de decomiso que pueden afectar a las empresas en el marco de la lucha contra la infiltración de la delincuencia en la economía lícita están representadas, en primer lugar, por el decomiso facultativo de los productos e instrumentos del delito en virtud del artículo 240 del Código Penal, aplicable a la entidad

---

12 "En situaciones excepcionales, existen motivos fundados para considerar, sobre la base de elementos concretos y objetivos, que la ejecución de la resolución de embargo preventivo de bienes o de aseguramiento de pruebas implica, en las circunstancias particulares del caso, una violación manifiesta de un derecho fundamental pertinente previsto en la Carta, en particular el derecho a la tutela judicial efectiva, el derecho a un tribunal imparcial y el derecho de defensa"; véase OLIVEIRAE SILVA (2022), 206 y ss.

cuando ésta sea considerada beneficiaria de las ganancias ilícitas y, por tanto, no un tercero ajeno[13].

La introducción de formas siempre nuevas de decomiso especial atestigua, sin embargo, cómo la disciplina contemplada en el artículo 240 C.P. se presenta de forma inadecuada sobre varios aspectos inadecuados frente a las modernas exigencias de lucha contra la delincuencia, al seguir previendo el carácter facultativo (en lugar de obligatorio) del decomiso del beneficio (que presupone la constatación de la peligrosidad social del beneficiario) -que no encuentra una justificación racional en el contexto moderno del Derecho penal, en el que la lucha contra la acumulación de capitales ilícitos se ha convertido en un objetivo primario- y manteniendo la ya obsoleta distinción entre precio (decomiso obligatorio) y beneficio (decomiso facultativo). Esta forma de decomiso representa una medida de seguridad patrimonial.

Para afrontar las recientes exigencias de lucha contra la acumulación de capitales ilícitos y la dificultad de probar la conexión entre determinados activos y los delitos en concreto, el legislador italiano ha implementado formas especiales de *decomiso del valor*, aunque aún no se ha introducido una regulación general al respecto. Esta forma de decomiso ha sido considerada por la jurisprudencia de forma mayoritaria como una pena, de carácter "eminentemente sancionador", debido a la falta de peligrosidad de los bienes que constituyen su objeto, junto con la ausencia de

---

13 Corte Cost. 29 de enero de 1987, núm. 2, Lucchetti y otros, en *Cass. pen.* 1987, p. 867; Cass. pen., 10 de enero de 2013, núm. 1256; Cass., S.U., 30 de enero de 2014, núm. 10561, Gubert, también con referencia al ahorro de gastos; Cass., sez. V, 4 de febrero de 2021, núm. 6391. Véase A.M.MAUGERI, *art. 240 c.p.*, en *Commentario breve al codice penale*, VII ed., G.FORTI-S.RIONDATO-S.SEMINARA (ed.), 2024, 935 y ss.; sobre las cuestiones relacionadas con la noción de beneficio confiscable, también en relación con las entidades (y en particular la distinción entre beneficio bruto y neto), véase Id, *La nozione di profitto confiscabile e la natura della confisca: due inestricabili e sempre irrisolte questioni*, en *Leg. pen.* 17 enero 2023.

una "relación de pertinencia" (entendida como un vínculo directo, actual e instrumental entre el delito y los bienes) [14]. La doctrina minoritaria sostiene, acertadamente que, cuando se trata de restar de forma equivalente el valor del producto comprobado del delito, el delincuente no tiene derecho a poseer por no ser el delito un título legítimo para adquirir bienes. Esta forma de decomiso no adquiere un carácter punitivo, sino recuperatorio (una forma de reequilibrio económico) [15]. Por último, su carácter punitivo se ve desvirtuado por la circunstancia de que, en una lógica eficientista, su aplicación también está prevista para los casos de prescripción y amnistía (art. 578 bis C.P.P.)[16].

En realidad, la concienciación del legislador italiano sobre la importancia del decomiso como instrumento de lucha contra la delincuencia, especialmente la criminalidad organizada, se remonta a 1982 con la ley n.° 646, conocida como Rognoni-La Torre (por el

---

14 Corte Constitucional, 2 de abril de 2009, n° 97; Corte Constitucional, 20 de noviembre de 2009, n° 301; Corte Constitucional, 7 de abril de 2017, n° 68; Corte Constitucional, 5 de diciembre de 2018, n° 223; Corte Constitucional, 10 de mayo de 2019, n° 112; Cass., SS.UU, Lucci, 21 de julio de 2015, n.° 31617; Cass., SS.UU., 30 de enero de 2014, n.° 10561, Gubert; Cass., sec. III, 10 de mayo de 2018, n.° 46973; Cass., sec. III, 16 de octubre de 2018, n.° 46973; Cass., sec. VI, 19 de febrero de 2020, n.° 16103.

15 A.M.Maugeri, *Confiscación de* entradas, en *Ann. Enc. D.* 15, vol. Anales VIII, 200 ss; Id., *la responsabilità da reato degli enti: il ruolo del profitto e della sua ablazione nella prassi giurisprudenziale*, en *Riv. trim. d. pen. ec.* 2013, 695 ss; en la misma dirección V. Mongillo, *Art. 322-ter*, en *Codice penale*, vol. VII, *I delitti contro la pubblica amministrazione*, Milano 2010, 256; M. Romano, *I delitti dei pubblici ufficiali, Commentario sistematico*, II ed., Milano 2006, 254; T. Epidendio, *La confisca nel diritto penale*, cit., 86 ss.; F. Mucciarelli "*Profili generali*", en T. Epidendio-G. Varraso (ed.), *Codice delle confisca*, Milán 2018, 105–129; E. Nicosia, *La confisca, confiscaciones. Funciones político-criminales, naturaleza jurídica y problemas reconstructivo-aplicativos*, Turín 2012, 151; T.Trinchera, *¿Confiscare senza punire? Uno studio sullo statuto di garanzia della confisca della ricchezza illecita*, Turín 2020, 390 y ss.

16 Véase Cass, Sec. II, 2 de abril de 2021, n° 19645.

nombre de los ponentes)[17], que introdujo una de las primeras formas de decomiso *"ampliado"* y *sin condena*[18] conocidas en el ámbito internacional, introducida fuera de las limitaciones del sistema penal como *medida de prevención ex* art. *2-ter*, ley n° 575 de 1965, hoy prevista por el art. 24 del Código de medidas de prevención introducido por el Decreto Legislativo n.° 159 de 2011. Siempre como medida cautelar está previsto el decomiso ex art. 34, ap. 7 del Decreto Legislativo n.° 159/2011 (introducido por el Decreto Legislativo n.° 306/1992 en el art. 3-ter de la ley n° 575/1965), respecto de los bienes de los que se tenga razón de que son producto de actividades ilícitas o constituyen su reutilización, relativos a actividades económicas objeto de intimidación o que faciliten la actividad del imputado o acusado.

Por lo demás, la trascendencia del papel del decomiso en la lucha contra el delito de *"lucro"* se reforzó con la introducción de una forma de de una forma de decomiso ampliado en el sistema de justicia penal con el art. *12-sexies* d.l. n.° 306 de 1992, que fue absorbido en el art. 240-bis C.P. como resultado del Decreto Legislativo n.° 21 de 2018 (las normas sobre reserva de código en materia penal), aplicable tras una condena o una declaración de responsabilidad subjetiva de conformidad con el art. 158-bis C.P.P. (tras la Ley n.° 161/2017), que sustrae los activos de valor desproporcionado.

---

17 Los procesos de toma de decisiones que condujeron a la adopción de esta ley y de la Ley n° 726 (por la que se instituye el Alto Comisionado para la lucha contra la Mafia) se vieron acelerados por los asesinatos del diputado Pio La Torre y del general Carlo Alberto dalla Chiesa, ambos en Palermo en 1982.

18 Cfr. Tribunal de Casación, sec. II , 28 de septiembre de 2023 , núm. 41157: «en el decomiso a prevención, no se requiere constatar la estricta derivación causal de los bienes y propiedades decomisados de delitos únicos, hipótesis que puede atribuirse al decomiso como medida de seguridad, siendo suficiente, en cambio, la comprobación de la comisión de delitos productivos en el tiempo de ganancias ilícitas y la ausencia de otros ingresos legítimos».

Entre las formas especiales, reviste especial importancia el decomiso de los instrumentos del delito, así como de su producto o reutilización, en virtud del artículo 416 bis, c. 7, en relación con el delito de asociación mafiosa, en particular cuando se considera que la empresa es el instrumento del delito en cuestión, como se examinará a continuación.

Estas formas de decomiso no pueden aplicarse directamente contra las personas jurídicas y sólo permiten el secuestro de acciones individuales de la empresa en poder de la persona condenada o sospechosa, respectivamente.

El decomiso de los beneficios ilícitos (la ventaja económica causalmente derivada directa e inmediata del delito subyacente[19]) se puede aplicar directamente conforme al art. 19 del Decreto Legislativo n.º 231/2001[20] a la empresa, cuando la entidad es condenada por los delitos previstos en el Decreto Legislativo n.º 231/2001 y, en particular, para los delitos relacionados con la delincuencia organizada a partir del caso previsto en el artículo 24-ter, Decreto Legislativo n.º 231/2001 (artículo añadido por la Ley n.º 94/2009 y modificado por la Ley n.º 69/2015). Este decomiso, también por equivalente, es considerado una sanción (artículo 11 del Decreto Legislativo n.º 231/2001), del que se desprende su carácter meramente restaurativo y no punitivo, permitiendo su aplicación incluso en el caso de falta de culpabilidad de la entidad (artículo 6, párrafo 5, del Decreto Legislativo n.º 231/2001).

Se aprecia así un conjunto diverso de formas de decomiso, en el que se destaca el sistema de prevención patrimonial, que hace prevalecer las exigencias de eficacia sobre las de garantía -que, por otra parte, son tenidas más en cuenta con el sistema de responsabilidad administrativa por delito del Decreto Legislativo 231/2001-. Tras una breve introducción sobre el decomiso ampliado, el trabajo se centrará en el examen de los presupuestos del

---

19 Cass., sec. II, 23 de febrero de 2023, nº 30656.

20 Cass., sec. II, 23 de febrero de 2023, nº 30656.

decomiso preventivo y su aplicación jurisprudencial para hacer frente a la infiltración delictiva en la economía lícita.

IV. EL DECOMISO AMPLIADO

El decomiso ampliado, del que forma parte del modelo previsto en el art. 14 de la Directiva 1260/2024, se basa en la presunción del origen ilícito de los bienes, tras la condena por un delito específico (representa un modelo especialmente extendido a nivel comparado, en este sentido el *Erweiterter Einziehung* ex § 73a *StGB*, el *decomiso ampliado* ex art. 127 del Código Penal español, *Erweiterter Verfall* § 20b (2) ÖStGB, *comiso ampliado* ex § 7 Ley portuguesa nº 5/2002, la *confiscación* británica ex POCA 2002).

Esta forma de decomiso ampliado se fundamenta, como ha reconocido la Corte Constitucional Italiana (sentencia n.º 33/2018), en una doble presunción: la comisión de delitos anteriores por parte del acusado y el origen del patrimonio del condenado en dichos delitos. La Corte Constitucional ha considerado que esta presunción de enriquecimiento ilícito no es irrazonable y es conforme al principio de igualdad y al derecho de defensa, incluso en referencia al art. 42 de la Constitución[21]. Esta presunción de enriquecimiento ilícito se basa en la circunstancia de que se está en presencia de delitos habitualmente perpetrados *«de manera cuasi profesional»* (C. VI, núm. 1600/1996, Berti). Estas presunciones han sido expresamente admitidas por el Tribunal Europeo de Derechos Humanos (TEDH), siempre que estén basadas en hechos y no en sospechas, y sean refutables.

El problema en el ordenamiento jurídico italiano radica en que dicho modelo de decomiso ha ampliado su ámbito de aplicación de manera excesiva, como señala la Corte Constitucional n.º 33/2018, basándose en "lógicas claramente ajenas al propósito

---

21 Corte Cost., ord. 29 de enero de 1996, nº 18; véase Corte Cost., ord. 28 de marzo de 2000, nº 88.

original de la institución", representadas por el "contraste con la acumulación de los bienes de la criminalidad organizada, y mafiosa en particular, y con su infiltración masiva en el circuito económico" (incluyendo delitos de funcionarios públicos contra la administración pública). No parece que el legislador esté dispuesto a acoger la advertencia de la Corte Constitucional sobre la necesidad de autocontención en la selección de los "delitos matrices" como demuestra la reciente introducción del decomiso ampliado en el ámbito de los delitos tributarios (art. 12 *ter* Decreto Legislativo 74/200, introducido por el Decreto Legislativo 157/2019).

La Corte Constitucional también aboga por un autocontrol en clave interpretativa, "para valorar la ratio legis", afirmando que "el juez conserva la posibilidad de verificar si, en relación con las circunstancias del caso concreto y la personalidad de su autor -que valen, en particular, para caracterizar el hecho delictivo como enteramente episódico y ocasional y productor de un enriquecimiento modesto- el hecho por el que se dictó la condena queda manifiestamente fuera del "modelo" válido como fundamento de la presunción de acumulación ilícita de riqueza por parte del condenado". Algunos autores incluso han atribuido un carácter facultativo a esta forma de decomiso tras esta importante postura adoptada por la Corte Constitucional, aunque una interpretación semejante sería contraria al principio de legalidad; más bien, se debe admitir una comprobación seria y rigurosa de la presunción de *desproporcionalidad.*

De hecho, la aplicación de esta forma de decomiso en el Derecho italiano está sujeta no sólo a la condena, sino también al cumplimiento de una carga probatoria, aunque reducida, por parte de la acusación, que debe demostrar la propiedad o disponibilidad de los bienes del condenado y su valor desproporcionado en relación con los ingresos declarados o la actividad económica desarrollada, así como su razonabilidad temporal (delimitación su aplicación a los bienes adquiridos en un período razonablemente relacionado con el momento de la comisión del delito objeto de condena). Por último, corresponde a la defensa demostrar el origen lícito de los bienes sobre la base de lo que la Corte Constitucional y la Corte de Casación definen como una mera carga de alegación (sustancialmente admitida también por parte del TEDH) [22]. Estos presupuestos objetivos también se encuentran en el decomiso preventivo y serán examinados a continuación.

Con la Ley n.º 161/2017, la regulación de esta forma de decomiso se doblegó aún más a las necesidades de eficacia. Se cristalizó la posibilidad -ya admitida por la jurisprudencia- de aplicarlo en procedimientos de ejecución (c. 1 del art. 183-quáter Decreto Legislativo 271/1989, apartado 2). En estos casos surgen problemas en cuanto a las garantías de la defensa porque el decomiso puede ser acordado *inaudita altera parte* (sin perjuicio de una audiencia posterior al recurso de oposición), y, por tanto, en ausencia de contrainterrogatorio y la ausencia de justificación por parte del condenado (exigida por la norma), contraviniéndose el principio de legalidad; además, no está prevista la impugnación en apelación[23]. La Corte Constitucional, en su sentencia n.º 106/2015, ha considerado que el derecho de defensa está salvaguardado, aunque puede modularse de manera diferente “en relación con las características de cada procedimiento”; en este sentido, el TEDH en la sentencia Paraponiaris c. Grecia afirma la ilegitimidad según el art. 6 CEDH, y por tanto, de los principios

22 “hacerles recaer la carga de dar cuenta de forma creíble de su situación financiera actual (§ 49 de la sentencia)”, TEDH, 23 de septiembre de 2008, *Grayson y Barnham c. Reino Unido*, nº 19955/05 y 15085/06, § 49; TEDH, 13 de octubre de 2021, *Todorov y otros c. Bulgaria*, nº 50705/11, § 191.

23 A.M. Maugeri, *Confisca "allargata"*, en CNPDS, *"Misure patrimoniali nel sistema penale: effettività e garanzie"*, Milán 2016, 66 y ss. y también la Corte Constitucional admite en relación con el decomiso *ex* art. 12 *sexies* la legitimidad de las limitaciones del derecho de defensa dado que en el "procedimiento de ejecución sólo está previsto el recurso de casación" Corte Cost, 15 de abril (9 de junio) de 2015, núm. 106; véase Casación, secc. VI, 4 de junio de 2014, núm. 39911; Casación, secc. I, 10 de junio de 2014, núm. 52058.

de los principios de debido proceso y presunción de inocencia (art. 6 c. 2), de los decomisos impuestos en fases procesales que no permiten un adecuado ejercicio del derecho de defensa[24]. Además, la Ley n.° 161/2017 también extiende a esta forma de decomiso la regla -ya prevista por la jurisprudencia para el decomiso preventivo- según la cual el condenado no puede probar el valor proporcional de las adquisiciones a través de los derivados de la evasión fiscal, o incluso a través de los ingresos imponibles sustraídos de la tributación. Se prevé su aplicación incluso en caso de prescripción (tras una sentencia condenatoria, artículo 578 bis C.P.P.) y muerte del condenado (tras la sentencia firme que dicta el decomiso, artículo 183-quáter del Decreto Legislativo 271/1989, apartado 2).

Se observa una tendencia por parte del legislador italiano de acercar este modelo de decomiso a una *actio in rem*, aplicable incluso en ausencia de condena firme y contra de los sucesores. La doctrina ha planteado diversas dudas, especialmente en su aplicación en caso de prescripción, considerada contraria a la presunción de inocencia (como puso de relieve el juez Albuquerque en su voto particular discrepante en el asunto G.I.E.M.[25]) y a la postura la Corte Constitucional, que interpreta la prescripción como un derecho sustantivo y base del derecho al olvido[26], que evidentemente no es aplicable a una sanción que afecte al derecho de propiedad. Sin embargo, la Corte Constitucional también admite la aplicación de otras formas de confiscación penal, como

---

24 Tribunal de la UDE, 25 de septiembre de 2008, *Paraponiaris c. Grecia*, n° 42132/06; F.Panzarasa, *¿Confiscación sin condena? Uno studio de lege lata e de iure condendo sui presupposti procedurali dell'applicazione della confisca*, en *RIDPP* 2010, 1701; A. Galluccio, *La confisca "urbanistica" ritorna alla Corte Costituzionale. Nota al Tribunale di Teramo, ord. 17 de enero de 2014*, en *DP*, 8 de junio; A. Balsamo-R. Kostoris, *Jurisprudenza europea e processo penale italiano: nuovi scenari dopo "il caso Dorigo" e gli interventi della Corte costituzionale*, Turín, Giappichelli, 2008, 139 ss.

25 TEDH, 28.6.2018, recurso n° 1828/06.

26 Corte Constitucional, Ord. 26 enero 2017, n.° 24.

la urbanística -así calificada por el TEDH en el caso Sud Fondi[27]-, a raíz de una prescripción, considerando suficiente esa especie de condena sustancial representada por la constatación de la responsabilidad. El TEDH también ha seguido esta línea en el caso G.I.E.M.[28], permitiendo que los fines de la política criminal perseguidos puedan justificar este planteamiento, -suavizando la posición contraria sostenida en el caso Varraso-[29].

Dicha disciplina ha sido recogida recientemente en la Directiva n.º 1260/2024, al menos en cuanto a los delitos cuyo plazo de prescripción sea inferior a 15 años (art. 15), aunque no para el decomiso ampliado. Esto subraya la diferencia entre el decomiso ampliado, que también tiene un efecto punitivo -al menos en términos de estigmatización porque se basa en la presunción de comisión de otros delitos además del que es objeto de condena, de los cuales derivan los bienes a decomisar-, y el decomiso directo, que es una mera medida recuperatoria, respecto de la cual es absolutamente admisible el decomiso del beneficio aun cuando haya prescrito, cuando el hecho haya sido constatado, ya que el delito no es base legítima para la adquisición de los bienes (como, por otra parte, admiten ampliamente las Secciones Unidas de la Corte de Casación en relación con el decomiso obligatorio del delito, aun en ausencia de disposiciones expresas que así lo determinen) [30].

Finalmente, cabe recordar que el decomiso por equivalente del decomiso ampliado está previsto en el apartado 2 del art. 240 bis[31].; se trata de una forma de decomiso del valor equivalente a todos los bienes de valor desproporcionado que ya no pueden ser

---

27 TEDH, 20 de enero de 2009, Sud Fondi Srl y Altre 2 c. Italia, nº 75909/01, § 125-129; Corte Constitucional, 14 de enero de 2015, nº 49.

28 TEDH, 28 de junio de 2018, G.I.E.M, nº 1828/06.

29 Tribunal Europeo de Derechos Humanos, Sec. II, 29 de octubre de 2013, Varraso, §§ 71-64 y ss.

30 Cass., Sec. Un., Lucci, cit.

31 Esta forma de confiscación fue introducida por el artículo 10 del Decreto Legislativo N º 92/2008 en el párrafo *2b* del artículo 12 *sexies* y su

directamente sustraídos (por haber sido dispersados, ocultados, enajenados, etc.). La aplicación del decomiso por equivalente frente al decomiso ampliado persigue una finalidad de eficacia punitiva de carácter omnímodo y draconiano[32].

V. EL DECOMISO PREVENTIVO

El decomiso preventivo, como se ha mencionado, representa la primera herramienta fundamental para abordar el grave fenómeno de la infiltración de la criminalidad organizada, de tipo "mafioso" según el art. 416 bis CP, en la economía legal. Se trata de una medida de prevención que se aplica en un procedimiento preventivo, en ausencia de una condena por un delito.

Para su aplicación, esta forma de decomiso, conforme al 24 del Decreto Legislativo n.° 159/2011 requiere la verificación tanto de requisitos subjetivos -peligrosidad social (artículo 6 del Decreto Legislativo n.° 159/2011), aunque sea en el pasado-, como de carácter objetivo -la titularidad o disponibilidad de los bienes ("de los que, también a través de un tercero, se constate que una persona física o jurídica es titular o tiene la disponibilidad a cualquier título"), el carácter desproporcionado ("en valor desproporcionado con respecto a sus ingresos, declarados a efectos del IRPF, o a su actividad económica") o el origen ilícito de los bienes ("así como los bienes que resulten ser producto de actividades ilícitas o constituyan su reutilización"), la falta de justificación del origen lícito por parte del imputado ("bienes embargados cuyo origen lícito no pueda ser justificado por la persona contra la que se dirige el procedimiento"), la correlación temporal entre la adquisición de los bienes y la peligrosidad social-.

---

alcance ampliado por la Ley N ° 161/2017, el artículo 31, párrafo 1, letra *c*).

32 A.M.MAUGERI, *Confiscación de* entradas, en *Ann. Enc. D.* 15, vol. Anales VIII, 200 y ss.

1. La peligrosidad social: de la criminalidad organizada a la criminalidad económica

Los destinatarios de las medidas de prevención patrimonial son sujetos socialmente peligrosos en el sentido del artículo 6 del Decreto Legislativo 159/2011, ya que son sospechosos de los delitos enumerados en el artículo 16 del Decreto Legislativo 159/2011, que identifica a los destinatarios de las medidas patrimoniales.

Tras la introducción del principio de la llamada "autonomía de la medida de prevención patrimonial" respecto de la personal, se establece que "las medidas de prevención personales y patrimoniales pueden ser solicitadas y aplicadas de manera independiente" (18 Decreto Legislativo n.° 159/2011, antes art. 2-bis, c. 6-bis, Ley n.° 575/'65, introducido por el D.L. 92/2008 reformado por la Ley n.° 94/2009), e incluso respecto del fallecido, en el plazo de los cinco años posteriores desde la defunción (art. 18, c. 3). No obstante, el legislador sigue subordinando la aplicación de estas medidas de prevención patrimonial a un juicio sobre la peligrosidad social del destinatario; de hecho, las Secciones Unidas en la sentencia Spinelli[33], precisaron que el decomiso de prevención ex art. 24 del Decreto Legislativo n.° 159/2011 sería una sanción punitiva contraria a los principios constitucionales si se aplicara sin la constatación de la peligrosidad social. El propio Corte Constitucional (sentencia 106/2015) confirmó el carácter preventivo (o al menos *tertium genus)* del decomiso ex art. 24 Decreto Legislativo n.° 159/2011, ya que la peligrosidad social constituye un "requisito previo ineludible".

La prueba de la peligrosidad social del acusado (artículo 6 del Decreto Legislativo 159/2011), aunque ya no necesariamente actual, consiste esencialmente en la existencia de indicios de la comisión de delitos. Se habla de *peligrosidad cualificada* cuando existen indicios de la comisión de delitos específicos enumerados en el artículo 4 del Decreto Legislativo 159/2011 (al que se refiere

---

[33] Cass. sec. un., 26.6.2014, n.° 4880, Spinelli.

el artículo 16), comenzando por la asociación de tipo mafioso y los delitos enumerados en el artículo 51, c. 3 bis en el C.P.P. y, de *"peligrosidad genérica"*, a efectos de las medidas patrimoniales en relación a "quienes por su conducta y nivel de vida deba considerarse, sobre la base de elementos fácticos, que viven habitualmente, aunque sea en parte, con el producto de actividades delictivas" (art. 1, letra b, Decreto Legislativo n.º 159/2011, recordado por el art. 16). La doctrina siempre ha destacado el temor a que se trate de una medida aplicada *praeter probationem delicti.*

En relación con las medidas de prevención patrimoniales, las reformas a partir de 2008–2009 han estado marcadas por un denominador común: la extensión de su ámbito de aplicación desde la criminalidad organizada (también terrorista) al campo de la criminalidad económica. Estas medidas, introducidas en 1982 por la ley Rognoni–La Torre en el contexto de la lucha contra la asociación mafiosa, se han extendido a todas las formas de peligrosidad genérica mediante dos reformas históricas introducidas por los d.l. 92/2008 y l. 94/2009 (y en particular con la derogación del art. 14 de la ley 55/1990 por la primera reforma). Como resultado, estas medidas se aplican incluso a delitos que no revisten gravedad en cuanto al riesgo de contaminación de la economía lícita por bienes de origen delictivo, como el hurto.

Esta ampliación a todos los sujetos de peligrosidad genérica es expresión de la voluntad del legislador de utilizar el decomiso preventivo como instrumento de lucha contra cualquier forma de delincuencia económica, pretendiendo afirmar con ello el principio *"Crime does not pay"*. La doctrina ha criticado esta extensión porque la *presunción* de enriquecimiento ilícito en que se basa el decomiso preventivo estaba fundada en la conexión de la actividad criminal con el fenómeno invasivo y de extrema gravedad que representa la asociación mafiosa, como delito permanente dirigido al enriquecimiento, también mediante la *realización de actividades económicas lícitas en sí mismas pero con un método ilícito* (mafioso). Con la extensión indiscriminada de los supuestos genéricos de peligrosidad, la presunción en cuestión corre el riesgo de carecer de base racional cuando se aplica contra personas sospechosas de cualquier delito. A pesar del esfuerzo realizado por las Secciones Unidas en la sentencia Spinelli[34] para justificar tal equiparación, no es posible comparar el peligro para la economía legal, el mercado y la competencia representado por la infiltración de los inmensos patrimonios de origen criminal de la asociación mafiosa o del narcotráfico con el peligro de la infiltración de los frutos de cualquier actividad criminal, aunque sea de carácter continuado. Tampoco se justifica el sacrificio de la protección de las garantías penales ni el esfuerzo investigador y procesal que tal ampliación del sistema de las medidas de prevención comporta, también en términos de análisis coste-beneficio y, por tanto, del principio de proporción y eficacia de la intervención[35].

Es discutible que esta extensión excesiva pueda ser compatible con las apreciaciones del TEDH, el cual, aunque de forma discutible, siempre ha admitido la conformidad del principio de proporcionalidad con el sacrificio del derecho de propiedad que supone esta medida en relación a la lucha contra el crimen organizado, en concreto al fenómeno mafioso[36] o, en cualquier caso,

---

[34] Cass., sec. un., 26 de junio de 2014 (dep. 2 de febrero de 2015), *Spinelli*, n.° 4880, *Mass. Uff.* n.° 26260 en *RIDPP* 2015, 922.

[35] A.M.Maugeri, *Un'interpretazione restrittiva delle intestazioni fitttizie ai fini della confisca misura di prevenzione tra questioni ancora irrisolte, en Cass. Pen.* 2014, 267; A.MANGIONE, *Il volto attuale della confisca di prevenzione*, en C. Visconti–G. Fiandaca (ed.), *Scenari di mafia*, Turín, Giappichelli, 2010, 265 ss.; V.Contrafatto, *Sfera soggettiva di applicazione delle misure di prevenzione patrimoniali*, en *Le misure patrimoniali contro la criminalità organizzata*, editado *por* A.Balsamo, V.Contraffatto, A.Nicastro, Milano, Giuffrè, 2010, p. 80.

[36] Cfr. Comisión Europea, 15 de abril de 1991, *Marandino*, n.° 12386/86, en *Decisions et Rapports (DR)* 70, 78; TEDH, 22 de febrero de 1994, *Raimondo c. Italia*, en *Pubblications de la Cour Européenne des Droits de l'Homme*, 1994, Serie A, vol. 281, 7; 15 de junio de 1999, *Prisco c. Italia*, decisión sobre la admisibilidad del *recurso N°* 38662/97; 25 de marzo de 2003, *Madonia c. Italia*, decisión sobre la admisibilidad del recurso n.° 38662/97.

respecto a otras formas de *NCBC*, frente a fenómenos delictivos graves como la lucha contra el tráfico de drogas en relación a la *confiscation* y al *civil recovery* británicos (caso Philips y Butler[37]), o contra la corrupción de funcionarios públicos (caso Gogitidze)[38]. En el caso *Dimitrovi c. Bulgaria*[39], el Tribunal Europeo ha negado el respeto del principio de proporcionalidad de una forma de decomiso ampliado, sin condena, en atención a la falta de un interés público válido que la pudiera justificar; el Tribunal consideró demasiado genérica y vaga la referencia a la protección de las condiciones de la actividad económica.

La Directiva n.º 1260/2024 exige la introducción del nuevo modelo de *NCBC* en el ámbito de la lucha contra la delincuencia organizada, como se ha destacado anteriormente, y parece querer delimitar su aplicación a ese sector precisando en el art. 16.1 "siempre que el órgano jurisdiccional nacional tenga la certeza de que los bienes identificados proceden de conductas delictivas cometidas en el marco de una organización criminal", aunque en el considerando n.º 35 admite su aplicación en otros sectores ("La presente Directiva no impide a los Estados adoptar medidas que permitan el decomiso de patrimonio no explicado por otros delitos o circunstancias").

Por tanto, la Ley n.º 161/2017 ha ampliado la categoría de los sujetos con peligrosidad cualificada, incluyendo, entre otros, con

---

Italia, decisión sobre la admisibilidad del recurso nº 38662/97; 25 de marzo de 2003, *Madonia c. Italia*, n.º 55927/00, § 4; 5 de julio de 2001, *Arcuri y otros tres c. Italia*, n.º 52024/99, *ibid.*, 5; 4 de septiembre de 2001, *Riela c. Italia*, n.º 52439/99, *ibid.*, 6; *Bocellari y Rizza c. Italia*, n.º *Italia*, nº 399/02, ibídem, 8; 5 de enero de 2010, *Bongiorno*, n.º 4514/07, § 45; 17 de mayo de 2011, *Capitani y Campanella c. Italia*, n.º 24920/07, § 30-33; *Paleari c. Italia*, 26 de julio de 2011, n.º 55772/08, 31; 25 de agosto de 2015, *Cacucci-Sabatelli*, n.º 29797/09, § 47; 26 de julio de 2011, *Pozzi*, n.º 55743/08; 2 de febrero de 2010, *Leone*, n.º 30506/07.

37 TEDH, *Butler v. Royaume-Uni*, 26 de junio de 2002, n.º 41661/98, § 8.

38 TEDH, *Gogitidze c. Georgia*, 12 de mayo de 2015, n.º 36862/05, § 103.

39 TEDH, 3 de junio de 2015, *Dimitrovi c. Bulgaria*, n.º 12655/09.

la letra *i-bis*) del art. 4 del Decreto Legislativo n.° 159/2011, a los sujetos sospechosos de asociación delictiva destinada a cometer delitos contra la Administración Pública4[40] (así como a los sujetos sospechosos del delito de fraude agravado con el fin de obtener fondos públicos ex art. *640*-bis C.P.). Tales sujetos, en realidad, ya encajaban en la categoría de los sujetos de peligrosidad genérica; la *ratio* político-criminal de dicha reforma viene representada, pues, -además de por una finalidad simbólica con referencia a la lucha contra la corrupción- por el fin de eludir la acreditación de la *dedicación al ilícito* (habitualidad) la aplicación del comiso frente a tales sujetos, de modo que baste la inscripción en el registro de investigados o el inicio de un procedimiento penal para incoar un procedimiento cautelar. También esta extensión preocupa en términos de política criminal, como se destaca también para el decomiso ampliado ex art. 240 bis C.P., porque la presunción de acumulación ilícita, que la Corte Constitucional consideró razonable en relación con los sujetos sospechosos de delitos relacionados con la delincuencia organizada[41], no encuentra igual fundamento en este sector y no parece respetada *la ratio* político-criminal que ha justificado la previsión de tales medidas patrimoniales invasivas, y es que no parece que en relación con los delitos contra la Administración Pública existan *esas exigencias de protección de la economía, la competencia y el mercado frente a la infiltración de patrimonios ilícitos* (y de la influencia mafiosa) a las que se refiere la sentencia Spinelli de las Secciones Unidas de 2014 («Finalidad que se justifica no sólo por razones éticas, sino también por razones de orden

---

40 Así C.Visconti, *Approvate in prima lettura dalla Camera importanti modifiche al procedimento di prevenzione patrimoniale*, en DPC, 23 de noviembre de 2015.

41 Corte Constitucional, 8 de octubre de 1996, n.° 335, en FI 1997, I, 21; Corte Constitucional, 9 de febrero de 2012, n.° 21; Corte Constitucional, 15 de abril (9 de junio) de 2015, n.° 106. En relación con el decomiso *ex* art. *12-sexies* Decreto-Ley 306/'92 (ahora *240-bis* C.P.), cfr. Corte Constitucional, 22 de enero de 1996, n.° 18; Corte Constitucional, 28 de marzo de 2000, n.° 88; Corte Constitucional, 8 de noviembre de 2018, n.° 33.

económico, en cuanto que la acumulación de riqueza, fruto de la actividad delictiva, es un fenómeno tal que contamina la dinámica competitiva ordinaria del libre mercado»)[42] y también de la Corte Constitucional[43].

2. La taxatividad del juicio de peligrosidad social

Desde la introducción de las medidas de prevención personales, la Corte Constitucional, junto a la Corte de Casación, han contribuido a construir un estatuto más garantista (respecto al previsto por el legislador) pretendiendo la *garantía jurisdiccional* -como ya anticipaban las primerísimas sentencias n.º 2, 10 y 11 de 1956-, y el respeto del *principio de legalidad,* con el consiguiente rechazo de la "sospecha" como presupuesto suficiente para la aplicación de una medida preventiva[44]. En este sentido, recientemente se asiste por parte de la Corte de Casación a un esfuerzo de *taxatividad* distinguiendo la fase cognitiva (indicios de actividad delictiva en el pasado) de la fase *pronóstica* (en cuanto a la actividad delictiva futura) del juicio de peligrosidad social[45], y exigiendo que el juicio cognitivo se base rigurosamente en la constatación de hechos "*históricamente apreciables*"[46].

---

42 Corte de Casación, de 2 de febrero de 2015, Spinelli, n.º 4880.

43 Corte Constitucional, 8 de octubre de 1996, n.º 335, en FI 1997, I, 21.

44 Corte Constitucional, 22 de diciembre de 1980, n.º 177, en *Giur. cost.* 1980, p. 1535; así también la Corte Constitucional, 23 de marzo de 1964, n.º 23, en *Giur. cost.* 1964, p. 193. Conforme a Casación, 28 de junio de 1993, Pugliese, en *casación penal* 1994, n.º 1222; Casación, 24 de marzo de 1993, Bertuca, *ibid.*, 1994, n.º 1222, p. 1352; Casación, 1 de marzo de 1993, Salvagno, *ibid.* 1994, n.º 832, 1347.

45 Casación, secc. I, 15 de junio de 2017, n.º 349; secc. VI, 11 de octubre de 2017, n.º 2385; 15 de junio de 2017, n.º 43446; secc. I, 1 de enero de 2018, n.º 24707; II, 4 de junio de 2015, n.º 26235; secc. I, 24 de marzo de 2015, n.º 31209; secc. I, 11 de febrero de 2014, n.º 23641; secc. I, 1 de abril de 2019, n.º 27696.

46 Casación, secc. I, 1 de febrero de 2018, n.º 24707; II, 4 de junio de 2015, n.º 26235; secc. I, 24 de marzo de 2015, n.º 31209; secc. I, 11 de febrero

Para la peligrosidad cualificada, como se ha señalado, la jurisprudencia más atenta exige y propone un juicio taxativo en la fase *diagnóstico-constatativa*[47], incluyendo, en primer lugar, en la categoría de los sujetos de peligrosidad cualificada como *pertenencientes a* la asociación mafiosa *ex* art. 1 l. 575/'65, y hoy como *participantes* en la asociación *ex* art. 4 Decreto Legislativo n.° 159/2011, no vagas formas de contigüidad (también ideológica, aspectos comunes de cultura mafiosa, reconocida frecuentación con personas implicadas en la asociación) -como categoría de alcance semántico más amplio-, sino "sólo conductas reconducibles al supuesto de asociación de tipo mafioso, de las que sólo se diferenciarían por el más bajo estándar probatorio necesario a efectos del juicio de peligrosidad social[48] y que requiere entonces "la apreciación de una situación de *contigüidad a la propia asociación que resulte funcional a los intereses de la estructura criminal* (en el sentido de que la persona propuesta debe ofrecer una *"contribución activa" a las actividades y al desarrollo de la asociación criminal*)"[49]; la noción de "pertenencia" evoca "*el ser parte o, al menos, aportar una contribución concreta al grupo*"[50]; o se requiere probar en qué habría "consistido el "sinalagma subyacente" a la atracción de tal empresa al área de influencia del consorcio" [51]. Se admite, por tanto, que "el concepto de pertenencia, evocado por la legislación de prevención, es más amplio que el de participación, con la consiguiente importancia atribuida en términos de medidas de prevención a conduc-

---

de 2014, n.° 23641; secc. I, 1 de abril de 2019, n.° 27696.

47 Permítase la remisión a A.M. MAUGERI, *La riforma delle misure di prevenzione patrimoniali ad opera della l. 161/2017 tra istanze efficienti e tentativi incompiuti di giurisdizionalizzazione del procedimento di prevenzione*, en *Archivio Penale*, Reforma especial, pp. 337 y ss.

48 Como ha sido por la orientación más garantizada, cfr. Casación, secc. VI, 8 de enero de 2016, n.° 8389.

49 Casación, secc. VI, 29 de enero de 2016, *Gaglianò y otros*, n.° 3941, *Mass. Uff.* n.° 266541.

50 Casación, secc. 1, 14 de junio (dep. 30/11)2017, Sottile, n.° 54119.

51 Casación, secc. V, 18 de enero de 2016, *Mannina y otros*, n.° 1831, *Mass. Uff.* n.° 265863.

tas que no integran la presencia de un vínculo estable entre el delincuente y la organización, sino que revelan una actividad de colaboración, aunque no sea continua", con lo que se incluye sustancialmente la *complicidad externa*[52]*;* la contribución "se sustancia en *una acción,* incluso aislada, *funcional a los fines asociativos,* con exclusión de las situaciones de mera contigüidad o proximidad al grupo criminal"[53] [cursiva añadida].

Para la peligrosidad genérica, tras la condena de Italia por parte del TEDH en el caso De Tommaso por la falta de taxatividad de la categoría de los destinatarios de la peligrosidad genérica[54] y

---

52 Casación, secc. V, 23 de marzo de 2018, n.º 20826. *En contra,* parte de la doctrina niega la aplicabilidad de las medidas de prevención al cómplice externo como peligroso cualificado, V.Maiello, *De Tommaso c. Italia y la mala conciencia de las medidas de prevención,* en *DPP* 2017, 1039; F.Mazzacuva, Mazzacuva, *Le persone pericolose e le classi pericolose,* en S.Furfaro (ed.), *Misure di prevenzione,* Turín, 2013, 104; Pelissero, *I destinatari della prevenzione praeter delictum: la pericolosità da prevenire e la pericolosità da punire,* en *Riv. trim. dir. proc. pen,* pp. 459 y s.; G.Amarelli, *Misure di prevenzione e principio di determinatezza,* en *Treccani–Libro dell'anno,* 104–1, § 3. Véase A.M.Maugeri, *I destinatari delle misure di prevenzione tra irrazionali scelte criminogene e il principio di proporzione,* en *Ind. Pen.*, 37 ss.

53 Casación, secc. un., 4 de enero de 2018, n.º 111.

54 TEDH 23 de febrero de 2017, Gran Sala, *De Tommaso,* n.º 43395/09 -relativa a una medida cautelar personal contra una persona de peligrosidad genérica-, que condenó a Italia por la violación del art. 2, IV Protocolo que garantiza la libertad de circulación, por parte de la legislación italiana, Ley nº 1423/1956, art. 1 ss,–hoy art. 1, Decreto Legislativo n.º 159/2011-, en cuanto dicha legislación, aunque accesible, no garantiza la previsibilidad de la medida, cuya aplicación se deja a la excesiva discrecionalidad jurisprudencial; el mismo problema se plantea para las medidas cautelares patrimoniales por contraste con el art. 1 del Prot. I CEDH que garantiza el derecho a la propiedad, siendo los propios destinatarios. La Corte considera que la imposición de tales medidas sigue vinculada a un juicio de pronóstico por parte de los tribunales nacionales, dado que ni la ley ni la Corte Constitucional han identificado claramente los "elementos de hecho" (las pruebas fácticas) o *las específicas tipologías de comportamiento* que deben valorarse para establecer la

del contenido de las medidas de prevención[55], la Corte Constitucional con la sentencia n.º 24/2019[56] ha proporcionado una interpretación constitucionalmente orientada de la categoría a la que se refiere la letra b) del art. 1 del Decreto Legislativo 159/2011; se requiere identificar las "categorías de delitos" que pueden tomarse como presupuesto de la medida, "en virtud del triple requisito–que debe probarse sobre la base de precisos "elementos de hecho", de los que el tribunal debe dar cuenta precisa en la motivación (art. 13.2 Const.) – según el cual debe tratarse de a) *delitos cometidos habitualmente* (y, por tanto, durante un período de tiempo significativo) por el sujeto, b) *que efectivamente hayan generado beneficios para el sujeto,* c) los cuales, a su vez, constituyan – o hayan constituido en un determinado tiempo – *el único ingreso del*

---

peligrosidad social del individuo y justificar la aplicación de medidas preventivas.

55 Algunas de las prescripciones previstas en el apartado 3 del artículo 5 de la Ley 1423/1956, hoy artículo 8 del Decreto Legislativo 159/2011, se expresan en términos muy genéricos y su contenido es extremadamente vago e indeterminado. Esto se aplica en particular a las disposiciones relativas a las obligaciones de "vivir honestamente, respetar las leyes y no dar motivos de sospecha" (redacción modificada en el código antimafia que ya no contiene la última hipótesis), a pesar de la intervención de la Corte Constitucional que, con la sentencia n.º 282/2010, ha negado la violación del principio de taxatividad por parte de las disposiciones en cuestión (§ 119)). El aspecto más inquietante de esta falta de taxatividad viene determinado, además, por el hecho de que la violación de estas disposiciones está incriminada en el artículo 9 de la Ley n.º 1423/1956 (modificado por el artículo 14 del Decreto-Ley n.º 144/2005, convertido, con modificaciones, por la Ley n.º 155/2005) y hoy en el artículo *75 del Decreto Legislativo n.º 159 de 2011, castigado con penas de hasta cinco años de prisión.*

56 No sólo ha declarado la ilegitimidad de la categoría de los sujetos genéricamente peligrosos a los que se refiere el artículo 1.1.a), es decir, "las que deban considerarse, sobre la base de elementos de hecho, dedicadas habitualmente al tráfico delictivo" por entrar en conflicto con el principio de legalidad/precisión/previsibilidad.

sujeto, o al menos *un componente significativo* del mismo"[57] [cursiva añadida].

Para esta categoría, en un esfuerzo de taxatividad procesal también a la luz de la sentencia De Tommaso, la Corte Constitucional (n.º 24/2019) no se contenta con indicios, requiriendo más bien antecedentes penales y judiciales[58], aunque luego reafirme *la autonomía del juicio de prevención* respecto a aquel penal[59] y la suficiencia de elementos emergentes de procedimientos penales pendientes[60], de una llamada incriminatoria o inculpatoria, desprovista de evidencias fácticas e individualizadoras- necesarias para su utilización a efectos de la formación de la prueba de cargo-[61]. Incluso, los indicios pueden surgir de una sentencia *absolutoria* o, en todo caso, la existencia de indicios de peligrosidad es compatible con una sentencia absolutoria, no sólo *ex* artículo 530.2 C.P.P. [62],

---

57 Cfr. Casación, secc. II, 1 de marzo de 2018, n.º 30974; Casación, secc. II, 28 de septiembre de 2023, núm. 41157.

58 Casación secc. VI, 11.10.2017, n.º 2385; secc. VI, 21.9.2017, n.º 53003.

59 Casación, secc. I, 15.6.2017, n.º 349; n.º 43826/2018; secc. 1, 24.3.2015, n.º 31209; secc. VI, 29.5.2015, n.º 23294; 29.5.2015, n.º 2308; secc. II, 29.5.2015, n.º 23041; "El procedimiento de prevención es autónomo respecto del penal, porque en el primero se juzgan conductas globales, pero significativas de peligrosidad social, en el segundo se juzgan hechos aislados que se relacionan con modelos típicos de antijuridicidad" (Casación pen. secc. II, 25.1.2023 n.º 15704; Casación, secc. I, 1.2.2018 n.º 24707; Casación pen., secc. I, 26 de octubre de 2022, n.º 4489; Casación, secc. VI, 5 de abril de 2023 n.º 19997.

60 Casación, secc. VI, 13.7.2017, n.º 36216.

61 Casación, secc. V, 15 de marzo de 2018, n.º 17946; Casación, secc. 5, 12 de noviembre de 2013, n.º 49853, Rv. 258939; Casación, secc. I, 29 de abril de 2011, *Bagalà*, n.º 20160, *Mass. Uff.* n.º 250278; 21 de octubre de 1999, en *Casación pen.* 2000, 2766, n.º 1571; 19 de marzo de 1998, *ibid.* 1999, 2345; secc. II, 25 de noviembre de 1998, *Bonventre y otros*, n.º 17976; secc. VI, 27 de mayo de 1995, *Calà*, n.º 1605.

62 Casación, secc. II, 25 de enero de 2023, n.º 15704; Casación, secc. II, 11 de enero de 2022, n.º 4191; Casación, secc. II, 25 de junio de 2021, n.º 33533; Casación, secc. II, 6 de junio de 2019, n.º 31549; Casación,

sino porque el "hecho no existe"[63], así como por resoluciones de archivo o absolución, de las que el preventivo se ha beneficiado a lo largo del tiempo, quizás en base a la consideración de que tales medidas «dejaban "sombras de duda y sospecha"»[64]. Volveremos sobre este punto al tratar la jurisprudencia del TEDH.

Subsiste el problema intrínseco de remitir a la mera discrecionalidad judicial la determinación del nivel indiciario suficiente para considerar satisfecha al menos la parte cognitiva del juicio de peligrosidad social: ni siquiera se exige en esta materia los "serios indicios de culpabilidad" requeridos para la aplicación de una medida cautelar personal *ex* art. 273 C.P.P.[65]. Por no hablar, pues, de todas las perplejidades relacionadas con la parte pronóstica del juicio de peligrosidad social, que se confía simplemente a la intuición del juez[66].

---

secc. II, 29 de marzo de 2019, n.° 19880; Casación, secc. I, 7 de enero de 2016, n.° 6636. *En contra,* Casación, secc. V, 15 de enero de 2013, n.° 11979, G.P.; interesante Casación, secc. VI, 10 de enero de 2013, n.° 6588, F.

63 Corte de Apelación, Roma, Secc. I, 1 de abril de 2008, n.° 2350.

64 Corte de Ap. Caltanissetta, Secc. I, 18 de octubre de 2012, dep. 23 de octubre de 2012 (procedimiento n.° 50/08 M.P.); de acuerdo con la Corte de Casación, Secc. II, 25 de enero de 2023, n.° 15704; Corte de Casación, Secc. II, 25 de junio de 2021, n.° 33533; Corte de Casación, Secc. V, 30 de noviembre de 2020, n.° 182; Corte de Casación, 17 de julio de 2020, n.° 23813.

65 Casación, 23 de enero de 1992, *Mass. Uff.* n° 189334; 27 de agosto de 2004, *Mass. Uff.* n.° 231016; secc. V, 28 de marzo de 2002, n.° 23041, *Mass. Uff.* n° 221677, en *Casación pen.* 2003, 605; 31 de marzo de 2010, *Mass. Uff.* n.° 247502; 3 de febrero de 2010, *Mass. Uff.* n.° 246308.

66 A.MANGIONE, *La misura di prevenzione patrimoniale fra dogmatica e politica criminale,* Padua, Cedam, 2001, 95 y ss.; T.PADOVANI, *Fatto e pericolosità,* en *Pericolosità e giustizia penale,* editado por M. PAVARINI, L. STORTONI, Bolonia 2013, 78 y ss.; F.CONSULICH, , *Le misure di prevenzione personali tra costituzione e convenzione,* en Legislazionepenale.eu, 2019, 13. Permítase la remisión a A.M.MAUGERI, *I destinatari,* cit., 73 ss.; cfr. A.MANGIONE, *La 'situazione spirituale' della confisca di prevenzione,* en *Riv. it. dir. proc. pen.* 2017, 621.

En todo caso, las Secciones Unidas han precisado en la sentencia Spinelli que "lo relevante no es tanto la cualidad de socialmente peligroso del titular, considerada en sí misma, sino la circunstancia de que lo fuera en el momento de la adquisición del bien", destacando que lo que cuenta a efectos del decomiso no es tanto la peligrosidad social en sentido estricto, entendida como pronósticos de actividad delictiva futura, -como debería ser propio de una verdadera medida de prevención ante delictum-, sino *la existencia de indicios sobre la actividad delictiva pasada del reo y, por tanto, sobre el origen delictivo de los bienes,* la parte cognitiva y retrospectiva del juicio de peligrosidad social, más que la parte pronóstica.

3. Presupuestos objetivos: La titularidad o disponibilidad de los bienes

La doctrina interpreta la noción de disponibilidad–exigida también a efectos del decomiso *ex* artículo 34 del Decreto Legislativo 159/11 y de la aplicación de las medidas cautelares *ex* artículo 84 y ss. (una especie de «*passpartout* con el que el legislador ha intentado penetrar en los ganglios económico-financieros del crimen organizado»[67], superando los mecanismos elusivos ofrecidos)–como un mero sustituto del derecho de propiedad, a fin de incluir en la medida patrimonial los bienes que el acusado haya obtenido ilícitamente y que, para eludir su decomiso "pero sin desposeerlos en términos económico-sustanciales", a través de argucias jurídico-formales haya hecho *figurar, aunque solo ficticiamente, en la titularidad de terceras personas*[68]; en cambio, según la jurisprudencia, la noción de disponibilidad no reviste ninguna función simplificadora del derecho de propiedad, haciéndose extensiva a la mera disponibilidad de hecho, todos aquellos supuestos relacionales en los que, con independencia de la capacidad o

---

67 A. MANGIONE, *La misura di prevenzione*, cit., 235.

68 Así, A. AIELLO, *La tutela civilistica dei terzi nel sistema della prevenzione patrimoniale antimafia,* Milán 2005. 102-104, 116 y ss.

titularidad jurídica, el presunto mafioso disfruta *de hecho*, determinando el uso y el destino de bienes económicamente evaluables. *Lo que se pone de manifiesto es el carácter problemático de esta interpretación jurisprudencial* que *corre el riesgo de aplicar el decomiso a terceros inocentes, vulnerando el principio de legalidad y culpabilidad.*

No sólo eso, sino que a pesar de que por expreso dictado normativo ("resulten en la disponibilidad") la disponibilidad debe ser probada por la acusación aportando al menos la prueba indiciaria *ex* art. 192 C.P.P., tal y como se recoge en la jurisprudencia[69], las presunciones introducidas por el Decreto n.º 92/'08 en el art. 2 *ter* ult. párrafo, hoy art. 26 Decreto Legislativo 159/11, introducen una inversión de la carga de la prueba sobre el tercero en relación con el primer presupuesto del decomiso, la disponibilidad, encarnando los temores de la doctrina que siempre había advertido de la necesidad de evitar automatismos estériles y cómodos atajos presuntivos en la acreditación de las relaciones de poder e influencia en los órganos de gobierno de la empresa social por parte del sospechoso[70], advirtiendo ya con preocupación que la «disponibilidad» se contenta con el régimen de la prueba indiciaria allá donde la «propiedad» exige una investigación más rigurosa»[71]. La misma Corte de Casación, tras la reforma de 2008, señala, de hecho, que el principio en base al cual la carga de la prueba sobre la disponibilidad de los bienes corresponde a la acusación "*resulta normativamente contradicha por la norma contraria introducida por el citado D.L. núm. 92 de 2008, art. 10, párr. 1, núm. 4, letra* d), *en virtud de la cual, en la hipótesis de relación filial, las transmisiones de dos años*

---

69 Casación, 25 de febrero de 2022, n.º 11349; Casación, secc. 5, 6 de marzo de 2017, Carlucci, n.º 13084; Casación, secc. 2, 10 de febrero de 2008, Catania, n.º 3990.

70 A. Mangione, *La misura di prevenzione patrimoniale fra dogmatica e politica criminale*, Cedam, Padua, 2001, 277; A.M. Maugeri, *Le moderne sanzioni patrimoniali tra funzionalità e garantismo*, Milán, 2001, 322-368; ID., *Art. 2* ter, en F. Palazzo-C.E. Paliero, *Commentario breve alla Legislazione speciale*, Cedam, Padua 2007, 1786 y ss.

71 A. Mangione, *La misura di prevenzione*, cit., 235-263.

anteriores a la proposición de la medida de prevención a favor de terceros, se presumen ficticias mientras no se pruebe lo contrario"[72].

4. *La desproporción*

En relación con el requisito de la desproporción, debe recordarse, en primer lugar, que a ella se refiere en la descripción del decomiso ampliado el art. 14.2 de la Directiva 1260/2024 (considerando 29) (art. 5 de la Directiva 42/2014), y también como elemento de prueba del origen ilícito en el art. 16 en relación al "decomiso del patrimonio injustificado", aunque en ambas normas sólo como elemento indiciario junto a otros; la desproporción no puede representar la única prueba del origen ilícito, a diferencia de lo previsto en el art. 240 bis CP, como también subraya la Corte Constitucional en la sentencia n° 33/2018. En el ordenamiento español y en el ordenamiento alemán, en cambio, en aplicación de la Directiva, la desproporción se indica como elemento de prueba del origen ilícito de los bienes junto con otros elementos fácticos, respectivamente en la descripción del *decomiso ampliado* (Art. *127-bis, 127-quinquies* y *127-sexies* del Código Penal), y como "desproporción flagrante" en el § 437 Absatz 1 Satz 2 StPO[73].

También en relación con este elemento surgen perfiles problemáticos. En primer lugar, la ley 161/2017 cristaliza – también para el decomiso ampliado, como se ha examinado – la interpretación consolidada (solo para el decomiso preventivo) según la cual *los ingresos de la evasión fiscal no pueden utilizarse para justificar la procedencia legítima de los bienes.* Sin embargo, como también se desprende del expediente sobre el proyecto de ley 2134 (p. 31), no se

---

72 Casación, 27 de enero de 2009, n.° 8466. Cfr. al respecto Casación, secc. I, 12 de enero de 2016, n.° 24448; Secciones Unidas, 22 de diciembre de 2016, De Angelis, n.° 12621.

73 *Gesetzes zur Reform der strafrechtlichen Vermögensabschöpfung BReg418/16,* 01.07.2017

aclara, sin embargo, "*si dichos ingresos deben identificarse con la totalidad imponible antes del impuesto devengado o sólo con el importe correspondiente al impuesto evadido*"[74]. La primera interpretación en base a la cual no sería posible tener en cuenta la totalidad imponible, termina por considerar de origen ilícito los ingresos lícitamente adquiridos sólo por haber sido eludidos de tributación, y acaba ampliando el ámbito de aplicación del comiso preventivo al hacer resultar como de valor desproporcionado también los bienes adquiridos con ingresos lícitos, en definitiva, bienes cuyo valor no es desproporcionado (y, por tanto, no son de origen ilícito) frente al mismo principio de legalidad, — porque el art. 24 sólo permite el comiso de bienes de valor desproporcionado o que sean fruto o reinversión —, así como con el principio de proporción y culpabilidad, como criterio de medición de la pena, pues el comiso preventivo afectaría a bienes de origen lícito, convirtiéndose en una pena patrimonial (de sospecha)[75].

Se considera, por lo demás, apreciable la interpretación garantista de tal elemento proporcionada por la Corte de Casación que establece que la desproporción debe ser probada por la acu-

---

74 Véase, entre otros, Casación, secc. IV, 5 de febrero de 1990, n.° 265; secc. V., 10 de noviembre de 1993, n.° 3561; secc. I, 15 de enero de 1996, n.° 148; secc. VI, 23 de enero de 1996, n.° 258; secc. II, 26 de enero de 1998, n.° 705; secc. I, 2 de julio de 1998, n.° 3964; secc. I, 20 de noviembre de 1998, n.° 5760; secc. 5760; secc. VI, 22 de marzo de 1999, n.° 95; secc. VI, 27 de mayo de 2003, n.° 36762; secc. VI, 25 de enero de 2012, n.° 6570; secc. II, 27 de marzo de 2012, n.° 27037; secc. I, 17 de mayo de 2013, n.° 39204.

75 Cfr. A.M.MAUGERI, *La lotta all'evasione fiscale tra confisca di prevenzione e autoriciclaggio*, en *Dir. pen. cont.–Riv. Trim.* 2015, n.° 4, 191; F.MENDITTO, *Sulla rilevanza dei redditi non dichiarati al fisco ai fini del sequestro e della confisca di cui all'art.* 12-sexies *del d.l. n. 306/92*, en *Dir. pen. cont.*, 15 de diciembre de 2011; A.QUATTROCCHI, *La sproporzione dei beni nella confisca di prevenzione tra evasione fiscale e pericolosità sociale*, en *Giur. It.* 2015, 711.

sación[76] y no considera suficiente una comparación global entre el patrimonio y la renta formalmente disponible, porque de lo contrario transformaría tal medida en una especie de confiscación general de bienes, sino que exige la acreditación en relación con *cada bien individual en el momento de la adquisición,* comparando la renta oficialmente disponible con el incremento patrimonial determinado por la adquisición del bien[77] — como se ha señalado también por las Secciones Unificadas en la sentencia Montella de 2004 en relación con el comiso *ex* art. 12 sexies Decreto-Ley 306/'92[78] y confirmada por la Corte Constitucional en la sentencia n.º 33/2018[79]. Se impone una «reconstrucción histórica de la situación de los ingresos y de las actividades económicas del condenado

76 Casación, secc. VI, 31 de marzo de 2016, n.º 16111; Casación, secc. 2, 17 de junio de 2015, n.º 29554, rv. 264147.

77 Casación, secc. un., 19 de enero de 2004, Montella, n.º 920, en Mass. Uff. n.º 226490; Casación, 13 de enero de 2022, n.º 8217; C., 16 oct. 2018, n.º 53449; Casación, secc. V, 25 nov. 2015 (7 ene. 2016), n.º 155; Casación, secc. VI, 29 nov. 2013, P.M. en proc. Balducci, n.º 47567, en Mass. Uff. n.º 258030; Casación, secc. II, 25 de octubre de 2013, Coppola, n.º 43776, en Mass. Uff. n.º 257305; Casación, secc. 5.ª, 1 de julio de 2011, Papa, n.º 26041, en Mass. Uff. n.º 250922; Casación, secc. I, 13 de mayo de 2008, Esposito, n.º 213572, en Mass. Uff. n. 240091; R.Piccirillo, *Titolo VII–Confisca per sproporzione,* en *Codice delle confische e dei sequestri,* editado por Tartaglia, Roma 2012, 398, especifica que deben aplicarse las máximas de la experiencia; A.M.Maugeri, *Le moderne sanzioni patrimoniali tra funzionalità e garantismo,* Giuffrè, Milán, 2001, 327; G.Nanula, *La lotta alla mafia,* Giuffrè, Milán, 2009, 43; R.Cantone, *La confisca per sproporzione, en La legislazione penale in materia di criminalità organizzata, misure di prevenzione ed armi,* editado por V.Maiello, Turín, Giappichelli, 2015, 133.

78 Casación, Secc. Unidas, 17 de diciembre de 2003, Montella, en *CP* 2004, 1187.

79 La desproporción "no consiste en cualquier discrepancia entre ingresos y posesiones, sino en un desequilibrio incongruente y significativo, que debe verificarse por referencia al momento de adquisición de los bienes individuales".

en el momento de las adquisiciones individuales»[80]; sólo si se exige una prueba similar a la de la desproporción no puede hablarse de una vulneración del derecho de defensa, ya que "*la carga impuesta no se transmuta, por ello, en una petición de prueba diabólica, sino que, por el contrario, es de fácil cumplimiento*"[81].

Por último, destaca también la importancia de una correcta valoración procesal de dicho elemento precisando que "no es censurable en el juicio de legitimidad la valoración relativa a la desproporción..., cuando la misma esté motivada de forma congruente por el juez mediante recurriendo a parámetros susceptibles de verificación y vaya precedida de una confrontación adecuada y racional con las conclusiones contrarias de la defensa" [82].

Al tiempo que se aprecia dicha interpretación, que impone un significativo esfuerzo probatorio a la acusación, se debe subrayar, por un lado, el temor de que la excesiva extensión del ámbito de aplicación del comiso preventivo ponga en crisis el valor probatorio de tal elemento; este "pierde sus connotaciones de inadecuación — a primera vista, con relevancia incluso de anticonstitucionalidad — para revelarse como un normal instrumento crítico de prueba, en un contexto caracterizado — digámoslo así — *por la condición profesional* del mafioso"[83], o, aunque con cierta perplejidad, para las hipótesis de peligrosi-

---

80 Casación, 13 de mayo de 2008, n.º 213572, Rv. 240091, citando textualmente Secc. Unidas, Montella; 30 de octubre de 2008, n.º 44940; 13 de mayo de 2008, n.º 21357, E.

81 Casación, Secc. Unidas, Montella, *cit.*, 1188. Cfr. 30 de octubre de 2008, n.º 44940; 5 de junio de 2008, n.º 25728; 13 de mayo de 2008, n.º 21357. cfr. Fildelbo, *Sequestro preventivo e confisca* ex *art.* 12-sexies *l. n. 356/92*, en *Cass. Pen.* 2004, 1189; R. Bartoli, *La confisca di prevenzione è una sanzione preventiva, applicabile retroattivamente*, en *Giur. it.*, 2015, 977.

82 Casación, secc. III, 21 de septiembre de 2021, n.º 1555.

83 A. Mangione, *Le misure di prevenzione antimafia al vaglio dei principi del giusto processo*, en *Le misure di prevenzione patrimoniali dopo il "pacchetto sicurezza"*, editado por F. Cassano, NelDiritto Editore, 2009, 23.

dad genérica, podría admitirse su valor cuando se basa en una probada, al menos a nivel indiciario, *habitualidad* del delito. Pero si los supuestos de peligrosidad cualificada se extienden al sospechoso de un único delito de corrupción o malversación, se cuestiona la razonabilidad de la presunción de enriquecimiento ilícito de la que la desproporción sería un índice sintomático.

No sólo eso, sino que «desde la óptica de la actividad empresarial *tout court*, a menudo existen dinámicas que, con el paso del tiempo, no son fáciles de reconstruir en detalle...; dinámicas que se reflejan en la inteligibilidad de los flujos, de las capacidades financieras y de las relativas operaciones...; dinámicas que, en fin... no siempre es posible transfundir en términos inequívocos (es decir, sin márgenes de discrecionalidad) en los documentos contables y sociales»; «los límites, las lagunas y las ambigüedades que caracterizan las operaciones periciales de reconstrucción del patrimonio y sobre todo sus resultados se reflejan únicamente en perjuicio de la parte propuesta: de hecho, corresponde a la defensa "superar" límites y dificultades a menudo insuperables, so pena de confiscación de los bienes»[84]. Sobre todo cuando se trata de probar la desproporción en relación con las actividades económicas/empresariales, surge la problemática de la comprobación de este elemento, que se juega a golpe de dictámenes periciales; el juez, entonces, debe operar como la navaja de Ockam para seleccionar la ciencia basura[85] y garantizar los derechos de la defensa y la equidad del contrainterrogatorio.

---

84 A. MANGIONE, *Le misure di prevenzione anti-mafia al vaglio dei principi del giusto processo*, en *Le misure di prevenzione patrimoniali dopo il 'pacchetto sicurezza'*, editado por F. CASSANO, NelDiritto Editore, 2009, 23.

85 F.STELLA, *Giustizia e modernità*, Milán, 2001, 391 y ss.; F.CENTONZE, *Scienza 'spazzatura' e scienza 'cortta'*, en esta *Rivista*, 2001, 1232.

5. La prueba del origen ilícito de los bienes (criterio probatorio) y falta de justificación

En relación con la prueba del origen ilícito, incluso tras la "novedad" introducida por el art. 10 del Decreto Legislativo 92/08, la jurisprudencia sigue repitiendo como un mantra[86] que no se trataría de una inversión de la carga de la prueba («inversión que, de existir, no escaparía de sospechas fundadas de (i)legitimidad constitucional»[87]), sino de una mera carga de alegación sobre la defensa, y se sigue negando que haya variado en algún modo *la intensidad de la aportación probatoria exigida a la acusación* en relación con el origen ilícito de las bienes, tras la diferente redacción introducida por el Decreto-Ley n.º 92/2008, — "resulten ser fruto", en lugar de la redacción anterior que exigía la existencia de "indicios suficientes" del origen ilícito —. La doctrina, a raíz de la reforma, propuso interpretar el "resulten" en el sentido de exigir el criterio de prueba penal a través de la prueba indiciaria del origen ilícito ex art. 192 C.P.P., como, por lo demás, se interpreta pacíficamente el "resulten en la disponibilidad"; más aún tras la separación de las medidas personales de las patrimoniales y, por tanto, la falta de actualidad de la peligrosidad social, el único elemento que puede justificar el decomiso en un Estado de Derecho está representado por la prueba del origen ilícito de los bienes a decomisar[88]. Por el contrario, en cambio, por una parte, las Secciones Unidas no quieren ceder en lo más mínimo a pretensiones garantistas en relación con el estándar probatorio, temiendo probablemente que la petición de un estándar más riguroso pueda comprometer la eficiencia del sistema de las medidas de prevención basadas en el aligeramiento de las garantías penales; los "indicios suficientes"

---

86 T. Padovani, *Misure di sicurezza e misure di prevenzione*, Pisa, 2014, 80.

87 Casación, secc. II, 6 de junio de 2019, n.º 31549.

88 A.M. MAUGERI, La *riforma delle sanzioni patrimoniali: verso un actio in rem?*, en O. MAZZA-F. VIGANÒ. *Misure urgenti in materia di sicurezza pubblica*, Turín 2008, 155 y ss.; ID., *Dalla riforma delle misure di prevenzione patrimoniali*, en O. MAZZA-F. VIGANÒ, *Il "Pacchetto sicurezza", 2009*, Turín 2009, 463 ss.

se prestan a la discrecionalidad, cuando no al arbitrario del juicio valorativo del juez sobre su suficiencia, como no podría, en cambio, ser el caso para la prueba indiciaria *ex* art. 192 C.P.P. Por otra parte, sin embargo, las Secciones Unidas admiten el uso de presunciones en la materia "confiada a elementos indiciarios siempre que se caractericen por los necesarios coeficientes de seriedad, precisión y concordancia"; emerge el carácter contradictorio de tales afirmaciones, que niegan la aplicabilidad del art. 192 C.P.P. en esta materia, pero basan las presunciones sobre indicios serios, precisos y concordantes[89], hasta el punto de que en doctrina se llega a deducir de tales afirmaciones de las Secciones Unidas el acogimiento del estándar penalístico de la prueba en el procedimiento en cuestión[90]. Tal estándar penalístico, por lo demás, ha sido acogido por una orientación más garantista (y minoritaria) de la jurisprudencia[91] y está expresamente previsto en un reciente proyecto de reforma n.° 2234, presentado al Senado en diciembre de 2022.

Las Secciones Unidas precisan, además, que también en relación con la carga de alegación impuesta a la defensa no puede exigirse un estándar estricto de prueba[92]; sin embargo, se olvida que las propias Secciones Unidas han señalado la necesidad de

---

89 Cfr. A.M. MAUGERI, *Una parola definitiva*, cit., 966 y ss.

90 F. CAPRIOLI, *Fatto e misure di prevenzione*, en *Misure patrimoniali nel sistema penale: effettività e garanzie'*, Milán, 2016, 51 y ss.

91 Trib. de Palermo, secc. mix. de prev., 25 de octubre de 2010, Zummo; 25 de septiembre de 2013, Sapienza, inédita. Cfr. Casación, 22 de abril de 2009, Buscema y otros, n.° 20906, Rv. 244878; Casación, secc. 5.ª, 21 de abril de 2011, n.° 27228; Casación, secc. VI, 24 de febrero de 2011, n.° 25341, Meluzio.

92 Casación, secc. un., 2 de febrero de 2015, Spinelli, n.° 4880; de conformidad Secc. Unidas, 22 de diciembre de 2016, De Angelis, n.° 12621; Casación, secc. II , 12 de octubre de 2023 , n.° 44022: "para el cumplimiento de la carga probatoria impuesta al afectado, basta la mera alegación de hechos, situaciones o acontecimientos que, siendo verificables, sean idóneos, "razonable y verosímilmente", para indicar el origen lícito de los bienes (Secc. Unidas, 26 de junio de 2014, Spinelli y otros)".

que esta carga se satisfaga mediante una prueba plena de cómo se ha formado económicamente el patrimonio cuyo origen ilícito se presume[93], exigiendo "una explicación exhaustiva en términos económicos", con el riesgo de vulnerar el derecho al silencio del acusado, que en todo caso asumirá un valor contra reo y podrá atribuir dignidad probatoria a los indicios por lo demás insuficientes, vulnerando la presunción de inocencia como regla de la dignidad de la prueba.

Se olvida, además, que en nuestro ordenamiento no se admite el recurso de casación respecto a la motivación de la resolución de decomiso, — como se ha señalado por la Corte Constitucional, rechazando la referida cuestión de legitimidad constitucional[94]—, y de cómo la doctrina pone de relieve los límites del contrainterrogatorio en los procedimientos de prevención, contrainterrogatorio que, en cambio, debería representar el presupuesto esencial de la legitimidad del procedimiento examinado[95].

El TEDH se muestra satisfecho en este asunto con el estándar civilístico relativo a la prueba del origen ilícito de los bienes que deben decomisarse, tal como se estableció expresamente en el asunto Gogitidze[96] y la anterior Directiva n.º 42/2014 admitía

---

93 Casación, Secc. Unidas, Montella, cit.; cfr. Casación, secc. V, 7 de marzo de 2014, n.º 20743; secc. II, 22 de junio de 2015, Friolo, cit. Cfr. Casación, secc. II, 19 de noviembre de 2019, n.º 3883 "corresponde a la parte propuesta, que deduce excepciones o argumentos defensivos, justificar, sobre la base de elementos fácticos concretos y objetivos, la procedencia lícita de los bienes, porque es la parte propuesta quien, en atención al principio de la llamada proximidad de la prueba, puede adquirir o al menos aportar, mediante alegación, todos los elementos para probar el fundamento del argumento defensivo".

94 Corte Const., 15 de abril de 2015, n.º 106.

95 L. Filippi, *Il procedimento di prevenzione patrimoniale*, Padua 2002, 69; A.Mangione, *La misura di prevenzione patrimoniale, cit.*, 263; ID., *Le misure di prevenzione anti-mafia*, cit., 20 y ss.; C. Valentini, *Motivazioni della pronuncia*, Padua 2008, 72.

96 TEDH, *Gogitidze c. Georgia*, cit.

el uso del denominado estándar civilístico reforzado[97] (la Corte considera "mucho más probable" que los bienes tengan origen ilícito)[98] a efectos de acreditar el origen ilícito de los bienes a decomisar, para el decomiso ampliado tras la condena; estándar reconducible al estándar intermedio, entre el penal y el civil, del *common law*: "prueba clara y evidente". La Decisión marco 212/2005, en cambio, exigía, de manera más garantista, la plena convicción del juez ("fully convinced", estándar penalístico: más allá de toda duda razonable). Se considera inaceptable la utilización del estándar civilístico *tout court*, que, como señala la doctrina *del common law*, es suficiente en los casos civiles porque "la sociedad tiene un interés mínimo en el resultado de tales casos privados"[99], pero que no puede ser suficiente para confiscar patrimonios enteros por parte del Estado estigmatizando a un ciudadano como mafioso o delincuente habitual.

Por último, la Directiva n.º 1260/2024, en relación con el nuevo modelo de decomiso de activos no explicados (art. 16), no admite inversión alguna de la carga de la prueba ("siempre que el órgano jurisdiccional *haya resuelto que* los bienes identificados proceden de comportamientos delictivos", art. 16.1 y considerando n.º 34) y, de hecho, delimitando el ámbito de aplicación de tal modelo de decomiso a los provenientes de los delitos enumerados ("las figuras incluidas en los apartados 1 a 3 del artículo 2") únicamente "cuando dichas infracciones lleven aparejada una pena privativa

---

97 Cfr. A.M. Maugeri, *Proposta di direttiva in materia di congelamento e confisca dei proventi del reato: prime riflessioni*, en *DPC* Rev. Trim. 2012, EI fasc. A favor del uso de dicho estándar, R. Scarpinato, *Le indagini patrimoniali*, en F.Cassano, *Le misure di prevenzione patrimoniali dopo il "pacchetto sicurezza", cit.*, 250; cfr. A.M. Maugeri, *Le moderne sanzioni, cit.*, 222-234-238 ss.–301; ID., *La lotta contro l'accumulazione di patrimoni illeciti da parte delle organizzazioni criminali: recenti orientamenti*, en *Riv. trim. dir. pen. ec.* 2007, 560 ss.

98 Considerando 21.

99 Así, Addington 441 U.S. en 423, Sentencing Commissions Guidelines de EE.UU., Manual 1 (West 1993); cfr. A.M. Maugeri, *The Proposed EU Directive*, cit., 182.

de libertad de un máximo de al menos cuatro años", exige que el tribunal esté convencido de la proveniencia ilícita de los bienes *de delitos específicos* y, en consecuencia, que haga *un esfuerzo más serio y significativo* para probar el origen delictivo de los bienes a decomisar -aunque sólo sea a nivel indiciario- (aunque en algunos casos sea realmente difícil aportar pruebas de delitos específicos y las pruebas disponibles consistan más bien en la falta de prueba del origen legal). No sólo eso, sino que el juez exige la acreditación del origen ilícito de los bienes a decomisar teniendo en cuenta "todas las circunstancias del caso, incluidos los elementos de prueba disponibles y los hechos específicos" (art. 16.2), incluyendo entre tales hechos específicos, en adición al valor desproporcionado de los bienes "respecto a los ingresos legítimos de la persona de que se trate", también "el hecho de que no exista una fuente lícita plausible de los bienes" (precisamente la prueba negativa utilizada a menudo en la práctica jurisprudencial italiana[100]), así como "el hecho de que la persona de que se trate esté relacionada con personas vinculadas a una organización criminal"[101]. En relación al estándar probatorio, la Directiva es bastante ambigua, ya que se acontenta en la versión inglesa con que la Corte esté "*satisfied*" por el origen ilícito y no "convinced"/convinta, verbo utilizado en la versión italiana, pero también en la versión inglesa en la "ilustración detallada de las disposiciones individuales de la propuesta"; en cualquier caso, en la dirección de elevar el estándar probatorio, debe aplicarse el considerando 46, que impone el respeto de la presunción de inocencia en virtud del art. 48 de la Carta, así como el considerando 51, que reitera la exigencia de garantizar el cumplimiento de la Directiva (UE) 2016/343 relativa al refor-

---

[100] Casación, secc. II, 28 de septiembre de 2023, n.º 41157: "l'assenza di altri redditi legittimi".

[101] Este último *indicio* suscita muchas perplejidades debido a su carácter más bien indirecto respecto al origen delictivo de los bienes, carácter indirecto también respecto a la implicación del sujeto en una organización delictiva, exigiendo no la conexión del sujeto con la organización tout court, sino la mera conexión con alguien implicado en la organización; cfr. A.M.MAUGERI, La proposta, cit., 51.

zamiento de algunos aspectos de la presunción de inocencia[102]. Como mínimo, debería exigirse el estándar intermedio del common law, "prueba clara y evidente", pero sería preferible la adopción del estándar probatorio penal previsto, en opinión de una parte de la doctrina, por parte del ordenamiento alemán para la aplicación del "decomiso independiente" (§ 76a, § 4), exigiendo la "plena convicción" del juez en virtud del § 261 StPO[103].

6. La correlación (y razonabilidad) temporal

El último elemento objetivo exigido para la aplicación de la medida de comiso preventivo y del comiso ampliado, primero por la jurisprudencia más garantista, – tanto de mérito como de la Corte de Casación –, y más recientemente, también por la Corte Constitucional (n.º 33/2018 y 24/2019) viene representada, para la primera, por la *correlación temporal* entre el momento de la adquisición de los bienes a decomisar y la peligrosidad social, – entendida ante todo en sentido cognitivo (dirigida al pasado) y que lo es como existencia de indicios de pertenencia a la asociación criminal o de realización de las presuntas actividades delictivas105 –; este requisito preserva, a juicio de las Secciones Unidas, la naturaleza preventiva de la confiscación examinada[104]. Para el decomiso ampliado se exige,

---

102 Y el considerando nº 28 deseado por el Consejo, que reproducía textualmente el considerando n.º 21 de la Directiva anterior con la referencia al estándar civilístico reforzado, ha sido eliminado.

103 La disciplina que nos ocupa no habría introducido ninguna forma de inversión del nivel probatorio en virtud del art. 437 StPO, 437 CCP; aunque tratándose de una actio in rem y no in personam, es un proceso penal ante un tribunal penal.

104 "Si fuera posible atacar, indiscriminadamente, los bienes del partido propuesto, independientemente de cualquier relación "pertinente" y temporal con la peligrosidad, el instrumento ablatorio acabaría, inevitablemente, asumiendo las connotaciones de una sanción real. Así pues, tal medida sería difícilmente compatible con los parámetros constitucionales sobre la protección de la iniciativa económica y de la propiedad privada, en virtud de los artículos 41 y 42 de la Const., así como

como se ha dicho, *la razonabilidad temporal* y, por tanto, «el momento de adquisición del bien no debería resultar tan distante del momento en el que se cometió el "delito espía" como para que resulte ictu oculi irrazonable la presunción de que el proprio bien procedía de una actividad ilícita, aunque fuera diferente y complementaria respecto a aquella por la que se impuso la condena»[105]. Este requisito, ya previsto en el art. 3 de la Decisión Marco 212/2005 y en el considerando 21 de la Directiva 42/2014, y más recientemente por la Directiva 1260/2024 en el art. 16 para el modelo NCBC y en el art. 14 para el decomiso ampliado tras la condena, no sólo se exige en diversos ordenamientos (como en el español o el austriaco – § 20b StGB –, incluso de forma estricta permitiendo aplicar la presunción de origen ilícito de los bienes sólo para los adquiridos en los 5/6 años anteriores a la condena, como respectivamente para el ordenamiento macedonio[106] y británico, así como irlandés), sino que, sobre todo, permite *delimitar la presunción de acumulación patrimonial ilícita*[107] de acuerdo con el principio de proporción[108] y hacerla más *razonable* y *fundada*: cuanto más próxima la adquisición del bien (sobre todo si es desproporcionada) al periodo de probada peligrosidad social (indicios de actividad delictiva) para el decomiso preventivo o al momento de consumación del delito objeto de condena para el

---

con los principios convencionales (en particular, con la redacción del artículo 1, Prot. 1 CEDH)".

105 Casación, 20 de septiembre de 2022, n.° 34800; Casación, 2 de octubre de 2020, n.° 27427; Casación, secc. 2, 26 de octubre de 2018, n.° 52626; Casación, secc. II, 14 de abril de 2017, n.° 18951, en C.E.D. Casación, n.° 269657; Casación, secc. I, 19 de diciembre de 2016, n.° 51; Casación, secc. I, 16 de abril de 2014, n.° 41100, Rv. 260529; Casación, secc. VI, 12 de enero de 2010, n.° 5452, en Casación pen. 11, 610.

106 Art. 98 a Código Penal.

107 Así, A.M.MAUGERI, *Confisca*, cit., 956; Casación, Secc.Unidas, 2 de febrero de 2015, Spinelli, n.° 4880. Cfr. F.SCHULTEHINRICHS, *Gewinnabschöpfung bei Betäubungsmitteldelikten. Zur Problematik der geplanten Vorschrift über den Erweiterten Verfall*, 1991, 165.

108 Véase A.M.MAUGERI, *Le moderne sanzioni*, cit., 625–695.

decomiso ampliado, más fundada será la presunción del origen ilícito del bien. De este modo, dicha presunción será más acorde con los principios de taxatividad y de presunción de inocencia, sea como regla de dignidad de la prueba (apoyando bajo un perfil indiciario la presunción en cuestión, tal y como se recoge en la sentencia de la Corte Constitucional 24/2019 y en la sentencia Spinelli de las Secciones Unidas), sea como regla de la exclusividad de la determinación de la culpabilidad en sede procesal, que exige que el condenado sólo pueda sufrir las consecuencias de hechos probados en juicio en el marco del debido proceso (el hecho de atacar únicamente el enriquecimiento injustificado relacionado temporalmente con la actividad delictiva presunta o probada permite, de hecho, paliar el riesgo de responder, al menos en la forma mínima de decomiso, incluso por hechos no probados en juicio). Además, esta delimitación temporal alivia o, al menos, hace menos oneroso para el propietario la prueba del origen lícito de su patrimonio en lo que respecta al derecho de defensa (que corre el riesgo de convertirse en una *probatio diabolica* si tiene que cubrir los bienes adquiridos a lo largo de toda una vida, sin delimitación temporal alguna).

Por último, para concluir, podemos recordar que con posterioridad a la sentencia 24/2019, la Corte Constitucional con la sentencia n.° 5/2023, si bien en relación con una modalidad de decomiso de instrumentos peligrosos sometidos a una disciplina particular como las armas, ha establecido en términos generales la importancia de garantizar el respeto al proceso contradictorio y al derecho de defensa: "Sin embargo, la valoración de la proporcionalidad y razonabilidad de una medida que afecta al derecho de propiedad de forma potencialmente muy gravosa no puede no depender también de la presencia de un mecanismo adecuado de tutela judicial, que garantice al interesado la posibilidad de impugnar de modo efectivo la existencia de los presupuestos de la medida. Esto se desprende, entre otras, de la reiterada jurisprudencia del TEDH, según la cual, aun no conteniendo el texto del artículo 1 del Protodolo adicional CEDH ningún requisito procesal explícito, la legitimidad de cualquier medida que afecte al derecho de propiedad – sin perjuicio de su naturaleza penal o no – depende, precisamente, de la existencia de *procedimientos contradictorios acordes con el principio de igualdad de armas,* en los que se coloque a la persona afectada en posición de impugnar efectivamente la propia medida (TEDH, sentencia GIEM, apartado 302, y numerosos precedentes allí citados), descendiendo este requisito del mismo principio de legalidad que rige cualquier medida limitativa del derecho de propiedad (TEDH, Gran Sala, sentencia de 11 de diciembre de 2018, Lekić c. Eslovenia, párr. 95). De ello se desprende que, para mantenerse dentro de los límites de la proporcionalidad y razonabilidad, la vulneración en la que se basa la presunción que se encuentra en la disposición censurada – tras haber sido impugnada al acusado por el Ministerio Fiscal –, sobre la base de las investigaciones llevadas a cabo por la policía judicial – también debe ser establecida por el juez que aplica el decomiso, *en un procedimiento en el que las razones del acusado sean escuchadas y valoradas en el interrogatorio cruzado con el Ministerio Fiscal*"[109] [cursiva añadida].

VI. LA NATURALEZA DEL DECOMISO AMPLIADO Y DEL DECOMISO PREVENTIVO

La Corte Constitucional y la Corte de Casación han atribuido siempre al decomiso *ex* art. 240 bis la naturaleza de medida de seguridad[110], si bien "atípica, replicando las características de la medida de prevención antimafia... y la misma finalidad preventiva"[111] (se presume la peligrosidad en la medida en que la responsabilidad probada por algunos de los delitos precedentes constituye

---

109 Corte Constitucional, 20 de diciembre de 2022 (24 de enero de 2023), n.º 5.

110 C. Const., ord. n.º 18/1996, Basco; C. VI, n.º 1600/1996.

111 Casación, secc. un., n.º 29022/2001, Derouach; secc. un., n.º 33451/2014; secc. I, nº 19470/2018; secc. II, n.º 5378/2018; sec. VI, n.º 54447/2018.

un elemento per se revelador de la dedicación al ilícito[112]); de hecho, se reconoce que tal función preventiva habría experimentado "una significativa valorización a causa de la Ley 17 de octubre de 2017, n.° 161", que introdujo múltiples modificaciones en la regulación del decomiso ampliado y, en particular, en su aplicación también en caso de prescripción o amnistía[113]. Se objeta en la doctrina que el carácter obligatorio del decomiso en cuestión excluye la posibilidad de subordinar la aplicación de la medida a la valoración de la peligrosidad social del reo, que sería el presupuesto de la medida de seguridad, aparte de que la peligrosidad de los destinatarios (y de los bienes) nunca ha figurado entre los presupuestos[114] y, desde un punto de vista puramente preventivo, no tendría sentido el decomiso contra los herederos, que ahora se permite con las recientes reformas.

En relación a la naturaleza del decomiso preventivo, puede recordarse brevemente que sobre la base de una primera orientación consolidada, que se remonta a la sentencia Simonelli, y compartida por la Corte Constitucional[115], las Secciones Unidas negaron no sólo «el carácter sancionador de naturaleza penal» del decomiso ex art. 2 ter l. 575/'65, sino también «el de medida de prevención», siendo incompatible su definitividad con el carácter preventivo, y ha sostenido, por tanto, que el comiso preventivo "debe ser reconducido al ámbito de ese "*tertium genus*" constituido por una sanción administrativa, equiparable, en cuanto al contenido y efectos, a la medida de seguridad prescrita por el art. 240.2 C.P. ...", encontrando su ratio en la eliminación del circuito económico de los bienes de origen delictivo[116]. Dicha ratio ha sido consagrada con las reformas del 2008 y del 2009, que ya no exigen la actualidad de la peligrosidad social, potenciando el concepto de

---

112 Por todas, Casación, secc. un., n.° 920/2004, Montella.

113 Casación, secc. V, n.° 1012/2017.

114 F.Mazzacuva, *Le pene nascoste*, Turín 2017, 177.

115 C. Cost., 8 de octubre de 1996, n.° 335, en *Foro It.* 1997, I, 21.

116 Casación, secc. un., 3 de julio de 1996, Simonelli, n.° 18; 15 de junio de 2005, n° 27433.

peligrosidad de la cosa – a decomisar – vinculado a su origen ilícito, como evidencia la jurisprudencia sucesiva a dichas reformas[117] y como ha reconocido sustancialmente la propia Corte Constitucional con las sentencias n.° 21 y 216 de 2012, que han considerado ajustadas a los principios constitucionales, arts. 24 y 111 de la Constitución, el procedimiento de prevención patrimonial también cuando involucra a los herederos del sujeto difunto antes del inicio del proceso.

Sólo en la sentencia Occhipinti la Corte de Casación ha afirmado plenamente la naturaleza "objetivamente sancionadora" de la medida de decomiso preventivo tras la separación de las medidas patrimoniales de las personales, mientras que las Secciones Unidas Spinelli afirman la mera finalidad *preventiva* basada en la peligrosidad social *tout court* del reo.

Más recientemente, la sentencia n.° 24/2019 de la Corte Constitucional reconoce una mera naturaleza restaurativa/compensatoria, casi civilística, al decomiso ampliado y preventivo, especies del único género del "decomiso de ganancias sospechosas", con el evidente propósito de negarles "la naturaleza sustancialmente sancionadora-punitiva" y sustraerlas del "estatuto constitucional y convencional de las penas" o más bien de la "*materia penal*" en el sentido amplio reconocido por el TEDH, al tiempo que reconoce el estatus de las garantías del decomiso preventivo (y del decomiso ampliado ex art. 240 bis C.P.), como se examinará a continuación. En apoyo de esta interpretación, la Corte Constitucional recuerda la sentencia Gogitidze del TEDH[118]. Una parte de la doctrina, recientemente, ha avalado esta interpretación sobre la naturaleza del decomiso[119].

---

117 Casación, 9 de noviembre de 2012, n.° 12003, B.; 14.3.2012, n.° 21894, C.F.; 18 de enero de 2012, n.° 10153; 20 de enero de 2010, n.° 16580, De Carlo; 17 de mayo de 2013, Ferrara, n.° 39204.

118 TEDH, *Gogitidze*, cit.

119 S.FINOCCHIARO, *La confisca "civile" dei proventi da reato*, Milán, 2018; F.VIGANÒ, *Riflessioni sullo statuto costituzionale e convenzionale della confisca "di prevenzione" nell'ordinamento italiano*, en PALIERO-VIGANÒ-BASILE-GATTA

En contraste con este enfoque del juez constitucional, hay que destacar el impacto punitivo que adquieren tales formas de decomiso con su fuerte efecto estigmatizador – atribuyendo al condenado o sospechoso, el carácter de delincuente habitual, cuando no mafioso – y con su capacidad para afectar a patrimonios o compendios empresariales enteros, en ausencia de una prueba plena del origen ilícito de los bienes sustraídos; todo ello en un procedimiento definido como penal por el propio legislador italiano (art. 3, letra d, Decreto Legislativo 137/2015, Aplicación de la Decisión Marco 2006/783/JAI).

Precisamente a la luz de los criterios Engel elaborados por el TEDH, pues, se debería incluir las formas de decomiso consideradas en la noción amplia y autónoma de "materia penal", a las que deberían aplicarse las referidas garantías. Una interpretación similar, por lo demás, es la única que permitiría la aplicación del Reglamento n.° 1805/2018 y, por tanto, la afirmación del principio de reconocimiento mutuo en relación con estas formas de decomiso, pues, como se ha señalado, el Reglamento exige el respeto de las garantías penales. Tanto el TEDH[120] como el TJUE, así como la Corte Constitucional[121] reconocen, por otro lado, la posibilidad de modular las garantías dentro del concepto amplio de materia penal, cuando no se trate del llamado núcleo duro del Derecho penal (que normalmente implica penas privativas de libertad). Desde esta perspectiva, podría considerarse que el decomiso ampliado y

---

(a cargo de), *Studi in onore di Emilio Dolcini*, II, Milán, 2018, 904 ss.; *en contra,* A.M.Maugeri–P.Pinto De Albuquerque, *La confisca di prevenzione nella tutela costituzionale multilivello: tra istanze di tassatività e ragionevolezza, se afferma la natura ripristinatoria (C. cost. n. 24/2019)*, en *Dir. Pen. Cont. Riv. trim.*, 2019, 90 y ss*;* A.Dell'Osso, *Sulla confisca di prevenzione come istituto di diritto privato,* en *Dir. Pen. Proc.* 2019, 995; T.Trinchera, *¿Confiscare senza punire?"*, cit., 393, quien considera que "el decomiso sigue siendo un instrumento con el que el legislador persigue fines de *política criminal* y, por tanto, sigue siendo una medida firmemente anclada en el *Derecho penal*".

120 TEDH, 23 de noviembre de 2006, *Jussila c. Finlandia*, n° 73053/01.

121 Corte Const., 97/2009 y 196/10; 68/2017; 109/2017; 43/2017; 487/99.

preventivo se encuadra dentro del concepto amplio de materia penal, si bien reconociendo que el fundamento que justifica el decomiso debe identificarse no tanto en una pretendida finalidad punitiva *tout* court de conductas delictivas que no pueden ser probadas, sino *en la finalidad de sustraer a la delincuencia –sobre todo organizada– la riqueza de origen ilícito, que representa un factor de contaminación del mercado y de la economía lícita.* Pero a la vista del impacto punitivo que supone el decomiso ampliado, y en particular el decomiso preventivo, aplicando esta perspectiva de garantías variables de la materia penal, debe exigirse que, en ausencia de una sentencia condenatoria y de una valoración de la proporcionalidad de la sanción a los parámetros de medición de la pena, partiendo de la culpabilidad, pueda justificarse en un Estado de Derecho la sustracción de beneficios sólo en la medida en que se constate su origen delictivo – con un estándar penal, aunque sea indiciario –, sólo así en el contexto del impacto penal estigmatizante que supone la sanción en cuestión será posible hacer emerger la función de reequilibrio económico/compensatorio de la que habla la Corte Constitucional.

El decomiso de terceros: finalidad, utilidad y legitimidad

CARLOS CASTELLVÍ MONSERRAT
Profesor lector
Universidad de Barcelona

I. INTRODUCCIÓN

El decomiso de terceros puede recaer sobre dos clases de objetos distintos: las ganancias derivadas del delito y los instrumentos empleados en el mismo[1]. En el caso de las ganancias, el art. 127 quater a) CP permite su decomiso cuando se "hubieran adquirido con conocimiento de que proceden de una actividad ilícita o cuando una persona diligente habría tenido motivos para sospechar, en las circunstancias del caso, de su origen ilícito". Cuando se trata de instrumentos, en cambio, el art. 127 quater b) CP requiere que el tercero "los hubieran adquirido con conocimiento de que de este modo se dificultaba su decomiso o cuando una

---

1 Tal y como indica PILLADO GONZÁLEZ, Las presunciones en el decomiso de bienes de terceros, en Rodríguez García (ed.), Delincuencia corporativa: Compliance, canales de denuncia y persecución penal, Tirant lo Blanch, 2024, p. 539, el art. 127 quater CP se refiere "en un momento inicial, a tres tipos o categorías de objetos, «bienes, efectos y ganancias», que pueden ser decomisados, aludiendo, a posteriori, cuando diferencia entre los dos supuestos de decomiso de terceros, de un lado, a los efectos y ganancias [letra a)] y, de otro, a "otros bienes" [letra b)]", de modo que "una exégesis coherente con toda la regulación lleva a que la referencia a «otros bienes» deba entenderse referida a «instrumentos del delito»". En el mismo sentido, DEL CARPIO DELGADO, Decomiso de bienes transferidos a terceros tras la reforma de 2015 del Código penal, CPC, n. 122, 2017, p. 128.

persona diligente habría tenido motivos para sospechar, en las circunstancias del caso, que de ese modo se dificultaba su decomiso". Sin embargo, el art. 127 quater.2 CP establece que, tanto en un caso como en el otro, "se presumirá, salvo prueba en contrario, que el tercero ha conocido o ha tenido motivos para sospechar que se trataba de bienes procedentes de una actividad ilícita o que eran transferidos para evitar su decomiso, cuando los bienes o efectos le hubieran sido transferidos a título gratuito o por un precio inferior al real de mercado".

El objetivo de este trabajo consiste en: 1) identificar la finalidad de ambas clases de decomiso de terceros; 2) determinar si, teniendo en cuenta el resto de herramientas que ofrece nuestro ordenamiento jurídico, dichas clases de decomiso son útiles; 3) establecer si, además, resultan legítimas.

II. LA FINALIDAD DEL DECOMISO DE TERCEROS

1. Ganancias

Suele afirmarse que la finalidad del decomiso de ganancias consiste en impedir el enriquecimiento ilícito experimentado por el autor[2]. Por ello, resultaría natural que la finalidad de decomisar las ganancias trasferidas a terceros sea, a su vez, la de impedir el enriquecimiento ilícito experimentado por un tercero[3]. De este modo, ambas clases de decomiso de ganancias (el que se dirige contra el autor y el que se dirige contra un tercero) tendrían la misma finalidad. Lo único que cambiaría sería su destinatario.

Sin embargo, esto no es así. Y el motivo es simple: si la finalidad del decomiso de las ganancias transferidas a terceros fuera im-

---

2 CASTELLVÍ MONSERRAT, Decomisar sin castigar. Utilidad y legitimidad del decomiso de ganancias, InDret, n. 1, 2019, p. 34.

3 DÍAZ LÓPEZ, El partícipe a título lucrativo tras las reformas del decomiso, Diario La Ley, n. 8667, 2015, p. 5.

pedir el enriquecimiento ilícito, dicho decomiso debería abarcar todas las ganancias delictivas transferidas a terceros (pues todas ellas dan lugar a un enriquecimiento ilícito). No obstante, el art. 127 quater a) CP no permite decomisar todas las ganancias delictivas transferidas a terceros, sino, únicamente, aquellas que hayan sido adquiridas con mala fe; es decir, aquellas que se "hubieran adquirido con conocimiento de que proceden de una actividad ilícita o cuando una persona diligente habría tenido motivos para sospechar, en las circunstancias del caso, de su origen ilícito". De esta forma, las ganancias delictivas recibidas por terceros con buena fe no podrán ser decomisadas. Así, por ejemplo, si el padre de un traficante recibe como regalo beneficios delictivos de su hijo en circunstancias que no dan motivos para sospechar (dado que recibe dicho regalo el día de su cumpleaños junto con una explicación muy convincente acerca de su origen), el decomiso de terceros resultará inaplicable. Lo cual pone de manifiesto que la finalidad perseguida por el art. 127 quater a) CP no es la de impedir el enriquecimiento ilícito de terceros. Pues la buena fe del tercero no torna lícito su enriquecimiento. A estos efectos, el enriquecimiento experimentado por quien recibe beneficios delictivos con buena fe (el padre del traficante cuando no tiene motivos para sospechar) es igual de ilícito que el enriquecimiento experimentado por quien recibe beneficios delictivos con mala fe (el padre del traficante cuando tiene motivos para sospechar). Y si el art. 127 quater a) CP solo permite decomisar los beneficios ilícitos recibidos con mala fe, su finalidad no puede ser la de anular el enriquecimiento ilícito experimentado por terceros. En su lugar, dicha finalidad deberá ser otra distinta; otra que permita explicar por qué no deben decomisarse los beneficios ilícitos recibidos con buena fe.

Contra lo anterior podría argumentarse que, en realidad, el decomiso de terceros también puede aplicarse sobre las ganancias ilícitas recibidas con buena fe; al fin y al cabo, el art. 127 quater.2 CP presume que "el tercero ha conocido o ha tenido motivos para sospechar que se trataba de bienes procedentes de una actividad ilícita o que eran transferidos para evitar su decomiso, cuando los bienes o efectos le hubieran sido transferidos a título gratuito o por un precio inferior al real de mercado". De este modo, aunque el tercero no tenga ningún motivo para sospechar del origen ilícito de los bienes recibidos, su mala fe se presumirá siempre que se haya enriquecido con ellos; es decir, siempre que los haya recibido "a título gratuito o por un precio inferior al real de mercado". Así, por ejemplo, aunque el padre del traficante no tenga ningún motivo para sospechar del regalo, su mala fe se presumirá por el hecho de haberlo recibido gratuitamente, por lo que dicho regalo, igualmente, podrá decomisarse. En consecuencia, debido a la presunción del art. 127 quater.2 CP, cualquier enriquecimiento ilícito experimentado por un tercero podrá ser anulado. Y, así, podrá sostenerse que la finalidad de decomisar las ganancias trasferidas a terceros consiste en impedir su enriquecimiento ilícito.

No obstante, esto tampoco es así. Y, una vez más, el motivo es simple: el art. 127 quater.2 CP no contiene una presunción *iuris et de iure*, sino *iuris tantum*. El tenor literal de dicho precepto no deja lugar a dudas, pues dice expresamente que "Se presumirá, salvo prueba en contrario (...)". Por tanto, aunque dicha previsión pueda criticarse *de lege ferenda*, *de lege lata* debe concluirse que la presunción del art. 127 quater.2 CP se destruye probando que el tercero actúo con buena fe[4]; es decir, probando que no conocía ni tenía motivos para sospechar del origen ilícito

4 Por ello, no puedo estar de acuerdo con la SAN 6/2020, de 1 de septiembre, cuando afirma que "para evitar un enriquecimiento injusto la buena fe en el decomiso deberá interpretarse restrictivamente. La tutela de la buena fe del adquirente sólo tendrá sentido en relación con el sacrificio por su parte de un interés como consecuencia de la adquisición, esto es cuando pruebe que ha asumido una carga, efectuado una prestación o incurrido en un gasto por el hecho de la adquisición o el disfrute del bien". Aunque dicha postura resulta muy razonable *de lege ferenda*, no puede conciliarse con el tenor literal del art. 127 quater.2 CP. Después de todo, dicho artículo prevé expresamente la posibilidad de probar que la adquisición de bienes a título gratuito se ha producido con buena fe.

de los bienes recibidos. Así, por ejemplo, si el padre destruye la presunción en su contra y prueba que no tenía motivos para sospechar del regalo de su hijo, dicho regalo no podrá ser decomisado. En estos casos, los bienes adquiridos a título gratuito (o por debajo del precio de mercado) no son decomisables. Y, de nuevo, ello pone de manifiesto que la finalidad del art. 127 quater a) CP no es la de anular el enriquecimiento ilícito experimentado por terceros. Pues el enriquecimiento experimentado por quien recibe beneficios delictivos (probando que actuó) con buena fe es igual de ilícito que el enriquecimiento experimentado por quien recibe beneficios delictivos sin (probar que actuó con) buena fe.

¿Qué finalidad persigue entonces el art. 127 quater a) CP? Adviértase que dicha finalidad tampoco puede ser la "la disuasión de la comisión de delitos con ánimo de lucro ajeno"[5]; es decir, la prevención general de delitos cometidos para enriquecer a terceros. Pues, si esa fuera su finalidad, el art. 127 quater a) CP también debería abarcar todos los beneficios delictivos recibidos por terceros (y no solo los beneficios delictivos recibidos por terceros de mala fe). Para comprender por qué, basta con imaginar un supuesto equivalente al que plantea la serie *Breaking Bad*: un padre enfermo terminal que se pone a traficar con drogas para asegurar el futuro económico de su familia. En este caso, con independencia de la buena o mala fe de los familiares, privarles de los beneficios derivados del tráfico de drogas "tiene perfecto sentido desde el punto de vista de la disuasión de la comisión de delitos con ánimo de lucro ajeno"[6]. Al fin y al cabo, privar a los terceros del lucro obtenido constituye el principal desincentivo para quienes actúan con ánimo de lucro ajeno (sobre todo si su estado terminal hace

---

5 Coca Vila / Pantaleón Díaz, Lo intransferible y lo asegurable en el sistema de responsabilidad de los administradores societarios: un estudio sobre los límites de orden público a los seguros D&O, Anuario de Derecho Civil, n. 1, 2021, p. 192.

6 Coca Vila / Pantaleón Díaz, Anuario de Derecho Civil, n. 1, 2021, p. 192.

que no teman a la pena que pueda recaer sobre ellos mismos). Sin embargo, de acuerdo con el art. 127 quater CP, si la transmisión de los beneficios del tráfico de drogas se produce en condiciones que permitan a los familiares probar su buena fe (esto es, probar que no conocían ni tenían motivos para sospechar del origen ilícito de la transmisión), el padre se saldrá con la suya; es decir, podrá asegurar el futuro económico de su familia gracias a los beneficios del tráfico de drogas. Lo cual resulta absurdo desde el punto de vista de la prevención general. Y pone de manifiesto la finalidad del art. 127 quater CP tampoco es "la disuasión de la comisión de delitos con ánimo de lucro ajeno"[7].

¿Qué alternativa queda? Pues bien, aunque la buena fe del tercero no es relevante para prevenir la conducta del autor, sí que resulta relevante para prevenir otra conducta distinta; concretamente, la propia conducta del tercero. En efecto, si aquello que quiere prevenirse es que un tercero reciba beneficios ilícitos, tiene perfecto sentido que solo se decomisen beneficios ilícitos recibidos con mala fe. Pues la conducta consistente en recibir beneficios ilícitos con buena fe, simplemente, no puede prevenirse (al igual que no puede prevenirse la realización de hechos sin dolo o culpa[8]). Precisamente por ello, creo que la finalidad del art. 127 quater a) CP es *evitar que terceros adquieran beneficios delictivos*. Así, este decomiso de terceros funcionaría como una suerte de "blanqueo de capitales civil". Su función sería muy parecida a la que cumple el delito del art. 301 CP, pero el hecho de que sus efectos queden limitados al enriquecimiento ilícito (al que no se tiene derecho[9]) permitiría que sus condiciones de aplicación no sean las propias de las sanciones (sino otras menos exigentes que resultan compatibles con el empleo de presunciones *iuris tantum*).

---

7 COCA VILA / PANTALEÓN DÍAZ, Anuario de Derecho Civil, n. 1, 2021, p. 192.

8 Matiza de forma muy aguda esta afirmación, PUENTE RODRÍGUEZ, Contra la tipificación de la agresión sexual imprudente, RECPC, n. 25, 2023, p. 28.

9 CASTELLVÍ MONSERRAT, InDret, n. 1, 2019, p. 36.

2. Instrumentos

Suele afirmarse que la finalidad del decomiso de instrumentos es la prevención especial[10]; es decir, que el decomiso de dichos instrumentos pretende "impedir su uso para la comisión de nuevos delitos dada la peligrosidad objetiva del bien"[11]. Por ello, resultaría natural que la finalidad de decomisar los instrumentos transferidos a terceros sea, a su vez, neutralizar la peligrosidad de dichos objetos. Así, ambas clases de decomiso de instrumentos (el que se dirige contra el autor y el que se dirige contra un tercero) tendrían la misma finalidad. Solo cambiaría su destinatario.

Sin embargo, esto tampoco es así. Al fin y al cabo, si la finalidad del decomiso de instrumentos fuera la prevención especial, dicho decomiso debería abarcar todos los instrumentos peligrosos transferidos a terceros. Y, sin embargo, el art. 127 quater b) CP solo permite decomisar los instrumentos adquiridos por terceros con mala fe; es decir, aquellos que hayan sido adquiridos "con conocimiento de que de este modo se dificultaba su decomiso o cuando una persona diligente habría tenido motivos para sospechar, en las circunstancias del caso, que de ese modo se dificultaba su decomiso". De este modo, los instrumentos adquiridos por terceros de buena fe no podrán ser decomisados.

---

10 Vizueta Fernández, Delitos contra la seguridad vial: El comiso del vehículo de motor o ciclomotor antes y después, RECPC, n. 13, 2011, p. 23; Rodríguez García, El decomiso de activos ilícitos, Aranzadi, 2017, p. 152; Castellví Monserrat, InDret, n. 1, 2019, p. 34; Rodríguez Horcajo, El decomiso de terceros de mala fe (art. 127 quater CP) como piedra de toque: naturaleza del decomiso y solapamiento con la autoría de ciertos delitos, RECPC, n. 24, 2022, p. 12. En otro sentido, Blanco Cordero, Decomiso de instrumentos propiedad de terceros no responsables del delito, en De Vicente Martínez; Gómez Iniesta; Martín López; Muñoz de Morales Romero; Nieto Martín (coords.), Libro homenaje al Profesor Luis Arroyo Zapatero: un Derecho penal humanista, BOE, 2021, pp. 794-795.

11 STS 299/2019, de 7 de junio.

Por ejemplo, si para evitar el decomiso de su vehículo, un delincuente vial le regala el coche a su padre en circunstancias que no dan motivos para sospechar (dado que recibe dicho regalo el día de su cumpleaños junto con una buena excusa), dicho vehículo no podrá decomisarse. Y ello con independencia de si el vehículo en cuestión constituye (o no) un objeto peligroso en manos del padre. Lo cual pone de manifiesto que la finalidad perseguida por el art. 127 quater b) CP no es la de anular la peligrosidad de determinados instrumentos. Pues la buena fe del tercero no modifica la peligrosidad del instrumento en cuestión. A estos efectos, es igual de peligroso el instrumento recibido con buena fe (el coche del hijo cuando no existen motivos para sospechar) que el instrumento recibido con mala fe (el coche del hijo cuando existen motivos para sospechar). Y si el art. 127 quater b) CP solo permite decomisar los instrumentos recibidos con mala fe, su finalidad no puede ser la de anular la peligrosidad de los instrumentos en cuestión. En su lugar, dicha finalidad deberá ser otra distinta; otra que permita explicar por qué no deben decomisarse los instrumentos adquiridos con buena fe.

Obviamente, dicha finalidad tampoco puede ser la de prevenir que el autor del delito se deshaga de los instrumentos delictivos antes del juicio. Pues, de ser así, el art. 127 quater b) CP debería abarcar cualquier clase de instrumento recibido por un tercero (y no solo los instrumentos recibidos por un tercero de mala fe). Para comprender el porqué de esto último, resulta útil transcribir el supuesto de hecho al que se enfrentó la STS 299/2019, de 7 de junio:

> "Resulta probado y así se declara que D. Diego (...) compareció el día 27 de mayo de 2015 ante el Juzgado de Instrucción n° 3 de Logroño, tras haber sido citado en calidad de imputado para la celebración del juicio rápido (...) acudiendo con su letrado, D. Eliseo (...).
>
> A lo largo de la mañana el letrado D. Eliseo habló en varias ocasiones con la Fiscal de guardia sobre los términos del escrito de acusación que iba a presentarse contra D. Diego, conociendo que la representante del Ministerio Fiscal iba a mantener la solicitud

> de comiso del vehículo (...) con el que el acusado D. Diego había cometido los hechos, solicitud de la Fiscalía que a este transmitió su letrado, acordando letrado y cliente la venta del vehículo para evitar su pérdida por el comiso si se conformaban con la calificación del Ministerio Fiscal.
>
> Con esa finalidad contactaron con un amigo, D. Florian, conviniendo por teléfono la venta del vehículo sin que el comprador llegara a verlo; Y, después, mostraron su conformidad con la acusación formulada por El Ministerio Fiscal que incluía la solicitud del comiso del vehículo, a pesar de haber pactado la venta, extremo que silenciaron, dictándose sentencia in voce incluyendo el comiso del vehículo (...) siendo a continuación requerido D. Diego para que entregara el vehículo, manifestando éste que había vendido el vehículo".

En este caso, decomisar el vehículo es imprescindible para prevenir dicha clase de conductas fraudulentas; es decir, para evitar que el autor de un delito se deshaga de los instrumentos empleados antes del juicio. A estos efectos, resulta irrelevante si el tercero actuaba con buena o mala fe. Después de todo, el autor siempre podría deshacerse de los instrumentos en circunstancias que no den motivos al tercero para sospechar que, con su adquisición, está dificultando el decomiso (por ejemplo, inventándose alguna explicación plausible sobre el porqué de la transacción). Precisamente por ello, el hecho de que el art. 127 quater b) CP solo permita decomisar instrumentos adquiridos por terceros de mala fe pone de manifiesto que su finalidad no es evitar que el autor se deshaga de dichos instrumentos antes del juicio. Pues, con la regulación vigente, el autor podría salirse con la suya y evitar que el instrumento sea decomisado si lo transmite a un tercero de buena fe; es decir, si lo transmite en circunstancias que no den motivos al tercero para sospechar que, con dicha transmisión, se dificulta el decomiso. Así, en el caso enjuiciado por la STS 299/2019, de 7 de junio, el autor lograría evitar el decomiso del vehículo si la venta acordada con su amigo se produce de un modo que permita negar que "una persona diligente habría tenido motivos para sospechar, en las circunstancias del caso, que de ese modo se dificultaba su decomiso" (art. 127 quater CP).

Contra lo anterior podría replicarse que, en este supuesto, resulta aplicable el decomiso sustitutorio sobre el autor del delito. Y, teniendo en cuenta que el tercero solo actuará con buena fe si paga por el instrumento su precio de mercado, el autor siempre dispondrá de "otros bienes por una cantidad que corresponda al valor económico de los mismos" (art. 127.3 CP); es decir, que el autor siempre acabará "pagando" el precio equivalente al instrumento cuyo decomiso ha evitado. Lo cual, en última instancia, previene que el autor realice esta clase de conductas fraudulentas en la misma medida que decomisar el instrumento al tercero.

Sin embargo, esto no es así. En este sentido, resulta dudoso que el decomiso sustitutorio pueda aplicarse a los instrumentos delictivos. Y, además, no es cierto que el tercero solo actúe con buena fe si paga por el instrumento su precio de mercado. Veámoslo por separado.

Por un lado, es cuestionable que el decomiso sustitutorio pueda aplicarse sobre instrumentos delictivos[12]. Pues la finalidad del decomiso de instrumentos es neutralizar la peligrosidad de ciertos objetos. Y, en general, mediante el decomiso de otros objetos distintos (que tengan un valor equivalente) no se neutraliza peligrosidad alguna. Así, por ejemplo, decomisando el valor equivalente al arma ilegal utilizada en un homicidio no se neutraliza la peligrosidad de dicha arma. Por ello, o se restringe el decomiso sustitutorio a otros bienes que también resulten peligrosos (por ejemplo, decomisando al conductor multirreincidente otro coche que tenga un valor equivalente al empleado como instrumento del delito[13]), o deberá admitirse que esta modalidad de decomiso

---

12 Defiende dicha posibilidad, BLANCO CORDERO, La aplicación retroactiva del decomiso directo de ganancias, RECPC, n. 26, 2024, p. 22.

13 Véase otros ejemplos en CASTELLVÍ MONSERRAT, InDret, n. 1, 2019, p. 36; GRACÍA MARTÍN/VIZUETA FERNÁNDEZ, Las consecuencias accesorias, en ALASTUEY DOBÓN; BOLDOVA PASAMAR (coords.), Tratado de las consecuencias jurídicas del delito, 2ª ed., Tirant lo Blanch, 2023, p. 822.

persigue castigar al autor por haberse desecho del instrumento en cuestión. Y, si se admite esto último, el decomiso sustitutorio de instrumentos constituirá una sanción; una sanción que, a todas luces, resultará *ilegítima*, pues su presupuesto aplicativo "imposibilidad por cualquier circunstancia de llevar a cabo el decomiso directo" (art. 127.3 CP) no cumple en ningún caso con las exigencias derivadas del principio de culpabilidad. Adviértase que dicha imposibilidad puede traer causa de una conducta voluntaria de ocultamiento o de, por ejemplo, la destrucción fortuita del bien[14]. Obviamente, sancionar algo así va en contra de los principios más elementales del derecho sancionador. Precisamente por ello, el decomiso sustitutorio de instrumentos, o bien debe circunscribirse a otros bienes que también resulten peligrosos, o bien constituye una sanción ilegítima. Y, en ambos casos, ello impedirá que el decomiso sustitutorio recaiga (legítimamente) sobre el precio que ha pagado el tercero por el instrumento.

Pero, además, el tercero puede no haber pagado precio alguno a cambio de adquirir dicho instrumento. Pues, aunque el art. 127 quater.2 CP presume que el tercero actúa con mala fe "cuando los bienes o efectos le hubieran sido transferidos a título gratuito o por un precio inferior al real de mercado", ya se ha puesto de

---

14 Tal y como indica GRACIA MARTÍN, Tratado de las consecuencias jurídicas del delito, 1ª ed., Tirant lo Blanch, 2006, p. 574, en el Derecho alemán la aplicación de esta modalidad de decomiso substitutorio es la consecuencia jurídica, no de cualquier eventualidad que imposibilite el decomiso de los objetos, sino únicamente la de un hecho tasado y determinado por el StGB, que consiste en que los responsables del delito hayan frustrado el decomiso de tales objetos mediante el uso, enajenación o consumo de los mismos. Esta previsión hace que, con razón, la doctrina alemana vea en esta clase de decomiso una sanción de carácter penal. En efecto, en tanto que su presupuesto aplicativo respeta el principio de culpabilidad, no se trataría —como en el derecho español— de una sanción ilegítima. De esta forma, resulta razonable interpretar que la finalidad de su imposición es castigar la conducta que ha frustrado el decomiso (tratando con ello de disuadir esta clase de comportamientos obstructivos).

manifiesto que dicha presunción no es *iuris et de iure*, sino *iuris tantum*. Y que, por tanto, puede destruirse probando que el tercero no tenía motivos para sospechar que, mediante su adquisición, estaba dificultando el decomiso de un instrumento delictivo. Por ejemplo, si el padre puede acreditar que no tenía ningún motivo para sospechar de su hijo, el vehículo recibido no podrá ser decomisado, aunque este haya sido transmitido a título gratuito. De modo que, en estos casos, el autor del delito no siempre dispondrá de "otros bienes por una cantidad que corresponda al valor económico de los mismos" (art. 127.3 CP). Y, por tanto, aunque el decomiso sustitutorio pudiera aplicarse a los instrumentos delictivos, ello no aseguraría que el autor acabe "pagando" el precio equivalente a dichos instrumentos. Lo cual pone de manifiesto que la combinación entre el decomiso de terceros y el sustitutorio no previene que el autor se deshaga de los instrumentos delictivos antes de que puedan ser decomisados.

¿Qué finalidad persigue entonces el art. 127 quater b) CP? Pues bien, la única finalidad que puede perseguirse decomisando instrumentos a terceros de mala fe es, precisamente, prevenir la conducta de dichos terceros; es decir, prevenir que terceros contribuyan a dificultar el decomiso de los instrumentos del autor. Adviértase que, desde esta perspectiva, tiene perfecto sentido que solo se decomisen los instrumentos delictivos recibidos con mala fe. Pues la conducta consistente en recibir instrumentos delictivos con buena fe no puede prevenirse (al igual que no puede prevenirse la realización de hechos sin dolo o culpa). Precisamente por ello, me parece que la finalidad del art. 127 quater CP es *evitar que terceros dificulten el decomiso de los instrumentos del autor*. De modo que este decomiso de terceros funcionaria como una suerte de "quebrantamiento de condena civil". Su función sería muy parecida a la que cumple (la participación en) el delito del art. 468 CP. Con la diferencia de que su presupuesto podría apreciarse mediante presunciones *iuris tantum* (art. 127 quater.2 CP). Y que su consecuencia no sería la imposición de una pena de prisión o multa, sino, únicamente, la pérdida del instrumento recibido con mala fe.

III. LA UTILIDAD DEL DECOMISO DE TERCEROS

1. Ganancias

De acuerdo con lo anterior, el art. 127 quater a) CP tiene como finalidad evitar que terceros adquieran beneficios delictivos. De modo que el decomiso de ganancias transferidas a terceros funcionaría como una suerte de "blanqueo de capitales civil". Su función sería muy parecida a la que cumple el delito del art. 301 CP, pero el hecho de que sus efectos queden limitados al enriquecimiento ilícito (al que no se tiene derecho) permitiría que sus condiciones de aplicación no sean las propias de las sanciones (sino otras menos exigentes que resultan compatibles con el empleo de presunciones *iuris tantum*).

Teniendo en cuenta esto último, la pregunta que ahora debe contestarse es: ¿resulta útil el art. 127 quater a) CP para cumplir con dicha finalidad? ¿O esta puede cumplirse de forma más eficaz mediante otras herramientas de nuestro ordenamiento jurídico? Adviértase que la mayoría de casos en que un tercero adquiere ganancias de origen delictivo "con conocimiento de que proceden de una actividad ilícita o cuando una persona diligente habría tenido motivos para sospechar, en las circunstancias del caso, de su origen ilícito" (art. 127 quater CP) podrán sancionarse mediante un delito de blanqueo de capitales doloso o imprudente. Un delito que, tanto en su modalidad dolosa como en la imprudente, prevé una pena de multa proporcional del tanto al triplo del valor de los bienes. Lo cual, en todo caso, asegura que el tercero se vea privado del enriquecimiento ilícito que ha experimentado. Haciendo que, en estos supuestos, la imposición del decomiso de terceros no resulte especialmente útil (pues solo agravaría las consecuencias patrimoniales del delito de blanqueo[15]).

---

15 Lo cual, en todo caso, no infringiría el principio *non bis in idem*. Así, Castellví Monserrat, InDret, n. 1, 2019, p. 54; Rodríguez Horcajo, RECPC, n. 24, 2022, p. 32.

Sin embargo, el art. 127 quater a) CP no se solapa completamente con el delito de blanqueo de capitales. En este sentido, no todos los casos en que un tercero adquiere ganancias de origen delictivo con mala fe constituyen un delito de blanqueo de capitales. Precisamente por ello, el decomiso de las ganancias de terceros puede resultar un instrumento útil. Al fin y al cabo, dicho instrumento puede imponerse en circunstancias en las que no es posible apreciar un delito de blanqueo (y, por tanto, no es posible anular el enriquecimiento ilícito del tercero mediante una multa proporcional).

¿Y en qué casos puede aplicarse el decomiso de terceros sin que concurra un delito de blanqueo? Del Carpio Delgado pone dos ejemplos:

> "El sujeto X acepta como parte de la herencia un coche, sabiendo que éste procede de un delito relativo a la corrupción de funcionarios públicos cometido por su padre, fallecido antes de dictarse sentencia condenatoria. En otro supuesto, el sujeto Z adquiere el coche de un político que en los últimos años ha acumulado un apreciable patrimonio. Se sabe, por los medios de comunicación, que gran parte de éste puede proceder de actos relacionados con la corrupción urbanística, y el tercero podría sospechar que el coche tiene origen en estos actos delictivos y aun así compra el coche del político, fundamentalmente porque tanto el precio como la forma de pago se ajustan a sus necesidades. Tras el procesamiento del político, se determina que el coche adquirido por el sujeto Z constituye la dádiva recibida por el político por razón de su cargo"[16].

De acuerdo con dicha autora, "la conducta desplegada por los sujetos X y Z de los supuestos anteriormente descritos no constituiría blanqueo de capitales"[17]. Pues el delito de blanqueo de capitales solo prohíbe "aquellas conductas que recaen sobre bienes de procedencia delictiva cuando tengan como finalidad la ocultación o el encubrimiento o auxilio, y la conducta desplegada por el

---

16 DEL CARPIO DELGADO, Adquisición de bienes de procedencia delictiva: ¿decomiso o blanqueo de capitales?, RGDP, n. 28, 2017, pp. 20-21.

17 DEL CARPIO DELGADO, RGDP, n. 28, 2017, p. 23.

sujeto sea idónea o adecuada para la consecución de tales fines"[18]. En tanto que X y Z no actúen con "la finalidad de encubrir u ocultar la ilícita procedencia de los bienes o ayudar a los partícipantes del delito previo"[19], su conducta no podrá sancionarse mediante un delito de blanqueo, sino que, únicamente, "podría servir de base para decretar el decomiso de esos bienes adquiridos por éstos"[20].

Sin embargo, tiene razón Rodríguez Horcajo cuando afirma que "es muy complicado entender que un sujeto que conoce la procedencia ilícita de un bien y que, aun así, lo adquiere, no actúa con alguna de esas finalidades (ocultar o encubrir el origen ilícito, o auxiliar al autor/partícipe del delito previo a eludir las consecuencias legales derivadas del mismo)"[21]. Efectivamente: en la mayoría de casos, la mera adquisición de un bien con origen delictivo contribuye a ocultar su procedencia (pues el hecho de que cambie de manos dificulta su trazabilidad). Y, por tanto, la mayoría de terceros de mala fe actúan con la finalidad requerida por el delito de blanqueo; es decir, con la finalidad de "encubrir u ocultar la ilícita procedencia de los bienes". En este sentido, tanto X como Y saben que, en alguna medida, adquirir coches financiados mediante prácticas corruptas contribuye a ocultar su procedencia. De modo que, aunque pueden concebirse casos en que adquirir bienes delictivos no contribuya a ocultar su origen —por ejemplo, si dicha adquisición se realiza con publicidad o de un modo que no dificulte su trazabilidad—, lo más frecuente será que los terceros de mala fe "tengan como finalidad la ocultación o el encubrimiento o auxilio, y la conducta desplegada por el sujeto sea idónea o adecuada para la consecución de tales fines"[22].

---

18 Del Carpio Delgado, RGDP, n. 28, 2017, p. 22.

19 STS 331/2017, de 10 de mayo.

20 Del Carpio Delgado, RGDP, n. 28, 2017, p. 23.

21 Rodríguez Horcajo, RECPC, n. 24, 2022, p. 25.

22 Del Carpio Delgado, RGDP, n. 28, 2017, p. 22.

¿Qué ámbito propio tiene entonces el art. 127 quater a) CP? Pues, por un lado, aquellos casos en que el tercero actúa con imprudencia menos grave con respecto al origen ilícito de los bienes. Así, tal y como indica Rodríguez Horcajo, "como el blanqueo imprudente solo se castiga en los supuestos de imprudencia grave, el art. 127 quater CP tendría un espacio propio en los casos en los que el tercero adquirente actuase con imprudencia menos grave"[23]. De este modo, "la imprudencia grave nos llevaría a afirmar la comisión de un delito, la menos grave, a la aplicación del decomiso de terceros, y la leve a negar ambas posibilidades"[24]. En consecuencia, el decomiso de las ganancias de terceros será útil *porque puede imponerse con un grado de culpa menor a la requerida por el delito (imprudente) de blanqueo.*

Pero no solo eso. Además, el art. 127 quater a) CP tendría otro ámbito aplicativo propio: el de todos aquellos casos en que no puede superarse el estándar probatorio exigido para una condena por blanqueo, "pero sí el que se requiere para el decomiso"[25]. Tal y como señala Rodríguez Horcajo, "el Tribunal Supremo considera que para proceder al decomiso de terceros no es necesaria la prueba, más allá de toda duda razonable, de la mala fe, sino que basta simplemente con superar el estándar de prueba civil"[26]. Recuérdese que el presupuesto del decomiso de terceros puede acreditarse mediante una presunción *iuris tantum*; una presunción en virtud de la cual "el tercero ha conocido o ha tenido motivos para sospechar que se trataba de bienes procedentes de una actividad ilícita o que eran transferidos para evitar su decomiso, cuando los bienes o efectos le hubieran sido transferidos a título gratuito o por un precio inferior al real de mercado". De este modo, salvo que el tercero pruebe que no tenía motivos para la sospecha, cualquier adquisición a título gratuito (o por un precio inferior al de mercado) habilitará la aplicación del decomiso de terceros.

---

23 RODRÍGUEZ HORCAJO, RECPC, n. 24, 2022, p. 26.
24 RODRÍGUEZ HORCAJO, RECPC, n. 24, 2022, p. 26.
25 RODRÍGUEZ HORCAJO, RECPC, n. 24, 2022, p. 27.
26 RODRÍGUEZ HORCAJO, RECPC, n. 24, 2022, p. 27.

Cosa que, obviamente, no ocurre con el delito de blanqueo. Consecuentemente, el decomiso de las ganancias de terceros también será útil *porque puede imponerse con un estándar probatorio menor al requerido por el delito de blanqueo.*

En resumen: el art. 127 quater a) CP es útil para prevenir que terceros adquieran beneficios delictivos porque puede imponerse con un grado de culpa y un estándar probatorio menor al que exige delito de blanqueo de capitales.

2. Instrumentos

Tal y como se ha indicado anteriormente, el art. 127 quater b) CP tiene como finalidad evitar que terceros dificulten el decomiso de los instrumentos del autor. De modo que esta clase de decomiso de terceros funcionaría como una suerte de "quebrantamiento de condena civil". Su función sería muy parecida a la que cumple (la participación en) el delito del art. 468 CP. Con la diferencia de que su presupuesto podría apreciarse mediante presunciones *iuris tantum.* Y su consecuencia no sería la imposición de una pena de prisión o multa, sino, únicamente, la pérdida del instrumento recibido.

¿Resulta útil el art. 127 quater b) CP para cumplir con dicha finalidad? ¿O esta puede cumplirse de forma más eficaz mediante otras herramientas de nuestro ordenamiento jurídico? Adviértase que, al contrario de lo que ocurría con las ganancias, los terceros que adquieren instrumentos delictivos no pueden ser castigados mediante el delito de blanqueo de capitales. Pues, tal y como indica Del Carpio Delgado, "los instrumentos del delito, es decir, los bienes o medios que han sido utilizados en la realización del delito previo, no constituyen objeto material del delito de blanqueo de capitales"[27]. En efecto, los instrumentos empleados para cometer el delito no "tienen su origen en una

27 Del Carpio Delgado, CPC, 122, 2017, p. 129.

actividad delictiva" (art. 301 CP). Así, por ejemplo, el vehículo con el que se comete una infracción vial no procede de una actividad delictiva. Y, por tanto, su adquisición por parte de un tercero (por mucho que persiga dificultar el decomiso) nunca constituirá un delito de blanqueo de capitales.

En todo caso, la adquisición en cuestión tampoco podrá sancionarse mediante (la participación en) un delito de alzamiento de bienes. Precisamente, la STS 299/2019, de 7 de junio, descartó dicha posibilidad basándose en que el decomiso "puede entenderse como una consecuencia patrimonial del delito que aparece en la condena, o como una consecuencia jurídica de la misma, pero no estamos ante una responsabilidad civil *ex delicto*, por lo que difícilmente podemos entender que estamos ante un derecho de crédito real y existente a favor del Estado". En tanto que el decomiso no constituye una deuda en favor del Estado, ni forma parte de las "responsabilidades civiles derivadas de un delito" (art. 257 CP), su elusión mediante un acto de disposición patrimonial nunca dará lugar a un delito de alzamiento de bienes. Y, por tanto, la conducta de los terceros tampoco podrá sancionarse como una participación en dicho delito.

En algunos casos, la adquisición de instrumentos delictivos constituirá un delito de encubrimiento. De acuerdo con Rodríguez Horcajo, esto "sería factible en los supuestos en los que el tercero que recibe la cosa para evitar su decomiso actúa también con el ánimo de impedir el descubrimiento del delito previo, ocultándola, alterándola o inutilizándola"[28]. Pero no podrá apreciarse dicho delito cuando los terceros, simplemente, "quieren evitar el decomiso de la cosa pero no tienen intención de encubrir el delito previo (por ejemplo, porque ya es imposible o porque simplemente tienen un interés particular en la cosa recibida pero no en evitar que el delito precedente sea descubierto)". Así, por ejemplo, en el caso enjuiciado por la STS 299/2019, de 7 de junio (sujeto que vende su coche instantes antes de lograr una senten-

[28] RODRÍGUEZ HORCAJO, RECPC, n. 24, 2022, p. 28.

cia de conformidad), el tercero que adquiere el instrumento de un delito no persigue "impedir su descubrimiento" (art. 451.2° CP). Y, por ello, su conducta no podrá sancionarse mediante el delito de encubrimiento.

¿Y qué ocurre con el delito de quebrantamiento de condena? Pues bien, aunque la conducta consistente en adquirir un instrumento delictivo "con conocimiento de que de este modo se dificultaba su decomiso" podría sancionarse mediante (la participación en) el delito de quebrantamiento de condena, la jurisprudencia parece haber descartado dicha posibilidad. Así, la SAP Tarragona (sección 2ª) 32/2022, de 28 de enero, sostiene que "en modo alguno (...) se prevé que el incumplimiento del decomiso pueda dar lugar a un quebrantamiento de condena, a diferencia de otros supuestos, en los que la norma sí prevé expresamente dicha consecuencia (como por ejemplo el artículo 106.4, 49 o 37.3 CP), por lo que entendemos que la aplicación del artículo 468 CP al presente caso supone una interpretación extensiva en contra del acusado que está proscrita por nuestro ordenamiento penal, dado que la reacción jurídica dirigida al concreto incumplimiento de autos, insistimos, se prevé en el artículo 127 septies CP". Además, dicha resolución considera que, para esta clase de conductas, la pena del 468 CP "es a todas luces desproporcionada y contraria al principio de legalidad, debiendo tomar en consideración además que no puede cometerse el delito mientras no se haya iniciado el cumplimiento efectivo de la pena"[29].

Lo anterior, sin embargo, resulta discutible. Aunque la mayor parte de la doctrina descarta la posibilidad de apreciar un delito de quebrantamiento con respecto a una "consecuencia accesoria" como el decomiso[30], lo cierto es que nada en el tenor literal del art. 468 CP impide su aplicación en estos casos. Pues dicho precepto sanciona a todos los que "quebrantaren su condena" (art. 468 CP). Y la

---

29 SAP Tarragona (sección 2ª) 32/2022, de 28 de enero.

30 Véase por todos, Suárez López, El delito de autoquebrantamiento de condena en el Código penal español, Comares, 2000, pp. 318-321.

palabra "condena" no tiene por qué circunscribirse a las penas que aparecen en el catálogo del art. 33 CP. Además, el hecho de que algunos preceptos del Código penal se refieran expresamente al quebrantamiento de condena (arts. 106.4, 49 o 37.3 CP) no significa que, para apreciar este delito, sea necesaria una referencia de estas características. Al fin y al cabo, muchas penas susceptibles de ser quebrantadas no contienen ninguna referencia al art. 468 CP en su regulación (por ejemplo, las penas de inhabilitación, de suspensión de empleo o cargo público, de tenencia y porte de armas, etc.). Y el hecho de que la transmisión del instrumento se produzca antes dictarse la sentencia condenatoria tampoco constituye un obstáculo para apreciar (una participación en) este delito. Pues, tal y como indica Coca Vila, "si partimos de que el comportamiento típico es la conducta que crea un riesgo relevante para un bien jurídico y de que ese riesgo no es sino probabilidad de lesión futura, lo único que ha de concurrir en el momento de la acción es precisamente esa probabilidad de lesión"[31]. Así, por ejemplo, "quien coloca una bomba delante de un cuadro que va a ser declarado bien de interés cultural al día siguiente, programándola para que estalle unos minutos después de la declaración, comete un delito de daños a un bien de interés cultural"[32]. En este sentido, "el elemento típico objeto de la acción, en este caso la condena, basta que concurra ex post"[33]. Precisamente por ello, no creo que haya ningún obstáculo para sancionar por (participación en) un delito de quebrantamiento a quien adquiere un instrumento sabiendo que, de este modo, dificultará su decomiso en el futuro.

En todo caso, admitir lo anterior no supone privar de utilidad al art. 127 quater b) CP. Después de todo, el quebrantamiento de condena es un delito doloso. Y, por tanto, el art. 127 quater b) CP

---

31 COCA VILA, La Pena de multa en serio: reflexiones sobre su dimensión y aseguramiento aflictivos a través del delito de quebrantamiento de condena (art. 468 CP), InDret, n. 3, 2021, p. 90.

32 COCA VILA, InDret, n. 3, 2021, p. 90.

33 COCA VILA, InDret, n. 3, 2021, p. 90, nota 97.

seguirá teniendo un ámbito de aplicación exclusivo: el de los terceros que adquieren instrumentos delictivos de forma imprudente; esto es, "cuando una persona diligente habría tenido motivos para sospechar, en las circunstancias del caso, que de ese modo se dificultaba su decomiso" (art. 127 quater CP). De esta forma, el decomiso de instrumentos adquiridos por terceros será útil *porque puede imponerse en condiciones subjetivas que no permiten aplicar el delito de quebrantamiento de condena.*

Pero no solo eso. Además, el art. 127 quater b) CP tendría otro ámbito aplicativo propio: el de todos aquellos casos en que no puede superarse el estándar probatorio exigido para una condena por quebrantamiento, pero sí el que requiere el decomiso. Recuérdese que el presupuesto del decomiso de terceros puede acreditarse mediante una presunción *iuris tantum*; una presunción en virtud de la cual "el tercero ha conocido o ha tenido motivos para sospechar que se trataba de bienes procedentes de una actividad ilícita o que eran transferidos para evitar su decomiso, cuando los bienes o efectos le hubieran sido transferidos a título gratuito o por un precio inferior al real de mercado" (art. 127 quater.2 CP). De este modo, salvo que el tercero pruebe que no tenía motivos para la sospecha, cualquier adquisición a título gratuito (o por un precio inferior al de mercado) habilitará la aplicación del decomiso de terceros. Cosa que, obviamente, no ocurrirá con el delito de quebrantamiento. En consecuencia, el decomiso de instrumentos adquiridos por terceros también será útil *porque puede imponerse con un estándar probatorio menor al requerido por el delito de quebrantamiento de condena.*

En resumen: el art. 127 quater b) CP terceros es útil para prevenir que terceros dificulten el decomiso de instrumentos porque puede imponerse con un grado de imputación subjetiva y un estándar probatorio menor al que exige el delito de quebrantamiento de condena.

IV. LA LEGITIMIDAD DEL DECOMISO DE TERCEROS

1. Ganancias

Tal y como se ha puesto de manifiesto, el art. 127 quater a) CP tiene como finalidad evitar que terceros adquieran beneficios delictivos. De modo que el decomiso de ganancias transferidas a terceros funciona como una suerte de "blanqueo de capitales civil". Y es útil porque puede imponerse con un grado de culpa y un estándar probatorio menor al que exige delito de blanqueo de capitales.

Ahora bien, ¿resulta legítimo este instrumento? Adviértase que el empleo de presunciones (aunque sean *iuris tantum*) es incompatible con las garantías propias del derecho sancionador. Y, por tanto, el art. 127 quater a) CP no será legítimo si el decomiso de ganancias transferidas a terceros constituye una sanción.

Sin embargo, el decomiso de ganancias transferidas a terceros no constituye una sanción. Y el motivo es simple: una sanción, para ser considerada como tal, debe consistir en la imposición de un determinado mal. Esto es, debe restringir algún derecho (legítimo). En consecuencia, la privación de aquello a lo que no se tiene derecho no puede constituir el contenido de una sanción. Y quien se ha enriquecido mediante la comisión de un delito no tiene derecho a las ganancias que derivan de su realización[34]. De modo que el tercero que las adquiere tampoco tiene derecho a enriquecerse con ellas. Y, por lo tanto, decomisar dicho enriquecimiento no constituye el contenido propio de una sanción.

Obviamente, lo anterior implica que, para ser legítimo, el art. 127 quater a) CP solo podrá recaer sobre aquello a lo que no se tiene derecho; esto es, sobre los bienes en que se plasma el enriquecimiento ilícito experimentado por el tercero. De este modo,

---

34 CASTELLVÍ MONSERRAT, InDret, n. 1, 2019, p. 36; SANTANA VEGA, Lucha contra la corrupción y transcurso del tiempo, en Gómez-Jara (coord.), Persuadir y razonar, Aranzadi, 2018, p. 581.

cuando haya recibido bienes a título gratuito —y, por tanto, haya experimentado un enriquecimiento equivalente al valor total del bien— el decomiso abarcará todos los bienes adquiridos por el tercero. Así, por ejemplo, si el padre del traficante recibe *gratuitamente* (y con mala fe) diez relojes financiados mediante la venta de drogas, el art. 127 quater a) CP permitirá detraerle los diez relojes recibidos. En cambio, cuando el tercero haya recibido bienes por un precio inferior al de mercado —experimentando así un enriquecimiento equivalente a la diferencia entre lo aportado y el precio de mercado—, el decomiso no abarcará todos los bienes adquiridos, sino, únicamente, aquellos en que se plasme el enriquecimiento experimentado. Así, por ejemplo, si el padre del traficante adquiere *a mitad de precio* (y con mala fe) diez relojes financiados mediante la venta de drogas, el art. 127 quater a) CP permitirá detraerle cinco de los relojes recibidos (pues en dichos relojes se plasmará el enriquecimiento ilícito experimentado). Finalmente, cuando el tercero haya recibido bienes por su precio de mercado —y, por tanto, no haya experimentado enriquecimiento alguno— el decomiso no podrá imponerse legítimamente[35]. Así, por ejemplo, si el padre del traficante adquiere *por su precio de mercado* (y con mala fe[36]) diez relojes financiados mediante la venta de drogas, el art. 127 quater a) CP no permitirá decomisarle reloj alguno[37]. De lo contrario, dicho decomiso constituiría una sanción ilegítima.

En resumen: aunque el art. 127 quater a) CP no respeta las garantías propias de las sanciones (debido al empleo de presunciones *iuris tantum*), dicha modalidad de decomiso resulta legítima, simplemente, porque no constituye una sanción. Al fin y al cabo,

---

35 Es cierto que el tenor literal del art. 127 quater CP no impone esta limitación. No obstante, dicho decomiso tiene carácter potestativo. Y, por tanto, su imposición puede eludirse en estos casos.

36 Es decir, sabiendo o teniendo motivos parar sospechar que tienen origen ilícito.

37 Aunque, obviamente, sí que podrá decomisarse el dinero que ha recibido su hijo a cambio (art. 127.3 CP).

si el autor no tiene derecho a enriquecerse con las ganancias derivadas de un delito, los terceros tampoco. Y, en consecuencia, decomisarles dicho enriquecimiento no constituye el contenido propio de una sanción.

2. Instrumentos

Tal y como se ha indicado anteriormente, el art. 127 quater b) CP tiene como finalidad evitar que terceros dificulten el decomiso de los instrumentos del autor. De modo que esta modalidad de decomiso funciona como una suerte de "quebrantamiento de condena civil". Y es útil porque puede imponerse con un grado de imputación subjetiva y un estándar probatorio menor al que exige el delito de quebrantamiento de condena.

No obstante, ¿es legítima esta clase de decomiso? Adviértase que, una vez más, el empleo de presunciones (aunque sean *iuris tantum*) es incompatible con las garantías propias del derecho sancionador. Y, por tanto, el art. 127 quater b) CP no será legítimo si el decomiso de instrumentos transferidos a terceros constituye una sanción.

Pues bien, al contrario de lo que sucedía con el decomiso de ganancias, el decomiso de instrumentos transferidos a terceros sí que constituye una sanción; al menos, siempre que dichos instrumentos sean de lícito comercio. En este sentido, privar al ladrón de la palanqueta con la que ha efectuado diversos robos con fuerza, pero que ha sido adquirida lícitamente en una ferretería, supone restringir derechos legítimos. Y lo mismo ocurre con el coche utilizado como instrumento para cometer diferentes delitos contra la seguridad del tráfico. En tanto que el autor tenga derecho a poseer dichos instrumentos, el tercero también lo tendrá. Y, por tanto, su decomiso constituirá una restricción de derechos (legítimos); es decir, un mal. Además, dicho mal tendrá una finalidad inequívocamente aflictiva: la de castigar al tercero que ha dificultado el decomiso (para, así, prevenir esta clase de conductas)[38]. Y aunque el potencial aflictivo del decomiso de terceros sea reducido (pues su contenido se limita a la pérdida del instrumento recibido), su legitimidad quedará condicionada al cumplimiento de las garantías propias del ámbito sancionador. Unas garantías que, debido al empleo de presunciones *iuris tantum*, el art. 127 quater b) CP no respeta.

Así pues, aunque el decomiso de instrumentos transferidos a terceros pueda ser útil, dicha figura no es legítima. Después de todo, su contenido se corresponde con el propio de una sanción. Y sus condiciones de aplicación no respetan las garantías del *ius puniendi*. De modo que, debido al empleo de presunciones *iuris tantum*, el art. 127 quater b) CP constituye una sanción ilegítima[39].

V. CONCLUSIONES

El objetivo de este trabajo consistía en: 1) identificar la finalidad del decomiso de ganancias e instrumentos transferidos a terceros; 2) determinar si, teniendo en cuenta el resto de herramientas que ofrece nuestro ordenamiento jurídico, dichas clases de decomiso son útiles; 3) establecer si, además, resultan legítimas.

Pues bien, el decomiso de ganancias transferidas a terceros funciona como una suerte de "blanqueo de capitales civil". Su finalidad es evitar que terceros adquieran beneficios delictivos. Pero el hecho de que sus efectos queden limitados al enriquecimiento

---

38 En cambio, el mal que supone el decomiso de instrumentos del autor no tiene la finalidad propia de una sanción, sino la de una medida de seguridad. En este sentido, Castellví Monserrat, InDret, n. 1, 2019, p. 41.

39 El art. 127 quater b) CP solo será legitimo cuando recaiga sobre instrumentos de ilícito comercio. Pues, entonces, su imposición no restringirá derechos legítimos y, por tanto, no tendrá naturaleza sancionatoria. Sin embargo, el decomiso de dichos instrumentos no resulta especialmente útil, dado que el ordenamiento jurídico prevé otras herramientas para que esta clase de instrumentos ilícitos salgan de la circulación.

ilícito (al que no se tiene derecho) permite que sus condiciones de aplicación no sean las propias de las sanciones (sino otras menos exigentes que resultan compatibles con el empleo de presunciones *iuris tantum*). Precisamente por ello, esta figura es útil, pues puede imponerse con un grado de culpa y un estándar probatorio menor al que exige el delito de blanqueo de capitales. Y, además, también resulta legítima, dado que decomisar el enriquecimiento ilícito experimentado por el tercero no constituye el contenido propio de una sanción. De modo que las garantías del *ius puniendi* no son aplicables a esta clase de decomiso.

Por otro lado, el decomiso de instrumentos transferidos a terceros funciona como una suerte de "quebrantamiento de condena civil". Su finalidad es evitar que terceros dificulten el decomiso de los instrumentos del autor. A estos efectos, su principal diferencia con (la participación en) el delito del art. 468 CP es que su imposición requiere un grado de imputación subjetiva y un estándar probatorio menor. Lo cual hace que esta clase de decomiso sea una herramienta útil. No obstante, dado que la imposición de este decomiso restringe derechos (legítimos), su contenido es el propio de una sanción. Y teniendo en cuenta que sus condiciones de aplicación no respetan las garantías el *ius puniendi* (debido al empleo de presunciones *iuris tantum*), dicho decomiso debe considerarse ilegítimo.

Algunas claves en torno a la (estructural) ineficiencia del decomiso en España

CRISTINA CAZORLA GONZÁLEZ[1]
Personal Investigador en Formación
Universidad de Las Palmas de Gran Canaria

I. INTRODUCCIÓN

Hasta ahora, el análisis jurídico de la institución del decomiso en España ha seguido un tratamiento a nivel doctrinal estructurado, de una parte, en torno a su estudio y comprensión dogmática penal en el marco de la Teoría General del Delito; de otra, las singularidades procesales que se derivan de la propia institución, especialmente a partir de la creación del procedimiento de decomiso autónomo. Fruto de este enfoque, y sobre todo a raíz de la reforma operada por la LO 1/2015, han florecido excelentísimas e imprescindibles y contribuciones de gran calidad

1 Este trabajo se ha desarrollado gracias a una ayuda destinada a la Formación del Personal Investigador de la Universidad de Las Palmas de Gran Canaria, con la financiación del Ilmo. Cabildo de Gran Canaria disfrutada hasta el 31.12.2023 -*RESOLUCIÓN de 25 de noviembre de 2022, por la que se convocan tres contratos predoctorales en la rama de Jurídicas ULPGC/2023-24 para estudiantes que hayan realizado el Grado en Derecho en esta Universidad y estén cursando programas de doctorado foráneos*-. No obstante, la obra ve la luz en el marco de una ayuda para la Formación de Profesorado Universitario concedida por el Ministerio de Ciencia, Innovación y Universidades del Gobierno de España (FPU2022/03986) y en el Grupo de Investigación Reconocido "Problemas Jurídicos Actuales" (Cód. 571) de la Universidad de Las Palmas de Gran Canaria.

y agudeza intelectual[2] intentando resolver las problemáticas que la descuidada técnica legislativa ha suscitado. Desde el punto de vista informativo, la proyección mediática del decomiso se agota en los reportes videográficos y notas de prensa que las Fuerzas y Cuerpos de Seguridad del Estado trasladan a los medios de comunicación. El ciudadano medio no se siente interpelado ni es consciente de la trascendencia de estas actuaciones. Descrito el escenario imperante y advertida la incapacidad para situar en la agenda pública un tema tan árido como el decomiso, la construcción de una verdadera Política Criminal en torno al mismo en España no está, pero (y he aquí la nota verdaderamente desesperanzadora), es que tampoco se la espera a medio plazo. Así entendidas las cosas, es extremadamente difícil que esta infravaloración crónica no acabe por penetrar en el imaginario popular y colectivo, incluyendo a los propios representantes del Ministerio Fiscal, Magistrados, abogados y gestores públicos. En consecuencia, se ha abandonado la imprescindible validación empírica que la institución reclama e, incluso, algunas problemáticas jurídicas de calado inextricablemente asociadas al decomiso de ciertos bienes. Como recuerda MIRÓ LLINARES, la política criminal constituye

---

2 Sin ánimo de exhaustividad pueden citarse, a título meramente ejemplificativo, a DÍAZ CABIALE, J.A. El decomiso tras las reformas del Código Penal y la Ley de Enjuiciamiento Criminal de 2015. Revista Electrónica de Ciencia Penal y Criminología, 2016, núm. 18-10, pp. 1-70. CASTELLVÍ MONSERRAT, C. Decomisar sin castigar. Indret. Revista para el Análisis del Derecho, 2019, núm. 1, pp. 1-15; AGUADO CORREA, T. Decomiso de los productos de la delincuencia organizada. «Garantizar que el delito no resulte provechoso». Revista Electrónica de Ciencia Penal y Criminología, 2013, núm. 15-05, 05:1-05:27; FARALDO CABANA, P. Algunas propuestas dirigidas a mejorar la recuperación de activos procedentes del crimen organizado. Revista Penal México, 2013, 3(5), 35-47; ROIG TORRES, M. La regulación del comiso. El modelo alemán y la reciente reforma española. Estudios Penales y Criminológicos, 2016, vol. XXXVI, pp. 199-279; FARTO PIAY, T. El proceso de decomiso autónomo, 2021; NIEVA FENOLL, J. El procedimiento de decomiso autónomo. En especial, sus problemas probatorios. Diario La Ley, 2015, nº 8601.

el hábitat natural en el que atender a la realidad social *«científicamente»* contrastada[3]. Pero cabría matizar que no se puede olvidar que también forma parte de ella la propia Administración de Justicia. Los organismos creados, las funciones asignadas, el nivel de coordinación existente e incluso, las creencias y percepciones de sus miembros moldean dinámicas de trabajo que acaban por cristalizar una idiosincrasia generalizada a la par que *sui generis* en la interpretación y aplicación del Derecho. En el ámbito de las consecuencias jurídicas en sentido amplio, la incorporación de esta idea matriz debe reputarse seminal si pretendemos aflorar soterradas disfunciones cuyos orígenes (y por extensión, posibles soluciones), situarían en el epicentro de nuestro estudio la ejecución real de las respuestas punitivas establecidas por el legislador. Estas variables extralegales deben ser tenidas en cuenta si se desea, en última instancia, corregir o atemperar prácticas desviadas que están comprometiendo su eficiencia.

A través del presente trabajo pretende exponerse de forma sintética los principales problemas detectados en la gestión de los activos decomisados en España, prestando especial atención al procedimiento establecido para la destrucción de la droga intervenida, así como el destino de las embarcaciones y vehículos decomisados relacionados con el fenómeno del narcotráfico, dada la envergadura e importancia que han adquirido en los últimos años. Se presenta una primera aproximación al marco jurídico aprobado por el legislador español para, posteriormente, abordar los problemas que comporta la ejecución real del decomiso y su gestión. Se ha utilizado como principal fuente de investigación varias noticias publicadas en prensa en los últimos años (2019-2023), contrastadas con informes y memorias públicas que refrendan las graves carencias detectadas. El análisis efectuado pretende servir de base diagnóstica para la posterior formulación de propuestas

---

3 *Cfr.* MIRÓ LLINARES, F. La función de la pena ante el "paso empírico" del Derecho Penal. Revista General de Derecho Penal, 2017, 27, p. 5.

que vertebren una política de gestión realista y pragmática atendiendo a las particularidades del caso español.

II. LA LUCHA CONTRA EL ENRIQUECIMIENTO ILÍCITO DESDE LA ÓPTICA DEL PODER EJECUTIVO

Cualquier análisis que pretenda abordar la eficiencia del decomiso debería comenzar señalando que esta institución jurídica forma parte de un proceso más complejo compuesto por diversas fases o etapas. Para que un bien sea efectivamente decomisado por la Administración de Justicia deviene imprescindible que previamente se hayan diseñado y ejecutado acciones y políticas públicas orientadas a dicho fin. Y en el marco iniciático de su enfoque, al margen de la tradicional iniciativa legislativa, despunta el papel que desarrolla el ejecutivo español en materia de recuperación de activos, máxime si se tiene en cuenta los complejos fenómenos delincuenciales sobre los cuales pretende proyectarse. Así las cosas, se ha procedido a la consulta de un instrumento político-estratégico tan trascendental como son las Estrategias[4] aprobadas por el Consejo de Seguridad Nacional[5] que emanan, en último término, del Ministerio de Presidencia del Gobierno. Con diversos rangos de aplicación operativa y múltiples proyecciones, tanto temporales como temáticas, su examen nos permite comprobar hasta qué punto ha penetrado la retórica del *"Crimen does not pay"* en las

---

4 En los últimos años han sido varias las Estrategias aprobadas por el Consejo de Seguridad Nacional que han visto la luz bajo los sucesivos ejecutivos. Estas, ya sean específicas respecto de materias concretas o integrales, constituyen el marco de referencia primigenio para identificar de manera exhaustiva problemáticas de interés o ejes prioritarios que comprometen nuestra Seguridad Nacional y, en consecuencia, los objetivos, medidas, directrices y líneas de acción o estratégicas que se prevén desarrollar en los próximos años de cara a su tratamiento.

5 La composición y funciones de este órgano se encuentra desarrollada en los arts. 17 y ss. de la Ley 36/2015, de 28 de septiembre, de Seguridad Nacional.

más altas instancias de la Administración del estado español. Y con este propósito en mente se han identificado las principales Estrategias en las que este asunto es abordado de manera expresa: de una parte, la *"Estrategia Nacional contra el Crimen Organizado y la Delincuencia Grave (2019-2023)"*; de otra, la *"Estrategia de Seguridad Nacional (2021)"*.

1. La Estrategia Nacional contra el Crimen Organizado y la Delincuencia Grave (2019-2023)

En primer lugar, debe destacarse la propia Orden PCI/161/2019, de 21 de febrero, por la que se publica el Acuerdo del Consejo de Seguridad Nacional y se aprueba la Estrategia Nacional contra el Crimen Organizado y la Delincuencia Grave para el quinquenio 2019-2023[6]. En ella se reconoce la naturaleza económica del crimen organizado y se destaca la importancia de neutralizar su economía[7] subrayando dos ideas clave: (1) que la incautación de los beneficios ilícitos constituye una de las medidas más eficaces para la neutralización de su actividad y (2) la

---

6 En su elaboración han participado el Ministerio de Justicia, el Ministerio de Hacienda, el Ministerio de Interior, el Ministerio de Economía y Empresa, la Fiscalía General del Estado y el Departamento de Seguridad Nacional. *Cfr.* PRESIDENCIA DEL GOBIERNO. Estrategia Nacional contra el Crimen Organizado y la Delincuencia Grave 2019-2023 La seguridad es un proyecto común, Gobierno de España, 2019, p. iii. Disponible en red: https://www.dsn.gob.es/es/documento/estrategia-nacional-contra-crimen-organizado-delincuencia-grave [consultado: 14.03.2024].

7 El principal objetivo que persigue el crimen organizado consiste en la búsqueda de beneficios. Cualquier otro propósito reviste un mero carácter instrumental y supeditado al ánimo de lucro que espera obtenerse. *Cfr.* PRESIDENCIA DEL GOBIERNO. Estrategia Nacional contra..., 2019, p. 19. Igualmente, comenta cómo se articula la lucha contra la economía ilícita que genera el crimen organizado en la citada Estrategia CORRAL ESCARIZ. *Cfr.* CORRAL ESCARIZ, V. La localización de bienes en la UE y su aplicación en España, 2023, 81-85.

especial atención que debe prestársele a *«la actualización de los instrumentos normativos sobre prevención y lucha contra el blanqueo de capitales, potenciar e incrementar las investigaciones patrimoniales, la* localización y recuperación de activos, *así como impulsar los intercambios de información en los que se involucre a los distintos actores nacionales e internacionales responsables al efecto»*[8]. Asimismo, también se identifican y desglosan los ámbitos de criminalidad organizada considerados prioritarios para su investigación en España, en aras de determinar dónde se concentra la economía ilícita, destacando el tráfico de drogas, la corrupción, el blanqueo de capitales, el cibercrimen, entre otros. Aunque la Estrategia establece líneas de acción para cada área identificada, solo se menciona explícitamente la recuperación de ganancias ilícitas en casos de corrupción y blanqueo de capitales. De igual forma, en la mentada Estrategia se asignan responsabilidades específicas para su implementación y evaluación a distintos organismos, como el Centro de Inteligencia contra el Terrorismo y el Crimen Organizado[9] (en adelante, CITCO) y las Direcciones Generales de Policía y Guardia Civil. Superada su vigencia, el pasado mes de abril se acordó su revisión, de conformidad con los dispuesto en la Orden PJC/327/2024, de 14 de abril, por la que se publica el Acuerdo del Consejo de Seguridad Nacional, por el que se aprueba una nueva Estrategia Nacional contra el Crimen Organizado y la Delincuencia Grave. Y ha sido precisamente en la

---

8 *Cfr.* PRESIDENCIA DEL GOBIERNO. Estrategia Nacional contra..., 2019, p. 12.

9 Este organismo, creado en 2014 por el RD Real Decreto 873/2014, de 10 de octubre, por el que se modifica el Real Decreto 400/2012, de 17 de febrero, por el que se desarrolla la estructura orgánica básica del Ministerio del Interior actúa como un centro de coordinación entre diversas agencias de seguridad y fuerzas del orden, como la Policía Nacional, la Guardia Civil, el Centro Nacional de Inteligencia (CNI), la Agencia Estatal de Administración Tributaria (AEAT), entre otros. Su objetivo principal es mejorar la eficacia en la lucha contra el terrorismo y el crimen organizado mediante el intercambio de información y la coordinación de operaciones.

exposición del Anejo de la Orden PJC/327/2024, de 14 de abril, donde se ha aludido someramente al desarrollo de las líneas de acción implementadas durante estos últimos años, destacando el *"Plan Estratégico de lucha contra el Enriquecimiento Ilícito de las organizaciones criminales y los delincuentes"* (PELCEIL). No obstante, en tanto en cuanto este también se ha incluido en la *"Estrategia de Seguridad Nacional (2021)"*, será objeto de tratamiento *infra*.

2. La Estrategia de Seguridad Nacional 2021

En segundo lugar, la recuperación de activos también se encuentra presente en la última Estrategia de Seguridad Nacional 2021, recogida en el RD 1150/2021, de 28 de diciembre[10]. Así, en el contexto de la lucha contra el crimen organizado y la delincuencia grave, la Estrategia se expresa en los siguientes términos: «*Para neutralizar la economía del crimen organizado, se necesitan instrumentos que mejoren la inteligencia y la detección, además de nuevas capacidades de ciberseguridad. Para ello, hay que establecer un plan estratégico que incluya el blanqueo de capitales y* <u>*la recuperación y localización de activos*</u>»[11]. La Estrategia fija como línea de acción la elaboración de un «*plan estratégico de lucha contra el enriquecimiento ilícito de las organizaciones criminales y delincuentes*»[12].

---

10 El Consejo de Seguridad Nacional ha sido el órgano encargado de su elaboración si bien han participado departamentos ministeriales, el Centro Nacional de Inteligencia, las Comunidades y Ciudades Autónomas a través de la Conferencia Sectorial para Asuntos de Seguridad Nacional, así como expertos independientes y personas de reconocido prestigio. *Cfr.* PRESIDENCIA DEL GOBIERNO. Estrategia de Seguridad Nacional 2021. Un proyecto compartido, Gobierno de España, 2021, p. v. Disponible en red: https://www.dsn.gob.es/es/estrategias-publicaciones/estrategias/estrategia-seguridad-nacional-2017 [consultado: 14.03.2024]. Comenta esta Estrategia y sus predecesoras, CORRAL ESCARIZ. *Cfr.* CORRAL ESCARIZ, V. La localización de…, 2023, pp. 79-81.

11 *Cfr.* PRESIDENCIA DEL GOBIERNO. Estrategia de Seguridad…, 2021, p. 90.

12 *Cfr.* PRESIDENCIA DEL GOBIERNO. Estrategia de Seguridad…, 2021, p. 91.

Pues bien, si se atiende a los últimos Informes Anuales de Seguridad Nacional publicados por el Consejo de Seguridad Nacional puede colegirse la incipiente andadura de dicho Plan Estratégico, denominado PELCEIL: *"Plan Estratégico Nacional Contra el Enriquecimiento Ilícito"*[13]. Así, de acuerdo con el Informe de Seguridad Nacional correspondiente al ejercicio 2021, el ejecutivo reconoció que todavía estaba trabajando en su elaboración[14]. Finalmente, fue en 2023 cuando el Ministerio del Interior presentó el citado Plan para el periodo (2023 – 2025) ante el Consejo de Seguridad Nacional[15]. De este modo, la trascendencia de esta concreta línea de acción, ambiciosa en sus postulados y proactiva en el diseño

---

13 *Cfr.* PRESIDENCIA DEL GOBIERNO. Informe Anual de Seguridad Nacional 2021, 2022, p. 270. Disponible en red: https://www.dsn.gob.es/es/estrategias-publicaciones/informe-anual-seguridad-nacional [consultado: 14.03.2024].

14 Este Plan Estratégico se ha desarrollado bajo la coordinación del CITCO y ha contado con la participación de todas las instituciones competentes, respondiendo así *«al compromiso del Gobierno para dotar al marco normativo y de respuesta español de herramientas que permitan una mayor efectividad en la lucha contra las redes o individuos que se lucran del beneficio económico procedente de cualquier forma de delincuencia»*. Cfr. Presidencia del Gobierno. Gobierno de España. Informe Anual de Seguridad Nacional 2021, 2022, p. 64.

15 *Cfr.* PRESIDENCIA DEL GOBIERNO. Informe Anual de Seguridad Nacional 2023, Gobierno de España, 2024, p. 172. Disponible en red: https://www.dsn.gob.es/es/documento/informe-anual-seguridad-nacional-2023 [consultado: 11.08.2024]. También se alude al PELCEIL en la exposición del Anejo de la Orden PJC/327/2024, de 14 de abril, por la que se publica el Acuerdo del Consejo de Seguridad Nacional, por el que se aprueba una nueva Estrategia Nacional contra el Crimen Organizado y la Delincuencia Grave. En cuanto al acceso a su contenido, este no es público y no puede ser consultado, pero a tenor de lo reflejado en el último Informe Anual de Seguridad Nacional este incluiría medidas contra el blanqueo de capitales y la recuperación y localización de activos. *Cfr.* PRESIDENCIA DEL GOBIERNO. Informe Anual de Seguridad…, 2024, p. 172 y 182.

de un plan innovador en nuestro país[16], apenas acaba de comenzar a despuntar[17]. Expuesto el escenario basal se identifica de forma clara la primera problemática estructural en torno a los procesos de recuperación de activos en España. Y es que, por más preciso y riguroso que sea el marco teórico sobre la importancia de luchar contra la economía ilícita que genera el crimen organizado, si no se aprueban y consolidan acciones destinadas a localizar estos activos, la propia realidad dinamita la consecución de cualquier resultado reseñable. Ello nos conduce, inevitable e irremediablemente, a un fracaso estrepitoso respecto de las restantes etapas. La *"facilitación y promoción del embargo y decomiso"* no se puede quedar únicamente en una bienintencionada declaración, sino que exige medios, recursos y personal para que se traduzca en mejoras operativas que, en último término, incrementen el volumen de bienes decomisados.

III. UN DECOMISO DE MÍNIMOS. EL PAPEL DE MAGISTRADOS Y FISCALES EN LA IMPOSICIÓN RUTINARIA DE ESTA CONSECUENCIA ACCESORIA

Como ya se avanzó al comienzo de esta disertación, el papel de los operadores jurídicos es trascendental a la hora de imponer[18]

---

16 En tal sentido, adviértase que la reciente Directiva (UE) 2024/1260 obliga a los estados miembros a la aprobación de una estrategia nacional en materia de recuperación de activos, la cual será actualizada en intervalos regulares no superiores a cinco años de conformidad con el art. 25.

17 Por tanto, habrá que esperar un par de años para una implementación efectiva desde un punto de vista operativo y evaluar sus resultados.

18 Con carácter general y conforme a la dicción literal de lo dispuesto en el 127 el juzgador tiene la obligación de acordar el decomiso por cuanto toda pena que se imponga por un delito doloso llevará consigo la pérdida de los efectos que de él provengan y de los bienes, medios o instrumentos con que se haya preparado o ejecutado, así como de las ganancias provenientes del delito, cualesquiera que sean las transformaciones que hubieren podido experimentar. Esta obligación, presenta,

y ejecutar esta consecuencia accesoria. Adviértase que incluso su naturaleza jurídica constituye un tema de recurrente discusión a nivel doctrinal[19]. En tal sentido, se reputa evidente que la falta de

---

no obstante, varias salvedades en las que el decomiso se torna potestativo y ve, por tanto, atemperada: en los delitos imprudentes con pena privativa de libertad superior a un año, el decomiso sin sentencia condenatoria del art. 127 ter, el decomiso regulado en el art. 127 quater, el decomiso regulado en el art. 127 quinquies y la cláusula de proporcionalidad recogida en el art. 128 del CP.

19 Como bien recuerda Rodríguez García a una *«única institución debería corresponderle una única naturaleza»*. *Cfr.* Rodríguez García, N. En la búsqueda de un sistema penal más eficaz en el combate a la corrupción: Expectativas depositadas en el decomiso. Revista internacional de transparencia e integridad, 2016, núm. 1, pp. 1-7. Sin embargo, esta máxima no parece cumplirse en el caso del decomiso. Este autor señala cómo los límites vigentes para ciertas modalidades de decomiso (entre ellas el decomiso sin condena) parecieran acercarlo a una suerte de práctica confiscatoria proscrita por nuestro ordenamiento jurídico. *Cfr.* Rodríguez García, N. En la búsqueda..., 2016, núm. 1, p. 6. Bacigalupo Saggesse alude a la función exclusivamente preventiva que le atribuye al decomiso para negar su carácter de pena, al tiempo que señala la ausencia de sujeción a los principios de culpabilidad y proporcionalidad de la pena para ratificar su postura con cita de Manzanares Samaniego. *Cfr.* Bacigalupo Saggesse, S. Capítulo X. Las consecuencias accesorias del delito en el Código Penal. La extinción de la responsabilidad penal. La responsabilidad civil derivada del delito. En Lascuráin Sánchez, J. A. (Coord.) Manual de Introducción al Derecho Penal, 2019, p. 254. Díaz Cabiale por su parte concibe el decomiso como una *"consecuencia del delito"* por cuanto no se exige ni la culpabilidad ni la punibilidad para señalar más adelante su carácter sancionador por cuanto *«se impone como consecuencia de la comisión de un delito, el resultado del ejercicio del ius puniendi por el tribunal penal, junto a la pena y la medida de seguridad» Cfr.* Díaz Cabiale, J.A. El decomiso tras..., 2016, núm. 18-10, 4. Roig Torres defiende que *«el decomiso no es una sanción penal sino una medida sui generis, que tiene por objeto disuadir de la comisión de delitos que se realizan con un fin lucrativo, estableciendo que la condena supondrá la privación de todos los bienes relacionados con el hecho o de una suma proporcional. Se trata, pues, de una respuesta que pretende atajar las expectativas de obtener rendimientos económicos a través de operaciones delictivas»*. *Cfr.* Roig Torres, M. La regulación del... 2016, vol. XXXVI, p. 268. A nivel jurisprudencial, el Tribu-

consenso en el plano teórico no es un tema baladí, por cuanto condiciona el régimen de garantías aplicable al procedimiento sobre el cual se sustancia el propio decomiso. En este punto, las carencias formativas de los operadores lastran la eficiencia de la institución, so pena de incurrir en vulneraciones de derechos fundamentales o defectos formales que puedan anular todo o parte del trabajo realizado y las decisiones impuestas. El olvido sistémico que sufre la institución en la actualidad se patentiza de forma clara en el estudio presentado por MOYA GUILLEM y TAPIA BALLESTEROS[20]. En él, las autoras detectan un decomiso de mínimos, donde la recuperación de activos, o siquiera la discusión en torno a los beneficios que genera la delincuencia patrimonial y el crimen organizado, no está presente en el Plenario ni se documentan visos de lo contrario en un futuro próximo[21]. Este manifiesto desinterés se

---

nal Supremo refiriéndose al decomiso dicta, por todas y entre muchas otras, la STS nº 857/2012 de 09.11.2012 [ECLI:ES:TS:2012:8463]: *«Pues bien respecto a la posibilidad de su comiso y adjudicación al Estado en SSTS. 600/2012 de 12.7, 16/2009 de 27.1 decíamos que el CP 1995 considera el comiso como una "consecuencia accesoria" al margen tanto de las penas como de las medidas de seguridad. Su naturaleza es, según la doctrina más autorizada, la de una tercera clase de sanciones penales, siguiendo así nuestro Código Penal la línea iniciada por los derechos penales germánicos (CP. suizo o CP. alemán) de establecer un tercer genero de sanciones bajo la denominación de "consecuencias jurídicas o consecuencias accesorias"».*

20 *Vid.* MOYA GUILLEM, C. / TAPIA BALLESTEROS, P. Ganancias ilícitas de la delincuencia transnacional e instrumentos penales para disuadirla. Estudios Penales y Criminológicos, 2021, núm. 41, pp. 779-843.

21 Esta cuestión se vuelve particularmente lacerante en materia trata de seres humanos en los que rara vez se repara en esta consecuencia accesoria, toda vez este es uno de los fenómenos delincuenciales más lucrativos del mundo. Estas investigadoras advirtieron, con estupor, la infrautilización del decomiso en este fenómeno (integrando el delito de tráfico ilícito de inmigrantes y el delito de trata de seres humanos), a partir del análisis de diversas resoluciones judiciales dictadas en los últimos años en España. Para mayor detalle *cfr.* MOYA GUILLEM, C. / TAPIA BALLESTEROS, P. Ganancias ilícitas de..., 2021, pp. 828-829; 832-833. En clave forense, resaltan las dificultades para desarrollar una investigación patrimonial consúltese el Informe TRASEX. *Cfr.* TORRADO

agudiza por el colapso de la Administración de Justicia, circunstancia que impide que pueda efectuarse una verdadera investigación financiera del patrimonio de los sujetos encausados. En otras ocasiones, a pesar del empeño y el esfuerzo desplegado por los operadores jurídicos, se detectan perniciosas maniobras orquestadas con verdadera mala fe procesal que persiguen como objetivo reventar las causas, especialmente en materia de narcotráfico[22]. De otro lado, pareciera que las nuevas modalidades de decomiso que trajo consigo la LO 1/2015 tampoco han generado una abultada casuística ni han satisfecho las expectativas que el legislador comunitario depositó en la Directiva (UE) 2014/42[23]. Profundi-

---

MARTÍN PALOMINO / VERA GUANCHE. Cfr. TORRADO MARTÍN PALOMINO, E. (Dir.) / VERA GUANCHE, B. (Coord.). Informe TRSEX. Un estudio sobre el Trata con Fines de Explotación Sexual en Canarias. "El dato y el relato en la explotación sexual de mujeres y niñas", pp. 61-62. Disponible en red: https://portalciencia.ull.es/documentos/651286e3cc8ad21 1a9594219_[consultado: 14.03.2024]. Asimismo, *vid.* igualmente el valioso trabajo presentado por TORRES FERRER, C., La trata de seres humanos como criminalidad económica: análisis jurisprudencial, Anuario de Derecho Penal y Ciencias Penales, vol. 76, 2023, pp. 383 – 386.

22 *Cfr.* FEAD. Fiscalía Especial Antidroga. Memoria 2022, 2023, p. 122: *«Es habitual en el delito que combatimos que los bienes estén a nombre de terceros interpuestos, testaferros, sociedades creadas a tal efecto, comunidades de bienes, etc. siendo habitual que, desde la explotación de las causas, los letrados de estos terceros, que suelen ser los letrados de los acusados, inunden las oficinas judiciales ya colapsadas con peticiones de devolución o depósito en sus representados».*

23 Sobre las posibles causas del fracaso *vid.* AGUADO CORREA, T. Siguiendo el rastro del dinero en la Unión Europea: Hacia un enfoque global, operativo e integrado. En Zúñiga Rodríguez, L. (Dir.) Nuevos desafíos frente a la criminalidad organizada transnacional y el terrorismo, 2021, pp. 187-215. Precisamente y debido a ello, se ha aprobado la Directiva (UE) 2024/1260 del Parlamento Europeo y del Consejo, de 24 de abril de 2024, sobre recuperación y decomiso de activos. En tal sentido, a nivel doctrinal, ya se han pronunciado sobre su contenido AGUADO CORREA, T. Embargo y decomiso en la propuesta de directiva sobre recuperación y decomiso de activos: garantizar que el delito no resulte provechoso a costa de las garantías. Revista Electrónica de Ciencia Penal y Criminología, 2023, 25-34, pp. 1-49 y GARRIDO CARRILLO, F. J. Cuestio-

zando en esta línea argumental y como expresión de la desidia o renuencia a acordar la mentada consecuencia accesoria, el Código Penal ya contemplaba a resultas de la reforma operada en 2003 una especie de decomiso sin condena no muy distinto del actual[24]. Sin embargo, los términos potestativos en los que fue redactado el apartado 127.3 provocaron que este pasase absolutamente desapercibido y no generase apenas interés desde el punto de vista forense[25]. Otra muestra ejemplificativa lo constituye el desglose

---

nes pendientes sobre el decomiso ocho años después. La Propuesta de Directiva del Parlamento Europeo y del Consejo sobre recuperación y decomiso de activos. Revista de Estudios Europeos, 2023, nº extraordinario monográfico 1, pp. 311-348.

24 La reforma operada por la LO 15/2003 en su artículo único, apartado cuadragésimo cuarto modificó el art. 127 en los siguientes términos:
"1. Toda pena que se imponga por un delito o falta dolosos llevará consigo la pérdida de los efectos que de ellos provengan y de los bienes, medios o instrumentos con que se haya preparado o ejecutado, así como las ganancias provenientes del delito o falta, cualesquiera que sean las transformaciones que hubieren podido experimentar. Los unos y las otras serán decomisados, a no ser que pertenezcan a un tercero de buena fe no responsable del delito que los haya adquirido legalmente.
2. Si por cualquier circunstancia no fuera posible el comiso de los bienes señalados en el apartado anterior, se acordará el comiso por un valor equivalente de otros bienes que pertenezcan a los criminalmente responsables del hecho.
3. El juez o tribunal podrá acordar el comiso previsto en los apartados anteriores de este artículo aun cuando no se imponga pena a alguna persona por estar exenta de responsabilidad criminal o por haberse ésta extinguido, en este último caso, siempre que quede demostrada la situación patrimonial ilícita.
4. Los que se decomisan se venderán, si son de lícito comercio, aplicándose su producto a cubrir las responsabilidades civiles del penado si la ley no previera otra cosa, y, si no lo son, se les dará el destino que se disponga reglamentariamente y, en su defecto, se inutilizarán".

25 Términos potestativos que, de otro lado, no han cambiado ya que en este punto el actual 127 ter otorga al Juzgador la facultad de imponer en decomiso sin condena:
"1. El juez o tribunal podrá acordar el decomiso previsto en los artículos anteriores aunque no medie sentencia de condena, cuando la situación patrimonial ilícita quede acreditada en un proceso contradictorio y se trate de alguno de los siguientes supuestos:

de las *"Sentencias dictadas por los órganos enjuiciadores de la Audiencia Nacional"* que ha suministrado la Fiscalía Especial Antidroga en la Audiencia Nacional[26] en las últimas Memorias presentadas por la Fiscalía General del Estado:

Tabla 1. *Resultados decomiso autónomo reportados por la Fiscalía Especial Antidroga – Audiencia Nacional – (2019-2021)*[27]

	2019	2020	2021
Procesos decomiso autónomo Audiencia Nacional	ND	1	1
Dictámenes Ministerio Fiscal decomiso autónomo Audiencia Nacional	3	1	1

Fuente: Elaboración propia a partir de las Memorias publicadas por la FGE[28]

A pesar del volumen de trabajo que soporta este órgano jurisdiccional, no parece que el decomiso autónomo sea el recurso

a) Que el sujeto haya fallecido o sufra una enfermedad crónica que impida su enjuiciamiento y exista el riesgo de que puedan prescribir los hechos,

b) se encuentre en rebeldía y ello impida que los hechos puedan ser enjuiciados dentro de un plazo razonable, o

c) no se le imponga pena por estar exento de responsabilidad criminal o por haberse ésta extinguido.

2. El decomiso al que se refiere este artículo solamente podrá dirigirse contra quien haya sido formalmente acusado o contra el imputado con relación al que existan indicios racionales de criminalidad cuando las situaciones a que se refiere el apartado anterior hubieran impedido la continuación del procedimiento penal".

26 La relevancia de esta información debe reputarse seminal ya que la Audiencia Nacional enjuicia numerosos casos asociados al crimen organizado y delincuencia económica debido a las materias que la Ley Orgánica 6/1985, de 1 de julio, del Poder Judicial le ha encomendado.

27 La consulta de datos anteriores al año 2019 ha resultado infructuosa y, de otra parte, ha desaparecido cualquier referencia a esta cuestión en la Memoria correspondiente al ejercicio 2022.

28 *Cfr.* FISCALÍA GENERAL DEL ESTADO. Memoria 2021, 2022, p. 508; Fiscalía General del Estado. Memoria 2020, 2021, p. 627 y FISCALÍA GENERAL DEL ESTADO. Memoria 2019, 2020, p. 681.

más utilizado para combatir las ganancias que genera la criminalidad organizada[29]. De otro lado, baste señalar que no ha sido hasta el año 2022 cuando se ha presentado el *"Protocolo de recuperación de Activos"* en la Junta General con los Delegados y Delegadas Fiscales de la Fiscalía Antidroga, lo que es otro concluyente síntoma del actual estado de las cosas.

Las exigencias formativas constituyen, de igual forma, una clara demanda[30]. Y es que, una buena y depurada técnica jurídica coadyuvaría muchísimo a mejorar el estado de las cosas. En este sentido, deben reivindicarse las pedagógicas directrices que formulan autores como URIARTE VALIENTE y que representan una pieza clave en la imposición y ejecución de esta consecuencia accesoria[31]. Por ejemplo, es imprescindible que en la sentencia se concrete la relación de bienes decomisados individualmente, ya bien sea por remisión a la relación de bienes detallada en los fundamentos jurídicos de la resolución o en el propio fallo, cuestión que dista de cumplirse en la práctica[32].

---

29 Tanto es así que en la Memoria de la Fiscalía General del Estado correspondiente al año 2023 se expresó en los siguientes términos: *«Como cuestión de interés se reseña una sentencia del Juzgado de Instrucción n.º 11 de Málaga aceptando la demanda de decomiso autónomo planteada por la Fiscalía contra los bienes de un acusado respecto al que se había apreciado la prescripción del delito, afirmando así la posibilidad de decomiso autónomo en casos de prescripción y adoptado además en el juzgado de instrucción».* *Cfr.* Fiscalía General del Estado. Memoria 2022, 2023, p. 565. Para más detalle sobre el mismo *cfr.* también FEAD. Fiscalía Especial Antidroga…, 2023, p. 132.

30 *Cfr.* FEAD. Fiscalía Especial Antidroga…, 2023, p. 32.

31 *Cfr.* Uriarte Valiente, L. M. El decomiso en los delitos de tráfico de drogas. Intervención del Ministerio Fiscal en el procedimiento. Curso de formación de fiscales. El tráfico de drogas: problemas sustantivos y procesales, 4 a 18 de octubre de 2021, 2021, pp. 1-20.

32 A título meramente ejemplificativo: SAP Barcelona nº 742/2023 de 21.11.2023 [ECLI:ES:APB:2023:13177]: *«Procédase al decomiso de la droga y objetos intervenidos, con arreglo a los Arts. 127 y 374 del Código Penal y 367 ter de la Ley de Enjuiciamiento Criminal, al que se dará su destino legal»*. En la resolución únicamente se hace referencia al margen de la droga, a cier-

Por último, en aquellos casos en los que el Ministerio Público adopta una actitud más proactiva en el decomiso de los activos derivados del delito tampoco el sistema de justicia penal está preparado para corresponder al encomiable sobreesfuerzo que desarrollan las FFCCSS dada la ausencia de medios para gestionar los activos, reputándose el papel de la ORGA insuficiente hasta el momento[33].

IV. «DADME ACTIVOS Y OS DARÉ PROBLEMAS». CONSECUENCIAS PRÁCTICAS DE LA FALTA DE UNA ESTRATEGIA INTEGRAL PARA LA GESTIÓN DE LOS BIENES DECOMISADOS

Las deficiencias en la gestión de los activos acarrean numerosos costos y perjuicios para las Administraciones Públicas. Sin embargo, en modo alguno estos problemas pueden catalogarse como invisibles, si acaso todo lo contrario. Reflejan colapsos crónicos y enquistados, fácilmente identificables para el investigador de campo que se superponen continuamente y que agudizan dinámicas que reclaman una respuesta urgente. A través de estas líneas se ofrece al lector una panorámica superficial en torno a la escasa información disponible publicada sobre el destino y gestión de varios activos apriorísticamente "sencillos" [34], a saber:

---

ta cantidad de dinero, pero ningún caso se especifica a cuánto asciende el montante en la resolución.

33 Sobre ello, véase ampliamente FEAD. Fiscalía Especial Antidroga..., 2023, pp. 121-122.

34 De acuerdo con BOSTWICK, L. / BARTLETT, N. / CRONJE, H. / ABERNATHY III, T. J. Managing Seized and Confiscated Assets. A Guide for Practitioners, 2023, pp. 173-185 pueden tildarse de bienes o activos complejos: personas jurídicas, empresas, criptomonedas y NFTs, animales vivos y productos perecederos.

1. Drogas y sustancias estupefacientes

Cuando se habla de decomiso, la asociación arquetípica por antonomasia más clásica nos conduce al fenómeno del tráfico de drogas. Pues bien, de acuerdo con las últimas estadísticas publicadas por el Ministerio del Interior puede apreciarse la siguiente evolución de las principales sustancias estupefacientes incautadas en los cinco últimos años:

Tabla 2. *Cantidades de las principales drogas incautadas (2018-2022)*

	Cocaína (kg.)	Hachís (kg.)	Marihuana (kg.)	Plantas de cannabis (uds.)	Heroína (kg.)	Speed (kg.)	Anfetamina (uds.)	MDMA-éxtasis (uds.)	MDMA-cristal (kg.)
2018	48.453	436.963	37.220	981.148	251	281	210.683	300.571	258
2019	37.868	349.489	39.861	1.538.995	234	437	92.447	267.632	278
2020	36.948	473.925	70.073	1.700.462	179	736	187.835	1.561.311	190
2021	49.159	676.182	139.711	3.335.167	238	282	142.261	636.847	401
2022	57.790	324.711	144.734	3.335.167	199	457	56.522	484.757	262

Fuente: Elaboración propia a partir de los datos proporcionados por los Anuarios Estadísticos del Ministerio del Interior[35]

---

35 *Cfr.* MINISTERIO DEL INTERIOR. Anuario Estadístico del Ministerio del Interior 2022, pp. 194-202. Sin embargo, es menester advertir de la existencia de cifras dispares entre los registros estadísticos reportados a través de esta fuente respecto de las estadísticas publicadas por el propio Ministerio del Interior en las Estadísticas Anuales de Drogas a través del CITCO aun a pesar de que ambas se hayan elaborado a partir de la Base Estadística SENDA (Sistema de análisis, Evaluación y Explotación de Datos). Para ver la comparativa, *cfr.* MINISTERIO DEL INTERIOR. Estadística Anual sobre Drogas 2022. Informe 2023, pp. 7-28. Esto representa un síntoma evidente de que, incluso tratándose de efectos sobre los que se presupone un cuidado notable y una metodología exquisita en su registro, se detectan variaciones estadísticas que, cuanto menos deben ser rastreadas o, en su defecto, convenientemente contextualizadas de cara a una correcta interpretación.

Expuestas estas cifras surge la inevitable pregunta: ¿qué se hace y adónde va toda esta droga? La dicción literal del vigente art. 367 ter de la LECrim determina su destrucción en el párrafo segundo del apartado primero[36]. También el Código Penal preceptúa la destrucción de las drogas tóxicas, una vez acordado el decomiso junto a las penas que correspondiere imponer por el delito cometido[37]. Esbozado sintéticamente su marco normati-

---

36 Así: "*Cuando se trate de drogas tóxicas, estupefacientes o sustancias psicotrópicas, la autoridad administrativa bajo cuya custodia se encuentren, una vez realizados los informes analíticos pertinentes, asegurada la conservación de las muestras mínimas e imprescindibles que, conforme a criterios científicos, resulten necesarias para garantizar ulteriores comprobaciones o investigaciones, y previa comunicación al Juez instructor, procederá a su inmediata destrucción si, trascurrido el plazo de un mes desde que se efectuó aquella, la autoridad judicial no hubiera ordenado mediante resolución motivada la conservación íntegra de dichas sustancias. En todo caso, lo conservado se custodiará siempre a disposición del órgano judicial competente.*

37 Así, el art. 374 dispone:
"*En los delitos previstos en el párrafo segundo del apartado 1 del artículo 301 y en los artículos 368 a 372, además de las penas que corresponda imponer por el delito cometido, serán objeto de decomiso las drogas tóxicas, estupefacientes o sustancias psicotrópicas, los equipos, materiales y sustancias a que se refiere el artículo 371, así como los bienes, medios, instrumentos y ganancias con sujeción a lo dispuesto en los artículos 127 a 128 y a las siguientes normas especiales:*
1.ª Una vez firme la sentencia, se procederá a la destrucción de las muestras que se hubieran apartado, o a la destrucción de la totalidad de lo incautado, en el caso de que el órgano judicial competente hubiera ordenado su conservación.
2.ª Los bienes, medios, instrumentos y ganancias definitivamente decomisados por sentencia, que no podrán ser aplicados a la satisfacción de las responsabilidades civiles derivadas del delito ni de las costas procesales, serán adjudicados íntegramente al Estado".
En este sentido, las disposiciones generales reguladoras del decomiso en los arts. 127 y ss. son de aplicación supletoria respecto de lo que no se encuentre expresamente previsto en el art. 374. A nivel doctrinal abordan específicamente el decomiso en el fenómeno del tráfico de drogas, AGUADO CORREA, T. Embargo preventivo y comiso

vo, la piedra angular que consagra las bases para su destrucción se concreta en la Instrucción 5/2012 sobre la intervención del Fiscal en la destrucción de sustancias incautadas en procedimientos judiciales por delitos de tráfico de drogas y la *"II Guía Práctica de actuación sobre la aprehensión, análisis, custodia y destrucción de drogas tóxicas, estupefacientes o sustancias psicotrópicas"* publicada en 2018. La I Guía Práctica también data de fechas relativamente recientes, ya que vio la luz en el año 2013, tras la suscripción en el año 2012 del Acuerdo Marco de colaboración entre el Consejo General del Poder Judicial, la Fiscalía General del Estado, el Ministerio de Justicia, el Ministerio de Hacienda y Administraciones Públicas, el Ministerio del Interior y la Agencia Española de Medicamentos y Productos Sanitarios[38]. Dicho Acuerdo había surgido a resultas de la necesidad de resolver los problemas de almacenamiento, seguridad y salubridad que provocaba

---

en los delitos de tráfico de drogas y otros delitos relacionados: presente y ¿y futuro? Estudios Penales y Criminológicos, vol. XXXIII, 2013, pp. 274-283; Uriarte Valiente, L. M. El decomiso en los delitos…, 2021, pp. 1-20.

38 *Vid.* Agencia Española del Medicamento y Productos Sanitarios. Acuerdo Marco de Colaboración entre el Consejo General del Poder Judicial, la Fiscalía General del Estado, el Ministerio de Justicia, el Ministerio de Hacienda y Administraciones Públicas, el Ministerio del Interior, y la Agencia Estatal "Agencia Española de medicamentos y productos sanitarios" por el que se establece el protocolo a seguir en la aprehensión, análisis, custodia y destrucción de drogas tóxicas, estupefacientes o sustancias psicotrópicas, 2012. Disponible en red: https://www.aemps.gob.es/medicamentosUsoHumano/estupefacientesPsicotropos/docs/2acuerdo_dest_drogas.pdf [consultado: 20.03.2024]. El Acuerdo prevé en la cláusula tercera la creación de una comisión de seguimiento y control. Pues bien, las partes integrantes han acordado la renovación de dicho Acuerdo con el fin de actualizarlo, creándose una comisión para la redacción del nuevo texto, que a fecha de la elaboración del presente trabajo todavía no ha visto la luz. *Cfr.* Fiscalía General del Estado. Memoria 2022, 2023, pp. 575-576 y FEAD. Fiscalía Especial Antidroga…, 2023, pp. 32-33.

la conservación prolongada en el tiempo de estas sustancias[39]. De este modo, se articularían medidas que permitiesen agilizar los procesos de destrucción de drogas cuando su conservación no fuese necesaria, tanto de los alijos intervenidos como de las muestras para análisis, así como mejorar los procesos de incautación y custodia para resolver problemas de almacenamiento. Asimismo, se destacó la necesidad de una respuesta coordinada y uniforme entre las diversas autoridades y organismos involucrados en la lucha contra el tráfico de drogas, sugiriendo la adopción de convenios de colaboración y protocolos de actuación para corregir las disfunciones actuales[40]. Tres años más tarde se adherirían al mismo la Delegación del Gobierno para el Plan Nacional sobre Drogas y la Agencia Estatal de Administración Tributaria. En tal sentido, la vigente II Guía Práctica aspira a lograr la estandarización del proceso que sigue la droga desde que es intervenida hasta el mismo momento de su destrucción y a tal fin, se distinguen y pormenorizan diversas cuestiones tales como:

(i) La aprehensión de drogas tóxicas, donde igualmente se atiende a múltiples aspectos, tales como: la instrucción de atestados; la toma y recogida de muestras; la puesta a disposición judicial y solicitud de destrucción; el análisis de la muestra; la cadena de custodia y la utilización de aplicación informática "Gestión de Decomisos de Drogas" que alimenta el fichero "DROGAS", registrado por la Dirección General de la Administración Periférica del Estado del Ministerio de la Presidencia y para las Administraciones Territoriales ante la Agencia Española de Protección de Datos[41];

---

39 Circunstancia igualmente advertida por URIARTE VALIENTE, L. M. El decomiso en los delitos…, 2021, p. 9.

40 *Cfr.* AGENCIA ESPAÑOLA DEL MEDICAMENTO Y PRODUCTOS SANITARIOS. Acuerdo Marco de Colaboración entre…, 2012, p. 4.

41 *Cfr.* AGENCIA ESPAÑOLA DEL MEDICAMENTO Y PRODUCTOS SANITARIOS. II Guía Práctica de actuación sobre la aprehensión, Análisis, custodia y destrucción de drogas tóxicas, estupefacientes o sustan-

(ii) La destrucción de la droga, diferenciando entre el procedimiento establecido para la destrucción del alijo a través de resolución judicial dictada por el Juez competente y la destrucción de las muestras conservadas;

(iii) La gestión de los alijos de plantas de cannabis;

(iv) Los gastos ocasionados con el fin de dar cumplimiento a lo prevenido en el art. 378 del CP[42];

---

cias psicotrópicas, 2018, p. 7. Disponible en red: https://pnsd.sanidad.gob.es/noticiasEventos/actualidad/2019_Actualidadnoticias/pdf/07032019_II_Guia_Practica_de_Actuacion_(GPA)_.pdf [consultado: 20.03.2024].

42 Así las cosas, adviértase que el art. 378 constituye una ley especial en cuanto al sistema de prelación de pagos consagrado en el art. 126 en cuanto a las responsabilidades pecuniarias derivadas del delito de tráfico de drogas, aunque en lo ateniente al análisis de este concreto aspecto, ambos artículos se expresan en idénticos términos. Y es que, tras la reparación del daño causado e indemnización de perjuicios el numeral 2º determina la indemnización al Estado por el importe de los gastos que se hayan hecho por su cuenta en la causa. A fecha de los corrientes y dado el estado actual de las cosas descrito en este trabajo, quien suscribe duda seriamente no sólo que se esté dando cumplimiento a esta previsión en su totalidad, sino que esta indemnización esté siendo siquiera cuantificada. Dicha indemnización debería cubrir, a tenor de lo dispuesto en esta II Guía práctica, el coste del proceso de destrucción de la droga, pero evidentemente ello requiere con carácter previo su concreción en términos económicos. En este sentido, se reputaría ciertamente extraordinario que los Tribunales recogiesen en las sentencias los costes derivados de la destrucción de la droga si esta se ha producido en fase de instrucción si a duras penas se acuerda el decomiso de los efectos, instrumentos y ganancias del delito.

Varios anexos, entre los que destaca la *"Adenda específica para la gestión de los alijos de plantas de cannabis"* como Anexo VI[43] dada la singular casuística que presentan[44].

Sobre la evolución de general de la destrucción de drogas, las últimas Memorias Anuales presentadas por la Fiscalía General del Estado arrojan las siguientes cifras consolidadas de destrucción de las sustancias psicotrópicas como de otros objetos (precursores, envoltorios, mercancías, etc.), elaboradas por el CITCO y reproducidas a continuación:

---

43 Para una consulta íntegra de dicha Adenda, *cfr.* AGENCIA ESPAÑOLA DEL MEDICAMENTO Y PRODUCTOS SANITARIOS. II Guía Práctica..., 2018, pp. 19-30. Disponible en red: https://pnsd.sanidad.gob.es/noticiasEventos/actualidad/2019_Actualidadnoticias/pdf/07032019_II_Guia_Practica_de_Actuacion_(GPA)_.pdf. [consultado: 20.03.2024]. Su conservación deviene de todo punto inviable a diferencia de otro tipo de drogas en tanto en cuanto: 1) Estas plantaciones se degradan y se pudren con extraordinaria rapidez, generando muchísima humedad durante el proceso. Ello ha provocado y provoca numerosos problemas técnicos y averías en los sistemas de alarma de los depósitos en los que son almacenadas; 2) Su custodia de cara al proceso penal se reputa inútil e innecesario; 3) El volumen que ocupan estas plantas reduce el espacio material disponible para almacenar otras sustancias; 4) A su vez estas plantas pueden ser parasitadas por orugas, insectos u otras plagas con el consiguiente riesgo de salud pública que supone para el personal que trabaja en dichas instalaciones y la población en general. De igual forma, dichos problemas también han sido reportados en prensa. *Cfr.* CID, S. Así se destruyen las toneladas de marihuana incautadas en Cataluña. Crónica Global: Noticias sobre Cataluña y actualidad empresarial, 16 de julio de 2022. Disponible en red: https://cronicaglobal.elespanol.com/vida/20220716/asi-destruyen-las-toneladas-marihuana-incautadas-cataluna/688181202_0.html [consultado: 29.01.2024].

44 En tal sentido, desde la Fiscalía Especial Antidroga consta una Instrucción específica de fecha de 1 de octubre de 2019 sobre destrucción anticipada de las plantas de cannabis. FEAD. Fiscalía Especial Antidroga..., 2023, p. 273.

Tabla 3. *Evolución general de la destrucción de drogas (2012-2021)*

	Drogas (kg.)	Otras sustancias (precursores, contaminadas, etc.)
2012	373.725,00	17.258 kg/lt
2013	454.902,50	1.759,20 kg/l
2014	364.743,91	5.643 kg/lt
2015	446.844,38	132.200 kg/lt
2016	365.333	30.729,94 kg/lt
2017	482.298,43	48.638,58 kg/L
2018	595.549,92	59.982,39 kg/l
2019	507.923,19	213.788,15 kg/lt
2020	551.177,62 (+8,15%)	222.303,18 kg/lt (+3,98%)
2021	2.277.342 (+313%)	

Fuente: Fiscalía General del Estado[45]

A pesar de las cifras reportadas, cualquier interpretación de los datos en ella contenidos deviene completamente estéril y baldía, por cuanto la Fiscalía Especial Antidroga advierte de las dificultades para obtener cifras consolidadas sobre el número de incautaciones, depósitos y destrucciones. La confección y presentación de los datos recién reproducidos se nutren a partir de dos fuentes distintas que además emplean criterios diferentes[46]. Lejos de solventarse, la Memoria correspondiente al ejercicio 2022 da por perdida la cuestión[47], proponiéndose la revisión de la obligación de las Fiscalías a informar periódicamente de las cantidades des-

---

45 *Cfr.* Fiscalía General del Estado. Memoria 2021, 2022, p. 499.

46 *Cfr.* Fiscalía General del Estado. Memoria 2021, 2022, pp. 499-500.

47 *Cfr.* Fiscalía General del Estado. Memoria 2022, 2023, p. 576.

truidas; obligación instaurada en la Instrucción 5/2012 sobre la intervención del Fiscal en la destrucción de sustancias incautadas en procedimientos judiciales por delitos de tráfico de drogas[48].

Sea como fuere, y al margen del descalabro en los registros, la destrucción de las sustancias estupefacientes y las plantas de cannabis[49] no es sencilla, convirtiéndose en uno de los principales desafíos logísticos para las Fuerzas y Cuerpos de Seguridad del Estado dado el significativo incremento de aprehensiones realizadas en los últimos años[50]. Debido a la ausencia de memorias econó-

---

48 En idéntico sentido cfr. FEAD. Fiscalía Especial Antidroga…, 2023, p. 33.

49 De hecho, la gestión de las plantas de cannabis también es abordada por el Consejo de Europa de la Unión Europea, calificándose como un *"activo complejo"*, porque no se trata solo de la destrucción de las plantas, sino de todos los materiales empleados para su cultivo: fertilizantes, ventiladores, generadores eléctricos, filtros de carbono, etc. El análisis de esta casuística se presenta desde la óptica del caso belga. Cfr. CONSEJO DE EUROPA DE LA UNIÓN EUROPEA. Guidelines for the management of seized assets, 2023, pp. 40-42. En España, la gestión de todos estos activos también ha producido situaciones rocambolescas. En materia de tráfico de drogas, se detecta que la falta de medidas de aseguramiento ha provocado y provoca que los instrumentos del delito empleados sean robados y reutilizados por otros grupos tan pronto la comitiva judicial abandona el lugar de los hechos; una laguna legal que no ha sido resuelta a fecha de la publicación del presente trabajo. Para más detalle *vid.* MARTÍN ARROYO, J. Una grieta legal permite a los narcos reutilizar los bienes de las plantaciones de marihuana. El País. Andalucía, 18 de julio de 2023. Disponible en red: https://elpais.com/espana/andalucia/2023-07-18/una-grieta-legal-permite-a-los-narcos-reutilizar-los-bienes-de-las-plantaciones-de-marihuana.html [consultado: 15.02.2024].

50 En lo ateniente al descomunal volumen de intervenciones realizadas en la lucha contra el tráfico de marihuana baste señalar que en España se producen más de 60% de las incautaciones registradas en todo el continente europeo de acuerdo con los últimos Informes Europeos de Drogas. *Cfr.* EUROPEAN MONITORING CENTRE FOR DRUGS AND DRUG ADDICTION. European Drug Report 2023: Trends and Developments, p. 36. No en vano, la Secretaría de Estado de Seguridad aprobó el pasado 2021 el Plan Anual de Actuación contra la criminalidad organi-

micas fiables que desglosen el coste real de estas complejas operaciones no es posible siquiera atisbar a cuánto ascienden siquiera a efectos meramente estimativos[51]. Ello repercute negativamente en la necesaria planificación económica que reclama esta singular materia. De acuerdo con las últimas informaciones publicadas en prensa, el Ministerio del Interior gastaría en torno a los 300.000 euros anuales en destruir la droga que decomisan las autoridades[52]. Sin embargo, a finales de 2023 el ejecutivo se vio forzado

---

zada asociada a la producción y tráfico de marihuana a través de la Instrucción 7/2021. Dicha Instrucción no puede ser consultada por el público en general dada su limitada difusión, a tenor de la solitud planteada por un ciudadano al amparo de lo dispuesto en el artículo 14 de la Ley 19/2013, de 9 de diciembre de transparencia, acceso a la información pública y buen gobierno: https://www.interior.gob.es/opencms/documentacion/Portal-de-Transparencia/Resoluciones-Denegatorias_2022/001-071859.pdf [consultado: 06.02.2024]. En tal sentido, la única información disponible sobre la existencia de dicho Plan obra en la nota de prensa publicada por el Ministerio del Interior a tales efectos. *Cfr.* MINISTERIO DEL INTERIOR. Interior pone en marcha un Plan Nacional de Actuación contra la Criminalidad Asociada a la Producción y Tráfico de Marihuana, 14 de diciembre de 2021. Disponible en red: https://www.interior.gob.es/opencms/es/detalle/articulo/Interior-pone-en-marcha-un-Plan-Nacional-de-Actuacion-contra-la-Criminalidad-Asociada-a-la-Produccion-y-Trafico-de-Marihuana/ [consultado: 06.02.2024].

51 Sobre este punto, y aunque la Fiscalía Especial Antidroga no proporciona datos concretos sobre el coste de la destrucción y almacenamiento de la droga sí se pronuncia sobre su elevada cuantía. Así: «*La exposición de los datos e informaciones de las instituciones participantes en la reunión muestran que el problema de la destrucción y la conservación subsiste y conforme a los datos proporcionados por el CITCO y el Ministerio de Política Territorial, los gastos de almacenamiento, transporte y destrucción son extremadamente altos tanto en sí mismos como en el personal que se requiere para su vigilancia y transporte. Se cuenta en muchos casos con la generosa contribución de empresas privadas, pero se requieren soluciones más idóneas que permitan una destrucción más rápida y eviten alargar los almacenamientos*». *Cfr.* FEAD. Fiscalía Especial Antidroga…, 2023, p. 33.

52 *Cfr.* SALVADOR, A. Interior gasta al año 300.000 euros en destruir la droga que decomisan los cuerpos policiales. El Independiente, 19 de

a licitar nuevos contratos por un importe superior a los 700.000 euros[53], con el fin de proceder al desmantelamiento de las grandes plantaciones de marihuana[54], por lo que no es descabellado inferir que el coste real de esta actividad sea muy superior a la cifra inicialmente apuntada y ascienda a varios cientos de miles de euros, tal vez incluso millones. Al margen de los riesgos derivados de la conservación y destrucción de estas sustancias[55], la situación actual ha visibilizado otras muchas problemáticas que reclaman una respuesta a largo plazo por cuanto:

1. Faltan recursos para la construcción de incineradoras destinadas específicamente para la destrucción de la droga decomisada. Particular interés reviste la construcción de una planta de estas características en Andalucía y Canarias[56]. Actualmente solo se

---

septiembre de 2022. Disponible en red: https://www.elindependiente.com/espana/2022/09/19/interior-gasta-al-ano-300-000-euros-en-destruir-la-droga-que-decomisan-los-cuerpos-policiales/ [consultado: 06.02.2024].

53 *Cfr.* DÍAZ ALCALÁ, M. J. ¿Qué pasa con las plantas de marihuana que incauta la Policía? Buscan empresas en Málaga para destruirlas. Málaga hoy, 30 de diciembre de 2023. Disponible en red: https://www.malagahoy.es/malaga/plantas-marihuana-incautan-Policia-Buscan-Malaga-destruirlas_0_1856515936.html [consultado: 06.02.2024].

54 Este tipo de licitaciones son cada vez más frecuentes en los últimos años, como lo acredita el Expediente de Contratación de servicios para el desmantelamiento de grandes plantaciones de marihuana intervenidas por las Fuerzas y Cuerpos de Seguridad rubricado por el Director del CITCO D. Manuel Navarrete Paniagua en marzo de 2022. Así, véase: https://contrataciondelestado.es/wps/wcm/connect/f66a8e7a-3341-4993-9111-9fd9e5166dff/DOC20220405090438Memoria+plantaciones.pdf?MOD=AJPERES [consultado: 06.02.2024].

55 *Cfr.* FISCALÍA GENERAL DEL ESTADO. Memoria 2022, 2023, p. 576.

56 *Cfr.* REDACCIÓN DIGITAL COPE. El largo y complejo proceso de destruir la droga incautada por Policía y Guardia Civil, COPE, 27 de diciembre de 2023. Disponible en red: https://www.cope.es/programas/mediodia-cope/noticias/largo-complejo-proceso-destruir-droga-incautada-por-policia-guardia-civil-20231227_3068648 [consultado: 06.02.2024]. Si bien en Canarias no se decomisa tanta droga como en otros puntos

disponen tres plantas en todo el territorio nacional (dos situadas en Toledo y otra más en Asturias). Se reputa obvio que las actuales infraestructuras son de todo punto insuficientes para eliminar de forma eficiente y rápida la droga decomisada. Sin embargo, el CITCO rehúsa, por el momento, construir una planta propia y apuesta por la fórmula de la concesión a través de estas tres plantas, aunque estas y otras empresas que gestionan la destrucción de estas sustancias no consideren rentable el servicio que prestan[57].

---

del país, se reputa evidente la necesidad de contar con una planta específica dada la distancia que separa el archipiélago de la península ibérica. Adviértase además que en los últimos años el volumen de incautaciones en el archipiélago y sus aguas se ha incrementado considerablemente debido a la reactivación de la ruta atlántica y los intentos por parte del narcotráfico de convertirlo en una plataforma logística debido a la posición estratégica de las islas respecto del continente africano. *Cfr.* Diario de Avisos. El Periódico de Tenerife. El narcotráfico quiere a Canarias como una "plataforma logística". Diario de Avisos. El periódico de Tenerife, 11 de diciembre de 2023. Disponible en red: https://diariodeavisos.elespanol.com/2023/12/narcotrafico-canarias/ [consultado: 06.02.2024]. Esta realidad queda igualmente adverada a partir de los datos reportados por el CITCO en la Estadística Anual sobre Drogas 2022, donde se puede apreciar cómo las incautaciones de cocaína se han incrementado más de un 95% en el último año. Así las cosas, en 2022 Canarias se convirtió en la tercera Comunidad Autónoma donde más se ha decomisado esta sustancia, solamente por detrás de Andalucía y la Comunidad Valenciana. *Cfr.* Ministerio del Interior. Estadística Anual sobre Drogas 2022. Informe 2023, p.7. En tal sentido, sobre la problemática de la conservación y destrucción de la droga en Canarias, *vid.* FEAD. Fiscalía Especial Antidroga..., 2023, pp. 147-178.

57 *Cfr.* Salvador, A. Interior gasta al..., 19 de septiembre de 2022. La escasa rentabilidad percibida por los potenciales interesados en presentarse a estos concursos no es, al parecer, un caso aislado. Como buena muestra de ello, uno de los lotes que integraban el Expediente de Contratación descrito referenciado en la nota al pie 26 quedó desierto, en particular, el *"Lote 3: Comunidad de Madrid y provincias limítrofes"*. *Cfr.* López Fonseca, O. Interior no encuentra empresas de jardinería para destruir las plantaciones de marihuana de Madrid. EL PAÍS, Madrid, 21 de junio de 2022. Disponible en red: https://elpais.com/espana/

2. El traslado de la droga no siempre se realiza de la forma más eficiente respecto de los lugares donde son aprehendidas, dando lugar a situaciones absurdas e ilógicas que exigen un análisis serio de la situación actualmente imperante. Así, se ha reportado en prensa cómo droga decomisada en Andalucía es enviada a la planta situada en Avilés (Asturias) para su destrucción, en vez de dirigirla a las plantas de Toledo, mucho más próximas desde un punto de vista geográfico[58].

Como ya se ha expuesto *supra,* este problema adquiere especial trascendencia en el caso de la destrucción de las plantaciones de cannabis, tanto *indoor* como *outdoor.* En el caso de las plantaciones de reducidas dimensiones la destrucción se lleva a cabo por los propios agentes, pero si se tratase de macroplantaciones este tipo de tareas debiera encomendarse a especialistas dada la especial maquinaria que se requiere y las dimensiones de las plantillas policiales que, por razones evidentes, no están preparadas para el desarrollo de estas actividades[59].

---

madrid/2022-06-21/interior-no-encuentra-empresas-de-jardineria-para-destruir-las-plantaciones-de-marihuana-de-madrid.html [consultado: 06.02.2024].

58 *Cfr.* BRUNAT, D. Las narcolanchas incautadas colapsan Algeciras y nadie sabe qué hacer con ellas. El Confidencial, 14 de mayo de 2019. Disponible en red: https://www.elconfidencial.com/espana/andalucia/2019-05-14/gibraltar-narcotrafico-narcolanchas-amontonadas-policia_1999090/ [consultado: 06.02.2024].

59 Para más información sobre esta problemática, *cfr.* FERNÁNDEZ, D. Interior pagará 395.000 euros a una empresa porque no tiene capacidad para destruir todas las plantaciones de marihuana que decomisa. infobae, 15 de diciembre de 2023. Disponible en red: https://www.infobae.com/espana/2023/12/16/interior-pagara-395000-euros-a-una-empresa-porque-no-tiene-capacidad-para-destruir-todas-las-plantaciones-de-marihuana-que-decomisa/ [consultado: 06.02.2024]; DÍAZ ALCALÁ, M. J. ¿Qué pasa con las plantas…, 30 de diciembre de 2023; REDACCIÓN DIGITAL COPE. El largo y complejo proceso…, 27 de diciembre de 2023. Disponible en red: https://www.cope.es/programas/mediodia-cope/noticias/largo-complejo-proceso-destruir-droga-incautada-por-policia-guardia-civil-20231227_3068648 [consultado: 06.02.2024]. Asimismo,

En definitiva, la destrucción eficiente de las sustancias intervenidas por las autoridades es un desafío transversal que afecta a todos los países que incautan desmesuradas cantidades de esta sustancia prohibida, entre ellos España. Como consecuencia de ello, la Oficina de las Naciones Unidas contra la Droga y el Delito (UNODC) ha publicado numerosos recursos, directrices y guías para ayudar a los países a gestionar de forma más eficiente y adecuada su destrucción[60]. La situación actual documentada a través de las presentes líneas refleja las importantes carencias estructurales que acusa nuestro actual sistema y la necesidad de revisar toda nuestra política de gestión en lo relativo a este trascendental efecto del delito.

---

debe señalarse que esta contratación, al parecer, no se encuentra centralizada por parte del CITCO dado que, en Cataluña, es la Conselleria d'Interior la que también contrata a empresas de jardinería para destruir la droga decomisada por los Mossos d'Esquadra. *Cfr.* SÁNCHEZ, G. El Govern contrata jardineros para podar la marihuana intervenida por los Mossos. elPeriódico, 1 de septiembre de 2023. Disponible en red: https://www.elperiodico.com/es/sociedad/20230901/govern-jardineros-marihuana-almacen-mossos-nou-barris-barcelona-91549154 [consultado: 06.02.2024].

60 De ahí que se estén explorando nuevas y creativas vías para destruir la droga de manera más eficiente. Uno de los últimos avances documentados es el caso de Ecuador quien, a través del método del encapsulamiento, ha logrado transformar los ladrillos de droga en ladrillos de cemento si bien por el momento no van a ser destinados a la construcción de obras civiles. Este método se ha desarrollado con el apoyo de la Oficina de las Naciones Unidas contra la Droga y el Delito (UNODC), la cual proporcionó directrices y soporte al gobierno ecuatoriano y a la empresa encargada de su ejecución. Para más detalles sobre este ejemplo: https://www.unodc.org/unodc/es/frontpage/2022/December/record-amounts-of-cocaine-seized-bring-the-builders-32-tons-of-cocaine-disposed-through-encapsulation-method-in-ecuador.html [consultado: 17.02.2024].

2. *Embarcaciones de alta velocidad neumáticas y semirrígidas*

En otro orden de cosas, pero también vinculado al fenómeno del narcotráfico, debe repararse en la problemática que genera la gestión de las embarcaciones de alta velocidad neumáticas y semirrígidas. Así las cosas, desde que en 2018 se aprobara el *"Plan Especial de Seguridad para el Campo de Gibraltar contra el tráfico de drogas"*[61], la presión policial se ha saldado con la desarticulación de numerosos grupos en el área geográfica correspondiente al Campo de Gibraltar y provincias circundantes[62]. Sin embargo, se constata un efecto colateral indeseado, como lo es la saturación de los depósitos judiciales ante el ingente volumen de activos intervenidos. En el caso de las embarcaciones náuticas empleadas para el transporte de mercancías ligadas al contrabando; las popularmen-

---

61 De acuerdo con la información disponible en la website del Departamento de Seguridad Nacional del Gabinete de la Presidencia del Gobierno del Gobierno de España el Plan entró en vigor en julio de 2018, bajo la coordinación de la Secretaría de Estado de Seguridad y su objetivo fundamental es *"reforzar las capacidades operativas y de inteligencia de la Policía Nacional y la Guardia Civil, y ampliar su capacidad de cooperación con la Justicia para neutralizar el impacto negativo de la delincuencia en la vida social y económica del Campo de Gibraltar"*. Para más detalles sobre las medidas que lo integran, consúltese Gabinete de la Presidencia del Gobierno. Lucha contra el Crimen Organizado: Plan Especial de Seguridad para el Campo de Gibraltar, 19 de agosto de 2019. Disponible en red: https://www.dsn.gob.es/es/actualidad/sala-prensa/lucha-contra-crimen-organizado-plan-especial-seguridad-para-campo-gibraltar [consultado: 15.01.2024].

62 Ello se ha traducido en varias prórrogas, la última de ellas acordada el pasado mes de diciembre de 2023. Así las cosas, el actual *"IV Plan Especial de Seguridad para el Campo de Gibraltar contra el Tráfico de Drogas"* se extenderá hasta el año 2025, contando con una dotación presupuestaria de 36,9 millones de euros para este 2024. Para más información: La Moncloa. Interior prorroga hasta 2025 el Plan Especial de Seguridad para el campo de Gibraltar, 18 de diciembre de 2023. Disponible en red: https://www.lamoncloa.gob.es/serviciosdeprensa/notasprensa/interior/Paginas/2023/181223-prorroga-plan-campo-gibraltar.aspx [consultado: 15.01.2024].

te conocidas como *"narcolanchas"*, el colapso administrativo es de tal envergadura que el *"cementerio de narcolanchas de Algeciras"* llegó incluso a convertirse en el depósito de embarcaciones incautadas más grande de Europa[63]. La situación se descontroló a raíz de la publicación en el Boletín Oficial del Estado del Real Decreto-ley 16/2018, de 26 de octubre, por el que se adoptan determinadas medidas de lucha contra el tráfico ilícito de personas y mercancías en relación con las embarcaciones utilizadas. De conformidad con lo dispuesto en el citado Real Decreto-ley, eran (y continúan siendo), contundentes las razones[64] por las que determinadas embarcaciones neumáticas y semirrígidas pasaban a catalogarse como *"géneros prohibidos"*, de acuerdo con lo dispuesto en el numeral 12 del artículo 1 de la LO 12/1995, de 12 de diciembre de Represión del Contrabando[65]. Bajo la cobertura que proporciona esta nueva categorización, las embarcaciones referidas en el apartado primero

---

63 Estos casos se han replicado en otros puntos de la geografía española. A título meramente ejemplificativo, se destaca el cementerio de narcolanchas del puerto deportivo de la Ciudad de Ceuta, "desmantelado" en 2020 con el traslado de las embarcaciones al Muelle de Poniente o la ausencia de un depósito específico para ellas en Tarragona. Para más información, *vid.* ECHARRI, C. Retirado el cementerio de narcolanchas del puerto deportivo. el FARO Ceuta, 23 de abril de 2020. Disponible en red: https://elfarodeceuta.es/retirado-cementerio-narcolanchas-puerto/ [consultado: 15.01.2024]; REDACCIÓN DIGITAL DIARI DE TARRAGONA. La Guardia Civil decomisa 9 narcolanchas en 2 años en TGN. Diari de Tarragona, 21 de enero de 2023. Disponible en red: https://www.diaridetarragona.com/tarragona/la-guardia-civil-decomisa-9-narcolanchas-en-2-anos-en-tgn-LE13600874 [consultado: 15.01.2024].

64 Cfr. Real Decreto-ley 16/2018, de 26 de octubre, por el que se adoptan determinadas medidas de lucha contra el tráfico ilícito de personas y mercancías en relación con las embarcaciones utilizadas.

65 Así, se entiende por *"géneros prohibidos": "todos aquellos cuya importación, exportación, circulación, tenencia, comercio o producción estén prohibidos expresamente por tratado o convenio suscrito por España, por disposición con rango de ley o por reglamento de la Unión Europea. El carácter de prohibido se limitará para cada género a la realización de la actividad o actividades que de modo expreso se determinen en la norma que establezca la prohibición y por el tiempo que la misma señale"*.

del artículo único del RD-ley[66] pueden aprehenderse sin necesidad de que transporten ningún tipo de mercancía. En tal sentido, las autoridades llevaban tiempo advirtiendo sobre las dificultades para proceder administrativa o penalmente contra los patrones y tripulantes, ya fuera porque la intervención se producía una vez habían desembarcado los géneros, o porque sus ocupantes se encargaban de arrojarlos al mar durante la persecución policial[67].

---

66 En apretadísima síntesis y dada la extensión del articulado, tienen la consideración de género prohibido las siguientes embarcaciones:
"a) Las embarcaciones neumáticas y semirrígidas susceptibles de ser utilizadas para la navegación marítima que cumplan alguna de las siguientes características:
i. Todas aquellas cuyo casco, incluida en su caso la estructura neumática, sea menor o igual a 8 metros de eslora total, que dispongan de una potencia máxima, independientemente del número de motores, igual o superior a 150 kilovatios.
ii. Todas aquellas cuyo casco, incluida en su caso la estructura neumática, sea mayor de 8 metros de eslora total.
b) Las embarcaciones neumáticas o semirrígidas diferentes de las descritas en el apartado anterior, así como cualquier otra embarcación y los buques de porte menor cuando se acredite la existencia de elementos o indicios racionales que pongan de manifiesto la intención de utilizarlas para cometer o para facilitar la comisión de un acto de contrabando".
No obstante, conviene precisar que el género prohibido que adquieren estas embarcaciones lo es exclusivamente como consecuencia de su falta de registro o una utilización más allá de los supuestos autorizados en el propio RD-ley, estableciéndose reglamentariamente un mecanismo de inspección y control.

67 Asimismo, aunque no se mencionase de manera expresa, se pretendía dar respuesta a otra rocambolesca situación que se había detectado. Y es que, constituía una práctica relativamente frecuente que las embarcaciones decomisadas fuesen enajenadas en pública subasta y posteriormente, adquiridas por otras organizaciones criminales dedicadas al narcotráfico, conformando un círculo vicioso que urgía abordar. A través de esta maniobra se conseguía burlar, de forma además muy grotesca, la acción de la Administración de Justicia, pervirtiéndose el fin último que fundamenta el decomiso de los bienes procedentes del delito en tanto en cuanto estos eran nuevamente introducidos en el mercado con propósitos eminentemente delictivos. *Cfr.* BALLESTEROS, R. R. El

Además, comenzaban a emplearse para el tráfico de inmigración irregular[68]. De ahí que la incautación de estas embarcaciones se convirtiese en una prioridad para las Fuerzas y Cuerpos de Seguridad del Estado con el fin de atajar, al menos provisionalmente, la frecuencia de estas prácticas. Desde el plano jurisprudencial las implicancias de este RD-ley no han sido menores[69]. Transcurridos varios años y aunque desde la Agencia Tributaria constatan los mayores esfuerzos desplegados por parte de los grupos en conservarlas dada su escasez[70], la situación dista de haberse resuelto de

---

cementerio de narcolanchas: 144 barcas se amontonan en el Campo de Gibraltar. El Confidencial, 10 de noviembre de 2019. Disponible en red: https://www.elconfidencial.com/espana/2019-11-09/narcolanchas-144-judicial-gibraltar_2318723/ [consultado: 15.01.2024].

68 A fecha de la redacción del presente trabajo, la situación descrita se ha agravado, toda vez se ha consolidado la utilización de estas embarcaciones para el tráfico de personas, con resultados fatales en algunos casos. *Cfr.* Cañas J.A. / Martín, M. Mueren cuatro inmigrantes en Cádiz tras ser arrojados a mar desde una lancha rápida. EL PAÍS. España, 29 de noviembre de 2023. Disponible en red: https://elpais.com/espana/2023-11-29/mueren-cuatro-inmigrantes-en-cadiz-tras-ser-arrojados-al-mar-desde-una-narcolancha.html#?rel=mas [consultado: 15.01.2024].

69 El Tribunal Supremo se pronunció por primera vez sobre este asunto en la STS nº 906/2021 de 24.11.2021 [ECLI:ES:TS:2021:4313], confirmando la sentencia del TSJ de Andalucía, Ceuta y Melilla que condenó a dos personas como autores de un delito de un delito de contrabando por el uso de una embarcación, afirmando que *«la tenencia de la embarcación de las características del RDL 16/2018 determinan la reubicación en compartimentos estancos y separables entre sí del delito de contrabando respecto del delito contra la salud pública. No cabe la absorción del contrabando en el tráfico de drogas»*. A mayor abundamiento, sobre la experiencia reportada en cuanto a la aplicación del delito de contrabando respecto de estas embarcaciones, vid. ampliamente FEAD. Fiscalía Especial Antidroga…, 2023, pp. 116-118.

70 *Cfr.* Agencia Tributaria. La Agencia Tributaria interviene una "narcolancha" nodriza con 4.700 kilos de hachís en aguas al este del Estrecho. Agencia Tributaria, 31 de diciembre de 202): https://sede.agenciatributaria.gob.es/Sede/notas-prensa/notas-prensa/2021/La_Agencia_Tributaria_interviene_una__narcolancha__nodriza_con_4_700_kilos_de_

manera satisfactoria. Y es que, se ha producido almacenamiento masivo y asistemático de estos bienes dada la lentitud de la Administración de Justicia en decidir su destino o acordar su destrucción[71]. Diversos medios de comunicación regionales[72] informan periódicamente sobre el deteriorado estado de las cosas, procediéndose a una sintética reconstrucción fáctica de los principales problemas identificados en el Estrecho de Gibraltar:

1. La falta de espacio disponible provoca que estas embarcaciones hayan acabado por amontonarse en las propias dependencias policiales, una extraordinaria a la par que normalizada práctica[73]. En el año 2019, sólo en zonas competencia de la Guardia Civil habían acumuladas 144 embarcaciones[74], pero también la Policía Nacional y Vigilancia Aduanera han acusado idéntica problemática. En todo caso cabe advertir que las FFCCSS única-

---

hachis_en_aguas_al_este_del_Estrecho.html [consultado: 15.01.2024]. Disímil es la percepción de la Fiscalía Especial Antidroga. *Cfr.* FEAD. Fiscalía Especial Antidroga…, 2023, p. 76: *«La utilización del uso de las embarcaciones catalogadas como género prohibido, según RD 16/2018 de 26 de octubre, no se ha visto reducido ni ante el riesgo de ser investigados por un delito de contrabando; lo que se ha observado es una gran diversidad en los lugares donde finalmente la embarcación alija»*.

71 A ello se le añade una nueva problemática, como lo es el hecho de que estas embarcaciones no están prohibidas en Portugal, con lo cual muchas de ellas son amarradas en puertos portugueses y cruzan la frontera únicamente para el desarrollo de la actividad criminal. Cfr. FEAD. Fiscalía Especial Antidroga…, 2023, p. 118.

72 *Cfr.* REDACCIÓN DIGITAL EL DEBATE. El "cementerio" de las narcolanchas en el puerto de Algeciras. EL DEBATE, 18 de abril de 2022. Disponible en red:
https://www.eldebate.com/espana/20220418/cementerio-narcolanchas-puerto-algeciras.html [consultado: 16.01.2024]; *Cfr.* BALLESTEROS, R. R. El cementerio de…, 10 de noviembre de 2019.

73 *Cfr.* BALLESTEROS, R. R. El cementerio de…, 10 de noviembre de 2019.

74 *Cfr.* BALLESTEROS, R. R. El cementerio de…, 10 de noviembre de 2019.

mente tienen encomendada la custodia forzosa de estos vehículos[75], no formando parte de sus funciones su almacenaje.

Aun cuando el Gobierno haya reconocido que la destrucción[76] de las embarcaciones es prioritaria, también se ha expresado en los siguientes términos: «*La actuación requiere siempre de una tramitación previa con autorización de la autoridad judicial que conozca de las investigaciones en cuyo marco hubiera tenido lugar la intervención de la embarcación, pues no en vano tiene la consideración de efecto judicial, no siendo por tanto un trámite inmediato, máxime teniendo en cuenta la complejidad y el volumen de investigaciones contra el narcotráfico y delitos conexos que tienen lugar en la demarcación de la comarca del Campo de Gibraltar*»[77]. En tal sentido, debe considerarse que las embarcaciones náuticas cuyas características coincidan

---

75 Igualmente, y a título meramente ejemplificativo, *vid.* REDACCIÓN DIGITAL DIARI DE TARRAGONA. La Guardia Civil decomisa 9..., 21 de enero de 2023.

76 Estas embarcaciones han sido cuidadosamente diseñadas y cuentan con innovaciones y modificaciones técnicas importantes, cuyo valor en términos monetarios, asciende a cientos de miles de euros. Sin embargo, a pesar de la enorme velocidad que pueden alcanzar y la potencia de sus motores, rara vez pueden ser reutilizadas por las FFCCSS para el desarrollo de sus operaciones. La razón estriba en que, evidentemente, no cumplen con las especificaciones exigidas por la normativa vigente para garantizar una maniobrabilidad segura para los agentes al haberse construido al margen del circuito legal. De otro lado, tampoco la destrucción puede llevarse a cabo de manera descuidada, porque los materiales empleados en su construcción son inflamables y muy contaminantes ya que muchas de ellas están fabricadas con plásticos y fibra de vidrio.

77 *Cfr.* BALLESTEROS, R. R. El cementerio de..., 10 de noviembre de 2019. Se documentan, sin embargo, prácticas alternativas en otros puntos de la geografía española, como en Tarragona, donde se procura reaprovechar aquellos elementos fabricados legamente previo desguace, por ejemplo: motores u otros aparatos electrónicos, con el fin de dotar a otras unidades del cuerpo policial o proceder a su subasta pública si así lo autoriza el Magistrado competente. *Cfr.* REDACCIÓN DIGITAL DIARI DE TARRAGONA. La Guardia Civil decomisa 9..., 21 de enero de 2023.

con las estipuladas en el Real Decreto-ley 16/2018, serían las únicas que tendrían la consideración de género prohibido y, por tanto, no podrían enajenarse en ningún caso, pudiendo procederse a la adjudicación de las restantes. Este tipo de ventas se materializan a través del Fondo de bienes decomisados por tráfico ilícito de drogas y otros delitos relacionados[78]. De hecho, las enajenaciones directas y subastas públicas de vehículos y embarcaciones constituyen los bienes más frecuentemente adjudicados[79].

---

78 Dicho Fondo se encuentra regulado por la Ley 17/2003, de 29 de mayo.

79 A título meramente ejemplificativo, consúltese la Enajenación Directa 3/2023 Madrid (vehículos y embarcaciones). Los lotes 54-60 integran 7 embarcaciones cuyos expedientes de origen se sitúan precisamente en dos provincias en las que opera el *"Plan Especial de Seguridad para el Campo de Gibraltar contra el tráfico de drogas"*: Almería y Málaga: https://pnsd.sanidad.gob.es/delegacionGobiernoPNSD/fondoBienesDecomisados/proximas/2023_ED3Madrid/AnexoImagenesLotes_ED_3_2023.pdf [consultado: 17.01.2024]. A mayor abundamiento y para un conocimiento general sobre el procedimiento administrativo creado para participar en este tipo de adjudicaciones, consúltense las bases de cada una de ellas: https://pnsd.sanidad.gob.es/delegacionGobiernoPNSD/fondoBienesDecomisados/proximas/home.htm [consultado: 17.01.2024], y especialmente, el Real Decreto 864/1997, de 6 de junio, por el que se aprueba el Reglamento del Fondo procedente de los bienes decomisados por tráfico de drogas y otros delitos relacionados que las regula. No obstante, desde una perspectiva más pedagógica, cualquiera de los Informes sobre actividad del Fondo de bienes decomisados por tráfico ilícito de drogas y otros delitos relacionados proporciona las claves para una aproximación superficial a esta materia; verbigracia *vid.* MESA DE COORDINACIÓN DE ADJUDICACIONES. DELEGACIÓN DEL GOBIERNO PARA EL PLAN NACIONAL SOBRE DROGAS. Informe sobre la actividad del Fondo de bienes decomisados por tráfico ilícito de drogas y otros delitos relacionados. Año 2023, 2024, pp. 18-22. Disponible en red: https://pnsd.sanidad.gob.es/delegacionGobiernoPNSD/fondoBienesDecomisados/InformesFondo/pdf/2023Memoria_Fondo_de_Bienes_Decomisados.pdf [consultado: 20.02.2024]. De acuerdo con el último Informe publicado, en 2023 se enajenaron (tanto por medio de enajenación directa como por subasta pública) un total de 25 embarcaciones por un importe de 315.204,00 euros (la mayoría adscritas a expedientes localizados en Almería, Cádiz y Málaga). *Cfr.* MESA DE COORDINACIÓN DE

Pero, para llegar a este punto, se requiere con carácter previo una resolución que acuerde el decomiso definitivo de este tipo de bienes o su enajenación anticipada. La Administración de Justicia es incapaz de dictar en unos márgenes temporales asumibles este tipo de resoluciones. El propio Ministerio Fiscal alerta de la congestión existente mientras se decide su destino[80].

A este problema se le une también la gestión de la gasolina incautada y otros aceites, los cuales permanecen en los depósitos de las propias embarcaciones sin que se hayan vaciado previamente. Ello supone un peligro en caso de incendio, pero también a nivel medioambiental, dada la toxicidad de estas sustancias[81]. A mayor abundamiento, debe repararse que, en los últimos años, ha proliferado la aparición de grupos que se dedican a prestar exclusivamente servicios logísticos a otras organizaciones criminales, destacando las denominadas *"narcogasolineras"* o *"petaqueras"*,

---

ADJUDICACIONES. DELEGACIÓN DEL GOBIERNO PARA EL PLAN NACIONAL SOBRE DROGAS. Informe sobre la..., 2024, p. 20.

80 *Cfr.* FEAD. Fiscalía Especial Antidroga..., 2023, p. 110: «*A lo que se añade la tarea procesal, que ha llegados hasta extremos paralizadores de las instrucciones de las causas, en relación con vehículos y barcos sobre los que hay que resolver decomisos, embargos, usos provisionales, encomiendas a la ORGA, realizaciones anticipadas o destrucciones, terceros de buena fe llamados al proceso, etc.*». También *cfr.* SAIZ, E. / CAÑAS, J. A. Narcolanchas y coches de lujo convertidos en chatarra frente a un colegio. EL PAÍS, España, 22 de octubre de 2021. Disponible en red: https://elpais.com/espana/2021-10-22/narcolanchas-y-coches-de-lujo-convertidos-en-chatarra-a-las-puertas-de-un-colegio.html [consultado: 16.01.2023] Como consecuencia de todo lo expuesto, las Fuerzas y Cuerpos de Seguridad llevan demandando desde hace varios años la aprobación de un régimen jurídico específico que posibilite a los Tribunales acordar la destrucción de estas embarcaciones, transcurrido un plazo determinado desde el momento de la incautación, sin que a fecha de los corrientes conste que se haya adoptado ninguna medida al respecto. *Cfr.* REDACCIÓN DIGITAL EL DEBATE. El "cementerio" de las narcolanchas..., 18 de abril de 2022.

81 *Cfr.* REDACCIÓN DIGITAL EL DEBATE. El "cementerio" de las narcolanchas..., 18 de abril de 2022.

embarcaciones que sirven como puntos de repostaje y abastecimiento de víveres para las demás[82].

2. La precariedad del estado de las cosas eleva el riesgo de que estas embarcaciones sean robadas y retornen al circuito criminal debido a la falta de medios[83].

3. La Junta de Andalucía carece de suficientes depósitos en las inmediaciones donde almacenar estas embarcaciones con las suficientes garantías. Con lo cual, existe un vacío en su gestión ya que la administración regional no se hace cargo de ellas, pero tampoco la estatal en tanto en cuanto la segunda arguye que la

---

82 Por, ello es previsible que a medio y/o largo plazo, también se congestionen los espacios (sean cuales sean), destinados al almacenaje del carburante intervenido (si es que no lo están ya). Con relación a esta cuestión se desconoce si existe un protocolo específico para el tratamiento de estos combustibles y residuos, así como su posible aprovechamiento si fuere posible. No obstante, en estos casos, y a juicio de quien suscribe, sería deseable su análisis en aras de comprobar que esos carburantes no estén mezclados, rebajados y/o adulterados y, por tanto, puedan ser distribuidos en condiciones de seguridad a las FFCCSS. De otra parte, esta proliferación a su vez ha motivado la propuesta en las últimas Memorias de la Fiscalía General del Estado la tipificación expresa de la tenencia y trasporte de gasolina. La última Memoria elaborada por la Fiscalía Especial Antidroga es mucho más prolija en el abordaje de la cuestión. *Cfr.* FEAD. Fiscalía Especial Antidroga..., 2023, pp. 35-38. Al margen de los poderosos motivos que asisten al Ministerio Público para castigar de manera autónoma y expresa estas conductas surge la pregunta a la luz de la experiencia reportada en materia de embarcaciones neumáticas y semirrígidas: ¿vendrá acompañada dicha tipificación de medidas eficientes y concretas destinadas a la gestión de los combustibles incautados por parte de la Administración de Justicia? En este sentido y a la luz de lo expuesto en estas líneas, es evidente que este tipo de activos demandarían una infraestructura singular y medios suficientes para no continuar colapsando el ya de por sí sobresaturado escenario descrito.

83 *Cfr.* BALLESTEROS, R. R. El cementerio de..., 10 de noviembre de 2019; BRUNAT, D. Las narcolanchas incautadas..., 14 de mayo de 2019.

gestión de estos activos en los depósitos judiciales depende de las Comunidades Autónomas[84].

Asimismo, los últimos concursos públicos licitados por la Administración regional para cubrir este servicio han quedado desiertos. Ninguna empresa se ha presentado a ellos ya que consideran que se trata de un negocio deficitario y, de hecho, son varias las que todavía reclaman varios millones de euros por la gestión de estos depósitos en ejercicios anteriores. Para algunas de estas empresas la prestación de este servicio ha supuesto su quiebra económica[85].

4. Por último, este cementerio no es exclusivo de narcolanchas, también son numerosos los vehículos incautados destinados al contrabando o uso privado por los sujetos investigados. Muchos de ellos son de alta gama y se deterioran a la intemperie durante meses hasta que finalmente se acuerda su decomiso y posterior subasta pública, perdiéndose con ello un valor económico que no puede ser recapitalizado con su enajenación[86].

A fecha de la elaboración de este trabajo no se ha podido documentar ningún avance significativo que nos permita concluir en una mejora del escenario descrito.

V. CONCLUSIONES

La mayoría de los trabajos doctrinales y monográficos dedicados a la institución jurídica del decomiso nos trasladan a un sistema de ejecución carente de problemáticas y absolutamente anodino a medio del cual el bien en cuestión (con independencia del género de que trate), atraviesa las diversas etapas del proceso de recuperación de activos hasta ser finalmente destruido o adjudicado a un

---

84 *Cfr.* BALLESTEROS, R. R. El cementerio de…, 10 de noviembre de 2019.

85 *Cfr.* BRUNAT, D. Las narcolanchas incautadas…, 14 de mayo de 2019.

86 *Cfr.* SAIZ, E. / CAÑAS, J. A. Narcolanchas y coches de lujo…, 22 de octubre de 2021.

fin social sin ningún tipo de incidente reseñable. La realidad empírica, sin embargo, es diametralmente la opuesta pues tanto el legislador como el operador jurídico han olvidado que, a medio del decomiso, germinan de manera consustancial problemas que, lejos de encumbrar al académico a sofisticados y pruritos debates dogmáticos, le obligan a tratar aspectos y consideraciones muchísimo más modestas en términos intelectuales, pero trascendentales por el pragmatismo que impetra su aplicación cotidiana. A juicio de quien suscribe, resulta paradójico que los poderes públicos no hayan dedicado idénticas fuerzas y energías a abordar esta problemática, pues el tratamiento de dichos bienes constituye el desenlace natural y predecible de un decomiso exitoso. Este trabajo ha tenido como objetivo centrar el debate en torno a la gestión pública de los bienes decomisados fruto del crimen organizado. El marco regulatorio penal vigente (tanto sustantivo como procesal), es de todo punto insuficiente para resolver las principales incidencias detectadas. Asistimos, pues, a una hipertrofia estructural. Esta situación es particularmente grave en los casos tratados en estas líneas por cuanto:

En materia de drogas cabría esperar que el proceso de destrucción estuviese perfectamente diseñado y que no adoleciese las graves carencias que presenta, tanto a nivel presupuestario como de logística y transporte de la droga intervenida por las FFCCSS. Las plantas de cannabis constituyen un reto mayúsculo por la evolución y crecimiento exponencial del número de plantaciones detectadas en los últimos años, con lo cual no sería prudente ni inteligente en términos político-criminales ignorar este asunto.

En lo ateniente a las embarcaciones, desde luego constituyen unos activos que, por su volumen y características, han demostrado y demuestran su extraordinaria capacidad para colapsar a la Administración de Justicia, concatenando y generando a su vez nuevas problemáticas que solo parecen agravarse conforme pasan los años.

Es importante que los poderes públicos asuman que los bienes decomisados no se evaporan ni se autogestionan pacíficamente por sí solos. Debe insistirse en esta idea que, por más obvia que se repute, ha sido omitida de la reflexión teórica por muchos operadores jurídicos. Y es que, la finalidad última a la que aspira a satisfacer el decomiso no se consuma con su mera imposición en una resolución judicial. Es preciso una posterior gestión que dote de verdadero sentido al esfuerzo desplegado por las autoridades en la localización y recuperación de dichos bienes.